한국안보의 이해

김계동 김재관 박영준 유인태
이상현 이왕휘 이태동 장성일
정구연 정헌주 조양현 황지환 지음

명인문화사

한국안보의 이해

제1쇄 펴낸 날 2025년 2월 26일

지은이 김계동, 김재관, 박영준, 유인태, 이상현, 이왕휘, 이태동, 장성일, 정구연, 정헌주, 조양현, 황지환
펴낸이 박선영
주 간 김계동
디자인 전수연
교 정 박진영

펴낸곳 명인문화사
등 록 제2005-77호(2005.11.10)
주 소 서울시 송파구 백제고분로 36가길 15 미주빌딩 202호
이메일 myunginbooks@hanmail.net
전 화 02)416-3059
팩 스 02)417-3095

I S B N 979-11-6193-124-1
가 격 30,000원
ⓒ 명인문화사

간략목차

제1부 한국안보정책의 방향과 분야별 안보

1장 한국안보의 목표와 방향 / 이상현   3

2장 한국의 사이버안보 / 유인태   32

3장 한국의 우주안보 / 정헌주   69

4장 한국의 해양안보 / 장성일   98

5장 한국의 기후·환경안보 / 이태동   130

제2부 전략 및 평화적 안보

6장 한미동맹 / 정구연   159

7장 대북억제와 국방전략 / 박영준   191

8장 북핵문제와 한국의 안보전략 / 황지환   219

9장 미중갈등관계와 한국의 안보 / 이왕휘   245

10장 한미일 안보협력의 가능성과 한계 / 조양현   276

11장 북중러 삼각관계와 한국안보 / 김재관   311

12장 다자안보와 한반도 평화구축 / 김계동   350

세부목차

서문 _ xiv

제1부 | 한국안보정책의 방향과 분야별 안보

1장 한국안보의 목표와 방향 _ 3
1. 서론 _ 4
2. 한국 안보환경의 변화: 자유주의 국제질서의 해체? _ 5
   1) 파편화와 진영화   5
   2) 한반도 안보환경의 변화   8
3. 한국 안보정책을 위한 국익과 가치 평가 _ 12
   1) 국가정체성과 국가이익   12
   2) 한국 국가이익의 체계   14
   3) 자유·평화·번영의 국가안보전략   20
4. 한국 국가안보의 새로운 목표와 방향 _ 24
5. 한국안보의 과제와 미래전망 _ 27
   토의주제   29 / 주   29 / 참고문헌   30

2장 한국의 사이버안보 _ 32
1. 서론 _ 33
2. 사이버안보의 개념과 특징 _ 35
3. 한국 사이버안보 전략과 국내 제도 수립 _ 39
   1) 새로운 위협의 부상: 사이버안보 거버넌스의 태동   39
   2) 사이버안보의 국가안보화: 사이버안보 거버넌스의 성장   40

  3) 사이버안보의 포괄적 국가 전략화: 사이버안보 거버넌스의
     체계화   45
  4) 사이버안보 전략의 공세적 전환: 사이버안보 거버넌스의
     고도화   47

4. 한국 사이버안보 민관협력 거버넌스 _ 52
  1) 사이버안보 민관협력에의 도전   52
  2) 한국의 사이버안보 민관협력   54

5. 한국 사이버안보와 국제관계 _ 59

6. 한국 사이버안보의 과제와 미래전망 _ 62
  토의주제   65 / 주   65 / 참고문헌   67

3장   한국의 우주안보 _ 69

1. 서론 _ 70

2. 우주안보의 개념과 특징 _ 71
  1) 우주안보의 개념   71
  2) 우주안보의 특징   74

3. 우주안보의 환경변화와 중요성 _ 76
  1) 다양한 우주행위자의 등장과 우주경쟁의 심화   76
  2) 우주안보에 대한 위협의 다양화와 증가   77
  3) 우주안보를 위한 노력: 주요국 및 국제협력   79

4. 한국 우주안보의 목표와 추진 방향 _ 83
  1) 한국 우주안보의 목표   83
  2) 한국 우주안보의 추진 방향   85

5. 한국 우주안보의 현안과 쟁점 _ 87
  1) 우주안보를 위한 역량 강화   87
  2) 우주안보를 위한 국내 거버넌스 재편   88
  3) 우주안보를 위한 국제협력   89
  4) 우주안보와 군사안보의 관계 발전   90

6. 한국 우주안보의 과제와 미래전망 _ 91
  1) 미래전망   91
  2) 한국 우주안보의 과제   92
  토의주제   94 / 주   95 / 참고문헌   97

4장 한국의 해양안보 _ 98

1. 서론 _ 99
2. 해양안보의 개념과 특징 _ 100
  1) 해양안보의 개념   100
  2) 해상수송로(해상교통로) 안보   101
3. 국제정치에서 해양안보의 중요성 _ 104
  1) '초크 포인트'의 전략적 중요성   105
  2) 석유의 해상수송과 '초크 포인트'   106
4. 해양안보의 현안과 쟁점 _ 109
  1) 홍해 해양안보 위기   109
  2) 남중국해에서 미국과 중국의 전략경쟁   110
  3) 우크라이나전쟁과 흑해 해양안보 위기   111
  4) 미국과 이란 간 페르시아만 해양안보 위기   113
5. 한국 해양안보의 환경과 국내외적 정책방향 _ 114
  1) 국가안보 차원에서 해양안보의 중요성   114
  2) 한국 해양안보의 환경   115
  3) 해양안보 정책방향을 제시한 '인도·태평양전략'   117
6. 한국 해양안보의 과제와 미래전망 _ 120
  토의주제   124 / 주   125 / 참고문헌   128

5장 한국의 기후·환경안보 _ 130

1. 서론 _ 131
2. 기후·환경안보의 개념과 특징 _ 132
3. 기후·환경과 경제안보의 연계 _ 134
  1) 기후변화 취약성의 직접적인 경제안보 영향   134
  2) 기후위기와 식량-경제안보   136
  3) 기후위기와 에너지-경제안보   138
4. 기후·환경안보의 현안과 쟁점 _ 140
5. 한국 기후·환경안보의 현황과 쟁점 _ 144
  1) 한국 기후·환경 위기의 심화   144
  2) 한국 기후·환경안보와 에너지안보   145
  3) 한국 기후·환경안보와 식량안보   146
  4) 한국 기후·환경안보와 공급망/무역안보   148
  5) 한국 기후·환경안보와 국방 전략   149

6. 한국 기후·환경안보의 과제와 미래전망 _ 150
   토의주제   152 / 주   153 / 참고문헌   155

제2부 ┃ 전략 및 평화적 안보

6장 한미동맹 _ 159
1. 서론 _ 160
2. 동맹의 개념과 주요이론 _ 162
   1) 동맹의 정의   162
   2) 동맹의 형성 배경   163
3. 한미동맹 등장 배경과 발전 _ 166
   1) 미국의 대전략 변화와 동맹체제의 출범   166
   2) 한미상호방위조약 체결과 냉전기 한미동맹의 발전   167
   3) 탈냉전기 한미동맹의 발전   171
4. 동맹 관련 한미의 국익과 가치 평가 _ 173
   1) 한국의 한미동맹에 대한 국익과 가치 평가   173
   2) 미국의 한미동맹에 대한 국익과 가치 평가   175
5. 한미동맹 관련 주요 현안과 쟁점 _ 177
   1) 북한 핵에 대한 한미 대응전략   178
   2) 한미동맹의 전략적 확대 모색   179
   3) 유엔군사령부 활성화와 한미동맹   182
   4) 전시작전권 전환 논의 현황과 과제   183
6. 한미동맹의 과제와 미래전망 _ 183
   토의주제   186 / 주   186 / 참고문헌   189

7장 대북억제와 국방전략 _ 191
1. 서론 _ 192
2. 억제전략의 개념과 유형 _ 193
   1) 국방전략/군사전략의 유형   193
   2) 억제전략의 전개   194
   3) 억제전략의 유형과 요소   195

3. 남북한 군사력 평가 _ 196
   1) 군사력 평가의 방법 196
   2) 남북한 군사력 평가: 정태적 방법 197

4. 북한의 재래식 및 핵 군사력 운용전략: 군사도발 가능성 평가 _ 200
   1) 공격적 군사전략과 핵전략 201
   2) 북한의 대남 군사도발 가능성 203

5. 국방전략으로서의 대북 억제태세 _ 204
   1) 한국의 안보전략과 국방전략 구상 204
   2) '전방위 국방태세 확립'과 한국형 3축체계 능력 구축 206
   3) 한미동맹 차원의 '확장억제' 태세 구축 207
   4) 한미일 안보협력 및 유엔사 재활성화를 통한 대북억제 209

6. 북한 도발 시 한국의 대북 국방전략 _ 211

7. 한국 국방전략의 과제와 미래전망 _ 214
   토의주제 215 / 주 216 / 참고문헌 218

8장 북핵문제와 한국의 안보전략 _ 219
1. 서론 _ 220

2. 북핵문제의 등장과 변화 _ 221
   1) 북핵위기의 발생과 전개 222
   2) 북한의 핵실험과 핵능력의 발전 223
   3) 북미정상회담과 북핵 협상 225

3. 북한의 핵전략과 군사적 위협 _ 228
   1) 북한의 핵실험과 핵전략 228
   2) 핵무력정책법 공포와 공세적 핵전략의 위협 229
   3) 북한의 핵 지휘통제체계 231

4. 한미의 대응전략과 한국안보 _ 232
   1) 한국정부의 북핵 대응전략: 포용정책과 압박정책의 경쟁 232
   2) 한미동맹의 북핵 대응전략 234
   3) 북핵문제 대응과 군사적 위기 방지 노력 236

5. 비핵화와 체제보장의 협상과 안보딜레마 _ 238

6. 한반도 핵무기정치의 미래전망 _ 240
   토의주제 242 / 주 243 / 참고문헌 244

9장 미중갈등관계와 한국의 안보 _ 245

1. 서론 _ 246

2. 미중관계의 역사적 변천: 갈등과 협력의 교차 _ 247

3. 미중갈등의 요인 _ 249
   1) 국력   249
   2) 국제정치 구조   250
   3) 교류   251
   4) 미국과 중국의 대전략   251

4. 미중갈등관계의 주요 분야 _ 254
   1) 외교안보적 갈등   255
   2) 경제적 마찰과 경쟁   257

5. 미중갈등이 동북아 및 한국안보에 미치는 영향 _ 260
   1) 군사·외교안보   260
   2) 경제·통상안보   263

6. 미중갈등관계에서 한국안보의 과제와 선택 _ 266
   1) 미중과의 협력과제: 한국전쟁 종전과 한반도평화체제   266
   2) 북핵문제 해결을 위한 대중국 외교: 가능성과 한계   267
   3) 한국의 선택: 역내 협력 강화 또는 동맹관계 강화   268
   토의주제   271 / 주   272 / 참고문헌   273

10장 한미일 안보협력의 가능성과 한계 _ 276

1. 서론 _ 277

2. 한일관계의 갈등구조 _ 277
   1) 과거사 갈등의 격화   277
   2) 위협인식의 괴리   280

3. 한국안보에 대한 일본의 인식과 정책 _ 282
   1) 일본의 대한반도 전략관   282
   2) 한미동맹 관련 일본의 입장   284
   3) 한반도 통일에 대한 일본의 시각   286

4. 한일/한미일 안보협력의 평가 및 쟁점 _ 288
   1) 한일 안보협력의 평가   288
   2) 한미일 안보협력의 평가   290
   3) 한일/한미일 안보협력의 쟁점   293

5. 한미일 안보협력의 가능성과 한계 _ 296

1) 대북 억지력 및 대응력 강화   296

2) 지역적 군사안보 네트워크화   299

3) 비전통 안보협력   301

4) 전망 및 제언   303

토의주제   305 / 주   306 / 참고문헌   309

11장   북중러 삼각관계와 한국안보 _ 311

1. 서론 _ 312

2. 북중러 삼각관계 내 양자관계의 변화와 전망 _ 315

1) 중러관계의 변화와 평가   316

2) 북중관계의 변화와 평가   319

3) 북러관계의 변화와 평가   325

3. 남방삼각관계와 북방삼각관계의 부활: 가능성과 한계 _ 329

1) 한미일 동맹화 촉진요인   329

2) 북중러 삼각관계 형성의 가능성과 한계 및 조건   332

4. 북방삼각관계의 변화와 한국안보에의 영향 _ 333

1) 미국의 외교정책 변화와 동북아안보   334

2) 북중러 삼각관계의 변화가 한국안보에 미치는 영향   336

5. 북방삼각관계 대비 한국안보의 과제와 전략적 선택 _ 340

토의주제   342 / 주   343 / 참고문헌   346

12장   다자안보와 한반도 평화구축 _ 350

1. 서론 _ 351

2. 다자안보의 개념과 유럽의 사례 _ 352

1) 다자안보의 기원과 개념   352

2) 다자안보협력의 개념과 사례   357

3. 동북아다자안보협력: 필요성, 가능성, 그리고 한계 _ 359

1) 동북아 안보질서와 다자안보협력 구상   360

2) 동북아다자안보협력체 모색   363

3) 동북아다자안보협력체제의 이점과 한계   364

4. 한반도 평화협정 또는 평화체제 모색 _ 367
   1) 한국전쟁 종식을 위한 평화협정 체결 368
   2) 한반도 평화체제 논의와 의도성 370
   3) 한반도 평화체제 정착의 조건: 군비통제 373

5. 한반도 평화구축: 공존과 평화의 제도화 과정 _ 376
   1) 공존의 제도화: 남북한 관계개선 및 상호 협력 377
   2) 평화의 제도화: 남북한 평화공동체 구상 381

6. 한반도 평화의 과제와 미래전망 _ 384
   토의주제 385 / 주 386 / 참고문헌 387

찾아보기 _ 388
저자소개 _ 393

도해목차

글상자

1.1	국가정체성이란?	13
2.1	사이버방어	38
2.2	컴퓨터비상대응팀(CERT)	58
3.1	케슬러신드롬	75
3.2	세계 주요국의 위성발사 역사	76
3.3	주요 비국가 우주행위자	77
3.4	지구궤도의 종류와 저궤도위성군의 활용	79
3.5	아르테미스협정	82
4.1	해상교통로와 해상수송로	105
4.2	초크 포인트	106
5.1	기후안보의 개념	132
5.2	식량안보의 개념	136
5.3	Fit for 55	141
6.1	한미동맹의 통합단일지휘체계	170
7.1	한미연합작전계획	213
8.1	핵확산금지조약(NPT)	221
8.2	싱가포르 북미정상회담 공동성명	227
8.3	핵무력정책법의 주요 내용	231
9.1	대만해협 워게임	257
9.2	반도체전쟁	260
10.1	한일군사정보보호협정(GSOMIA)	279
10.2	물품역무상호제공협정(ACSA)와 원활화협정(RAA)	299
11.1	북러가 체결한 '포괄적인 전략적 동반자 관계에 관한 조약' 주요 내용	326
12.1	다자주의	356

도표

1.1	2025년 한국정부의 국가안보전략 구조	21
4.1	한국의 지역별 원유 수입	115
5.1	기후변화 취약성의 직접적 경제안보 영향	135
5.2	기후변화와 식량-경제안보	138
5.3	기후변화와 에너지-경제안보	140
5.4	기후변화와 국제 통상-경제안보	143
5.5	기후변화와 복합 경제안보	143
6.1	한미 양국 지휘구조와 연합방위 형태	170
6.2	인도·태평양의 지리적 구획	180
7.1	유엔군사령부 일본 내 후방기지 7개소	210
9.1	미국의 대중 인식	248
9.2	중국의 대미관계 평가	248
9.3	GDP/국방비	249
9.4	한미일 대 북중러	269
11.1	신냉전 다극화 시대 동북아 안보환경의 변화(2018년 이후)	314
11.2	미중관계와 북중관계의 연관성	324
11.3	북중러 삼각관계의 3단계 변화	337
12.1	남북한 공존과 평화의 제도화 과정	377

표

1.1　2022년 바이든정부 NSS 주요 전략　17
1.2　한국 역대 정부의 국가안보 비전과
　　　목표　　　　　　　　　　　　　23
4.1　주요 초크 포인트의 수송 능력,
　　　위협 요인　　　　　　　　　　107
4.2　주요 초크 포인트를 통과하는 원유 및
　　　석유제품의 물동량　　　　　　108
6.1　인도·태평양 역내 아키텍처 구축
　　　현황　　　　　　　　　　　　181
6.2　전시작전통제권 전환 추진 현황　184
7.1　남북 군사력 현황 비교　　　　　198
7.2　북한의 핵실험 규모 및 특성　　199
7.3　북한 핵탄두 보유량 추정　　　　200
7.4　한국 육·해·공군의 한미연합훈련
　　　현황　　　　　　　　　　　　207
8.1　북한의 핵실험과 핵능력　　　　224
9.1　제2차 세계대전 이후 국제정치
　　　구조의 변천　　　　　　　　　251
9.2　미국의 대중 개입정책의 역사적
　　　동기　　　　　　　　　　　　252
9.3　미국의 대전략　　　　　　　　253
9.4　중국의 대전략　　　　　　　　254
9.5　미국과 중국의 전략적 관계와
　　　결과: 네 가지 유형　　　　　255
9.6　대전략과 미중관계　　　　　　255
9.7　한국 반도체·배터리·자동차 기업의
　　　해외생산시설: 미국과 중국　　264
12.1　6자회담 합의에 포함된 '한반도
　　　평화체제'　　　　　　　　　　372
12.2　노태우와 김대중의 대북정책 비교　378

지도

4.1　호르무즈해협의 위치　　　　　106
4.2　주요 초크 포인트를 통과하는
　　　일일 석유의 물동량　　　　　107
4.3　후티 반군의 선박 공격 위치　　109
4.4　우크라이나의 곡물 수출 선박의
　　　항해 경로　　　　　　　　　112

서문

한국안보는 다른 나라의 안보와 차별되는 특수성을 지니고 있다. 가장 큰 이유는 한국이 분단국이기 때문이다. 제2차 세계대전이 끝나고 동서냉전이 시작되었을 때, 가장 먼저 냉전이 열전으로 전환된 지역이 한반도다. 한국전쟁은 지역적으로 제한전이었지만, 참여국 수, 전쟁 기간, 사상자 수 등에 있어서는 준 세계전쟁이라 해도 될 수준이었다. 그래서 세계냉전이 끝났음에도 한반도의 냉전은 아직 지속되고 있다.

현재의 한국안보를 가장 잘 이해하기 위해서는 이 책 제2부에 포함된 전략안보의 장들을 읽어야 한다. 분단 상황에서 국가를 지키기 위한 군사력 확충 및 군사전략, 위협 또는 위기 시에 추가적으로 필요한 힘을 보충하기 위한 군사동맹, 분단에 더하여 동북아 요충지에 위치하고 있기 때문에 다양한 방향으로 추진해야 할 다자적 안보외교를 종합적으로 다루어야 한국의 현재 안보를 이해할 수 있는 것이다.

현대에 들어서면서 국제적으로 안보의 개념과 방향은 다양하게 변화해 왔다. 세계대전과 냉전을 거치면서 군사안보가 안보의 중심을 이루었던 시대가 지나고, 탈냉전이 시작되면서 안보의 분야가 확대되어 경제, 사회, 문화 등을 포함하는 총체적 안보의 개념으로 전환되었고, 최근에 와서는 '세계'와 '국제'의 개념이 '글로벌'로 확대되면서 안보의 개념도 사이버, 우주, 환경, 에너지, 식량, 해양 등을 포함하는 방향으로 변화하고 있다. 한국의 안보가 분단이라는 환경에 경도되어 전략안보에 치중되어 왔지만, 또 다른 측면에서 국제체제 및 질서와 연결되어 있기 때문에, 국제사회에서 다루고 있는 신안보의 방향을 거슬리기 어려운 상황이다. 이러한 측면에서 신안보의 주요 분야를 포함했고, 신안보의 중요성을 간과할 수 없기 때문에 전략안보보다 앞인 제1부에 위치하도록 기획했다. 신안보는 아직 한

국에서 학문적으로 완전하게 정립되어 있지 않아서 이 책에서는 다소 미흡한 점
이 있지만, 다음 개정판에서는 신안보의 분야를 보다 확대하고 내용도 충실하게
담을 예정이다.

이 책을 완성하면서 막바지에 부딪혔던 어려움은 12·3 비상계엄이었다. 원고
를 거의 완성한 시점에 대통령이 비상계엄을 선포하고 탄핵소추 되는 등 한국정
치의 미래가 불투명하게 되어, 일부 필자는 내용을 상황에 맞춰서 수정작업을 하
는 어려움이 있었다. 이 책은 과거 명인문화사에서 출판한 어떤 편집기획서보다
어려움이 많았다. 마지막 단계에 한국의 엄청난 정치변동으로 내용 일부를 수정
해야 했고, 예정되었던 원고 두 편이 누락되어 출판 과정이 지연되고 복잡하게 진
행되었다. 이러한 어려운 과정을 큰 탈 없이 마무리해 준 박선영 대표와 전수연
편집 디자이너의 노력이 없었으면 이 책은 아직도 진로를 찾지 못하고 헤매고 있
을 것이다. 국내외적인 돌발적인 상황에 따른 집필의 어려움에도 가치 있는 원고
를 끝내주신 필자분들께 미안함과 함께 감사한 마음을 전해 드린다.

2025년 2월 15일
집필진을 대신하여
김계동

제1부

한국안보정책의 방향과 분야별 안보

1장 한국안보의 목표와 방향 _ 이상현 · 3

2장 한국의 사이버안보 _ 유인태 · 32

3장 한국의 우주안보 _ 정헌주 · 69

4장 한국의 해양안보 _ 장성일 · 98

5장 한국의 기후·환경안보 _ 이태동 · 130

한국안보의 목표와 방향

이상현(세종연구소)

1. 서론   4

2. 한국 안보환경의 변화:
   자유주의 국제질서의
   해체?   5

3. 한국 안보정책을 위한
   국익과 가치 평가   12

4. 한국 국가안보의 새로운
   목표와 방향   24

5. 한국안보의 과제와
   미래전망   27

개요

최근 국제체제의 파편화 현상과 새로운 진영화 추세 속에서 한국의 국가안보는 다양한 도전에 처해 있다. 현재의 혼란스러운 국제정세는 제2차 세계대전 이후 미국 주도로 건설된 자유주의 국제질서, 혹은 규칙기반의 국제질서가 해체되는 과정에서 발생하는 현상이다. 한반도의 정세 또한 북한의 대남·대외정책의 근본적 변화로 한국은 안보전략의 목표와 방향을 새롭게 정립해야 하는 과제를 안고 있다. 한국의 안보전략을 세우기 위해서는 한국이 추구하는 안보목표와 국가이익이 무엇인지를 먼저 판별할 필요가 있다. 이를 위해 우선 한국이 추구하는 국가정체성에 대한 깊은 성찰과 분석이 요구된다. 한국은 분단국가, 중간국가, 중견국, 통상국가의 정체성을 갖는 동시에 선진·평화·강국이라는 국가 이미지를 추구할 필요가 있다. 이러한 국가정체성을 위해 지켜야 할 국가이익에는 한국안보와 번영, 세계국가로서의 뚜렷한 위상을 확립하는 것 등이 포함된다. 한국의 역대 정부들은 나름대로 국가안보전략의 틀 안에서 한국의 국가정체성과 이를 위해 추구해야 할 안보목표와 방향을 제시해왔다.

핵심이슈

- 현재 국제정세는 파편화와 동시에 새로운 진영화가 진행되는 혼란스러운 양상을 보여주고 있다.
- 한반도 상황도 북한의 대남·대외정책의 근본적 변화로 새로운 안보전략 수립을 요구하고 있다.
- 한국은 분단국가, 중간국가, 중견국, 통상국가의 정체성을 갖는 동시에 선진·평화·강국이라는 국가 이미지를 추구할 필요가 있다.
- 한국이 원하는 국가정체성을 확립하기 위해서 추구해야 할 국가이익에는 포괄적인 의미에서 안보와 번영, 세계국가로서의 뚜렷한 위상 확립이 포함된다.
- 한국은 국내안정과 민주주의 회복을 기반으로 하여 새로운 안보환경에 대응할 전략을 수립해야 한다.

1. 서론

한국은 지정학적으로 매우 불리한 위치에 자리 잡고 있다. 한반도는 남북으로 분단되어 있고, 주변에는 미중일러 등 소위 주변 4강이 한국의 외교안보에 중요한 전략적 배경 구조를 형성하고 있다. 현재 한국은 세계 10위권의 중견국, OECD 회원국으로서 국제적 위상이 낮은 국가가 결코 아니지만 유독 동북아에서는 주변 4강에 비해 상대적으로 왜소하고 위축되어 보인다. 동북아의 반도국인 한국은 역사적으로 대륙세력과 해양세력의 중간에 놓인 채 양쪽으로부터 수많은 침략과 공격을 당한 역사적 경험을 안고 살아왔다.

고구려는 7세기 수, 당의 침략을 받았지만 안시성 전투에서의 선전을 통해 당나라 군대를 격퇴했다. 고려는 13세기 초 몽골의 침략을 받아 항전하다가 강화도로 수도를 옮겨 장기간 저항했다. 조선은 1592년부터 1598년까지 임진왜란과 정유재란 등 일본의 침략을 당했다. 조선은 이순신 장군의 명량해전 활약과 명나라의 지원으로 왜침을 격퇴했지만 국가적으로 큰 피해를 입었다. 조선은 또한 청나라로부터 침공을 당했는데 1636년 병자호란이 그것이다. 당시 조선은 명나라와의 사대 관계를 유지하면서 청나라를 배척했는데, 이는 청나라의 침공 구실을 제공했고 조선 왕실은 남한산성으로 피신해 항전을 계속했으나 결국 굴복하고 굴욕적인 강화 조건을 수용해

야만 했다. 근대에 들어오면 메이지유신에 성공한 일본이 조선의 문호를 강제적으로 개방한 1876년 강화도조약을 시작으로 1910년 조선 합병에 이르기까지 국가주권을 상실하는 곡절을 겪기도 했다.

이러한 과거의 역사는 최근 동아시아에서 미중 간 강대국 세력 경쟁이 재현되면서 한반도의 지정학적 취약성으로 인해 다시 주목받게 되었다. 한반도 주변국들이 발호하면서 세력 경쟁으로 들어갈 경우, 한반도는 해양으로 진출하는 통로, 혹은 대륙으로 진출하는 교두보로서 피침을 당한 역사적 경험은 현재 한국이 처한 지정학적 리스크를 다시 한번 되돌아보게 한다. 미중 전략경쟁이 심화되고, 글로벌 차원의 지정학적 리스크가 예상하지 못한 방향으로 변화하면 한국은 어떻게 대응해야 하는가? 이러한 질문은 필연적으로 한국은 어떤 나라이고 또 어떤 나라가 되기를 원하느냐는 질문으로 이어진다. 이 질문에 답하기 위해서는 한국이 갖는 국가정체성과 그에서 비롯되는 핵심 국익은 무엇이고, 그 국익을 무슨 수단으로 어떻게 확보할 것인지에 관한 깊은 성찰이 필요하다.

2. 한국 안보환경의 변화: 자유주의 국제질서의 해체?

최근 국제체제의 파편화 현상과 새로운 진영화 추세 속에서 지정학적 리스크와 불확실성의 증대로 지구촌 곳곳에서 충돌이 발생하고 있다. 이러한 심오한 지정학적 불안정으로 인해 과거 그 어느 때보다 미국, 중국, 러시아 등 강대국 간 전략적 관계가 중요해졌다. 크게 보면 현재 진행 중인 글로벌질서의 변동은 제2차 세계대전 이후 미국 주도로 건설된 규칙기반 국제질서, 혹은 자유주의 국제질서의 약화, 해체 혹은 다른 질서로의 전이 과정으로 볼 수 있다.

1) 파편화와 진영화

최근 글로벌정세를 규정짓는 것은 세 가지의 큰 추세다. 첫째, 코로나19 팬데믹 이후 심해진 국제체제의 분절화(systemic fragmentation), 혹은 파편화된 국제질서의 도래로 모든 국가들이 자국 이익 위주로 격돌하는 각자도생(各自圖生)의 시대가 전개되고 있다. 코로나19 팬데믹으로 촉발된 국제공급망 교란, 지정학의 귀환, 강대국 경쟁의 재현, 국제제도와 레짐의 기능부전, 글로벌거버넌스의 난맥상 등이 이런 환경을 조성하는 요인들이다.

둘째, 새로운 진영화 추세의 심화다. 이미 진행 중인 미중 전략경쟁에 더해 러시아의 우크라이나 전격 침공은 서구사회의 단합된 대응을 초래해 세계질서가 빠르게 민주주의 대 권위주의 체제의 대립 구도로 재편되고 있다. 더 나아가 세계는 미국과 서구를 중심으로 한 글로벌 웨스트(Global West), 중러를 중심으로 한 글로벌 이스트(Global East), 그리고 인도, 브라질 및 중간지대의 나머지 다양한 비서구 발전도상 국가들을 포함하는 글로벌 사우스(Global South)로 삼분되는 양상이다. 현재 국제질서의 핵심은 글로벌 웨스트와 글로벌 이스트 사이의 경쟁, 특히 미중관계에 있다. 미중관계는 정치와 경제, 이념과 체제 등 거의 모든 면에서 당분간 적대적 경쟁관계가 지속될 전망이며, 글로벌 사우스를 상대로 경쟁적 '세 결집(coalition building)'을 적극 추진하고 있다.[1]

셋째, 글로벌 및 아태지역의 다양한 발화점(flash point)을 둘러싼 돌발사태 가능성이 커졌다. 우크라이나전쟁과 이스라엘-하마스전쟁의 여파로 대만해협 및 남중국해의 군사적 긴장도 고조되고 있다. 한반도에서는 북한 핵위협의 급진전에 의해 평화프로세스가 붕괴하면서 안보위협이 고조되고, 아태지역의 안보정세가 불안해지면서 일본을 비롯한 역내 각국은 국방력 강화를 추진하고 있어 향후 새로운 군비경쟁 추세도 우려된다. 북한의 러시아 파병으로 한반도는 이미 우크라이나전쟁의 당사자로 연관되기 시작했다. 이스라엘-하마스전쟁에 이란이 참여해서 중동 전체로 확전되면 석유파동이 발생하고 당장 한국이 중동에서 수입하는 석유 수급에 심각한 차질이 발생할 것이다. 홍해를 통과하는 민간 유조선과 상선에 대한 후티 반군의 공격으로 많은 선박들이 아프리카 대륙을 우회하는 항로를 선택하는 탓에 물류비용과 시간도 크게 증가하고 있다. 무대를 좀 더 동쪽으로 이동해보면, 대만해협을 둘러싼 2027년 위기설, 동·남중국해를 둘러싼 주변국들의 해양안보 이익 충돌, 그리고 궁극적으로는 이러한 지정학적 파고가 북한의 계산에까지 영향을 미치게 될 것이다.

글로벌체제의 균열은 특히 우크라이나전쟁 이후 국제질서의 두드러진 특징이다. 유엔 총회는 러시아가 우크라이나를 침공한 이후인 2022년 3월부터 2023년 2월 기간 동안 총 6건의 안건을 표결에 부쳤다. 유엔 회원국 중 약 1/4은 러시아를 비난하는 이러한 표결에 거의 일관되게 불참하거나 기권한 것으로 나타났다. 이들 대부분은 소위 글로벌 사우스에 속하는 국가들이다. 미국과 유럽, 아시아의 동맹국들, 그리고 상대적으로 부유하거나 발전한, 글로벌 웨스트에 속하는 국가들은 일관되게 러시아의 우크라이나 침략을 반대했다. 러시아와 가까운 글로벌 이스트 국가들은 그들 또한 서구의 적대적 대상이라는 인식을 공유한 탓에 러시아 제재에 반대하고 서구에 반대하는 입장을 취했다.[2]

이러한 글로벌정세의 변화와 지정학적 갈등은 제2차 세계대전 이후 미국이 주도하고 이끌어온 자유주의 국제질서(liberal internationalism)가 더 이상 효과적인 글로벌거버넌스의 기제가 되지 못하고 있음을 말해준다. 지금까지 글로벌 웨스트 내에서 공유되어 온 국제질서의 개념은 압도적으로 자유주의 국제질서였다. 자유주의 국제질서 개념의 신봉자인 아이캔베리(G. John Ikenberry)의 주장에 의하면 자유주의 국제질서를 구성하는 요소는 세 가지다.

첫째, 체제를 구성하는 민주주의와 자본주의 국가의 각 단위(unit), 둘째, 경제적 가치의 배분, 시장주의 경제와 자유시장의 중요성, 셋째, 다자주의 국제제도와 강대국 간 상호확증파괴(MAD: Mutual Assured Destruction)를 통한 안정 제공 등이다. 영토 강대국 위주의 현실주의 국제질서는 제로섬(zero-sum) 게임이지만, 시장 강대국 위주의 자유주의 질서에서는 윈윈(win-win) 경쟁이 가능하다. 즉, 자유주의 국제질서는 협력이 가능하고, 투명성과 예측성, 합리성이 존재하며 안정적이고 대규모 분쟁이 줄어드는 구조를 지향한다. 자유주의 국제질서의 이론적 근거로는 민주주의 국가들끼리는 좀처럼 전쟁을 하지 않고 협의나 합의로 분쟁을 해결한다는 민주평화론, 미래 예측이 가능한 제도 안에서 협력한다는 신자유주의의 제도론, 그리고 합리적 선택이론 등을 꼽을 수 있는데, 특히 국가들은 합리적 선택을 하므로 손익(costbenefit)

의 비용-편익을 계산할 수 있다는 것을 전제로 한다. 국가들은 제도 안에서 협력하면서 그 계산을 공유함에 따라, 동맹도 합리적 선택에 의한 계산을 통해 이루어지므로 큰 갈등이 없을 것이라는 게 자유주의 국제질서이론의 큰 골격이다.[3]

또 다른 글에서 아이켄베리는 자유주의적 국제질서를 다음과 같이 정의했다. 자유주의 국제질서란 단순히 주도 국가가 부과하는 정치적 형성이 아니라 다층적이고 다각적인 질서다. 국제질서는 국가가 가입하거나 저항하는 단일한 질서가 아니라 다양한 종류의 질서 규칙과 제도의 집합체다. 주권에는 깊은 규칙과 규범이 있다. 국제제도, 정권, 조약, 협정, 프로토콜 등 광범위한 종류가 있다. 이러한 통치 협정은 안보 및 군비통제, 세계경제, 환경 및 글로벌공동체, 인권, 정치관계 등 다양한 영역에 걸쳐 있다. 이러한 거버넌스 영역 중 일부에는 패권국가의 이익을 좁게 반영하는 규칙과 제도가 있을 수 있지만, 대부분은 훨씬 더 광범위한 이해관계에 기반한 협상 결과를 반영한다.[4]

이러한 시각에서 보면 세계는 국가들로 이뤄진 일종의 사회(society of states)로서 여기에 속한 국가들이 합의에 의해 창출된 질서를 준수할 경우, 안정이 유지된다. 미국은 제2차 세계대전 이후 이러한 세계질서 비전에 따라 유럽통합을 추진했고, 칸트식의 '평화로운 연합(pacific federation)'을 달성할 수 있

었다. 문제는 냉전이 끝난 이후 NATO와 유럽연합이 과거 소비에트 영향권에 속했던 국가들을 점점 끌어들이면서 발생했다. 서구사회는 이런 과정을 민주주의의 평화적 확산으로 봤지만, 러시아는 자신들의 핵심 영향권의 침해라고 본 것이다.

자유주의 국제질서와 확연히 대비되는 시각은 러시아판 현실정치(Realpolitik) 시각이라 할 수 있는데, 러시아의 국제관계 시각은 기본적으로 국제관계가 안보를 최우선으로 추구하는 국가들이 모인 장으로 이해한다. 이러한 국제관계 하에서 모든 국가들의 최우선 목표는 자국의 안보를 확보하고 방어하는 것이다. 모든 나라들이 안보 확대를 추구하게 되면 분쟁과 갈등은 불가피하다. 러시아는 오랜 역사를 통해 외부의 위협을 격퇴하는 데 중점을 두어왔고, 러시아 주변에 대해 파워를 투사하는 제국주의적 성향을 띠었다. 게다가 강대국으로서의 자기 정체성을 추구하는 러시아의 대외전략은 일종의 '제국적 민족주의(imperial nationalism)'로 나타나게 된 것이다.[5]

서구의 자유주의 국제질서, 러시아의 제국적 민족주의 시각에 비해 글로벌 사우스 국가들은 대안적 질서로서 글로벌 웨스트나 글로벌 이스트로부터의 전략적 자율성과 다중심적 질서(polycentrism)를 선호한다. 이는 지난 오랜 역사를 통해 강대국들로부터 국내정치적 개입을 당한 경험을 반영한 것이라 할 수 있다. 글로벌 사우스 국가들은 대부분 약

소국들을 수탈해온 서구의 위선과 러시아식 강대국 군사개입에 모두 거부감을 드러낸다. 이들은 글로벌거버넌스에서 소외되어 온 피해의식과 이에 대한 보상심리를 동시에 갖고 있다. 글로벌 사우스는 특히 러시아의 우크라이나 침공 이후 초래된 전 세계적 에너지 및 식량위기로 큰 고통을 받고 있을 뿐만 아니라 미국 주도로 발의된 다양한 제재 레짐에 의해서도 제약을 받는 상황이다.

현재 글로벌 차원에서 진행 중인 다양한 갈등과 분쟁은 자유주의 국제질서를 유지해온 미국의 글로벌리더십, 혹은 패권이 약화되면서 나타나는 현상이다. 냉전기와 탈냉전기를 거치면서 미국의 패권적 우위 때문에 글로벌 차원의 큰 분쟁은 비교적 낮은 수준에서 통제되어 왔다. 하지만 탈탈냉전기 들어 미국의 패권이 더 이상 작동하지 않고, 미국 또한 국제질서 유지를 위한 공공재를 홀로 제공하기에는 역부족인 상황이 되면서 지구촌 곳곳에서 갈등과 분쟁이 동시다발적으로 분출하고 있는 것이다. 지금 우리가 목도하고 있는 것은 전략적 동시성(strategic simultaneity), 즉 안보위협이 동시다발적으로 연계되어 발생하는 상황이다. 지정학적 공간의 동시성 못지않게 상이한 영역, 도메인 사이의 동시성도 중요한 고려 사항이다. 이미 우크라이나전쟁에서 중동, 홍해, 남중국해까지 지정학적 갈등의 연결성은 뚜렷해지는 추세다.[6)]

2) 한반도 안보환경의 변화

한반도의 안보환경도 최근 들어 급격히 변하고 있다. 그 변화를 주도하는 것은 북한의 대남·대외정책의 변화다. 북한은 2022년 초부터 핵과 미사일 역량 강화에 집중하면서 중러와의 밀착을 강화하고 있다. 남북대화는 물론 북한과 국제사회 간 일체의 소통 채널이 단절되면서 북한의 행보와 한반도 상황은 시계제로 상태이다. 2022년 12월 말 개최된 당중앙위 제8기 6차 전원회의는 핵무력정책의 법제화를 중요한 성과로 평가한 후, 핵무력 건설의 기본방향을 제시했다. 전술핵무기 다량생산, 핵탄보유량의 기하급수적 증대, 신형 ICBM 개발계획 채택, 핵무력 선제사용 가능성 시사 등은 북한의 핵독트린이 갈수록 공세적이고 위험한 방향으로 진화하고 있음을 말해준다.

2023년 12월 26~30일 개최된 조선노동당 중앙위원회 제8기 9차 전원회의는 남북의 통일정책을 평가, 현실에 맞게 남북관계를 재규정해야 한다면서 처음으로 남북을 국가 대 국가의 관계로 규정했다. 북한은 남한을 더 이상 '같은 민족'으로 간주하지 않을 것이며, 남북관계를 '가장 적대적인 국가', '전쟁 중에 있는 완전한 두 교전국관계'로 규정했다. 북한의 의도는 한반도에 현실적으로 두 개의 국가가 존재한다는 현실을 인정하고, 이를 통해 그동안 경계해왔던 흡수통일을 사전에 차단하려는 의도로 추정된다. 즉, 남한에 의한 제도통일, 흡수통일 시도를 차단하는 한편, 사회주의 국가로서 독자 생존을 모색하려는 전략일 것이다. 북한은 이제 남한을 대상으로 한 체제경쟁에서는 승산이 없을 뿐만 아니라 오히려 북한이 남측의 한류 문화에 무너지고 있다고 판단한 듯하다. 그래서 체제안전을 위해서는 차라리 두 국가로 따로 사는 게 안전하다고 판단한 것일지 모른다. 또한, 현재의 다극적 국제질서, 신냉전 국면 하에서는 남한이나 미국과 교류하지 않더라도 자신의 체제 안전 유지에는 불리할 게 없다는 판단을 내린 것으로 보인다. 문제는 남북이 두 개의 국가로 살더라도 그것이 적대적 공존일지, 평화적 공존일지 알 수 없다는 것이다.

북미, 남북대화 단절 후 북한은 핵과 미사일 역량 강화에 올인하고 있다. 북한『조선중앙통신』은 2024년 9월 13일 김정은 국무위원장이 '핵무기 연구소와 무기급 핵물질 생산 시설'을 방문해 현지 지도했다며 사진을 공개했다. 수천 대의 원심분리기를 이용해 핵무기에 쓰이는 고농축우라늄(HEU)을 생산하는 시설을 북한이 사진으로 공개한 것은 이번이 처음이다. 그동안 북한이 핵 관련 활동을 중단한 적이 없다는 추정은 있었지만, 북한 스스로 우라늄 농축시설을 대놓고 공개한 것은 이제 북한은 아무 거리낌 없이 핵역량 강화에 올인하겠다는 뜻을 공개적으로 선언한 것이다. 2010년 북한 영변 핵시설 내 우라늄 농축시설을 참관했던 미국 스탠포드대 시그프리드 헤커 박사는 당시 북한이 2,000개의 원심분리기를 가동하고 있다고 주장했다. 이후 북한이 영변 외에 강선 단지 등의 우라늄 농축시설을 확장했다면 1만 개까지 원심분리기를 가동 중일 것으로 추정되고 있다. 1만 개의 원심분리기로는 연간 200kg의 고농축우라늄(HEU)을 얻을 수 있다. 핵무기 1기를 만들기 위해서는 HEU 25kg가량이 필요하기 때문에 북한은 연간 8기의 핵무기를 생산할 수 있는 능력을 갖춘 것으로 볼 수 있다. 2024년 9월 26일 세종연구소가 주최한 2024 한미핵전략포럼에 참석한 랜드연구소의 브루스 베넷 선임연구원은 같은 연구소 그레고리 존스 연구원의 논문을 인용해 북한이 최대 112기의 핵무기를 생산할 수 있는 핵분열 물질(고농축우라늄·플루토늄)을 확보했다고 주장했다. 논문에 따르면 2023년 말 기준 북한의 핵분열 물질 보유량은 플루토늄 85kg, HEU 1,000~1,900kg 정도다.[7]

이상의 논의를 종합해 보면, 북한은 현 국제정세를 신냉전, 다극화 질서로 인식하고 현재의 정세가 자신들에게 유리하다고 판단하는 것으로 보인다. 2025년에도 우크라이나전쟁, 중동분쟁 등 국제정세의 불안이 지속될 것으로 예상되는 상황 하에서 북한은 러시아라는 강력한 우군을 얻은 데다 중국도 기본적으로 반미전선에 함께 서 있기 때문에 현재 국제정세가 자신들에게 불리할 것 없다고 판단한 것으로 보인다. 북한은 김정은 북한 국무위원장이 참석한 가운데 2024년 12월 23~27일 조선노동당 중앙위원회 본부에서 열린 제8기 노동당 중앙위원회 제11차 전원회의 확대회의를 개최했다. 본 회의에서 "국익과 안전보장을 위해 강력히 실시해갈 초강경 대미대응 전략이 천명되었다"고 조선중앙통신이 보도했다. 김 위원장은 "미국은 반공을 변함없는 국시로 삼고 있는 가장 반동적인 국가적 실체이며 미·일·한 동맹이 침략적인 핵군사뿔럭(블록)으로 팽창되고 한국이 미국의 철저한 반공전초기지로 전락된 현실은 한국이 어떤 방향으로 나아가야 하며 무엇을 어떻게 해야 하는가를 명백히 제시해주고 있다"고 말했다고 통신은 보도했다.[8]

북러 전략적 밀착을 가장 잘 보여주는 것은 북한군의 러시아 파병이다. 북한이 러시아에 탄약과 무기를 제공한 데 이어 병력까지 파견한 것으로 드러나면서 동북아 냉전은 새로운 단계로 진입했다. 우크라이나 사태는 러시아와 우크라이나 간의 전쟁에서 이제 북한이 제3의 당사자로 참전하면서 국제전쟁으로 성격이 바뀌었다. 우크라이나 측에 의하면 북한군 총 1만 2,000명가량이 러시아에 파병된 것으로 추정된다. 북한의 우크라이나전쟁 참전은 향후 상황 전개에 따라 확전 위험도 배제할 수 없고, 유럽의 안보는 물론 한반도에도 심각한 위협을 조성하는 행위다. 북한의 러시아 파병은 한국에 두 가지 새로운 리스크를 의미

한다. 첫째는 북한에 대한 러시아의 민감 군사기술(ICBM 재진입체 기술, 군사위성, 핵추진 잠수함 등) 제공 가능성이고, 둘째는 한반도 유사시 러시아군의 개입 길을 열어놓았다는 점이다.

북한이 파병을 결정한 이유에 대해서는 여러 가지 해석이 있다. 우선 파병을 통해 북한은 상당한 외화 수입을 올려 심각한 경제난을 돌파하는 숨통을 틀 수 있다. 다음으로는 한국전쟁 이후 실전 경험이 없는 북한군의 실전 경험 확보와 북한제 무기의 성능실험 및 검증이라는 성과도 거둘 수 있을 것이다. 이러한 북한의 실리적 계산과 함께 병력 부족에 직면한 푸틴 대통령의 절박함, 즉 대규모 동원령을 내릴 경우, 터져 나올 러시아 내부의 불만과 반발을 우려한 고육지책으로 이해된다.

2024년 6월 푸틴의 평양 방문을 복기해보면, 당시 체결된 '북러 포괄적 전략적 동반자관계 조약'이 사실상 파병을 위한 사전 포석이었던 것으로 유추할 수 있다. 동 조약에서 양국은 "쌍방 중 어느 일방이 무력침공을 받아 전쟁상태에 처하게 되는 경우, 법에 준하여 지체 없이 자기가 보유하고 있는 모든 수단으로 군사적 및 기타 원조를 제공한다"고 규정했다. 어느 한쪽이 무력침공을 받으면 지체 없이 군사원조를 제공한다는 내용은 1961년 체결되었다가 1996년 폐기된 '조소(구소련) 우호 협력 및 상호 원조 조약'에 담겼던 내용으로, '자동 군사개입' 조항이 사실상 복

원된 것으로 해석된다. 이는 북러관계가 냉전 시대 군사동맹 수준으로 격상되었음을 시사한다. 러시아 하원(국가두마)은 2024년 10월 24일 동 조약을 신속하게 만장일치로 비준했다. 곧이어 북한도 이 조약을 비준했다. 적어도 외형상 북러 군사협력의 법적 정당성도 확보한 것이다.

글로벌정세의 불안정성과 리스크가 증대하면서 핵전쟁의 위험도 과거에 비해 크게 증가했다. 바이든 미국 대통령이 우크라이나가 미국산 육군전술미사일시스템(ATACMS, 에이태큼스)으로 러시아 본토를 타격할 수 있게 허용하면서 우크라이나 전황은 더욱 불안해지고 있다. 이 미사일은 사거리가 300km에 달해 러시아 본토까지 타격이 가능하다. 뿐만 아니라 미국은 우크라이나에 국제적으로 금지된 대인지뢰 사용까지 승인했다. 우크라이나는 영국이 제공한 스톰 섀도우 순항 미사일도 사용했다. 러시아는 미국의 장거리 미사일 사용 허용이 '제3차 세계대전 시작을 향한 매우 큰 발걸음'이라고 강하게 반발했다. 이처럼 우크라이나 전황이 격화되면서 그동안 하나의 가능성으로만 논의되던 핵전쟁의 위험이 한 걸음 더 현실로 다가왔다. 러시아 본토에 대한 장거리 미사일 타격에 러시아는 새로운 IRBM(중거리미사일) 발사로 대응했다. 푸틴은 이 미사일 이름을 러시아어로 개암나무를 뜻하는 '오레시니크'라고 소개하면서 이 미사일은 마하10 이상의 극초음속 미사일로 아직 미국이나 유

럽을 포함해 세계의 어떤 미사일 방어체계도 이를 요격할 수 없다고 밝혔다. 미국 CNN 방송은 미국과 서방 정부 당국자들을 인용하면서 러시아가 이번에 사용한 미사일은 탄두 여러 개를 실어 각기 다른 목표를 공격할 수 있는 다탄두 개별유도미사일(MIRV)이라고 보도했다.

핵탄두를 적재할 수 있는 미사일을 실전에 사용함으로써 푸틴은 세계를 상대로 핵전쟁을 시작할 수도 있다는 협박을 한 셈이다. 만약 우크라이나전쟁이 휴전 협상의 실마리를 찾지 못한 채 확전의 수렁에 빠져 러시아가 더 궁지에 몰리게 되면 푸틴의 핵무기 사용 위협을 그저 공갈로만 받아들이기에는 위험한 상황이 전개될 것이다. 러시아는 2023년 11월 모든 핵실험을 금지하고 검증체계를 강화하는 포괄적핵실험금지조약(CTBT) 비준을 철회한 데 이어 핵교리까지 개정한 상태다. 개정된 핵교리에 따르면 비핵보유국이 핵보유국의 지원을 받아 러시아를 공격할 경우, 이를 두 국가의 공동 공격으로 간주하게 된다. 또한, 러시아를 겨냥한 미사일 등의 대규모 공습 정보를 입수하면 핵무기 사용을 고려할 것이라고 강조했다.

영국 『이코노미스트』지는 이러한 최근의 추세를 겨냥해 '제3차 핵시대'가 도래했다고 지적했다. 제1차 핵시대는 미국과 소련이 각기 수만 개의 핵탄두를 보유한 채 서로 맞선 공포의 시기였다. 냉전 종식 후 찾아온 제2

차 핵시대에는 전 세계의 핵무기 비축량은 크게 줄었지만, 인도, 파키스탄, 북한 같은 새로운 도전 요인을 안게 되었다. 지금 우리가 목격하는 제3차 핵시대는 새로운 냉전과 비슷하지만, 더욱 혼란스럽고 잠재적인 적들이 넘쳐나는 시대다. 핵무기는 더 많아지고 핵무기 보유 국가는 늘고, 핵무기 비축량에 제한도 없어지고 핵사용 위협에도 거리낌이 없는 시대다.[9)]

이러한 글로벌 차원과 한반도 차원에서 안보 상황의 변화를 고려할 때 한국은 새로운 안보정책을 필요로 한다. 변화하는 지정학적 리스크 속에서 한국의 국익을 수호하고 이를 성취하기 위해서는 새로운 안보 패러다임에 근거한 국가안보 전략이 요구된다.

3. 한국 안보정책을 위한 국익과 가치 평가

앞 절에서 살펴본 한국 안보환경의 변화는 한국의 국가이익에 어떤 영향을 미치는가? 우선 한국의 국익을 정의하려면 한국은 어떤 나라인지, 그리고 어떤 나라가 되기를 원하는지 국가정체성부터 규정할 필요가 있다. 국가전략, 혹은 국가안보전략을 논하기 위해서는 한국의 국가이익이 무엇인지부터 정확하게 정의하고 정리해야 한다. 국가이익은 한국이 어떤 국가정체성을 지니는가에 따라 달라지기

때문이다. 기본적으로 모든 국가는 기본적 책무로서 자국의 평화번영과 부국강병을 보편적 국익으로 추구한다. 나아가 외교안보 국익으로는 외부의 위협요소로부터 주권·독립·영토·국민의 안전보장을 기본으로 하고, 나아가 평화와 번영을 제시한다. 이러한 보편적 국익 추구는 한국이 가진 독특한 지정학적 정체성을 반영하고 있다.

1) 국가정체성과 국가이익

학계에서 논의되는 한국의 국가정체성은 네 가지로 구분할 수 있다. 첫째, 한국의 가장 특별하고, 한국민의 의식 전반에 깊이 뿌리내리고 외교안보정책 전반에 최대의 영향을 미치는 국가적 정체성이 '분단국가'라는 데 이견이 없을 것이다. 분단국의 정체성으로 인해 한국은 전쟁을 억제하고, 평화정착과 통일을 적극적으로 추구하고 있다. 따라서 한국은 강한 국가, 평화국가, 통일국가를 국가비전으로 추구한다. 동시에 안보·평화·통일 등 3개를 주요 국익이자, 국가목표와 가치로 추구한다. 둘째, 한국은 지리적·역사적으로 동북아에서 강대국의 지정학적 경쟁에 끼여 안보가 매우 취약한 '중간국가' 또는 '낀 국가'의 정체성을 갖는다. 한국은 역사적으로 중국 남북조 간 강대국 세력 경쟁과 청일, 러일, 미소 등 대륙세력과 해양세력 간 지정학적 경쟁에 말려들어 전쟁, 분할, 점령의 고통을 겪었다. 한국

분단의 현실도 강대국 간 지정학적 경쟁의 타협 결과이며, 아직 고통에서 벗어나지 못하고 있다. 셋째, 2010년대 들어 한국이 새로 찾은 강력한 정체성은 '중견국(middle power)'이다. 한국은 전통적인 국력 기준으로 '중소국' 범주에 들지만, 각종 국력 지수로 10위권에 해당된다. '중견국' 개념에는 물질적으로 국력 수준이 강대국과 약소국의 중간에 위치한 국가, 또는 규범적으로 강대국 정치를 거부하며 다자주의와 법치의 글로벌거버넌스를 통해 국제사회를 운영할 것을 선호하는 국가 두 가지가 흔히 혼용된다. 넷째, 마지막으로 통상국가 정체성이다. 한국은 '자원 빈국·에너지 빈국'이지만 제조업을 통한 수출 기반의 경제성장에 성공한 대표적인 사례다. 오늘 한국은 명실상부한 경제 선진국의 반열에 들었다. 하지만 내부 자원의 빈곤으로 수출입에 과도하게 의존해 대외경제의존도가 매우 높은 '경제 취약국'의 특성을 갖는다. 이런 본연의 취약성을 극복하는 과정에서 한국은 '개방국가·통상국가·세계국가'의 정체성을 갖게 되었고, 이를 주요 국가목표로 추구하고 있다.[10]

한편, 국가가 행하는 행위의 속성에 따라 한국의 국가정체성을 규정할 수도 있다. 예를 들면, 세종연구소의 국가전략 연구에서는 선진·평화·강국이라는 국가비전을 제시하고 있다.[11] '선진'이란 국가의 전반적 체제나 구조가 질적으로, 또 양적으로 선진화된 것을 말하는 대내적 개념이다. 정치적으로는 견실한 자유민주주의, 경제적으로는 시장경제 원

글상자 1.1   국가정체성이란?

정체성(identity)이란 특정 행위자, 특히 개인이 스스로의 존재에 대해 가지고 있는 하나의 이미지다. 이는 기본적으로 하나의 우주적 존재로서 자신을 생각하는 '개체적 정체성(corporate identity)'과 사회 속에서 타자(他者)에 비추어 정의된 자신의 모습, 즉 '사회적 정체성'으로 구성된다. 자신이 속한 다양한 단체, 즉 가족, 지역공동체, 출신학교/동창회, 국가 등이 모두 그와 같은 사회적 정체성의 대상이 되며 그에 따라 다양한 사회적 정체성은 하나의 동심원적 구조를 형성하며 개인의 정체성을 완성한다.

각 개인이 지닌 다양한 사회적 정체성 중 하나가 한나라 국민으로서의 정체성, 곧 국민정체성(national identity)이다. 국민정체성이 국가 차원으로 수렴한 것이 곧 국가정체성(state identity)이다. 국가정체성이란 국가가 하나의 행위자, 혹은 단위체로서 갖는 정체성이라 할 수 있다. 어느 개인의 행동이 그의 정체성을 말해주듯 국가의 정체성은 흔히 그 나라가 추구하는 외교정책과 안보전략의 목표 및 방향에서 발견할 수 있다.

리에 입각한 경쟁력 있는 경제 운용, 국가 내부의 법치나 인권 같은 선진적 원리가 구현된 국가를 말한다. OECD 회원국으로서 명실상부한 경제발전을 이룩하고 국민 개개인이 세계무대에서 자부심을 가질 수 있으며 부가가치가 높은 살기 좋은 국가를 상정한 국가정체성이다.

'평화'는 대외적 개념이다. 강력한 군사력을 바탕으로 국가 외부의 위협을 물리치고 시비를 걸 엄두를 내지 못하게 하는 것은 소극적 의미에서의 평화다. 그러나 군사력만을 통한 평화는 안보딜레마를 초래할 수 있기 때문에 한계가 있다. 이에 비해 국제사회 전체로 갈등과 분쟁이 줄어들고 조화롭게 되는 것은 보다 적극적인 의미에서의 평화라 할 수 있다. 한국의 입장에서 볼 때 평화란 단순히 남북한 간 한반도에서의 평화뿐만 아니라 주변 4강과의 협력 외교, 동북아 다자안보 협력 증진, 그리고 더 나아가 글로벌 차원의 민주주의 증진, 평화, 인권, 반테러 등 인류 보편적 가치의 확대를 포함한다. 한국은 중장기적으로 이러한 가치를 추구함으로써 평화국가로서의 국가 이미지를 구축해 나갈 필요가 있다. 동족상잔의 전쟁을 겪고 남북으로 분단된 채 적대적 대치가 지속되고 있는 한반도, 세계에서 유례없이 군사적 긴장도가 높은 한반도에서 한국이 평화를 주도하는 것은 한국의 미래 무역관계나 외교적 실리에도 적지 않은 기여를 할 것이다.

'강국'은 대내적 개념인 '선진'과 대외적 개념인 '평화'를 연결시켜주는 핵심 고리다. 국제사회 속에서 하나의 단위로서 삶을 영위하려면 무엇보다 그 나라가 튼튼하고 강건해야 한다. 강국은 간단히 말해 정치와 외교, 경제, 사회, 문화 등 대내외 차원의 모든 방면에서 국가가 안정되고 모든 것이 잘 돌아가는 나라다. 국가 내부적으로는 국민적 단합과 건실한 경제 운용, 민주주의와 법치가 제대로 작동하고, 대외적으로는 외부의 위협에 맞서 국민과 영토, 주권을 능히 수호하는 한편 국제사회의 여러 부름에 건설적으로 기여하는 국가다.

2) 한국 국가이익의 체계

상기한 한국의 여러 가지 국가정체성을 전제로 할 때 한국의 국가이익은 무엇인가? 국가이익을 구분, 정리하는 이론적 프레임을 먼저 살펴볼 필요가 있다. 한국이 추구하는 국익은 대한민국 헌법 전문과 총강편에서 찾을 수 있다. 여기에 구현된 국익은 ① 국민의 생명과 재산의 보호, ② 주권의 확보와 유지, ③ 국체(정체성)의 유지, ④ 영토의 보존, ⑤ 경제성장과 발전(시장경제의 발전, 자유무역체제의 유지), ⑥ 자유민주주의 보존과 평화적 통일, ⑦ 항구적 세계평화에 기여 등이다.

이를 종합해보면 한국의 국가이익은 크게 세 가지로 구성된다고 할 수 있다. 첫째는 국가의 안전이다. 둘째는 국민의 번영이다. 셋째는 세계에의 공헌 내지 영향력이다. 앞의 두 가지 국가이익에 대해서는 별 이의가 없겠지만 세 번째, 즉 세계 공헌과 영향력이 과연 그렇게 중요한 국가이익이 될 수 있는가에 대한 이견이 있을 수 있다. 특히 공헌에 대해서는 이견이 있을 수 있다. 그러나 세계화 시대에 선진국 진입을 목표로 해야 하는 한국으로서는 세계에의 공헌이 한국의 중요한 국가이익이 된다고 생각한다. 세계화 시대는 본래 상의상생(相依相生)의 시대이기 때문에 자리(自利)와 타리(他利)가 함께하는 경우가 많은 시대이기 때문이다. 또한, 본래 선진국이란 세계발전에 공헌하고 세계발전을 리드하는 나라를 의미하기 때문이다. 따라서 이러한 세계화 시대에 선진국을 지향해야 하는 한국으로서는 당연히 세계 공헌이 한국의 국가이익이 된다고 보아야 한다.[12]

첫 번째 국가이익은 국가안전(national security), 즉 국민의 생명과 재산의 안전이다. 국가안전은 간단히 말해 국가로서의 생존을 확보하는 것으로서, 이것을 생존적 국가이익이라 부를 수 있다. 전통적 의미의 안보이든 인간안보까지 포함한 포괄적 의미의 안보이든 국민의 생명과 재산에 영향을 미치는 위협을 제거하는 것은 최대의 국가이익이다. 본래 국가존립의 가장 중요한 이유가 바로 국민의 안전, 즉 국민의 생명과 재산의 보호에 있기 때문이다. 따라서 국가는 어떠한 대가를 치르더라도 국민의 안전을 위협하는 일은 막아야

한다.

두 번째 국가이익은 국민의 번영이다. 이것을 핵심적 국가이익(vital national interest)이라고 부를 수 있을 것이다. 그러면 국민의 번영이란 무엇인가? 국민번영은 경제적 풍요와 공평, 정치적 발전과 안정, 사회적 다양과 통합, 그리고 문화적 자긍과 개방 등 4가지 요소로 구성된다고 볼 수 있다. 국민번영을 이루는 일은 과거 20세기 산업화 시대보다 21세기 세계화 시대에 더욱 어려워졌다는 문제가 있다. 세계 변화의 속도가 빠르며 예측 가능성이 낮고 불확실성이 높기 때문이다. 그래서 이론적, 실천적으로 더 과학적이고 총체적이며 정교한 세계화 전략이 필요하다. 그렇지 못하면 국민번영이라는 국가이익을 지킬 수 없다.

세 번째 국가이익은 세계에의 공헌 내지 영향력 증대이다. 이것은 주요한 국가이익(major national interest)이라고 부를 수 있을 것이다. 세계에의 공헌은 구체적으로 인류의 보편적 발전에의 기여, 지구촌의 난제 해결에의 기여 등을 생각할 수 있다. 구체적으로는 정치와 경제 분야일 수도 있고 학술과 문화 분야일 수도 있다. 세계에의 공헌 내지 영향력이라는 국가이익을 높이는 방법으로는 결국 세계발전에 기여하겠다는 한국의 마음가짐과 자세가 중요하고 다음은 세계에의 영향력의 기초가 되는 한국의 국가능력을 높이는 문제가 중요하다.

행정부가 바뀔 때마다 국가안보전략(NSS: National Security Strategy) 보고서를 발간하는 미국의 경우, 대체로 미국의 국가안보가 처한 상황 인식, 국가이익, 그리고 이를 달성할 수 있는 수단과 방법을 개략적으로 소개하는 체제가 정착되어 있다. 예를 들면, 오바마 행정부가 발간한 2010년 NSS 보고서는 글로벌 차원에서 진행되는 힘의 분포 변화, 전쟁양상의 변화, 경제구조의 변화, 지역통합으로 인한 주요 행위자의 등장 등을 주요 상황인식으로 반영했다. 오바마정부가 처한 국제적 상황은 '나머지의 부상', 복합적이고 다중심·무중심 네트워크형 국제질서의 등장과 함께 하이브리드 전쟁의 시대가 도래했음을 지적하고 있다. 이러한 새로운 문제군의 등장으로 국가 위주의 시각보다는 초국가적 접근의 효용성이 증대되었다. 대표적인 21세기형 안보위협인 국제테러리즘, WMD 확산, 실패한 국가의 문제 등은 세계화, 정보화 시대의 특성과 맞물려 군사적 수단의 한계, 일국주의적 접근의 한계를 노정했다. 결국 21세기 네트워크 국제질서 하에서의 초국가적 문제는 네트워크적 접근으로 해결할 수밖에 없다는 것이 오바마정부의 인식이었다.[13]

2010년 NSS는 미국 국가안보전략이 추구해야 할 항구적 이익을 안보, 번영, 가치, 국제질서 등 네 가지로 구분해서 제시했다. 첫째, 미국과 동맹 및 우방국들의 안보를 확보하는 것이다. 테러나 자연재해 등 내부로부터의 각종 위협에 기민하게 대처하는 한편, 알카에다와 폭력적 극단주의 분쇄, 핵무기 등 대량살상무기 확산방지, 사이버공간의 안보 증진을 추구하는 것이 이에 포함된다. 둘째, 개방된 국제경제체제 속에서 강력하고 혁신적이며 성장하는 미국의 경제를 통해 번영과 기회를 증진하는 것이다. 이를 위해서는 교육과 인적 자원에 대한 투자 증대, 과학기술과 경제적 안정이 긴요하다. 셋째, 미국 내에서는 물론 전 세계적으로 보편적 가치를 존중한다. 이를 위해 미국부터 먼저 민주주의와 인권의 모범을 보이고, 전 세계적으로 민주주의와 인권증진을 위해 노력을 기울인다. 넷째, 글로벌 위협 대응에 협력함으로써 국제질서에서 미국의 리더십을 통해 평화, 안보, 기회를 확대한다. 강력한 동맹, 효율적인 국제제도, 아시아, 중국, 러시아, G20, 브라질 등 21세기 새로운 영향력 중심지와의 협력 강조, 기후변화 등 핵심 글로벌도전에서의 협력 등이 제시되었다.

좀 더 최근의 예로서 조 바이든 행정부의 국가안보전략 개요 및 주요 내용을 보자. 바이든 대통령은 취임한 지 2년 만인 2022년 10월, 48페이지에 달하는 첫 국가안보전략 보고서를 발표했다.[14] 본래 취임 후 첫해에 NSS가 공개되는 것이 일반적이지만 바이든 행정부는 우크라이나전쟁, 코로나19 피해 복구 등으로 동 전략의 공식 발표를 연기한 것으로 분석된다. 동 보고서에서도 이전 행정부와 유사하게 미국 국민의 안전 도모, 국내외 경제적 기회 확대, 미국 주도의 민주적 가치 실현 및 방어를 동 전략의 목표로 설정했다. 그리고 이를 위한 실행전략으로 미국의 힘과 영향력 확대를 위한 투자, 글로벌문제 해결을 위한 동맹국과의 연합 구축, 경쟁력 있는 국가안보를 위한 군의 현대화를 제시했다. 강대국 관계에 있어서는 중국과 러시아 이슈를 미국이 직면한 주요 도전과제로 지목했다. 특히 중국은 국제질서 재편 능력과 의지를 갖고 있는 '유일한 경쟁국'이며, 러시아는 '위험한' 국가로 지목되었다. 새로운 경쟁 질서를 받아들이고 집단적 역량 강화를 위해 모든 국가와 경쟁과 협력을 도모해야 한다고 선언하며 4가지 전략을 제시했다. 바이든 행정부는 투트랙 전략을 통해 경쟁국을 포함한 모든 국가와

협력해 국제질서 내 문제 해결을 위해 노력하며, 민주주의 국가와 협력을 확대해 강력하고, 탄력적이고 상호 강화하는 관계를 추진하겠다고 했다.

2022년 NSS의 주요 특징으로는 우선 냉전 이후 미국 주도의 세계질서 붕괴와 새로운 경쟁의 시대가 시작되었음을 지적한다. 설리번(Jake Sullivan) 백악관 국가안보보좌관은 미국의 본격적인 중국 견제 추진을 언급했다. 특정 국가(러시아, 중국)를 미국의 단·장기적 전략에 중요한 경쟁 대상으로 거론하며 중국과의 경쟁에서 우위 선점의 필요성을 강조했다. 오바마정부의 2010년, 2015년 NSS에서도 중국의 성장을 경계했지만, 경제협력을 통해 중국을 미국 주도의 세계질서 속으로 견인하고, 중국과의 초국가적 협력을 강조했던 것

표 1.1 2022년 바이든정부 NSS 주요 전략

전략	주요사항
1. 경쟁	• 냉전 이후 새로운 경쟁 관계 구도 집중 • 전염병, 기후변화, 식량안보 등 초국가적 협력 필요성
2. 투자 강화	• 경쟁력 향상을 위한 자국 산업 투자 증대 • 외교를 통한 동맹국들과 새로운 관계 추진 • 군의 현대화를 통한 국방력 강화
3. 미국의 우선순위	• 중국의 왜곡된 시장 관행 및 경제모델 비난 • NATO를 통한 러시아의 직접적인 안보 위협 대응
4. 지역별 전략	• 21세기 새로운 인도·태평양 관계 구축 • 미·유럽 동맹 강화, 세계적인 민주주의 질서 확립

출처: The White House, "FACT SHEET: The Biden-Harris Administration's National Security Strategy," October 12, 2022 (https://www.whitehouse.gov/briefing-room/statements-releases/2022/10/12/fact-sheet-the-biden-harris-administrations-national-security-strategy/).

과는 다소 차이를 보인다. 또한, 트럼프정부의 2017년 NSS와 달리 2022년 보고서는 '미국 우선주의'보다 동맹국과의 무역 관계개선을 최우선 과제로 삼고 냉전 이후 중국과의 경제협력 질서에서 벗어날 것임을 선언했다. 또한, 2021년 3월 발표한 중간 국가안보전략(Interim NSS)과 달리 러시아의 우크라이나 침략을 비난하면서 NATO 회원국과의 협조를 통해 우크라이나 지원과 유럽 평화 기여를 약속했다.

한국의 경우, 정부 내에서 '국가안보' 개념이 본격적으로 통용되기 시작한 것은 노무현정부가 미국 백악관이 발간하는 국가안보전략 보고서를 모방해 2004년에 처음으로 '국가안보전략 보고서'를 발간한 이후이다. 당시 국가안전보장회의 사무처가 발간한 국가안보전략 보고서는 '국가이익(=국가목표)'을 "국가의 생존, 번영과 발전 등 어떠한 안보환경 하에서도 지향해야 할 가치"로 정의하고, 헌법에 근거하여 국가안전보장, 자유민주주의와 인권 신장, 경제발전과 복리증진, 한반도의 평화적 통일, 세계평화와 인류공영에 기여 등 5개를 제시했다. 또한, 동 보고서는 국익의 하나인 '국가안전보장'을 "국민, 영토, 주권 수호를 통해 국가존립 보장"으로 설명하고, 이를 달성하는 데 필요한 '국가안보목표'로서 한반도의 평화와 안정, 남북한과 동북아의 공동번영, 국민생활의 안전 확보 등 3개를 제시했다.[15] 역대 정부 중 처음으로 발간된 동

보고서를 위해 국가안전보장회의 상임위원회는 통일부, 외교통상부, 국방부, 국가정보원 등 안보관계 부처와의 심층적 협의를 거쳤으며, 국가안전보장회의 상임위원회의 최종 검토를 거쳐 발간했다. 보고서는 이 책자의 발간 목적이 정부의 안보정책 구상을 국민들에게 소상히 밝힘으로써 정부의 외교안보정책 방향에 대한 국민의 올바른 이해를 도모하고 "국민과 함께하는 정책"을 구현하려는 것이라고 밝혔다. 정부의 종합적 안보정책 구상이 공식적으로 발간되는 것은 정부수립 이후 최초의 일로서 정부의 안보정책 방향에 대한 국론수렴의 계기가 되고 국론통합 지향의 안보정책 결정과정에 기여할 것으로 기대된다는 것이 당시 정부의 입장이었다.

노무현정부의 국가안보전략 보고서는 한국이 직면한 도전이자 기회로서 북한 핵문제와 군사적 위협, 주한미군 재배치와 한미동맹의 발전, 동북아 전략적 상호관계의 유동성, 세계화·정보화의 심화 및 지역협력 강화, 다양한 안보위협의 대두 등 5가지를 제시했다. 그리고 국가이익을 실현하고 국가안보목표를 달성하기 위해 국가안보 전략 기조로 평화번영 정책 추진, 균형적 실용외교 추구, 협력적 자주국방 추진, 포괄안보 지향 등 4가지를 설정했다. 평화번영 정책은 기존의 화해협력 정책을 계승·발전시킨 정책으로 통일·외교·국방 등 안보정책 전반을 관통하는 기조이다. 균형적 실용외교는 대외관계에서 상이한 목

표와 요구들 간의 균형을 이루고 설정된 목표를 달성하기 위해 외교적 유연성을 발휘하는 것을 의미한다. 협력적 자주국방은 동맹을 발전시키고 대외 안보협력을 활용하면서 대북억제에서 한국이 주도적인 역할을 수행한다는 뜻이다. 포괄안보는 대내외의 다양한 안보위협과 도전에 효과적으로 대처할 수 있도록 제반 분야에서 안보역량을 강화해 나가는 것을 의미한다.

　이와 같은 전략기조에 바탕하여 참여정부의 안보구상을 실현하기 위해 3개의 '전략과제'와 2개의 '기반과제'를 설정해 추진할 것임을 밝혔다. 여기서 전략과제란 당면한 안보현안이자 국가안보목표 달성에 관건이 되는 과제로서 참여정부 기간 중 정책적 우선순위를 두고 추진할 과제를 말한다. 북한 핵문제의 평화적 해결과 한반도 평화체제 구축, 한미동맹과 자주국방의 병행 발전, 남북한 공동번영과 동북아 협력 주도가 이에 속한다. 한편, 기반과제란 안보정책 목표 자체임과 동시에 전략과제의 이행을 뒷받침하는 과제로서 특정 시기에 국한되지 않고 일관되게 추진할 과제로 전방위 국제협력 추구, 대내적 안보기반 확충 등이 포함된다.

　이명박정부와 박근혜정부는 세계국가를 지향하고, 공동안보와 포괄안보와 같은 신안보 개념을 국가안보전략 보고서에 포함시켰다. 그런데 이명박정부의 '성숙한 세계국가' 국가안보전략보고서(2009)는 명시적으로 국가안보와 국익을 규정하지 않았다. 이명박정부 보고서의 영문명은 『한국의 국가안보전략(The National Security Strategy of the Republic of Korea)』인데 비해 한글명은 『이명박 정부의 외교안보 비전과 전략: 성숙한 세계국가』를 채택해 국가안보전략 보고서 제목으로 '국가안보'라는 용어를 쓰지 않았다는 점이 특이하다.

　박근혜정부는 "국가안보전략" 명칭이 표제로 있는 국가안보전략보고서를 발간하고, 보고서의 전체 내용도 '국가안보전략 체계'의 틀 내에서 정리되었다. 이는 박근혜정부 들어 '국가안보실'이 설치되었고, 정부 안팎에서 '국가안보' 용어와 개념이 보편적으로 통용되었기 때문으로 보인다. 박근혜정부는 '국가안보' 개념 자체에 대해서는 별도 설명이 없었지만, 국가안보목표로서 영토·주권 수호와 국민안전 확보, 한반도 평화와 통일시대 준비, 동북아 협력 증진과 세계평화 발전·기여 등을 제시해 국가안보 이익을 균형 있게 제시했다. 여기서 박근혜정부가 '국가안보' 개념을 별도로 정의하지는 않았지만, 이전 정부에 비해 체계적이며 국제사회의 일반적인 용례와 일치되게 사용했음을 알 수 있다. 즉, 국가안보를 국방, 외교, 통일, 경제를 총괄하는 상위 개념으로 사용한 것이다.[16]

　이상에서 살펴봤듯이 한국의 국가이익은 한국이 추구하는 국가정체성, 그리고 이를 바탕으로 추구해야 할 이익과 가치의 총합이라

할 수 있다. 한국은 이제 국제사회의 견실한 선진국으로서 한국과 동북아, 그리고 글로벌 차원에서 선도적 역할을 충분히 감당할 수 있는 위치에 서 있다. 이러한 역량을 바탕으로 향후 전개될 혼란스러운 지정학적 리스크 속에서 국익으로서 무엇을 지키고 확보할 것인지, 그리고 국가적 가치로서 무엇을 지향할 것인지를 결정해야 하는 과제를 안고 있다.

3) 자유·평화·번영의 국가안보전략

급변하는 글로벌 지정학적 환경 속에서 한국 안보정책의 목표와 방향을 설정하는 것은 매우 중요하다. 현재 한국정부는 시대적 소명과 국민적 요구를 반영해 '자유, 평화, 번영에 기여하는 글로벌 중추국가'를 외교안보 비전으로 제시하고, 다음과 같이 3대 국가안보목표를 설정했다.

첫째, 국가 주권과 영토를 수호하고 국민 안전을 증진한다. 그와 더불어 국가와 국민의 이익을 위협하는 모든 세력으로부터 한국 주권과 국토를 굳건히 수호한다. 특히 북한의 핵·미사일 위협을 비롯한 각종 도발을 적극적으로 억제하고, 북한이 도발을 감행하면 이를 강력히 응징하고 격퇴한다. 또한, 경제·사회·환경 등 여러 분야에서 발생할 수 있는 포괄적 안보위협으로부터 국민의 생명과 재산을 철저히 보호한다.

둘째, 한반도에 평화를 정착하면서 통일미래를 준비한다. 구체적으로 원칙 있는 대북 접근을 일관되게 펼침으로써 한반도에 지속 가능한 평화를 구축한다. 북한이 미래를 위한 올바른 선택을 내리도록 이끌어내는 데 주력하고, 국제사회와 함께 북핵 문제의 평화적 해결을 위해 노력한다. 그리고 통일에 대한 국민 의지와 역량을 결집해 자유민주 평화통일을 이룰 수 있도록 대내외 통일미래 기반을 조성한다.

셋째, 동아시아 번영의 기틀을 마련하고 글로벌 역할을 확대한다. 정부는 세계평화와 번영을 위해 자유·민주·인권 등 핵심 가치를 공유하는 국가들과 연대를 강화한다. 또한, 규범에 입각한 공정한 국제협력을 꾀한다. 나아가 한국의 선진 과학기술 역량을 토대로 인류 번영을 위해 각종 글로벌 현안 해결에 적극 기여한다.[17]

현재 한국정부가 추진하고 있는 국가안보전략에서도 안보, 평화, 통일, 글로벌 역할 등 과거 역대 정부의 국가안보전략에서 거론되었던 핵심 요인들이 대부분 중요한 목표로 제시되고 있다. 이러한 안보전략 목표를 설정하게 된 것은 한국이 처한 안보위협의 분석에 근거한 것이다. 한국이 당면한 위협은 첫째, 가장 심각한 도전은 북한이 핵·미사일 등 대량살상무기(WMD) 능력을 고도화하고 있다는 점이다. 특히 최근 들어 북한은 핵 선제사용과 전술핵 운용을 노골적으로 위협하고 있다. 이에 한국군의 방위역량을 확충하고, 한미 연합방위태세를 확고히 하는 것이 어느 때보다 중요하다. 아울러 북한 핵·미사일 대응을 위한 한미일 안보협력이 중요해진 만큼, 악화된 한일관계를 협력 기조로 전환하고 미래지향적 관계로 전환할 필요성도 커지고 있다.

둘째, 미국·중국 간에 경쟁이 심화되면서 국제질서의 유동성이 커지고 있다. 중국은 경제력 성장을 토대로 군사력을 계속 증강하면서 국제무대에서 정치·경제적 영향력을 확대하고 있다. 이에 미국은 현재의 세계정세를 '민주주의 대 권위주의 간 대결의 변곡점'으로 규정하고 동맹·우방국과 연대를 강화하고 있다.

셋째, 경제와 안보의 연계가 강화되면서 국가 간 경제안보 경쟁이 격화되고 있다. 세계화의 흐름 속에서 구축되었던 다자무역 질서도 국가들의 정치·경제적 주도권 다툼 속에서 흔들리고 있다. 주요국간 경제안보 갈등은 개별국가들의 산업·자원의 무기화와 글로벌 공급망의 블록화로 이어지고 있다. 특히 코로

도표 1.1 2025년 한국정부의 국가안보전략 구조

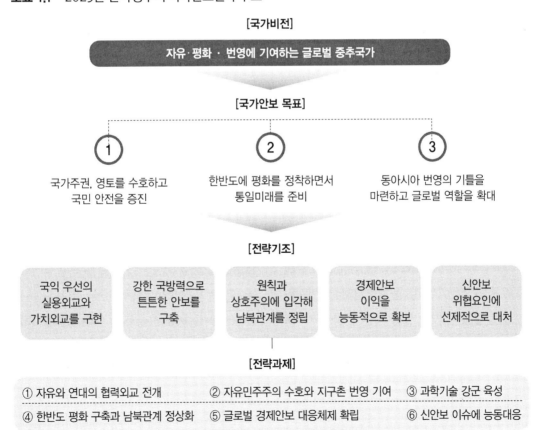

나19 팬데믹으로 촉발된 공급망 위기는 우크라이나전쟁으로 더욱 심화되었으며, 에너지·식량·원자재 수급에 차질을 빚으며 글로벌경제에 부정적 영향을 미치고 있다.

넷째, 감염병·기후변화·사이버 해킹 등 새로운 안보위협 요인들이 인류 생활 전반에 부정적 영향을 미치고 있다. 이러한 위기들은 다층적이고 복합적인 구조로 인해 개별국가 차원의 대응으로는 해결이 불가능한 실정이다. 하지만 국제사회에서는 자국 이익 우선주의가 심화되면서 문제해결을 위한 협력보다는 각자도생을 위한 경쟁이 격화되고 있다. 윤석열정부는 이러한 안보위협 인식과 비전을 바탕으로 5대 전략기조와 6대 전략과제를 제시했다.

국가안보전략과 별도로 한국정부는 새롭게 인도·태평양전략도 발표했다. 이는 인도·태평양지역이 갈수록 지정학적, 지경학적 중요성이 커지는 추세를 반영한 것이다. 인태지역의 안정과 번영은 한국의 국익에 직결된다. 세계 인구의 65%가 거주하는 인태지역은 세계 GDP의 62%, 무역의 46%, 해양 운송의 절반을 차지한다. 또한, 반도체를 비롯한 미래 전략산업의 핵심 협력 국가들이 소재하는 경제·기술적 역동성이 높은 지역이다. 한국은 2021년 기준으로 대외교역이 국내총생산(GDP)의 약 85%를 차지하고, 경제성장에 대한 수출 기여도가 높은 개방형 통상국가다. 이 중 인태지역은 한국의 전체 수출액 중 약

78%, 수입액의 약 67%를 차지한다. 한국의 20대 교역 파트너 과반수가 인태지역에 위치하며, 한국의 해외직접투자 66%가 인태지역에 집중되어 있다는 점은 한국과 인태지역의 긴밀한 관계를 명확히 드러낸다. 또한, 인태지역에는 전략적으로 중요한 핵심 해상물류통로가 다수 존재한다. 한국은 무역의 대부분을 해상교통로에 의존하며, 이 중 상당량이 호르무즈 해협-인도양-말라카해협-남중국해를 거쳐 이동한다. 특히 남중국해는 한국 원유 수송의 약 64%와 천연가스 수송의 약 46%를 차지하는 핵심 해상 교통로이기도 하다.

인도·태평양전략의 비전 또한 자유, 평화, 번영이라는 세 가지 키워드를 포함하고 있다. 자유, 평화, 번영의 비전을 바탕으로 포용, 신뢰, 호혜 3대 협력 원칙하에 인도·태평양전략을 이행해 나갈 것을 선언했다. 첫째, 포용은 인태 비전이 특정 국가를 겨냥하거나 배제하지 않는 포용적인 구상임을 말한다. 한국은 이러한 비전과 협력 원칙에 부합하는 모든 파트너 국가들과의 협력을 추구한다. 자유롭고 평화로우며 번영하는 인태지역이라는 공동의 이익을 목표로 역내외 국가들과 열린 자세로 협력해 나간다는 것이다. 둘째, 공고한 상호신뢰에 기반한 협력 관계를 추구한다. 신뢰에 기반한 협력 관계는 다양한 지역 및 글로벌 도전과제에 공동으로 그리고 지속 가능한 방식으로 대처하는 데 필수적인 요소이기 때문이다. 한국은 원칙과 규범을 존중해 역내외

표 1.2 한국 역대 정부의 국가안보 비전과 목표

정부	국가안보 비전	국가안보목표	국가안보전략 기조
노무현 정부	동북아 중심국가론	• 한반도의 평화와 안정 • 남북한과 동북아의 공동번영 • 국민생활의 안전 확보	• 평화번영정책 • 균형적 실용외교 • 협력적 자주국방 • 포괄안보 지향
이명박 정부	성숙한 세계국가	• 핵심가치로서 정의와 평화, 공동 번영, 세계주의 제시	• 창조적 실용주의 실현을 위해 국 민통합, 실용적 성과, 국제협력 제시
박근혜 정부	국민이 행복한 나라, 문화로 향유 하는 나라, 세계의 문화국가	• 영토주권의 수호와 국민안전 확보 • 한반도 평화정착과 통일시대 준비 • 동북아 협력증진과 세계평화 발 전에 기여	• 튼튼한 안보태세 구축 • 한반도 신뢰프로세스 추진 • 신뢰외교 전개
문재인 정부	국민의 나라, 정의로운 대한민국	• 북핵문제의 평화적 해결 및 항구적 평화정착 • 동북아 및 세계평화번영에 기여 • 국민의 안전과 생명을 보호하는 안심사회 구현	• 한반도 평화번영의 주도적 추진 • 책임 국방으로 강한 안보 구현 • 균형있는 협력외교 추진 • 국민의 안전확보 및 권익 보호
윤석열 정부	자유·평화·번영에 기여하는 글로벌 중추국가	• 국가주권과 영토 수호, 국민안전 증진 • 한반도 평화정착, 통일미래 준비 • 동아시아 번영 기틀 마련, 글로벌 역할 확대	• 국익우선 실용외교와 가치외교 • 강한 국방력으로 튼튼한 안보 구축 • 원칙과 상호주의에 입각한 남북관계 • 경제안보 이익 능동적 확보 • 신안보위협 선제적 대처

국가들이 신뢰할 수 있는 협력 동반자가 될 것이다. 셋째, 모든 당사자를 이롭게 하는 관여가 가장 지속적이고 효과적이라는 인식 하에 상호 이익이 되는 협력을 추구한다. 경제 성장, 민주화 등 한국의 성공 경험을 공유하고 기술·문화 경쟁력 같은 독자적인 강점을 활용해 파트너 국가들에게 실질적 이익을 제공하는 한편, 인적·문화 교류를 함께 촉진하는 호혜적 협력을 지향한다. 지리적으로는 한반도와 동북아를 넘어 동남아, 남아시아, 오세아니아, 인도양 연안 아프리카 등 인태 내 주요 지역과 전략적 협력을 심화해 나감으로써 외교적 지평을 확대하고 지역별로 특화된 맞춤형 전략적 협력 네트워크를 강화해 나갈 것이다. 또한, 인태지역의 평화와 번영을 증진하기 위해 유럽, 중남미와도 긴밀히 협력해 나갈 것이다. 이렇게 보면 한국의 인도·태평양전략은 사실상 지역전략이라기보다 전 세

계를 아우르는 포괄적 전략의 성격을 띠고 있다고 할 수 있다.

4. 한국 국가안보의 새로운 목표와 방향

앞에서 살펴보았듯이 한국의 국가안보에서 추구해야 할 목표와 방향성은 이미 상당 부분 역대 정부들의 국가안보전략에서 어느 정도 제시된 바 있다. 정부마다 중점과 우선순위는 약간 다르지만 한국의 국가안보에서 핵심적으로 중요하게 추진되어야 할 목표와 방향은 다음과 같이 정리할 수 있다.

첫째, 안보의 확보다. 안보를 말할 때 가장 먼저 떠오르는 개념은 국가안보다. 냉전기를 통해 안보에 관한 대부분의 연구들은 군사적 관점에서 정의된 국가안보에 초점을 맞춰 왔다. 이 시기 학자들과 정치가들의 주된 관심은 국가가 처한 외부로부터의 위협에 대처하기 위해 구비해야 할 군사력에만 집중되었다. 그러나 더 최근에 이르러 이러한 안보 개념이 민족중심적, 즉 문화적으로 편향되었을 뿐만 아니라 편협한 정의라는 비판이 제기되었다. 이러한 개념 대신 최근 몇몇 학자들은 외향적으로 확대된 안보 개념, 즉 편협한 국가안보 개념의 한계를 극복하고 다양한 고려 사항들을 포함하는 안보 개념을 주창하고 있다. 국가안보 대신 인간안보, 국제안보 등 분석의 차원에서 다양한 측면을 고찰하는 개념이 제시되는 것이 바로 그런 이유다.

동북아의 특유한 지정학적 환경과 적대적 분단이라는 현실로 인해 한국이 추구하는 안보는 우선 외적 위협으로부터 국가로서의 생존과 영토, 국민의 안전을 수호하는 것이 최상의 목표로 제시되는 경향이 없지 않았다. 또한, 한국의 역대 정부정책에서 정권이 보수냐 진보냐에 따라 한국의 안보정책은 '안보 우선' 혹은 '평화 우선'이라는 양극단 사이를 오가는 행태를 보였으며, 시간이 갈수록 안보정책의 중점 진폭이 커지는 양상을 노정해왔다. 현재처럼 5년 단임 대통령제하에서 정부가 바뀌면 안보정책의 중점과 방향이 크게 바뀌는 부작용은 피하기 어려워 보인다. 향후 한국의 안보정책에서 안보와 평화 두 가지 모두를 적절히 안배하고 추구하는 균형 잡힌 접근이 필수적이다.

안보전략의 내용에서도 국가별, 지역별 안보전략과 더불어 이제는 한국의 글로벌위상을 반영한 포괄적 안보 프레임으로 이를 확장하는 것이 바람직하다. 국가나 지역별 고려에서 한국의 안보전략은 흔히 말하는 '주변 4강', 즉 미국, 중국, 일본, 러시아 등 한반도 주변의 주요 행위자들에 초점을 두어왔으나 이제는 글로벌 사우스를 포함해 전 지구적 차원으로 한국안보의 프레임을 확장하는 것이 불가피하다. 안보의 내용, 혹은 기능적 차원에서도 영역을 군사, 외교, 경제통상, 신흥안보(사이버, 우주, 해양, 기후변화), 과학기술 등 전 영역으로 확대해야 한다.

둘째, 번영의 확보다. 한국은 통상국가로서 먹고 사는 문제 또한 죽고 사는 문제, 즉 안보 못지않게 중요하다. 한국은 지정학적으로 부존자원이 빈약하고 남북으로 분단된 채 적대적 공존을 지속해온 탓에 통상을 통한 경제발전을 중요시하는 국가발전 전략을 채택해왔다. 이를 위해 교육으로 인적 자원을 양성하고, 기술개발과 생산제조업 역량을 축적해 선진국 반열에 오른 국가다. 최근 추세는 단순히 경제적 번영뿐만 아니라 경제문제를 포괄적인 안보의 일부로 간주하는 경제안보 시각이 중요시된다. 지금은 경제가 곧 안보, 안보가 곧 경제인 시대다. 오늘날 시장의 변화와 첨단기술 경쟁은 국가안보와 직결되는 문제이다.

코로나19로 인한 국경봉쇄에 이어 우크라이나전쟁 발발로 국가 간 교역이 축소되고 원자재 가격이 급등하며 경제안보 환경이 급격히 악화되었다. 특히 러시아가 에너지 자원을 무기화하면서 국제 에너지 가격이 불안정해지고, 주요 곡물 생산국들도 수출을 통제하면서 글로벌 식량위기가 심화되고 있다. 공급망 충격을 겪은 국가들은 경제 블록화를 통해 공급망 자립을 추진하고 있다. 특히 생산주도권을 되찾기 위해 생산시설을 국내로 이전하는 '리쇼어링' 또는 동맹국으로 이전하는 '프렌드 쇼어링' 정책이 활발히 전개되고 있다. 이처럼 각국이 보호무역주의 기조로 전환하면서 자유무역 패러다임을 기반으로 한 글로벌 가치사슬에도 균열이 일어나고 있다. 한편, 첨단기술이 국가안보의 영역으로 다루어지면서 기술탈취·인재유출에 대한 보호 경향 또한 강해지고 있다. 미국과 중국 간 첨단기술을 둘러싼 기술패권 경쟁이 심화되는 가운데 앞으로 글로벌 반도체·배터리 관련 산업 전반의 재편이 불가피할 것으로 보인다.

한국은 대외 의존도가 높은 개방형 경제 국가로서 대외 변수에 취약하다. 특히 코로나19, 우크라이나전쟁 등은 글로벌 공급망을 교란하면서 핵심물자 부족, 물가 상승 등 한국경제와 국민생활에 큰 영향을 미치고 있다. 이러한 상황에서 경제의 불확실성을 줄이고, 대외 리스크에 대한 대응력과 회복력을 높이며, 경제도약의 기회를 만들어 나가는 능동적인 경제안보 외교의 역할이 어느 때보다 중요하다. 대외 리스크에 대한 대응력을 강화해 위기에서 신속히 회복할 수 있는 공급망을 구축해야 한다. 핵심광물과 같은 주요 자원을 풍부하게 보유한 국가들과 공급망 협력을 강화해야 한다. 원전·수소 등 저탄소 청정에너지에 관한 글로벌협력을 강화하는 것도 매우 중요하다. 특히 최근 많은 국가들이 탈탄소 에너지 전환을 위해 원전 도입을 고려하는 추세에 발맞춰 한국도 대형 원전, 선진원자로 및 소형 모듈 원전업체들의 해외 진출을 적극 추진해야 한다. 글로벌경쟁이 첨단기술 분야로 확대되면서 핵심·신흥기술은 국가안보에 큰 영향을 미치는 중요한 변수가 되었다. 미국은 가치를 공유하는 국가들과 기술 파트너십을 추진하고 있으며, 일본 등 주요 국가들도 기술 역량을 강화하기 위한 국제협력을 모색하고 있다.

이와 같이 국가안보전략에서 번영의 폭과 깊이는 단순히 경제적 번영을 구가한다는 과거의 개념에 비할 수 없을 정도로 커졌다. 이제 번영은 경제통상의 원활한 보장과 경쟁력 차원을 넘어 안정된 공급망의 확보와 유지, 첨단 핵심 산업 역량의 강화와 기술 우위 확보 등 경제를 위한 안보의 시대에서 안보를 위한 경제의 시대로 전환되는 세계적 흐름에 대응하는 과제를 안게 되었다.

셋째, 확고한 세계국가로서의 위상을 확립해야 한다. 오늘날 세계는 기후변화, 환경, 보건 등 새로운 안보위협에 직면해 있다. 그러나 글로벌현안을 해결하기 위한 다자협력은 주요국간 전략적 경쟁과 대립으로 뚜렷한 진전을 보이지 못하고 있다. 이러한 상황 속에서 글로벌 중추국가를 지향하는 한국의 역할에 대한 국제사회의 기대가 커지고 있다. 그러한 역할은 단순히 한국이 원한다고 해서 되는 것은 아니고 이를 이행할 역량과 더불어 일정한 국제적 평판을 필요로 한다. 한국정부가 주창하고 있는 글로벌 중추국가도 실제로 글로벌거버넌스에 일정한 역할을 하고, 이를 선도하는 역할을 할 수 있도록 해야 한다는

데 중점을 두고 있다. 한국은 이제 더 이상 한국전쟁 이후 폐허 속에 서 있던 세계 최빈국도 아니고 국제사회의 도움에 일방적으로 의존하는 국가도 아니다. 한국은 '한강의 기적'이라고 불릴 정도로 빈곤국에서 세계 10위권의 선진국으로 성장한 것과 함께 민주주의를 달성한 예외적인 사례에 속한다. 한국이 세계적인 리더로서 자리잡기 위해서는 그게 걸맞은 실력과 역량을 구비해야 함은 물론 이를 실행하기 위한 좋은 전략적 방책도 겸비해야 한다. 그렇기 때문에 국가전략의 방향과 목표를 잘 설정하는 것이 중요한 것이다.

한국이 평화번영의 세계국가가 되기 위해서는 한국의 안보전략에 명확한 방향성과 철학이 전제되어야 한다.[18]

첫째, 한국 국가안보전략은 한국의 국가이익을 최우선으로 고려하는 실용주의적인 방향성을 띠어야 한다. 이는 물론 한국이 철저하게 이익의 계산에 매몰되어 가치의 측면을 버리자는 의미가 아니다. 한국의 국제적 위상에 맞는 가치와 규범을 실용적 방식으로 보완해서 추진해야 한다는 의미다. 외교정책은 흔히 원칙과 명분이 하나의 축이고, 실용적이고 실리 위주의 외교가 다른 하나의 축을 이루고 있다. 원칙과 명분은 국가정체성을 반영한 국가 이미지 형성에서 나름대로 외교적 성과를 가져올 수 있지만 원칙과 명분에만 사로잡힐 경우, 외교적 유연성을 잃고 편향된 길로 빠지기 쉽다. 과거 한국의 국가안보전략에서는

정부의 이념적 지평에 따라 정책이 결정되고 시대적 상황과 국제환경을 고려한 유연한 적응이 어려운 경우가 많았다. 향후 한국의 국가안보전략에서는 사안에 따라 실용적이면서도 유연한 대응태도가 갈수록 더욱 필요하게 될 것이다.

둘째, 한국 국가안보전략은 포괄적이고 전방위적이어야 한다. 이는 한국의 국력이 커지고 국제적 위상이 높아짐에 따라 한국외교의 지평이 확장되어야 함을 의미한다. 국가 수준의 안보, 지역 수준의 통합 범위를 넘어 세계적 차원에서의 인류보편적 가치를 외교 영역에서 실천해야 한다는 당위성과도 연관되어 있다. 아울러 안보전략의 어젠다도 국제협력, 군사안보, 경제통상, 과학기술, 신흥안보 등 한국의 평화번영에 관련된 모든 분야로 확대되어야 한다. 또한, 한반도나 동북아지역에만 한국안보의 프레임을 국한시키지 말고 '세계적 평화번영'으로 확장해야 한다.

5. 한국안보의 과제와 미래전망

지금은 한국에게 유례없는 위기의 시대다. 국내정치, 글로벌 상황 모두 우려스러운 징후들이 넘쳐난다. 한마디로 한국이 처한 상황은 내우외환(內憂外患)이다. 최근 글로벌 차원의 지정학적 상황은 매우 혼란스럽다. 파편화된 세계질서 하에서 새로운 진영화가 동시에 진행되는 가운데 세계 곳곳에서 다양한 갈등과 충돌이 동시다발적으로 발생하면서 불확실성과 리스크가 증대하는 추세다. 이러한 나라 밖의 혼란상에 더하여 나라 안에서는 뜻하지 않은 계엄령 파동으로 대한민국호가 좌초될 위기에 처했다. 전 세계적인 '민주주의의 퇴행' 추세 속에서 한국은 경제성장과 함께 견실한 민주주의를 정착시킨 모범적 사례라는 평가를 받아왔다.

하지만 뜻하지 않은 비상계엄 파동과 뒤이은 대통령 탄핵 소추로 한국의 민주주의는 국제적 의구심의 대상이 되었다. 계엄령 사태로 대통령이 탄핵되면서 국정공백 혼란 상태가 당분간 지속될 가능성이 크다. 한국의 민주주의 후퇴는 단순히 국내정치의 문제가 아니라 글로벌환경 속에서 한국의 위상과 역량을 보여주는 중요한 안보적 약점이다. 대통령의 어설픈 계엄령 선포와 이에 대응한 국회의 신속한 계엄 해제 결의는 분명히 한국 민주주의의 유연성과 장점을 보여주는 징표로 볼 수 있다. 그러나 대통령에 대한 탄핵 심판을 둘러싼 한국 사법체계의 혼란이 장기적으로 지속된다면 국가적 역량의 훼손은 물론 한국의 대외적 이미지 실추, 국가신인도 하락 등 대외적 리스크 대응에도 큰 손상을 초래할 것이다. 한국의 계엄과 탄핵 사태 이면에는 한국 정치에서 고질적인 정치적 양극화가 있다. 한쪽은 한 민족으로서 북한과의 통일을 달성해야 한다는 냉전시대 민족주의적 투쟁의식에

충만한 좌파이고, 다른 한쪽은 미국 및 자유주의 질서와 연합해 글로벌 코리아를 확립해야 한다는 우파 정치세력이다. 이렇게 '나와 그들(us vs. them)'을 구분하는 극단적 양분법, 특히 국가정체성에 대해 상호 배타적 비전에 기반한 분열은 민주주의에 매우 위험하다. 45년 만에 다시 소환된 계엄령 선포와 탄핵은 한국 민주주의의 후퇴이며 만약 민족주의적 양극화가 해소되지 않을 경우, 앞으로도 다시 발생할 수 있다는 전주곡이다.[19]

계엄령 사태는 한국 민주주의의 장래에 대한 국제사회의 의구심을 불러일으키기에 충분했다. 한국이 중시하는 한미동맹의 초석은 민주주의라는 공통의 토대 위에 서 있을 때 의미를 갖는다. 한국과 '유사입장(like-minded)' 국가들과의 협력을 말할 때도 민주주의라는 공통분모가 반드시 들어간다. 민주주의는 한국이 가진 보이지 않는 무형의 강력한 외교적 자산이다. 계엄령 사태 이후 한국이 지정학적 격동기에 국제무대에서 과연 지속적인 역할을 할 수 있는지에 대한 의문이 당연히 제기될 것이다. 한국정부가 강조하는 '자유·평화·번영'이라는 키워드가 민주주의에 역행하는 공허한 구호였음이 드러난 이상 한국정부가 추구해온 '글로벌 중추국가' 비전이 동력을 잃을 것은 불을 보듯 뻔하다. 당장 한미관계 관리에 빨간 불이 켜졌다. 트럼프 2기 행정부에게 한국의 우려와 어젠다를 전달할 골든타임을 허망하게 낭비한 채 트럼프 리스크

를 무방비로 맞게 되었다. 위기에 처한 한국의 민주주의를 되살리는 것이야말로 강건한 국가안보전략의 출발점이 될 것이다. 현재 한국정치의 혼란은 그동안 어느 정도 추상적 가치로 여겨져 왔던 민주주의가 사실 한국의 국가안보와 외교에서 군사력이나 경제력에 비할 수 없는 최강의 무기였음을 잘 보여준다.

새로 들어설 정부는 안팎의 리스크를 극복하고 한국의 국가안보를 굳건히 세워야 할 책무가 있다. 그것은 정부의 이념적 성향이나 정파적 이익에 따라 규정될 사안이 아니다. 이제는 정권의 이익이 아니라 국가의 이익을 최우선시하는 안보전략의 목표와 방향을 설정해야 한다. 지금은 한국에게 국내정치, 글로벌 지정학적 상황 모두 유례없는 위기의 시대다. 국제정세는 당분간 뚜렷한 글로벌리더십이 부재한 가운데 모든 국가들이 자국의 안보와 경제 이익 확보를 최우선시하는 추세가 지속될 전망이다. 또한, 지금은 지구촌 곳곳의 충돌 여파가 갈수록 연결되는 시대다. 세계 전체가 하나의 전역(戰域)으로 연결되고, 지구촌 그 누구도 타 지역의 전쟁 여파에서 자유로울 수 없는 시대가 도래했다. 이렇게 불확실성과 리스크가 지배적인 상황에서는 균형감과 탄력적 대응이 절대적으로 필요하다. 국익의 우선순위에 대한 균형감과 더불어 변화하는 안보환경에 전략적으로 대응하는 국가안보 태세가 그 어느 때보다 필요한 상황이다.

토의주제

1. 한국의 국가안보를 위협하거나 도전이 되는 최근 국제정세의 흐름은 무엇인가?

2. 미국 주도로 건설된 제2차 세계대전 이후 자유주의 국제질서, 혹은 규칙기반 국제질서 해체의 원인은 무엇인가?

3. 국가정체성이란 무엇인가? 한국의 국가정체성은 어떻게 규정할 수 있는가?

4. 한국이 추구해야 할 국가이익에는 어떤 것들이 포함될 수 있는가?

5. 한국 역대 정부들이 발간해온 국가안보전략에는 어떤 것들이 있는가?

6. 앞으로 한국이 추구해야 할 국가안보전략의 목표와 방향은 무엇이 되어야 하는가?

7. 한국의 국가정체성과 안보에서 민주주의란 어떤 의미와 위상을 갖는가?

주

1) G. John Ikenberry, "Three Worlds: the West, East and South and the competition to shape global order," *International Affairs* 100–1 (2024).

2) Ashley J. Tellis, "Inevitable Fractures: The Ukraine War and the Global System," Carnegie Endowment for International Peace, May 2024.

3) G. John Ikenberry, *After Victory: Institutions, Strategic Restraint, and the Rebuilding of Order After Major Wars* (Princeton, NJ: Princeton University Press, 2001).

4) G. John Ikenberry, "Why the Liberal World Order Will Survive," (PDF) *Ethics & International Affairs* 32–1 (2018), pp. 17–29.

5) Emil Pain, "The imperial syndrome and its influence on Russian nationalism," in *The New Russian Nationalism: Imperialism, Ethnicity and Authoritarianism 2000–2015*, eds. Pål Kolstrø and Helge Blakkisrud (Edinburgh: Edinburgh University Press, 2016), p. 46.

6) 이상현, "지정학적 리스크의 동시성과 연결의 군사안보 전략," 『통일정책연구』 제33권 2호 (2024) 참조.

7) Bruce W. Bennett, "The Evolution of U.S. Extended Deterrence for South Korea to Counter the North Korean Nuclear Weapon Threat," 세종연구소 주최, 2024 한미핵전략포럼(2024.9.26, 연합뉴스빌딩 연우홀) 발표논문.

8) 『노동신문』, 2024년 12월 29일.

9) "The perils of the world's third nuclear age," *The Economist*, 24 November 2024 (https://www.economist.com/the-world-ahead/2024/11/20/the-perils-of-the-worlds-third-nuclear-age).

10) 전봉근, "미중 경쟁 시대 한국의 '중간국' 외교전략 모색," 국립외교원 외교안보연구소, 『정책연구시리즈』 2019–03 (2019.12), pp. 24–29.

11) 세종연구소 엮음, 『한국의 국가전략 2020』 (성남: 세종연구소, 2006) 참조.

12) "대한민국의 국가이익은 무엇인가?," 한반도선진화재단 한선 칼럼, 2008.10.14. (https://www.hansun.org/korean/bbs/board_view.php?bbs_code=bbsIdx6&page=35&num=1219).

13) The White House, "National Security Strategy," May 2010 (https://obamawhitehouse.archives.gov/sites/default/files/rss_viewer/national_security_strategy.pdf).

14) The White House, "National Security Strategy," October 2022 (https://www.whitehouse.gov/wp-content/uploads/2022/11/8-November-Combined-PDF-for-Upload.pdf).

15) 국가안전보장회의 사무처, 『참여정부의 안보정책

16) 전봉근, "국가안보전략의 국익 개념과 체계," IFANS 주요 국제문제 분석 2017-15 (2017.05.16.) 참조.
17) 대한민국 대통령실 국가안보실, "윤석열 정부의 국가안보전략: 자유, 평화, 번영의 글로벌 중추국가," 2023년 6월, pp. 11-12.
18) 세종연구소, 『한국의 국가전략 2020』(성남: 세종연구소, 2006), pp. 14-16.

구상: 평화번영과 국가안보(2004)』 (2004).

19) Andrew Yeo and Aram Hur, "What America should learn from South Korea's democratic crisis," *The Hill*, January 3, 2025 (https://thehill.com/opinion/international/5065721-what-america-should-learn-from-south-koreas-democratic-crisis/).

참고문헌

1. 한글문헌

국가안전보장회의 사무처. 『참여정부의 안보정책 구상: 평화번영과 국가안보』. 2004.
대한민국 대통령실 국가안보실. "윤석열 정부의 국가안보전략: 자유, 평화, 번영의 글로벌 중추국가." 2023년 6월.
세종연구소 엮음. 『한국의 국가전략 2020』. 성남: 세종연구소, 2006.
이상현. "지정학적 리스크의 동시성과 연결의 군사안보 전략." 『통일정책연구』 제33권2호 (2024).
전봉근. "국가안보전략의 국익 개념과 체계." IFANS 주요 국제문제 분석 2017-15 (2017.05.16).
_____. "미중 경쟁 시대 한국의 '중간국' 외교전략 모색." 국립외교원 외교안보연구소, 정책연구시리즈 2019-03 (2019.12).

2. 영어문헌

Bennett, Bruce W. "The Evolution of U.S. Extended Deterrence for South Korea to Counter the North Korean Nuclear Weapon Threat." 세종연구소 주최, 2024 한미핵전략포럼(2024. 9. 26., 연합뉴스빌딩 연우홀) 발표논문.
Ikenberry, G. John. *After Victory: Institutions, Strategic Restraint, and the Rebuilding of Order After Major Wars*. Princeton, NJ: Princeton University Press, 2001.
_____. "Three Worlds: the West, East and South and the competition to shape global order." *International Affairs*, 100-1 (2024).
_____. "Why the Liberal World Order Will Survive." (PDF) *Ethics & International Affairs*. 32-1 (2018).
Pain, Emil. "The imperial syndrome and its influence on Russian nationalism." in *The New Russian Nationalism: Imperialism, Ethnicity and Authoritarianism 2000-2015*, eds. Pål Kolstrø and Helge Blakkisrud. Edinburgh: Edinburgh University Press, 2016.
Tellis, Ashley J. "Inevitable Fractures: The Ukraine War and the Global System." Carnegie Endowment for International Peace, May 2024.
The White House. "FACT SHEET: The Biden-Harris Administration's National Security Strategy." October 12, 2022 (https://www.whitehouse.gov/briefing-room/statements-releases/2022/10/12/fact-sheet-the-biden-harris-administrations-national-security-strategy/).
The White House. "National Security Strategy." May 2010 (https://obamawhitehouse.archives.gov/sites/default/files/rss_viewer/national_security_strategy.pdf).
The White House. "National Security Strategy." October 2022 (https://www.whitehouse.gov/wp-content/uploads/2022/11/8-November-Combined-PDF-for-Upload.pdf).
Yeo, Andrew, and Aram Hur "What America should learn from South Korea's democratic crisis." The Hill, January 3, 2025 (https://

thehill.com/opinion/international/5065721-
what-america-should-learn-from-south-
koreas-democratic-crisis/).

3. 언론/인터넷 기사

"The perils of the world's third nuclear age." The
Economist, November 24, 2024 (https://www.
economist.com/the-world-ahead/2024/11/20/
the-perils-of-the-worlds-third-nuclear-age).
"대한민국의 국가이익은 무엇인가?." 한반도선진
화재단 한선 칼럼, 2008.10.14. (https://www.
hansun.org/korean/bbs/board_view.php?bbs_
code=bbsIdx6&page=35&num=1219).
『노동신문』. 2024년 12월 29일.

2장

한국의 사이버안보

유인태(단국대 정치외교학과)

1. 서론 33
2. 사이버안보의 개념과
   특징 35
3. 한국 사이버안보 전략과
   국내 제도 수립 39
4. 한국 사이버안보
   민관협력 거버넌스 52
5. 한국 사이버안보와
   국제관계 59
6. 한국 사이버안보의
   과제와 미래전망 62

개요

한국은 일찍부터 인터넷 강국으로 자부심을 가지고 전 세계에 알려져 있었던 만큼 사이버위협에도 많이 노출되었다. 여러 사이버 사건을 경험하면서 한국의 사이버안보 거버넌스는 구축되어 나갔는데, 사이버위협의 진화와 국제 정세의 변화 속에서 계속 발전해 나가고 있다. 한국의 사이버안보 거버넌스의 발전에 있어서 다양한 행위자들이 기여하고 있지만, 주요한 행위자 중 하나가 정부다. 그러나 전통안보에서 보이는 정부의 위상과는 사뭇 다르다. 이는 사이버공간의 특성에 기인하는데, 사이버위협의 대상이 민간인 경우가 많기 때문이다. 사이버안보를 다루는 이 글은 특히 과학기술에 대한 이해와 정치학적 관점이 교차하는 영역에 놓여 있다. 그러나 기술공학적 관점보다는 정치학적 관점에서 사이버안보에 접근한다. 과학기술의 중요성이 사회적으로 점차 부상하고 있지만, 발전하는 첨단 과학기술을 어떻게 사회에 도입하고 국가안보를 위해 활용할 것인가는 국가전략과 정책에 의해 결정되며, 이는 정치적 영역이다. 따라서 과학기술을 논함에 있어 정치학적 관점의 중요성은 과학기술 그 자체에 대한 논의만큼, 또는 더 중요할 수 있다. 이 글은 사이버안보 관련 모든 것을 다루기보다 각 절의 구성과 같은 측면을 조명해 집필되었다. 특히 한국의 사이버안보를 이해하기 위해 연대기적 순서를 따라 서술되었으며, 관점과 개념 정리를 한 후에는 국내 정부에 의한 전략과 정책, 민관협력 그리고 국제협력의 측면에서 접근했다. 이 장을 통해 한국의 그간의 사이버안보 거버넌스의 발전을 파악하고, 여전히 남아 있거나 앞으로 제기될 도전 과제들의 성격을 이해하고, 해결책들을 함께 논의하고자 한다.

핵심이슈

- 한국 사이버안보 거버넌스의 발전 과정과 원인을 살핀다.
- 사이버안보와 관련 있는 행위자들을 파악해 본다.
- 사이버안보를 알아가는 데 있어 거버넌스, 사이버안보, 사이버작전 등의 핵심 개념을 이해한다.
- 한국의 사이버안보 영역의 국가적 체계화와 주요 사이버 사건 발생의 관계를 알아본다.
- 사이버안보 민관협력 거버넌스에서의 주요 발전과 도전을 이해한다.
- 한국의 (소)다자간 사이버안보 협력 틀과 내용을 알아본다.

1. 서론

한국은 일찍부터 국가 사이버안보 거버넌스를 구축해나가기 시작했다. 2000년대 초반부터 축적된 사이버안보 영역에서의 범국가적 체계화가 이루어진 배경에는 한국만큼 인터넷 정보통신 기반을 잘 갖춘 나라가 없었다는 사실도 있다. 그리고 한국은 해킹의 경유지나 새로운 사이버 범죄 기술의 경연장이 될 수 있었으며, 한국에서의 사고 및 대처 경험은 해외에서도 자신들의 미래가 될 수 있었기 때문에 국내외 전문가들의 관심 대상이었다. 2010년경부터 미국의 사이버안보 공간에 대한 전략이 수립되면서, 전 세계적으로 많은 국가도 이를 따라가기 시작했다. 그리고 한국도 점진적으로 인간이 만들어낸 공간에 대해 국가전략과 거버넌스를 갖추어나가고 있다. 그러나 여전히 사이버공간에 대해 전 지구적으로 합의된 거버넌스는 없으며, 국내 사이버안보 거버넌스도 여전히 형성 과정에 있다. 끊임없이 변형되며, 진화하는 사이버공간에서의 위협에 대처하기 위해 국내외 수많은 도전이 제기되고 있다. 이 장은 이러한 도전들에 대응해온 한국의 사이버안보 거버넌스 수립 궤적을 보여준다.

이 장은 한국의 사이버안보 전략과 사이버공간 거버넌스와 관련한 국내외 행태를 분석한다. 이러한 분석 대상에서 주요 행위자는 정부다. 따라서 정부 중심의 시각을 취한다. 행위자를 명확히 하는 것은 사이버안보를 정확히 이해하는 데 특히 도움이 된다. 이는 사이버공간의 특성과 관련이 있는데, 사이버공간에서 사이버안보를 위협하거나 제공하는 행위자들이 매우 다양하기 때문이다. 전통안보 분야와 비교해 보았을 때, 사이버안보에서는 정부뿐만 아니라 오히려 특정 상황에서는 민간의 역할이 중요하다. 그리고 국내뿐만 아니라 해외 개인이나 범죄자, 테러리스트와 같은 비정부행위자들이 가하는 위협과 공격도 결코 작지 않다. 그리고 악의적 행위들이 공격하는 대상도 군사시설이나 정부시설뿐만 아니라 종종 민간 영역에 직·간접적으로 영향을 주는 경우도 많다. 이러한 사이버공간의 특성 때문에 전통적으로 국방 또는 공적 행위자에게만 국한되었던 국가안보의 역할이 민간에게도 종종 확장되며, 기존의 경계가 허물어진다.

월츠(Kenneth Waltz)는[1] 국가 간 전쟁을 설명하기 위해 발생 요인을 국제체계(international system), 국내 정치 그리고 개인에 해당하는 요인들을 구분하였다. 그리고 자신이 제시하는 분석 층위(levels of analysis)에서 전통안보의 경우, 오직 국가만 주요 행위자라고 보았다. 그런데 이러한 분석 층위는 연구자의 관점에 따라 더 세분화되기도 한다. 국제체계의 경우, 체계 층위, 지역 층위, 소다자나 양자 층위로 더 구분할 수 있다.

그러나 이 글은 크게 소다자나 양자 층위의

국제관계 그리고 국내에서는 정부와 민간 정도로만 구분하고 있고, 글의 목적과 범위상 이러한 구분만으로 충분하다. 국내 정치에서의 정부와 대비되는 '비정부행위자'는 단순히 사회세력으로 정리되기도 하지만 연구 목적에 따라 기업, 산업, 비정부기구 등 다양하게 구별화하기도 한다. 이 글에서 자주 사용하는 민관협력에서 '민간'이란 사이버공간을 통해, 사이버공간을 대상으로, 사이버공간을 활용해 사업하고 있는 경제 행위자를 통칭(統稱)하는 용어다.

사이버안보 영역에서는 국제, 국가, 사회, 개인 모든 층위의 행위자들이 주요 행위자가 될 수 있다. 이 장은 정부 중심의 접근을 취하지만 공공 영역에 국한되지 않고, 개인과 민간 영역이라도 사이버공격의 빈도나 정도가 어느 수준 이상에 도달해 국가안보의 사안이 되는 경우도 이 장의 범위에 해당된다.

이 글만이 가진 특별한 관점이 또 하나 있다. 기술 사안 영역에 대한 정치학적 관점이다. 사이버공간은 컴퓨터, 네트워크, 그리고 그러한 하드웨어를 구성하는 반도체와 같은 기술 부품뿐만 아니라 작동시키는 소프트웨어 등 기술·공학적 지식이 집약되어 생성되는 공간이다. 이러한 기술적 지식은 해당 공간의 사이버안보 거버넌스를 이해하는 데 어느 정도 도움이 된다. 그러나 기술적 지식과는 별개로 해당 공간을 거버닝(governing 또는 통치)하기 위한 지식과 지혜가 필요하다.

이는 기술적 지식을 갖고 있다고 해서 자동적으로 얻을 수 있는 지식이 아니며, 별도의 학습과 연구가 필요한 분야다. 이런 맥락에서 정치학은 사이버안보와 같은 전통적으로 기술자의 영역으로만 인식되던 사안 영역에서도 적실성을 가진다. 그뿐만 아니라 기술공학 분야에서는 얻을 수 없는 사이버공간을 둘러싼 행위자들의 갈등을 조정하고, 공동체의 안정과 평화에 대한 도전을 극복하고, 궁극적으로는 해당 공간을 그리고 그 공간을 통해 한국 사회를 자유롭고 민주적으로 통치하기 위한 혜안을 제공하는 데 도움을 준다. 이런 맥락에서 이 장은 권력의 분배나 권력이 작동하는 방식보다는 국내외 공동체의 문제를 권위적으로 해결하기 위한 제도나 거버넌스가 형성되는 과정에 집중한다. 물론 이러한 과정은 권력의 분배나 권력이 작동하는 방식에 대한 설정을 전제하거나 종종 수반한다.

이 장은 다음과 같이 구성된다. 2절에서는 사이버안보의 개념과 특징을 논한다. 이 장에 사용될 개념과 사이버공간의 특징을 서술하고, 생소할 수 있는 사안들에 대한 분석적 이해를 촉진하기 위해 원용되는 개념들에 대한 정의를 내린다. 3절부터는 역대 정부의 사이버공간 관련 국가전략을 중심으로 한국 사이버안보 전략과 국내 제도 수립을 보여준다. 하지만 각 정부에 대해 모든 것을 아우르는 설명보다는 분석적 사고를 돕기 위해 특정 측면에 집중해 설명했다. 그리고 최근 사례에 큰 비중을 두고 설명하고 있다. 4절에서는 3절의 연장선상에서 민관협력의 관점에서 본 정부 간의 사이버안보 거버넌스 구축 양상을 살펴본다. 3절과 4절이 국내 거버넌스를 다루었다면, 5절에서는 한국의 국제 사이버안보 거버넌스 형성에의 참여를 다루며, 여기서도 최근 사안들이 좀 더 비중 있게 다루어진다. 마지막 6절에서는 한국 사이버안보의 과제와 미래전망에 대해 논한다. 더불어 한국 사이버안보 거버넌스의 발전 과정에도 불구하고 여전히 남아 있는 그리고 앞으로 풀어야 할 한국 사이버안보의 과제를 논한다. 이러한 도전들은 현재 또는 앞으로 정책 실무진들이 고심하며 대응해 나가야 할 문제들이며, 동시에 해당 분야에 관심 있는 학생들이 향후 흥미롭게 연구해 나갈 주제이기도 하다.

2. 사이버안보의 개념과 특징

이 절의 주요 목적은 다음과 같다. 가장 먼저 사이버안보와 관련된 용어의 정의를 내린다. 이는 같은 용어라 하더라도 오용 및 혼용되는 경우가 많기 때문에 반드시 필요하다. 둘째, 개념 정의는 이 글의 범위와도 부합한다. 이 글은 사이버안보에 관한 모든 것, 특히 기술적인 부분은 다루지 않으며, 사회과학의 일부인 정치학으로서 국가통치(statecraft)와 관련된 부분에 집중한다.

이 글은 어떠한 하나의 분석적 프레임워크를 제시하지 않는다.[2] 이는 다양한 행위자와 사이버안보 측면을 담기 위해서다. 그리고 분석적 이론을 제공하는 것도 아니다. 유용한 이론들은 이 장에서 인용된 논문을 참조하는 것이 좋다. 인과관계를 이해하고 예측하기 위한 이론의 제시가 이 글의 가장 큰 목적은 아니기 때문이다. 다음과 같이 사이버안보를 이해하기 위한 핵심 개념들을 차례로 살펴본다.

첫째, 정부(government), 거버넌스(governance), 제도(institution)는 다르다. 정부란 국가라는 용어와 치환되어 종종 사용된다. 이와 대비되는 비정부행위자는 사적 영역 혹은 민간을 포함한다. 거버넌스란 정부와 비정부행위자가 협치하는 양상이다.[3] 제도란 법(law)과 정부 공식 조직(organization)을 함께 의미한다.

둘째, 사이버안보(cybersecurity), 사이버공격(cyberattack), 사이버작전(cyber operations)은 다음과 같이 사용한다. 한글에서는 cybersecurity의 번역으로 사이버안보 대신 사이버보안, 사이버안전이라는 용어가 쓰이기도 한다. 이 글에서는 고유명사나 특수한 경우가 아닌 경우, '사이버안보(cybersecurity)'로 용어를 통일해 사용한다. 이러한 일관성에는 이유가 있다. '사이버보안'은 기술자들 사이에서 종종 쓰이기도 하나, 정부는 '보안'이라는 용어가 과거 군사독재시절과 같은 어두운 유산을 상기시킨다는 이유로 국가 차원에서는 더 폭넓은 범위를 지칭하기 위해 '사이버안전'이라는 용어로 바꾼 바 있다. 그러나 2010년 후반부터는 안전보다 '사이버안보'라는 용어가 정부에서 공식적으로 채택되었다. 예를 들어, 2004년 노무현정부 시절 국가정보원 산하에 '국가사이버안전센터'라는 이름으로 설립되었지만 2021년 문재인정부 시절에는 '국가사이버안보센터'로 개칭했으며, 2019년에는 최초의 『국가사이버안보전략』이 발간되었다.

그런데 사이버안보란 사실 단순히 파악하기에는 상당히 복잡하다. 복잡성은 '안보'라는 개념에 이미 어느 정도 내포되어 있다. '사이버안보'는 사이버공간의 특성이 더해져 그 복합적 의미가 더해진다. 사이버안보를 정의내릴 때는 여러 측면에서 질문을 던질 수 있지만 세 가지가 핵심이다.[4] 누구를 위한 사이버안보인가? 무엇으로부터의 사이버안보인가? 어떤 수단을 통한 사이버안보인가?

"누구를 위한 사이버안보인가?"와 관련해 이 글은 국가를 중심에 놓고 사이버안보를 고찰한다. 그런데 국가가 보호해야 할 대상은 개인, 기업, 시민사회, 공공기관 그리고 인터넷 그 자체 등 다양한 행위자로 구성된다. 그런데 구성 행위자들은 언제나 단괴(團塊)처럼 하나의 구성체로 존재하는 것은 아니고, 상호 간의 이익이 경합할 뿐만 아니라 나아가 각 행위자가 국가와 상충하는 이익을 가지는 경우도 발생한다. 이때 어디까지가 국가에 의

한 사이버안보 대상인지에 대한 결정은 정치적으로 이루어지기 때문에 가변적이다.[5] 통상적으로 그동안 국가 사이버안보 대상으로 여겨진 경우는 국가 경제에 큰 타격을 주었거나, 정부의 군 지휘통제에 심각한 지장을 주었거나, 주요 인프라의 기능을 중단시키는 경우가 포함되었다.

"무엇으로부터의 사이버안보인가?"와 관련해 국가 사이버안보 전략서는 종종 명확히 행위자를 규정하며, 범죄자, 테러리스트, 또는 적대국을 포함한다. 그리고 "어떤 수단을 통한 사이버안보인가?"라는 질문에 대해 이 글은 크게 두 가지에 초점을 맞춘다. 하나는 국가의 정체성과 권위가 정초되는 규범과 가치다. 국가의 사이버안보 국내외 정책은 자국의 근본적 규범과 가치에 따라 입안되고 이행된다. 또 다른 사이버안보 전략서의 두드러진 특징은 민관협력의 강조다. 어떤 형태(수직, 권위적 또는 수평, 파트너?)의 그리고 어떤 측면(정보, 역량, 또는 재정?)에서의 민관협력인지에 대해서는 각국이 그리고 각 정부마다 다르다.

'사이버공격'이라는 용어는 일상적으로 많이 쓰이는 단어이지만 전문 분야에서는 사용하기 까다로운 용어이기도 하다. 언론이나 일부 논자들은 '사이버전쟁'이라는 용어를 쉽게 사용하지만 사이버전에 이르는 사이버 사건을 경험한 국가는 별로 많지 않다. 즉, '무력공격'에 이르지 않는 국가 간 사이버공간에서

의 침해 사건을 '사이버공격' 또는 '사이버전'이라 부르는 것은 잘못된 개념의 사용이다. 해당 용어들은 신중히 사용되어야 하는데 전시와 평시에 해당되는 국제법이 구분되기 때문이다.

국제법의 일종인 전시에 적용되는 국제인도법은 민간인 혹은 민간의 사물에 대한 '공격'을 금지하고 있다.[6] '공격'이란 사람에게 상해를 가하거나 사망케 하거나 사물에 대한 손상이나 파괴를 일으키는 것을 의미한다. 이와 같이 국제법의 맥락에서 '사이버공격'이란 공세적이든, 방어적이든 사람에게 상해를 가하거나 사망케 하거나 사물에 대한 손상이나 파괴를 일으킨다고 합당하게 생각되는 사이버 작전을 의미한다. 그러나 이러한 정의에 부합하지 않는 사이버 사건(incidents)들도 사이버공격이라 부르게 되면, 상황에 대한 적절한 판단이 서지 않으며 적용되어야 할 법에도 혼란이 발생할 수 있다. 그렇기 때문에 어떤 연구들은 사이버공격이라는 용어 대신에, 사이버작전이라는 용어를 차용하기도 한다. 이 글에서 언급하는 여러 사례들은 대체로 타국에 의한 또는 타국의 대리 세력에 의한, 국가 차원의 대응을 요구하는 사이버침해 사건을 다루기 때문에 '사이버공격' 용어의 사용에 무리가 없다.

사이버공간에는 국제 층위, 국가 층위, 사회 층위, 그리고 개인 층위 등에서 다양한 행위자가 존재하며, 사이버안보 거버넌스에 참여하고 또 그 양상에 영향을 미친다고 했다. 이러한 다양한 행위자만큼이나 그들이 취하는 사이버공격의 형태나 목적도 다양하다. 사이버상에서의 공격 방식은 컴퓨터 프로그램 종류부터 컴퓨터 프로그램이 일으키는 여러 문제의 범위까지 매우 다양하다. 이해를 돕기 위해 이러한 기술적 용어들에 대해 잠시 부연 설명하면 사이버공격 방식은 악의적 사이버 행위의 목적에 따라 크게 세 종류로 분류하여 이해할 수 있다. 사이버 에스피오나지(cyber espionage), 사이버 파괴(cyber sabotage), 그리고 사이버 불안정(cyber destabilization)이다.[7]

사이버 에스피오나지는 사이버상에서 데이터를 훔치는 행위다. 데이터(data)가 정형화될 경우, 정보(information)가 될 수 있으며, 국가안보에 직결되는 첩보(intelligence)가 포함되어 있을 수 있다. 그리고 이러한 에스피오나지의 대상이 되는 데이터들은 기밀(confidential)로 분류된다. 에스피오나지의 대상이 국가인 경우, 협상 전략, 고위 인사의 신상, 군 전략 및 무기 관련 정보 등이 포함되고 민간이 대상인 경우, 경영 및 협상 전략, 첨단산업 기술 및 기타 지식재산권 등이 포함된다. 사이버파괴란 사이버공간과 연결된 물리적 장치들의 오작동, 불능, 고장, 파괴 등을 일으키는 것을 의미한다. 사이버불안정은 사이버공간을 통해 사회에 혼란을 일으키는 행위다. 가짜뉴스나 허위정보 유포를 통한 선

글상자 2.1 사이버방어

기본적으로 방어이지만, 공세적 사이버작전을 방어의 목적을 위해 취할 수 있는 전략을 능동적 사이버방어(ACD: Active Cyber Defense)라 부른다. 방어의 목적을 위한 작전의 스펙트럼이 넓기 때문에, 상대방의 사이버작전을 단순히 막아내는 것이 아니라 사이버작전을 수행할 역량을 불능화시키기 위한 과정에서 공세적 사이버 작전이 차용될 수 있는 것이다. 즉, 능동적 사이버방어란 악의적 사이버 행위를 물리치기 위한 내부 네트워크 시스템의 복원력을 도모하는 것과 공격자를 징벌하기 위한 파괴 역량을 갖추는 것을 의미한다. 능동적 사이버방어는 네트워크 시스템 보호를 위한 정적인 방어가 아니며, 취약성을 사전적으로(proactively) 탐색하며, 공격이 가해질 경우, 악의적 행위에 대한 대처뿐만 아니라 반응적(reactive) 보복 활동까지도 수반할 수 있다.

동, 선거 개입, 비밀 누설, 사생활 공개 등의 행위가 포함된다.

그리고 이러한 사이버위협들은 근원, 대상, 수위(level)에 따라 구별된다. 근원, 즉 위협행위자와 관련해서는 크게 세 분류가 있다. 개인(일명 '외로운 해커'), 비국가 집단(핵티비스트, 범죄집단, 테러리스트 등), 그리고 주권국가다. 이 중에서도 주권국가가 가장 많은 인적, 과학적, 경제적 자원을 가지고 있기 때문에 '지능형 지속 위협(Advanced Persistent Threats)'이라고 불린다.

사이버위협의 직접적 대상은 크게 두 부류로 나눌 수 있다. 하나는 정보기술 시스템이나 데이터베이스를 들 수 있고, 다른 하나는 산업제어(industrial control) 시스템이다. 후자와 관련해 스턱스넷(Stuxnet)이 유명하다. 악성 소프트웨어(malware)가 재래식 무기와 같이 물리운동적 충격을 가할 수 있기 때문에 IT 인프라에 더 파괴적이라고 말하기도 한다.

사이버작전의 유형을 알아둘 필요가 있다. 이는 특히 군의 사이버 임무를 이해하기 위해서도 필요하다. 국가마다 사이버작전을 세분하는 방식은 다를 수 있으나, 개념적으로는 크게 징벌적 억지를 위한 공세적 사이버작전과 거부적 억지를 위한 방어(또는 수세)적 사이버작전으로 나눌 수 있다.[8] 다만, 방어적 사이버작전의 경우, 방어에만 전념하거나, 아니면 방어 차원에서 공격자에 대한 징벌적 보복 행위를 수반한 작전을 취할 수 있다. 징벌적 보복을 할 경우, 외국의 사이버공간에서 작전을 수행한다는 의미에서 실질적으로 하는 행위는 공세적 사이버작전과 같을 수 있다. 다만, 양자 간에 목적이 다르다. 또한, 방어라는 목적을 갖고 있더라도 대응 행위의 스펙트럼은 상당히 넓을 수 있어, 공세적 작전과 유사하게 보일 수도 있다. 이러한 측면 때문에 갈등 상승이 우려되기도 한다.

3. 한국 사이버안보 전략과 국내 제도 수립

이 절은 2000년대부터 한국의 사이버안보 거버넌스의 발전을 역대 정부의 노력들을 중심으로 살펴본다.

1) 새로운 위협의 부상: 사이버안보 거버넌스의 태동

한국의 사이버안보 영역에서의 국가적 체계화는 노무현정부 때부터라고 볼 수 있다. 이러한 움직임은 2004년 '국가사이버안전센터' 설립에서 찾아볼 수 있다. 해당 센터 명칭에서 '안전'이 '안보'로 바뀌는 것은 문재인정부의 박지원 국가정보원장 시절이다. 즉, 2021년 1월 1일 국가정보원법이 개정되면서 사이버안보 업무규정 제정을 통해 명칭 변경이 되었고, 지금의 국가정보원 소속의 '국가사이버안보센터'가 되었다. 설립 배경에는 2003년 1월 25일의 슬래머 웜이라는 인터넷 바이러스에 의한 인터넷 대란이 있었다. 슬래머 웜

은 마이크로소프트의 SQL 서버의(SQL은 데이터를 관리하기 위해 설계된 특수 목적의 프로그래밍 언어) 보안 취약점을 공격하는 동시에, 좀비 PC들로 하여금 대량의 데이터를 만들어 한국의 KT 혜화 전화통신 관문국사의 DNS 서버를(DNS 서버는 IP 주소를 도메인 이름과 연결해 주스는 시스템을 의미) 공격하게 했다. 이 슬래머 웜 바이러스 공격은 온라인 쇼핑몰, 금융(은행 및 증권) 및 예약 서비스(항공 및 여행사 티켓 예매 플랫폼), PC방 등 사회 전 분야에 영향을 미쳤으며, 전 세계 시스템 중 11.8%가 감염될 정도로 피해가 컸다. 한국도 전체 인터넷이 몇 시간 동안 마비되었으며, 이 사건을 계기로 국가 차원의 종합적, 체계적 대응의 필요성이 대두했다. 이에 노무현정부 당시 국가안전보장회의(NSC), 국가정보원, 국방부, 정보통신부 등이 협조해 '국가 사이버테러 대응체계 구축 기본계획'(2003년 7월 24일)을 세우고, 이 계획에 따라 2004년 2월 20일 '국가사이버안전센터'가 국가정보원 산하에 만들어졌다.

국가사이버안전센터의 기본 임무는 국내외 사이버공격으로부터 국가 정보통신망을 보호하는 것이다. 여기에 2005년 1월 31일 '국가사이버안전관리규정'이 대통령령으로 시행됨에 따라, 사이버테러에 대한 긴급 대응을 총괄 지휘하고 부처 간 보안정책의 조정자 역할이 추가되며, 범국가 차원의 사이버안전 업무 총괄 기구가 되었다. 이 기구는 과거 정부 부처

나 지역 자치단체가 제각각 내렸던 사이버테러 비상경계령을 총괄하게 되었으며, 국가사이버안전체계를 강화할 각종 정책 마련과 업무 조정을 책임지게 되었다. 국가사이버안전전략회의를 소집해 국가사이버안전체계의 수립과 개선, 부처별 정책 등에 대한 심의도 할 수 있게 되었다. 국가사이버안전센터는 2005년 당시 전문 요원 20여 명이 보안관제를 펼치는 상황실이었으며, 국가기관의 방화벽과 침입탐지시스템(Intrusion Detection System)에 의해 차단된 유해정보를 실시간 수집 및 분석해 비정상적 정보 소통이 있다고 판단될 경우, 관련 기관에 보안 경고를 내렸다.[9]

2) 사이버안보의 국가안보화: 사이버안보 거버넌스의 성장

이명박정부 당시 한국의 사이버안보 관리체계에 또 다른 국가적 충격을 가한 사건인 '7·7 디도스 공격 사태'가 발생했다. 2009년 7월 7일부터 길게는 만 3일 동안 11만 5,000여 대 이상의 컴퓨터를 악성코드로 좀비화하면서 청와대 홈페이지를 포함, 국내외 주요 홈페이지를 공격해 접속장애를 일으킨 분산 서비스 거부 공격, 일명 디도스(DDoS: Distributed Denial of Service) 공격이다. 정부, 금융, 포털, 인터넷 보안업체 홈페이지를 대상으로 했다는 점에서 그리고 어떤 금전적 요구도 없이 단지 파괴·중단(disruption)을 자행했다는

점에서 사회적 혼란을 유발하기 위한 목적으로 행해진 공격으로 생각되었다.[10]

'7·7 디도스 공격 사태' 또한 사이버안보 관련 사안이 단순한 개인적이거나 기술적인 문제가 아니라 국가 차원의 위협 사안으로 인식하기 시작하는 계기가 되었다. 그리고 한국의 우수한 IT환경이 오히려 사이버공격에 대한 취약성을 높이기 때문에 이에 걸맞는 사이버안보 수준으로 높일 필요성에 대한 공감대가 확산되었다. 구체적으로는 해당 사건으로 인해 국가 차원의 사이버공격에 대한 다음과 같은 미비점이 지적되었다. 정부 부처 간 분산된 정보보호 기능을 효율적으로 조율할 수 있는 구심점, 국내외 민관협력체계, 민간의 사이버침해 대응 전문성, 기업 및 개인의 정보보호 인식 제고, 법제도 및 예산 확충 등이 제기되었다.[11] 그리고 당시 미국 오바마정부가 2009년 6월 사이버사령부를 창설하면서 사이버공격에 대한 증대된 위협 인식과 국가 차원의 사이버안보체계 구축이 전 지구적인 흐름으로 형성되어 가고 있었다. 이에 따라 한국정부도 '국가사이버위기 종합대책'을 통해 정보화 강국을 넘어 정보보호 선진국 그리고 사이버패권 시대의 주도권의 중요성을 인식하기 시작했다.[12]

이에 한국정부는 국가 차원에서 2009년 9월 11일 DDoS 등 사이버공격에 대한 '국가사이버위기 종합대책'을 확정했다. 그 외에도 7월 둘째 주 수요일을 '정보보호의 날'로 지정

해 국민들의 인식을 제고하고 정부 부처 공동으로 사이버공격을 예방하고자 했다. 해당 국가차원의 종합대책의 도입이 기존 사이버안보 관련 국내의 법제도에 추가되면서, 진화해 가는 사이버공격 형태와 위협 정도에 맞추어 국내 제도적 체계도 발전되어 갔다. 기존 법제도로는 정보통신망의 안정성 확보를 위한 예방 및 대응조치 전반을 규율하는 '정보통신망 이용촉진 및 정보보호 등에 관한 법률'(정통망법), 국가 위기관리체계 구축 및 업무 수행의 기본지침인 '국가위기관리기본지침'(대통령 훈령 제229호, 대통령실), 국가 사이버안전 조직체계 및 운영에 관한 사항을 담고 있던 '국가사이버안전관리규정'(대통령 훈령 제222호, 국정원), 민간분야 위기상황 발생 시 방통위가 적용할 세부 대응절차 및 제반 조치사항 등을 규정한 '사이버안전 (민간) 분야 위기대응 실무매뉴얼'(방송통신위원회) 등이 있었다.

2009 '사이버위기 종합대책'은 청와대 국정기획·외교안보 수석을 중심으로 국정원, 방통위, 국방부, 행정안전부 등 국가사이버안전 전략회의 위원 소속기관의 참여하에 만들어졌으며, "선제적 예방과 침해 시의 피해 최소화"라는 목적을 가지고 있었다.[13] '선제적'이라는 용어는 국제정치학이나 안보학에서 말하는 선제공격(preemptive strike)에서 의미하는 '선제'라는 의미라기보다 사전적(proactively)을 의미하는 것으로 해석하는 것이

더 적절해 보인다. 기술자들 사이에서 쓰였던 용어이지만, 적절한 용어의 사용이 의미를 명확히 하는 데 바람직하다.

2009 '사이버위기 종합대책'의 주요 특징으로는 첫째, 총괄역할 수행 기관의 지정이다. 국정원이 사이버위기대응 총괄 역할을 수행하도록 했다. 그리고 방통위가 좀비PC 제거 및 국민 대상 사이버안전 홍보 및 계도업무를 담당하고, 국방부가 사이버부대를 신편해 군사 분야를 보강했다. 둘째, 민간분야의 사이버안보 역할 강화다. 사이버안전 수준 제고를 위해 학교, 직장 및 민방위 훈련 시 사이버보안 교육을 확대하고, 기업의 정보보호를 위해 사이버보안관 양성, 자동차, 조선 등 산업별 협회에 보안관제센터(ISAC)를 설립해 사이버침해 차단 및 산업기밀 보호 활동을 강화했다. 셋째, 추진과제를 당면과제와 다음 해 및 중장기 추진과제로 구분했다.

당면과제로 사이버위기 관리체계의 정비가 지목되었다. 관리체계 정비는 다음과 같은 활동들이 포함되었다. 우선, 국가 사이버위기 발생 시 민관합동 범정부 대책기구를 구성해 위협분석 및 경보발령을 하게 하였다. 그리고 외국과의 공조체계 가동 등을 총괄하게 하였으며, 언론창구는 방통위로 일원화시켰다. 또한, 법 차원에서도 악성프로그램 삭제요청권, 침해사고 발생 시 시스템 접근요청권 등을 위한 법적 근거를 마련키로 하고, 국가위기관리기본지침 등 정부 규정을 개정해 대책기구 구성,

경보발령 요건 구체화 등을 보완하게 했다.

다음 해까지 추진할 과제로는, 정부의 사이버안보 리더십 강화를 위한 사이버대응 조직 보강이 제시되었다. 그리고 사이버보안관 3,000명 등의 전문인력 양성 기반 조성, 사이버공격 탐지 사각지대 해소 등 사이버방어 환경 개선, 중앙정부의 망 분리 사업 추진, 그리고 지방정부의 보안관리를 위한 지자체 망 분리 지원 등이 포함되었다.

주요 중장기 과제로는 법제도 정비, 정보화 예산 대비 정보보호 예산 단계적 확대, 정보보호 설비투자 제로를 위한 조세감면 지속 지원, 전력 및 통신 등 국가기능 유지, 핵심시설의 보안체계 고도화, 사이버공격의 양태 변화에 발맞춘 사이버공격 대응기술 개발 및 활용, 사이버보안 예산 증액 및 관련 교육 강화를 보다 적극적으로 추진 등이 포함되었다. 이러한 종합대책은 소관 부처별로 세부 추진계획이 수립되어 구체적으로 추진되었다.

추가적으로 2011년 5월 '국가 사이버안보 마스터플랜' 작성 발표를 시작으로, 8월 8일 방통위에 의해 이행 시작이 공표되었다. 2009 '종합대책' 수립 이후에도 농협 전산망 해킹과 같은 사이버공격이 계속되었고, 부처별 역할을 확립하고 법제를 보완할 필요가 있었다. 2011 '마스터플랜'의 특징은 다음과 같다. 첫째, 전략서 층위에서 '사이버안보'라는 용어가 사용되었다. 그리고 '3선 방어체계'라는 개념이 도입되었다. 둘째, 이와 맥을 같이 해 사이버공간을 영토, 영공, 영해에 이어 국가가 수호해야 할 또 하나의 영역으로 인식하고 있다. 그러나 사이버전쟁에서의 민간의 역할이 점차 강조되는 추세였지만, 사이버전쟁 상황이 발생했을 때 민간이 역할을 수행할 수 있는 법제도적 근거는 마련되지 않았다. 셋째, 5대 중점 전략과제(예방, 탐지, 대응, 제도, 기반) 추진계획이 담겼다.[14]

정부체계 차원에서는 국정원에 컨트롤타워 역할을 부여하고, 부처별 소관 사항도 분명히 정해 업무 혼선과 중복, 사각지대 발생 등을 방지하기로 했다. 2009년 '국가 사이버위기 종합대책'으로 이미 총괄 및 공공분야를 담당하는 국정원, (방송과 통신 등) 민간분야는 방통위, 국방은 국방부로, 그리고 정부전산센터 등 국가행정 부문은 행안부, 금융 분야는 금융위원회, 그리고 보건복지부, 교육과학부 등 각 부처들이 소관 분야를 관장하며, 역할이 정립되어 있었지만, '마스터플랜'은 이를 재확립했다.

그 외에도 예방 차원에서는 전력·금융·의료 등 사회기반 시스템을 운영하는 기관과 기업이 중요 정보를 암호화하고 핵심시설에 대한 백업 센터와 재해복구 시스템을 확대하도록 했다. 그리고 소프트웨어 개발 단계에서 보안 취약점을 사전에 진단하는 제도도 의무화했다. 탐지 차원에서는 '3선 방어체계'를 도입하기로 하였다. 이는 국제관문국·인터넷연동망, 인터넷서비스 사업자(ISP), 기업·개인

등 서로 다른 단계에서 공격을 탐지해 차단하는 구조를 뜻한다. 그리고 지방자치단체 정보 시스템과 보험·카드사 등 제2금융권 전산망의 보안 강화와 이를 위한 북한산 불법 소프트웨어 유통에 대한 감시도 강화하기로 하였다. 금융 및 통신 등 민간의 주요 시스템은 1년에 한 차례 이상 전문업체를 통한 보안점검이 의무화되었다.

그 밖에도 여러 측면에서 안보거버넌스의 발전이 이루어졌다. 대응 측면에서도 민관합동 대응반이 운영되며, 국제협력도 강화하기로 했다. 제도적 차원에서는 민간기업에서 해킹 사고가 발생하면, 경영자의 책임을 명확히 하고, 용역업체에 민·형사상 책임도 묻기로 했다. 보안평가 제도를 개선하고, 민간기업 정보보호관리체계(ISMS) 인증 활성화, 금융부문 IT 부문 평가 대상기관 확대 방침을 내놓았다. '사이버안전의 날' 제정, '클린 인터넷 운동' 활성화를 통한 사회 전반에 사이버안보에 대한 인식 확산, 그리고 각 정부 기관의 정보보안 인력 증원, 정보보호 관련 연구 지원 등 사이버안보 관련 기반을 확충하고자 했다.

박근혜정부는 출범하고 얼마 되지 않은 2013년 7월 국가사이버안보 종합대책을 수립했다. 이는 출범 직후부터 유난히 사이버공격 사건이 많았던 것과 관련이 있다. 2013년은 국제 APT에 의한 국내 타깃 공격이 활발했는데, 한국의 국방기술, 제조 관련 기업의 첨단기술 탈취를 목적으로 하는 사이버에스피오나지 공격, 그리고 2011년부터는 게임머니 획득과 게임 인프라 구축기술 유출 목적의 활동이 보고되기 시작했다.

2013년 '종합대책' 수립은 국가 안보를 위협하는 사이버위협에 범국가 차원의 역량을 결집해 체계적으로 대응하기 위한 목적으로 수립되었다. '종합대책' 수립에 결정적 계기가 된 것은 3·20과 6·25 사이버테러 사건이다. 전 국민을 떠들썩하게 만든 3·20 사이버테러는 방송국과 농협, 신한은행, 제주은행, 우리은행 4곳이 사이버공격을 당하며 인터넷 뱅킹 거래와 현금 자동입출금기 이용 등이 중단되는 사태였다. 이에 따라 정부는 사이버위기경보(총 5단계: 정상 → 관심 → 주의 → 경계 → 심각)를 2단계에서 3단계로 상향 조정하였다. 군 역시 전산망이 마비되었기 때문에 정보작전 방호태세인 '인포콘'(정상(통상적 활동) → 알파(증가된 위험) → 브라보(특정한 공격 위험) → 찰리(제한적 공격) → 델타(전면적인 공격)를 4단계에서 3단계로 격상했다. 민관군 합동대응팀이 북한 정찰총국의 소행임을 밝혔으며, 해당 해커조직이 지난 2월부터 국가 기밀정보 탈취를 시도해온 조직이기에 더욱 큰 충격이 되었다.

6·25 사이버테러는 국내 주요 기반시설에 동시다발적 피해를 준 사례다. 홈페이지 변조, 언론사 서버 파괴, DDoS 공격이 주를 이루었기 때문에 종합대책에는 정부 주요 기관 홈페이지 정기 정밀점검, 민관 DDoS 대피소

수용 확대, 통신사업자 등에 대한 안정성 평가제도 도입 등이 이루어졌다.

2013년의 '종합대책'은 4대 전략을 내걸며 다음과 같은 체계를 갖춰 나가기로 했다. 첫째, 대응체계 확립이다. 사이버안보 컨트롤타워는 청와대가, 실무총괄은 국정원이, 미래부·국방부 등 관계 중앙행정기관이 소관 분야를 각각 담당하도록 했다. 이는 즉응성 강화를 위한 조치였다. 즉시 파악과 대처를 위한 동시 상황전파 체계도 구축했다. 둘째, 유관기관 간에 위협정보를 신속히 공유하고자 했다. 기관 간 원활한 정보공유가 부족하다는 지적이 있었고, 이에 국가 차원의 '사이버위협 정보공유시스템'을 2014년까지 구축하기로 했다. 이는 후술할 민관협력 차원의 C-TAS와는 구별된다. 셋째, 국가기반시설의 망 분리, 주요 정보통신기반 시설 확대, 각 부문별 위기대응훈련을 실시하기로 했다. 넷째, 민간의 사이버역량을 강화하기 위한 조치들이 도입되었다. 정보보호관리체계(ISMS) 인증 대상의 확대, 중소기업 대상의 보안취약점 점검 및 교육지원, 사이버 전문인력 양성, 핵심기술 선정과 경쟁력 강화가 포함되었다. 현재는 두 개가 통합되어 ISMS-P로 운영 중이다. 또한, 정보통신망보호법 개정으로 인증 의무화가 2013년 2월 18일부터 시행되었다. ISMS 인증 의무 대상자는 정보통신망 서비스를 제공하는 사업자(ISP), 집적정보통신시설 사업자(IDC), 정보통신서비스 제공자 중 정보통신 부문 연 매출 100억 원 이상 또는 전년도 말 기준 직전 3개월간의 일 평균 이용자 수 100만 명이 넘는 사업자로, 기한 내에 인증을 획득하지 않으면 1,000만 원의 과태료를 부과받을 수 있도록 했다. 이밖에도 당시 정보보안 관련 움직임으로 개인정보보호법 등의 강화가 있었으며, 2013년 11월 28일부터 개인정보보호 인증제(PIPL)가 시행되었다.

2014년 12월 한국수력원자력 해킹 사건을 계기로 2015년 4월 '국가 사이버안보 태세강화 종합대책'이 수립되었다. 정보공유와 관련해서 주목할 만한 변화가 이때 일어나는데, 민관군 간 정보공유로 신속한 상황파악 및 공동대응을 통해 피해 확산 방지를 할 필요가 오랫동안 축적되었다가 재부각되었다. 이러한 필요에서 '국가사이버위협 정보공유시스템(NCTI: National Cyber Threat Intelligence)' 구축이 과제로 선정되었다. 이에 국가안보실, 국가정보원, 과학기술정보통신부, 국방부, 금융위원회 등 사이버보안 관련 주요 10개 기관이 참여해 2015년 12월 국가정보원에 정보공유시스템 구축을 완료했으며, 국가정보원이 2016년부터 NCTI를 운영하고 있다. 공공분야에서 발생한 사이버공격 상황파악 및 대응역량 강화를 위해 2016년 6월 모든 중앙행정기관에 이 시스템을 연동했으며, 2017년 7월부터 공공기관으로 확대하였다. 다른 한편, 국가정보원은 2020년 10월부터 방산업체·국가핵심기술보유기업 등 국익 및 국가안보와 직결되는 민간산업 분야와 정보공유협약을 체결하고, '인터넷 기반 사이버위협 정보공유 시스템(KCTI: Korea Cyber Threat Intelligence)'을 구축해 사이버안보 정보의 허브 역할을 담당하고 있다. 2023년 12월 기준 국가·공공기관 420개 및 방산업체를 비롯한 170개 민간기업이 해당 시스템을 이용 중이다.

3) 사이버안보의 포괄적 국가 전략화: 사이버안보 거버넌스의 체계화

문재인정부는 2019년 4월 3일 한국정부 사상 최초로 『국가사이버안보전략』을 발간했다.[15] 이전에 있던 정부 문서들과 달리, 공식적으로 사이버안보 영역과 직접적으로 관련한 최초의 국가 차원의 전략문서이자, 사이버안보정책의 최상위 지침서로서는 처음으로 실시된 공식문서이다. 해당 전략서에서 주목할 것은 포괄적 그리고 능동적 사이버 대응의 강조이다. 또한, 첩보기관의 과거 역사와 불신 여론을 감안하고, 권력에 의한 디지털 기술의 오·남용 등에 대해 사이버안보와 관련한 3대 기본 원칙을 수립했다.

첫째, 국민 기본권(예: 프라이버시)과 사이버안보의 조화이다. 기본권과 안보라는 상충될 수 있는 두 가치를 균형 있게 보장하기 위한 노력을 약속하고 있다. 둘째, 법치주의 기반 안보활동 전개다. 국내법과 국제법과 국제규범을 준수하며, 투명하게 추진한다는 약속

을 하고 있다. 국내 청중들에게 그리고 국제사회에 자국의 정책과 활동을 투명하게 한다는 것은 신뢰 증진과 신호보내기 차원에서도 매우 중요하다. 셋째, 참여와 협력의 수행체계 구축이다. 개인, 기업, 정부, 나아가 국제사회와 같은 다양한 행위자들이 함께 참여하는 다중이해당사자주의에 기반한 안보 활동을 지향하는 것은 한국의 동맹국과 파트너 국가 간에 공유된 국제규범과도 부합하는 것이다.[16]

2019년 『국가사이버안보전략』은 사이버안보와 관련한 주요 사항들 대부분을 포함하는 포괄적인 전략서다. 당시 사이버안보가 통합되어 있지 않고 부처 간 칸막이로 인해 부처별로 사이버안보가 추구되었으며, 부처 구분을 넘나드는 파급효과를 가지는 사이버위협의 특성상, 부처별 대응으로는 한계가 있었다.[17] 게다가 2020년부터 문재인정부는 유례없는 코로나19 팬데믹을 2년여 넘게 전 국가적으로 대응하면서, 디지털 인프라의 사이버안보 중요성은 한층 더 크게 인식되었다. 이런 맥락에서 사회의 여러 사이버위협 이슈들에 '포괄적'으로 대응할 수 있도록, 부처별 사이버안보 대응 방안을 통합하고, 체계적으로 대처할 수 있는 사이버안보 전략이 요구되었다. 문재인정부에서의 국가안보 전략은 특정 위협을 지목하기보다 국가안보에 대한 위협의 근원뿐만 아니라 위협의 대상도 폭넓게 확장해 인식하고 있다.[18]

『국가사이버안보전략』에는 비전, 목표와 6

대 전략과제가 제시되었다. 전략에 따라 개인, 기업 정부가 중점 추진해야 할 사항들이 구체화된 관계부처 합동 '국가 사이버안보 기본계획'이 마련되었으며, 부처별 추진사항을 담은 '국가 사이버안보 시행계획'이 수립되었다. 이러한 전략체계를 완성해 국가 사이버안보 비전과 목표 달성을 위한 실행력을 확보했다. 6대 전략과제로는 ① 국가 핵심 인프라 안정성 제고, ② 사이버공격 대응역량 고도화, ③ 신뢰와 협력 기반 거버넌스 정립, ④ 사이버보안 산업 성장기반 구축, ⑤ 사이버보안 문화 정착, ⑥ 사이버안보 국제협력 선도이다. 각각의 과제는 사이버공간과 관련한 국내와 국제사회의 변화에서 비롯되는 도전들에 대한 대응으로 볼 수 있다.

6개 전략과제 중 2개 전략과제를 설명하자면, 첫 번째 과제는 '국가 핵심 인프라 안정성 제고'이다. 사이버공격으로부터 핵심인프라의 보호는 삶과 밀접한 관련이 있는 매우 중요한 부문이기 때문에 포함되었다. 그리고 국제규범의 흐름과도 부합했다. 주요 인프라에 대한 개념 정의는 국가마다 다르지만 국제사회의 공동의 아젠다로서 그리고 보호의 대상으로서 부각시키기 위한 외교적, 학문적 노력이 진행 중이다. 이와 같은 국제사회 공공재의 형성과 수호에 관한 노력은 한국과 같은 중견국들이 함께 추진하기 적절한 외교 아젠다로 생각된다.[19] 유엔에서 이루어진 사이버 정부전문가그룹에서 가장 중요한 합의를 만들어낸 2014~2015년의 4차 합의문에는 11개의 자발적 규범이 포함되었는데, 이 규범 중에는 주요 인프라(critical infrastructure)를 보호하기 위한 수단들을 강구할 것과 다른 국가의 주요 인프라를 손상시키는 사이버 활동을 금지하는 규범이 포함되어 있다.

두 번째 과제는 '사이버공격 대응역량 고도화'이다. 국제사회에서는 사이버안보 역량 경쟁이 심해지고 있으며, 실제 물리적 공격에 앞서, 또는 공격 중이나 이후에 사이버공격이 수반되고 있었으며, 더욱이 인공지능, 빅데이터 기반의 첨단기술들과의 결합으로 그 위협의 정도가 증가하고 있었다.[20] 이러한 인식에 기반해 사이버공격 억지력 확보와 포괄적·능동적 수단 강구를 제시했다. 이러한 방향성 자체는 국제사회에서의 선진 사이버 강국들이 나아가고자 하는 사이버안보 전략들과 맥을 같이 하고 있다. 사이버안보 전략의 기본은 억지(deterrence)이며, 억지를 위해 능동적 방어가 필요하다는 것은 한국의 동맹국인 미국이나 서방의 파트너 국가들 사이에서도 조금씩 확산되기 시작하고 있었다.[21] 그러나 이 문서에서는 위협 대상, 행위 그리고 위협에 대처하기 위한 수단과 동원 방법 등이 구체적으로 나타나 있지 않다.

대신 2019년 『국가사이버안보전략』에서 약속한 기본계획과 시행계획 발간의 후속 작업을 통해 좀 더 구체적으로 드러난다. '국가 사이버안보 기본계획'[22]에서는 포괄적·능동적 수단과 관련해 외교여건과 군의 사이버작전 개념 발전을 언급한다. 사이버위협의 특성상, 억지를 작동시키기 위해서는 종종 국제협력이 요구되기 때문에 외교가 강조되었으며, 사이버작전을 수행하는 군의 역할도 중요하기 때문이다. '국가 사이버안보 기본계획'에 따라 군의 역할은 합참 중심의 합동사이버작전교리 개정에 반영되었다.

국군과 미군의 군교리의 유사성을 감안할 때, 당시 한국군의 사이버작전교리를 이해하기 위해, 미군이 합동 사이버작전을 수행하기 위해 2018년에 발간한 미 합동교범, JP 3-12, *Cyberspace Operations*를 참조할 수 있다. 해당 교범에 따르면 명령의 수행에는 여러 종류의 임무가 병행될 수 있으며, 공세적 사이버공간 작전, 방어적 사이버공간 작전 그리고 국방부 정보네트워크 작전이 같이 수행될 수 있다고 한다.[23] 중요하게는 공세적 작전이 아닐지라도, 대응 행위를 수반하는 방어적 사이버공간 작전도 외국 사이버공간에서 펼쳐질 수 있다. 이는 '능동적 사이버 방어' 개념과 부합한다. 이러한 변화는 윤석열정부에서도 이어졌다.

4) 사이버안보 전략의 공세적 전환: 사이버안보 거버넌스의 고도화

윤석열정부는 2024년 2월 해당 정부 최초로 『국가사이버안보전략』을 출간했으며, 사이버안보 전략서는 향후 매 5년마다 발간하기로 했다.[24] 제시된 다섯 개의 전략과제는 ① 공세적 사이버 방어활동 강화, ② 글로벌 사이버공조체계 구축, ③ 국가 핵심인프라 사이버 복원력 강화, ④ 신기술 경쟁우위 확보, ⑤ 업무 수행기반 강화다.

전략서에서 주목해봐야 할 특징적 변화는 크게 세 가지다. 첫째, 수립 배경에 대한 인식에서 당시 주요 이슈들과 사이버안보 넥서스를 들고 있으며,[25] 특히 첨단기술 유출, 허위정보, 가상자산, 핵심인프라 무력화 등과 같은 위협 행위들이 지목되고 있다. 둘째, 공개귀속을 하며, 주요 위협 행위자로 북한을 들고 있다. 동맹국 미국이 국가 사이버위협 행위자로서 중국, 러시아, 북한, 이란을 들고 있는 것에 비해, 한국은 북한에 제한해 집중하고 있는 모습이 특징적이다. 셋째, 사이버공간에서의 전략적 태세를 방어에만 그치지 않는 능동적 사이버 방어로 발전시켰다.

첫 번째 특징은 국제 환경적 변화와 관련이 있다. 2016년경부터 4차 산업혁명이라는 단어가 전 세계적으로 회자되고, 2018년부터는 미 트럼프 행정부가 중국과의 강대국 전략 경쟁을 표면화하면서, 디지털 기술을 포함하는 첨단기술들에 대한 의식과 관심이 일반 시민 사이에서뿐만 아니라 정책입안자 써클에서도 많이 높아졌다. 특히, 미국은 미국과 중국 간의 전략 경쟁의 핵심은 첨단기술에 있다고 보고, 핵심신흥기술(critical emerging technologies)을 지정하고 꾸준히 업데이트 하며, 보호와 육성을 위한 전략과 정책들을 적극적으로 도입하기 시작했다.

그런데 이러한 첨단기술의 보호와 육성에 있어 중요한 기반 기술이 사이버안보다. 첨단 기술들의 발전과 구동은 인터넷의 연결을 필요로 하는 경우가 많다. 인터넷으로의 연결은 곧 사이버침해의 가능성을 필연적으로 수반한다. 그리고 첨단기술의 보호를 위해 미국은 수출통제를 적극적으로 시행하고 있지만, 악의적 행위자에 의한 사이버침해는 제품이나 서비스의 실질적 이동과는 별개로 불법적으로 지식재산권을 탈취한다.

실제 사이버에스피오나지에 의한 지식재산권의 불법적 탈취 경제 규모는 전 세계적으로 어마어마하다. 미국 국가안보국(NSA) 국장 겸 최초의 국방부 사이버 사령부(CYBERCOM)의 사령관을 역임한 키스(Alexander Keith) 장군은 미국이 매년 2,500억 달러 상당의 지식재산권을 도둑맞고 있다고 알려, "역사상 최대의 부의 이동(the greatest transfer of wealth in history)"이라는 표현을 통해 미국 사회와 정책입안자 써클에 경종을 울린 바 있다.[26] 사이버에스피오나지를 통해 지식재산권뿐만 아니라 통상 및 안보 관련 국가기밀 정보를 탈취해가기도 한다.

미국 사회에 이러한 '부'의 이동이 심각하게 받아들여진 것은 단순히 화폐의 이동 이상을 의미하기 때문이다. 지식재산권의 불법적 탈취에는 특히 중국 해커에 의한 미국의 첨단기술, 군사 장비, 하이테크 기업의 소스 코드 등이 포함된다. 첨단 무기 시스템 설계도 탈취 같은 사례에서는 미사일 방어시스템 패트리어트, 사드, 이지스 등과 같은 기술들이 포함되어 있었다.[27]

한국에서도 민간(기술)기업뿐만 아니라 방산업계에 대한 해킹 피해도 적지 않다. 2024년 1~2월 국내 방산업체 83곳을 특별점검한 결과, 대기업 방산업체 등 10여 곳이 기술 자료를 탈취당하는 등의 해킹 피해를 본 것으로 드러났으며, 그중에는 1년 이상 북한의 해킹 사실조차 파악하지 못한 곳도 많았다. 보안을 이유로 기술탈취가 의심되는 방산업체명과 기술 자료의 내용은 공개되지 않았지만, 알려진 범행수법으로는 방산업체에 대한 직접 해킹 외에도 협력업체 등을 통해 탈취한 정보를 활용해 외부망 서버를 감염시킨 뒤 취약한 연계 시스템을 통해 내부망에 침투한 것이 드러났다.[28] 북한 정찰총국의 해커 부대 중 하나인 라자루스는 보통 금융기관, 또 다른 조직인 안다리엘은 군 안보기관, 김수키는 정부기관 등을 목표로 분담하는 양상을 보였지만, 방산업계에 대한 공격은 세 조직이 연계해 행해졌고, 김정은 국무위원장의 지시를 받고 움직이는 것으로 국내 유관 기관들에 의해 밝혀졌다.

한국의 2024년 국가 사이버안보 전략서가 첨단기술 유출뿐만 아니라 허위정보, 핵심인프라 무력화를 언급하는 것은 위와 같은 지경학적 맥락뿐만 아니라 지정학적 글로벌 환경의 소산이기도 하다. 단적인 사건이 러시아에 의한 우크라이나 침공이다. 우크라이나전쟁은 여러 첨단 무기 등의 시험대가 되었으며, 사이버작전의 측면에서 봐도 그렇다. 허위정보를 통해 상대편 국민에게 공포와 불안을 일으키고, 국내외적으로 전쟁의 정당성을 알림으로써 전장에서 전략적으로 유리한 입장을 차지하고자 했다. 최근 우크라이나전쟁에서는 전시 상황에서도 러시아가 딥페이크 기술을 악용한 가짜뉴스를 확산시키며 우크라이나 국민들 사이에 혼란과 공포를 야기하거나, 국민을 선동해 항복을 유도하고자 했다.[29]

핵심 인프라에 대한 파괴적 공격 사례는 이제 매우 많은 사례가 축적되었다. 2017년 우크라이나를 공격한 낫페트야(NotPetya) 사건은 이를 잘 나타낸다. 6월 27일 오후 우크라이나 독립기념일 전야에 가해진 랜섬웨어 종류의 하나인 낫페트야 공격은 정부기관, 지하철, 은행, 주유소 등 일상생활과 관련한 사회기반시설의 기능을 마비시켰다. 그뿐만 아니라 원전 시스템에도 침입해 1986년 소련 체르노빌에서의 방사성 물질 유출 사고와 같은 상황이 일어날지도 모르는 위기 상황을 초래했다. 해당 악성코드는 원전의 컴퓨터 2,500대를 다운시켰고, 가장 큰 문제는 방사선 수치를 모니터링하는 컴퓨터가 작동 불능 상태가 된 것이었다.

비단 해외뿐만 아니라 국내에도 국민안전과 직결되는 국가인프라 시설에 대한 많은 공격 사례들이 있다. 잘 알려진 사건 중 하나가 2015년 한국수력원자력(이하 한수원) 해킹 사건이다. 당시 정부합동수사단에 의하면, 해커조직이 한수원 직원 3,571명에게 5,986통의 파괴형 악성코드 이메일을 발송해 PC 디스크 등을 파괴하려고 했다. 피싱(phishing) 메일을 통해 이메일 비밀번호를 수집하고, 그 이메일 계정으로 자료들을 수집해 범행을 사전에 준비했다. 비록 한수원에 대한 이메일 공격에는 실패했지만, 취득한 자료들을 가지고 협박을 가했다. 해커조직은 '원전반대그룹'이라고 밝혔지만, 중국 선양 IP를 가지고 국내 VPN 업체 IP를 통해 접속했다. 합동수사단의 분석에 의하면 이메일 공격에 사용된 악성코드는 북한 해커조직인 '김수키(Kimsuky)'가 사용하는 악성코드와 구성 및 동작 방식이 거의 같았다. 이러한 핵심인프라에 대한 공격은 금전적 이익을 직접적으로 노린 것으로도 볼 수 있지만, 국민들의 불안과 사회적 혼란 야기를 주목적으로 한 범행으로 볼 수 있다.

한국의 2024년 국가 사이버안보 전략서는 미국을 포함한 글로벌한 사이버작전의 이러한 경향성을 반영하면서도 한국의 특수성을 감안해 첨단기술 유출, 허위정보, 가상자산, 핵심인프라 무력화 등과 같은 위협 행위들을 지목하고 있다. 그러한 특수성은 특히 북한의 위협과 가상자산탈취와 관련이 깊다. 이와 별개로 가상자산 사례는 아니지만, 사이버공간을 통해 금전적으로 막대한 국가적 피해가 발생할 수 있음을 잘 보여준 사례가 2016년에 있었던 방글라데시 중앙은행에 대한 사이버 강도 사건이다. 국제은행간통신협회(SWIFT: Society for Worldwide Interbank Financial Telecommunication) 보안상의 허점을 이용해 일어났으며, 기존 개인정보나 기밀정보 탈취가 아닌, 사이버공간을 통해 은행 계좌에서 직접 거액을 빼간 전대미문의 범죄였다.

체이널리시스(Chainalysis)라는 민간 보안 업체의 '2023년 가상자산범죄(2023 Virtual Asset Crime)' 보고서에 의하면, 당해 전 세계 20여 개의 가상화폐 플랫폼들이 해킹당했으며, 피해액은 약 10억 달러에 달했다고 한다. 또한, 유엔 안보리 산하 대북 제재위원회 전문가 패널(UN panel of experts under the UN Security Council Sanctions Committee on the DPRK)의 최종 보고서에 따르면, 북한은 2017년부터 2023년까지 5년간 가상자산 탈취를 통해 약 30억 달러가 넘는 수익을 벌어들였으며, 그 규모가 증가하고 있다고 한다. 문제는 이러한 수익이 북한의 핵 및 미사일 개발 프로그램의 주요 자금으로 활용되고 있다는 것이며, 보고서에 따르면 필요한 자금의 대략 40%가 그리고 전체 외화 수입의 50%가 가상자산 탈취를 통해 조달되고 있다고 한다. 이외에도 수천 명의 북한 IT인력들이 북미, 유럽, 동아시아 선진국 소재 IT기업

들에 위장 취업하거나, 아시아 및 아프리카 각지에 파견되어 있다. 이들은 각종 소프트웨어, 모바일 애플리케이션, 탈중앙화 애플리케이션, 스마트 컨트랙트, 디지털 토큰 개발에 이르기까지 다양한 일감을 수주하며 북한의 외화벌이에 기여하고 있다. 이러한 북한의 사이버공간에서의 행위는 한국의 2024년 사이버안보 전략서의 두 번째 특징과 연결된다.

2024년 전략서의 두 번째 특징은 북한에 대한 '공개귀속(public attribution)'을 할 의지를 밝힌 것에 있다. '공개귀속'의 의미를 좀 더 상세히 알아볼 필요가 있는데, 여기서 공개귀속이란 단순히 사이버공간 상의 악의적 범죄의 근원지 혹은 행위자를 밝히는 것만을 의미하지 않는다. 그런 것이라면 2024년 전략서 발간 오래전부터 가능했으며, 실제로 실행해 왔다. 공개귀속이란 사이버 범죄와 특정 행위자 혹은 영토를 연결시키는 것이며, 어떤 일이 일어났는지 제3자에게 공개적으로 밝히고, 해당 범죄 행위를 규탄하는 행위를 포함한다.

공개귀속이란 이러한 세 요소를 포함할 뿐만 아니라 그다음에 수반되는 행동을 위한 근거를 마련하는 작업이기도 하다. 수반되는 행동들에는 크게 두 가지가 있다. 하나는 동맹국 혹은 동지국가들(like-minded countries)과 함께 합동공개귀속(collaborative public attribution)을 하는 것이다. 예를 들어, 한국과 미국의 정보 및 치안 기관들은 최초로

2023년 2월 '북한 랜섬웨어 관련 한미 합동 사이버안보 권고'를 발표한 데 이어, 6월에 대표적인 북한 해킹 조직으로 정보 및 기술을 탈취해온 '김수키(Kimsuky)'에 대한 한미정부 합동 보안권고문을 발표했다.

또 다른 하나는 규탄에 이어, 실질적으로 피해를 되돌려주고자 보복적 절차를 취하는 것이다. 가장 적절하다고 판단되는 것이 법적 또는 경제적 제재다. 사이버공간에서의 악의적 행위가 피해국의 무력 보복으로 이어지는 갈등상승(conflict escalation)의 사례가 아직까지 널리 알려진 바는 없다. 오히려 그러한 종류의 악의적 행위에는 기소 등의 사법적 절차를 거치거나, 경제제재를 가하는 것이 일반적인 대응(countermeasures)이다. 물론 이러한 공개적 보복 외에도 은밀하고 비밀리에 행해지는 사이버작전이 행해지고 있는 가능성도 있으나, 공식적으로 발표되고 있지 않아 확증할 수는 없다. 미국은 일찍부터 경제제재를 활용했다. 미국은 2019년 9월 라자루스, 블루노로프, 안다리엘과 같은 북한의 3개 해킹 조직을 제재 대상으로 지목했으며, 2020년에는 북한 정찰총국 소속 해커 전창혁, 김일, 박진혁을 기소했다. 또한, 2022년에는 북한이 훔친 암호화폐의 돈세탁을 도운 믹서(mixer)업체 2곳을 제재하기도 했다. 한국도 미국과 함께 2023년 6월 한미정부 합동 보안권고문 발표와 함께 세계에서 최초로 '김수키'를 대북 독자제재 대상으로 지정했다. 위와 같은 한미 간

의 협력 강화는 후술할 2022년 5월 한미정상회담에서의 합의와 연관된다.

마지막으로 위와 같은 공개귀속의 대상으로 북한을 특별히 지목하고 있다는 점도 주목해야 한다. 동맹국 미국이 국가 사이버위협 행위자로서 중국, 러시아, 북한, 이란을 지목하는 것에 비해 한국은 북한 한 곳만 지정해 사이버위협 행위자로 규정하고 있다. 북한을 지목한다는 것은 북한 정권과 북한의 사이버공간에서의 행위에 대한 한국정부의 확실한 신호보내기(signaling)이기도 하다. 또한, 이러한 특정은 양국 간 관계에 영향을 미치기 때문에 기술적 확신과 국가 역량 우위에 대한 확신 없이는 이루어지기 어려운 정책적 선택이라고 볼 수 있다.

2024년 전략서의 세 번째 특징은 '능동적 사이버방어(ACD: Active Cyber Defence)'다. 상기한 '공개귀속'이 어떻게 보복적 대응조치로 이어지는 기반이 되는지 보았다. 능동적 사이버방어는 '방어'라는 용어를 포함하지만, 앞의 '능동적'이라는 수식어로 인해 보복적 대응조치를 포함한다. 이 사이버 전략은 방어에 중심을 두는 사이버억지 전략과는 다르다.

다만, 전략서는 '공세적 사이버방어(Offensive Cyber Defense)'라는 용어를 사용하기 때문에 실질적으로 어떻게 운용될지에 대한 의문을 낳는다. 뒤의 두 단어에 방점을 찍고 해석하게 되면 능동적 사이버방어의 개념에 가깝다. 하지만 앞의 두 단어에 방점을 찍

게 되면 자국의 사이버공간을 벗어나 외국의 사이버공간에서의 활동을 의미하며, 단순한 방어 및 대응 차원이 아니라 국가전략적 이익의 실현을 위한 힘(power)의 투사를 의미하기 때문이다. 이러한 용어의 도입은 군이 실제로 수행하고 있는 임무 수행에 부담을 덜기 위한 문구일 수 있다. 하지만 리스크도 있다. 국제법적으로는 선제공격이 정당화되기 위한 충분한 근거가 있어야 한다. 그뿐만 아니라 사이버작전에 대한 투명한 전략이나 정책이 앞으로 더욱 요구된다. 침략전쟁을 부인하는 헌법의 정신에 따라 어떻게 운용될 것인지, 동맹국 및 우방국들과 어떻게 '공세적' 차원에서 협력할 것인지, 그리고 갈등관계에 있는 국가들과의 긴장 상승을 어떻게 피할 것인가에 대한 충분한 설명이 요구된다. 앞으로 구체적인 정책 공개와 시행들을 통해 이러한 의문들을 풀어나갈 필요가 있다. 이러한 투명성은 대내외적 정치적 정당성 확보 및 다양한 이해당사자들의 협력을 구하는 데 도움이 될 것이다.

4. 한국 사이버안보 민관협력 거버넌스

사이버공격이 공공기관과 민간을 가리지 않고 행해지면서 국가안보에 대한 권위와 역할에 혼란이 생기게 되었다. 전통적으로 국가는

자국 시민들의 생명과 재산을 지키는 역할을 담당해 왔고, 그것을 위한 권위가 부여되어 왔다. 하지만 사이버공격이 국가의 안보 영역을 넘어 민간에 직접적으로 피해를 입히고, 국가의 안보제공자로서 역할과 능력이 제한되는 상황이 도래했다.[30] 국가안보 차원에서도 사이버안보 영역에서 민간의 역할, 책임, 권위가 더욱 기대되고 있다. 이는 많은 국가 핵심기반시설들을 민간이 담당하고 있기 때문이기도 하다. 민영화가 상대적으로 많이 진행된 미국이나 영국뿐만 아니라 한국도 107개 주요 정보통신기반시설을 지정해 국가의 주요 인프라로 관리하고 있다.[31] 스스로를 지키기 위한 민간의 역할이 더 기대될 뿐만 아니라 민간의 역량이 국가안보 차원에서도 필요시 되고 있기 때문에 사이버안보 민관 협력 거버넌스는 중요한 화두로 부상했다.

1) 사이버안보 민관협력에의 도전

민간의 기여가 더 기대되는 사이버안보 거버넌스이지만, 민관협력은 쉽지 않다. 왜냐하면 정부와 민간 간에 각자의 역할, 책임, 권위에 대한 인식차가 존재하기 때문이다. 그러다 보니 협력의 범위, 정도, 성격에 대한 견해 차이가 발생하게 된다. 더욱이 사이버위협에 대한 근본적 관점도 다르다. 정부는 나라 전체의 문제로 보는 입장이며 따라서 사이버안보를 공공선(public good)으로 본다. 그에 비

해, 민간은 경영 모델의 한 요소로만 바라보며, 이윤과 주주들의 이익을 최우선하는 입장에서 사이버안보의 필요성을 인식한다. 다른 말로 하자면, 2절에서 다룬 것처럼 행위자에 따라 사이버안보나 사이버위협에 대한 정의가 다를 수 있다. 이러한 차이는 민관이 함께 대처해야 할 문제임에도 불구하고, 상호 협력 시 어려움이 된다.

사이버공격으로부터의 보호책임은 국가에 있는 것인가, 아니면 민간 행위자 스스로에게 있는 것인가? 보호를 위한, 혹은 손실이 발생했을 경우의 비용은 국가가 지불해야 하는가, 아니면 오롯이 민간이 감당해야 하는가? 손실이 발생하기 전의 대비를 위한 비용은 어떠한가? 만약 외부 세력에 의한 것이고 외국 정부에 의한 것으로 밝혀진다면, 책임은 누구에게 있는가?

귀속 가능하다는 것도 하나의 가정이다. 즉, 귀속이 불가능하거나 확정적이지 않을 수 있다. 특히, 피해입은 민간이 정보공유를 하지 않을 때 그러하다. 정부와의 정보공유도 중요하지만, 민간 행위자들 간의 위협정보 공유는 해당 공격이 사회에 확산되는 것을 예방하거나 대처할 수 있게 한다. 그러나 기업 입장에서는 정보공유를 꺼릴 수 있다. 침해 사건으로 인해, 기업 이미지 실추, 기업의 고급 또는 비밀 정보의 누출 등으로 인한 기업 이윤의 하락뿐만 아니라 법적 책무 등이 발생할 수 있기 때문이다. 이러한 손실을 감안하더라도

(어느 정도의) 위협정보 공유를 의무화할 수 있는가? 자발적 공유에 맡긴다면, 어떠한 유인(incentive)을 도입해야 하는가?

또 다른 논쟁점은 민간에 의한 보복행위다. 민간 스스로 손해를 입힌 외국의 주체에게 보복할 수 있는가. 정부가 행정적, 외교적 어려움 때문에 대처를 못 하거나, 대처가 지연될 경우, 악의적 행위자는 지속적으로 손실을 발생시킬 수 있다. 이때 보복적 역량을 갖춘 민간 스스로가 자신을 방어하는 입장에서 사이버 작전을 펼칠 수 있는가? 감시나 파괴를 포함한 보복적 공격을 감행할 수 있는 것인가? 정부는 이를 어떻게 판단해야 하는가? 판단할 수 있는 역량과 적절한 법적 기준은 있는가?

위와 같은 문제들은 사이버 민관협력에 있어 일부에 불과하지만 중요한 이슈들을 압축적으로 포괄하고 있다. 이하에서는 한국의 사이버안보에서의 민관협력의 발전을 살펴본다. 비록 위와 같은 문제들을 아직 다 해결하지 못하고 있지만, 각 국가들은 나름의 해결책을 찾아가고 있다. 이하의 구체적인 내용을 통해 한국에서는 왜 진행되었는지, 어느 영역에서 진행되었는지, 어느 정도 진행되었는지에 관한 질문들에 대해 어느 정도의 답을 찾을 수 있을 것이다. 좀 더 명쾌한 대답은 향후 연구를 기대해야 할 것이다.

2) 한국의 사이버안보 민관협력

사이버 민관협력이 공문서 상에서 명확히 인식되기 시작한 것은 7·7 디도스 사이버공격 사태 이후에 '2009년 국가사이버위기 종합대책'이 수립되면서부터라고 할 수 있다. 7.7 디도스 사건 당시 안랩, 윈스, 시큐아이 등의 민간 네트워크 보안업체들이 악성코드에 대한 백신 개발과 공유 등의 활약을 하며, 민간 기술의 중요성이 부각되었다. 다른 한편으로는 해당 사건을 통해 민관협력 체계가 원활하지 못한 부분도 부각되었다.[32] 그전에도 대책은 존재했지만, 공적 영역이 민간에 개입해 문서를 만든 적은 없었다. 2009년 이 7·7 디도스 사건으로 인해 사이버안보가 국가사이버안보 차원뿐만 아니라 민간사이버안보 역량 강화를 목적으로 하도록 방향전환을 했고, 이에 따른 전략문서를 만들었다. 즉, '2009년 국가사이버위기 종합대책'은 민간분야의 사이버안보 역할 강화를 위해 사이버안전 수준 제고 차원에서 학교, 직장 및 민방위 훈련 시 사이버보안 교육을 확대하고, 기업의 정보보호를 위해 사이버보안관 양성, 자동차, 조선 등 산업별 협회에 보안관제센터(ISAC)를 설립해 사이버침해 차단 및 산업기밀 보호 활동을 강화케 하였다.

'2009년 국가사이버위기 종합대책'에는 다음과 같은 민관협력 사항들이 포함되었다. 우선 당면과제로 사이버위기 관리 거버넌스의 정비가 지목되었다. 국가 사이버위기 발생 시 민관합동 범정부 대책기구를 구성해 위협분석 및 경보발령, 외국과의 공조체계 가동 등을 총괄하게 했다. 다음 해에 추진될 과제로는 사이버보안관 3,000명 등의 전문인력 양성 기반 조성, 사이버공격 탐지 사각지대 해소 등 사이버방어 환경 개선 등이 포함되었다. 주요 중장기 과제 중에는 정보화 예산 대비 정보보호 예산의 단계적 확대, 정보보호 설비투자 제로를 위한 조세감면 지속 지원, 전력 및 통신 등 국가기능유지 핵심시설의 보안체계 고도화, 사이버공격의 양태 변화에 발맞춘 사이버공격 대응기술 개발 및 활용, 사이버보안 예산 증액 및 관련 교육 강화의 더 적극적인 추진 등이 포함되었다.

2011년 '국가사이버안보 마스터플랜'은 사이버안보가 국가안보 영역으로 들어오고, '3선 방어체계'라는 개념이 도입되면서 민간의 국방 관련 역할이 부각되었다. 그러나 민간이 사이버전에서 어떤 역할을 할 수 있는가에 대한 법적 근거 마련까지는 이르지 못했다. 국내 사이버안보 체계 측면에서는 2009년 '종합대책'과 마찬가지로 민관합동대응반의 운영, 국제협력 강화도 논의되었다. 그리고 제도적 차원에서는 민간기업에서 해킹 사고가 발생하면 경영자의 책임을 명확히 하고, 용역업체에 민·형사상의 책임도 묻는 점이 새로 추가되었다. 다만, 그동안 중요하게 지적되었던 보안인력 양성, 연구개발, 예산 투자 계획까지 실효성을 담보할 계획이 국가사이버안보 마스터플랜에서 빠졌다.

2013년의 국가 사이버안보 종합대책은 3·20과 6·25 사이버테러 이후 수립되면서, 범국가 차원의 대응이 요구되는 상황이었다. 4대 전략 안에는 민관협력과 관련한 사안들도 포함되었다. 기관 간 원활한 정보공유가 부족하다는 지적에 따라 국가 차원의 '사이버위협 정보공유시스템'을 2014년까지 구축하기로 했는데 이를 토대로 민간 부문과의 정보제공 및 협력을 강화해 나갈 방침을 밝혔다. 중요 사고에 대해서는 민관군 합동대응팀을 중심으로 상호협력 및 공조를 강화하기로 했으며 집적정보통신시설(IDC)이나 의료기관 등의 주요정보통신기반시설 지정을 209개에서 400개로 확대했다. 그리고 국가기반시설에 대해 인터넷망과 분리·운영시키고, 전력·교통 등 테마별로 특화된 위기대응훈련을 실시하기로 했다. 또한, 주요 민간기업에 대해 정보보호 관리체계(ISMS) 인증 대상을 150개에서 500개로 확대하고, 중소기업을 대상으로 보안취약점 점검 및 교육지원 등을 통해 국가 전반의 보안수준을 향상시키고자 했다.

다양한 인력양성 프로그램 추진도 포함되었다. 최정예 정보보호 전문가 양성사업 확대 및 영재교육원 설립 등이 거론되었으며, 2017년까지 사이버 전문인력 5,000명 양성과 미래 시장 선점을 위한 10대 정보보호 핵심기술 선정과 연구개발의 집중적 추진으로 기술 경쟁력을 강화할 계획도 4대 전략에 포함되었다. 여기서 10대 정보보호 핵심기술 개발 분야란, 5대 기반 분야(암호·인증·인식·감시·탐지)와 5대 신성장 분야(스마트폰·IoT/M2M·클라우드·ITS·사회기반)를 의미한다. 추가적으로 정보보호산업을 동반하지 않고는 사이버안보를 제고할 수 없기 때문에 '정보보호산업 발전 대책'도 마련되었다. 금융위에서도 금융전산 보안강화 대책이 발표되었다.

문재인정부의 『국가사이버안보전략』에서는 특히 민관협력과 관련한 전략과제로 '신뢰와 협력 기반 거버넌스 정립', '사이버보안 산업 성장기반 구축', 그리고 '사이버보안 문화 정착'이 제시되었다. 해당 전략의 전략과제별로 기본계획이 총 18개 중점과제로 제시되었는데, '신뢰와 협력 기반 거버넌스 정립'과 관련한 중점과제는 민관군 협력체계 활성화(산업 분야별, 지역별 사이버안전 대응체계 확립 및 관·학 연계 인력양성 프로그램 마련), 범국가 정보공유체계 활성화(분야별 정보공유시스템 및 정보공유분석센터 활성화, 민간단체·기업의 자발적 정보공유 유도), 그리고 사이버안보 법적기반 강화(ICT융합 제품·서비스 정보보호 법제도 마련 및 협력체계 구축을 위한 「정보통신망법」, 「정보통신기반보호법」 등 개정 추진)였다. 기존의 대응체계가 좀 더 세부적으로 촘촘하게 발전되어가는 양상이었고, 자발적 정보공유에 대한 강조가 이루어지기 시작했으며 디지털 공급망의 정보보호가 제기된 것도 이전에는 보이지 않던 특징이었다.

'사이버보안 산업 성장기반 구축' 전략과제에 대해 네 가지 중점과제가 제시되었다. 사이버보안 투자 확대(공공발주 및 기업 공시제도 모니터링을 실시, 공공구매 정보보호 제품에 대한 수의계약 제도 도입), 보안 인력·기술 경쟁력 강화(실전형 사이버훈련장 및 전문 교육 과정을 확대 운영하고, 사이버보안 R&D 예산 확대 추진), 보안기업 성장환경 조성(정보보호 클러스터 운영 내실화 및 우수제품 개발 기술지원을 강화, 맞춤형 수출 지원사업 추진), 공정경쟁 원칙 확립(정보보호제품 성능평가 제도 확대 및 정보보호 제품·서비스에 대한 적정 대가 산정 방안 마련)이 포함되었다.

'사이버보안 문화 정착' 전략과제에는 두 개의 중점과제가 포함되었다. 사이버보안 인식 제고 및 실천 강화(「10대 정보보안 기본수칙」을 개발·보급하고 국민참여형 정보보호 캠페인을 지속 추진), 기본권과 사이버안보의 균형(정책 수립과정에 민간 정책자문단을 구성·운영하고, 공격실태 공개, 세미나 등을 통해 정책 공감대 확보)이다.

종합하면 최초의 국가 사이버안보 전략서로서 사이버안보 관련 민관협력 체계 강화, 산업 성장, 문화 등 전 분야에 걸쳐 조직적으로 집대성하고, 체계적 발전을 위한 기초를 놓기 위해 포괄적 접근을 취하고 있다.

윤석열정부의 사이버안보 민관협력 전략 및 정책은 이전 정부에서 시행하던 활동을 지속

할 뿐만 아니라 몇 가지 주목할 만한 특징도 있다. 2022년 5월 새 정부가 들어선 지 2개월 후에 나온 120대 국정과제에 '국가 사이버안보 대응역량 강화'(주관부처: 국정원·과기정통부·국방부·외교부)가 포함되었으며, 그 외의 과제에서도 사이버안보에서의 민관협력 관련 사항들이 여러 개 포함되었다.

2024년의 국가사이버안보전략 원칙 중 하나는 모든 이해당사자가 참여하는 것이다. 그리고 전략과제 '글로벌 사이버 공조체계 구축'의 중점과제로 '다. 민간·국제기구들과 협력 및 역량강화 지원 확대'에도 구체적인 민관협력 방안들이 나온다. 첫째, 정부와 국내외 민간기업 및 국제기구 등과 사이버위협정보·보안기술 및 정책 교류를 확대하고, 민간 상호간 국제협력을 장려·지원한다. 둘째, 1.5트랙 정책 협의 등 국내외 정부 및 민간 전문가 간 논의의 장을 지속적으로 추진하고 다양한 이해관계자들이 참여하는 사이버안보 정책을 수립한다 등이 언급되었다. '신기술 경쟁우위 확보' 중점과제에서도 '나. 신기술에 대한 사이버위험 관리체계 확립'을 제시했으며, 민간기업과 공공 연구기관이 개발한 사이버안보 관련 신기술에 대한 교류·공유·이전 확대, 보안컨설팅 지원 강화가 포함되었다.

그리고 '업무 수행기반 강화'의 중점과제에서도 '다. 범국가적 사이버위기 대응을 위한 민간역량 활용 확대'가 제시되어 여러 방안이 포함되었다. 1) 민간 주체의 자율적·능동적

참여를 촉진하는 협력적 플랫폼 구축, 2) 정부와 기업 간 정보공유체계 정비, 3) 유사시 민간 전문인력의 적극적 활용이다. '라. 전문인력 양성 및 유지'에서는 1) 맞춤형 인력양성 프로그램, 2) 민간과 공공이 참여하는 연합훈련과 교육훈련 기반 마련, 3) 보상체계 마련, 4) 사이버 전문인력 관리, 5) 전문인력 양성을 위한 교육·연구개발 등에 투자를 내걸고 있다.

한편, 2022년 11월 30일, 사이버안보 관련 민관협력을 강화하기 위한 국가사이버안보협력센터(NCCC: National Cybersecurity Collaboration Center)가 개소되었다. 해당 협력센터는 국가정보원 국가사이버안보센터 소속이다. 개소 당시에는 과기부, 국방부 등 9개 국가 및 공공기관 그리고 안랩, 이스트시큐리티, S2W, 체이널리시스 등 민간 보안업체 46명이었으나, 그 후 참여하는 기관이나 민간업체, 근무 인원이 늘어나고 있다. 해당 기관을 통해 사이버위협 정보의 공유, 공동대응 및 예방을 촉진하고 있다.

주요 업무는 합동분석(민관 사이버위협 정보합동분석, 해킹 공격기법과 공격 주체 신속히 식별), 기술공유(시험기관 대상 다양한 시험환경 제공 및 IT 업체와 협력 및 소통의 장), 위기관리(민관군 정보 종합 분석, 판단, 대응 그리고 합동조사 및 취약점 분석), 교육훈련(사이버위협 예방, 대응, 전문인력 양성 그리고 최신 보안기술 및 노하우 교육과 훈련)이다. '합동분석실'은 국가사이버안보센터와 민간

보안업체 분석관들이 공동으로 정보분석, 기술공유, 보고서 작성, 현안 대응과 같은 사이버안보 업무를 수행한다. 국가정보원은 국가 및 공공기관이 도입하는 정보보호제품, 네트워크장비 등 보안 기능이 있는 IT 제품의 안전성을 검증하는 기능을 담당하고 있는데, '기술공유실' 구축을 통해 국가 및 공공기관에 적합한 제품시험 및 검증을 지원하고 있다. 마지막으로 '국가사이버위기관리단(NCRMU: National Cyber Risk Management Unit)'이 있다. 사이버위협에 국가 차원의 일원화된 대응체계를 마련하고자 2023년 1월에 설립되었다. 과학기술정보통신부, 행정안전부, 산업통상자원부, 국토교통부와 같은 국가기관 및 한국인터넷진흥원, 한전KDN, 금융보안원 등의 공공기관, 그리고 명정보, 코어시큐리티, 나루시큐리티, KT 등과 같은 민간이 참여하고 있으며, 대규모 사이버공격 발생 등 유사시에는 경찰이나 군 등 분야별 전문가로 구성된 신속지원팀도 함께 참여한다.

정부뿐만 아니라 공공기관과 민간이 협력하며 사이버안보 거버넌스의 중요한 한 축을 담당하고 있다. 대표적인 기관이 '컴퓨터비상대응팀(CERT: Computer Emergency Response Team)'이다. 컴퓨터비상대응팀(CERT)은 정부, 산업, 학계 등 다양한 행위자들과 파트너십을 맺고 컴퓨터 시스템과 네트워크의 안전과 복원력을 향상시키고자 운영된다. 한국에서는 1996년 한국정보보호센터

(현 한국인터넷진흥원[KISA])가 '해킹바이러스상담지원센터'를 만들면서 국가차원의 컴퓨터비상대응팀(CERT)으로서 작동했다. 현재는 한국인터넷진흥원(KISA)이 KrCERT/CC를 담당하고 있으며 사이버침해대응본부가 주요 역할을 수행하고 있다.

사이버안보 관련 민관협력에서 중요한 것 중 하나가 위협정보의 공유다. 사이버공격이 있을 경우 혹은 있었던 경우, 해당 위협에 대한 정보를 신속히 수집 및 공유할 수 있는 체계가 있으면 사이버침해의 피해 정도를 줄이거나 예방할 수 있다. 그런데 그러한 국가 차원의 체계는 사적 행위자들이 만들어 운영하기에는 부담이 되는 한편, 더 많은 행위자들이 참여해야 더 큰 혜택을 볼 수 있다. 그런데 기업 입장에서는 자신들의 침해 사실을 밝히길

꺼리는 경우가 많다. 따라서 2021년 12월 기존 것을 사용자 중심의 양방향 정보공유 방식인 '사이버위협 정보분석·공유시스템(C-TAS: Cyber Threat Analysis & Sharing)'으로 개편했다.[33] C-TAS 시스템은 2014년 8월부터 운영되고 있었으며, 2023년 12월 말 기준 공공기관·정보통신·제조·금융업 등 총 3,453개 기업·기관이 참여하고 있으며, 5억 7,900만여 건의 사이버위협 정보를 공유하고 있다. 따라서 상기한 국가사이버위협 정보공유시스템(NCTI) 또는 한국사이버위협 정보공유시스템(KCTI)과는 성격이 다르다. 기업의 정보제공 여부를 가리지 않고, 정보공유를 원하는 모든 기업이 참여할 수 있도록 개방했으며 참여 기업들은 간편한 회원가입만으로 SMS와 같은 문자서비스 등을 통해 실시간 긴급 상황

글상자 2.2 컴퓨터비상대응팀(CERT)

컴퓨터비상대응팀(CERT)이란 미국 카네기 멜런대학교에서 첫 번째 팀이 만들어지고, 세계 여러 다른 팀들에게 상표권 라이선스를 내주어 사용케 하고 있다. 비슷한 용어로 '컴퓨터보안사고대응팀(CSIRT: Computer Security Incident Response Team)'이 있으며, 종종 CERT와 혼용될 만큼 사고 대응, 위협정보공유, 취약성 관리와 같은 중첩되는 기능을 수행한다. 엄밀히 구별하자면, CSIRT는 특정 조직의 사고 대응에 집중되어 활동한다. CERT는 그

기원이 미 방위고등연구계획국(Defense Advanced Resarch Project Agency)에 의한 CERT 코디네이션 센터인 것만 보더라도, 사고에 대한 단순한 대응뿐만 아니라 사고를 예방하고 보안 태세를 향상시키기 위한 서비스를 사회 구성원들에게 폭넓게 제공하고자 한다.

주: CSIRT에 대한 더 자세한 논의는 Leonie Maria Tanczer, Irina Brass, and Madeline Carr, "CSIRTs and Global Cybersecurity: How Technical Experts Support Science Diplomacy," *Global Policy* 9–3 (November 2018)을 참조하라.

과 최신 동향정보 등을 공유받을 수 있게 되었다.

국가사이버안보협력센터는 2024년 8월 6일 '판교캠퍼스'로 개칭되었다. 개칭하며, 기존 민관협력을 더욱 확대하고, 사이버인재 양성을 위한 교육 훈련과 정보보호 기업의 성장을 적극 지원하기 위한 목적을 명확히 했다. 9월에는 범국가 사이버안보 연대인 '사이버 파트너스'를 출범시켰다. 망 분리 및 공급망 보안 관련 사안들에 대한 사이버 보안정책 수립 과정에서 관련 업계와의 소통을 더욱 강화해 나가기 위해서였다. 그리고 한국이 주도하는 첫 국제 사이버훈련인 'APEX(Allied Power Exercise) 2024'도 실시되었다. 이보다 앞서 7월에는 2026년까지 대전에 'K-사이버훈련원' 설치 계획을 발표한 바 있다. K-사이버훈련원에는 AI·자율주행 등 차세대 사이버 훈련장과 사이버안보 교육장, 컨벤션홀 구제훈련장 등이 포함될 예정이다. 이로써 최대 400여 명이 동시 훈련받을 수 있으며, 연간 2,000여 명 이상의 전문가 교육이 가능할 것으로 보았다. 민관협력의 차원에서 사이버안보 인재 교육, 훈련, 양성 등에 박차가 가해졌다.

5. 한국 사이버안보와 국제관계

이 절은 한국의 사이버안보 국제관계, 특히 사이버안보 국제협력에 초점을 맞춘다.[34] 사이버안보 국제협력은 정부 부처별로 각자 이루어질 수 있을 정도로 매우 다각적으로 이루어지고 있다. 국가안보실, 국가정보원, 외교부, 국방부 중심의 활동이 국제정치학에서의 주요 분석 대상이다. 이들은 국가전략적 협력의 일환으로, 정보공유 협력을 도모하며, 이를 위한 규범 형성 및 역량 강화 지원을 수행하고 군사 협력 차원에서도 사이버안보 국제협력을 추진하고 있다.

한국은 사이버안보 관련 다자협의체에서 일찍부터 활약해 왔다. 유엔에서의 정부전문가그룹(GGE)이나 개방형작업반에서의 회의에 참석했으며, 2013년 서울 사이버스페이스 총회(GCCS) 개최에서 사이버안보 규범 형성 과정에 참여하고, 개도국과의 사이버역량 강화 협력을 추진해 왔다.[35] 문재인정부 때 발간된 최초의 국가사이버안보전략서의 여섯 번째 전략과제는 '사이버안보 국제협력 선도'이며 중점과제의 내용으로 '사이버안보 관련 양자·다자간 및 수사·정보·국방 등 분야별 국제협력을 확대하고, 유관부처 협의기구 운영' 그리고 '국제규범 및 신뢰구축 등 다자 차원의 논의에 적극 참여하고, 개도국 대상 사이버안보 분야 역량 배양사업 확대'가 적시되어 있는데, 이는 이전 정부들의 노력들까지도 압축적으로 담아내고 있다고 볼 수 있다. 문재인정부 때부터는 다자회의뿐만 아니라 소다자 논의도 시도하며 '바르샤바 프로세스'를 가동시키기도 했다.

윤석열정부 들어서면서 가치 중심의 사이버안보 협력은 더욱 강화되었다. 그리고 사이버안보와 첨단기술에 대한 관심이 더욱 고조되면서, 한국의 국제정치 아젠다에서도 주요 위치를 견지하기 시작했다. 2022년 5월 20일 미국 바이든 대통령의 방한으로부터 시작된 두 정상 간의 만남은 바이든 대통령의 삼성전자 평택 고덕 캠퍼스에서부터 시작되었는데, 이러한 첫 일정 자체가 첨단기술에 대한 고조된 중요성을 강조하고 있었다. 2022 한미정상회담 공동성명에서는 양 정상이 우선적으로 한미동맹, 비핵화 그리고 북한에 대해 언급했고 첨단 반도체, 친환경 전기차용 배터리, 인공지능, 양자기술, 바이오기술, 바이오제조, 자율 로봇을 포함한 핵심 신흥 기술을 보호하고 진흥하기 위한 민관협력을 강화하기로 합의했다. 그리고 사이버안보 협력은 북한과 관련한 공동성명의 첫 부분에서도 핵심 신흥기술과 병기되어 언급되었다. 그 정도로 사이버안보의 중요성이 양국 정상 간에 인식되어 공유되었고, 관련한 양국 간 협력이 천명되었다. 그리고 이러한 사이버안보 국제협력의 정상 간의 이니셔티브는 상기한 바와 같은 2023년 2월 그리고 2023년 6월의 한미 합동 사이버안보 권고 발표의 형태로 실현되기 시작했다.

2023년 4월 워싱턴에서 진행된 한미정상회담은 '워싱턴선언(Washington Declaration)'을 남겼다. 그리고 한미동맹 70주년을 맞아 내놓은 공동성명은 글로벌 포괄적 전략 동맹이라는 기치하에 군사동맹, 핵심신흥기술, 디지털 무역, 차세대 네트워크, 경제안보, 사이버안보 등 폭넓은 주요 이슈들을 포함하고 있다. 사이버안보 사안과 관련해서는 '한미 전략적 사이버안보 협력 프레임워크(U.S.-ROK Strategic Cybersecurity Cooperation Framework)'의 설립을 제안했다. 양국 간 정상회담에서 새로운 이니셔티브가 제안될 만큼 사이버안보 사안은 양국 간에 매우 중요한 이슈로 인식되었으며, 해당 문서를 보면 사이버안보는 매우 중요한 정책적, 전략적 우선순위라고 선언하고 있다.

한미 전략적 사이버안보 협력 프레임워크는 그동안 이루어 온 사이버안보 관련 글로벌 양자 간 협력 사항들뿐만 아니라 향후 과제들을 제시하고 있는 문서다. 첫째, 양국 간에 향후 과제로서 제시된 중요한 사안 중 하나가 한미동맹이 사이버공간에도 적용된다는 것을 양국이 인정하면서도, 구체적으로 한미방위조약을 어떻게 어떤 상황에서 적용시킬 것인가를 논의하기 시작한다는 것이다. 둘째, 한국과 미국 간에 신뢰구축조치를 개발하고 이행해나가기로 했다.[36] 그 외에도 악의적 사이버 활동에 대한 억지를 위한 협력, 주요 인프라의 사이버안보 향상, 사이버범죄와 돈세탁과의 싸움, 암호화폐 보호를 위한 협력, 정보공유, 사이버역량강화 등[37] 2022년 5월 공동성명에 포함되었던 사항들을 들고 있다. 셋째, 사이버공간에서 책임 있는 평시 국가 행위(peace-time state behavior)에 어긋나는 행위를 할 경우, 그 국가들에 자발적으로 책임을 묻기 위해 협력한다는 것이고, 그러한 행위에 대해 국제법에 부합하며 투명한 대응수단들도 취할 수 있다고 언급하고 있다. 이 부분은 '자발적'이라는 수사적 표현을 쓰고 있지만, 중요한 것은 한국과 미국이 공동으로 사이버상의 악의적 행위에 대해 보복할 수 있다는 것을 양국이 공식적으로 합의한 것으로 볼 수 있다.

한국과 미국의 관계를 사례로 볼 때, 한국과 미국 각각에서 어떠한 기관이 사이버안보 국제협력에 관여하고 있는지 살펴볼 수 있다. 한국의 국가안보실과 미국의 국가안전보장회의(National Security Council), 한미 사이버 대화(Cyber Dialogue), 북한의 사이버위협 관련 한미 실무그룹(Working Group on DPRK Cyber Threats), 한미 사이버협력 실무그룹(Cyber Cooperation Working Group) 그리고 법집행 및 첩보기관 주도의 부처 간 메커니즘들이 주요 상호 교류를 위한 플랫폼들이다.[38] 그리고 미국에서는 '사이버보안 및 인프라 보안국(CISA: Cybersecurity and Infrastructure Security Agency)'의 합동사이버방어협력팀(JCDC: Joint Cyber Defense Collaborative)과 다른 부서들, 한국에서는 국가정보원과 인터넷 진흥원(KISA)의 컴퓨터 비상대응팀(CERT), 한국의 국가사이버안전센터와 국가사이버위기관리단(NCRMU) 등

이 양국 간에 위협정보를 공유하고, 사이버 사건에 협력하며, 사이버위기 관리의 모범사례를 공유하는 주요 주체들이다.

2023년 4월 한미정상회담에 이어 2023년 8월 18일 캠프 데이비드에서의 한미일 3국 정상회담에서는 북한의 불법적 사이버 행위와 제재 회피 수단에 대처하기 위한 삼자 간 협력을 증진시키는 데 합의했다. 정상회담에서의 협력으로부터 '북한 사이버위협 대응 한미일 외교 당국 간 실무그룹 회의(US-ROK-Japan Trilateral Diplomatic Working Group to counter DPRK's Cyber Threats)'가 2023년 12월 7일 개최되었고 2024년 3월 29일에는 2차 회의가 열렸다.

소다자 층위에서도 다양한 국제 협의에 참여 중이지만 그중에서도 주목할 것은 북대서양조약기구(NATO: North Atlantic Treaty Organization)와의 사이버협력이다. 2022년 5월 5일 NATO 사이버방위센터(CCDCOE: Cooperative Cyber Defence Centre of Excellence)에 NATO 비회원국으로는 최초로 정회원으로 가입했다. NATO에는 여러 분야에 해당되는 COE(Centers of Excellence)가 있으며, 사이버 관련 COE는 2003년 에스토니아 주도로 제안되었고 2008년에 설립되었다. 2023년 2월에는 NATO의 연례사이버방어 연합훈련에 처음으로 참여했다. 한편, 2021년부터 2024년까지 꾸준히 NATO 주최의 '락드 쉴즈(Locked Shields)'라는 세계 최대 규모의

실시간 사이버방어훈련에 참여해왔다. 해당 행사는 NATO CCDCOE 회원국(39개국) 간 사이버 위기대응 협력체계 강화를 위해 2010년부터 매년 개최되어 왔다. '국가 간 사이버 교전' 시나리오에 따라 기술과 전략 훈련으로 나누어 진행된다. 2024년에는 NATO 사이버 방위센터 주관 '락드쉴즈 2024'에 참여하며, 아일랜드와 국가연합팀을 구성해 가짜뉴스 등 최근 글로벌 사이버 이슈에 대한 법률 및 언론 대응역량에 중점을 두었다. 한편, 2022년에는 한국의 사이버사령부가 미국 주도의 다국적 사이버훈련인 '사이버 플래그(Cyber Flag)'에 처음 참가했다.

2023년에는 NATO 연례사이버방어 연합훈련 '사이버코얼리션(Cyber Coalition) 2023'에 처음으로 참여했다. 2022년 2월 발발한 우크라이나전쟁의 영향으로 사이버전이 재래식 전투만큼 중요해지면서 역대 최대 규모로 개최되었다. 그리고 네덜란드의 '사이버넷(CyberNet)'에도 참여했다. 2023년에는 한국 국방부 주관으로 아세안 확대 국방장관회의와 연계되어 실시되는 사이버안보분과 국제 사이버훈련인 '사이트렉스(CYTREX)'를 처음 실시하기도 했다. 2023년 한국 대통령과 NATO 사무총장과의 회담에서는 2027년에는 대전에 민관군 합동 '국제 사이버 훈련센터'를 신축하고 한국 주도로 국제 사이버훈련을 시행할 방침을 발표했다.

글로벌 다자 층위에서도 한국은 2024년 국제연합(United Nations, 유엔) 안전보장이사회(안보리) 비상임이사국이 된 것을 계기로, 사이버위협에 대한 논의를 주도하고 있다. 한미일은 유엔 안보리에서 '사이버위협의 지형과 국제평화와 안보를 위한 함의(the cyber threat landscape and its implications for international peace and security)'의 주제로 아리아 포뮬러(ArriaFormula) 회의를 열었고, 여기서 북한의 불법적 사이버 활동에 대해 논의했다.

국제 사이버안보 합동 훈련, 사이버안보 외교 협력뿐만 아니라 사이버안보 인재 육성에서도 국제협력에 박차를 가하고 있다. 2024년 9월에는 제1회 'Cyber Summit Korea(CSK) 2024'가 열렸으며, 'APEX(Allied Power Exercise) 2024'의 이름으로 한국이 처음으로 주도하는 국제 사이버훈련이 있었다. 이처럼 한국의 사이버안보는 국가 간 협정이나 유엔, NATO와 같은 국제기구를 통해 글로벌 협력을 추진하고 있다.

6. 한국 사이버안보의 과제와 미래전망

이 절은 한국의 사이버안보 관련 과제를 살펴보고 미래에 대한 전망을 시도한다. 단기적인 정부 차원에서의 전략과제와 같은 관점이 아닌, 중·장기적이고 거시적 관점에서의 과제를 고민해 보는 것이 미래에 대한 전망을 겸하는 것이 될 것이다.

첫째, 한국의 사이버안보 전략, 특히 공세적 사이버 작전에 대한 투명성 증진이 요구된다. 공세적 자세는 적국이 자국의 의지를 믿고 하려던 행동을 억지하게 만들기 위한 방안이다. 그러나 이러한 억지가 작동하기 위해서는 전략적 용어의 변화만으로는 불충분하다. 오히려 공세적 자세로의 전환은 적대적 국가의 반발을 일으킬 수 있으며, 경색된 관계로 전환되어 국가 간 관계가 더 불안해질 수 있다. 투명성을 증진시킬 수 있는 한 방안으로 '레드라인(redline)' 설정 등이 제시될 수 있다. '레드라인' 설정은 그 선을 넘는 행위에 대해서는 응징하고 교전을 불사하겠다는 의미다. '레드라인'은 자국의 이익을 지키면서 적대적 국가가 순응할 수 있는 것이어야 한다. 그리고 동맹국의 동의를 얻을 수 있어야 한다. 그래야 교전의 정당성을 뒷받침할 수 있다. 이 외에도 적대적 국가뿐만 아니라 동맹국, 파트너국가 그리고 자국 국민들에게 투명성을 증진시킬 수 있는 여러 방안을 생각할 필요가 있다.

둘째, 동맹국들 또는 파트너 국가들과의 정보공유의 범위와 정도에 대한 체계화와 법제도화다. 전술적 차원에서 공동의 적국에게 공동 사이버 작전을 수행해야 하는 경우가 앞으로 더욱 증가할 것이다. 미중관계로 대변되는 국제 구조만 보더라도 향후 지속적으로 긴장이 유지되거나 상승할 것이며, 사이버공간

은 현실 세계에서 앞으로 더 많이 더 깊게 내재될 것이기 때문이다. 그런데 성공적인 사이버 작전은 고도의 첩보를 필요로 한다. 적대국에 대한 전략적 취약점은 매우 중요한 정보이며, 그것을 알아내는 과정, 그리고 알고 있다는 사실도 국가적으로 매우 중요한 정보 자산이다. 그런데 이러한 정보 자산이 아무리 동맹국이라도 노출될 수 있는 것이다. 더욱이 한국의 특수성은 추가적인 과제를 부과하고 있다. 한국은 국군과 미군이 평시와 전시를 나누어 전시작전권을 공유하고 있다. 사이버공간의 특성상, 평시와 전시를 나누는 것도 쉽지 않은 과제이지만, 국군과 미군 간의 사이버위협 정보 및 전략과 전술적 정보의 공유 체계 및 법적 근거가 완벽히 갖추어져 있지 않다.[39]

셋째, 정부와 민간 사이의 협력 촉진화가 필요하다. 한편으로는 정부에 의한 재정적, 인적 지원이 요구되면서, 다른 한편으로는 위협 정보 공유, 탐지, 공동 대처에 있어서의 제도화가 필요하다. 위에서 살펴본 것처럼 한국의 정보공유 네트워크는 여러 사이버 사건들을 거치면서 정부 기관들 사이에서뿐만 아니라 정부와 민간 간에도 점진적으로 발전해 왔다.

그러나 정보공유만 관련해서도 여전히 수많은 과제가 있다. 정보통신망법에서는 사이버위협 정보공유를 장려하지만, 개인정보보호법은 민감한 개인정보의 수집, 이용, 제공을 엄격히 제한한다. 그리고 위협정보를 공유

하는 과정에서 발생할 수 있는 정보 유출, 오용, 잘못된 정보제공 등에 대한 법적 책임의 범위가 뚜렷하지 않다. 민간의 정보공유에 대한 법적 책무가 없는 가운데 정부도 국가기밀로 분류될 수 있는 정보는 공유가 제한된다. 양자 간에 정보공유 불평등이 발생할 수 있다. 그리고 정보공유를 위한 표준화가 부족하다. 민간기업 간, 정부와 민간 간의 정보공유 프로토콜이 표준화를 통해 정보의 효율적 교환과 활용을 촉진할 필요가 있다. 이 과정에서 국제사회의 표준도 고려할 필요가 있다. 이러한 표준화 과정에서 대기업과 중소기업 간의 (보안)역량 차이도 문제가 될 수 있는데, 이를 극복하기 위해 어떤 지원 방안이 적절한지에 대한 고민도 필요하다.

사이버공간에서 민간의 역량이 더욱 커지고, 민간의 협력이 더 요구되고 있다. 국내적 대응뿐만 아니라 국제적 위기대응 시 기대되고 수행될 민간의 역량 활용 방안에 대해 국가의 전략적 방향성을 명확히 하고 법적 근거를 마련해 둘 필요가 있다. 그리고 일반적인 보안 전문인력뿐만 아니라 특수한 위기대응을 위한 인력들을 양성할 방안이 필요하다. 이와 연결되어 인력양성을 위해서는 보안시장의 확대가 바람직한데, 한국의 지리적 한계를 극복할 방안에 대한 모색도 요구된다.

마지막으로 제기할 과제는 국정 철학 및 외교·안보 관련 국가전략과 관련한 가장 거시적 과제다. 재래식 무기에서 공세적 무기와 방어적 무기가 구별되는 것처럼 사이버안보전략도 공세적 작전 혹은 방어적 작전 중 어느 쪽에 집중하느냐에 따라 개발되는 역량과 비용에 차이가 생긴다. 예를 들어, 공세적 작전을 위한 사이버무기 개발에 막대한 비용이 든다면 그러한 개발을 통해 성취하려는 국가이익이 그만한 가치가 있는가에 대한 고민이 필요하다. 이는 국민의 관점에서 총과 버터 사이의 고민이며, 정책결정자들 입장에서는 과연 해당 공세적 작전과 사이버무기의 개발이 다른 외교적, 경제적, 문화적 수단들보다 국가이익 또는 국가안보를 위한 최선의 선택이었는지에 대한 고민이다. 이러한 과제에 대한 해답은 민주주의 한국의 시민들이 한국의 어떤 가치, 국정 철학, 국가 대전략의 방향성을 선택하느냐에서 보일 것이다.

토의주제

1. 한국 사이버안보 거버넌스의 발전 과정은 어떠한 발전 궤적을 그렸는가?

2. 한국 사이버안보 거버넌스의 변화를 일으킨 요인은 무엇이었는지 생각해 보자.

3. 한국 사이버안보 거버넌스의 수립에는 어떤 행위자가 있었을지 생각해 보자.

4. 사이버안보는 왜 다양하게 정의될 수 있는가?

5. 사이버안보 영역에서 정부와 민간 간의 바람직한 역할, 책임, 권위의 배분은 어떠해야 하는가?

6. 정부와 민간 사이에 재정적, 인적 정보공유 관련 협력을 촉진시키기 위한 기대되는 방안은 무엇인가?

7. 미국과 중국 간에 점증하는 전략적 경쟁에서 한국이 추구해야 할 사이버안보 전략은 무엇인가?

8. 동맹국, 파트너 국가들과의 사이버안보 협력 방안에는 어떤 것들이 있는가?

9. 글로벌 사이버안보 거버넌스 관련 논의에서 한국이 기여할 수 있는 강점은 무엇인가?

10. 첨단기술과 사이버안보의 관계가 더 중요해지고 있는데, 국제정치학은 이를 어떻게 접근할 수 있는가?

주

1) Kenneth Waltz, *Man, the State, and War* (New York: Columbia University Press, 1959).

2) 더 넓은 관련 이슈를 포괄해 이해하기 위한 분석적 프레임워크의 예로는 김상배, 『미중 디지털 패권경쟁: 기술·안보·권력의 복합지정학』(서울: 한울아카데미, 2022)를 참조하라.

3) 인터넷 거버넌스와 관련한 논의는 유인태·백정호·안정배, "글로벌 인터넷 주소자원 거버넌스의 변천: IANA 관리체제 전환을 통한 다중이해당사자 원칙의 재확립," 『국제정치논총』 제57집 1호 (2017), pp. 41-74; In Tae Yoo and Jungbae An, "Internet Governance Regimes by Epistemic Community: Formation and Diffusion in Asia," *Global Governance* 25-1 (March 2019), pp. 123-148을, 사이버와 관련한 거버넌스 논의는 유인태, "강대국 전략 경쟁 속 글로벌 인터넷 거버넌스의 다중이해당사자주의와 외교 전략," 『글로

벌정치연구』 제15권 2호 (2022), pp. 31-56; 유인태, "자유무역질서의 파편화인가 아니면 분화인가? 복수국가 간 특혜무역협정을 통한 디지털 무역 레짐들의 경합," 『국제정치논총』 제60집 3호 (2020), pp. 49-84를 참조하라.

4) David A. Baldwin, "The Concept of Security," *Review of International Studies* 23-1 (January 1997).

5) '안보화' 논의는 이와 맞물린다. Barry Buzan, Ole Waever, and Jaap de Wilde, *Security: A New Framework for Analysis* (Boulder, CO: Lynne Rienner Publishers, 1998).

6) 더 상세한 논의에 대해서는 유인태, 『글로벌 사이버안보 거버넌스』(나주: 한국인터넷진흥원, 2023)을 참조하라.

7) Ben Buchanan, *The Hacker and the State: Cyber Attacks and the New Normal of Geopolitics*

(Cambridge, Mass.: Harvard University Press, 2020).

8) 사이버작전 유형 구분과 사이버억지전략에 대해서는 유인태, "사이버 억지 전략의 발전: 미국의 거부, 복원력, 징벌의 사이버 작전," 『사이버안보연구』 제1집 1호 (2024)를 참조하라.

9) 〈〈제13호〉국가사이버안전센터," 『정책주간지 K-공감』, 2005년 3월 30일.

10) "7.7 DDoS 공격, "어떤 사건이었나?," 『보안뉴스』, 2010년 7월 7일; "원세훈 '디도스 공격 진원지, 北체신청 추정'," 『연합뉴스』, 2009년 10월 30일.

11) 배성훈, "'7.7 DDoS 사고' 대응의 문제점과 재발방지 방안," 『국회입법조사처』 제48호 (2009).

12) "정부, '국가사이버위기 종합대책' 확정 발표," 『ZDNET Korea』, 2009년 9월 13일.

13) "정부, '국가사이버위기 종합대책' 확정 발표," 『보안뉴스』, 2009년 9월 14일.

14) '마스터플랜'에 대한 정리와 비판에 대해서는 다음 기사를 참조하라. "정부 '국가 사이버안보 마스터 플랜' 수립(종합)," 『연합뉴스』, 2011년 8월 8일; "[취재수첩]국가 사이버안보 마스터플랜 보완해야," 『디지털데일리』, 2011년 8월 10일.

15) 국가안보실, 『국가사이버안보전략』 (서울: 청와대 국가안보실, 2019).

16) 인터넷 거버넌스를 둘러싼 다중이해당사자주의와 다자주의에 관한 국제사회의 논쟁에 대해서는 유인태 외 (2017), pp. 41-74를 참조하라. 국내 인터넷 거버넌스 양상과 외교정책에의 함의에 대해서는 유인태, "글로벌 인터넷 거버넌스에서의 스윙국가 중견국 외교: 브라질, 인도, 한국의 사례," 『국가전략』 제25권 4호 (2019).; 유인태 (2022b), pp. 31-56을 참조하라.

17) 이는 문재인정부 고위 공직자와의 인터뷰에서 인용하였다.

18) 국가안보실, 『문재인 정부의 국가안보전략』 (서울: 청와대 국가안보실, 2018).

19) 국제사회에서의, 특히 유엔에서의 사이버안보 관련 논의에 대해서는 유인태, "경쟁적 사이버안보 다자주의의 출현: 2004년 유엔 정부전문가 그룹부터 2021년 개방형 작업반까지의 분석," 『국제정치논총』 제62집 1호 (2022), pp. 143-180을 참조하라.

20) 국가안보실, 『국가사이버안보전략』 (서울: 청와대 국가안보실, 2019).

21) 유인태 (2024a), pp. 42-82.

22) 관계부처 합동, 『국가 사이버안보 기본계획』 (서울: 대한민국 정부, 2019).

23) 사이버작전사령부, 『사이버작전 = Cyberspace operations: 美 합동교범 3-12 번역본 (2018. 6. 8. 개정)』 (서울: 사이버작전사령부, 2019). 실제 미 합동교범 3-12 번역서가 사이버작전사령부를 발행처로 발간되고 있다.

24) 국가안보실, 『국가사이버안보전략』 (서울: 대통령실 국가안보실, 2024).

25) 유인태, "경제, 사이버, 안보의 이중 사안 연계: 혁신, 기술 보안, 미중 전략 경쟁의 넥서스 분석," 『국가와 정치』 제30권 1호 (2024b), pp. 39-82.

26) "NSA Chief: Cybercrime constitutes the 'greatest transfer of wealth in history'," *Foreign Policy*, 2012년 7월 9일.

27) 유사한 사례에 대해서는 유인태 (2024b), pp. 39-82를 참조할 수 있다.

28) "라자루스·안다리엘·김수키까지 北 해커조직 총동원… 국내 방산업체 83곳 공격해 10여 곳 해킹," 『보안뉴스』, 2024년 4월 23일.

29) "Deepfake presidents used in Russia-Ukraine war," *BBC*, 2022년 3월 18일.

30) Madeline Carr, "Public-Private Partnerships in National Cyber-Security Strategies," *International Affairs* 92-1 (January 2016); Dennis Broeders, "Private Active Cyber Defense and (International) Cyber Security: Pushing the Line?," *Journal of Cybersecurity* 7-1 (March 2021); Herbert Lin and Amy Zegart, eds., *Bytes, Bombs, and Spies* (Washington, D.C.: Brookings Institution Press, 2019).

31) 국가정보원 외, 『국가정보보호백서』 (서울: 한국인터넷진흥원, 2024).

32) 김홍선, 『보이지 않는 위협』 (서울: 한빛미디어, 2023), p. 55.

33) 국가정보원 외, 『국가정보보호백서』 (서울: 한국인터넷진흥원, 2024).

34) 다른 이슈들에 대해서는 유인태, 『글로벌 사이버안보 거버넌스』 (나주: 한국인터넷진흥원, 2023)을 참조하라.

35) 유인태 (2022a), pp. 143-180; 유인태 (2019), pp. 39-66, Yoo (2022b), pp. 447-470.

36) 사이버신뢰구축조치에 대해서는 In Tae Yoo, "Bilateral Cyber Confidence Building Measures in North-

east Asia," *Korean Journal of Defense Analysis* 34-4 (December 2022a), pp. 633-656을 참조하라.
37) 사이버역량강화에 대해서는 In Tae Yoo, "Cybersecurity Crisscrossing International Development Cooperation: Unraveling the Cyber Capacity Building of East Asian Middle Powers Amid Rising Great Power Conflicts," *Korea Observer* 53-3 (September 2022b), pp. 447-470을 참조하라.

38) 그밖에 동북아의 미국, 러시아, 중국, 일본, 한국을 포함한 사이버 신뢰구축조치에 대한 분석에 대해서는 Yoo (2022a), pp. 633-656을, 그리고 2020년경의 주변국 사이버안보 전략에 대해서는 박성용·유인태, "주변국의 사이버 안보와 한국에의 함의," 『사회과학연구』 제59집 2호 (2020)을 참조할 수 있다.
39) 유인태, "사이버 억지 전략의 발전: 미국의 거부, 복원력, 징벌의 사이버 작전," 『사이버안보연구』 제1집 1호 (2024).

참고문헌

1. 한글문헌

관계부처 합동. 『국가사이버안보 기본계획』. 서울: 대한민국 정부, 2019.
국가안보실. 『국가사이버안보전략』. 서울: 대통령실 국가안보실, 2024.
_____. 『국가사이버안보전략』. 서울: 청와대 국가안보실, 2019.
_____. 『문재인 정부의 국가안보전략』. 서울: 청와대 국가안보실, 2018.
국가정보원, 과학기술정보통신부, 행정안전부, 개인정보보호위원회, 금융위원회, 외교부. 『국가정보보호백서』. 서울: 한국인터넷진흥원, 2024.
김상배. 『미중 디지털 패권경쟁: 기술·안보·권력의 복합지정학』. 서울: 한울아카데미, 2022.
김홍선. 『보이지 않는 위협』. 서울: 한빛미디어, 2023.
박성용·유인태. "주변국의 사이버 안보와 한국에의 함의." 『사회과학연구』 제59집 2호 (2020).
배성훈. "'7.7 DDoS 사고' 대응의 문제점과 재발방지 방안." 『국회입법조사처』 제48호 (2009).
사이버작전사령부. 『사이버작전 = Cyberspace operations: 美 합동교범 3-12 번역본 (2018. 6. 8. 개정)』. 서울: 사이버작전사령부, 2019.
유인태. "강대국 전략 경쟁 속 글로벌 인터넷 거버넌스의 다중이해당사자주의와 외교 전략." 『글로벌정치연구』 제15권 2호 (2022b).
_____. "경쟁적 사이버 안보 다자주의의 출현: 2004년 유엔정부전문가 그룹부터 2021년 개방형 작업반까지의 분석." 『국제정치논총』 제62집 1호 (2022a).
_____. "경제, 사이버, 안보의 이중 사안 연계: 혁신, 기술 보안, 미중 전략 경쟁의 넥서스 분석." 『국가와 정치』 제30권 1호 (2024b).
_____. "글로벌 인터넷 거버넌스에서의 스윙국가 중견국 외교: 브라질, 인도, 한국의 사례." 『국가전략』 제25권 4호 (2019).
_____. "사이버 억지 전략의 발전: 미국의 거부, 복원력, 징벌의 사이버 작전." 『사이버안보연구』 제1집 1호 (2024a).
_____. "자유무역질서의 파편화인가 아니면 분화인가? 복수국가 간 특혜무역협정을 통한 디지털무역 레짐들의 경합." 『국제정치논총』 제60집 3호 (2020).
_____. 『글로벌 사이버안보 거버넌스』. 나주: 한국인터넷진흥원, 2023.
유인태·백정호·안정배. "글로벌 인터넷 주소자원 거버넌스의 변천: IANA 관리체제 전환을 통한 다중이해당사자 원칙의 재확립." 『국제정치논총』 제57집 1호 (2017).

2. 영어문헌

Baldwin, David A. "The Concept of Security." *Review of International Studies* 23-1 (January 1997).
Broeders, Dennis. "Private Active Cyber Defense and (International) Cyber Security: Pushing

the Line?" *Journal of Cybersecurity* 7-1 (March 2021).

Buchanan, Ben. *The Hacker and the State: Cyber Attacks and the New Normal of Geopolitics.* Cambridge, Mass.: Harvard University Press. 2020.

Buzan, Barry, Ole Waever, and Jaap de Wilde. *Security: A New Framework for Analysis.* Boulder, CO: Lynne Rienner Publishers. 1998.

Carr, Madeline. "Public-Private Partnerships in National Cyber-Security Strategies." *International Affairs* 92-1 (January 2016).

Lin, Herbert, and Amy Zegart, eds. *Bytes, Bombs, and Spies.* Washington, D.C.: Brookings Institution Press. 2019.

Tanczer, Leonie Maria, Irina Brass, and Madeline Carr. "CSIRTs and Global Cybersecurity: How Technical Experts Support Science Diplomacy." *Global Policy* 9-3 (November 2018).

The United States and Republic of Korea. *Strategic Cybersecurity Cooperation Framework Between the Republic of Korea and the United States of America.* The United States and Republic of Korea. 2023.

Waltz, Kenneth. *Man, the State, and War.* New York: Columbia University Press. 1959.

Yoo, In Tae. "Bilateral Cyber Confidence Building Measures in Northeast Asia." *Korean Journal of Defense Analysis* 34-4 (December 2022a).

_____. "Cybersecurity Crisscrossing International Development Cooperation: Unraveling the Cyber Capacity Building of East Asian Middle Powers Amid Rising Great Power Conflicts." *Korea Observer* 53-3 (September 2022b).

Yoo, In Tae, and An, Jungbae. "Internet Governance Regimes by Epistemic Community: Formation and Diffusion in Asia." *Global Governance* 25-1 (March 2019).

3. 언론사 자료

"7.7 DDoS 공격. "어떤 사건이었나?." 『보안뉴스』.
2010년 7월 7일.

"Deepfake presidents used in Russia-Ukraine war." *BBC.* 2022년 3월 18일.

"NSA Chief: Cybercrime constitutes the 'greatest transfer of wealth in history'." *Foreign Policy.* 2012년 7월 9일.

"라자루스·안다리엘·김수키까지 北 해커조직 총동원… 국내 방산업체 83곳 공격해 10여곳 해킹." 『보안뉴스』. 2024년 4월 23일.

"원세훈 '디도스 공격 진원지. 北체신청 추정'." 『연합뉴스』. 2009년 10월 30일.

"정부 '국가 사이버 안보 마스터 플랜' 수립(종합)." 『연합뉴스』. 2011년 8월 8일.

"정부. '국가사이버위기 종합대책' 확정 발표." 『보안뉴스』. 2009년 9월 14일.

"정부. '국가사이버위기 종합대책' 확정 발표." 『ZDNET Korea』. 2009년 9월 13일.

"〈제13호〉국가사이버안전센터." 『정책주간지 K-공감』. 2005년 3월 30일.

"[취재수첩]국가 사이버안보 마스터플랜 보완해야." 『디지털데일리』. 2011년 8월 10일.

3장

한국의 우주안보

정헌주(연세대 행정학과)

1. 서론　　　　　　　　　70
2. 우주안보의 개념과
　　특징　　　　　　　　71
3. 우주안보의 환경변화와
　　중요성　　　　　　　76
4. 한국 우주안보의 목표와
　　추진 방향　　　　　　83
5. 한국 우주안보의 현안과
　　쟁점　　　　　　　　87
6. 한국 우주안보의 과제와
　　미래전망　　　　　　91

개요

인류의 삶에 중요한 영향을 미치는 우주를 통해서 창출되는 군사적, 경제적 가치가 증가함에 따라 이를 활용하려는 국가 간 경쟁이 치열해지고 있다. 우주에 진출한 국가 수는 빠르게 증가하고 있으며, 우주산업의 성장 속도 역시 매우 빠르다. 무엇보다 우주공간의 군사적 활용이 점점 중요해짐에 따라, 많은 국가가 자국의 안보를 위해 다양한 우주시스템을 구축하고 우주역량을 강화하고 있다. 이러한 우주 경쟁이 심화됨에 따라, 우주물체의 증가와 이에 따른 충돌 위험도 커지고 있다. 동시에 우주에서의 안보를 강화하려는 노력이 오히려 안보를 위협하는 딜레마, 우주안보딜레마가 발생할 가능성 역시 커지고 있다. 이러한 문제를 해결하기 위해 국제사회가 노력하고 있지만, 그 효과는 제한적이다.

　한국도 변화하는 한반도와 역내 안보 상황에 대응하기 위해 우주역량을 강화하고 있다. 한국은 독자적인 감시정찰위성, 통신위성을 운영함으로써 국방우주력을 제고하였으며, 미국 등 우주강국과의 우주 협력을 통해 부족한 우주역량을 보완하고 있다. 그럼에도 불구하고 우주안보를 위해 해결해야 할 과제도 여전히 산적해 있다. 특히 국내 거버넌스 재정비, 우주외교 강화, 민관 협력, 우주-사이버-데이터 융합안보 등은 한국의 우주안보를 위해서 꼭 필요하다. 이 장은 신흥안보 영역으로서의 우주와 안보의 관계를 분석하고, 한국이 추구하는 우주안보의 목표와 과제를 도출하는 데 목적이 있다.

핵심이슈

- 우주안보에 관한 다양한 개념을 설명한다.
- 우주시스템의 이중 용도기술 특성과 그 함의를 논의한다.
- 우주안보딜레마가 악화되는 동학을 논의한다.
- 우주시스템에 대한 다양한 위협에 대해서 살펴본다.
- 우주활동의 장기지속가능성을 제고하기 위한 국제사회의 노력과 한계를 분석한다.
- 한국 우주안보를 위한 거버넌스의 문제점과 개선방안을 탐구한다.

1. 서론

우주공간에 인류가 첫걸음을 내디딘 이후, 우주는 인류의 삶에 매우 중요한 영향을 미치고 있다. 특히 우주공간을 통해서 창출되는 군사적, 경제적 가치가 증가함에 따라 이를 활용하려는 국가 간 경쟁이 치열해지고 있다.[1] 1980년까지 우주공간에 자국의 우주물체를 보낼 수 있었던 국가는 소련, 미국, 프랑스, 일본, 중국, 영국, 인도 등 7개국에 불과하였지만, 2024년 현재 80개국 이상이 위성을 운영하고 있다는 사실은 이러한 경쟁을 보여주는 단면이다. 가장 빠르게 성장하는 산업 중 하나인 우주산업의 글로벌 규모는 2016년 3,500억 달러에서 2040년 1조 달러 이상의 규모로 성장할 것으로 예측되었다.[2] 이러한 치열한 경쟁의 결과로 인해 인간이 만든 우주물체의 규모는 매우 빠르게 증가하고 있는데, 2024년 7월 현재 지구궤도 상에서 운영되고 있는 위성의 숫자는 1만 개를 넘어선 것으로 보도되었다.[3]

이러한 우주 경쟁은 안보 차원에서 매우 중요한 함의를 갖는다. 먼저 우주의 군사적·안보적 활용의 중요성이 높아지면서, 국가안보를 위해 다양한 우주시스템을 활용하는 국가들이 증가했다. 안보 목적을 위해 자국의 독자적인 우주시스템을 운용할 수 있는 우주강국도 있지만, 그렇지 못한 국가들은 다른 국가 또는 민간기업이 제공하는 다양한 우주 기반 서비스를 활용해 국가안보를 제고하고 있다. 2022년 2월 발발한 우크라이나전쟁에서 우크라이나가 미국의 민간 우주기업 SpaceX가 제공하는 통신서비스인 스타링크 서비스를 활용해 군사작전을 수행하는 사례는 대표적이다.[4] 이렇듯 우주시스템이 국가안보에서 차지하는 중요성이 증가하면서, 자연적 위협, 의도적 위협과 파괴로부터 우주시스템을 보호하고 방어하는 자체가 국가안보를 위해서 중요한 목표가 되고 있다. 또한, 우주에서 기인하는 자연적 위험 혹은 우주물체의 추락으로부터 지상에서의 생명과 재산을 보호하는 것 역시 중요한 안보 이슈로 부상했다.

많은 국가는 다양한 위험과 위협으로부터의 자국의 안보와 우주시스템 보호를 위해서 노력하고 있다. 하지만 이러한 노력은 우주공간의 물리적 특성, 민간부문의 경쟁적인 우주활동, 취약한 글로벌거버넌스 등으로 인해서 의도한 결과를 낳기보다는 협력과 갈등이 혼재하는 매우 복잡한 양상으로 전개되고 있다. 특히, 어떤 한 국가가 독점적으로 전유할 수 없는 인류 공동의 공간으로서의 우주라는 국제규범에도 불구하고, 특정 궤도와 영역을 선점함으로써 군사적·상업적 이익을 극대화하려는 경쟁이 전개됨에 따라, 빠르게 증가하는 우주물체 간 충돌 가능성이 커지고 있다. 즉, 우주에서의 안보를 제고하려는 노력이 오히려 안보를 저해하는 딜레마적인 상황이 발생할 가능성이 커지고 있다.[5] 이러한 우려에 대응하기 위하여 국제사회는 우주활동의 장기적 지속가능성을 위해 가이드라인을 만드는 등 다양한 노력을 전개하고 있지만, 그 효과성에 대해서는 여전히 의문이 제기되고 있다.[6]

이러한 맥락에서 한국 역시 고도화되는 북한의 위협과 변화하는 역내 안보상황에 대응하기 위하여 우주역량을 강화하는 노력을 하고 있다. 특히 기존의 연구개발, 과학탐사와 공공서비스 제공을 위주로 한 우주개발을 지속함과 동시에 국가안보를 위해 군 전용 감시정찰위성과 통신위성을 운영하고 있으며, 향후 다양한 국방 우주시스템을 확보하려는 계획은 이러한 노력을 잘 보여준다. 동시에 제한적인 우주역량을 극복하기 위하여 미국 등 우주강국과의 우주안보 협력을 추진하고 있다.

우주안보를 위한 다양한 노력에도 불구하고, 이를 위해 해결해야 할 도전과제들 역시 존재한다. 여기에는 우주안보를 위한 다양한 행위자의 이해관계를 조정하고 협력을 유도하기 위해 국내 거버넌스의 재정비, 우주강국과의 우주협력 등 단기적인 과제뿐만 아니라 민관협력을 통한 국방우주력 강화, 우주-사이버-데이터 융합안보와 법·제도적 개선, 우주안보를 위한 국제규범 관여 등 중장기적 과제가 포함된다.

이 장의 목적은 신흥안보의 중요한 영역이자 군사작전의 새로운 영역으로 부상한 우주와 안보의 관계를 살펴보고, 우주안보의 특징과 환경변화를 분석하는 것이다. 나아가 우주

분야 후발주자인 한국이 추구하는 우주안보의 목표와 추진 방향 및 현안을 분석하고, 미래 우주환경에서 우주안보를 제고하기 위한 과제를 도출하고자 한다.

2. 우주안보의 개념과 특징

우주개발의 초기였던 냉전시대부터 우주는 안보와 밀접한 관계를 형성했다. 인공위성을 지구궤도로 진입시키는 발사체 기술과 탄도미사일 기술의 기본 원리는 동일하며, 탄도미사일이 우주공간을 통과한다는 점은 이러한 관계를 잘 보여준다. 이렇듯 우주 기반 기술의 군사적 활용도가 증가하면서 우주의 안보화, 군사화는 이미 오래전부터 매우 중요한 이슈였다. 최근 우주 기반 기술과 서비스가 안보에 중요한 직간접적 영향을 미침에 따라 우주안보에 대한 관심이 증가하고 있다. 이에 이 절에서는 우주안보의 다양한 개념과 특징에 대해서 살펴본다.

1) 우주안보의 개념

냉전 시기 강대국들 사이 군사 경쟁의 장이었던 우주공간은 이제 인류의 일상생활과 사회경제적 발전에 있어서 불가분의 관계를 맺고 있다. 우주공간에서 창출되는 다양한 가치와 서비스에 대한 의존성이 증가하면서, 우주안

보는 신안보의 이슈로 부상하고 있다. 예를 들면, 우주공간에서 운용되는 위치항법 위성이 위험에 처하면 이는 개인적 불편뿐만 아니라 차량과 항공기 내비게이션 작동 장애를 가져와 대형 사고의 위험성을 높인다. 이러한 위험의 가능성과 우려는 복잡한 상호작용을 거쳐 국가안보의 이슈로 부상하고 있다.[7] 즉, 전통적인 군사 위협에 대한 안보를 넘어 새로운 형태의 안보 도전을 의미한다는 점에서 신안보로서의 우주안보의 중요성은 커지고 있다.

우주안보 개념을 명확하게 이해하기 위해서는 먼저 우주와 안보 사이의 다양한 관계에 대한 고찰이 필요하다. 기존 연구에서는 이러한 연계를 크게 세 가지로 구분하였는데, 각각 안보를 위한 우주(space for security), 우주에서의 안보(security in space), 우주로부터의 안보(security from space)이다.[8] 여기서 안보를 위한 우주 혹은 우주를 활용한 안보란 안보와 국방의 목적으로 우주시스템을 활용하는 것을 의미하며, 우주에서의 안보는 자연적 위험 혹은 인위적인 위협으로부터 우주공간에 위치한 우주시스템을 보호하고 우주활동의 지속가능성을 보장하는 것을 뜻한다. 마지막으로 우주로부터 기인하는 위험한 환경, 즉 태양 흑점 폭발, 소행성 접근 등으로부터 인간의 삶과 지구 환경을 보호하는 것 역시 우주와 안보가 연계되는 지점이다.

이러한 우주와 안보 사이의 다차원적 관계를 고려하여, 우주안보에 대한 다양한 정의가 제시되었다. 먼저 우주안보인덱스(Space Security Index)에 따르면, 우주안보란 "우주에 대한 안전하고 지속가능한 접근과 활용 및 우주 기반 위협으로부터의 자유"이다.[9] 쉬한(Michael Sheehan)은 이러한 정의를 수정하여, "국제법과 조약에 따라 위협 없이 우주에 대한 안전하고 지속가능한 접근과 활용을 의미하며, 우주로부터 발생하는 위협으로부터 지구상의 인간안보와 국가안보"를 우주안보로 정의한다.[10] 이와 유사하게 "어떠한 간섭 없이 우주에 접근하고 이를 사용하는 것을 목표로 하며, 지상의 안보를 달성하기 위해 우주를 이용하는 것을 목표로 하는 모든 기술적, 규제적, 정치적 수단의 총합"이라는 정의도 제시되었다.[11]

이렇게 다양하게 정의되는 우주안보 개념을 좀 더 정확하게 이해하기 위해서 우주안전(space safety) 개념과 비교해 살펴볼 필요가 있다. 우주안전과 우주안보 모두 우주 기반 자산, 서비스, 시스템에 대한 위협이나 위험의 부재라는 측면에서는 유사한 개념이다. 반면, 일반적으로 우주안전은 "우주임무 위험(hazards) 및 이와 관련된 위험 회피와 완화 조치"로 이해된다는 점에서 우주안보와 차별적이다.[12] 즉, 우주안전이 자연적인 원인에 의한 우주활동에 대한 위험으로부터의 자유로운 상태를 의미한다면, 우주안보는 우주시스템에 가해지는 위험과 위협으로부터의 자유뿐만 아니라 우주를 활용한 안보와 우주로부터의 안보를 포괄한다는 점에서 차별적이다. 특히 우주안전은 행위자의 의도성을 상대적으로 고려하지 않는 반면, 우주안보는 특정 행위자의 의도적 위협과 자연적 위험 모두로부터의 자유로운 상태를 의미한다는 점에서 보다 포괄적 개념이라고 볼 수 있다.

다음으로 우주안보 개념은 우주시스템 전반에 대한 보호와 방어를 포함한다는 점에서 우주안전의 개념과 차별적이다. 즉, 우주안전 개념이 우주공간에서의 임무에 초점을 맞춘다면, 우주안보는 우주 기반 자산과 서비스를 운영하고 이를 활용하는 데 필요한 모든 구성요소에 대한 위협과 위험, 간섭으로부터의 자유로운 우주 접근과 활용을 의미한다. 이러한 구성요소에는 우주물체를 지상에서 우주공간으로 이동시키는 발사서비스부문, 실제로 우주에서 다양한 서비스를 제공하고 운영하는 위성 등 우주물체를 의미하는 우주부문, 우주부문을 통제하고 데이터를 전달하고 받는 역할을 수행하는 기지국을 포함한 지상부문, 우주 기반 서비스를 직접 활용하는 이용자 단말기 및 지상부문을 보완하여 이용자에게 서비스를 전달하는 중계시스템 등을 포함하는 사용자부문, 그리고 이러한 부문들을 연결하는 업링크·다운링크 등이 포함된다.[13] 즉, 우주안보는 우주시스템을 구성하는 각 부문의 개별 활동과 이들 간의 연결 및 전체 시스템의 지속가능성을 보장하는 것을 의미한다는 점에서 물리적 공간뿐만 아니라 사이버공간까지 포함된다.

이러한 우주시스템에 대한 간섭과 위협, 위험으로부터의 보호와 방어라는 점은 시간적으로도 확장될 수 있다. 즉, 우주시스템을 구성하는 부문들과 그 기반이 되는 소재·부품·기술 등의 생애주기에 따른 위협과 위험 역시 우주안보 개념에 포함될 수 있다. 즉, 우주시스템을 구성하는 요소들을 개발, 제작, 전개, 운용, 폐기하는 일련의 과정에서의 안보 역시 광의의 우주안보다. 여기에는 우주시스템을 개발하는 단계에서의 안보, 시스템 제작에서 필요한 다양한 기술과 소재, 부품 등을 확보하는 단계에서의 안보, 우주물체를 우주로 전개하고 전개된 우주물체를 운용하는 단계에서의 안보, 우주물체를 폐기하는 과정과 그 이후 단계에서의 안보 등이 포함된다.[14] 따라서 우주안보는 우주시스템을 운영하는 특정 시점에서의 안보가 아닌 그 시스템을 구성하는 제 요소들의 생애주기에서의 안보를 포함한다는 점에서 매우 확장된 시간적 지평을 고려한 안보 개념이다.

이렇듯 우주안보 개념은 우주공간에 위치한 위성 등 우주 자산에 대한 직접적 위협과 간섭으로부터의 보호와 방어라는 협의의 개념에서부터 우주시스템을 구성하는 개별 부문들의 생애주기적 관점에서의 안전과 보호, 나아가 우주에서 기인하는 위험으로부터의 인간과 지구의 보호 및 우주시스템을 활용한 국가안보라는 광의의 개념까지 다양하다. 이러한 우주안보 개념의 다양성을 인식한 가운데, 이 장에서는 '우주에서의 안보'와 '안보를 위한 우주'라는 두 가지 차원에 초점을 맞추어 우주안보의 특징과 중요성을 살펴본다.

2) 우주안보의 특징

우주안보는 전통적인 의미에서의 안보와 유사하지만, 차별적인 특징을 지니고 있다. 이러한 차별성은 우주공간의 물리적 특성, 이중용도기술이라는 우주시스템의 특성, 국제협력의 필요성과 어려움 등에서 기인하는데, 이를 구체적으로 살펴보면 다음과 같다. 첫째, 우주안보의 가장 중요한 특징은 주권이 작동하지 않는 우주의 공간적, 규범적 특성에서 기인한다. 즉, 전통적 안보가 특정한 영토와 영해, 영공이라는 물리적 공간을 기반으로 한 주권에 대한 안보라면, 우주안보는 우주공간이라는 국가주권의 영향이 미치지 않는 공간, 그것도 무한하게 확장하는 공간을 대상으로 한다는 점에서 차별적이다. 즉, 어떤 국가도 주권을 주장할 수 없는 공간으로서 우주를 기반으로 한 안보는 전통적인 국가안보와 다를 수밖에 없다.

광활한 우주공간에서 안보와 직접적으로 연관되는 공간은 지구궤도와 달(궤도) 및 지구와 달 사이(cislunar) 공간이며, 특히 현재 가장 활발한 우주활동이 전개되는 지구궤도 상에서 행위자의 유인과 그 동학은 우주안보의

중요한 특징을 보여준다. 통신, 지구관측, 위치항법시각(PNT: positioning, navigation, timing) 등 다양한 서비스를 제공하는 위성체들은 특정 궤도를 따라서 움직이고 있다. 따라서 특정 궤도나 위치를 선점하는 경우, 후발주자가 동일한 궤도를 활용할 수 없다는 점에서 공공재보다는 공유자원의 특징을 지닌다. 즉, 특정 행위자가 우주공간을 통제하여 다른 행위자의 접근 자체를 배제할 수 없지만, 이 행위자가 해당 공간을 사용하거나 점유함을 통해서 다른 행위자의 사용가능성을 줄인다는 점에서는 경합적이다. 즉, 누구도 소유하거나 전용할 수 없는 공간이지만, 특정 궤도를 먼저 차지한다면 후발주자가 동일한 궤도를 사용하는 것을 불가능하거나 매우 어렵게 만든다는 점은 우주안보의 중요한 특징이다. 따라서 우주안보의 관점에서 보자면, 전략적 요충지를 선점하려는 유인이 매우 강력하게 작동한다.

둘째, 우주안보의 또 다른 특성은 우주시스템의 특성과 연결된다. 대부분의 우주기술은 이중용도기술의 성격을 지닌다. 많은 우주 기반 기술과 자산은 원래 군사 목적으로 개발되고 운용되었다. 우주발사체는 미사일 기술로부터 유래하였고, PNT 서비스를 제공하는 미국의 글로벌위치확인시스템(GPS: Global Positioning System) 역시 군사 목적으로 개발되었다. 나아가 과학탐사용, 상업용, 공공서비스용 우주시스템은 언제든 군사용으로 활용될 수 있다. 기후변화를 관측하는 지구관측

위성이 생산한 데이터는 감시정찰 데이터로 활용될 수 있고, 상업용 통신위성은 언제든 군사통신에 쓰일 수 있다. 한 연구에 따르면, 전체 위성의 약 80~90%가 큰 추가비용 없이 군사 목적과 임무를 위해 활용될 수 있다.[15]

이러한 특징으로 인해 발생하는 안보딜레마적 상황은 지상에서보다 우주에서 더 악화할 수 있다.[16] 즉, 우주시스템을 개발하고 운영하고 활용하는 국가는 자국의 방어적 역량을 강화하기 위해서 노력하지만, 이러한 노력은 오히려 상대국가로 하여금 이를 상쇄하려는 반작용을 가져오고 결국에는 모두의 안보가 저해되는 딜레마적 상황이 가능하다는 것이다. 특히, 공격-방어 균형에서 공격 우위라는 우주공간의 특성과 더불어 공격무기와 방어무기의 구별이 매우 어렵다는 우주기술과 자산의 특성은 이러한 우주에서의 안보딜레마를 악화시킬 수 있다.

우주안보의 세 번째 특징은 국제협력의 필요성과 어려움이다. 우주안보 개념에서 중요한 우주활동의 지속가능성을 위협하는 가장 중요한 요인 중 하나는 급증하는 우주잔해 혹은 우주쓰레기다. 인류가 만든 인공위성과 부속품, 파열이나 충돌로 인한 파편, 발사체 파편 등과 같은 많은 물체들이 지구궤도를 감싸고 있으며, 그 숫자는 빠르게 증가하고 있다. 인간이 만든 우주물체는 그 사용 연한이 무한정일 수 없다는 점에서 언젠가는 우주잔해가 될 것이며, 이러한 우주잔해는 현재 운용 중인 우주시스템을 위협하고 있다. 따라서 케슬러신드롬(Kessler Syndrome)의 가능성에 대한 우려가 커지고 있다.[17]

이러한 점에서 우주시스템을 운용하는 행위자 간 협력은 우주안보를 위해서도 매우 중요하다. 하지만 우주활동의 지속가능성을 위해서 협력이 필요하다는 공통의 인식에도 불구하고 우주안보를 위한 국제협력은 매우 어렵다. 즉, 지상에서의 안보 협력이 어려운 것과 유사한 이유와 더불어 주권이 부재한 우주공간의 특성, 국가뿐만 아니라 민간행위자 등 다양한 이해관계자의 협력이 필수적이라는 점 등에서 국제협력은 매우 더딘 상황이다.

글상자 3.1 케슬러신드롬

1978년 미국 NASA 소속 과학자인 케슬러(Donald Kessler)가 주장한 우주재난 상황이다. 그와 그의 동료는 우주잔해가 다른 우주물체에 부딪혀 새로운 우주잔해를 만드는 과정에 빠르게 확산하여 지구궤도 공간과 여기서 제공되는 다양한 우주 서비스를 활용할 수 없게 되는 상황이 발생할 수 있다고 주장했다. 최근 우주에 대한 의존성이 빠르게 증가함에 따라, 케슬러신드롬의 가능성과 부정적 효과는 더욱 커질 것으로 예상된다.

3. 우주안보의 환경변화와 중요성

최초의 우주전쟁이라고 불린 1991년 걸프전이후, 우주의 안보화, 군사화는 빠르게 진행되었다. 특히, 우주시스템을 활용할 경우, 신속정확한 정보수집과 상황인식, 이에 기반한의사결정, 효과적인 정밀타격 및 작전 수행과평가가 가능하고, 이러한 활동이 기상상황·지형 등에 구애받지 않는다는 점은 군사적 관점에서 매우 중요하다. 이렇듯 우주의 군사·안보적 가치가 증가함에 따라 우주안보를 둘러싼 환경은 빠르게 변화하고 있다.

1) 다양한 우주행위자의 등장과 우주경쟁의 심화

우주안보 환경의 변화를 가장 명확하게 보여주는 것은 다양한 우주행위자의 등장과 경쟁의 심화이다. 1957년 소련이 스푸트니크호를우주공간에 보낸 이후 수십 년 동안 소수의국가만 우주활동국 또는 우주진출국이던 반면, 2024년 현재 80개국 이상이 위성을 운영하고 있다. 물론 모든 국가가 우주시스템 전체를 운영하지는 않지만, 우주시스템 일부를운영하는 국가의 수는 빠르게 증가하고 있다. 최근 발사체 재활용 기술 등 기술혁신으로 인해 우주물체를 궤도로 전개하는 발사서비스비용이 빠르게 하락하면서, 많은 국가가 위성을 운영하고 있으며, 그보다 훨씬 많은 국가

가 우주에서 생성되는 다양한 데이터와 서비스를 군사 목적으로 활용하고 있다.

우주안보 환경에 영향을 미치는 더욱 중요한 변화는 급격히 증가하는 비국가행위자의우주활동이다. 물론 냉전 시기에도 다양한 민간기업이 우주활동을 전개하였지만, 새로운기술 혁신이 이뤄지고 우주공간에서 창출되는 경제 가치가 증가하면서, 민간기업의 우주활동은 국가행위자에 의한 우주활동을 넘어서고 있다. 2023년 현재 세계 우주산업의 규모는 4,000억 달러로 파악되고 있으며, 이 중 위성 및 관련 산업이 2,850억 달러로 71% 정도를 차지해 정부 예산, 프로그램에 의한 우주활

> **글상자 3.2 세계 주요국의 위성발사 역사**
>
> 1957년 10월 소련의 스푸트니크1호 발사 성공은 우주를 향한 인류의 첫 발걸음이었지만, 동시에 냉전 시기 경쟁상대였던 미국에는 엄청난 충격이었다. 스푸트니크 충격 이후 불과 4개월 후인 1958년 2월 미국은 익스플로어1호 발사에 성공했다. 미국과 소련의 우주경쟁은 다른 국가들을 자극하였고, 이는 영국, 캐나다(1962년), 이탈리아(1964년), 프랑스(1965년), 호주(1967년), 서독(1969년), 일본, 중국(1970년) 등의 위성 발사로 이어졌다. 한국은 1992년 우리별1호 발사에 성공함으로써 우주진출국의 대열에 동참했다.

동을 압도하고 있다.[18] 이러한 민간부문의 우주활동이 활발해지면서 2013년 2,300억 달러 규모였던 위성산업은 10년간 20% 이상 성장했다.[19] 또한, 2023년 말 현재 9,691개의 위성이 지구궤도에 전개되었는데 이는 지난 5년간 361% 성장한 규모로 2023년에만 발사된 상업 위성은 2,781개였다. 발사 횟수도 빠르게 증가해 2023년 상업적 목적으로 발사된 횟수는 190회로 역대 최고를 기록했다.

앞서 설명하였듯이 이중용도기술로 특징지어지는 우주기술과 자산을 고려하였을 때, 우주의 상업화 현상은 우주의 군사화 현상과 서로 독립적인 별개의 현상이 아니라 상호 강화하는 방향으로 전개되고 있다. 즉, 민간행위자가 제공하는 우주 기반 서비스가 직간접적으로 군사적 가치를 창출한다는 점에서 많은 민간 우주기업이 민간군사기업(PMC:

Private Military Company)과 다르지 않을 수 있다는 주장은 최근 우주환경 변화를 단적으로 보여준다.[20]

2) 우주안보에 대한 위협의 다양화와 증가

우주안보의 중요성이 커지고, 다양한 행위자에 의한 우주활동이 증가함에 따라 우주활동에 대한 위협 역시 증가하고 있다. 우주시스템에 대한 위협은 의도적인 위협에서부터 비의도적, 자연적 위협 등으로 나눌 수 있다. 먼저 의도적 위협의 경우, 기존 연구에서는 크게 운동성, 비운동성, 전자적, 사이버위협 등 네 가지로 분류된다. 이를 각각 살펴보면 다음과 같다.[21] 첫째, 일반적으로 폭탄, 미사일, 또는 유사한 무기 등 물리적인 방식으로 우주자산을

글상자 3.3   주요 비국가 우주행위자

뉴스페이스 시대 다양한 가치를 추구하는 비국가 우주행위자의 중요성이 커지고 있다. 대표적으로는 보잉, 록히드마틴, 노스롭그루먼 등 전통 방위산업체뿐만 아니라 SpaceX, 블루오리진, 플래닛랩스, 맥사테크놀로지 등 혁신적 우주기술을 활용하여 경제적 가치를 추구하는 민간기업이 포함된다. 또한, 유엔 외기권평화적이용위원회(UN COPUOS: UN Committee on the Peaceful Uses of Outer Space), 기관간우주잔해물조정위원회(IADC: InterAgency Space Debris Coordination Committee)와 같은 정부간기구, 안전한세상재단(Secure World Foundation), 플래니터리소사이어티(The Planetary Society)와 같은 시민사회조직 역시 공공 가치를 추구하는 중요한 비국가 우주행위자다.

공격하는 운동성 무기(kinetic weapon)에 의한 위협이다. 지상에서 발사되어 위성을 타격, 파괴하는 직접상승 위성요격미사일(DA-ASAT: direct-ascent anti-satellite missile)은 대표적인 운동성 무기이다. 미국과 러시아, 중국, 인도 등은 이미 자국의 퇴역한 위성을 DA-ASAT 미사일로 파괴하는 실험을 성공적으로 수행했다.[22] 이러한 위성에 대한 물리적 공격뿐만 아니라 우주시스템을 구성하는 지상부문, 이용자부문에 대한 물리적 공격뿐만 아니라 궤도상에서 다른 위성을 물리적으로 공격하거나 기능을 방해하는 무기, 즉 공궤도(coorbital) 무기인 킬러위성 역시 이에 포함된다.

둘째, 비운동성 무기(non-kinetic weapon)는 우주시스템을 파괴하거나 기능에 부정적 영향을 미치기 위해 지향성 에너지를 이용하거나 핵폭발 혹은 전자기 펄스(EMP: Electro Magnetic Pulse, 핵무기로 인해 발생하는 진폭이 작은 감마선으로 전자기기에 과전류를 일으켜 영구적인 손상을 가함)를 이용한 무기를 의미한다. 이러한 무기는 물리적, 직접적 타격을 가하지는 않지만, 물리적 효과를 발생함으로써 우주시스템을 위협한다. 즉, 고출력 에너지를 위성의 특정 부분에 집중적으로 조사함으로써 위성 운용에 필수적인 광학 및 통신부품, 태양 패널 등을 무력화시킬 수 있다. 또한, 이러한 고출력 에너지나 전자파를 활용한 무기는 지상부문에도 영향을 미칠 수 있으

며, 공궤도 위성에 이를 장착하여, 다른 위성을 공격할 수 있다. 또한, 우주 근처 혹은 우주공간에서 핵폭발을 통해 위성에 부정적 영향을 미칠 수 있다.

셋째, 전자무기(electronic weapon)로서 전자기 스펙트럼을 활용하여 우주서비스를 방해하거나 개입하는 위협이다. 이러한 무기는 우주자산 자체를 파괴하지는 않고 이러한 전자기 스펙트럼이 작동하는 동안만 일시적인 효과를 발휘한다. 재밍(jamming), 스푸핑(spoofing), 미코닝(meaconing) 등은 대표적인 전자위협이다. 재밍은 전자기 통신에 간섭하는 방식으로 발신자가 보내는 신호가 수신자에게 전달되는 것을 방해하는 것이다. 대표적으로는 PNT 서비스를 제공하는 글로벌 항법위성시스템(GNSS: Global Navigation Satellite System) 신호를 방해하는 것이다. 스푸핑의 경우, 신호를 수신하는 수신자에게 가짜 신호를 보냄으로써 방해하는 방식이며, 미코닝은 교란하려는 행위자가 PNT 정보를 수신한 후 이를 저장했다가 시차를 두고 재송신함으로써 혼란을 초래하는 방식이다. 이러한 전자무기는 비용대비 효과가 높아서 많은 국가들이 활용하고 있다.

마지막으로 사이버무기는 우주시스템을 목표로 사이버공간에서 수행하는 공격적 활동을 의미한다. 사이버무기는 우주부문(위성)이나 지상부문에 대한 통제권을 획득하거나, 이들을 활용하여 데이터를 탈취하거나, 오염된

데이터를 주입하는 등 다양한 방식으로 우주 시스템의 기능에 부정적 영향을 미칠 수 있다. 나아가 공격자가 사이버공격을 통해서 위성을 통제할 수 있다면, 이러한 위성은 운동성 무기로 활용될 수도 있다. 이러한 다양한 위협을 가할 수 있는 우주무기체계는 실제로 운용 중이거나 개발되고 있는 것으로 알려졌다.

우주안보를 위협하는 이러한 의도적인 행동뿐만 아니라 비의도적인 위협 역시 중요하다. 먼저 작동 중인 위성의 숫자가 빠르게 증가하고 있다. 1975년 132개에 불과하였던 인공위성의 수는 2023년 5월 7,560개로 증가하였으며, 2024년 7월 현재 1만 개가 넘는 것으로 추정되고 있다.[23] 더욱 중요한 점은 우주부문을 위협하는 우주잔해가 급증한 것이다. 유럽우주청(ESA: European Space Agency)에 따르면, 2024년 8월 현재 약 10cm 이상의 잔해가 4만 500여 개, 1~10cm 크기 잔해가 110만여 개, 그리고 1mm~1cm 크기 잔해가 1억

3,000만 개 이상 지구궤도 상에서 존재하며 우주자산을 위협하고 있다.[24] 이러한 우주잔해는 지구궤도를 떠돌면서 언제든 기존 우주자산을 파괴, 불능화시키거나 기능을 손상시킬 수 있으며, 이를 통해 다시 우주잔해를 생성할 수 있다. 중요한 점은 이러한 우주물체가 특정 궤도에 집중되고 있다는 점이다. 특히, 저궤도에서 운용되는 우주자산이 창출하는 상업적, 군사적 가치가 증가하면서, 500~600km 궤도의 우주물체가 급증하고 있다. 따라서 특정 궤도에서 운용되는 우주부문에 대한 위협과 위험이 증가할 가능성이 크다 (지구궤도에 대해서는 글상자 3.4 참조).

3) 우주안보를 위한 노력: 주요국 및 국제협력

우주강국은 우주안보의 중요성을 인식하고 '우주에서의 안보'와 '안보를 위한 우주'를 위

글상자 3.4　지구궤도의 종류와 저궤도위성군의 활용

대부분의 우주 기반 서비스는 지구궤도 상의 인공위성을 통해서 제공된다. 위성의 궤도는 고도, 모양, 위치 등에 따라 구분되는데, 고도에 따라서는 저궤도(2,000km 이하), 중궤도(2,000~약 36,000km), 정지궤도(약 36,000km), 고궤도(약 36,000km 이상)로 나뉜다. 최근 중요한 군사적·

경제적 가치를 창출하는 위성들은 대부분 저궤도에서 위성군(constellation) 형태로 운영되고 있는데, 이는 지구와의 낮은 통신 지연율(latency), 다수의 위성을 활용한 높은 회복탄력성(resilience), 발사 비용 감소 등에서 그 이유를 찾을 수 있다.

해 노력하고 있다. 특히, 국가안보를 위해 우주를 적극적으로 활용하기 위해 우주안보를 전담하는 군종·부대 설립, 국방우주전략 수립 및 통합작전능력 확보 등 국방우주력을 강화하기 위해 노력하고 있다.

미국의 경우, 전쟁수행을 위한 핵심적인 영역으로 우주를 이해하고 있으며, 우주시스템을 보호·방어하고 이를 활용하여 국가안보를 강화하고 글로벌 리더십을 유지, 확대하기 위하여 지속적인 노력을 기울이고 있다. 이를 위해 트럼프행정부는 우주정책지침(SDP: Space Policy Directive)을 통해서 2019년 독립된 군종으로 우주군(Space Force)을 창설했다. 또한, 2020년 발표된 『국방우주전략(*Defense Space Strategy*)』에서는 안전하고, 안정적이며, 접근가능한 우주영역이라는 이상적 조건을 달성하기 위하여 우주에서의 포괄적인 군사적 우위 구축, 합동·연합작전에 국방우주력 통합, 우호적 전략환경 조성, 동맹국·파트너국·산업계·다른 정부기관들과의 협력이라는 4대 중점 추진 분야를 제시했다.[25]

중국 역시 자국의 우주역량을 강화하기 위해 노력하고 있으며, 이는 『국방백서』, 『중국항공우주백서』 등에서 잘 나타난다. 중국은 일찍이 우주의 중요성을 인식하고 우주력 강화에 노력하고 있으며, 그 일환으로 2020년에는 독자적인 글로벌항법위성시스템(GNSS)인 베이더우(北斗)를 완성했다. 또한, 2030년까지는 적국 혹은 경쟁국의 우주무기체계를

공격할 수 있는 능력을 갖추고, 2031년 이후에는 지상의 목표물을 우주에서 타격하는 역량을 갖추려는 것으로 알려졌다.[26] 이러한 맥락에서 중국은 2016년 전략지원부대 산하에 우주시스템부를 창설하여 우주안보를 위한 제도적 기반을 구축했다.

냉전 시기부터 미국의 가장 강력한 우주경쟁 상대국이었던 러시아는 비록 탈냉전 이후 경제상황의 악화 등으로 인해 우주력은 약화되었지만, 여전히 우주공간에서 매우 중요한 행위자이다. 러시아 또한 독자적 GNSS인 러시아위성항법시스템(GLONASS: GLObal NAvigation Satellite System)을 운영하고 있으며, 2015년에는 항공우주군 하위군종으로 우주군을 창설했다. 특히 러시아는 북대서양조약기구(NATO)의 군사활동 강화와 동맹 확대, 러시아 국경 군사시설에 대한 접근을 러시아에 대한 안보위협으로 간주하고 있다. 이러한 위협에는 우주에 무기를 배치하는 경우를 포함하였으며, 전략미사일방어시스템과 우주공간에서의 무기배치 등 항공우주공격에 대해 대응할 수 있음을 강조하고 있다.[27]

영국 역시 우주안보의 중요성을 인식해 2021년 우주사령부를 창설하고, 국내 우주역량을 강화하고 국제협력을 통해서 우주안보를 추구하고 있다. 특히 2022년에는 『국방우주전략』을 통해 "우주에서의 작전적 자유를 확보하기 위하여 동맹국, 파트너들과 함께 영국의 이익을 수호하기 위해 우주영역에서 의미있

는 행위자"가 되려는 비전을 제시하고, 이를 위해 안전한 위성통신, 우주영역인식, 정보감시정찰, 우주지휘통제, 우주통제, 위치항법시각, 전략투사 등 7개 우선순위를 제시했다.[28]

일본은 2008년 제정된 「우주기본법」(제3조)에서 우주개발과 이용이 "일본의 안전보장에 도움이 되도록 행해져야" 함을 명시함으로써 우주의 군사적 이용 가능성을 표명했다. 또한, 동법에 의거한 '제4차 우주기본계획(2020)'에서는 우주에서 다양한 국익 중 최우선 과제로 우주안보 확보를 명시했다. 이러한 맥락에서 우주 관련 조직 역시 변화했는데 2020년 창설된 우주작전대가 2022년 우주작전군으로 확대되었다. 또한, 2023년 6월 '우주안보구상'을 수립하였는데, "우주공간을 통해 국가의 평화·번영 및 국민의 안전·안심을 증진하고, 동맹국·우호국 등과 함께 우주의 안정적 이용과 자유로운 접근을 유지하는 것"을 목표로 '안보를 위한 우주시스템 이용'과 '우주공간의 안전과 안정적 이용의 확보'를 강조했다.[29]

또 다른 우주강국인 인도의 경우, 공개된 국방우주전략은 부재하지만, 2019년 4월 우주공간에서 자국 이익을 최우선으로 보호하고 이에 필요한 시스템을 운영하기 위해 국방우주국을 창설하였고, 6월에는 국방우주국을 지원하고 무기체계 등 기술개발을 위해 국방우주연구국을 창설했다. 2023년 공개된 『인도우주정책(Indian Space Policy)』에서는 우주에서의 상업적 이익 추구를 전면에 내세웠지만, 동시에 국가안보 역시 중요한 목표임을 강조했다.[30]

이러한 우주강국들은 우주에서의 자국의 우주시스템을 보호하고 이를 국가안보와 경제발전에 활용하기 위해 우주안보를 강조하고 있다. 동시에 우주공간의 특성을 고려하여 다양한 파트너십을 구축함으로써 영향력을 유지, 확대하기 위해 노력하고 있다. 특히, 국제기구나 다자협의체에서 자국의 이익에 부합하는 규범을 형성하고 확산하기 위한 치열한 우주외교가 전개되고 있다.

우주안보와 관련된 국제기구 혹은 협의체에는 유엔 외기권평화적이용위원회(UN COPUOS), 우주위협감소를 위한 개방형워킹그룹(OEWG on Reducing Space Threats) 등이 있다. 이 중에서 우주공간의 평화적 이용을 위해서 1958년 임시위원회로 출발하여 다음 해인 1959년 정식위원회가 된 COPUOS는 출범 당시 24개국에 불과하였던 회원국 수가 2024년 현재 102개국으로 증가했다. 가장 많은 회원국이 참여하는 유엔 위원회 중 하나인 COPUOS는 우주안보를 위해 중요한 역할을 수행하고 있다. 특히, COPUOS에서 2019년 공식적으로 채택된 "우주활동의 장기지속가능성(LTS: Long-Term Sustainability) 가이드라인"은 비록 구속력은 없지만, 우주와 관련된 국제규범 중에서 가장 많은 주목을 받고 있다.

또한, 우주에서 발생할 수 있는 군비경쟁을

방지하기 위해 유엔 총회는 2021년 '우주위협감소를 위한 개방형워킹그룹(OEWG)'을 설치할 것에 합의하였지만, 현재 실질적인 진전은 없는 것으로 알려졌다. 이러한 노력은 냉전 시기인 1981년 유엔 총회결의안으로 채택된 '우주공간에서의 군비경쟁 방지(PAROS: Prevention of Arms Race in Outer Space)'에 관한 논의의 연장선에 있다. PAROS에 관한 국가 간 이견으로 인해 실질적 진전은 없었고, 1985년부터는 유엔 산하 다자간제네바군축회의에서 PAROS 관련 논의를 위한 협의를 지속하였지만,[31] 미국과 미국의 동맹국 입장과 중국·러시아의 입장 차이로 인해 여전히 진전은 없는 상황이다.

글로벌 차원에서의 우주안보 협력은 더딘 상황이지만, 유사한 입장을 갖고 있는 국가 간 협력은 강화되고 있다. 특히, 미국은 양자 및 다자협력을 통해서 우주안보를 제고하기 위해 노력하고 있다. 예를 들면, 미국은 2022년 우주작전에서 우방국과의 협력을 강화하기 위하여 향후 10년간의 방향성을 담은 '연합우주작전 비전 2031(Combined Space Operations Vision 2031)'을 제시하였으며, 2014년부터 실시한 '연합우주작전 이니셔티브(CSpO: Combined Space Operations Initiative)'를 확대하고 있다. 미국, 영국, 캐나다, 호주가 주축이 되어 실시된 CSpO는 이후 뉴질랜드(2015년), 독일(2019년), 프랑스(2020년), 일본, 이탈리아, 노르웨이(2023년)가 참여했다.[32]

우주안보 환경이 빠르게 변화함에 따라 우주강국은 독자적인 우주안보 전략을 수립하고, 법·제도적 기반을 조성하는 데 힘쓰고 있다. 동시에 국제기구 등 다자협의체를 통해 우주안보와 관련된 규범을 형성하기 위해 노력하고 있지만, 우주경쟁 심화라는 상황에서 이를 둘러싼 견해 차이는 좁혀지지 않고 있다. 반면, 유사한 입장을 갖고 있는 국가 간 우주안보 협력이 강화되는 추세이며, 이는 우주규범과 관련하여 미국이 주도하고 있는 아르테미스협정(Artemis Accords)에서도 잘 드러난다.

글상자 3.5 아르테미스협정

2020년 미국의 NASA는 국무부와 협력하여 7개 초기 서명국과 아르테미스협정을 맺었다. 협정의 원래 명칭은 "아르테미스협정: 평화적 목적을 위한 달, 화성, 혜성, 소행성의 민간 탐사 및 이용 협력 원칙"이며, 우주탐사와 활용을 위한 거버넌스를 강화하기 위해 공통된 원칙을 제공하는 것을 목적으로 한다. 한국은 2021년 10번째로 약정을 체결하였으며, 2024년 10월 현재 총 45개국이 참여하고 있다.

4. 한국 우주안보의 목표와
##　　추진 방향

우주안보의 중요성이 커지고 다양한 국가·비국가행위자가 우주공간에 진출하면서 우주안보 환경이 빠르게 변화하는 흐름에 한국도 동참하고 있다. 한국의 우주역량과 위상은 비록 주요 우주강국에 비해 낮은 수준이지만, 이들을 빠르게 추격하고 있다. 한국은 1992년 8월 최초의 인공위성인 우리별1호(KITSAT-1) 발사에 성공한 이후, 1993년 6월과 9월에 1단형 고체추진 과학로켓 1, 2호(KSR-I) 발사에 성공하였고, 국내 개발한 발사체와 외국의 발사체를 활용하여 다양한 위성체를 지구궤도에 올리면서 우주로 진출했다. 특히 2022년 6월 21일 한국형발사체인 누리호 발사에 성공함으로써 1.5톤급 실용위성을 600~800km 지구궤도에 투사할 수 있는 역량을 보유하게 되었으며, 이는 세계에서 7번째에 해당한다.[33] 특히 우주안보와 직접적으로 관련하여 2023년 12월 한국군 독자 정찰위성 1호기가 성공적으로 발사되는 등 최근의 변화는 한국이 우주안보와 관련하여 어떠한 목표를 지향하고 있으며, 어떻게 추진하고 있는지를 보여준다.

1) 한국 우주안보의 목표

한국의 우주안보가 지향하는 목표를 살펴보기 위해서는 관련 법과 정책, 제도를 살펴볼 필요가 있다. 먼저 한국의 우주 관련 최상위 법이라고 할 수 있는 「우주개발진흥법」 중에서 우주개발의 목적, 우주위험의 정의, 우주안보를 위한 국내 거버넌스 등에 관한 규정을 통해 우주안보에 대한 인식을 확인할 수 있다. 먼저 제1조(목적)에 따르면, 동법은 "우주개발을 체계적으로 진흥하고 우주물체를 효율적으로 이용·관리하도록 함으로써 우주공간의 평화적 이용과 과학적 탐사를 촉진하고 국가의 안전보장 및 국민경제의 건전한 발전과 국민생활의 향상에 이바지함을 목적으로" 한다. 이를 통해 한국 우주개발의 다양한 목표에는 '안보를 위한 우주'가 포함됨을 알 수 있다. 또한, 동법 제2조(정의)에서 '우주위험'을 '우주공간에 있는 우주물체의 추락·충돌 등에 따른 위험'으로 정의하고, 제4장(우주위험의 대비)에서 이에 대한 대비를 구체화함으로써 '우주에서의 안보'와 '우주로부터의 안보'까지 고려하고 있음을 확인할 수 있다. 마지막으로, 한국 우주거버넌스의 중심적 역할을 수행하는 대통령 소속의 국가우주위원회 산하에 '안보우주개발실무위원회'(국방부차관과 국가정보원 차장 1명이 공동위원장)를 둠으로써 우주안보를 위한 거버넌스를 구축하고 있다.

　한국 우주안보의 구체적 목표와 방향성은 우주부문의 최상위 계획이자 우주정책인 '우주개발진흥기본계획'(이하 기본계획)을 통해서 확인할 수 있다. 「우주개발진흥법」 제5조와 동법 시행령 제2조에 의거하여, 한국은 5년마다 '기본계획'을 수립하고 있다. 2007년 '제1차 기본계획'(2007~2016), 2011년 '제2차 기본계획'(2012~2016), 2018년 '제3차 기본계획'(2018~2022), 2022년 '제4차 기본계획'은 한국이 우주안보에 대한 인식이 강화되는 과정을 잘 보여준다.

먼저 '제1차 기본계획'과 '제2차 기본계획'에서는 우주안보에 대한 중요성이나 인식을 찾아보기 어렵다. '제1차 기본계획'에서는 "우주공간의 평화적 이용과 과학적 탐사를 촉진하여 국가의 안전보장과 국민경제 발전에 기여"(「우주개발진흥법」 제1조)를 비전으로 제시하였지만, 4대 목표나 6대 전략에서는 우주안보를 명시적으로 언급하지는 않았다. 물론 우주의 평화적 이용촉진과 국제규범에 조응하는 안전관리 강화 내용이 포함되었지만 우주안보에 대한 적극적 인식은 부재했다. '제2차 기본계획'에서는 "국가안보의 중요성과 함께 우주기술을 성장동력으로 활용, 삶의 질 향상에 실질적 기여를 위해 우주개발의 전략적 육성"이 필요함을 계획수립의 배경으로 제시했다. 하지만 공공안전을 위한 위성체 기술 고도화와 위성정보 활용 등의 중요성을 언급하는 데 그쳐 우주안보 및 그 중요성에 대한 적극적 인식을 확인하기 어렵다.

'제3차 기본계획'에서는 "도전적이고 신뢰성 있는 우주개발로 국민의 안전과 삶의 질 향상에 기여"라는 비전을 제시하여 기존 기본계획의 비전과 크게 차별되지는 않는다. 하지만 우주강국들의 우주개발 논리 중 안전보장과 관련된 논리가 한국과 연관성이 매우 높은 것으로 인식했다는 점과 국가안전 등을 위한 전략정보 획득의 질적 도약을 위한 한반도 정밀감시 서비스 제공의 필요성 강조, 우주위험 감시 대응체계 및 기반확충 노력, 위치항법시각(PNT) 서비스 제공을 위한 한국형위성항법시스템(KPS: Korean Positioning System) 구축 추진 등을 제시했다는 점에서 기존의 기본계획과는 차별적이다. 하지만 역시 우주안보에 대한 적극적인 인식이나 구체적 계획 제시는 부족했다.

반면, '제4차 기본계획'에서는 우주안보가 한국의 우주개발에 있어서 매우 중요한 독자적 목표로 제시되었다. '제4차 기본계획'의 비전은 "2045년 우주경제 글로벌 강국 실현"이며, 장기 전략목표인 5대 임무로 우주탐사 확대, 우주수송 완성, 우주산업 창출, 우주안보 확립, 우주과학 확장을 제시하고, 이를 이행하기 위해 2대 실천전략을 제안했다. 보다 구체적으로 "우주를 통한 국민의 안전한 삶"을 위한 우주안보 확립의 임무개요로 "지상의 안전한 삶 및 우주자산의 보호 등을 위한 체계를 마련하고, 관련 기술 등 역량 확보"가 제시되었고, "2030년까지 감시·예측 및 우주사이버안보 역량 고도화, 2040년까지 능동적 보호시스템 구축 및 운영"하는 것을 핵심 목표로 삼았다. 또한, 우주안보를 위한 핵심 임무

요소로는 재난재해 대응 역량, 우주 상황인식 및 교통관리, 우주시스템 보호, 국가안전 대응 우주시스템 확보 등을 포함함으로써 우주안보가 한국의 우주개발에 있어서 핵심적 위상을 차지하고 있음을 확인할 수 있다.

우주안보의 중요성이 커짐에 따라 한국 국방부는 우주국방 최상위문서인 『국방우주전략서』를 작성하였으며, 여기서 2030년과 2050년으로 나누어 중·장기 전략목표, 기본 원칙 및 전략지침을 제시한 것으로 보도되었다.[34] 국방우주력 건설 계획, 군사적 목표 등 구체적 내용은 공개되지 않았지만, 우주작전에 대한 논의도 진행되고 있는 것으로 알려졌다. 우주안보에 대한 이러한 인식 변화와 중요성에 대한 강조는 한국의 우주자산이 증가함에 따라 '안보를 위한 우주'뿐만 아니라 '우주에서의 안보' 및 '우주로부터의 안보'라는 종합적인 관점에서 우주안보를 추진하고 있음을 보여준다.

2) 한국 우주안보의 추진 방향

한국 우주안보의 추진방향은 크게 우주시스템을 활용한 안전과 안보 증진, 우주시스템의 안보, 글로벌 협력 강화 등으로 나눌 수 있다. 첫째, 한국은 우주시스템을 활용해 지상의 안전과 안보 증진을 위해 노력하고 있다. 먼저 다양한 재난재해를 감시하고 예측, 예방하기 위해 우주시스템을 활용하고 있다. 특히, 태양 활동으로 인해 발생할 수 있는 다양한 재난적 상황은 안보 위기를 초래할 수 있다는 점에서 우주전파재난을 대비하기 위한 계획과 서비스를 마련하고 있으며, 우주물체가 추락하면 발생할 수 있는 인적, 물적 피해를 방지하기 위한 시스템을 구축하기 위해 노력하고 있다.

보다 직접적으로 국가안보를 위해 우주시스템을 활용하는 노력은 감시정찰, 통신, 해양상황인식 등에 초점을 두고 추진되고 있다. 먼저 한국은 우주 기반 감시정찰 역량 강화에 힘쓰고 있다. 한국은 북한의 핵과 미사일 위협에 대응하기 위해 다양한 감시정찰 자산을 활용하고 있으며, 전략표적을 감시하기 위해 독자적인 우주시스템을 운용·확대할 계획이다. 5대의 군사용 정찰위성을 발사하는 사업인 소위 425사업은 이러한 노력을 대표하는 사업이다. 2025년까지 군사용 정찰위성 5대를 개발하고 저궤도에서 운용하는 이 사업은 합성개구레이더(SAR) 위성 4기와 전자광학/적외선(EO/IR) 위성 1기로 구성되며, 킬체인(북한의 핵무기에 대한 선제타격 시스템으로 탐지, 식별, 결심, 타격순으로 진행)의 효과적 운영을 위해서 매우 중요한 역할을 수행할 것으로 기대된다. 2023년 12월 EO/IR 위성인 1호기, 2024년 4월 SAR를 탑재한 2호기가 성공적으로 발사되었으며,[35] 3호기~5호기는 2024년과 2025년에 발사되어 전력화될 예정이다. 이와 더불어 2030년까지 50~60기의

(초)소형위성을 활용한 감시정찰 위성군, 조기경보위성 등을 확보하기 위한 사업도 진행 중인 것으로 알려졌다.

우주시스템을 활용한 통신을 통해 국가안보를 제고하려는 노력 역시 전개되고 있다. 2006년 8월 발사된 무궁화 5호는 민군겸용 정지궤도 통신위성으로, 여기에 군용 통신위성인 아나시스 1호가 탑재되었다. 아나시스 1호는 기존의 군 통신반경을 획기적으로 확대하고 보안성을 강화하였지만, 민군겸용이라는 한계가 지적되었다. 이에 군 전용 통신위성인 아나시스 2호가 2020년 7월 정지궤도로 발사되었으며, 이를 통해 보다 향상된 통신거리, 데이터 전송 용량, 보안성을 확보했다. 한국 국방부는 군 전용통신 위성인 아나시스 3호를 2030년까지 전력화하기 위해 노력하고 있으며,[36] 저궤도위성군을 활용한 군 통신체계 구축사업도 진행하고 있는 것으로 알려졌다. 해양 감시를 위한 위성의 통합운영 노력 역시 이러한 우주시스템을 활용해 국가안보를 제고하기 위한 방안으로 추진되고 있다.

둘째, 우주시스템의 안보이다. 한국의 우주시스템이 증가함에 따라 이를 보호하기 위한 노력 역시 구체화되고 있다. 먼저 우주시스템에 대한 위협을 파악하려는 노력이다. 우주시스템 중 위성에 해당하는 우주부문은 가혹한 우주환경 때문에 위협을 받을 수도 있으며, 다른 우주물체에 의해서도 위협을 받을 수 있다. 따라서 우주환경에 대한 관측과 분석을 통한

예보·경보시스템을 구축하고 있다. 나아가 우주물체 충돌 방지와 교통관제시스템 구축을 위한 기술 및 전략을 확보하기 위해 노력하고 있다. 우주물체로부터 한국의 우주자산을 보호하기 위해서는 충돌을 예측하고 회피기동을 하는 방법도 있지만, 우주잔해를 적극적·능동적으로 제거하기 위한 노력 역시 중요하며, 이를 위한 기술개발을 추진하고 있다.

앞에서 설명했듯이 우주시스템의 안보는 우주공간에 존재하는 우주부문만을 의미하지는 않으며, 지상부문과 사용자부문, 업링크·다운링크를 포함한다. 특히 우주부문에 대한 위협이 상대적으로 많은 비용과 발달된 기술을 요구하는 반면, 지상부문, 사용자부문 및 업링크·다운링크에 대한 전자위협과 사이버위협은 공격자 관점에서 훨씬 비용효율적이다. 실제로 북한의 우주시스템에 대한 전자·사이버위협은 보다 정교해지고 있다.[37] 또한, 북한의 우주역량은 제한적인 것으로 파악되고 있지만, 러시아의 기술 지원 가능성은 새로운 위협 요소로 부상하고 있다.[38] 이러한 점을 고려하여 한국은 국가사이버안보시스템에 우주 영역을 포함시키고 우주-사이버안보 연계를 위한 전략과 함께 우주시스템의 안보를 위한 방안을 마련하고 있다.

셋째, 한국은 제한적 우주안보 역량을 고려하여 다각적인 국제협력을 추진하고 있다. 무엇보다 미국과의 우주안보 협력에 중점을 두고 있다. 한국은 2016년 '한미우주협력협정'

을 맺음으로써 미국과 우주개발 분야에서 본격적인 협력을 위한 제도적 기반을 마련하였으며,[39] 이후 우주안보를 위한 양자협력을 강화하고 있다. 특히 2023년 4월 개최된 한미 정상회담에서 발표된 "한미동맹 70주년 기념 한미정상 공동성명"에서 한미동맹은 "우주에서도 적용되며, 모든 분야에 걸쳐 우주 협력의 다양한 채널을 통해 한미동맹을 한층 강화해 나가기로 약속"하고 "안전하고, 안정적이며, 지속가능한 우주 환경을 유지하기 위해 노력할 것"임을 천명하였다.[40] 이러한 맥락에서 2023년 2월에는 한국 공군과 미 우주군이 우주정책협의체를 개최하였으며,[41] 한미 연합연습 시 우주통합팀을 운용하고,[42] 한미 국방 우주정책실무협의회를 개최하는 등 실질적인 우주안보 협력을 강화하고 있다. 또한, 한-프랑스 국방우주협력 의향서를 2023년 5월 체결하였으며, 영국과도 우주안보 관련 협력을 강화하고 있다. 소다자 협력의 경우, 한미일 우주안보대화를 2023년 11월 개최했다.

다자기구에서의 협력 역시 전개하고 있다. 한국은 UN COPUOS에서 채택된 "우주활동의 장기지속가능성을 위한 가이드라인"을 준수하기 위해 노력하고 있으며, 그 일환으로 "우주쓰레기 경감을 위한 우주비행체 개발 및 운용 권고"를 마련하여, 민간기업, 대학, 연구소들이 발사체나 위성체를 제작하고 운영할 때 참조할 수 있도록 하였다.[43] 또한, 한국은 자발적으로 ASAT 실험을 하지 않을 것을 선언함으로써 안전하고 지속가능한 우주를 위한 국제규범 이행에 적극 동참하고 있다.

5. 한국 우주안보의 현안과 쟁점

한국은 우주안보를 위해 다양한 노력을 전개하고 있다. 하지만 우주안보 역량을 강화하기 위해서는 제한된 예산, 기술적 한계, 다양한 행위자의 상이한 이해관계 등을 고려해야 한다. 이러한 점에서 한국 우주안보의 목표를 달성하기 위해서는 우주안보 역량 강화, 국내 거버넌스 재편, 국제협력 강화 등이 필요하다.

1) 우주안보를 위한 역량 강화

한국은 우주안보를 제고하기 위해 이미 계획된 우주시스템을 적시에 확보하여야 한다. 우주공간은 광활하지만, 우주안보를 위해 실질적으로 활용도가 높은 공간은 제한적이다. 특히, 특정 궤도와 주파수 등을 선점하지 못할 경우, 추후 더 큰 비용을 지불해야 하거나 그렇게 하더라도 동일한 안보적 효과를 거두지 못할 수도 있다. 북한뿐만 아니라 역내 안보 불안이 높아질 가능성이 큰 현재의 맥락에서 한반도를 중심으로 동아시아지역을 아우르는 우주안보 역량이 필요하다. 이를 위해서는 원하는 기능을 갖춘 위성체를 원하는 시기에 원하는 궤도로 이동시킬 수 있는 다양한 발사 역량을 갖출 필요가 있으며, 공중 발사, 해외 발사장 등이 고려될 수 있다. 이를 위해서는 예산과 인력확보, 연구역량 강화, 민관협력 등이 필요하다.

하지만 우주시스템 및 다양한 발사 능력을 확보하는 데 걸리는 예산과 시간, 기술 등을 고려한다면, 현재 접근가능한 우주시스템을 활용하여 군사안보적 가치를 창출하려는 노력이 시급하다. 즉, 우주시스템을 확보하는 노력과 동시에 우주안보를 위해서 현재 국내외 민간부문, 공공부문이 제공하는 다양한 데이터로부터 군사적 함의를 찾는 혁신적 사고와 분석 역량이 중요하다. 이미 시장에는 다양한 종류의 막대한 지구관측 데이터가 생성되어 유통되고 있으며, 우주 기반 통신서비스 역시 지구적 수준에서 제공되고 있다. 이를 혁신적으로 활용하는 역량은 우주시스템 확보 노력 못지않게 중요하다. 아무리 훌륭한 우주시스템을 확보했더라도 이를 제대로 활용하지 못한다면 무의미하기 때문이다. 따라서 현재 접근이 가능한 우주 기반 데이터와 서비스를 식별하고, 이를 활용해 어떻게 군사안보적 가치를 창출할 것인가에 대한 고민과 제도적 뒷받침이 필요하다.

2) 우주안보를 위한 국내 거버넌스 재편

한국의 우주안보를 위해서는 다양한 이해관계자 사이의 조정과 협력, 거버넌스가 매우 중요하다. 우주의 중요성이 커지고, 우주시스템을 운용하고 활용하는 한국 정부부처, 기관, 민간기업이 증가함에 따라, 이해관계 역시 다양해지고 있다는 점에서 이를 효과적으로 조정할 필요성이 증가하고 있다. 한국의 우주거버넌스는 국가우주위원회가 우주개발 정책에 대한 주요사항을 심의하고 있지만, 우주시스템을 개발·운영하는 정부부처의 영향력이 크다. 국가우주위원회의 경우, 원래 과학기술정보통신부 장관이 위원장을 맡았지만, 「우주개발 진흥법」 개정을 통해서 2021년 11월부터는 국무총리가, 2024년 5월부터는 동법 일부 개정을 통해서 대통령이 위원장을 맡고 있다. 하지만 대통령 직속 자문위원회의 특성상 간사위원이 중요한 역할을 수행하고 있으며, 현재 과학기술정보통신부 산하 외청으로 설립된 우주항공청의 장이 이를 맡고 있다.

「우주항공청의 설치 및 운영에 관한 특별법(약칭: 우주항공청법)」에 의해 2024년 5월 설립된 우주항공청은 한국의 우주거버넌스에서 중요한 역할을 차지한다. 특히, 우주안보와 관련하여, 동법의 목적(제1조)에서는 "우주항공기술의 개발을 통하여 혁신 기술을 확보하고 우주항공산업을 진흥하며 우주위험으로부터 국민을 보호하기 위한 정책 및 사업 등을 효과적으로 추진하기 위하여 우주항공 청을 설치"한다고 하여, 우주위험으로부터의 안전이 조직의 중요한 임무임을 밝히고 있다. 하지만 동법 제7조(소관사무) 제11항에서는 "우주자산의 관리 및 우주안보에 관한 사항 으로서 우주항공청장이 관계 중앙행정기관의 장과 협의하여 정하는 사항(국가안보 관련 외교 사항과 순수 국방 목적 관련 사항은 제외한다)"이 우주항공청의 소관사무 중 하나임을 밝히고 있다. 따라서 우주안보 및 이를 위한 국제협력 또는 우주외교와 관련해서는 외교부, 국방부 및 각 군, 그리고 국가정보원이 여전히 중요한 역할을 하고 있음을 알 수 있다.

이렇듯 우주안보와 관련한 역할과 기능, 책임이 과학기술정보통신부, 우주항공청, 외교부, 국방부, 국가정보원 등으로 분산되어 있다는 점은 우주안보의 목표를 효과적으로 달성하는 것을 저해할 수 있다. 나아가 외교안보와 관련된 행위자들 사이에서도 명확하지 않은 업무로 인해 경쟁과 갈등의 여지가 있다. 한국의 독자적인 정찰위성 사업인 425사업의 경우, 어떤 기관이 위성의 통제권을 보유할 것인가에 대해서 국방부와 국가정보원이 갈등을 빚어 사업 착수 일정이 늦어진 것으로 알려졌다.[44] 따라서 제한적인 우주기술과 역량을 최대한 활용해 우주안보를 제고하기 위한 국내 거버넌스를 재편하는 것은 중요한 과제이다.

3) 우주안보를 위한 국제협력

현재 한국의 우주안보를 위한 자산과 역량이 충분하지 못한 상황에서 우주강국과의 다양한 협력은 필수적이다. 먼저 국제협력을 통해 우주안보를 위한 첨단기술을 확보하는 것은 시급한 과제다. 특히 대부분의 국가가 우주기술을 국가 핵심기술로 분류하고 이를 통제하고 있다는 점에서 미국과의 긴밀한 협력이 필요하다. 미국 역시 우주기술을 전략적으로 민감한 기술로 간주하고 국제무기거래규정(ITAR: International Traffic in Arms Regulations) 등을 통해서 수출통제를 하고 있다. 하지만 최근 자국의 우주산업 육성과 함께 중국을 견제하기 위하여 유사입장국가들에 대해서는 수출통제를 조정하는 등 협상의 여지가 확대되고 있다. 예를 들면, 미국은 일본 및 인도와의 협력구상(iCET: Initiative on Critical and Emerging Technology)이나 호주와의 기술보호협정(TSA: Technology Safeguards Agreement) 등 양자협력을 통해서 우주부문 협력을 강화하고 있다. 한국 역시 한미 우주동맹의 시각에서 우주안보 관련 미국과의 협력을 강화할 필요가 있다.

나아가 유사입장국가와의 우주안보 협력 역시 중요하다. 미국이 주도하는 연합우주작전 이니셔티브(CSpO)에 참여하는 것은 한정된 우주자산으로 한국의 우주안보 역량을 획기적으로 강화할 수 있다는 점에서 적극적으로 추진될 필요가 있다. 이러한 유사입장국가와의 협력을 기반으로 유엔 외기권평화적이용위원회(UN COPUOS), 개방형워킹그룹(OEWG) 등에서 우주안보와 안전을 위한 국제규범 형성과 확산에 동참해야 한다.

우주안보를 위한 국제협력은 첨단기술 확보, 안보강화, 국제규범 형성과 외교적 입지 강화라는 측면에서 매우 중요하다. 그럼에도 불구하고 첨단기술 이전은 매우 민감한 사안이라는 점에서 장밋빛 전망에 기댈 수는 없다. 또한, 우주강국의 정책변화에 따라 국제협력이 중단될 가능성을 배제할 수 없다는 점에서 국제협력의 한계와 위험이 존재한다. 이러한 점에서 유사한 입장을 갖고 있는 국가 간 협력이라도 국가별 상이한 이해관계로 인해 협력이 지연되거나 무산될 가능성이 상존한다. 한국은 국제협력의 이점과 한계를 고려하여, 우주강국과의 협력을 전략적으로 강화하면서도 독자적인 우주역량을 발전시키기 위해 노력해야 한다.

4) 우주안보와 군사안보의 관계 발전

우주안보와 군사안보의 시너지 창출은 국가안보를 위해서 중요하다. 우주기술과 서비스는 군사작전 수행방식과 전쟁의 양상을 변화시키고 있다. 먼저 우주를 통해서 생성되는 정보, 데이터, 신호는 군사작전의 핵심 요소인 지휘, 통제, 통신, 컴퓨터, 정보, 감시, 정찰(C4ISR: Command, Control, Communications, Computers, Intelligence, Surveillance and Reconnaissance) 역량을 강화한다. 즉, 감시정찰위성, 통신위성, 위성항법시스템은 상대방의 움직임에 대한 식별과 판단, 정확한 상황인식, 효과적인 지휘통제, 의사결정, 정밀타격, 작전수행에 기여한다. 또한, 작전수행 후 효과 평가를 위해서도 우주자산은 신뢰성 있는 정보를 제공한다. 게다가 우주자산은 주·야간, 악천후, 지형 조건과 상관없이 군사작전을 수행할 수 있도록 도와줌으로써 군사작전의 지속가능성과 신뢰성을 높일 수 있다.[45]

이러한 장점을 고려하였을 때, 전략적, 작전적, 전술적 수준에서 우주안보와 군사안보 간 시너지 효과를 어떻게 창출할 것인가는 중요한 과제이다. 현재 한국은 우주작전을 수행하거나 우주자산을 활용하여 지상·해상·공중에서 군사작전을 수행하기에 매우 제한된 역량과 조직을 보유하고 있다. 나아가 현실적이고 잠재적인 적국의 우주자산을 거부할 능력이 없다시피 한 상황이다. 이러한 점에서 군사용 우주자산만을 활용하려는 사고에서 벗어나 가용한 공공, 상업용 우주자산을 군사작전에 활용해 군사안보를 제고하려는 인식 전환이 필요하다.

6. 한국 우주안보의 과제와 미래전망

미래의 우주안보 상황은 기술발전과 경쟁, 강대국 정치, 민간부문의 확장된 역할, 국제규범의 형성과 확장, 통제할 수 없는 자연발생적인 우주위험 등 다양한 변수들의 상호작용에 의해서 매우 복잡하고 역동적으로 전개될 것이다. 특히 우주안전과 우주안보가 중첩되는 영역이 확대됨에 따라 군사적 관점뿐만 아니라 안전하고 안정적이며 지속가능한 우주환경 형성이라는 관점에서 그 중요성은 더욱 커질 것으로 전망된다.

1) 미래전망

우주에 대한 의존도가 높아질수록 우주안보의 중요성은 커질 것이다. 예측가능한 미래에 미국과 중국의 전략경쟁은 우주공간에서 더욱 강화된 형태로 나타날 것이다. 공간적으로도 지구궤도를 넘어서 달, 화성 등에서 전략적 우위를 차지하기 위한 노력이 전개될 가능성이 높다. 달에서의 안전지대(safety zone)와 라그랑주 점(Lagrangian point: 우주공간의 작은 물체[위성]가 두 개의 큰 천체(지구와 달)의 중력에 의해서 위치가 고정되는 지점)에 대한 논의는 우주안보의 공간적 범위가 달 및 달궤도로까지 확대되고 있음을 보여준다. 또한, 새로운 우주강국의 등장은 중요한

변수로 작용할 것이다. 물론 미국과 중국을 중심으로 유사입장국가 사이의 협력이 강화될 전망이지만, 미중 전략경쟁의 틈새에서 자국의 입지를 강화하려는 새로운 우주강국이 등장할 가능성도 배제할 수 없다.

그럼에도 가장 중요하면서도 현실적인 시나리오는 우주안보 영역에서 민간행위자의 역할이 증대될 것이라는 점이다. 우크라이나 전쟁에서 이미 확인되었듯이 민간 우주기업들은 다양한 우주 기반 서비스를 제공함으로써 전쟁에 깊숙이 개입하고 있다. 특히, 민간기업의 혁신적인 기술발전을 통해서 새로운 게임체인저가 개발될 가능성 역시 배제할 수 없다. 이러한 점에서 기술적 우위를 확보함으로써 우주안보를 제고하기 위한 민군협력은 더욱 강화될 전망이다.

동시에 우주공간의 군사적, 상업적 활용도가 커짐에 따라 우주공간의 지속가능한 활용은 점차 어려워질 수 있다. 우주물체의 수가 급증함에 따라 우주교통관제의 중요성이 부상하고 있지만, 우주물체를 모니터링하고 규제할 글로벌 우주거버넌스가 구축되고 강화될 가능성은 크지 않다. 특히 많은 우주 미(未)진출국들은 우주에 진출하고자 노력할 것이고, 이러한 과정에서 만들어지는 많은 위성체와 발사체는 우주잔해 경감을 위한 기술과 고비용으로 인해 적절한 조치가 부족할 것이다. 따라서 이러한 우주물체들은 빠르게 우주잔해화할 가능성이 높다. 이에 따라

능동적 우주잔해 제거(ADR: Active Debris Removal) 기술이 발전할 것으로 예상되지만, 이러한 새로운 기술들이 의도치 않게 우주경쟁을 가속화하고 안보딜레마를 강화할 수 있다.

한반도 상공과 동아시아는 가장 많은 우주시스템이 밀집된 우주공간이 될 가능성이 높다. 예측가능한 미래에 미국과 중국의 전략경쟁은 지속될 것이며, 강화될 가능성 역시 농후하다. 이러한 관점에서 북한과 대치하는 한국은 한반도뿐만 아니라 양안관계와 이를 둘러싼 미중 전략경쟁 등을 고려하여 우주안보를 추구해야 할 것이다.

2) 한국 우주안보의 과제

우주안보의 미래에 대한 전망을 바탕으로 한국이 직면한 우주안보 과제를 보다 구체적으로 살펴보면 다음과 같다. 첫째, 국방우주력 강화와 민간부문과의 시너지 창출이다. 우주기술의 발전은 전쟁에 대비하고 전쟁을 수행하는 방식에 혁신적인 변화를 불러오고 있다. 특히, 북한의 위협뿐만 아니라 양안관계 악화, 일본의 군사력 강화, 미중 전략경쟁이라는 역내 및 글로벌 차원에서의 불안정성에 대비하기 위해서 우주시스템의 중요성은 더욱 커질 것이다. 이를 위해서 독자적인 우주 감시·정찰 및 방어 능력을 확보하고, 잠재적·실질적 우주위협에 대한 대비가 중요하다.

예측가능한 미래에 한국의 우주안보에서 가장 중요한 자산 중 하나는 KPS가 될 것이다. 2030년대 중반 운영을 계획으로 준비되고 있는 KPS는 한국의 안보와 경제, 사회 전반에 활용된다는 점에서 중요한 국가전략자산이 될 것이며, 이를 어떻게 보호하고 방어할 것인지는 매우 중요한 과제이다.

하지만 이러한 우주안보를 위해서는 단순히 군사적 측면만을 고려해서는 안 된다. 즉, 민간부문에서의 우주기술이 빠르게 발전하고 있으며, 우주기술의 이중용도기술 특성을 고려한다면, 이러한 민간부문의 변화는 국가안보와 직결된다. 여기서 민간부문은 한국의 민간기업뿐만 아니라 외국 민간기업까지도 포함한다. 따라서 한반도와 역내 우주 기반 서비스를 제공하는 다양한 민간기업과의 협력적 파트너십을 기반으로 국가안보를 위해 필요한 정보를 적시에 확보하려는 노력을 기울여야 한다. 중요한 점은 다양한 위협에 취약한 우주시스템의 회복탄력성을 제고하기 위해서는 특정 기관의 우주자산에만 의존해서는 안 된다는 것이다.

그러나 앞에서 지적했듯이 이러한 국방우주력 강화와 민관협력은 우주안보딜레마를 초래할 가능성이 크다. 민간부문이 우주안보에서 차지하는 역할이 증대될 경우, 주변국은 이를 위협으로 간주할 수 있으며, 역내 긴장을 고조시킬 수 있다. 따라서 이러한 안보딜레마적 상황을 완화하기 위해서는 주변국과의 지속적인 소통과 협력을 통한 신뢰구축이 중요하다.

둘째, 우주시스템을 구성하는 각 부문에 대한 안보와 함께 전 생애주기에 걸친 안전과 안보를 강화해야 한다. 우주시스템을 구성하는 핵심 부문인 우주부문에 대한 직접적인 위협의 비용과 국제적 비난을 고려한다면, 지상부문이나 사용자부문, 업·다운링크에 대한 사이버공격의 가능성이 매우 크다. 2023년 12월 한국의 다목적실용위성 아리랑 3호와 3A호를 운영하고 있는 국가위성운영센터에 대한 해킹 공격 사실이 확인되었다.[46] 중요한 사실은 해킹 공격 사실을 뒤늦게 확인하였다는 점이다. 향후 한국이 운영하는 우주시스템이 증가함에 따라 이에 대한 관제권과 데이터 등을 탈취하려는 위협과 재밍 등을 활용한 방해가 증가할 것으로 예상할 수 있다. 따라서 우주를 통해서 생성되는 다양한 데이터에 대한 보안과 사이버안보 등을 결합한 우주-사이버-데이터 융합안보시스템을 구축할 필요가 있다. 이는 우주시스템을 구성하는 제 부문의 전 생애주기 동안 발생할 수 있는 모든 잠재적 위협에 대비하는 통합적 접근을 의미한다. 이러한 융합적 접근을 통해 우주안보의 새로운 패러다임이 제시되어야 하며, 이는 한국이 미래 우주환경에서 지속가능한 안정성과 회복탄력성을 확보하는 데 중요한 역할을 할 것이다.

나아가 이를 위해서는 법·제도적 개선이 필수적이다. 현재 한국의 우주 관련 법률에서는 '우주안보'에 대한 정의나 이를 위한 근거가 부재하다. '우주위험'에 대한 정의 역시 우주공간에 있는 우주물체에 초점을 두고 있다. 이러한 점에서 한국의 우주시스템을 보호하고 방어하기 위한 법적 근거를 마련함으로써, 우주안전과 우주안보가 중첩되는 부분에 대한 보다 명확한 규정이 도입되어야 한다. 특히, 현재 외교부, 국방부, 국가정보원, 과학기술정보통신부, 우주항공청 등 다수의 정부부처, 기관 간 권한과 책임이 불분명하여 발생할 수 있는 안보 공백을 줄여야 한다. 따라서 권한과 책임, 역할과 조정 등을 포함하는 「우주기본법」 제정과 같은 노력을 시급히 전개해야 한다.

셋째, 한국의 우주안보를 제고하기 위해서는 국제협력을 강화함과 동시에 국제규범을 형성하는 데 적극적으로 개입해야 한다. 우주분야에서 한국은 후발주자이지만, 최근 발사체 기술부문에서의 성장을 기반으로 세계 7대 우주강국으로 부상했다. 하지만 기존의 우주강국과의 격차는 여전히 매우 크다는 점 역시 고려해야 한다. 따라서 미국 등 우방국들과의 우주안보 협력을 강화해야 한다. 우주합동훈련, 해양영역인식 등은 우주안보 협력을 위한 중요한 플랫폼이 될 것이다.

나아가 우주활동의 장기지속가능성을 위한 국제규범에 이미 동참한 상황에서 이를 국내적으로 이행하고, 다른 국가들의 이행을 촉구함으로써 국제규범의 확산에 노력해야 한다. 동시에 향후 우주에 진출할 가능성이 높은 개발도상국들과의 협력 역시 중요하다. 이러한 국가와의 협력은 우주의 평화적 이용을 촉진하고, 공동의 안보 이익을 확대하는 데 기여할 수 있다. 예를 들면, 한국은 공적개발원조(ODA: Official Development Assistance)를 전략적으로 활용해 개발도상국의 우주 역량 강화를 지원하고, 이를 기반으로 한국의 우주안보를 강화할 수 있으며, 국제무대에서 우호국을 확보할 수도 있을 것이다.[47] 우주안보를 위한 국제규범의 단순 추종자가 아니라 안전하고 지속가능한 우주환경을 만들기 위한 규범형성자 역할을 수행하기 위한 다양한 전략적 방안을 고려해야 한다.

결론적으로 한국은 국방우주력과 민간 역량의 시너지 효과 강화, 법적·제도적 개선을 통한 융합적 우주안보시스템 구축, 그리고 우주안보 관련 국제규범 수립 및 국제협력을 통해 우주안보의 미래를 대비해야 한다. 이를 통해서 단순히 국가안보를 제고하는 것뿐만 아니라 안전하고 안정적이며 지속가능한 우주환경을 조성하는 데 적극적으로 기여하는 책임있는 우주강국이 되기 위한 전략적 사고와 국가적 노력이 필요하다.

토의주제

1. 우주에서의 안보를 제고하려는 국가들의 안보가 오히려 저해되는 안보딜레마적 상황은 왜 발생하는가?

2. "우주활동의 장기지속가능성(LTS)"을 위한 국제사회의 노력은 성공할 것인가?

3. 왜 많은 국가들이 저궤도에 위성을 전개하고 운용하고자 하는가?

4. 한국의 국방우주력에 대응하기 위해서 북한은 어떠한 방법을 사용할 것이라고 생각하는가?

5. 민간 우주기업의 성장과 증대하는 역할은 우주안보에 어떠한 영향을 미칠 것인가?

6. 2022년 발발한 우크라이나전쟁에서 우주는 어떠한 역할을 수행했는가?

7. 우주안보를 위해서 한국은 어떠한 노력을 기울여야 하는가?

8. 우주 기반 기술과 자산은 어떠한 점에서 군사적으로 활용도가 높은가?

9. 미중 전략경쟁이 강화되는 맥락에서 한국의 우주안보 정책은 어떠해야 하는가?

주

1) James Moltz, *The Politics of Space Security: Strategic Restraint and the Pursuit of National Interests*, 3rd ed. (Stanford, CA: Stanford University Press, 2019); Namrata Goswami and Peter Garretson, *Scramble for the Skies: The Great Power Competition to Control the Resources of Outer Space* (Lanham, MD: Lexington Books, 2020).

2) Morgan Stanley, "The Space Economy's Next Giant Leap," https://www.morganstanley.com/Themes/global-space-economy (검색일: 2024. 06.02).

3) "There Are 10,000 Active Satellites In Orbit. Most Belong To Elon Musk," *Forbes*, 19 July 2024.

4) "Ukraine relies on Starlink for its drone war. Russia appears to be bypassing sanctions to use the devices too," *CNN*, 26 March 2024.

5) 정헌주, "미국과 중국의 우주 경쟁과 우주안보딜레마," 『국방정책연구』 제37집 1호 (2021), pp. 9–40.

6) 정헌주, "우주 환경 안보의 국제정치: 우주잔해 국제협력에 대한 국제정치학적 접근," 『국가안보와 전략』 제24집 2호 (2024), pp. 5–43.

7) 김상배, "우주안보의 국제정치학: 복합지정학의 시각," 『우주안보의 국제정치학: 복합지정학의 시각』 (파주: 한울아카데미, 2024).

8) Jean-François Mayence, "Space Security: Transatlantic Approach to Space Governance," in Jana Robinson, Matthew Paul Schaefer, Kai-Uwe Schrogl, Frans von der Dunk (eds.), *Prospects for Transparency and Confidence-Building Measures in Space* (Vienna, Austria: European Space Policy Institute, 2010), p. 35; Sebastien Moranta, Giulia Pavesi, Lisa Perrichon, Serge Plattard, and Martin Sarret, *Security in Outer Space: Rising Stakes for Europe* (Vienna, Austria: European Space Policy Institute, 2018), p. 7; The Space Development Strategy Headquarters of Japan, *Space Security Initiative* (Tokyo: Space Development Strategy Headquarters, 2023).

9) Space Security Index, "Space Security," https://spacesecurityindex.org/space-security/ (검색일: 2024.06.30).

10) Michael Sheehan, "Defining Space Security," in Kai-Uwe Schrogl, Peter Hays, Jana Robinson, Denis Moura, Christina Giannopapa (eds.), *Handbook of Space Security: Policies, Applications and Programs*, 1st ed. (New York, NY: Springer, 2015), p. 21.

11) Ntorina Antoni, "Definition and Status of Space Security," in Kai-Uwe Schrogl, Maarten Adriaensen, Christina Giannopapa, Peter Hays, Jana Robinson, Ntorina Antoni (eds.), *Handbook of Space Security: Policies, Applications and Programs*, 2nd ed. (Switzerland: Springer, 2020), p. 15.

12) Joe Pelton, Tommaso Sgobba, and Maite Trujillo, "Space Safety," in Kai-Uwe Schrogl, Peter Hays, Jana Robinson, Denis Moura, Christina Giannopapa (eds.), *Handbook of Space Security: Policies, Applications and Programs*, 1st ed. (New York, NY: Springer, 2015), p. 204.

13) Moranta et al. (2018), pp. 7–8.

14) Moranta et al. (2018), p. 8.

15) 최재원, "우주무기체계 발전추세 및 개발동향," 『국방과 기술』 제431호 (2015), p. 77.

16) 정헌주 (2021), p. 28.

17) 정헌주 (2024), pp. 10–11.

18) Satellite Industry Association, "Commercial Satellite Industry Continues Historic Growth while Dominating Global Space Business," https://sia.org/com-mercial-satellite-industry-continues-historic-growth-dominating-global-space-business-27th-annual-state-of-the-satellite-industry-report/ (검색일: 2024.08.03.)

19) 과학기술정보통신부, 『2023 우주산업 실태조사』 (세종: 과학기술정보통신부·한국연구재단·한국우주기술진흥협회, 2023), pp. 132–133.

20) 정헌주 (2024), p. 27.

21) 우주 위협에 대한 구분과 설명은 다음을 참고하여 작성했다. Clayton Swope, Kari Bingen, Makena Young, Madeleine Chang, Stephanie Songer, and Jeremy Tammelleo, *Space Threat Assessment 2024* (Washington, DC: Center for Strategic & International Studies, 2024), pp. 3–6.

22) Ritu Lauer, "When States Test Their Anti-Satellite

Weapons," *Astropolitics* 20-1 (October 2022), pp. 1-26.

23) Union of Concerned Scientists, "UCS Satellite Database," https://www.ucsusa.org/resources/satellite-database (검색일: 2024.08.10).

24) European Space Ageny, "Space Environment Statistics," https://sdup.esoc.esa.int/discosweb/statistics/ (검색일: 2024.08.17).

25) U.S. Department of Defense, "Defense Space Strategy Summary," https://media.defense.gov/2020/Jun/17/2002317391/-1/-1/1/2020_DEFENSE_SPACE_STRATEGY_SUMMARY.PDF (검색일: 2024.07.15).

26) 박병광, "미중 경쟁 시대 중국의 우주력 발전에 관한 연구," 『INSS 연구보고서』 2021-09 (2021), pp. 54-55.

27) Nicole Jackson, "Russia's Space Security Policy," in Kai-Uwe Schrogl, Maarten Adriaensen, Christina Giannopapa, Peter Hays, Jana Robinson, Ntorina Antoni (eds.), *Handbook of Space Security: Policies, Applications and Programs*, 2nd ed. (Switzerland: Springer, 2020), pp. 385-398.

28) UK Ministry of Defence, *Defence Space Strategy: Operationalising the Space Domain* (London, UK: Ministry of Defence, 2022).

29) The Space Development Strategy Headquarters of Japan (2023), pp. 4-7.

30) Indian Space Research Organisation, "Indian Space Policy 2030," https://www.isro.gov.in/media_isro/pdf/IndianSpacePolicy2023.pdf (검색일: 2024.05.10).

31) 나영주, "미국과 중국의 군사우주 전략과 우주 공간의 군비경쟁 방지(PAROS)," 『국제정치논총』 제47집 3호 (2007), pp. 143-164.

32) U.S. White House, "FACT SHEET: Strengthening U.S. International Space Partnerships," https://www.whitehouse.gov/briefing-room/statements-releases/2023/12/20/fact-sheet-strengthening-u-s-international-space-partnerships (검색일: 2024.07.15.); Ministry of Defense of Japan, "Combined Space Operations (CSpO) Initiative participation," https://www.mod.go.jp/en/article/2023/12/f1a28c679305313e551731b1de3359249120cd14.html (검색일: 2024.07.15.); "일본, 미국+6개국 '통합 우주작전' 회의 처음 참

석한다," 『SpaceRadar』, 2023년 12월 6일.

33) 한국항공우주연구원, "우주발사체," https://www.kari.re.kr/kor/sub03_04.do (검색일: 2024.07.10).

34) "미래 '국방우주력' 발전 '전략' 담은 국방부 청사진 나와," 『국방신문』, 2022년 12월 9일.

35) "韓 정찰위성 2호 발사…악천후에도 北 감시할 '고성능 눈' 생겼다," 『중앙일보』, 2024년 4월 8일.

36) "軍전용 통신위성 아나시스 3호 2030년 띄운다," 『한국경제』, 2024년 5월 12일.

37) Swope et al. (2024), p. 27.

38) 홍건식·이성훈, "김정은 시기 북한의 우주 능력 평가 및 시사점," 『INSS 전략보고』 238호 (2023)

39) 대한민국 정책브리핑, "'우주에서 한·미동맹'…한미우주협력협정 발효," https://www.korea.kr/news/policyNewsView.do?newsId=148824312 (검색일: 2024.05.15).

40) 대한민국 외교부, "한미동맹 70주년 기념 한미 정상 공동성명," https://www.mofa.go.kr/www/brd/m_26090/view.do?seq=19&page=2 (검색일: 2024.03.01).

41) "공군, 미국 우주군과 제1회 우주정책협의체 개최로 양국 협력 강화," 『뉴스1』, 2023년 2월 23일.

42) "한미, '우주통합팀' 구성해 연합훈련… '北전파교란 원점 타격'," 『연합뉴스』, 2024년 4월 24일.

43) 정헌주 (2024), p. 22.

44) "없던 제도도 끌어다 적용…킬체인 '눈', 역경 뚫고 우주로," 『이데일리』, 2024년 4월 14일.

45) 송태은, "우주 정보·데이터와 지구·인간·군사안보," 『우주안보의 국제정치학: 복합지정학의 시각』 (파주: 한울아카데미, 2024).

46) "한국 위성 운영의 심장 해킹에 뚫렸다…우주청 설립 앞두고 보안 '구멍'," 『조선비즈』, 2024년 3월 26일.

47) 정헌주·백유나·정윤영, "우주와 국제개발협력: 우주기술을 활용한 지속가능발전목표 달성에 대한 탐색적 분석," 『사회과학연구』 제33집 2호 (2022), pp. 125-147.

참고문헌

1. 한글문헌

김상배. "우주안보의 국제정치학: 복합지정학의 시각." 『우주안보의 국제정치학: 복합지정학의 시각』. 파주: 한울아카데미, 2024.

나영주. "미국과 중국의 군사우주 전략과 우주 공간의 군비경쟁 방지(PAROS)." 『국제정치논총』 제47집 3호 (2007).

박병광. "미중 경쟁 시대 중국의 우주력 발전에 관한 연구." 『INSS 연구보고서』 2021-09 (2021).

송태은. "우주 정보·데이터와 지구·인간·군사안보." 『우주안보의 국제정치학: 복합지정학의 시각』. 파주: 한울아카데미, 2024.

정헌주. "미국과 중국의 우주 경쟁과 우주안보딜레마." 『국방정책연구』 제37집 1호 (2021).

_____. "우주 환경 안보의 국제정치: 우주잔해 국제협력에 대한 국제정치학적 접근." 『국가안보와 전략』 제24집 2호 (2024).

정헌주·백유나·정윤영. "우주와 국제개발협력: 우주기술을 활용한 지속가능발전목표 달성에 대한 탐색적 분석." 『사회과학연구』 제33집 2호 (2022).

최재원. "우주무기체계 발전추세 및 개발동향." 『국방과 기술』 제431호 (2015).

홍건식·이성훈. "김정은 시기 북한의 우주 능력 평가 및 시사점." 『INSS 전략보고』 238호 (2023).

2. 영어문헌

Antoni, Ntorina. "Definition and Status of Space Security," in Kai-Uwe Schrogl, Maarten Adriaensen, Christina Giannopapa, Peter Hays, Jana Robinson, Ntorina Antoni (eds.). *Handbook of Space Security: Policies, Applications and Programs.* 2nd ed. Switzerland: Springer, 2020.

Goswami, Namrata, and Peter Garretson. *Scramble for the Skies: The Great Power Competition to Control the Resources of Outer Space.* Lanham, MD: Lexington Books, 2020.

Jackson, Nicole. "Russia's Space Security Pol-icy," in Kai-Uwe Schrogl, Maarten Adriaensen, Christina Giannopapa, Peter Hays, Jana Robinson, Ntorina Antoni (eds.). *Handbook of Space Security: Policies, Applications and Programs.* 2nd ed. Switzerland: Springer, 2020.

Lauer, Ritu. "When States Test Their Anti-Satellite Weapons." *Astropolitics* 20-1 (October 2022).

Mayence, Jean-François. "Space Security: Transatlantic Approach to Space Governance," in Jana Robinson, Matthew Paul Schaefer, Kai-Uwe Schrogl, Frans von der Dunk (eds.). *Prospects for Transparency and Confidence-Building Measures in Space.* Vienna, Austria: European Space Policy Institute, 2010.

Moltz, James. *The Politics of Space Security: Strategic Restraint and the Pursuit of National Interests.* 3rd ed. Stanford, CA: Stanford University Press, 2019.

Moranta, Sebastien, Giulia Pavesi, Lisa Perrichon, Serge Plattard, and Martin Sarret. *Security in Outer Space: Rising Stakes for Europe.* Vienna, Austria: European Space Policy Institute, 2018.

Pelton, Joe, Tommaso Sgobba, and Maite Trujillo. "Space Safety," in Kai-Uwe Schrogl, Peter Hays, Jana Robinson, Denis Moura, Christina Giannopapa (eds.). *Handbook of Space Security: Policies, Applications and Programs.* 1st ed. New York, NY: Springer, 2015.

Sheehan, Michael. "Defining Space Security," in Kai-Uwe Schrogl, Peter Hays, Jana Robinson, Denis Moura, Christina Giannopapa (eds.). *Handbook of Space Security: Policies, Applications and Programs.* 1st ed. New York, NY: Springer, 2015.

Swope, Clayton, Kari Bingen, Makena Young, Madeleine Chang, Stephanie Songer, and Jeremy Tammelleo. *Space Threat Assessment 2024.* Washington, DC: Center for Strategic & International Studies, 2024.

4장

한국의 해양안보

장성일(동북아역사재단)

1. 서론   99
2. 해양안보의 개념과
   특징   100
3. 국제정치에서 해양안보의
   중요성   104
4. 해양안보의 현안과
   쟁점   109
5. 한국 해양안보의 환경과
   국내외적 정책방향   114
6. 한국 해양안보의 과제와
   미래전망   120

개요

해양은 번영의 기반이자 동시에 분쟁의 도구이기도 하다. 국가들은 해상무역을 통해 부를 창출하면서 경제적 번영을 이룩했으나, 이스라엘-하마스전쟁, 우크라이나전쟁에서 확인할 수 있듯이 전략적으로 중요한 일부 바닷길은 여전히 상대 국가의 군사 및 경제활동에 피해를 주는 대상으로 활용되고 있다. 국가뿐만 아니라 비국가 행위자의 해적 활동, 해상 테러리즘 등으로 인해 해양안보 환경은 이전보다 더욱 복합적인 양상을 보여주고 있다. 아울러 제2차 세계대전 이후 주요 해상교통로에 안보를 제공해 오고 있는 미국의 해양안보를 위한 세계적인 역할과 이를 위한 역량은 미국 패권의 상대적인 약화에 따라 한계를 보여주고 있다. 미국과 중국의 전략경쟁이 남중국해를 비롯한 인도·태평양지역 해양에서 첨예하게 전개되면서 해양안보에 대한 불확실성도 커지고 있다. 이와 같은 국제정치 및 해양안보 환경의 변화 속에서 한국정부는 '인도·태평양전략'을 발표하면서 한국의 국제적인 역할을 증대하고자 노력하고 있다. 그러나 해상무역에 크게 의존하고 있어서 해양안보 위협에 취약한 한국경제 구조를 고려할 때 한국이 마주한 해양안보 환경은 쉽지 않아 보인다. 국가 간의 관계 속에서 해양안보를 어떻게 이해해야 하는가? 그리고 인도·태평양지역 해양에서 펼쳐지는 미중 전략경쟁의 여파를 피하기 쉽지 않은 상황을 고려할 때 한국과 관련된 해양안보 환경은 어떠하며, 한국은 국가안보와 경제적 번영을 도모하기 위해 어떻게 해양안보를 확보해야 하는가?

핵심이슈

- 해양안보의 개념과 특징을 살펴본다.
- 국제정치에서 해양안보의 중요성을 살펴본다.
- 해양안보의 주요 현안과 쟁점을 살펴본다.
- 한국의 '인도·태평양전략' 차원에서 해양안보를 살펴본다.
- 한국 해양안보의 과제에 대해 논의한다.

1. 서론

인도·태평양지역 해양을 비롯하여 세계 곳곳에서 해양안보를 위협하는 국제정치적 사건이 발생함에 따라 해양안보가 다시 주목받고 있으나, 동시에 글로벌 차원에서 해양안보 환경의 불확실성은 커지고 있다. 아직 지구적인 경쟁이라 평가하긴 이르지만, 미국과 중국의 전략경쟁은 대표적으로 남중국해에서 첨예하게 전개되고 있다. 자국의 영향력을 확대하려는 중국의 공세적인 행동은 주변 국가들과 갈등을 빚고 있고, 인도·태평양지역 해양에서 '항행의 자유' 원칙을 핵심 국가안보 이익으로 간주하는 미국과 중국이 해양에서 충돌할 가능성도 제기되고 있다. 유럽과 중동에서 전개되는 두 개의 전쟁 역시 해양안보를 불안하게 만들었다. 2022년 우크라이나전쟁으로 러시아가 흑해를 봉쇄하면서 우크라이나의 곡물 수출이 중단되자 이는 세계적인 곡물 위기를 가져왔고, 2023년 이스라엘과 하마스 간 전쟁으로 후티(Houthi) 반군이 홍해를 항행하는 선박을 공격함에 따라 유럽과 인도·태평양을 연결하는 홍해에 해양안보 위기를 가져왔다. 북한의 위협 또한 한국 해양안보의 환경을 더욱 불확실하게 만들고 있다. 북한의 잠수함발사탄도미사일(SLBM) 시험 발사와 핵추진 잠수함 개발은 한반도와 주변 해양안보를 더욱 위협할 수 있기 때문이다.

이처럼 전 세계적 차원에서 불확실성이 커지는 해양안보 환경의 변화 가운데 2022년 한국은 '인도·태평양전략'을 발표하며 인태지역 역내 해양안보 협력을 심화해 나가기로 했다. 그러나 해상무역에 크게 의존하고 있어서 해양안보 위협에 취약할 수밖에 없는 한국의 구조적인 어려움을 고려할 때 한국이 대응해야 할 해양안보 환경은 쉽지 않아 보인다. 해양안보 개념을 어떻게 이해해야 하는가? 국제정치에서 해양안보는 어떤 의미가 있는가? 그리고 최근 국제정치에서 해양안보의 주요 현안은 무엇이며, 한국이 직면한 해양안보 환경과 과제는 무엇인가?

이 장은 이상과 같은 질문에 답하면서 해양안보에 대한 이해를 높이기 위한 목적으로 해양안보에 대한 개념과 주요 해양안보 현안을 살펴보고, 한국의 해양안보 환경 및 해양안보에 주는 시사점을 검토한다. 이번 장의 구성은 다음과 같다. 이어지는 2절에서는 해상수송로 안보 논의를 중심으로 해양안보의 개념과 특징을 살펴보고, 3절에서는 '초크 포인트(choke point)'의 전략적 중요성에 주목하면서 국제정치에서 해양안보의 중요성을 검토한다. 4절에서는 홍해 해양안보 위기, 남중국해에서 미국과 중국의 전략경쟁, 우크라이나전쟁과 흑해 해양안보 위기 같은 해양안보의 주요 현안과 쟁점을 살펴본다. 5절에서는 한국 해양안보의 정책방향을 살펴본 후, 마지막 절에서는 한국 해양안보에 주는 시사점을 정리한다.

2. 해양안보의 개념과 특징

'해양안보'는 포괄적인 개념이다.[1] 해양안보 개념에 대한 합의된 정의가 존재하지 않는 상황에서[2] 해양안보는 다양한 하위 개념을 포함하게 되었다. 전통적인 안보 영역에 해당하는 해상교통로 또는 해상수송로의 안보를 포함하여 해군력(seapower), 해상안전, 해양생태계, 청색경제(blue economy) 등 다양한 하위 개념들이 해양안보에 포함되는 경우가 많다. 그 결과, 해양안보 개념에 혼선이 발생하고 있다.[3] 이번 절에서는 해양안보의 개념과 특징을 이해하는 데 도움이 되는 기존 연구를 살펴본다.

1) 해양안보의 개념

해양안보 개념을 이론적으로 다루고자 노력한 시도로 부에거(Christian Bueger)는 해양안보가 최근 국제관계에서 주목받는 유행어와 같다고 지적하면서 아직 개념에 대해 명확한 합의나 개념 규정이 없는 상태에서 혼선이 생기고 있다고 보았다. 그에 따르면 해양안보는 포괄적인 개념으로, 여기에는 해상수송로 보호를 위한 해군력, 해상안전과 같은 전통적인 접근이 포함되어 있고, 청색경제 및 복원력(resilience)과 같은 요소들이 포함되어 있다.[4] 저몽(Basil Germond)은 부에거와 마찬가지로 해양안보 개념은 경제와 환경에 대한

고려까지 포함하는 포괄적인 의미로 확대되었다고 주장한다. 그는 지정학적 관점에서 해양안보를 다루는데, 냉전 종식 이후 시간이 지나면서 해양안보 개념이 어떻게 변해갔는지 주목했다.[5] 부에거와 에드먼즈(Timothy Edmunds)의 연구도 유사한 입장이다. 냉전 종식 이후 해적 활동 및 테러리즘이 증가하면서 많은 나라들이 해양안보에 관심을 갖기 시작했고, 그들은 학술적 차원에서 해양안보 연구가 더 활성화되어야 한다고 강조한다. 부에거와 에드먼즈는 해양안보가 다음의 네 가지 영역으로 구성되어 있다고 주장한다. (1) 국가안보 영역으로 해군전략 및 해군력과 관련된 영역, (2) 해상오염, 선박 안전을 포함한 해상 환경 영역, (3) 청색경제로 대표되는 경제발전 영역, 그리고 (4) 어업 종사자의 생계 보장을 포함하는 인간안보 영역이다.[6]

해양안보는 에너지안보와도 긴밀하게 연결되어 있다.[7] 특히 에너지 자원 중 석유, 천연가스와 같은 화석연료는 자원이 집중적으로 매장되어 있는 지역과 자원을 대량으로 소비하는 지역 또는 국가가 일치하지 않아 에너지 자원의 국제적인 이동이 필요하다. 즉, 에너지 자원의 안정적이며 안전한 수송이 자원의 생산만큼 중요하다. 그런 의미에서 해양안보와 에너지안보는 상품이나 자원의 안전한 해상수송 즉, 해상교통로 또는 해상수송로 안보라는 영역에서 교집합이 존재한다. 해상수송로 안보는 해양안보 문제이면서 동시에 에너

지안보 문제인 것이다.[8]

이 글은 안보 개념을 이해하는 데 중요한 기준을 제공하는 부잔과 볼드윈의 논의를 해양안보에 적용하고자 한다. 우선 볼드윈은 울퍼스가 언급한 안보 논의로부터 출발하며,[9] "획득한 가치에 대한 피해 가능성이 낮은 상태"라고 안보를 정리하고 있다.[10] 볼드윈의 안보 논의는 울만이 지적한 것처럼 정치적, 군사적 차원의 안보위협뿐만 아니라 자연재해와 같은 비정치적인 요인도 안보위협으로 포함시킬 수 있고,[11] 위협 자체를 제거하는 것에 집중하지 않는다는 점에서 안보 논의를 확장하는 데 의미가 있다. 위협이 존재하지 않은 상태를 만드는 것이 현실적으로 어렵기 때문에 "획득한 가치에 대한 피해 가능성이 낮은 상태"라는 안보에 대한 이해가 현실적이다. 부잔 역시 안보를 논의함에 있어서 국가 중심적이고, 군사적 이슈에만 주목하는 경향을 지적하면서 안보 논의를 확장할 것을 강조한다.[12]

2) 해상수송로(해상교통로) 안보

국가 및 비국가 행위자가 관련된 전쟁과 평화의 문제에 관심을 갖는 국제정치학의 특성을 고려하여, 이 글은 해양안보 중 해상수송의 안보문제에 주목하여 해양안보를 다룬다. 해상수송로 또는 해상교통로 안보는 해양안보를 구성하는 하위 개념으로 국제정치학에

서 관심을 갖는 국가 및 비국가 행위자의 무력 사용, 국가 간 분쟁 가능성이 높은 안보 이슈이기도 하다. 해양안보를 논의할 때에도 기준이 중요하며 이 글은 부잔과 볼드윈의 안보 논의를 해양안보 개념에 적용하고자 한다.

첫 번째 기준은 안보의 대상으로, "누구를 위한 안보인가"라는 기준이다. 부잔의 지적처럼 안보를 논의할 때 어떤 대상에게 안보를 제공할 것인지 그 대상을 명확하게 명시하는 것이 중요하다.[13] 해양안보 개념이 광범위하게 사용되고 있음에도 여전히 합의된 정의가 존재하지 않는데, 안보를 제공해야 하는 그 대상을 명확하게 명시하기 어렵기 때문이다. 예를 들어, '해양'이 안보를 제공할 대상이라면 전 세계에 존재하는 바다 전체인가? 아니면 인도양, 태평양, 호르무즈해협과 같은 특정 바다나 해협을 지칭하는가? 또는 해양 생태계를 의미하는가? 아니면 선박의 안전과 관련 있는 항만 시설을 의미하는가? 이처럼 '해양'이라는 개념은 그 용어가 담고 있는 대상이 광범위해서 개념화를 위한 용어로 어려움이 있다.

두 번째, 볼드윈은 "어떤 가치를 위한 안보인가"라는 기준을 제시한다. 여기서 지키고자 하는 가치는 개인, 국민 전체 또는 특정 지역이나 시설 및 국가에 대한 물리적 차원의 안전, 경제적 번영이나 후생, 경제시스템의 안정적인 운영, 특정 국가의 주권이나 자율성과 같이 다양하다. 전통적인 국가안보 개념에

서는 대체로 국가의 정치적인 독립이나 주권, 그리고 영토적인 통합을 지켜야 할 국가안보의 가치로 보고 있다.

세 번째, 위협에 대한 부분이다. 지키고자 하는 가치에 대한 위협은 다양하다. 안보를 논의할 때 안보에 대한 위협이 구체적으로 무엇을 의미하는지 명확하게 밝힐 필요도 있다. 볼드윈은 울만의 입장을 수용하면서 전통적으로 안보를 얘기할 때 등장하는 군사적인 차원의 위협뿐만 아니라 지진이나 홍수와 같은 자연재해나 전염병 등도 획득한 가치에 대한 위협의 범주에 포함시킬 수 있다고 보았다.[14]

이상에서 검토한 부잔과 볼드윈의 안보 기준을 바탕으로 안보의 대상, 지키고자 하는 가치 및 안보에 대한 위협 기준에 따라 해양안보 중 해상교통로 또는 해상수송로 안보를 다음과 같이 정리할 수 있다.[15]

첫째, 안보를 제공할 대상으로서 해상수송로는 무엇일까? 전 세계 모든 바닷길을 의미하는가 아니면 선박의 통행량이 많은 특정 바닷길이나, 전략적으로 중요한 길목, 해협 등을 지칭하는가? 물론 선박의 통행량이 많은 구간이나 해로 전체에 안보를 제공하면 이상적일 것이다. 한국의 경우, 중동 페르시아만 지역에서 한국까지 연결되는 해상교통로가 그것인데 아라비아해, 인도양, 남중국해와 동중국해가 포함된 모든 구간이나 바다 전체를 안보의 대상으로 하는 것은 비현실적이다. 현실적으로 모든 바닷길을 안보의 대상으로 하

는 것은 어렵기 때문에 국가나 국제사회가 안보를 제공하는 안보의 대상이 될 수 있는 해상수송로 또는 해상교통로는 제한적일 수밖에 없다. 안보를 제공할 대상에 대해서도 합의가 존재하는 것은 아니지만, 전략적으로 중요한 해상수송로나 지점을 대상으로 고려할 수 있다. 예를 들어, '초크 포인트(choke point)'라 부르는 지점이다. 초크 포인트라 부르는 지점은 선박의 통행량이 현저하게 많거나, 이 지점을 통과하지 않는 경우, 다른 우회로가 없거나, 주변 국가의 분쟁 발생으로 인해 위협받을 가능성이 높거나, 해적 활동 및 테러리즘 발생 가능성이 높거나, 지정학적으로 중요한 지점들이고, 대체로 좁은 지역이 특징이라서 소규모의 공격이라 할지라도 외부 공격으로부터 취약한 경우가 많다.

둘째, 안보를 제공함으로써 지키려고 하는 가치는 무엇일까? 그것은 호르무즈해협, 수에즈 운하와 같이 '안보의 대상(해상수송로)이 물리적으로 개방되어 있는 상태' 또는 '안보의 대상(해상수송로)이 봉쇄되거나 해상수송과 같은 흐름이 방해받을 가능성이 낮은 상태'로 볼 수 있다. 특정 해협이나 해상수송로를 이용하는 선박의 항행이 중단되거나 방해받지 않거나 그럴 가능성이 낮은 상태는 특정 국가나 비국가 행위자가 의도적인 목적으로 특정 해협이나 해상수송로, 그것이 위치한 바다의 일부나 전체를 봉쇄 또는 통제하거나 위협하지 않는 상태, 그리고 그러한 가능

성이 낮은 상태를 의미한다. 봉쇄되는 상황까지는 아니더라도 주요 해상수송로가 위치한 지역의 인접 국가가 국내적인 정치, 경제적 불안정을 겪거나, 주변 국가와 분쟁에 연루되는 경우, 해상수송로의 물리적인 개방성은 위협받을 가능성이 있다. 2021년 3월 홍해에서 수에즈 운하로 진입하면서 사고로 수에즈 운하의 통행을 100일 넘게 막은 에버 기븐(Ever Given)호 사건처럼,[16] 의도하지 않은 선박의 고장이나 예상하지 못한 사고, 자연재해로 인해 해상수송과 같은 흐름이 방해받을 가능성도 있다. 선박의 통행량이 많아 국제경제에 미치는 파급 효과가 크거나 전략적으로, 군사적으로 중요한 해상수송로가 국가 및 비국가 행위자에 의해 봉쇄되거나 공격받거나, 위협받을 가능성이 높은 경우, 군사력을 사용하여 물리적으로 해상수송의 안보를 확보하기도 한다.

셋째, 해상수송로에 대한 위협은 전시에는 적대국가의 선박 공격, 해상 봉쇄, 평시에는 해양에서 국가 간 갈등, 해적, 해상 테러리즘, 해양분쟁, 해상 범죄, 불법 조업, 해상 안전사고, 재해나 재난, 그리고 인신매매, 무기 밀수, 마약 밀수 등 행위자나 공격 및 위협의 형태에서 다양하며 전통 및 비전통안보 위협이 복합적으로 존재한다.[17]

전시에는 잠수함(정) 공격을 포함하여 적대국가의 선박 공격, 해상 봉쇄가 대표적인 위협인데, 2023년 말 이스라엘-하마스전쟁 이후 후

티 반군의 홍해 선박 공격과 같이 비국가 행위자도 해상수송로에 대한 위협이 되고 있다. 제1차 세계대전 당시 독일은 유보트(U-boat)를 동원하여 연합국 및 중립국의 상선 5,234척을 격침시켰고, 미국은 태평양전투에서 일본 상선 1,113척을 잠수함으로 격침시켰다.[18] 평시에 발생하는 해상교통로에 대한 대표적인 위협은 해적 활동이다. 해양수산부의 해양안전종합정보시스템에 따르면 전 세계에서 2023년에는 120건, 2022년에는 115건, 2021년에는 134건의 해적사고가 발생했으며, 2023년의 경우 전체 해적사고 120건 중에서 67건이 싱가포르해협을 포함한 동남아시아지역에서 발생했다.[19] 아프리카지역 역시 해적사고가 높은 비율로 발생하는 지역이다. 한국의 선박 역시 소말리아 해적의 공격을 받아 왔는데 2010년 4월 소말리아 해적에게 피랍된 삼호드림호가 216일 만에 풀려나기도 했다.[20]

2000년 아덴항에서 미구축함(USS Cole)에 대한 해상 테러리즘 발생 이후, 해상 테러리즘의 가능성은 꾸준히 제기되어 왔다. 동남아시아의 말라카해협에서는 동 지역 이슬람 테러단체인 제마 이슬라미야(Jemaah Islamiyah)의 테러 공격 가능성이 제기된 바 있다. 홍해와 아덴만을 연결하는 핵심 구간인 밥 엘-만답(Bab el-Mandab)해협도 테러 발생 가능성이 높은 지역 중 하나로 동 지역에서는 알카에다 조직의 테러 가능성이 제기되기도 했다. 페르시아만의 호르무즈해협에서는 2010년 7월 일

본 유조선에 대한 테러가 발생했으며, 이 사고로 선체 손상과 경상 1명이 발생했다.

해양을 공유하거나 인접한 국가 간 해양분쟁도 해상수송의 안보를 위협하는 요인 중 하나다. 해양 영유권 분쟁, 해양 경계획정이 대표적인 해양분쟁으로 이러한 분쟁이 국가 간 직접적인 무력 충돌로 반드시 이어지는 것은 아니지만, 해상에서 우발적인 충돌의 가능성은 언제나 존재한다. 해양 영유권 분쟁과 관련해서 러시아와 일본 간 북방 4개 도서, 중국과 일본 간에는 센카쿠 열도, 남사군도로도 알려진 스프래틀리 군도(Spratly Islands) 분쟁은 중국, 필리핀, 베트남 등 여러 동남아시아 국가들이 분쟁의 당사국이다. 한국, 중국, 일본 간 배타적 경제수역(EEZ) 획정이나 대륙붕 경계획정의 문제는 해양경계와 관련해 동아시아에서 대표적인 문제다.

마지막으로 다양한 위협이 존재하는 상황에서 해상수송로 안보는 저절로 확보되는 것이 아니다. 즉, "누가 안보를 제공해야 하는가?"의 문제도 중요하다. 미국처럼 가장 강력한 패권국가 또는 국제적인 행위자가 안보 제공자의 역할을 해야 하는가, 아니면 UN과 같은 국제기구나 다자협력제도가 안보를 제공해야 하는가? 제2차 세계대전 이후 미국은 압도적인 해군력을 바탕으로 자국의 동맹국과 우방국에게 중요한 주요 해상수송로에 안보라는 공공재 또는 클럽재(club goods)를 제공해왔다.[21] 특히 중동지역에 대한 미국의 석유

의존도가 낮아졌음에도 불구하고 미국은 중동에서 아시아를 연결하는 해상수송로를 여전히 중요하게 생각하고 있다. 한국, 일본, 호주와 같은 미국의 핵심 동맹국들이 중동 석유에 여전히 의존하고 있는 이유가 크며, 문제는 이 지역에는 국가 간 분쟁, 테러리즘 및 해적 활동과 같은 여러 위협이 복합적으로 존재하고 있다는 것이다. 아울러 글로벌 차원의 패권국가로 성장하고 있는 중국이 해양을 통해 영향력을 확대하고 있기 때문에 주요 해상수송로에 안보를 제공해왔던 역할을 중국이 맡으면서 자국의 영향력을 확대하려고 시도할 가능성도 있다.[22]

3. 국제정치에서 해양안보의 중요성

국제정치에서 해양안보가 중요해진 것은 해상수송의 비약적인 증가로 주요 해상교통로에 대한 안보가 전략적으로 중요해졌기 때문이다. 제1차 세계대전 발발 하루 전, 영국의 처칠(Winston Churchill) 해군 장관이 영국 해군 군함의 연료를 석탄에서 석유로 전환하는 역사적인 결정을 한 이후,[23] 많은 국가들이 석유를 주요 에너지원으로 사용하기 시작했고, 석유의 급격한 사용 증가는 석유 해상수송의 증가로 이어졌다. 석유의 해상수송이 증가함에 따라 해상수송을 통해 안정적으로 석유를 수입해야 하는 해상수송의 문제가 국가

글상자 4.1　해상교통로와 해상수송로

해상교통로(SLOC: Sea Lines of Communication 또는 Sea Lanes of Communication)와 해상수송로(sea lane, shipping lane)라는 용어는 완벽하게 구별되어 배타적인 의미로 사용되는 것이 아니라, 유사한 의미로 사용되고 있다. 석유와 같은 국가 경제 및 군사력의 운용 및 효과적인 전쟁 수행에 전략적으로 중요한 자원이 해상수송으로 수출 및 수입되는 비율이 급격히 증가하면서 해상교통로 또는 해상수송로의 안보문제가 국가안보 차원에서 중요해졌다. 특히

석유의 수입에 의존하고 있는 국가는 이러한 전략 물자의 안정적인 수입이 국가안보 및 경제적 안정과 직결되며 이를 위한 군사력의 사용도 고려하게 된 것이다. 그런 의미에서 이 글에서는 석유, 천연가스와 같은 핵심적인 에너지 자원 및 전략적인 물자나 상품의 '수송'이 국제정치적으로 더 의미가 있고, 국가안보 문제와 연결된다고 판단하여 '해상수송'이라는 용어를 사용한다.

출처: 장성일 (2022), p. 60.

안보 차원에서 전략적으로 중요해진 것이다. 아울러 제2차 세계대전 이후 국제적인 상품교역이 비약적으로 증가하면서 해상수송로 안보에 대한 중요성도 커졌고, 호르무즈해협, 말라카해협, 수에즈운하 같은 주요 초크 포인트의 전략적 가치도 증가했다.[24] 이번 절에서는 초크 포인트에 주목하여 국제정치에서 해상수송의 관점에서 해양안보의 중요성을 살펴본다.

1) '초크 포인트'의 전략적 중요성

'초크 포인트'라 부르는 지점은 선박의 통행량이 현저하게 많거나, 다른 우회로가 없거나 지정학적으로, 경제적으로 매우 중요한 지점들이다. 초크 포인트는 전략적으로 중요한데,

석유의 해상수송 관점에서 볼 때 전 세계에서 생산된 석유(하루 약 9,000만 배럴)의 63%가 선박을 통한 해상수송으로 이동하며, 그중 80% 이상이 초크 포인트라 부르는 지점들을 통과하기 때문이다.[25] 특히 페르시아만 입구에 위치한 호르무즈해협은 전 세계에서 가장 많은 물량의 석유가 통과하는 지점이다. 그런 의미에서 호르무즈해협을 포함한 주변 지역에 대한 안보는 이곳을 통해 석유를 수출하는 국가뿐만 아니라 석유를 수입하는 국가들의 생존 및 번영과 연결되는 국가안보 문제라 할 수 있다. 지구온난화가 급격하게 진행됨에 따라 전통적인 초크 포인트 이외에도 항행이 가능한 새로운 지역이 주목받고 있는데 북극 항로가 대표적이다.

페르시아만 입구에 위치한 호르무즈해협은

글상자 4.2 초크 포인트

해상수송로나 해상교통로의 안보 차원에서 해양안보를 논의할 때 대표적인 안보 제공의 대상은 '초크 포인트'라 부르는 지정학적으로 중요한 지점들이다. 미국 에너지관리청(EIA: Energy Information Administration)에 따르면 '초크 포인트'는 "널리 사용되는 해로를 따라 있는 좁은 해협"[26]인데 해상요충지,[27] 요충지,[28] 병목지점,[29] 관문,[30] 전략적 해협,[31] 초크 포인트,[32] 핵심 지역,[33] 급소지역[34] 등으로 번역되고 있다. 중동 페르시아만 입구에 위치한 호르무즈해협, 말레이시아와 인도네시아 사이에 위치한 말라카해협, 홍해 북쪽에 위치한 수에즈 운하는 대표적인 초크 포인트다.

지도 4.1 호르무즈해협의 위치

출처: "호르무즈 해협 봉쇄, 중동전쟁 확전 시 유가 250달러 간다," 『뉴스1』, 2024년 4월 22일.

페르시아만과 오만만, 그리고 아라비아해를 연결해주는 전략적으로 중요한 지점인데, 해협의 가장 좁은 구간의 폭이 21마일이며, 양측 방향에서 선박의 항해가 가능한 항로의 폭은 2마일에 불과할 정도로 좁다. 호르무즈해협이 전 세계에서 가장 중요한 전략적 지점으로 주목받는 이유는 바다를 통해 거래되는 전체 원유의 약 30%에 달하는 엄청난 규모의 석유가 이곳을 통과하기 때문인데, 2016년 기준으로 하루 1,850만 배럴의 석유가 호르무즈해협을 통과했다. 호르무즈해협을 통

과한 원유의 약 80%가 한국, 중국, 일본, 인도 등이 위치한 아시아 국가로 수출되고 있어서, 호르무즈해협 안보는 이들에게 사활적인 국가안보 문제다. 석유뿐만 아니라 엄청난 양의 천연가스(LNG)도 동 해협을 통과하여 이동하고 있다. 예를 들어, 카타르는 2016년에 약 3.7조 입방피트(cubic feet)의 천연가스(LNG)를 호르무즈해협을 통해 수출했는데 이는 전 세계 LNG 교역량의 약 30% 이상을 차지하는 엄청난 규모다.[35]

2) 석유의 해상수송과 '초크 포인트'

말라카해협, 보스포러스해협에 비해 호르무즈해협을 통과하는 선박의 통행량은 적지만,

표 4.1 주요 초크 포인트의 수송 능력, 위협 요인 (2003년)

이름	하루 당 선박 이용	제약 요인	잠재적인 중단 위협
호르무즈해협	50	폭이 좁아서 두 개의 3km 폭 항로 이용	이란
수에즈 운하	38	20만 톤 (DWT)	이집트의 정치적 불안정, 테러리즘
보스포러스해협	125	21만 톤 (DWT)	터키의 제한
말라카해협	170	30만 톤 (DWT)	해적 활동
파나마 운하	35	12만 톤 (DWT)	–

출처: Jean-Paul Rodrigue and Theo Notteboom, "Maritime Chokepoints: Capacity, Limitations and Threats," https://transportgeography.org/?page_id=775 (검색일: 2019년 6월 5일).

해상에서 수송되는 석유 중 가장 많은 양의 석유가 이곳을 통해 이동하기 때문에 전략적 가치가 높은 호르무즈해협에 대한 지배를 두고 경쟁이 있어 왔다.[36] 다음 자료에서 확인할 수 있듯이 주요 초크 포인트를 통과하여 이동하는 석유 중 호르무즈해협과 말라카해협을 통과하는 석유의 물동량이 현저하게 많다.

주요 초크 포인트를 통과하여 이동하는 원유 및 석유제품의 통계에서도 호르무즈해협과 말라카해협을 통과하는 물동량이 차지하는 비중이 높고 증가하는 추세도 확인할 수 있다.

초크 포인트를 봉쇄하거나 초크 포인트가

지도 4.2 주요 초크 포인트를 통과하는 일일 석유의 물동량

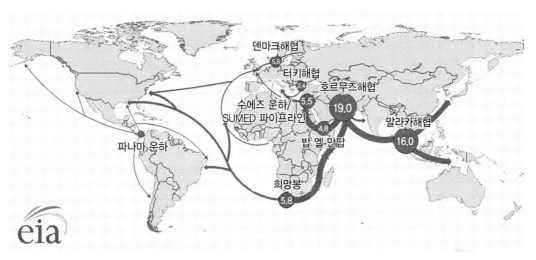

출처: U.S. Energy Information Administration, *World Oil Transit Chokepoints* (July 25, 2017), p. 2.

표 4.2   주요 초크 포인트를 통과하는 원유 및 석유제품의 물동량(2011~2016년)   (단위: 만 배럴/하루)

이름	2011	2012	2013	2014	2015	2016
호르무즈해협	1,700	1,680	1,660	1,690	1,700	1,850
말라카해협	1,450	1,510	1,540	1,550	1,550	1,600
수에즈 운하 & SUMED 파이프라인*	380	450	460	520	540	550
밥 엘-만답**	330	360	380	430	470	480
덴마크해협	300	330	310	300	320	320
터키해협	290	270	260	260	240	240
파나마 운하	80	80	80	90	100	90
희망봉	470	540	510	490	510	580
전 세계 해상 석유 교역량	5,550	5,640	5,650	5,640	5,890	n/a
전 세계 석유 공급량	8,880	9,080	9,130	9,380	9,670	9,720

출처: U.S. Energy Information Administration, World Oil Transit Chokepoints (July 25, 2017).
주: * Suez-Mediterranean Pipeline
   ** 아덴만에서 홍해로 들어가는 입구에 위치한 해협으로 Bab el-Mandeb 또는 Bab al-Mandab으로 표기됨.

위치한 지역의 안보가 위협받는다면, 해상수송은 지체되거나 중단될 수 있고, 에너지 자원을 비롯한 상품, 원자재 가격의 급격한 상승으로 이어져 세계경제가 위험해질 수 있다.[37] 물론 특정 해협이나 해상수송로, 거점 지역 전체를 봉쇄하는 것은 현실적으로 강력한 해군력이 있지 않는 한 쉽지 않다. 그러나 석유와 같은 에너지 자원을 수송하는 선박을 공격함으로써 해상수송의 안보를 위협한 사례는 있다. 제1차 세계대전 중 독일이 유보트를 활용하여 영국으로 향하는 유조선을 공격한 것이 대표적인 사례다. 영국으로 가는 유조선에 대한 독일의 공격은 1915년부터 시작되어 1917년 무렵 영국은 심각한 석유 부족으로 인해 미국에

게 석유 공급을 요청하기도 했다.[38]

1956년 수에즈 운하 위기는 초크 포인트를 봉쇄함으로써 국제적인 해양안보 위기가 발생했던 사례였다. 1956년 6월 나세르(Gamal Abdel Nasser)가 이집트의 대통령으로 등장한 이후 수에즈 운하를 국유화했고 이러한 결정은 영국, 프랑스 및 이스라엘의 이집트 침공을 불러왔다.[39] 이집트는 영국, 프랑스, 이스라엘군의 침공에 대응하는 차원에서 11월 초 수에즈 운하를 통한 선박의 통행을 중단시켰고, 수에즈 운하가 봉쇄되자 중동에서 석유를 수입하던 영국은 심각한 석유 부족을 경험했다. 수에즈 운하 봉쇄의 여파가 커지자 미국 아이젠하워 대통령은 중동지역을 '사활적

인 국가이익(vital national interest)' 지역으로 간주하는 의회 결의안을 요구하여 받아내기까지 했다.[40]

4. 해양안보의 현안과 쟁점

이스라엘-하마스전쟁, 남중국해에서 미국과 중국의 전략경쟁, 우크라이나전쟁 등 전 세계 여러 지역에서 벌어지는 국가 간 무력 분쟁과 경쟁은 여러 방식의 해양안보 위기를 가져왔다. 이번 절에서는 그 대표적인 사례를 살펴본다.

1) 홍해 해양안보 위기

2023년 10월 이스라엘과 하마스 간 전쟁으로 촉발된 홍해 해양안보 위기는 국가 간 평화 및 경제적 번영을 위협하는 대표적인 해양안보 위기 중 하나다. 이스라엘-하마스전쟁이 발발하자 예멘 남부지역에서 활동하는 후티 반군이 팔레스타인에 대한 지지를 표명하고, 이스라엘 소유 선박을 공격하겠다고 공언했는데 실제로 홍해를 통행하는 여러 국적의 선박을 무차별적으로 공격하면서 해양안보 위기가 발생했다.[41]

지중해와 인도양을 연결하는 전략적으로 중

지도 4.3　후티 반군의 선박 공격 위치

출처: Adam Taylor, "Houthi attacks on shipping threaten global consequences," *The Washington Post* (December 19, 2023).

요한 해상교통로가 위치한 홍해가 후티 반군의 공격으로 위협받자 미국은 아덴만(Gulf of Aden)을 포함하여 홍해 남부지역의 해양안보를 위해 다자적인 노력을 했는데, 2023년 12월 19일 미국은 '번영의 수호자 작전(Operation Prosperity Guardian)' 설치를 발표했다. 홍해지역의 해양안보를 책임지는 다자적인 연합체인 연합해군사령부(CMF: Combined Maritime Forces)가 이미 활동하고 있는데,[42] 연합해군사령부(CMF) 산하에 새로운 '다자적인 안보 이니셔티브(multinational security initiative)'의 하나로 '번영의 수호자 작전'을 설치한 것이다. CMF는 2001년 미국이 주도하여 창설한 것으로, 대테러작전부대(CTF-150: Maritime Security Operations outside the Arabian Gulf), 대해적작전부대(CTF-151: Counter-Piracy), 해양안보작전부대(CTF-152: Maritime Security Operations inside the Arabian Gulf), CTF 153(Red Sea Maritime Security) 등으로 구성된 '연합태스크포스(CTF)'를 운용하고 있다. 2024년 8월 기준으로 CMF의 회원국은 한국을 포함하여 미국, 영국, 프랑스, 독일, 일본 등 45개국이며, 아라비아해, 홍해, 아덴만 등 지역에서 해양안보 작전을 수행하고 있다.[43] 미국 주도로 시작한 '번영의 수호자 작전'에 영국, 바레인, 캐나다, 프랑스, 이탈리아, 네덜란드, 노르웨이, 세이셸, 스페인[44] 등이 참여했고, 미국은 홍해 해양안보를 위한 공동성명도 발표했는데, 한국을 포함하여 EU, NATO, 싱가포르, 예멘도 동 공동성명에 참여했다.[45]

2) 남중국해에서 미국과 중국의 전략경쟁

인도·태평양지역에서 전개되는 미국과 중국의 전략경쟁은 해양에서도 벌어지고 있다. 중국은 동아시아를 넘어 자국의 영향력을 확대하고자 노력하고 있고, 중국의 해양 진출과 남중국해 및 동중국해에서 영유권 주장 및 공세적인 행동은 역내 국가뿐만 아니라 미국에게도 안보위협이 되고 있다. 예를 들어, 중국은 남중국해 일부 인공섬에 군사 기지를 건설하고, 태평양 도서 국가들과도 협력하는 등 인도·태평양지역에서 자국의 영향력을 확대하기 위해 공격적으로 노력하고 있다.[46] 미국의 싱크탱크 전략국제문제연구소(CSIS: Center for Strategic and International Studies)도 중국이 캄보디아의 레암(Ream)항을 자국의 해외 해군기지로 사용하는 것으로 보인다고 평가하기도 했다.[47] 또한, 중국은 동남아시아 국가들과 남중국해에서 해양 영유권 분쟁 중에 있으며,[48] 대표적으로 중국은 남중국해에 위치한 세컨드 토머스 암초(Second Thomas Shoal)에 대한 영유권을 놓고 필리핀과 갈등을 빚었고, 중국의 해안경비선이 필리핀 함정을 물대포로 공격하는 사건까지 발생했다.[49]

남중국해에서 자국의 영향력을 확대하려는 중국의 공세적인 시도에 대해 미국도 다양한 방식으로 대응하고 있다.[50] 대표적인 사례가 '항행의 자유 작전(FONOP: Freedom of Navigation Operation)'으로 미국은 이 작전을 수행함으로써 남중국해에서 중국의 영유권 주장 및 영향력 확대 시도에 대응하고 있다. 예를 들어, 2017년 5월 25일 아침 7시경 미국의 이지스 구축함인 듀이함(USS Dewey, DDG-105)이 남사군도로 알려진 스프래틀리 군도(Spratly Islands) 내에 있는 미스치프 암초(Mischief Reef)에 중국이 설치한 인공시설로부터 6해리 거리를 두고 통과했다. 주목할 부분은 듀이함이 암초 근처에서 지그재그로 항해하고 해상 인명구조 훈련까지 약 90분간 실시하며 통행했다는 점으로, 특정 해역에서 무해통항이 아니라 정상적인 작전을 수행했다는 사실은 미국이 그 지역을 중국의 영해로 인정하지 않았다는 것이다. 그러나 남중국해에서 진행되는 중국의 공세적인 인공 도서 건설이나 군사화가 멈추지 않고 계속되고 있다는 점에서 미국의 시도는 한계가 있다는 지적도 있다.[51]

미국은 또한 중국의 해양 진출을 견제하고 인태지역에서 해양안보를 위해 군사력을 투사 및 활용하기 위해 군사 기지 또는 해외 협력항만을 확보하고자 노력하고 있다. 이를 위해 미국은 남중국해에서 전략적으로 중요한 지역 동맹 및 우방 국가와의 해양안보 협력도 강화하고 있다. 예를 들어, 2023년 4월 미국은 필리핀에서 추가로 확보한 군사 기지 4곳에 대한 정보를 언론에 공개했다.[52] 네 곳 중에서 카밀로 오시아스 해군기지, 랄로 공항, 멜초 델라크루즈 육군기지는 필리핀 북부에 위치하고 대만과 가깝다. 미국은 필리핀과 새로운 방위협력확대협정(EDCA: Enhanced Defense Cooperation Agreement)을 체결함으로써 필리핀에만 총 9개의 기지에 병력을 배치할 수 있게 되었고, 남중국해에서 중국의 영향력 확대를 견제하면서 해양안보 작전을 지원할 수 있는 해외 군사기지를 추가로 확보한 것이다.[53]

3) 우크라이나전쟁과 흑해 해양안보 위기

2022년 2월에 시작된 우크라이나전쟁은 세계적인 식량안보 위기를 유발하면서 해양안보의 중요성을 다시 확인시켜주었다. 러시아는 우크라이나를 침공한 직후 흑해에 기뢰를 설치하고 우크라이나의 주요 항구를 봉쇄함으로써 우크라이나의 곡물 수출을 봉쇄했다. 우크라이나는 2021년 기준으로 전 세계 밀 수출의 약 10%를 담당했고,[54] 2019년 기준으로 전 세계 해바라기 기름 수출 물량의 42%, 옥수수의 16%, 보리의 10% 및 밀 수출 물량의 9%를 차지하는 세계적인 곡물 수출국이었는데,[55] 러시아가 흑해를 봉쇄하자 우크라이나가 생산한 약 2,000만 톤의 곡물이 묶인 것이다. 러시아의 흑해 봉쇄로 우크라이나 주

지도 4.4　우크라이나의 곡물 수출 선박의 항해 경로

출처: Dalton Bennett and Kareem Fahim, "First ship car-rying grain leaves Odessa in deal to ease global food crisis," *The Washington Post* (August 1, 2022).

요 항구가 묶이자, 우크라이나는 트럭과 기차를 이용하여 육상 교통으로 곡물을 다른 지역으로 이동시켜 수출하고자 했다. 그러나 육상 수송을 통한 우크라이나 곡물 수출은 전체 수출 물량의 약 10% 정도만 소화할 수 있었고[56] 흑해를 통한 해상수송의 물량을 대체하기는 어려웠다.

흑해 봉쇄가 시작된 지 6개월이 지난 2022년 7월 러시아는 우크라이나 항구 봉쇄 해제에 합의했다. 러시아, 우크라이나 및 튀르키예(터키)가 7월 22일 유엔이 제안한 '흑해 곡물 이니셔티브(Black Sea Grain Initiative[Initiative on the Safe Transportation of Grain and Foodstuffs from Ukrainian Ports])'에 합의하면서 우크라이나 항구인 오데사, 체르노모르스크 및 유즈니 항구에서 우크라이나 곡물 수출을 재개하기로 했다. 흑해 곡물 이니셔티브가 잘 이행되는지 관리하기 위해 유엔의 감독하에 합동조정센터(JCC: Joint Co-ordination Centre)를 튀르키예(터키) 이스탄불에 설치했고, 러시아, 우크라이나, 튀르키예(터키) 및 유엔에서 파견한 대표들이 JCC에 상주하기로 했다. 그러나 우크라이나전쟁이 끝나지 않는 한 흑해를 항행하는 우크라이나 선박이 공격받을 가능성이 제기되었고,[57] 실제로 합의 다음 날 러시아가 우크라이나의 최대 항구인 오데사를 공격했으며, 8월 1일이 되어서야 우크라이나 곡물을 실은 선박이 오데사항을 떠날 수 있었다.[58]

우크라이나전쟁은 천연가스의 해상수송을 증가시키는 결과도 가져왔다. 전쟁이 발발하자 러시아에 대한 경제제재로 인해 그동안 러시아가 파이프라인을 통해 유럽으로 공급해왔던 천연가스의 공급량이 큰 폭으로 감소했고 이로 인해 천연가스 가격이 급상승했다. 러시아가 생산해 수출했던 천연가스를 보이콧하자 유럽 국가들은 부족한 천연가스 물량을 채우기 위해 LNG(liquefied natural gas)로 눈을 돌리게 되었고, 주요 LNG 수출국가 중 하나인 카타르에 주목한 것이다.[59] 유럽 국가들이 러시아산 천연가스 대신 다른 국가가 생산한 천연가스에 눈을 돌리면서 LNG의 수

요가 증가했고 이는 천연가스 해상수송의 물동량 증가로 이어진 것이다.

4) 미국과 이란 간 페르시아만 해양안보 위기

2019년 페르시아만 인근에서 발생한 미국과 이란의 갈등은 양국 간 군사적 충돌 직전까지 몰고 간 급박한 위기였다. 2019년 6월 13일 일본과 노르웨이 회사 소속 유조선에 대한 공격이 오만만 해역에서 발생했다.[60] 유조선에 대한 공격이 발생하자 미국의 폼페이오(Michael R. Pompeo) 국무장관은 "이와 같은 정당한 이유가 없는 공격은 국제평화와 안보에 분명한 위협이다"라고 말하며, 이란이 공격의 배후라고 발표했다. 당시 트럼프(Donald J. Trump) 대통령은 이란이 호르무즈해협을 봉쇄하지 못하도록 하겠다고 공언했으나 동시에 이란과 전쟁을 원하는 것은 아니라며 긴장이 고조되는 것을 경계했다.[61] 그러나 며칠 후 갈등을 더욱 고조시키는 사건이 발생했다. 미국 워싱턴 D.C. 현지 시간으로 6월 20일 새벽, 이란이 미국의 무인 정찰 드론을 지대공 미사일로 격추시킨 것이다.[62] 트럼프 대통령은 이에 대한 보복으로 이란 레이더 및 미사일 포병 부대를 포함해 세 군데 목표에 대한 군사 공격을 승인했지만, 공격이 이뤄지기 직전에 공격 명령을 취소함으로써 미국과 이란이 군사적 충돌로 가는 상황은 모면했다.

페르시아만지역에서 이란의 유조선 공격과 무인 정찰 드론 격추 사건 이후 미국은 이 지역에서 이란의 위협을 감시하고 억지력을 행사함으로써 호르무즈해협 해양수송의 안보를 확보하기 위해 다자적인 해양안보 협력을 추진하기 시작했다. 이를 위해 폼페이오 국무장관은 6월 24일 제다(Jeddah)에서 살만(Salman bin Abdulaziz Al Saud) 국왕 및 살만(Mohammed bin Salman Al Saud) 왕세자를 만났고, 아부다비로 이동하여 UAE 왕세자이자 공군 부사령관인 자에드(Sheikh Mohamed bin Zayed Al Nahyan)도 만났다.[63] 그렇게 2019년 7월 호르무즈해협 다자 해양안보 연합체인 국제해양안보구상(IMSC: International Maritime Security Construct)이 출범했다. 2023년 5월을 기준으로 미국, 영국, 알바니아, 라트비아, 에스토니아, 리투아니아, 루마니아, 사우디아라비아, 바레인, UAE, 세이셸 등 11개국 이상이 IMSC에 정식 회원국으로 참여하고 있다.

미국은 국제해양안보구상(IMSC)이 출범하던 2019년 한국에게도 IMSC 공식 참여를 요청했다.[64] 2019년 7월 미국 볼튼 국가안보보좌관이 한국을 방문했을 때 정의용 국가안보 실장과 만나 한국의 IMSC 참여를 요청했다.[65] 그러나 미국의 요청에 한국은 미국이 주도하는 IMSC에 정식 회원국으로 참여하는 것이 아니라, 독자적으로 해양안보 작전을 수행하기 위해 2020년 초 청해부대의 파병을 결정했고, 이후 청해부대의 임무 구역을 기존의 아덴만 해역에서 호르무즈해협까지 확대했다.[66] 한국 국방부는 청해부대의 임무와 관련하여 "청해부대는 호르무즈해협에서 한국 선박 보호를 최우선으로 한다"라면서도, "상황에 따라 외국 선박을 호위할 수도 있고, 한국 선박의 호송을 IMSC에 부탁할 수 있다"라고 발표했다. 이어서 국방부는 정보 공유 등 업무 협조를 위해 한국군 장교 2명을 IMSC에 파견할 계획이라고 밝혔고,[67] 2020년 2월 말 한국은 청해부대 소속 연락장교 2명을 바레인 소재 IMSC 본부로 파견했다.

5. 한국 해양안보의 환경과 국내외적 정책방향

한국정부는 '인도·태평양전략'을 발표하며 해양안보를 핵심적인 추진 과제 중 하나로 선정하고 역내 국가들과 협력을 모색하고 있다. 하지만 해상무역에 의존하는 한국의 경제구조를 고려할 때 한국이 마주한 해양안보 환경은 낙관적이지 않다. 한국이 의존하는 인도·태평양지역의 핵심적인 해상교통로나 초크포인트의 안보를 위협하는 해양에서 미중 전략경쟁의 격화, 국가 간 무력 분쟁, 해적 활동, 비국가 행위자의 해상 테러리즘, 남중국해에서 영유권 주장 및 영향력 확대를 위한 중국의 공세적인 행동 등이 발생하고 있기 때문이다. 북한의 위협 또한 한국 해양안보의

환경을 더욱 불확실하게 만드는 요인이다. 그 실효성에 대한 이견은 있지만 북한은 2015년에 잠수함발사탄도미사일(SLBM) 시험 발사를 감행했고 핵추진 잠수함 개발도 추진하는 것으로 알려져 있다. 이러한 북한의 SLBM, 그리고 핵어뢰에 대응하기 위해 한국도 북한의 잠수함을 상시 감시할 수 있는 핵추진 잠수함이 필요하다는 의견이 있을 정도로 한반도 주변 해양안보를 위협하는 북한의 위협은 커지고 있다. 특히 북한은 러시아와 협력을 강화하고 있기 때문에 러시아의 기술이 북한으로 이전될 가능성도 우려된다.[68] 이 절에서는 한국에게 해양안보가 갖는 의미를 살펴보고, 한국 해양안보의 환경을 검토한 후, '인도·태평양전략'을 중심으로 한국의 해양안보 정책방향을 점검한다.

1) 국가안보 차원에서 해양안보의 중요성

2022년 대한민국정부가 발표한 '인도·태평양전략'이 강조한 것처럼 한국은 '해양국가'로 안보와 경제적 번영을 해양에 크게 의존하고 있는 상황이고 앞으로도 그런 경향은 계속될 가능성이 높다. 해상무역에 대한 의존도가 높은 한국은 에너지 자원의 수출입을 해상수송에 크게 의존하고 있어서 해양안보는 한국에게 국가안보 문제다. 한국의 에너지 수입 의존도는 최근 20년 동안 90%가 넘는 높은 비

율을 유지하고 있는데 1995년 96.8%, 2005년 96.8%, 2015년 94.8%, 2021년 92.8%였으며, 이러한 추세는 계속될 가능성이 높다. 에너지원별로 한국의 수입 자료에 따르면 1990년 이후 지난 30년 동안 석유제품, 천연가스(LNG), 그리고 석탄의 수입 모두 증가했는데, 석유제품의 수입이 큰 폭으로 증가했다. 전반적으로 화석연료의 수입이 증가하는 경향이다.[69]

에너지 자원 중에서 원유(crude oil)의 수입 경향은 어떨까? 1990년부터 2021년까지 한국의 지역별 원유 수입 자료에 따르면 원유의 수입은 크게 증가했고, 중동지역 국가로부터의 수입이 비약적으로 증가했다. 최근 몇 년 동안 원유 수입의 비율이 다소 줄어들었으나 중동지역으로부터 원유 수입은 여전히 높은 비중을 차지하고 있다. 중동지역으로부터 수입하는 에너지 자원은 페르시아만의 호르무즈해

도표 4.1 한국의 지역별 원유 수입 (1990~2021년)

억 배럴(bbl)

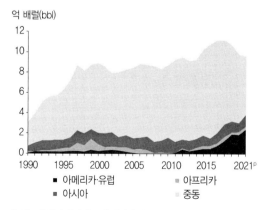

출처: 에너지경제연구원, 『에너지통계월보 2022/03』 (2022), p. 36.

협, 말레이시아 인근 말라카해협, 남중국해 및 동중국해를 거쳐 한국으로 수입되는 것이 일반적인 수입선이기 때문에, 석유를 비롯한 에너지 자원의 안정적인 공급을 위해서는 한국 입장에서 중동에서 한국까지 연결되는 해상교통로에 대한 안보가 중요하며 그런 의미에서 해양안보는 국가안보의 문제라 할 수 있다.

2) 한국 해양안보의 환경

한국이 직면한 해양안보의 환경은 어떨까? 앞서 살펴본 것처럼 해상무역에 대한 의존도가 높은 한국의 경우, 아라비아해-인도양-말라카해협-남중국해-동중국해로 연결되는 해상교통로의 안보는 한국의 외교, 군사 및 경제활동의 핵심이다. 이 해상교통로를 구성하는 특정 구간이나 일부 지역이 불안정해지면 한국의 외교, 군사 및 경제활동을 안정적으로 유지하기 힘들기 때문에 이 해상교통로와 관련된 해양안보 환경이 한국에게 중요하다. 한국에게 중요한 해상교통로의 관점에서 한국이 마주한 해양안보의 환경을 평가한다면, 해양안보를 위협할 수 있는 위험 요인들이 무척 많다. 특히 한국은 2022년 '인도·태평양전략'을 발표하면서 한국의 전략 공간을 동아시아를 넘어 사실상 인도·태평양의 모든 지역, 그리고 그 이상으로 확장했기 때문에, 한국의 해양안보 환경 또한 더 확대된 차원에서 고려할 필요가 있다.

우선 지구적 차원에서 한국 해양안보에 가장 큰 영향을 줄 수 있는 안보환경의 변화는 미국과 중국의 전략경쟁이다. 미중 전략경쟁이 격화되면서 해양패권을 위한 경쟁도 가속화되고 있고, 남중국해에서 해양안보 환경은 중국의 공세적인 활동으로 인해 악화되고 있다. 중국은 '일대일로(一帶一路: 육상-해상 실크로드)' 및 미국에 대한 반접근·지역거부(A2/AD) 전략을 바탕으로 해양세력으로 진출하기 위해 적극적으로 노력하고 있으며, 남중국해에서 미국과 중국 간 우발적인 군사적 충돌 가능성은 이전부터 제기되어 왔다.[70] 특히 남중국해 및 동중국해에서 중국의 영유권 주장 및 공세적인 행동은 필리핀을 비롯한 주변 국가뿐만 아니라 미국에게도 안보위협이 되고 있다. 2024년 10월 스카버러 암초(Scarborough Shoal) 인근에서 중국의 해경선들이 필리핀 수산청 소속 선박 2척을 향해 물대포를 쏘면서 남중국해에서 긴장이 고조된 바 있다. 당시 수산청 소속 선박은 스카버러 암초 인근에서 조업 중이던 필리핀 어선들에게 물자를 보급하고 있었는데 중국 해경선들이 수산청 선박들을 향해 물대포를 발사한 것이다.[71] 이후 미국은 10월 말, 필리핀 해경의 현대화를 위해 800만 달러(약 110억 원)를 지원한다고 밝혔다.[72] 이처럼 남중국해에서 해양패권을 위한 미중 간의 경쟁 및 중국과 주변 국가와의 갈등은 계속될 가능성이 높다.

둘째, 대만해협과 주변 지역 해양에서의 갈등이다. 2024년 10월 라이칭더 대만 총통의 건국기념일 연설 이후, 10월 14일 중국이 대만을 포위하여 실시한 육군·해군·공군·로켓군을 동원한 대규모 군사훈련이 보여주듯, 대만해협에서도 언제 우발적으로 군사적 충돌이 발생할지 모를 정도로 안보환경이 불안정하다. 중국은 대만을 에워싸는 6개 블록 형태로 훈련을 실시했으며, 중국군 군용기 125대와 중국 최초의 항공모함인 랴오닝호 전단도 참가했다. 중국이 대만을 포위하는 형태로 실시한 '대만 포위' 군사훈련은 2022년 이래로 네 번째인데, 2022년 8월 미국의 펠로시(Nancy Pelosi) 하원의장이 대만을 방문하자, 중국은 이에 대한 반발로 대만을 포위하는 대규모 군사훈련을 벌인 바 있고, 2023년 4월에는 차이잉원 당시 대만 총통과 매카시(Kevin McCarthy) 미국 하원의장이 회동하자 대만 포위훈련을 실시했다. 중국은 2024년 5월 23일부터 이틀 동안 대만 포위훈련인 '연합 리젠-2024A 연습'을 실시하기도 했다.[73]

셋째, 2023년 10월 이스라엘-하마스전쟁 중 후티 반군의 선박 공격으로 촉발된 홍해 해양안보 위기도 한국 해양안보 환경을 부정적으로 만들고 있다. 홍해는 지중해와 인도양을 연결하는 전략적으로 중요한 해상교통로가 위치하고 있고, 한국 선박 및 선원의 안전을 보호하는 청해부대의 작전 지역인 아덴만이 위치한 지역이기도 하다. 이미 후티 반군은 대함탄도미사일, 크루즈미사일, 드론 등 첨단 무기를 활용하여 상선을 공격하기 시작했고, 2024년 8월에는 원유 15만 톤을 싣고 홍해를 항행하던 유조선을 공격하는 등 수십 척의 선박을 공격했다.[74] 후티 반군의 선박 공격에 대한 대응 차원에서 미국, 중국, 프랑스 등 각국이 해군을 동원하여 홍해를 항행하는 자국 상선을 직접 호위하기 시작했다. 한국의 경우, 2009년 이후 아덴만에 청해부대를 파견하여 해양안보 작전을 수행하고 있으나, 후티 반군의 대함탄도미사일과 같은 무기에 대응할 역량이 부족하여 비상시 한국 선박을 보호하는 데 한계가 있다는 지적도 있었다.[75]

마지막으로 북한의 SLBM 시험 발사, 핵추진 잠수함 개발 추진, 핵과 미사일 기술 고도화 등 북한의 위협 증가는 한국 해양안보에도 부정적인 영향을 주고 있다. 특히 북한과 러시아의 안보협력 가속화는 한반도를 넘어 지구적 차원에서의 위협으로 커지고 있다. 2024년 10월 말, 미국 국방부가 북한군 1만 명이 러시아의 우크라이나전쟁을 지원하기 위해 파병된 사실을 확인하면서, 북한군이 우크라이나군과의 전투에 투입될 가능성이 제기된 것이다. 미국은 북한군이 교전에 투입된다면, 전쟁의 공동 교전국으로 간주할 것이라고 경고했고 이와 같은 북한과 러시아의 안보협력은 유럽과 인도·태평양 안보에 심각한 영향을 줄 수 있다.[76] 북한군의 러시아 파병과 같은 안보협력은 국제사회의 제재를 받고 있는 북한이 러시아의 도움을 받음으로써 대북제재를 피할 수

있는 기회를 제공하고 있다. 실제로 북한이 특수부대 병력, 포탄과 미사일 같은 무기를 러시아 선박을 통해 러시아로 이동시키고,[77] UN 안전보장이사회의 제재 대상인 북한의 유조선 천마산호가 러시아 항구를 기항하여 러시아로부터 유류를 제공받았다는 보도도 있었다.[78] UN 안보리의 대북제재위원회는 2018년 3월 불법 선박 간의 환적으로 북한의 천마산호 등 선박 27척에 제재를 부과했고, 각국이 천마산호 등 북한 선박 13척에 대해 자산 동결과 입항 금지 조치를 취하도록 했기 때문에 천마산호의 러시아 항구 기항과 러시아의 유류 제공은 UN 대북제재 위반인 것이다. 그런 의미에서 북한의 위협 증가 및 러시아와의 안보협력 강화는 한반도를 포함한 인도·태평양지역의 안보환경을 더욱 불안하게 만들고 있다.

3) 해양안보 정책방향을 제시한 '인도·태평양전략'

2022년 12월 한국정부는 '인도·태평양전략'을 발표하면서 인도·태평양지역의 전략적 중요성, 인도·태평양전략의 비전과 협력 원칙 및 중점 추진 과제를 제시했다.

우선 '인도·태평양전략'은 한국을 '인도·태평양 국가'로 규정하면서 인태지역의 안정과 번영이 한국의 국익과 직결된다고 평가했다. 한국은 대외교역이 국내총생산(GDP)의 약 85%를 차지하며 인태지역은 한국 전체 수출액의

약 78%, 수입액의 약 67%를 차지하기 때문에 한국은 무역의 대부분을 해상교통로에 의존하고 있고 인태지역에는 호르무즈해협, 말라카해협, 남중국해와 같은 전략적으로 중요한 핵심 해상교통로가 존재한다. '인도·태평양전략'은 자유, 평화, 번영이라는 세 가지 비전을 바탕으로 인태지역에 대한 관여와 협력을 증대할 것을 천명했다. 첫째, 한국은 자유로운 인태지역을 지향한다는 것으로, 국제적인 규범을 지지하고 자유, 민주주의, 법치주의 및 인권과 같은 보편적 가치에 기반한 규칙 기반 질서를 강화해나갈 것이다. 둘째, 보편적으로 수용되는 국제법과 국제 규범을 준수하고 대화를 통한 평화적인 해결 원칙을 지키도록 노력한다는 것이다. 마지막으로 개방적이고 공정한 경제 질서를 구축해 나가는 데 기여할 것이라는 내용이다.

지역적 범위와 관련하여 '인도·태평양전략'은 글로벌 중추국가를 지향하는 한국의 협력 범위를 대폭 확대시켰다. 한반도와 동북아를 넘어 동남아, 남아시아, 오세아니아 및 인도양 연안의 아프리카 국가까지 협력의 지평이 확대되었다. 동남아시아, 아세안과 관련하여 한반도와 남중국해의 전통안보뿐만 아니라 경제안보, 해양안보와 같은 사안에 대해서도 전략적 소통과 협력을 강화하기로 했다. 인태전략의 지리적 범주와 협력 대상이 인도양 연안과 아프리카로까지 확장된 것도 특징인데, 이 전략은 2009년 이래 국제 해상안전 확보와

테러 대응을 위한 국제적 노력을 증진해 왔고 아덴만 해역에 청해부대 파견을 설명하면서, 인도양 연안 아프리카지역과 해양 협력방안도 모색할 것이라고 천명했다.

'인도·태평양전략'은 자유롭고 평화로우며 번영하는 인태지역을 실현하기 위해 9개의 중점 추진 과제를 제시했는데, 규범과 규칙에 기반한 인태지역 질서 구축, 법치주의와 인권 증진 협력, 비확산·대테러 협력 강화, 포괄안보 협력 확대, 경제안보 네트워크 확충, 첨단과학기술 분야 협력 강화 및 역내 디지털 격차 해소 기여, 기후변화·에너지안보 관련 역내 협력 주도, 맞춤형 개발협력 파트너십 증진을 통한 적극적 기여 외교, 및 상호 이해와 교류 증진이 그것이다.

인태전략은 중점 추진 과제 중에서 '포괄안보 협력 확대' 부분에서 해양안보를 구체화하고 있다. 21세기 한국은 복합적인 안보 도전에 직면하여 다차원적이고 총체적인 대응이 필요하다는 인식하에 이 전략은 전통과 비전통안보 위협을 아우르는 역내 포괄안보 협력을 추구할 것이라고 설명한다. 우선 인태지역 역내 해양안보 협력을 심화해 나가는 것을 강조했다. 인태지역은 해양으로 연결되어 있어서 해상교통로의 보호, 해적 퇴치 및 선박 항행 안전확보를 위한 국가 간 공조가 긴요하다는 이유에서다. 핵심적인 해상교통로인 남중국해의 평화와 안정, 항행 및 상공비행의 자유가 존중되어야 한다는 전략을 강조하면서

대만해협의 평화와 안정이 한반도의 평화와 안정에도 중요하며 인태지역의 안보와 번영에도 긴요하다는 점을 재확인했다.

아울러 '인도·태평양전략'은 1982년 유엔해양법 협약에 명시된 국제법 원칙에 기초한 해양질서를 한국이 준수함으로써 역내 평화와 번영을 증진하기로 했다. 한국은 아시아해적퇴치협정(ReCAAP: Regional Cooperation Agreement on Combating Piracy and Armed Robbery against Ships in Asia)을 이행하고, 청해부대 파견 활동 등을 통해 인태지역의 해양안보를 강화하는 데 적극적으로 동참할 것을 천명했다. 한국은 해양영역인식(MDA: Maritime Domain Awareness) 체계 구축을 위한 국제적인 논의에도 참여하여 실시간 해양감시와 정보공유 협력도 촉진하기로 했다. 아울러 림팩, 퍼시픽 드래곤과 같은 역내 국가들이 주관 및 참가하는 다자 연합훈련에도 한국이 참가하여 역내 국가들과 연합작전 수행능력과 상호운용성을 높이고, 양자 및 다자 간 연합훈련을 확대함으로써 연합작전 수행능력도 강화하기로 했다.

이외에도 한국은 아세안 국가에게 해군 함정과 같은 군수물자 지원을 강화하기로 하고 해양 테러 대응과 해양법 집행 분야에서 아세안 국가들과 공조하여 자유롭고 안전한 해상교통로를 확보해 나가기로 했다. 인태전략은 아세안 국가들과 해양안보, 해양영역인식, 해양경제, 해양환경 분야 협력을 지속할

것을 강조하고 있다. 그리고 역내 안보 현안에 대해 동아시아정상회의(EAS: East Asia Summit) 차원의 전략적 논의에도 한국이 적극 참여하여 인태지역 다자안보 협력질서 구축에 기여하기로 했다.[79]

2023년 12월, 한국정부는 기존에 발표한 '인도·태평양전략'의 이행사항을 보고하는 『대한민국 인도·태평양전략 2023년 이행보고서』를 발표했다. 포괄안보 협력 확대의 성과로 한국의 인도·태평양전략 중 해양안보 관련 내용을 이 보고서를 통해 확인할 수 있다. 구체적으로 살펴보면, 한국은 태국(코브라골드 훈련), 인도네시아(코모도 훈련), 호주(탈리스만 세이버 훈련), 필리핀(카만닥 훈련) 등 역내 주요 국가들과의 연합훈련에 참여했고, 역내 국가들과의 연합작전 수행능력 및 상호운용성을 증진하고 역내 해양안보 협력을 심화하고자 노력했다. 아울러 한국은 베트남, 태국, 인도네시아 등 국가들과 해군 대 해군 회의를 개최함으로써 한·아세안 해양안보 협력을 강화하고자 했고, 한국 및 아세안 10개국을 포함하여 미국, 중국, 일본, 러시아, 호주, 뉴질랜드, 인도가 참여하는 아세안확대국방장관회의(ADMM-Plus) 해양안보 분과회의에 참가했다. 또한, 이행보고서에 따르면 한국은 아세안과 해양안보 협력 강화를 위해 베트남, 태국, 인도네시아 등과 해군 회의를 개최했고, 싱가포르, 베트남, 인도네시아 해양경찰 수장을 초대하여 한국에서 해양법 집행

관련 협의도 진행했다. 한국은 동남아시아 국가들에게 해군 및 해경의 퇴역 함정을 양도해오고 있는데, 2023년 10월 베트남에 고속단정 및 수상 오토바이 수 척을 양도했고 이들은 해당 국가의 해양안보 역량 강화에 기여할 것으로 보인다.[80]

한편, 2023년 8월 미국 캠프 데이비드 한미일 정상회담은 한국·미국·일본의 협력이 인도·태평양지역까지 확대되는 계기가 되었다. 해양안보와 관련하여 3국 정상은 한미일 '3국 해양안보협력 프레임워크(Trilateral Maritime Security Cooperation Framework)' 설립을 발표했는데 3국 정상은 "동남아시아와 태평양 도서 국가에서 해안경비대(Coast Guard)와 해양법 집행 역량 수립(law enforcement capacity building) 및 해양영역인식에 중점을 두고, 파트너 국가의 역량 강화를 위한 노력을 조율하기 위해 3국 간 해양 매커니즘(trilateral maritime mechanism)을 수립한다"고 밝혔다.[81] 2024년 11월 정상회담 공동성명에서도 한미일 3국은 북한군의 러시아 파병을 강력히 규탄하면서, '한미일 사무국' 설립을 발표했다. 아울러 공동성명은 새로운 '3국 해양안보 및 법 집행 협력 프레임워크(Trilateral Maritime Security and Law Enforcement Cooperation Framework)'를 발표하면서, 공동의 지역적 도전 과제에 대한 협력을 강화하고 해양영역에 대한 규칙 기반 접근을 보호할 것임을 공언했다.[82] 이처럼 한미일 3국의 안보협력이

제도화되는 방향으로 진행됨에 따라 해양안보 분야에서의 협력도 가속화될 가능성이 높다.

6. 한국 해양안보의 과제와 미래전망

한국의 해양안보 환경과 정책방향, 그리고 국제정치적 변화를 고려할 때 한국 해양안보를 위해 고민해야 할 문제는 무엇이며, 한국은 어떤 대응방안을 고려해야 할까?

첫째, 해양안보를 국가안보 차원으로 이해하는 전략적인 인식이 중요하다. 핵심적인 에너지 자원을 해상수송을 통한 수출입에 의존하고, 무역에 대한 의존이 높은 한국에게 아라비아해-인도양-말라카해협-남중국해-동중국해로 연결되는 바닷길은 사실상 한국경제와 외교 및 군사활동의 생명선이기 때문에 해상교통로가 위협받는 해양안보 위기는 한국에게 국가안보 위기다.[83] 2022년 우크라이나전쟁으로 흑해가 통제되면서 전 세계적인 식량 위기가 발생했고, 2023년 이스라엘-하마스전쟁의 여파로 홍해를 통과하는 선박이 피해를 입거나 우회하면서 엄청난 경제적 손실이 발생한 것처럼, 상호의존이 심화된 오늘날의 국제관계에서 발생하는 해양안보 위기는 전 세계적 차원의 영향력을 가지며 한국은 이러한 해양안보 위기에 취약하다. 아울러 우크라이나전쟁, 이스라엘-하마스전쟁 사례가 보여주듯 국가 간 분쟁이나 갈등은 언제든 해상

수송의 안보를 위협할 수 있다는 사실을 인지하고 있어야 하고, 한국은 선제적으로 대응 방안을 모색할 필요가 있다.

아울러 한국의 국제적인 역할에 대한 인식 전환도 중요하다. 한국은 이제 군사적, 경제적, 문화적 수준 모두에서 세계 주요 국가의 반열에 올라선 만큼 변화된 한국의 국제적인 위상에 적합한 역할이 무엇인지 고민하고, 국제사회에 대한 어떠한 방식의 기여를 통해 한국의 국익을 확보할 수 있을지에 대한 논의가 필요하다. 인도·태평양지역 해양안보와 관련하여 한국의 역할 및 한국의 적극적인 참여 요구가 꾸준히 증가하고 있으며, 한국이 추구하는 국익 및 역량을 종합적으로 고려하여 한국의 참여 방식을 신중히 고민해 결정할 필요가 있다. 다른 국가가 주도하는 제도나 연합체에 소극적으로 참여하는 것보다는 이제 인도·태평양지역 해양안보에 적극적으로 기여함으로써 한국의 국익을 확보하는 인식의 전환이 필요하다.

둘째, 한국의 국가안보와 경제적 번영에 핵심적인 여러 해상교통로가 위협받을 다양한 가능성을 전망하고 이에 대한 대응 방안을 모색하는 노력이 필요하다. 예를 들어, 특정 해상교통로나 해상요충지의 안보를 위협할 수 있는 국가적, 비국가적 위협은 무엇이며, 이러한 위협이 가져올 세계적 차원과 한국에 주는 결과, 그리고 각 시나리오별 대응 방안에 대한 논의 및 연구가 필요하다. 이러한 작업은 세계

적, 지역적 차원의 국제정세 변화를 반영하여 지속적으로 진행할 필요가 있다.

대표적인 사례로는 미국과 중국의 전략경쟁으로 인해 남중국해에서 한국 선박이 누려온 항행의 자유가 불안정해지는 가능성도 고려해볼 수 있다.[84] 러시아의 우크라이나 침공 이후 흑해를 봉쇄한 것처럼 극단적인 경우, 국가, 비국가 행위자를 포함하여 국제적인 행위자 간 분쟁이나 갈등으로 인해 특정 국가나 행위자가 해상교통로나 초크 포인트의 전체 또는 일부를 봉쇄, 통제 또는 위협하는 상황도 발생할 수 있다. 예를 들어, 2022년 미국의 펠로시 하원의장이 대만을 방문하면서 중국을 자극한 사례가 있다. 중국은 펠로시 하원의장의 대만 방문에 불만을 표시하는 의미에서 대만을 둘러싸고 군사훈련을 실시했다. 2021년에는 이란이 호르무즈해협 인근에서 한국 선박을 나포하면서 이 지역 해상수송로 안보를 두고 긴장감이 감돌기도 했다.[85] 한국 정부는 이란의 선박 나포에 대한 항의 차원에서 오만 인근에서 작전중인 최영함을 호르무즈해협으로 파견해 이란에게 '무력시위'를 하기도 했다.[86] 이란은 한국의 청해부대 파견에 불만을 제기했고, 한국은 이란과 선박 협상을 하는 과정에서 이란을 자극하지 않도록 청해부대를 철수시켰다.[87]

셋째, 평시와 위기 시 해양안보를 담당하는 최상위 수준의 '해양안보 컨트롤타워'의 역할이 중요하다. 해양안보 컨트롤타워는 평시에는

해양안보를 위협하는 여러 차원의 요인에 대한 평가, 분석 및 관련 정책의 조정을 주도하고, 해양안보 위기가 발생하는 경우, 국가 차원의 종합적인 대응 방안을 제시하고 통합적으로 지휘해야 하기 때문에 특정 부처나 조직에게 맡겨두기보다는 상위 수준에서 정책 조정 및 대응이 가능하도록 제도화할 필요가 있다. 해적 위협에 대한 대응 업무가 부처별로 분산되어 있어서 효율적인 대응이 어려웠던 과거 사례를 고려할 때,[88] 평시와 위기 시에 해양안보 관련 정책을 조정하며 위기 시 대응을 주도하는 해양안보 컨트롤타워의 역할이 중요하다.

넷째, 한국의 독자적인 노력과 관련하여 높아진 한국의 국제적인 위상과 한국에게 요구하는 역할을 고려할 때, 해군 전력 강화를 포함하여 한국군의 전반적인 군사적 역량 강화와 더불어 외교적인 노력도 병행할 필요가 있다. 특히 해상수송로 안보 유사시를 대비하는 군사적 차원에서 해군 전력을 강화해야 한다.[89] 인태지역 어디든지 해양안보 이익이 위협받을 가능성이 있는 지역에 이제 한국이 적극적이며 신속하게 개입 및 관여할 수 있도록 군사적 역량도 준비되어 있어야 하며, 특히 해외에서 해양안보 작전을 신속하고 효율적으로 수행하기 위한 해군의 역할이 중요하고 장기적인 차원에서 해군력 강화가 필요하다. 이미 한국은 아덴만 인근에서 해양안보 작전 수행을 위해 청해부대를 파견하고 작전 지역을 확대한 사례가 있는 것처럼, 더 확대된 지역에서

다양한 해양안보 위협에 대응하기 위해 이전보다 원양에서의 작전이 증가할 가능성이 높다. 그런 의미에서 해외 협력항만의 확보는 한국이 해외에서 해양안보 작전을 신속하고 효과적으로 수행하고, 인도주의적 지원을 포함하여 자연재해나 전쟁과 같은 긴급상황 발생 시 교민 대피 지원 등 활동에도 기여할 수 있다. 한국정부는 해외 협력항만의 필요성을 인지하고 확보 방안을 검토한 사례가 있는데, 일본의 자위대와 중국 해군의 경우, 아프리카의 지부티를 거점 기지로 활용하고 있다.[90]

그러나 해양안보를 위한 한국의 해양전력 투사와 해군 전력 강화는 주변 국가에게 안보 딜레마를 가져올 가능성도 있다는 점을 염두에 두고, 국제정치의 변화를 고려하여 신중하게 진행할 필요가 있다. 한국 선박의 안전한 항행을 도모하기 위한 목적으로 한국이 해양전력을 원양에 투사하고 해군을 포함한 국방력을 강화하는 움직임을 보인다면, 이러한 한국의 행위는 주변 국가가 군비 증강을 연쇄적으로 따라 하도록 만드는 안보딜레마를 가져올 수도 있기 때문이다. 한국의 해군력 투사와 해군 전력 강화를 잠재적으로 공격적인 의미로 오인할 수 있는 국가가 있다는 점을 염두에 두고, 한국의 해양안보를 위한 노력을 주변 국가가 오인하지 않도록 외교적인 노력도 함께 있어야 할 것이다.[91]

다섯째, 한국의 독자적인 노력도 중요하지만 이와 더불어 양자협력, 다자협력, 다자제

도를 복합적으로 활용하여 해양안보에 기여할 필요가 있다. 양자협력과 관련하여 미국과의 협력 즉, 한미동맹이 그 중심이 될 것인데, 한국은 미국이 주도하는 다양한 형태의 해양안보 프로그램이나 연합체 참여를 요구받을 가능성이 높다. 실제로 2019년 페르시아만에서 이란의 유조선 공격으로 촉발된 미국과 이란의 갈등이 다자적인 해양안보 연합체 국제해양안보구상(IMSC)의 창설로 이어졌고, IMSC의 창설 초기 미국은 한국에게 공식적인 참여를 요청하기도 했다. 상대적으로 약화된 미국의 국력과 신장된 한국의 국제적인 위상 및 역할을 고려할 때, 미국은 해양안보 분야에서도 한국의 적극적인 역할을 기대 및 요구할 가능성이 높고, 한국은 미국 주도의 해양안보 활동에서 어떤 역할을 할 수 있을지 고민하고, 때로는 선제적으로 해양안보 프로그램이나 제도 등을 제안함으로써 한국의 국익을 확보할 수 있을 것이다.[92]

인도를 포함하여 아세안 국가들과의 협력도 중요하다. 필리핀, 인도네시아, 베트남과 같은 아세안 국가나 아세안과의 협력 같은 인도·태평양 역내 국가와의 다자적인 협력은 한국이 독자적으로 확보하기 힘든 해양안보를 위협하는 여러 요인에 대한 최신 정보를 신속하게 확보할 수 있고, 이를 바탕으로 효과적으로 대응하는 데 기여할 수 있다.[93] 한국이 에너지 자원의 수입과 무역에 크게 의존하는 해상교통로가 위치한 지역을 고려할 때 인도,

아세안 국가와의 협력은 무엇보다 중요하다.

구체적으로는 역내 국가의 해양안보 및 해양영역인식 역량 강화를 지원하기 위한 목적으로 베트남, 필리핀이 참여하는 소다자 해양안보 협력 플랫폼을 구축하는 것과 같이 해양협력을 제도화하는 방안도 고려해 볼 수 있다. 또한, 자체 군사력 및 해양 역량이 부족한 동남아시아 국가들이 중장기적으로 역량을 강화하는 데 지원하는 것도 방법이다. 예를 들어, 한국의 퇴역 함정을 동남아시아 국가에게 지원함과 동시에 이들이 함정을 운용, 유지 및 정비할 수 있도록 관련 교육과 인프라를 동시에 지원함으로써 이들의 해양안보 역량을 강화하는 것이다. 한국이 독자적으로 지원하거나 미국, 일본, 호주 등과 공동으로 협력하는 것도 고려할 수 있다. 아울러 역내 주요국의 해안경비대와 한국 해양경찰청 간 협력 및 합동 훈련 강화도 필요해 보인다.[94] 다자적인 해양안보 협력은 미국, 영국, 알바니아, 라트비아, 에스토니아, 리투아니아, 루마니아, 사우디아라비아, 바레인, UAE 등이 참여하는 국제해양안보구상(IMSC)을 참고하는 것도 의미가 있을 것이다.[95]

인도양의 해양안보를 위해 전략적으로 중요한 국가인 인도와도 대화 플랫폼을 확대할 필요가 있으며, 아덴만에서의 해적 퇴치 경험과 교육 및 함정 훈련 등을 인도 해군과 함께 수행하는 방안도 고려할 수 있다. 또한, 해군력 증강에 관심 있는 인도와의 방산 협력도

중요할 것으로 보이며, 인도양에 한국의 선박이나 함정이 활용할 수 있는 거점 항구로 인도의 항만을 고려할 수도 있을 것이다.[96]

마지막으로 2024년 미국 대선에서 트럼프 전 대통령이 재선됨에 따라 미국 외교정책의 불확실성이 커지고 있는 상황에서 한국은 해양안보와 관련해서 어떤 점을 고려해야 할까? 트럼프 행정부는 국제적인 문제에 미국의 개입을 축소하면서 중국과의 전략경쟁에 국력을 집중할 것으로 보이며, 1기 행정부 때와 마찬가지로 동맹국의 적극적인 기여를 요구할 것으로 보인다. 한미일의 3국 협력 또한 북한의 위협에 대한 대응과 억지 이외에 중국 견제를 위해 활용될 가능성도 있다. 트럼프의 당선이 해양안보 차원에서는 한미 협력을 강화하고 한국에게 기회가 될 여지도 있다. 대선 승리 후 트럼프 전 대통령은 11월 7일 윤석열 대통령과의 통화에서 "미국의 조선업이 한국의 도움과 협력을 필요로 하고 있다"고 언급한 후, "한국의 세계적인 군함 건조와 선박 건조 능력을 잘 알고 있으며, 선박 수출뿐만 아니라 보수·수리·정비 분야에서도 긴밀하게 한국과 협력을 할 필요가 있다고 생각한다"며 "앞으로 구체적 논의가 이뤄지길 원한다"고 했기 때문이다. 미중 대결의 핵심 무대인 인도·태평양지역에서 중국의 해군력과 경쟁하기 위해 미국은 자국의 역량만으로는 부족하며, 미 해군력이 수적으로 중국에게 열세에 놓일 가능성도 제기됐기 때문이다.[97] 그런 의미에서 한국은 미국이 중국과 경쟁하는 데 있어서 미국이 취약한 부분, 동맹국의 협력이 필요한 영역에서 선제적이고 적극적으로 기여함으로써 한국의 해양안보 역량도 강화할 기회로 만드는 지혜가 필요하다.

▍토의주제

1. 국제정치에서 초크 포인트라 부르는 지점이 왜 중요하다고 생각하는가?

2. 초크 포인트에 대한 안보는 한국의 국가안보 및 경제와 어떤 관련이 있는가?

3. 미국과 중국의 전략경쟁은 해양안보 분야에서 어떤 방식으로 전개되는가?

4. 해상교통로 안보 차원의 해양안보를 위해 미국은 어떤 노력을 하고 있는가?

5. 한국정부가 발표한 '인도·태평양전략'을 고려할 때 한국은 해양안보를 위해 어떤 노력을 해야 하는가?

6. 남중국해에서 미국과 중국의 전략경쟁, 대만해협에서의 분쟁이 한국의 해양안보에 어떤 영향을 줄 수 있으며, 한국은 어떻게 대응방안을 고려해야 하는가?

7. 한국의 전반적인 국력이 신장되고 국제적인 역할에 변화가 생기고 있다. 이러한 변화 가운데 한국은 보다 적극적으로 해양안보를 위한 국제적인 참여를 해야 하는가, 아니면 다른 방식을 모색해야 하는가?

8. 2025년 1월 트럼프 행정부 2기가 출범함에 따라 미국은 한국에게 동맹국으로서 더 적극적이고 많은 기여를 요구할 가능성이 있다. 해양안보와 관련하여 미국이 한국에게 요구할 역할이나 변화는 무엇이며, 한국은 어떻게 대응해야 하는가?

주

1) Chris Rahman, *Concepts of Maritime Security: A Strategic Perspective on Alternative Visions for Good Order and Security at Sea, with Policy Implications for New Zealand* (Centre for Strategic Studies: New Zealand, Victoria University of Wellington, 2009), p. 29.
2) 장성일, 『해양안보와 미국의 외교정책』 (파주: 이조, 2023), p. 72; 이숙연, "한·아세안 해양안보 협력 발전 방향: 해양기후변화 및 IUU 어업 대응을 중심으로," 『21세기정치학회보』 제32집 제3호 (2022년 9월), p. 29.
3) Christian Bueger, "What is Maritime Security?," *Marine Policy*, Vol. 53 (March, 2015), pp. 159-161.
4) Bueger (2015), pp. 159-161.
5) Basil Germond, "The Geopolitical Dimension of Maritime Security," *Marine Policy* 54 (2015), pp. 137-142.
6) Christian Bueger and Timothy Edmunds, "Beyond seablindness: a new agenda for maritime security studies," *International Affairs* 93-6 (2017), pp. 1293-1311.
7) 장성일 (2023), p. 66.
8) 장성일, "해양안보 개념 연구: 해상수송로 안보 논의를 중심으로," 『21세기정치학회보』 제32집 제4호 (2022년 12월), p. 54.
9) Arnold Wolfers, ""National Security" as Ambiguous Symbol," *Political Science Quarterly* 67-4 (December, 1952), pp. 484-486.
10) David A. Baldwin, "The Concept of Security," *Review of International Studies* 23-1 (January, 1997), p. 13.
11) Richard Ullman, "Redefining Security," *International Security* 8-1 (1983), pp. 129-153.
12) Barry Buzan, *People, States, and Fear: An Agenda for International Security Studies in the Post-Cold War Era* (Boulder, CO: L. Rienner, 1991), pp. 6-28.
13) Buzan (1991), p. 26.
14) Baldwin (1997), pp. 12-17.
15) 해상교통로(SLOC) 문제의 역사적인 기원과 유엔해양법협약 등 관련 국제규범에 대해서는 구민교, "미중 간의 신 해양패권 경쟁: 해상교통로를 둘러싼 '점-선-면' 경쟁을 중심으로," 『국제·지역연구』 제25권 제3호 (2016년 가을), pp. 37-65를 참조.
16) 김상훈, "수에즈 운하에서 106일 만에 풀려난 에버기븐호," 『연합뉴스』 (2021년 7월 7일).
17) 조원득, 『인도·태평양에서 해양영역인식(MDA) 협력과 한국의 인태전략』 (국립외교원, 2023), pp. 6-9.
18) 백병선, "미래 한국의 해상교통로 보호에 관한 연구," 『국방정책연구』 제27권 제1호 (2011), p. 176.
19) 해양수산부 해양안전종합정보시스템 https://www.gicoms.go.kr/pirate/pirate_08.do (검색일: 2024.08.01).
20) 백병선 (2011), p. 179.
21) 미국 해군력의 쇠락과 안보 제공자 역할의 변화에 대해서는 다음을 참고. 김지용, "세력전이와 해양패권 쟁탈전: 공공재·전환재 경쟁을 중심으로," 『글로벌정치연구』 제12권 제2호 (2019).
22) The Chatham House, "The Future of Sea Lane Security Between the Middle East and Southeast Asia," (June 23-24, 2015), pp. 2-7.
23) Daniel Yergin, "Ensuring Energy Security," *For-

eign Affairs, Vol. 85, No. 2 (March/April, 2006), p. 69.

24) Jean-Paul Rodrigue and Theo Notteboom, "Maritime Transportation," https://transportgeography.org/contents/chapter5/maritime-transportation/ (검색일: 2022.11.10).

25) U.S. Energy Information Administration, *World Oil Transit Chokepoints* (November 10, 2014); Charles Emmerson and Paul Stevens, "Maritime Choke Points and the Global Energy System: Charting a Way Forward," (The Royal Institute of International Affairs, 2012), p. 2.

26) U.S. Energy Information Administration, *World Oil Transit Chokepoints* (July 25, 2017).

27) 강찬옥, "미국의 호르무즈해협 개입과 전략적 선택: 역외 균형자로서 억제와 보장을 중심으로," 『군사연구』 제148집 (2019), pp. 291-318.

28) 이기범, "호르무즈 해협의 법적 지위와 청해부대 활동의 범위," 『이슈브리프』 (아산정책연구원, 2020).

29) 이달석, "석유 공급의 지정학적 리스크," 『석유사랑』 Vol. 188 (2022).

30) 문정인·부승찬, 『걸프에서 동북아, 해상교통로는 안전한가?』 (서울: 오름, 2013); 김재천, "인도·태평양으로 보폭을 넓혀가는 세계의 중추 국가들," 『통상』 Vol. 118 (2022년 3월호), pp. 4-7.

31) 이영형·정은상, "지정학적 용어 해석과 유라시아 남부지역 Pivot area의 성격," 『국제지역연구』 제19권 제2호 (2015년 6월), pp. 171-191.

32) 최정현, "'초크 포인트'(choke-point)의 지정학: 이란 핵문제와 호르무즈 해협 사태," 『KIMS Periscope』 제161호 (2019); 이장훈, "[글로벌 포커스] 미국과 이란의 '치킨게임'," 『월간중앙』 2019년 06호 (2019); 채인택, "수에즈운하, 미중 경쟁 시대에 지정학 요충지의 가치 일깨웠다," 『중앙일보』 (2021년 3월 30일).

33) 인남식, "예멘 내전의 배경, 함의 및 전망," 『주요국제문제 분석』 2018-29 (외교안보연구소, 2018).

34) 박용, "아무나 흔들 수 없는 나라," 『동아일보』 (2022년 4월 6일).

35) U.S. Energy Information Administration, *World Oil Transit Chokepoints* (July 25, 2017).

36) Jean-Paul Rodrigue and Theo Notteboom, "Maritime Chokepoints: Capacity, Limitations and Threats," https://transportgeography.org/?page_id=775 (검색일: 2019.06.05).

37) 문정인·부승찬 (2013), pp. 29-30.

38) Kelanic (2012), pp. 136-139.

39) Itayim (1974), pp. 86-89.

40) Cohen (2008), pp. 113-114.

41) The U.S. Department of State, "Taking Actions in Response to Houthi Regional Attacks," (December 7, 2023); Peter Baker, "U.S. Considers Task Force to Guard Red Sea Ships From Iranian Proxy Forces," *The New York Times* (December 4, 2023).

42) The Combined Maritime Forces, https://combinedmaritimeforces.com/ (자료 검색일: 2024.08.25); 김상윤, "韓·英해군 긴밀한 유대 내 자리가 그것을 상징," 『국방일보』 (2019년 5월 14일).

43) 장성일, "협력과 경쟁의 바다, 인도·태평양을 둘러싼 국제정치와 한국의 해양안보에 주는 시사점," 『제21회 함상토론회』 (2024.05.30).

44) The U.S. Department of Defense, "Statement from Secretary of Defense Lloyd J. Austin III on Ensuring Freedom of Navigation in the Red Sea," (December 18, 2023).

45) The U.S. Department of State, "Joint Statement on Houthi Attacks in the Red Sea," (December 19, 2023).

46) 김덕기, "2024년 인도-태평양 해양안보 정세와 전망: 중국," 『KIMS Periscope』 제337호 (한국해양전략연구소, 2024).

47) The Asia Maritime Transparency Initiative, https://amti.csis.org/first-among-piers-chinese-ships-settle-in-at-cambodias-ream/ (자료 검색일: 2024.05.01); 임주리, "캄보디아 항구 中 해군기지 됐나… '중국 군함 4개월째 안 떠나'," 『중앙일보』 (2024년 4월 21일).

48) 백병선 (2011), p. 184.

49) Mike Ives, "Why Are There Fears of War in the South China Sea?," *The New York Times* (July 30, 2024); 이우승, "필리핀에 물대포 쏜 중국… 남중국해 'Second Thomas Shoal'을 놓고 필리핀과 중국 간 무슨 일이? [이우승의 이슈돌아보기]," 『세계일보』 (2024년 3월 17일).

50) 남중국해에서 중국의 공세적 행동에 대해서는 다음을 참고할 것. 조원득, 『인도·태평양에서 해양영역인식(MDA) 협력과 한국의 인태전략』 (국립외교원, 2023), pp. 9-12.

51) 정호섭, "미국의 남중국해 정책을 보는 2가지 시각 〈1〉 트럼프 행정부의 첫 '항행의 자유 작전' 평

가," 『KIMS Periscope』 제86호 (한국해양전략연구소, 2017).

52) Naval Base Camilo Osias in Santa Ana, Cagayan; Camp Melchor Dela Cruz in Gamu, Isabela; Balabac Island in Palawan; and Lal-lo Airport in Cagayan. The U.S. Department of Defense, "Philippines, U.S. Announce Locations of Four New EDCA Sites," (April 3, 2023).

53) 임주리, "미군 추가사용 필리핀 군기지 4곳…中 턱밑까지 자리 잡았다," 『중앙일보』 (2023년 4월 4일).

54) Tayfun Ozberk, "Ukrainian Grain: How To Lift Russia's Black Sea Blockade?," *Naval News* (June 12, 2022); Isabelle Khurshudyan and Serhiy Morgunov, "Ukraine grain farmers devastated by Russia's Black Sea blockade," *The Washington Post* (July 8, 2022); The Financial Times, "Ukraine warns of big cuts to wheat harvest if Russian blockade continues," (July 19, 2022); The Financial Times, "Ukraine and Russia near deal to end blockade of grain exports," (July 20, 2022); Matina Stevis-Gridneff, "Russia Agrees to Let Ukraine Ship Grain, Easing World Food Shortage," *The New York Times* (July 22, 2022); Kareem Fahim, "Russia and Ukraine agree to release blockaded grain exports," *The Washington Post* (July 22, 2022).

55) BBC, "How much grain has been shipped from Ukraine?," (November 3, 2022).

56) BBC (November 3, 2022).

57) 장성일, "우크라이나전쟁과 에너지 안보: 해상수송로 안보 관점," 『JPI정책포럼』 No. 2022-06 (제주평화연구원, 2022), pp. 1-15.

58) Dalton Bennett and Kareem Fahim, "First ship carrying grain leaves Odessa in deal to ease global food crisis," *The Washington Post* (August 1, 2022).

59) The Economist, "The war in Ukraine has reshaped the world's fuel markets," (September 24, 2022).

60) Mark Landler, Julian E. Barnes, and Eric Schmitt, "U.S. Puts Iran on Notice and Weighs Response to Attack on Oil Tankers," *The New York Times* (June 14, 2019).

61) Landler, Barnes, and Schmitt (2019).

62) Weiyi Cai, Denise Lu, and Anjali Singhvi, "Three Attacks in the World's Oil Choke Point," *The New York Times* (June 21, 2019).

63) Carol Morello, "Pompeo seeks support from allies to monitor Persian Gulf region amid tensions with Iran," *The Washington Post* (June 24, 2019).

64) 유지혜·이유정, "미국, 한국 분담금 목표는 현금+호르무즈·남중국해 동참," 『중앙일보』 (2019년 8월 21일).

65) 정봉오, "정의용·볼턴 "호르무즈 해협 안보협력 방안, 계속 협의"," 『동아일보』 (2019년 7월 24일).

66) 장연제, "정부, 호르무즈에 청해부대 파병키로…파견지역 확대 방식," 『동아일보』 (2020년 1월 21일); 김성진, "정부, 호르무즈에 청해부대 독자 파병…"美·이란과 사전 협의"," 『뉴시스』 (2020년 1월 21일); 윤상호, "美연합체 참여 않고 호르무즈 독자 파병," 『동아일보』 (2020년 1월 22일).

67) 이철재, "한국, 호르무즈에 청해부대 독자 파병…미국·이란에도 통보," 『중앙일보』 (2020년 1월 21일).

68) 조선일보, "美 사령관 "韓 원잠, 필요시 추진", 미국 설득 나서야," 『조선일보』 (2024년 7월 16일); 박범진, "핵추진잠수함은 북핵·미사일 대응의 게임체인저," 『쿠키뉴스』 (2024년 8월 19일).

69) 에너지경제연구원, 『에너지통계월보 2022/03』 (2022), pp. 6-10.

70) 백병선·이경행, "해양 안보환경 변화에 따른 한국의 해상교통로 보호방향," 『국가전략』 제22권 제4호 (2016), pp. 126-128.

71) 박진형, "중국, 남중국해 필리핀 선박에 물대포 발사…두 달만에 '충돌'," 『연합뉴스』 (2024년 10월 9일).

72) 박진형, "필리핀, 미국 지원 받아 남중국해 전력 강화 착수," 『연합뉴스』 (2024년 10월 29일).

73) 윤고은, "中, 5개월 만에 대만 포위훈련…랴오닝 항모 전단도 배치(종합3보)," 『연합뉴스』 (2024년 10월 14일).

74) 신재우, "홍해서 후티 공격에 발묶인 유조선…원유 15만 '재앙' 우려," 『연합뉴스』 (2024년 8월 23일).

75) 박정엽, "홍해 상선 직접 지키는 미·중·프… 대한민국 해군 상황은," 『조선비즈』 (2024년 1월 26일).

76) 안준호, "미 국방부 "북한군 1만 명 러시아 파병 … 전선 투입 시 공동 교전국 간주"," 『VOA』 (2024년 10월 29일).

77) 연합뉴스, "북한 무기 선적한 러시아 선박," (2024년 10월 18일).

78) 함지하, "러시아에서 사라진 북한 제재 유조선 나흘 만에 나타나…유류 운반 추정," 『VOA』 (2024년 10월 26일).

79) 대한민국정부, 『자유, 평화, 번영의 인도-태평양 전략』 (2022).

80) 대한민국정부, 『대한민국 인도-태평양 전략 2023년 이행보고서』 (2023).

81) The White House, "FACT SHEET: The Trilateral Leaders' Summit at Camp David," (August 18, 2023); 조원득, 『인도·태평양에서 해양영역인식(MDA) 협력과 한국의 인태전략』 (국립외교원, 2023), p. 6.

82) 대한민국 대통령실, "한미일 정상회의 공동성명," (2024년 11월 15일).

83) 백병선, "한국의 해상교통로에 대한 초국가적 위협의 분석 및 향후 대응방안에 관한 연구," 『국가전략』 제16권 제3호 (2010), pp. 112-113; 구민교 (2016), p. 61.

84) 백병선·이경행, "해양 안보환경 변화에 따른 한국의 해상교통로 보호방향," 『국가전략』 제22권 제4호 (2016), p. 143; 장성일, "우크라이나전쟁과 에너지 안보: 해상수송로 안보 관점," 『JPI정책포럼』 No. 2022-06 (제주평화연구원, 2022), p. 11.

85) Simon Denyer, Min Joo Kim, and Erin Cunningham, "Iran denies its seizure of South Korean tanker is hostage-taking, complains of money owed," The Washington Post (January 5, 2021).

86) 유병훈, "청해부대 최영함 호르무즈해협 인근 도착…한국선박 억류 대응," 『조선일보』 (2021년 1월 5일).

87) 신규진, "[단독]'선박나포' 협상 외교부, 軍에 "호르무즈해협서 청해부대 빼달라","『동아일보』 (2021년 1월 18일).

88) 백병선 (2010), pp. 109-111.

89) 백병선 (2010), pp. 112-113; 구민교 (2016), p. 61.

90) 김관용, "2020국감]中·日 지부티 기지처럼…해군 해외 거점기지 만든다," 『이데일리』 (2020년 10월 15일).

91) 장성일 (2023), pp. 618-624.

92) 장성일 (2024).

93) 장성호, "해양교통로(SLOC)의 위협과 안전확보 방안," 『대한정치학회보』 제23권 제3호 (2015년), pp. 250-251; 길병옥, "한국의 해양안보전략과 다자안보협력 증진방안," 『한국시베리아연구』 제24집 제3호 (2020년 9월), p. 23.

94) 조원득 (2023), pp. 41-43.

95) 장성일 (2023), pp. 618-624.

96) 조원득, (2023), pp. 43-46.

97) 박영우, 이근평, "조선업이 한미동맹 핵심고리?…트럼프, 尹에 콕집어 '도움 필요'," 『중앙일보』 (2024년 11월 7일).

참고문헌

1. 한글문헌

구민교. "미중 간의 신 해양패권 경쟁: 해상교통로를 둘러싼 '점-선-면' 경쟁을 중심으로." 『국제·지역연구』 제25권 제3호 (2016).

김덕기. "2024년 인도-태평양 해양안보 정세와 전망: 중국." 『KIMS Periscope』 제337호 (한국해양전략연구소, 2024).

김지용. "세력전이와 해양패권 쟁탈전: 공공재·전환재 경쟁을 중심으로." 『글로벌정치연구』 제12권 제2호 (2019).

대한민국정부. 『자유, 평화, 번영의 인도-태평양 전략』. 2022.

대한민국정부. 『대한민국 인도-태평양 전략 2023년 이행보고서』. 2023.

문정인·부승찬. 『걸프에서 동북아, 해상교통로는 안전한가?』. 서울: 오름, 2013.

백병선. "미래 한국의 해상교통로 보호에 관한 연구." 『국방정책연구』 제27권 제1호 (2011).

백병선·이경행. "해양 안보환경 변화에 따른 한국의 해상교통로 보호방향." 『국가전략』 제22권 제4호 (2016).

이숙연. "한-아세안 해양안보협력 발전 방향: 해양기후변화 및 IUU 어업 대응을 중심으로." 『21세기정치학회보』 제32집 제3호 (2022).

장성일. "우크라이나전쟁과 에너지 안보: 해상수송로 안보 관점." 『JPI정책포럼』 No. 2022-06 (제주평화연구원, 2022).

_____. "해양안보 개념 연구: 해상수송로 안보 논의를 중심으로." 『21세기정치학회보』 제32집 제4호 (2022).

_____. 『해양안보와 미국의 외교정책』. 파주: 이조, 2023.

장성호. "해양교통로(SLOC)의 위협과 안전확보 방안." 『대한정치학회보』 제23권 제3호 (2015).

정호섭. "미국의 남중국해 정책을 보는 2가지 시각 〈1〉 트럼프 행정부의 첫 '항행의 자유 작전' 평가." 『KIMS Periscope』 제86호 (한국해양전략연구소, 2017).

조원득. 『인도·태평양에서 해양영역인식(MDA) 협력과 한국의 인태전략』. 국립외교원, 2023.

해양수산부 해양안전종합정보시스템. https://www.gicoms.go.kr/pirate/pirate_08.do (검색일: 2024.08.01).

2. 영어문헌

Baldwin, David A. "The Concept of Security." _Review of International Studies_ 23–1 (January 1997).

Bueger, Christian and Timothy Edmunds. "Beyond seablindness: a new agenda for maritime security studies." _International Affairs_ 93–6 (Oxford University Press, 2017).

Bueger, Christian. "What is Maritime Security?." _Marine Policy_ 53 (March 2015).

Buzan, Barry. _People, States, and Fear: An Agenda for International Security Studies in the Post-Cold War Era._ Boulder, CO: L. Rienner, 1991.

Emmerson, Charles, and Paul Stevens. "Maritime Choke Points and the Global Energy System: Charting a Way Forward." (The Royal Institute of International Affairs, 2012).

Germond, Basil. "The Geopolitical Dimension of Maritime Security." _Marine Policy_ 54 (2015).

Rahman, Chris. _Concepts of Maritime Security: A Strategic Perspective on Alternative Visions for Good Order and Security at Sea, with Policy Implications for New Zealand._ Centre for Strategic Studies: New Zealand, Victoria University of Wellington, 2009.

Rodrigue, Jean-Paul, and Theo Notteboom. "Maritime Transportation." https://transportgeography.org/contents/chapter5/maritime-transportation/ (검색일: 2022.11.10).

The Chatham House. "The Future of Sea Lane Security Between the Middle East and Southeast Asia." (June 23–24, 2015).

U.S. Energy Information Administration. World Oil Transit Chokepoints (July 25, 2017).

Wolfers, Arnold. "'National Security' as Ambiguous Symbol." _Political Science Quarterly_ 67–4 (December 1952).

Yergin, Daniel. "Ensuring Energy Security." _Foreign Affairs_ 85–2 (March/April 2006).

한국의 기후·환경안보

이태동(연세대 정치외교학과)

1. 서론   131
2. 기후·환경안보의
   개념과 특징   132
3. 기후·환경과 경제안보의
   연계   134
4. 기후·환경안보의 현안과
   쟁점   140
5. 한국 기후·환경안보의
   현황과 쟁점   144
6. 한국 기후·환경안보의
   과제와 미래전망   150

개요

기후변화는 경제안보에 어떤 영향을 미치는가? 이 글은 기후변화가 경제안보에 미치는 경로를 유형화하고 그 과정을 제시하는 것을 목적으로 한다. 이를 위해 이 글은 기후변화가 재난 발생, 식량 생산 및 에너지 수급, 국제통상과 공급망에 복합적인 영향을 미침으로써 국민의 생명과 재산권에 부정적으로 작용할 수 있는 경제안보의 문제가 될 수 있음을 밝힌다. 첫째, 기후변화로 인해 홍수, 가뭄, 산불, 한파, 해수면 상승의 강도와 빈도가 증가하는 상황에서 미비한 기후적응 노력은 직접적인 경제적, 인적 피해를 가져온다. 둘째, 기후변화는 식량 생산 환경과 생산량에 직간접적인 영향을 미치며, 이는 식량-경제안보에 영향을 미친다. 셋째, 에너지 수급 변화와 인프라에 대한 부정적인 기후변화 경제안보 영향도 고려해야 한다. 넷째, 기후변화에 대응을 목적으로 한 무역장벽과 글로벌 공급망의 제한 요소들도 경제안보의 요소로 작용한다. 이 글은 기후변화와 경제안보의 연계(nexus) 가능성을 제시하여, 직간접적인 재산과 인명 피해를 최소화할 수 있는 회복력 있는 정책 설계와 추진이 필요함을 강조한다.

핵심이슈

- 기후·환경안보 개념을 설명하고 한국안보에 왜 필요한지를 살펴본다.
- 기후·환경안보와 경제안보의 연관성을 탐구한다.
- 기후·환경안보와 직접 피해, 식량안보, 에너지안보, 공급망안보의 관계를 탐색한다.
- 한국 기후·환경안보의 현황을 살펴본다.
- 한국 기후·환경안보의 가능성과 한계를 분석하고 과제를 제안한다.

1. 서론

기후변화는 한국과 글로벌 안보에 어떻게 영향을 미치는가? 이 장은 기후변화가 경제안보에 미치는 경로를 유형화하고 그 과정을 제시하는 것을 목적으로 한다. 이 장은 경제안보를 '국가 내외부의 다양한 위협으로부터 경제활동에 필수적인 자원과 재화의 수급이 원활하지 않게 되어, 국가와 국민의 생존과 재산에 부정적 영향(가용성, 접근성, 경제성)을 끼치는 것을 방지하는 활동'으로 정의한다. 기후변화는 (1) 기후 적응 실패로 인한 직접적인 인적, 경제적 피해, (2) 식량 생산과 유통 관련된 가용성, 접근성 제한과 경제성 악화, (3) 에너지 사용과 공급의 가용성과 경제성 악화, (4) 기후 관련 무역장벽으로 인한 자원과 재화, 서비스의 수급 및 접근성과 경제성에 부정적 영향을 미칠 수 있다. (5) 이러한 기후변화의 경제안보에의 영향은 요소들이 복합적으로 작용하여 나타나기도 한다.

과학자들이 밝힌 기후변화의 영향력은 크게 두 가지 주장으로 함축될 수 있다.[1] 첫째, 온실가스의 지속적 축적으로 인해 지구 전체의 기온이 상승하고 있다. 둘째, 기온 상승은 지역마다 온도, 강수량 등 기후요소의 변동 폭과 빈도를 증폭시킨다. 어떤 지역은 홍수의 강도와 빈도가 커지고 있는 반면, 근접 지역에서는 가뭄 현상이 지속된다. 기록적인 폭염이 장기간 지속되다가도, 겨울철에는 극심한 한파가 지속되기도 하며 이는 생태계와 인간 사회에 부정적으로 작용한다. 특히 경제활동 중 재화와 서비스 공급과 수요에 영향을 미친다. 기후변화로 인해 재화의 공급이 줄어들고, 수요가 늘어나면서 가격이 상승한다. 아울러 기후변화 대응을 명목으로 한 통상정책들은 자원과 시장에 원활히 접근하고 활용하는 무역활동을 제한할 수 있다. 즉, 기후변화는 직접적 경제 피해, 주요 자원 (식량과 에너지) 수급 변화, 통상정책 변화로 인한 무역/공급망에 영향을 미침으로써 경제안보의 요인이 된다.

경제안보와 관련된 연구들은 주로 경제안보의 개념,[2] 미중 경제안보 패권 경쟁[3] 현황에 대한 분석으로 이루어져 왔다. 그러나 기후변화와 경제안보의 연계에 대한 연구는 미진한 편이다. 전 세계적인 기후변화는 경제안보 이슈에 복잡성을 더하고 있다는 측면에서 본 연구는 기후변화와 경제안보의 연계(Nexus)를 탐색하고자 한다.

이 장은 다음과 같이 구성된다. 2절에서는 경제안보를 개념화한다. 3절에서는 기후변화와 경제안보의 관계를 다섯 가지 유형으로 나누어 설명한다. 4절에서는 기후안보의 현안과 쟁점을 살펴보고, 5절에서는 한국 기후·환경안보의 현황과 쟁점을 살펴보고, 6절에서는 한국 기후·환경안보의 과제와 미래전망을 살펴보고자 한다.

2. 기후·환경안보의 개념과 특징

안보는 내외부의 위협으로부터 국가와 국민의 생명(생존), 재산을 보호하는 일체의 계획과 활동이다. 이 맥락에서 이 글은 기후안보를 '기후변화의 위협으로부터 지구 생태계, 국가와 국민의 안녕, 생존과 재산을 보호하는 일체의 계획과 활동'으로 정의한다. 기후변화는 인류와 지구 생태계에 위협으로 다가오고 있다. 그 위협은 규모가 크고 장기적으로 축적되어 왔기 때문에 비가역적일 수 있다. 쉽게 되돌릴 수 없다는 의미다. 특히 단기간의 분절적 대응으로는 기후변화의 위협에 효과적으로 대응할 수 없다. 장기간의 종합적인 대책이 요구된다.

또한, 기후변화의 영향은 인간(국가와 국민)에게만 국한되는 것이 아니다. 지구 생태계 전체가 기후변화의 부정적 영향에 노출되어 있다. 그렇기 때문에 기후안보의 대상은 국가와 국민의 생존과 재산에 더하여 지구 생태계의 안녕이 포함되어야 한다. 예를 들어, 기후변화로 인한 산불의 발생은 숲 생태계를 파괴하고 이는 숲과 연관되어 있는 사람들의 삶에 부정적인 영향을 미친다.

기후변화 대응은 저감(mitigation)과 적응(aaptation) 활동을 포함한다. 저감은 인간의 경제활동으로부터 발생하는 온실가스를 줄이는 활동이다. 특히 화석연료를 재생에너지로 전환하여 전기에너지 발전 시 발생하는 이산

> **글상자 5.1 기후안보의 개념**
>
> 기후안보(climate security)는 기후변화의 위협으로부터 지구 생태계, 국가와 국민의 안녕, 생존과 재산을 보호하는 일체의 계획과 활동(온실가스 저감과 기후변화 적응)을 의미한다.

화탄소의 양과 산업 생산물에서 발생하는 온실가스를 줄이는 기술, 계획, 실행이 중요하다. 교통, 건물에서의 온실가스 감축 또한 주된 기후안보 활동이다. 기후 적응은 기후변화의 영향이 현재에도 발생하고 있으므로 이에 사회경제 시스템과 인프라를 기후위기에 대응하게 전환하는 것을 의미한다. 더 잦은 홍수, 가뭄, 산불, 폭염, 한파, 강도와 빈도가 강해지는 태풍과 허리케인 등에 대비해야 한다는 것이다. 이는 기후변화에 대한 과학적 데이터와 예측을 근거로 장기간에 걸친 계획과 조직, 예산 투입이 필요한 분야다. 기후적응은 주로 문제의 인식(Recognition), 준비(Readiness), 대응(Response), 회복(Recovery)의 4R 단계로 이루어진다.

기후안보는 사람들의 사회경제에도 영향을 미친다. 특히 식량의 생산, 물자의 유통, 에너지의 생산 등 각종 경제활동과 관련된다. 보통 이를 기후안보와 경제안보의 넥서스(Nexus, 연계)라 칭한다. 경제안보는 안보의 세부적 분야로서 경제적 위협으로부터 국민의 생존과

재산을 보호하는 것을 의미한다. 여기서 경제적 위협이란 경제활동에 필요한 필수재화와 서비스의 수요와 공급의 가용성(availability), 접근성(accessibility), 경제성(affordability)이 제한되거나 낮아지는 상황을 말한다.[4]

경제안보를 '국가의 권력과 부(富)를 유지하기 위해 자원, 재원, 시장에 원활히 접근하고 활용'하는 것으로 개념화한 학자도 있다.[5] 결국 경제와 안보가 분리된 것이 아니라, 상호 연계되어 있음을 강조하는 개념이다.[6] 경제안보는 국가의 생존과 동시에 경제 발전을 추구한다는 점에서 전통적인 안보의 개념과 차이를 보인다.[7]

경제안보는 신흥안보의 시각에서 이해할 수 있다. 전통적인 안보이론과 달리 코펜하겐학파는 탈냉전기의 안보 관념이 국가 중심 시각에서 벗어나 초국가기구와 국가 하부단위체 등 다양한 행위자를 포괄한다고 주장했다. 군사안보라는 좁은 프레임워크를 넘어서 경제·사회·정치 등 다양한 분야에서 안보문제가 제기되고 있다는 점을 부각했다. 탈냉전기와 21세기의 새로운 국제정치체제는 시스템 구성원들 사이의 관계를 더욱 복잡한 방식으로 연결함으로써 하나의 거대한 신흥(新興) 안보 딜레마와 국제정치 네트워크를 구축하고 있다는 주장이다.[8] 세계 경제 네트워크 구조 속에서는 '복잡한 상호의존(complex interdependence)'으로 인해 협력이 손쉽게 일어나기도 하지만, 동시에 갈등 관계가 더 부각되기도 한다. 서로 밀접하게 얽혀 있는 이해관계 속에서 협력관계는 순식간에 갈등 구조로 바뀔 수 있다. 급속한 세계화의 확산으로 글로벌 공급망의 연결이 증가하였고, 기업의 생산비용 감축과 투자 확대를 위한 효율성 중심의 글로벌 공급망(GSC: Global Supply Chain)이 형성되었다. 그러나 역설적으로 GSC 내 핵심자원이나 기술, 생산품에 대해 통상 조치와 금융 조치인 경제적 통치술(economic statecraft)을 활용해 상대국의 경제활동에 부정적인 영향을 미침으로써 국가안보에 위협을 가하는 것 역시 용이해졌다.[9]

실제로 미국과 중국의 패권 경쟁은 무역과 경제 분야의 협력 구조에서 갈등 구조로의 전환을 추동하고 있다.[10] 미국은 중국에 대한 무역수지 불균형을 시정하기 위한 관세 인상, 산업기술 패권보호를 위한 수출 관리와 제재 목록 적용, 인도·태평양 경제 프레임워크(IPEF: Indo-Pacific Economic Framework)를 비롯하여 중국을 배제한 글로벌 공급망 형성 등을 시도하고 있다. 중국 역시 핵심 광물 자원의 전략 자산화와 자체 기술 개발과 수출 통제로 대응하고 있다.[11] 따라서 경제안보의 문제는 미중 간의 패권 경쟁이라는 현실적 요소와 복잡한 국제정치경제에서의 신흥안보의 요소 등장과 강화라는 측면에서 면밀히 분석할 필요가 있다.[12]

3. 기후·환경과 경제안보의 연계

기후변화는 경제안보에 어떻게 영향을 미치는가? 이 글은 문헌연구를 통해 기후변화와 경제안보의 연계를 경제적 직접 피해, 식량공급 감소, 에너지 수요 증가와 인프라, 기후변화 국제무역 장벽, 위의 요소가 복합적으로 작용하는 경로로 나누어 살펴본다. 첫째, 기후변화는 홍수, 산불 등의 기상 이변으로 인한 피해를 증가시킨다. 이는 인명과 재산상 피해에 직접적으로 영향을 미친다. 둘째, 기후변화는 재화, 특히 농·축·수산 재화의 공급 감소를 야기해 가격상승과 식량안보에 부정적 영향을 미칠 수 있다. 즉, 기후변화는 필수 식량과 자원에 대한 가용성을 감소시켜 경제성을 악화시키는 방향으로 작용한다.[13] 셋째, 기후변화로 인한 에너지 수요의 증가는 에너지 가격상승을 부추긴다. 넷째, 기후변화 대응을 위한 통상, 금융 정책이 탄소 다배출 산업 생산품 무역에서 접근성을 제한하여 경제성에 영향을 미칠 수 있다. 다섯째, 기후변화의 직접 피해, 식량, 에너지 수급과 정책은 복합적으로 경제안보에 작용할 수 있다.

1) 기후변화 취약성의 직접적인 경제안보 영향

기후변화는 기후 변동성의 강도와 빈도를 증폭시켜 취약성을 증대시킨다. 강수량 변화로 인한 가뭄, 홍수, 폭설, 기온 상승으로 인한 폭염과 한파, 장기간의 해수면 상승, 산불 등은 다른 요소들과 결합해 경제적 피해를 양산한다. 기후위기의 취약성은 자연재난 분야에서 피해 현상으로 생긴 손실의 정도를 의미한다. 손실 정도는 기후변화와 시스템 대응 능력의 취약성으로 인해, 시스템이 기후 변이와 극한 기후를 포함한 기후변화의 악영향에 쉽게 영향을 받거나 대처하지 못하는 정도다. 이는 한 시스템에 노출되어 있는 기후 변이의 특성, 크기 및 속도, 그 시스템의 민감도와 적응 능력에 관한 함수다.[14]

기후변화로 인한 자연재해의 경제적 피해는 해마다 증가하는 추세다. 기후변화로 인한 직접적 피해는 가정/집 파괴, 식량 생산 감소, 사회간접자본시설 손실, 사망과 사상, 환경질 악화, 긴급 대응과 재난처리 비용을 발생시킨다. 기후변화와 관련된 전 세계적 피해액에 대한 추산은 한 해 약 940억 USD(EM-DAT)에서 1,300억 USD에 달한다.[15]

한국은 1980년대 이후 기후변화로 인한 재해 발생으로 상당한 경제적 손해를 입고 있다. 기후변화로 인한 이상 강우 현상으로 홍수 피해가 대형화하고 다양화되는 추세다. 집중호우로 인한 홍수 피해액이 증가하고 있으며, 이에 대응하기 위한 하천 정비 등에 예산이 투입되고 있다.[16]

산불 역시 1990년 이후 지속적으로 증가하고 있다. 기후변화로 인한 가뭄에 더해 건조한 날씨가 계속됨에 따라 산불 발생 건수가 늘어난다. 이에 인명 및 이재민 피해와 재산 피해(주택, 농업, 축산, 산림, 공공시설)가 발생하고 있다. 산불은 기후변화로 인해 건조한 날씨가 계속되는 환경에서 실화 등의 인재가 복합적 원인으로 작용한다. 기후변화로 인한 산불 취약성은 민감도, 기후 노출과 적응 능력에 따라 지역마다 다르게 나타난다.[17]

기후변화에 적응하는 데 여전히 어려움이 있어 노력이 필요한 영역은 '농경지 침수피해', '산불 피해'다. 특히 농경지 침수피해액과 산불 발생으로 인한 피해의 경우, 약 10년간 그 피해량이 증가하고 있는 반면, 이러한 침수와 산불의 근본적 원인이 되고 있는 기후변화에 적응하려는 노력은 감소하는 양상을 보인다. 따라서 이러한 기후변화 적응에 대한 노력이 필요하다.[18]

더불어 농업과 건설업 등 야외 경제활동이 필수적인 분야에서 폭염과 같은 기후변화로 인해 노동이 어려울 경우, 노동생산성이 하락하거나 건강 문제를 야기할 수 있다. 특히 폭염으로 인한 노령층의 초과 사망자 증가율이 높아지면, 2015년부터 60년 동안 7개 대도시 지역에서 발생할 수 있는 65세 이상 조기 사망자 수는 14만 명에서 최대 22만 명으로 추정되고, 그 사회적 비용은 69조 원에서 최대 106조 원으로 추산되었다.[19] 특히 이동이 불편한 노령층은 부모가 돌보는 영유아 등보다 기후변화에 취약하기 때문에 각별한 관심과 대책이 필요하다.[20]

기후변화를 고려한 자연재해 피해액은 연간 약 11조 원으로 추정되었다. 일반적인 자연재해로 인한 최고 피해액인 7조 9,000억 원(2002년)보다 1.4배 더 많은 수준이다. 또한, 기후변화에 대응하기 위한 재난지원금은 8,300억 원, 풍수해보험료는 약 240억 원으로 증가하는 추세다.[21]

도표 5.1은 기후변화가 경제에 직접적인 피해를 입혀 안보 불안요인으로 나타나는 것을 보여준다. 기후변화로 인한 홍수, 가뭄, 강우,

도표 5.1 기후변화 취약성의 직접적 경제안보 영향

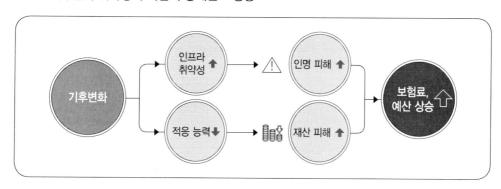

산불 등의 취약성 증가는 인프라 취약성을 유발함과 동시에 기후 적응 능력을 약화시킨다. 이로 인해 국민의 재산과 인명 피해가 증가할 수 있으며 이에 대응하기 위한 보험료와 예산 역시 증가할 수 있다. 즉, 기후변화가 국민의 생존과 재산에 직접적으로 부정적 영향을 미치는 경제안보의 위협으로 작용할 수 있다.

2) 기후위기와 식량-경제안보

기후변화는 인간안보와 매우 밀접하게 연관되어 있다. 비전통안보인 인간안보에는 기후·환경, 식량, 에너지안보 등 다양한 주제가 포함되는데 그중 식량안보는 복합적인 요인들로 이루어진 함수다. 유엔세계식량계획(WFP: UN World Food Program)은 2022년 식량안보의 주요 원인으로 러시아와 우크라이나 간의 분쟁, 코로나 19 전염병 확산, 기후위기를 꼽았다. 기후변화는 식량안보의 요소 중 특히 가용성과 안정성에 영향을 미칠 수 있다. 기후변화는 기온과 강수량의 급격한 변화로 인한 식량 수확량에 직접적 영향, 물 가용성과 질, 토양 등 환경 변화를 통한 영향, 대기 오염 물질 증가를 통해 식량 생산에 영향을 미친다.[22] 이처럼 직접적으로 식량 가용성에 영향을 미치는 기후 원인은 장기적인 기후변화, 계절적 요인, 홍수, 가뭄 등 급작스런 기후변화 현상과 대기질 악화를 꼽을 수 있다. 예를 들어, 태풍의 강도와 빈도 증가는 농경지 침수라는 직접적인 경제적 피해를 유발하는 동시에 식량 생산 감소라는 공급 부족을 가져올 수 있다. 아울러 기후변화는 식량 공급에 필요한 노동

글상자 5.2   식량안보의 개념

식량안보는 '활동적이고 건강한 삶을 위해 필요한 섭취와 식량 선호를 만족시키면서 충분하고 안전하며 영양 많은 식량에 물리적이고 경제적으로 모든 사람들이 언제나 접근하는 상태'라고 정의된다. 식량안보의 주요 개념은 가용성(availability), 접근성(access), 활용성(utilization), 안정성(stability)으로 설명될 수 있다. 가용성이란 저장, 가공, 유통, 판매 및 교환을 통한 식품의 생산 및 사용 준비, 접근성은 가격의 영향을 포함하여 식품을 얻을 수 있는 능력이다. 활용성이란 영양, 요리, 건강을 통해 음식을 사용할 가능성, 안정성이란 중단 없이 음식을 지속적으로 가용하고 접근할 수 있는가를 의미한다. 이러한 네 가지 요소는 따로 존재하는 것이 아니라, 복합적으로 작용하여 식량안보를 위협할 수 있다.

출처: 임송수, "기후변화와 식량안보," 『세계농업』 232집 (2019), pp. 105-130.

인력의 건강에도 영향을 미칠 수가 있다. 기후위기가 단순히 수확량에만 영향을 미치는 것이 아니라, 물, 햇빛, 먼지 등 여러 가지 유기적인 영향으로 복합적으로 작용해 직간접적으로 영향을 미칠 수 있음을 의미한다.

기후변화에 관한 정부간 협의체(Intergovernmental Panel on Climate Change) 보고서[23]는 기후위기로 인한 식량체계의 영향은 미래의 일이 아니라 현재 일어나고 있는 일임을 밝혔다. 가용성의 측면에서 기후변화로 인해 증가한 오존은 식물 생산에 필요한 식물의 신진대사를 파괴하고, 영양분 흡수를 방해하며 결과적으로 수확량을 감소시킨다. 주식인 밀, 쌀 같은 작물은 오존에 취약하며, 이로 인한 식량 수확량 감소는 특정 지역에 국한된 것이 아니며 전 대륙에 걸쳐 일어나고 있다. 이러한 변화는 지구의 온도가 높아진다고 가정했을 때 더 심화될 수 있다. 또한, 축산업의 경우, 기후변화는 동물의 건강 악화, 물 수요의 증가, 성장 저해 등 다양한 악영향을 가져올 수 있으며, 축산업의 효율성 및 생산량 감소로 인해 더 많은 탄소 배출을 필요로 하게 되는 악순환을 초래할 수 있다. 더 나아가 기후변화는 농업·축산업뿐만 아니라 수온 상승, 서식지 파괴를 통해 어업 생산에도 영향을 미칠 수 있다. 해수 온도상승으로 인해 기존의 어종이 더 이상 잡히지 않거나 양식 환경 변화로 인한 폐사와 생산량 감소 또한 식량안보의 위협 요소다.[24]

기후변화는 이처럼 식량의 가용성뿐만 아니라 접근성, 활용성 및 안정성에도 영향을 미친다. 가용성의 감소는 식량 가격의 급등으로 이어질 수 있으며 접근성을 떨어뜨린다. 기후변화는 온도와 강수 패턴의 변화, 습도, 자연재해의 빈도와 강도 증가, 오염물 수송 경로의 변화 등으로 인해 오염된 유기체의 역학을 변화시킴으로써 식품 안전과 활용성에 영향을 미칠 수 있다. 즉, 기후위기는 식량의 질에 영향을 미칠 수 있으며, 영양학적으로 부정적인 결과를 초래할 수 있다. 특히 기후위기로 인한 식량안보의 영향이 현재 빈곤위기를 겪고 있는 많은 국가들에게 더욱 부정적인 영향을 미칠 수 있는 것이다.[25]

한국의 전문가 설문을 통한 계층화 분석법(AHP: Analytic Hierarchy Process) 결과, 식량안보는 환경안보, 특히 기후변화와 연계성이 높은 것으로 나타났다.[26] 이는 환경요인으로 인해 농업 등 식량생산이 민감하게 반응하는 특징을 반영하는 것으로 보인다. 또한, 지속가능한발전목표(SDG 13) 중에서는 식량안보와 기후변화에 대한 회복력 강화와 기후변화 완화 및 적응에 대한 인식 제고와 연계성이 높다고 평가하고 있다.

도표 5.2는 기후변화가 식량생산에 영향을 미쳐 경제안보에 부정적으로 작용하는 과정을 그리고 있다. 기후변화로 인한 홍수, 가뭄, 갑작스러운 기온 상승과 하강은 직접적으로 농산물, 축산물, 수산물 등 식량의 생산량 감

도표 5.2 기후변화와 식량-경제안보

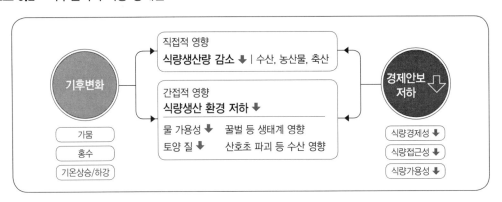

소를 가져올 수 있다. 또한, 물의 가용성, 꿀벌의 활동 기간 방해 등 생태계 영향, 산호초 파괴와 같은 수산자원 생태 영향, 토양 질 악화 등으로 인해 간접적이지만 식량 생산환경에 광범위하고 장기적인 악영향을 미칠 수 있다. 이는 생존에 필수적인 식량 가격을 상승시키고 식량에 대한 접근성을 낮추는 등 경제안보에 부정적 영향을 미칠 가능성을 높인다.

3) 기후위기와 에너지-경제안보

기후변화는 에너지 생산과 소비를 변화시킴으로써 에너지안보에 영향을 미친다.[27] 기후변화로 인한 가뭄은 전력 생산을 위한 충분한 물 공급을 감소시킨다. 이는 안전한 발전소 운영을 저해하는 요소로 작용한다. 또한, 기후변화로 인한 폭염과 한파의 강도와 빈도가 증가함에 따라, 화석연료 기반의 에너지 사용이 늘어나고 이는 다시 기후변화에 부정적인

영향을 미치는 악순환을 가져올 수 있다.

에너지안보는 단순히 에너지를 확보하는 데 그치지 않는다. 기후변화 및 지정학적 요인들로 인해 에너지 수급 및 인프라가 불안정해지면서, 에너지안보의 개념이 확대되고 있다. 기존 에너지안보는 에너지의 안정적인 공급만 의미했다. 하지만 최근에는 그러한 전통적인 범주를 넘어서 환경, 안전, 기술, 형평성을 아우르는 좀 더 포괄적인 개념으로 발전했다. 확대된 에너지안보 개념에서는 경제적 복지, 사회적 안정 공급성, 그리고 환경적 지속가능성이 주요 가치로서 강조되는 것이 특징이다.[28] 한국의 에너지안보는 전력망의 수요 공급의 불일치, 중앙집중적 공급 체계로 인한 체계적인 거버넌스 부재, 높은 에너지 자원 의존도 등이 문제점으로 지적되고 있다.

여기에 더해 기후변화도 에너지 수요와 공급에 영향을 미쳐 국민의 생명과 재산에 부정적으로 작용하는 요소가 될 수 있다. 예를 들

면, 기후변화로 인해 평년 기온이 비정상적으로 증가하면 에어컨에 쓰이는 전기의 형태로 더 많은 에너지가 사용된다. 이는 또 다른 악순환을 낳을 것으로 전망된다. 2018년 기준 미국 전력의 2/3 정도가 석탄이나 천연가스 같은 화석연료를 태워서 생산되는 것으로 보고되며, 전기 발전을 위해 사용되는 화석연료는 미국 온실가스의 가장 큰 배출원 중 하나다. 따라서 에어컨의 사용이 증가하면, 늘어난 수요를 충족시키기 위해 더 많은 전기를 생산해야 하고, 온실가스 배출이 증가하고, 기후변화를 가속화시킬 수 있다는 우려가 있다. 강한 한파가 오랫동안 지속되는 것도 에너지 수요를 증가시키는 요인으로 작용한다. 예를 들어, 2021년 텍사스 한파로 인해 전기를 비롯한 에너지 수요가 급격히 늘어나자, 정전 등으로 인해 삼성전자를 비롯한 세계 유수의 기업이 반도체 등을 생산하지 못하는 사태가 벌어졌다.[29]

기후변화로 인한 자연재해는 에너지 수급과 동시에 인프라 안보와 밀접한 연관성이 있다.[30] 기후변화가 가속화됨에 따라 예측할 수 없는 자연재해가 세계 곳곳에서 산발적으로 일어나고 있다. 이로 인해 에너지 인프라가 위협당할 가능성이 커지고 있다. 또한, 가뭄으로 인한 물 부족은 발전소 냉각수 보급에 악영향을 미쳐 에너지 공급에 차질을 발생시킬 수 있다. 이에 대응하기 위해 많은 국가들이 에너지 인프라 보호 계획을 수립하고 있으며, 이러한 변화는 미국과 EU가 대표적이다. 미국은 2003년에 에너지를 포함한 17개의 핵심 시설에 대한 '국가 인프라 보호계획(National Infrastructure Protection Plan)'을 시행하였으며, EU는 2006년에 유럽 핵심 인프라 보호 프로그램(European Programme for Critical Infrastructure Protection)을 도입했다.

특히 한국의 경우, 대부분의 주요 에너지 인프라 시설이 해안가에 위치하고 있기 때문에, 해수면 상승으로 인한 에너지 인프라 피해에 더욱 주의를 기울여야 하며, 에너지 인프라(석유정제시설, 가스 생산기지, 발전, 송전, 변전, 저장 등)의 안보와 기후변화 위험에 대비하는 노력이 필요하다.[31]

도표 5.3은 기후변화가 야기한 에너지 수급의 취약성 증가에 따른 경제안보의 관계를 보여준다. 기후변화로 인한 급격한 온도상승과 하강의 지속은 모두 에너지 수요를 증가시킨다. 이는 화석연료 중심의 에너지 체계에서는 다시 온실가스 배출을 증가시키는 동시에 에너지 가격을 올리는 요소로 작용한다. 또한, 가뭄, 홍수, 해수면 상승으로 인한 에너지 인프라 운영에 차질을 가져옴으로써 에너지에 대한 경제성과 접근성을 하락시키는 등 부정적으로 경제안보에 영향을 미칠 수 있다.

도표 5.3 기후변화와 에너지-경제안보

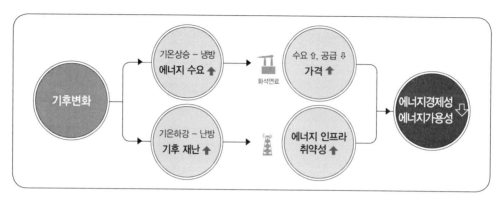

4. 기후·환경안보의 현안과 쟁점

기후위기에 대응하기 위한 국가들의 정책적 대응은 탄소 다배출 산업 생산과 통상의 변화를 가져오며 궁극적으로 경제안보에 영향을 미치게 된다. 세계 각국은 2050년 탄소중립을 경쟁적으로 선언하고 있다. 2023년 스웨덴 등 133개국이 2050(혹은 2060)년까지 탄소 중립 달성을 선언했다. 탄소중립을 선언한 국가들의 총합은 전 세계 온실가스 배출량의 88%, GDP(PPP)의 92%, 인구의 85%에 해당된다.[32] 한국 또한 2050 탄소중립을 선언했다. 각국의 선언은 구체적인 정책으로 나타나고 있다. 미국 캘리포니아주는 처음으로 2035년부터 휘발유 신차 판매를 금지했다. 중국도 2035년부터 내연기관 차량 생산을 중단하고, 2060년까지 탄소중립 달성 감축 목표를 두 배 강화한다고 발표했다.[33]

탄소중립과 기후변화 대응은 국가 간 통상 정책에서도 나타나는데, 대표적인 사례가 탄소국경세다.[34] 탄소국경세는 탄소중립에 소극적으로 임하는 기업이나 국가가 무임승차하는 것을 방지할 목적으로 관세를 부과하는 것이다. 친환경 제조공정에 막대한 비용을 들여 활용한 기업과 환경보호 대신 저렴한 생산 비용을 추구한 기업을 함께 경쟁시키는 것은 형평성에 맞지 않다는 취지다. 즉, 환경규제를 느슨하게 하고 있는 개도국으로 기업들이 생산기반을 옮겨 규제를 회피하여 발생하는 탄소 누출 현상을 막기 위한 것이다. 탄소 배출로 만들어진 수입물품에 대해 수출기업에 부여하는 탄소국경세가 처음으로 적용될 산업(에너지 집약적 산업)은 철강, 시멘트, 전력, 알루미늄, 비료가 될 것으로 보인다.[35] EU는 2026년 1월 1일부터 시행한다고 하고 있어 수출국가인 한국 역시 이에 대응해야 할 상황이다.

EU는 통상정책을 통한 기후 대응에 앞장

서고 있다. EU는 2026년 탄소국경조정제도(CBAM: Carbon Border Adjustment Mechanism)의 도입을 목표로 하고 있다. EU 환경위원회에서는 오염을 야기하는 재화, 에너지 수입 시 탄소 비용 부과를 요구하는 보고서를 채택했다. 또한, EU 탄소중립 정책인 Fit for 55는 2026년부터 시행이 예정된 법으로 수입품에 직접 탄소세를 부과하거나, 모든 제품에 과세한 이후 해당 기업에 환불해 주는 방식 등을 고려하고 있다. 또한, EU의 배출권 거래제도(ETS: Emission Trading System)의 가격과 연동되는 시스템을 핵심으로 한다. 비싼 탄소 가격을 상정한 국가, 생산 과정에서 탄소를 적게 배출하는 수출 기업은 세금을 감면받을 것이며, 저렴한 탄소 가격을 상정하고, 반대로 생산 과정에서 탄소를 많이 배출하는 수출 기업은 가장 높은 세율을 요구받게 되는 것이다.[36]

미국 바이든 행정부는 2021년 3월 USTR의 무역정책 어젠다(Trade Policy Agenda)를 통해, 온실가스 배출 국제거래시스템 도입 및 정책 수립과 탄소국경조정 정책 도입 가능성을 언급했다. 미국은 116대 의회부터 탄소국경세 도입을 추진해왔다. 15개의 탄소국경세 관련 법안이 발의되었지만 아직 정식으로 채택된 법안은 없었다.

다국적 기업이 기후변화 대응의 일환으로 공급망 정책을 통해 타국과 기업의 경제안보에 영향을 미치는 경로도 존재한다. 글로벌 공급 사슬 관련 국제무역의 증가는 글로벌 가치사슬과 연관된 운송과 생산에 에너지 소비와 CO_2 배출을 증가시킴으로써 기후변화에 영향을 미치고 있다. 첫째, 유통망의 지역 간 거리 확대로 운송과정에서의 온실가스 배출 정도를 높이며, 둘째, 글로벌 에너지 발자국 증가에 따른 후방효과를 통해 에너지 사용이

글상자 5.3   Fit for 55

Fit for 55 패키지는 EU의 정책이 EU 이사회와 유럽의회가 합의한 기후 목표에 부합하도록 하기 위해 기존 EU 법률을 개정 및 업데이트하고 새로운 이니셔티브를 도입하려는 제안이다. 이 정책은 EU의 기후 목표를 달성하기 위한 일관되고 균형 잡힌 틀을 제공하는 것을 목표로 하며, 다음을 포함한다.

- 공정하고 사회적으로 정의로운 전환
- EU 산업의 혁신과 경쟁력을 유지 및 강화하고 제3국 경제 운영자들과의 공정한 경쟁 조건을 보장
- 기후변화에 대한 글로벌 대응에서 EU가 선도적 위치를 유지하도록 뒷받침

출처: https://www.consilium.europa.eu/en/policies/fit-for-55/

증가한다. 셋째, 탄소발생을 유발하는 생산공정을 환경 조치가 덜 엄격한 국가로 재배치함으로써 탄소배출의 부담이 이전되고 이로 인해 기후변화 감소 목표를 약화할 수 있다. 넷째, 글로벌 공급망(GSC)의 비용대비 효과로 과잉 생산과 전자제품, 플라스틱, 음식에 대한 과도한 소비가 발생한다.[37]

기후변화는 기업의 물리적 인프라 및 자산(예: 공장, 창고, 에너지 인프라, 운송 네트워크), 천연자원(예: 토지, 수자원 및 에너지 자원, 농작물, 가축) 및 인력과 같은 GSC 네트워크 내의 여러 기업에도 직간접적으로 영향을 미칠 수 있다.[38] 엘브스(Alves)는 공급망에 영향을 미치는 기후변화에서 발생하는 네 가지 비상 상황을 자원 부족 및 원자재 접근의 어려움, 기술 발전, 새로운 규제 및 추가 비용으로 지적했다.[39] 예를 들어, 중국에서의 폭염으로 인한 전력난과 물 부족은 주요 부품에 대한 생산 지연이나 중단을 가져온다. 이는 글로벌 공급망(GSC) 네트워크에 영향을 주고, 결과적으로 유럽의 자동차 생산이나 한국의 제조업 생산에 차질을 줄 수 있다. 기후변화가 전 세계적으로 식량 생산, 천연자원, 교통에 상당한 영향을 미치는데 이러한 직접적인 영향은 서로 연결된 다른 글로벌 공급망 네트워크로 연쇄적으로 발생한다. 기후변화와 공급망이 각각 자연재해와 온실가스(GHG) 배출을 통해 상호 영향을 미친다.[40]

기후변화로 생긴 공급 사슬 문제는 다음과 같다.[41] 우선 원자재 공급문제로, 급변하는 기후 상태, 가뭄, 지구온난화, 지층 변화로 인한 원자재의 부족, 접근성 하락, 원자재의 양과 질 하락, 원자재와 상품 가격의 증가, 농작물과 가축의 질병 등이 발생할 수 있다. 고객 행동과 수요의 변화는 변화된 기후로 인해 증가한 재화(에어컨, 친환경 재화)의 수요 증가에 영향을 받는다. 또한, 기후변화로 인해 증가한 온도는 원두 생산 감소를 야기해 커피 질을 떨어뜨리는 등 산출물의 공정 성과와 질 등에 부정적인 영향을 미치게 된다.

극단적인 날씨 이슈(홍수, 폭풍 등)로 인한 시설, 교통 인프라, 에너지 네트워크, 운송 시스템의 파괴는 인프라 파괴까지 동반해 더욱 큰 부작용을 낳는다. 예를 들어, 가뭄으로 강의 수위가 낮아질 경우, 운하를 이용한 이동 문제가 생기고, 이는 이동 인프라의 파괴나 상품 운송의 지연, 다른 운송 수단 마련을 위한 비용 증가를 가져온다.

온실가스 감축과 같은 엄격한 환경 규제의 변화 또한 경제안보에 영향을 미치는 요인이다. 이는 결국 증가한 상품 가격과 조정 비용으로 인한 저임금, 저이윤의 재정 문제가 될 수 있다.

도표 5.4는 기후변화로 인한 국제통상-경제안보의 연계를 나타낸다. 기후변화는 생산 인프라 운영에 부정적인 영향을 미친다. 공급망이 세계적으로 연계되어 있는 상황에서 기후변화로 인한 피해(홍수, 가뭄, 열섬, 물 부족

도표 5.4 기후변화와 국제 통상·경제안보

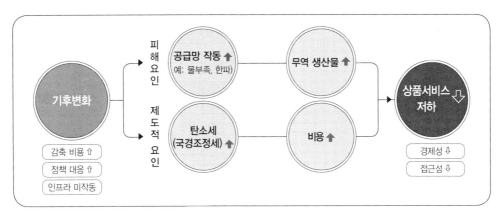

등)는 공급망의 작동을 둔화시키고 이는 국제 통상에서의 장애 요소로 작용한다. 이로 인해 수출입품의 가격은 상승하고 접근성은 낮아진다. 게다가 기후변화 대응을 목적으로 한 탄소국경조정 등의 무역 규제는 생산 비용을 증가시켜 경제성을 저하시킬 수 있다.

논의와 개념화의 편의를 위해 기후변화의 영향력을 식량, 에너지, 통상 등으로 분류해 경제안보에 미치는 메커니즘을 살펴보았으나 현실적으로 기후변화와 경제안보는 단선적인 인과관계라기보다 복합적으로 연결되어 작동되는 형태로 나타난다.

도표 5.5는 기후변화가 경제안보에 미치는 복합적인 영향을 보여준다. 예를 들어, 기온 변화로 인한 폭염과 강수량 변화로 인한 가뭄은 식량생산, 에너지공급 감소에 동시다발적으로 영향을 미칠 수 있다. 또한, 노동생산성 하락과 직접적인 피해 증가로 인해 경제안

도표 5.5 기후변화와 복합 경제안보

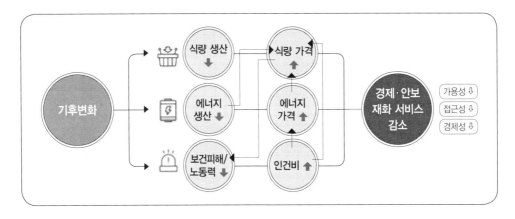

보의 위협 요소는 증대된다. 이는 인건비 상승과 노동생산성 하락, 전반적인 물가에 직접적으로 영향을 미치는 식량과 에너지 가격상승에 영향을 미칠 수 있다. 이처럼 기후변화는 경제안보의 다양한 측면과 연계되어 영향력을 행사하며 따라서 기후변화 취약성(홍수, 폭염, 가뭄, 태풍, 생태계 변화)이 경제안보 요소들의 가용성, 접근성, 경제성에 직·간접적으로 어떤 영향을 미치는지에 대한 면밀한 검증이 필요하다.

5. 한국 기후·환경안보의 현황과 쟁점

지구의 온도가 상승하면서 기후변화가 일어나고 있다는 것은 이미 잘 알려진 사실이다. 그러나 이제는 기후가 변화하는 수준을 넘어 이로 인한 위기 상황에 놓이게 되었다. 기후위기는 폭염, 폭우, 홍수, 태풍 등과 같은 다양한 재난의 형태로 나타나고 있으며, 전 세계가 극한 기후로 인한 재난으로 막대한 피해를 체감하고 있다. 이처럼 바다 수온 상승, 극단적인 기상현상, 기후패턴 변화 등의 다양한 원인으로 인해 통제와 예측이 불가능할 정도로 극한의 강도로 빈번하게 발생하는 현상을 '기후재난'이라고 한다. 한국도 기후재난의 예외는 아니다.

1) 한국 기후·환경 위기의 심화

세계기상기구(WMO)의 '2023년 전지구기후현황보고서'는 전 세계에 적색경보를 발령했다. 지난해 연평균 기온이 산업화 이전보다 약 1.45℃ 상승하며 역사상 가장 더운 해를 기록했고, 해수 온도상승, 빙하 및 해빙의 녹는 속도가 증가했다. 세계기상기구는 '2023년 아시아기후현황보고서'에서 기후 재해로 세계에서 큰 피해를 본 지역으로 아시아를 꼽았다. 아시아지역은 홍수와 태풍으로 인한 사상자와 경제적 손실이 컸다. 또한, 폭염의 위험과 영향은 더욱 심각해졌다. 이러한 경고는 IPCC 6차 보고서에서도 볼 수 있다. 기후위기 온도상승 시나리오(SSP)에 따라 현재와 비슷한 수준으로 온실가스를 배출할 경우, 2100년까지 3℃ 가까이 또는 그 이상 기온이 상승하여 기후재난 발생 빈도와 규모는 더 커질 것이라고 전망한다.

전 세계 곳곳에서는 이미 폭염과 홍수 등으로 인한 피해가 심각하다. 특히 아시아 국가인 태국, 필리핀은 최고기온이 40℃가 넘는 것이 일상이 되어 버렸고, 인도는 50℃가 넘는 폭염으로, 스리랑카는 갑작스러운 홍수로 인해 많은 인명 피해가 발생했다. 이러한 기후재난은 한 국가가 자체적으로 관리할 수 있는 수준을 넘어서고 있음을 보여준다.[42]

기후재난에 대한 한국 상황 역시 크게 다르지 않다. 한국은 최근 몇 년간 폭염, 집중호우, 가뭄 등 극단적인 기후 현상 발생이 증가하고 있으며, 팬데믹(Pandemic) 시국을 기점으로 격변하기 시작했다. 2020년 여름, 한국은 기록적인 장마를 경험하며 전국 단위로 그 피해가 확산되었다. 기상청에 따르면, 2020년 장마는 1973년 이후 가장 긴 기간인 54일 동안 지속되었으며, 이로 인해 전국 곳곳에서 홍수가 발생하고 대규모 침수 피해가 발생했다. 특히, 중부지역에서는 하천 범람과 토사유출로 인한 극심한 피해를 경험했다. 이러한 기후재난은 2023년 여름까지 네 번의 여름 동안 한 번도 빠짐없이 수십 명의 사망자와 수백억 원대의 재산피해를 야기했다. 산불의 경우에는 2019년을 기점으로 매년 피해 규모와 범위가 새로 경신되고 있다.

기후변화가 심화함에 따라 한국의 생태계와 인프라 또한 위협받고 있다. 최근 국내 해안의 표층 수온은 빠르게 상승하고 있는데, 특히 동해의 수온은 지난 56년간 약 1.9도 상승했다. 이는 같은 기간 전 지구의 해양 온도 상승 평균인 0.7도의 약 2배를 넘는 수치다. 동해안의 북쪽 차가운 해역과 남쪽 따뜻한 해역 경계선의 북상은 과거 차가웠던 해역이 점점 따뜻해진다는 뜻이다. 이로 인해 주요 어종 분포가 변화하는 등 해양 온난화로 인한 해양생태계 변화가 뚜렷하게 진행되고 있다.[43] 이러한 현상들은 기후재난이 단순한 자연재해에 그치지 않고 사회적 불안과 경제적 불확실성을 증대시키는 요인이 되고 있음을 보여준다.[44]

2) 한국 기후·환경안보와 에너지안보

기후변화는 한국의 에너지안보에도 심각한 영향을 미치고 있다. 한국은 에너지 자원의 대부분을 수입에 의존하고 있으며, 이는 국가의 에너지안보를 취약하게 만드는 주요 요인으로 작용한다. 산업통상부에 따르면 2020년 기준 한국의 에너지 자급률은 약 8%에 불과하며, 이러한 낮은 자급률은 기후변화와 국제 에너지 시장의 변동성에 더욱 취약하게 만든다.[45]

지구 온도상승에 따른 에너지안보에 대한 우려도 계속 높아지고 있다. 파리협정 이후 한국은 전 지구적 목표인 기후변화 대응과 탄소중립 달성을 위한 탈탄소 사회 실현에 집중해왔다. 이에 팬데믹으로 인한 경제 위기, 러시아의 우크라이나 침공에 따른 에너지 시장 위기, 그리고 최근 전 세계적으로 극심한 폭우와 폭염 등을 겪으며 화석연료에서 청정에너지로의 전환 노력과 함께 에너지 분야에서 복잡한 상황을 마주하고 있다. 기후변화로 인한 기후재난, 특히 폭염과 한파의 빈도와 강도가 증가함에 따라 에너지 수요가 급증하고 있으며, 이는 전력망의 불안정성을 초래하고 화석연료 기반의 에너지 사용 증가로 온실가스 배출을 더욱 가속화시키는 악순환을 유발한다. 또한, 해수면 상승과 같은 기후변화의 영향으로 해안가에 위치한 에너지 인프라 또한 위협받고 있다. 에너지 수입의존도가 높은 한국은 에너지 공급망이 불안하면 국가 전반에서 영향을 받을 수밖에 없다. 이 가운데 기후위기 대응을 위한 탄소중립에 대한 노력도 멈출 수 없기에 재생에너지로의 전환과 함께 에너지안보가 중요하다.[46]

화석연료 의존도의 측면에서도 한국은 석유, 석탄, 천연가스 등에 대한 의존도가 높다. 2022년 우크라이나전쟁으로 인해 국제 유가가 급등하면서 한국의 에너지 비용이 크게 증가했다. 이처럼 한국은 글로벌 에너지 가격 변동의 직접적인 영향을 받는다. 게다가 한국은 에너지 소비가 많을 수밖에 없는 제조업 중심의 산업 및 경제구조를 가지고 있어 기후재난으로 인한 에너지 부족 현상이 일어났을 때 심각한 재산상의 피해가 예측된다. 이러한 상황은 산업뿐만 아니라 가계에도 부담을 주며, 결국 국가의 에너지안보의 위협으로 작용한다. 이에 대한 대응으로 재생에너지를 확대하고 에너지 자급률을 높인다면 국가안보를 강화하고, 에너지 수입 비용을 줄이는 동시에 신성장 동력을 창출할 수 있을 것이다. 한국은 기후변화 대응을 위한 신재생에너지 비중을 확대하고 있지만, 여전히 많은 과제가 남아있다. 정부는 2030년까지 신재생에너지 비중을 20%로 높이겠다는 목표를 세우고 있지만, 현재까지의 진행 속도를 고려할 때 이 목표 달성에는 많은 도전이 있을 것으로 예상된다. 재생에너지의 확대를 통한 에너지안보 강

화를 위해서는 기술적 혁신과 투자의 확대가 필요할 것이다. 이처럼 에너지안보는 국가의 경제와 사회적 안정성에 큰 영향을 미친다. 따라서 한국은 기후변화에 대응하면서도 에너지안보를 강화하기 위한 정책적 노력을 지속적으로 해야 한다.

3) 한국 기후·환경안보와 식량안보

기후변화는 다양한 경로로 식량안보에 영향을 미친다. 기후는 식량생산뿐만 아니라 식품의 운송과 저장 과정의 안전성에도 영향을 미쳐 그에 따른 위험 요소를 더욱 악화시킬 수 있다. 게다가 변화하는 기후는 극단적인 온도에 노출되는 위험이 많은 농·수·축산업 종사자들의 건강에 해로운 영향을 미칠 수 있다. 이처럼 기후변화는 식량 생산과 관련된 다양한 요소에 복합적으로 작용해 식량안보를 위협하는 중요한 요인이다.

한국의 식량안보 경쟁력은 별로 높지 않은 편이다. 글로벌 정치·경제 분석기관인 이코노미스트 인텔리전스 유닛(EIU)이 해마다 발표하는 세계식량안보지수(GFSI) 순위에서 한국은 2022년 기준 조사 대상 113개국 중 39위로, 경제협력개발기구(OECD) 가입국 중 최하위권에 해당했다. 또한, 1970년 79.5%이던 한국의 식량자급률(칼로리 기준)은 2022년 기준 32%로 해마다 최저치를 경신하고 있다. 곡물자급률도 2021년 기준 20.9%로 매년 낮

아지고 있다. 한국은 식량 수입 의존도가 높아 국제 시장의 변동에 매우 취약한 구조를 가지고 있다. 주요 곡물인 쌀, 밀, 옥수수 등은 대부분 수입에 의존하고 있으며, 이는 글로벌 식량 공급망의 불안정성이 한국의 식량안보에 미치는 영향을 더욱 심화시킨다. 국제적으로 식량 가격이 급등하거나 공급망이 중단될 경우, 한국의 식량 공급은 심각한 위협을 받을 수 있다. 게다가 한국의 경지 면적도 매년 줄어들고 있다. 통계청에 따르면 2022년 전국 경지 면적은 152만 8,000ha로, 2012년 이후 10년 연속 감소세를 보이고 있다. 이처럼 한국은 낮은 식량 및 곡물 자급률로 인해 외부 요인에 대한 의존도를 높이고, 기후변화로 인한 식량 생산에 대한 불확실성을 더욱 크게 만든다.[47]

기후변화로 인한 강수 패턴 변화와 가뭄 등은 농작물의 수확량을 감소시키고, 이는 식량 가격 상승으로 이어진다. 특히 한국은 쌀과 옥수수 생산에서 물 관리가 중요한데 기후변화로 인한 물 부족은 농업 생산성을 저하시킬 위험이 있다. 또한, 비정상적인 열파로 인한 농작물 피해도 예상되고 있다. 실제로 최근 몇 년간의 폭염, 집중호우, 가뭄 등 기후재난은 농작물의 수확량을 감소시키고 있다. 2020년에는 이례적인 장마로 인해 많은 농작물이 침수되는 피해를 입었고, 농가의 소득에 큰 타격을 주었다. 2018년에는 연일 지속된 폭염으로 인해 많은 인명 피해와 함께 농작물의 생산성이 크게 저하되었다. 농림축산식품부에 따르면 2018년 폭염으로 인해 약 1조 원의 농업 피해가 발생했으며, 이러한 기후변화로 인해 2030년까지 농업 생산성이 10~20% 감소할 것으로 예상되고 있다. 국내 농업 시장은 앞으로 더욱 빈번해질 기후변화로 인한 다양한 재해에 국제 식량 가격의 변동이 겹치면 불가피하게 큰 영향을 받을 수밖에 없는 구조다.[48]

이에 한국정부도 위기의식을 느끼고 있다. 2023년 발간한 보고서(윤석열정부의 국가안보전략: 자유·평화·번영의 글로벌 중추국가, 대통령실)에서 식량 위기를 '개별국가 차원에서 감당하기 어려운 초국가적 위협'이라고 규정했다. 기후변화에 대응하기 위한 방안으로는 논물 관리와 가축 분뇨 자원화 및 저메탄 사료 공급 등을 통한 온실가스 배출량 감축이 제시되었고, 기후변화에 적응하기 위한 기술개발 R&D가 추진되고 있다. 또한, 식량안보를 강화하기 위해 스마트 농업 기술 도입, 재배 방식의 다양화, 그리고 지속 가능한 농업을 위한 지원 정책 등 다양한 노력을 기울이고 있다. 이러한 정책들은 농업의 생산성을 높이고, 기후변화에 대한 적응력을 강화하는 데 기여할 수 있다.[49] 한국이 여전히 식량안보에 취약한 상황임을 감안할 때, 기후변화와 연계한 식량안보 확충 방안에 대해 더 많은 관심과 정책적 노력이 필요하다.

더불어 국내 해안의 급격한 표층 수온 상승

역시 수산자원 확보에 문제를 일으키고 있다. 한류성 어종인 명태는 동해안에서 거의 사라졌으며, 오징어 어획량 또한 2010년대부터 빠르게 감소해 2023년에는 36.2% 줄어든 2만 3,000톤에 불과하다. 난류성 어종인 방어류, 전갱이류, 삼치류 등의 어획량은 지난 40년간 꾸준히 변화했지만, 그럼에도 불구하고 고수온으로 인해 2023년에는 양식어업 분야에서만 약 438억 원의 피해액이 기록되는 등 한국 수산업은 기후변화로 인한 피해를 직접적으로 겪고 있다. 기후변화는 국내 대표 어종인 고등어와 멸치의 생산량을 감소 및 정체시키고 있어 수산 자원의 변동에 대응할 필요성이 커지고 있다. 특히 국립수산과학원은 2100년까지 동해의 온도가 약 5도 상승할 것이라고 예측했다.[50] 지속적인 해양의 온난화가 한국의 식량안보와 경제안보에 주요한 위협 요인으로 작용할 것을 고려하여 기후변화에 대응할 수 있는 어업 구조의 전환 및 해양 생태계 보호를 위한 정책 마련이 시급하다.

4) 한국 기후·환경안보와 공급망/무역안보

기후변화는 무역 등 글로벌 공급망에도 영향을 미치고 있다. 1992년 브라질 리우 환경회의에서 체결한 유엔기후변화협약(UNFCCC)을 시작으로, 2000년대 중반 이후 기후변화 협상이 본격화되면서 기존의 환경규제를 강화하고 탄소 정책 및 관련 제도를 제정하는 국가가 급증했다. 게다가 신기후체제인 파리협정 출범을 계기로 선진국뿐만 아니라 개도국도 온실가스 감축에 참여하게 되었으며, 탄소세 및 배출권 거래제와 같은 탄소 가격 책정 제도 도입이 더욱 확대될 것으로 전망된다. 이에 주요국은 기후변화 대응을 위해 다양한 탄소배출 관련 규제들을 도입하고 있다. 유럽의 탄소국경조정제도(CBAM)의 경우에는 2023년부터 시범 적용되고 있으며, 2026년부터 전면 적용될 예정이다. 지금까지는 국가별 혹은 개별 업체 차원의 자발적 제도가 대다수였고, 이에 대한 요구 수준을 충족하지 못하는 업체에 대한 불이익이 실제 무역 거래에서 나타나고 있었지만, 만약 국제표준으로 공식화된다면 사실상 의무 규정과 같이 작용할 위험이 있다. 게다가 실제 국제표준과 직접적으로 연관된 제품이 세계 교역량의 약 80%를 차지하고 있기 때문에 국제표준에 적합하지 않은 제품은 시장에서 도태될 가능성이 크다. 따라서 급속히 증가하는 각종 규제에 대응하지 못해 수출 길이 막히는 불이익을 당하지 않도록 각별한 주의가 필요하다.[51]

더불어 주요 경제국은 글로벌 공급망을 국가안보적 시각에서 바라보며 안정적인 공급망 확보를 위해 지속가능하고 공정한 무역체계 구축을 추진하고 있으며, 기업의 공급망 인권 및 환경실사 의무 부여 등의 입법 활동도 가속화하고 있다. 이러한 흐름에 따라 장기적인 측면에서 한국의 주요 기업들의 공급망 변화 또한 불가피할 것으로 예상된다. 게다가 한국은 제조업 비중과 수출 의존도가 높기 때문에 특정 국가에 대한 의존도를 줄이고 공급망을 다변화하여 회복탄력성(resilience)을 강화해야 한다. 수출 의존도를 낮추는 것뿐만 아니라 수입 의존도가 높은 주요 원재료와 원자재를 대체하거나 필요 사용량을 줄일 수 있는 기술 개발에도 투자해야 한다. 또한, 국제적인 탄소정보 공개 요구는 글로벌 공급망 관리의 일환으로, 공급업체의 저탄소 경영체계 구축 및 관리가 필요해지고 있다. 기업은 온실가스 직접 배출량에 대한 정보에서부터 사용연료의 종류와 양, 온실가스 저감 목표 및 이행 계획, 특정 공정상의 배출가스 종류까지 상세한 정보 공개를 요구받고 있으며, 이는 공급망 전반에 걸쳐 영향을 미친다. 이에 따라 기업의 탄소배출 및 탄소경영 정보 공개와 함께 제품 생산라인의 탄소 배출량 정보 공개를 요구하는 업체들이 급격히 증가하고 있다. 이러한 정보는 공급업체 선정의 주요 기준으로 활용되며, 온실가스 배출량 관리와 저감 기술 도입은 기업의 경쟁력을 결정짓는 중요한 요소가 되고 있다. 따라서 위와 같은 다양한 환경 규제와 정보 공개 등에 참여하지 않으면 국제 시장 진입이 어려워지거나 매출에 악영향을 미치는 등 무역과 공급망 측면에서 직접적인 피해가 발생할 수 있다.[52]

5) 한국 기후·환경안보와 국방 전략

앞의 기후안보의 개념과 특징에서 설명했듯이 경제안보는 신흥안보의 시각에서 이해할 수 있으며 군사안보라는 프레임워크를 넘어 사회경제적 측면을 고려해야 함은 분명하다. 그러나 기후변화로 인한 경제안보 문제는 결국 전통적 안보 분야인 군사안보와도 밀접하게 연관되어 있다. 특히, 한국의 기후·환경안보는 군사력 운용과 국방 전략 수립에도 직접적인 영향을 미치고 있다. 정전체제하에서 상시적인 군사적 긴장이 존재하는 특수한 한반도의 안보환경을 고려할 때, 기후변화가 군사력 운용에 미치는 제약은 국가안보 및 경제안보 측면에서 심각한 위협이 될 수 있다. 약 50만 명의 병력과 광범위한 군사시설을 유지하는 한국의 상황에서는, 이러한 군사자산이 기후변화로 인해 얼마나 취약해질 수 있는지에 대한 체계적인 분석과 대응이 필수적이다.

기후변화로 인해 발생하는 극한 기상 현상은 군사 작전, 전투력, 그리고 위기 대응 능력에 직간접적으로 영향을 미친다.[53] 극심한 폭염과 한파의 경우, 군인들의 신체적 능력과 전투 수행능력을 저하시킬 뿐만 아니라 군사시설과 장비 운용에도 심각한 제약을 초래할 수 있다.[54] 실제로 미국은 허리케인과 홍수로 인한 기지 피해, 기후 조건에 따른 야외 훈련 수행의 어려움, 산불로 인한 훈련 취소 등을 겪고 있다. 틴달(Tyndall) 공군기지가 2018년 허리케인 마이클로 인해 약 50억 달러의 피해를 입은 사례와 미주리강 홍수로 인해 네브래스카주 오퍼트 공군기지가 침수한 사례는 기후재난이 군사시설에 미치는 영향을 보여준다.[55] 이에 따라 미국 국방부는 2021년 발표한 "기후변화 적응 계획(Climate Adaptation Plan)"에서 기후변화를 국가안보에 대한 주요 위협으로 규정하고 포괄적인 대응전략을 수립했다. NATO 또한 기후변화를 군사 동맹의 안보에 영향을 미치는 주요 위협으로 규정하고 각국의 군사 대응 능력을 강화하는 방안을 마련하고 있다.[56] 한국 역시 이러한 주요국의 선진 사례들을 참고해 기후변화가 군사안보에 미치는 영향에 관한 연구를 진행하고 관련 정책을 마련하는 것이 시급하다.

한국국방연구원은 자연재해 대응에 따른 병력 부족 문제와 악천후로 인해 첨단 군사 장비의 운용에 제약이 생기는 점 등을 지적하며, 이를 해결하기 위한 방안을 연구하고 있다.[57] 탁성한(2023)은 기후변화가 한국의 병력 부족 문제를 심화시킬 수 있다고 주장한다. 기후변화로 인한 재난 재해 시 긴급하게 군병력이 투입되어 인력과 장비를 사용할 수 밖에 없기 때문이다. 또한, 기온 상승과 높은 습도는 무기 시스템의 효율성과 수명에 부정적인 영향을 미칠 수 있다. 특히 최첨단 전자 시스템이 장착된 드론, 미사일, 네비게이션, 통신, 레이더 장비의 오작동이나 정확도를 떨어뜨

릴 가능성이 커진다. 동시에 기후변화로 인한 기상악화는 군사활동 전반에 제약 요소로 작용할 수 있다. 혹한, 폭염, 폭우, 폭설 등의 악천후는 군사 훈련이나 운영의 효율성을 저하시킨다.

계절성이 뚜렷한 한국에서 극한 기상의 발생 빈도가 증가하는 현황을 보아, 군사 작전과 전투력 유지에 어려움이 가중될 것으로 전망된다. 따라서 이상기후 환경에서도 안정적으로 작동하는 무기체계를 개발하고, 주요 군사시설과 작전의 기후변화 취약성을 평가하여 대응 시스템을 구축하는 등 선제적 노력이 필요하다.

6. 한국 기후·환경안보의 과제와 미래전망

한국 기후·환경안보의 정책 목표는 기후변화로부터 국토, 국민의 생명과 재산을 안전하게 지키는 것이다. 이를 위해 이전에는 분절적으로 다뤄져 왔던 경제안보와 군사안보 대응이 기후변화를 고려하여 준비되고 실행되어야 한다. 기후변화로 인한 직접 피해를 줄이기 위한 적응 정책을 점검하고 인명과 경제 피해를 줄이는 데 힘써야 한다. 기후변화와 식량안보의 문제는 먼 미래의 일이 아니다. 식량 생산에 기후가 미치는 영향은 지대하다. 농축수산물 생산 모두 기후변화에 민감할 수밖에

없다. 기후변화로 인한 식량 생산 차질은 소비자들에게도 경제적 부담으로 부정적 영향을 미친다. 에너지의 수급 또한 기후변화로 인해 큰 영향을 받는 분야다. 더 뜨겁고 더 차가운 기후는 에너지 사용을 급격히 증가시킨다. 또한, 에너지 기간시설에 대한 안전한 관리도 중요한 문제다. 기후변화로 인한 공급망의 교란은 기업이 당면한 시급한 문제다. 기업과 정부는 기후변화가 가져올 수 있는 국내, 해외 공급망 관리에 힘써야 한다. 아울러 기후변화가 전통적인 안보와 국방, 군사 활동에 미칠 수 있는 부정적 영향을 고려하여 대비할 필요가 있다.

이 장은 기후변화와 경제안보의 연계를 탐색적으로 살펴보았다. 각각의 연계를 실증적으로 검증하기보다는 연관이 적어 보이는 기후변화와 경제안보가 어떻게 연관되어 작동할지를 문헌 연구를 통해 밝히고 있다. 기후변화는 재난의 형태로 직접적으로 국민의 생명과 재산에 부정적인 영향을 미칠 수 있다. 기후변화로 인한 직접적 피해 또한 인명, 재산 피해를 증가시키고 이에 따라 관련 보험금과 예산 부담을 증가시킨다. 또한, 기후변화는 인류의 생활에 반드시 필요한 식량, 에너지 공급과 소비에 영향을 미침으로써 경제안보를 위협한다. 아울러 기후변화 국제 통상정책으로 인한 비용 상승과 공급망 교란도 우려되는 부분이다.

이 글은 전통적인 안보도 중요하지만, 한국 안보에 있어 기후·환경이 얼마나 중요한 요인인지 살펴보았다. 특히 기후환경안보가 경제안보 영역에 포함됨으로써 기후변화가 직접적으로 국가와 국민의 생명과 재산에 영향을 미치거나 복합적으로 작용해 주요 자원(식량과 에너지 등)의 공급과 유통에 영향을 미칠 수 있음을 보여주고 있다. 따라서 이 글은 기후변화와 경제안보의 연계(Nexus)에 초점을 두었다고 할 수 있다. 그렇다면 기후변화와 경제안보의 연계를 파악하고 대응하기 위해 무엇이 필요한가? 첫째, 기후변화의 어떤 요소가 어떤 경제안보 요소에 어떻게 작용하는지에 관한 분석이 필요하다. 이를 통해 각 경로별 조기경보시스템을 만들어 대응할 필요가 있다. 조기경보시스템은 기후변화-경제-안보의 각 단계와 요소별 영향을 파악해야 하는 융합적인 노력을 필요로 한다. 또한, 국내적 요인과 국제적 요인의 상호작용에 관한 면밀한 검토도 중요한 요소다.

둘째, 경제안보의 가장 큰 피해자는 사회적, 경제적으로 취약한 계층/국가일 가능성이 크다. 많은 경우, 경제안보는 경제성(affordability)의 문제로 귀결된다. 자원과 재화 가용성과 접근성의 문제는 대체재의 사용 증가를 가져온다. 자원과 재화의 대체 초기에 경제성이 악화될 수 있다. 즉, 가격이 비싸지는 것이다. 이는 자원과 재화를 비싼 값에 살 수 없는 국제적으로 경제 취약 국가나 국가 내에서 취약 계층의 경제안보에 더 큰 악영향을 미칠 수밖에 없다. 정의로운 전환(just transition)의 관점에서 기후변화로 인한 경제안보 취약 그룹에 대한 정책적 대비 또한 마련해야 한다.

셋째, 기후변화와 경제안보의 복합 현상에 대한 회복탄력적(resilient) 대비가 필요하다. 기후-경제 시스템은 강건성(Rubustness)과 중복성(Redundacy)을 향상시킬 필요가 있다.[58] 즉, 위협에 대응하기 위해 시스템의 대응 능력(인식-준비-대응-복구)을 강화하고, 필수 자원과 재화를 공급할 수 있는 다양한 경로를 만들어 가야 한다.

향후 기후변화와 경제안보 연계의 논의를 심화시키기 위해서는 이 연구가 가지는 한계를 극복하고 연구의 확장성을 확보해야 할 것이다. 첫째, 이 글은 기후변화와 경제안보 연계의 네 가지 차원(재난 직접 피해, 식량 경제안보, 에너지 경제안보, 국제통상 경제안보)과 복합적인 차원을 제시하고 있다. 이 외에도 기후변화와 경제안보 사이의 다른 메커니즘이 있는지 제시할 필요가 있다. 둘째, 메커니즘의 제시에 더해 실제로 어떻게 작동하는지 검증할 필요가 있다. 특히 요인 분석 등을 통해 측정 가능한 위험과 영향에 대한 양적, 질적 검증은 기후변화의 영향에 대한 연구를 확장하는 데 기여할 것으로 기대된다. 셋째, 기후변화와 경제안보 관계의 고도화도 필요하다. 이 글에서 제시된 간략한 경로 이외에도 설명되지 않은 변수들과 경로들에 대한 면밀한 조사가 필요하다. 향후 연구를 통해 기후변화의 부정적 경제안보 영향을 저감할 수 있는 방안을 마련해야 한다. 이는 구체적 사례를 분석함으로써 가능해질 것이다.

토의주제

1. 기후위기는 안보의 문제라고 생각하는가?
2. 기후변화를 안보의 문제로 인식하고 대응하는 데 걸림돌은 무엇일까?
3. 기후변화가 안보에 미치는 영향이 직접 피해, 식량안보, 에너지안보, 공급망안보, 복합안보 이외에 어떤 관계가 더 있을까?
4. 기후변화로 인해 긍정적 영향을 받는 분야에는 어떤 것들이 있을까?
5. 누가 기후변화의 직접 피해의 부정적 영향을 가장 쉽게 받을까?
6. 기후 정의 혹은 정의로운 기후 전환은 어떻게 가능할까?
7. 기후·환경안보를 강화하기 위해 국가, 지방자치단체, 기업, 개인이 해야 할 일은 어떤 것들이 있을까?

주

1) IPCC(Intergovernmental Panel on Climate Change), "Climate Change 2022: Impacts, Adaptation and Vulnerability: Summary for Policymakers," 2022. www.ipcc.ch

2) 이효영, "경제안보의 개념과 최근 동향 평가," 『IFANS 주요 국제문제 분석』 (2022), pp. 1-41; 백우열, "경제안보 개념의 확장: 2020년대 안보 맥락에서," 『국제정치논총』 62집 4호 (2022), pp. 325-364.

3) 김동수 외, "미중갈등 대응전략 연구," 『경제인문 사회연구회 협동연구총서』 (2020) 22-30-01.

4) 이태동, "기후변화와 환경레짐: 한국은 제대로 대응하고 있는가?," 『동아시아재단 정책논쟁』 192호 (2023).

5) 이효영 (2022).

6) 백우열 (2022).

7) 반길주, "미·중 전략적 경쟁 시대 경제안보의 부상과 한국의 전략적 선택지," 『전략연구』 29집 2호 (2022), pp. 297-330.

8) 김상배, 신범식, 『동북아 신흥안보 거버넌스』 (서울: 사회평론 아카데미, 2019).

9) 이효영 (2022)

10) 김동수 외, "미중갈등 대응전략 연구," 『경제인문사회연구회 협동연구총서』 (2020) 22-30-01.

11) 이승주, "경제·안보 넥서스(nexus)와 미중 전략 경쟁의 진화," 『국제정치논총』 61집 3호 (2021), pp. 121-156.

12) 김기석, "경제안보연계분석: 동아시아에 대한 적실성의 점검," 『한국과 국제정치』 33집 2호 (2017), pp. 1-34.

13) 이다선·지성태, "식량안보 중심의 신흥안보와 지속가능발전목표(SDGs) 간 연계성 분석," 『국가안보와 전략』 23집 2호 (2023), pp. 37-71.

14) IPCC (2022).

15) Carolyn Kousky, "Informing climate adaptation: A review of the economic costs of natural disaster," *Energy Economics* (2014), pp. 576-592.

16) 장훈 외, "기후변화 적응정책 10년: 현주소 진단과 개선방안 모색을 중심으로," 『기후환경정책연구 2020』 (2020), pp. 1-144.

17) 윤수향·이상신, "기후변화 취약성 평가 분석도구 개발에 관한 연구: 충남지역 산불 취약성을 중심으로," 『한국기후변화학회지』 8집 3호 (2017), pp. 275-285.

18) 장훈 외 (2020).

19) 신동희 외, "폭염 발생에 따른 취약계층의 사망률 변화와 사회적 비용 추정: 7대 광역시의 65세 이상 고령층을 중심으로," 『환경정책연구』 14집 1호 (2015), pp. 3-32.

20) Hyuk Yang, Taedong Lee, Juhola Sirkku, "The old and the Climate Change Adaptation: Climate Justice, Risks, and Urban Adaptation Plan," *Sustainable Cities and Society* 67, 102755 (2021).

21) 이미연, "기후변화를 고려한 자연재난 피해 지원 재정소요 분석: 재난지원금과 풍수해보험을 중심으로," 『예산정책연구』 9집 1호 (2020), pp. 28-60.

22) IPCC(Intergovernmental Panel on Climate Change), "Climate Change 2022: Impacts, Adaptation and Vulnerability: Summary for Policymakers," 2022. www.ipcc.ch

23) IPCC(Intergovernmental Panel on Climate Change), "Climate Change and Land: an IPCC special report on climate change, desertification, land degradation, sustainable land management, food security, and greenhouse gas fluxes in terrestrial ecosystems" 2019.

24) IPCC (2019).

25) FSIN·Global Network Against Food Crises, "Global Report on Food Crises - 2022". May 4, 2022. https://www.wfp.org/publications/global-report-food-crises-2022 (접속일: May 5, 2023)

26) 이다선·지성태 (2023).

27) 이태동, 『에너지전환의 정치』 (서울: 사회평론, 2021).

28) 이재승 외, "에너지 인프라 안보의 개념틀과 구성요소 분석: 한국에의 적용을 중심으로," 『국제관계연구』 21집 2호 (2016), pp. 135-170.

29) 이태동 (2021).

30) 김태현·도현재·이태의, "에너지 전환기의 국가 에너지안보 영향 분석과 대응전략," 『에너지경제연구원 기본연구보고서』 20-15 (2020).

31) 이재승 외 (2016).

32) Netzerotracker, "Netzerotracker," 2023. www.zerotracker.net (접속일: April 14, 2023)

33) Lili Pike, "China aims to be carbon neutral by 2060. Its new 5-year plan won't cut it." Vox, March 5, 2021. https://www.vox.com/22313871/

china-energy-climate-change-five-year-plan-wind-solar-coal-oil-gas (접속일: April 11, 2023).

34) 환경정치연구회, 『탄소중립과 그린뉴딜: 정치와 정책』 (파주: 한울 아카데미, 2022).

35) 이태동, "기후변화와 국제정치: 경제, 안보, 개발, 행위자 연구 어젠다." 『국제정치논총』 62집 1호 (2022), pp. 271-303.

36) 대외경제정책연구원, "2021 KIEP 정책연구 브리핑." 13권.

37) 윤성종, "환경 및 팬데믹 리스크와 무역정책이 글로벌 가치사슬에 미치는 영향에 대한 분석." 『통상정보연구』 24집 2호 (2022), p. 287.

38) M. Er Kara, A. Ghadge & U. S. Bititci, "Modelling the impact of climate change risk on supply chain performance." *International Journal of Production* 59-24 (2021), pp. 7317-7335.

39) L. M. Alves et al. "Boss forming of annular flanges in thin-walled tubes." *Journal of Materials Processing Technology* 250 (2017), pp. 182-189.

40) Kara et al. (2021).

41) Kara et al. (2021).

42) 이태동, 『기후변화와 도시: 감축과 적응』 (서울: 명인문화사, 2023).

43) 이설화, "뜨거워진 동해안 오징어·명태 떠나고 난류성 어종 점령." 『강원도민일보』, 2024년 10월 14일.

44) 기상청, 『한국 기후변화 평가보고서 2020』 (서울: 기상청, 2020).

45) 이태동, 『에너지전환의 정치』 (서울: 사회평론, 2021).

46) 정귀희, "에너지 전환 및 에너지 안보를 위한 기후서비스의 중요성." 해외에너지정책분석팀, 『세계에너지시장 인사이트』 제22집 25호 (2022).

47) 채광석, "'식량안보' 지키려면 지역단위 농지 관리 계획 필요하다." 『한국경제』, 2023년 6월 18일.

48) 임송수, "기후변화와 식량안보." 『세계농업』 232 (2019), pp. 105-130.

49) 대한민국 정책브리핑, "극한 기후변화에 상응하는 재난안전 패러다임 변화 절실." (2023). https://www.korea.kr/news/contributePolicyView.do?newsId=148919700

50) 이설화 (2024).

51) 이정훈, 양원석, "폭풍속으로: 글로벌 통상 환경 변화와 공급망의 재편이 한국 산업과 경제에 미치는 영향 진단." 『딜로이트 인사이트』 (2022).

52) 장현숙, 『기후변화 대응에 따른 무역환경 변화동향과 대응방안』 (서울: 에너지경제연구원, 2016).

53) Aleksandar Glavinov and Goran Kamchev, "The impact of climate change on military activities." *Contemporary Macedonian Defence* 16-31 (2016), pp. 67-78.

54) Department of Defense, Office of the Undersecretary of Defense (Acquisition and Sustainment). 2021. Department of Defense Draft Climate Adaptation Plan. Report Submitted to National Climate Task Force and Federal Chief Sustainability Officer. 1 September 2021.

55) Sarah McNair, "Five Years after Hurricane Michael, AFIMSC Continues Shaping Tyndall as Installation of Future." *Air Force Installation & Mission Support Center*, October 18, 2023, https://www.afimsc.af.mil/News/Article-Display/Article/3560414/five-years-after-hurricane-michael-afimsc-continues-shaping-tyndall-as-installa/; 유세진, "기후변화, 美안보 위협…미주리강 홍수로 공군기지 '침수'." 『뉴시스』, 2019년 3월 22일.

56) Climate Change and Security Action Plan – Compendium of Best Practices" (The North Atlantic Treaty Organization, July 2023), https://www.nato.int/nato_static_fl2014/assets/pdf/2023/7/pdf/230710-climate-change-best-practices.pdf.

57) 탁성한, 『기후변화를 고려한 국방혁신 4.0 발전 제언』 (서울: 한국국방연구원, 2023).

58) Taedong Lee, Taehwa Lee, "Evolutionary urban climate resilience: assessment of Seoul's policies." *International Journal of Climate Change Strategies and Management* 8-5 (2016), pp. 597-612.

참고문헌

1. 한글문헌

기상청. 『한국 기후변화 평가보고서 2020』. 서울: 기상청, 2020.

김기석. "경제안보연계분석: 동아시아에 대한 적실성의 점검." 『한국과 국제정치』 33집 2호 (2017), pp. 1–34.

김동수·김준형·전병곤·서진교·송치웅·강상인. "미중 갈등 대응전략 연구." 『경제인문사회연구회 협동연구총서』 (2020) 22–30–01.

김상배, 신범식. 『동북아 신흥안보 거버넌스』. 서울: 사회평론 아카데미, 2019.

김태현·도현재·이태의. "에너지 전환기의 국가 에너지안보 영향 분석과 대응전략." 에너지경제연구원. 『에너지경제연구원 기본연구보고서』 20–15 (2020).

대외경제정책연구원. "2021 KIEP 정책연구 브리핑." 13권.

대한민국 정책브리핑. "극한 기후변화에 상응하는 재난안전 패러다임 변화 절실." (2023) https://www.korea.kr/news/contributePolicyView.do?newsId=148919700

반길주. "미·중 전략적 경쟁 시대 경제안보의 부상과 한국의 전략적 선택지." 『전략연구』 29집 2호 (2022), pp. 297–330.

백우열. "경제안보 개념의 확장: 2020년대 안보 맥락에서." 『국제정치논총』 62집 4호 (2022), pp. 325–364.

신동희·이나영·조용성. "폭염 발생에 따른 취약계층의 사망률 변화와 사회적 비용 추정: 7대 광역시의 65세 이상 고령층을 중심으로." 『환경정책연구』 14집 1호 (2015), pp. 3–32.

유세진. "기후변화, 美안보 위협…미주리강 홍수로 공군기지 '침수'." 『뉴시스』 2019년 3월 22일.

윤성종. "환경 및 팬데믹 리스크와 무역정책이 글로벌 가치사슬에 미치는 영향에 대한 분석." 『통상정보연구』 24집 2호 (2022), pp. 285–302.

윤수향·이상신. "기후변화 취약성 평가 분석도구 개발에 관한 연구: 충남지역 산불 취약성을 중심으로." 『한국기후변화학회지』 8집 3호 (2017), pp. 275–285.

이다선·지성태. "식량안보 중심의 신흥안보와 지속가능발전목표(SDGs) 간 연계성 분석." 『국가안보와 전략』 23–2 (20203), pp. 37–71.

이미연. "기후변화를 고려한 자연재난 피해 지원 재정소요 분석: 재난지원금과 풍수해보험을 중심으로." 『예산정책연구』 9집 1호 (2020), pp. 28–60.

이설화. "뜨거워진 동해안 오징어·명태 떠나고 난류성 어종 점령." 『강원도민일보』. 2024년 10월 14일.

이승주. "경제·안보 넥서스(nexus)와 미중 전략 경쟁의 진화." 『국제정치논총』 61집 3호 (2021), pp. 121–156.

이재승·유정민·이홍구. "에너지 인프라 안보의 개념틀과 구성요소 분석: 한국에의 적용을 중심으로." 『국제관계연구』 21집 2호 (2016), pp. 135–170.

이정훈, 양원석. "폭풍속으로: 글로벌 통상 환경 변화와 공급망의 재편이 한국 산업과 경제에 미치는 영향 진단." 『딜로이트 인사이트』 (2022).

이태동. "기후변화와 국제정치: 경제, 안보, 개발, 행위자 연구 어젠다." 『국제정치논총』 62집 1호 (2022), pp. 271–303.

_____. 『기후변화와 도시: 감축과 적응』. 서울: 명인문화사, 2023.

_____. "기후변화와 환경레짐: 한국은 제대로 대응하고 있는가?." 『동아시아재단 정책논쟁』 192호 (2023).

이태동 편저. 『기후변화의 정치경제: 국제통상, 기업, 기술』. 서울: 박영사, 2023.

_____. 『에너지전환의 정치』. 서울: 사회평론, 2021.

이효영. "경제안보의 개념과 최근 동향 평가." 『IFANS 주요 국제문제 분석』 2022.8 (2022), pp. 1–41.

임송수. "기후변화와 식량안보." 『세계농업』 232집 (2019), pp. 105–130.

장현숙. 『기후변화 대응에 따른 무역환경 변화동향과 대응방안』. 서울: 에너지경제연구원, 2016.

장훈·송영일·김윤정·김미래·박진한·박송미. "기후변화 적응정책 10년: 현주소 진단과 개선방안 모색을 중심으로." 『기후환경정책연구 2020』 (2020), pp. 1–144.

정귀희. "에너지 전환 및 에너지 안보를 위한 기후 서비스의 중요성." 해외에너지정책분석팀. 『세계 에너지시장 인사이트』 제22집 25호 (2022).

채광석. "'식량안보' 지키려면 지역단위 농지 관리 계획 필요하다." 『한국경제』. 2023년 6월 18일

탁성한. 『기후변화를 고려한 국방혁신 4.0 발전 제언』. 서울: 한국국방연구원, 2023.

환경정치연구회. 『탄소중립과 그린뉴딜: 정치와 정책』. 파주: 한울 아카데미, 2022.

2. 영어문헌

Alves, L. M., R. M. Afonso, C. M. A. Silva & P. A. F. Martins. "Boss forming of annular flanges in thin-walled tubes." *Journal of Materials Processing Technology* 250 (2017), pp. 182–189.

Climate Change and Security Action Plan – Compendium of Best Practices" (The North Atlantic Treaty Organization, July 2023), https://www.nato.int/nato_static_fl2014/assets/pdf/2023/7/pdf/230710-climate-change-best-practices.pdf.

Department of Defense, Office of the Undersecretary of Defense (Acquisition and Sustainment). 2021. Department of Defense Draft Climate Adaptation Plan. Report Submitted to National Climate Task Force and Federal Chief Sustainability Officer. 1 September 2021.

Er Kara, M., A. Ghadge & U. S. Bititci (2021). "Modelling the impact of climate change risk on supply chain performance." *International Journal of Production* 59–24 (2021), pp. 7317–7335.

FSIN·Global Network Against Food Crises. "Global Report on Food Crises – 2022". May 4, 2022. https://www.wfp.org/publications/global-report-food-crises-2022 (접속일: May 5, 2023).

Glavinov, Aleksandar, and Goran Kamchev. "The impact of climate change on military activities." *Contemporary Macedonian Defence* 16 31 (2016).

IPCC (Intergovernmental Panel on Climate Change). "Climate Change 2022: Impacts, Adaptation and Vulnerability: Summary for Policymakers." 2022. www.ipcc.ch (접속일: April 11, 2023).

IPCC (Intergovernmental Panel on Climate Change). "Climate Change and Land: an IPCC special report on climate change, desertification, land degradation, sustainable land management, food security, and greenhouse gas fluxes in terrestrial ecosystems" 2019 (접속일: April 11, 2023).

Kousky, Carolyn. "Informing climate adaptation: A review of the economic costs of natural disasters." *Energy economics* 46 (2014), pp. 576–592.

Lee, Taedong·Taehwa Lee. "Evolutionary urban climate resilience: assessment of Seoul's policies." *International Journal of Climate Change Strategies and Management* 8–5 (2016), pp. 597–612.

McNair, Sarah. "Five Years after Hurricane Michael, AFIMSC Continues Shaping Tyndall as Installation of Future." Air Force Installation & Mission Support Center, October 18, 2023, https://www.afimsc.af.mil/News/Article-Display/Article/3560414/five-years-after-hurricane-michael-afimsc-continues-shaping-tyndall-as-installa/.

Netzerotracker. "Netzerotracker." 2023. www.zerotracker.net (접속일: April 14, 2023).

Pike, Lili. "China aims to be carbon neutral by 2060. Its new 5-year plan won't cut it." Vox, March 5, 2021. https://www.vox.com/22313871/china-energy-climate-change-five-year-plan-wind-solar-coal-oil-gas (접속일: April 11, 2023).

Yang, Hyuk., Lee, Taedong., Sirkku, Juhola. 2021. The old and the Climate Change Adaptation: Climate Justice, Risks, and Urban Adaptation Plan. Sustainable Cities and Society. 67. 102755.

제2부

전략 및 평화적 안보

6장   한미동맹 _ 정구연 · 159

7장   대북억제와 국방전략 _ 박영준 · 191

8장   북핵문제와 한국의 안보전략 _ 황지환 · 219

9장   미중갈등관계와 한국의 안보 _ 이왕휘 · 245

10장   한미일 안보협력의 가능성과 한계 _ 조양현 · 276

11장   북중러 삼각관계와 한국안보 _ 김재관 · 311

12장   다자안보와 한반도 평화구축 _ 김계동 · 350

한미동맹

정구연(강원대 정치외교학과)

1. 서론　　　　　　　160
2. 동맹의 개념과
   주요이론　　　　　162
3. 한미동맹 등장 배경과
   발전　　　　　　　166
4. 동맹 관련 한미의
   국익과 가치 평가　173
5. 한미동맹 관련 주요
   현안과 쟁점　　　177
6. 한미동맹의 과제와
   미래전망　　　　　183

개요

한미동맹은 제2차 세계대전 이후 자유국제주의 질서를 구축하고 자국에 우호적인 세력균형을 형성하기 위한 미국의 전략적 목적과 대북억제가 절실했던 한국의 이익이 맞물려 가능했다. 이후 한미동맹은 70여 년간 유지되며 한반도 안정 유지에 기여했다.미국의 지역전략, 동아시아 역내 강대국 관계, 한국의 대북정책과 대미인식 변화 등으로 한미동맹은 많은 변화를 겪었으나 한반도 분단과 북한의 군사적 위협이 존재하고 있는 상황에서 한미동맹과 협력은 필요하다.

　최근 한미동맹은 한반도 안정유지뿐만 아니라, 동아시아의 안정과 번영에 적극적으로 기여하는 동맹으로 거듭나고 있다. 미중 경쟁 상황속에서 미국은 기존 동맹체제 간의 통합을 시도하고 있다. 양자동맹으로 구성된 미국의 동아시아 동맹체제 속에서 일본과 한국, 필리핀, 호주 등 주요 동맹국 간의 협력을 독려하며 궁극적으로 미중 경쟁에 대응할 수 있는 집단방어체제 구축을 모색하고 있다. 이에 따라 한미동맹의 본래 목적인 한반도 안정 유지뿐만 아니라 한반도 역외 지역 분쟁에 한국이 좀 더 적극적인 역할을 수행하도록 요청받고 있다. 특히 최근 미국이 대외정책 축소 기조 속에 동맹국의 안보분담과 지역 안정을 위한 역할 확대를 기대하는 것과 맥을 같이한다. 향후 한미동맹은 안보분담 확대와 한반도 안정유지 간의 균형에 대한 도전이 발생할 것이다.

핵심이슈

- 국가는 공동의 위협과 이익 등 다양한 요인을 배경으로 동맹을 형성한다.
- 제2차 세계대전 이후 미국은 유럽과 아시아에 각기 다른 형태의 동맹체제를 형성하며 구소련과 중국 등 강대국 팽창을 봉쇄했다.
- 한미동맹은 한국전쟁 이후 한반도 및 동북아 안보지형에 대한 양국의 이해를 기반으로 형성되었다.
- 한국은 미국으로부터 확장억제를 보장받고 있고, 경제, 첨단기술개발, 개발협력에서도 협력을 확대하고 있다.
- 인도·태평양지역 내 형성되는 안보아키텍처는 기존의 바큇살(Hub and Spoke) 형태 속에 분리되어 있던 양자동맹 간의 연결을 독려하며 격자무늬 협력을 확대하고 있다.

1. 서론

1953년 한미상호방위조약 체결 이후 한미동맹은 70년 넘게 유지되어 왔다. 탈냉전이라는 구조적 변화에도 불구하고 한반도는 여전히 분단되어 있고, 북한의 군사적 도발과 핵·미사일 능력 고도화로 인해 한반도 내 긴장 수위는 낮아지고 있지 않다. 이에 따라 한미동맹은 한국의 정권 교체와 관계없이 한국 외교·안보의 주요 요소로 자리잡아 왔다.

한미동맹은 그 출범 배경에서 알 수 있듯이 군사적 협력을 최우선 목표로 한다. 대북억제와 한반도 안정 유지라는 한미동맹의 목표를 달성하기 위해 한미 양국은 북한의 위협 양상 확대와 발맞추어 협력 영역을 확대해 왔다. 한미안보협의회(SCM: ROK-US Security Consultative Meeting) 개최뿐만 아니라 다수의 양자 협의가 양국정부 각급에서 이뤄지고 있으며, 정기적인 연합군사훈련은 양국 간 상호운용성과 대비 태세를 확인하는 계기가 되고 있다. 또한, 한미연합사령부를 통해 그 어떤 미국의 양자동맹보다도 긴밀한 협력과 통합적 운용이 가능한 연합방위 태세를 유지하고 있다. 2023년 한미정상회담의 결과 마련된 핵협의그룹은 이러한 연합방위 태세의 질적 변화를 가져오고 있다. 이는 북한의 핵위협에 공동으로 대응하고 미국의 확장억제 실행력을 강화하는 조치인데, 그만큼 한미동맹 협력 영역과 수위가 높아졌음을 보여주는

사례다. 또한, 안보 영역뿐만 아니라 경제, 과학기술, 개발 협력 등 다양한 영역에서의 협력을 확대하며 한미 양국은 위협뿐만 아니라 이익에서도 인식을 공유하는 '포괄적 전략동맹'으로 자리잡았다.

물론 이와 같은 한미동맹의 발전이 한국의 이익만 반영하는 것은 아니며, 미국 역시 한미동맹의 성공적 운용을 통해 대북억제뿐만 아니라 동북아시아지역에 대한 역외균형을 수행해왔다. 한편, 한미상호방위조약이 체결되었던 1953년과 지금의 안보환경은 구조적으로 다르며, 이러한 이유로 한미동맹이 지향하는 전략적 이익도 조금씩 변화하고 있다.

더욱이 지금은 강대국 경쟁의 시대다. 한국의 유일한 동맹국인 미국은 중국과의 전방위 경쟁을 정책 최우선 순위로 상정하고 있다. 또한, 2022년 러시아의 우크라이나 침공과 북한과의 안보협력 확대는 미국과 아시아 동맹국뿐만 아니라 유럽 동맹국들에게도 우려를 낳고 있어, 미국은 양 지역 동맹국들 모두와 협력을 확대하고자 한다. 한편, 미국은 대외정책 축소(retrenchment) 기조 속에서 동맹국들에 대한 안보분담 확대를 요구해왔고, 특히 트럼프 2기 행정부는 동맹국들 각각의 국방비까지도 제고하라고 언급했다. 이는 개입과 축소라는 미국 대전략의 지난한 논쟁 속에 동맹국에 대한 안보분담 요청 수위도 달라짐을 보여준다. 최근에는 안보분담뿐만 아니라 미국과 동맹국 간의 방위산업 협력을 통해 동맹의 회

복력(resilience)을 높이려는 구상도 시작되었다. 더욱이 트럼프 2기 행정부는 미국 우선주의(America First)와 '미국을 위대하게'라는 구호 하에 경제포퓰리즘적 관점에서 국제관계를 이해하고 있다. 미국이 제2차 세계대전 이후 유지해온 자유국제주의 질서는 근본적으로 다자주의적 특성을 띠는데, 이에 대한 트럼프 대통령의 부정적 태도는 미국의 글로벌 리더십 기반 자체를 약화시키고 있다. 이에 따라 미국이 고립주의로 회귀하는가의 논란이 있지만, 트럼프 대통령은 고립주의라기보다 상호주의를 강조하고, 강대국과의 갈등에 불필요하게 연루되기를 거부하며, 이를 통해 미국경제를 회복하고자 한다. 궁극적으로 트럼프 대통령은 이를 통해 중국과의 강대국 경쟁에 집중해 미국에 우호적인 세력균형을 재편하는 데 그 목표가 있다.[1]

이러한 미국의 대전략은 결국 동맹정책에도 영향을 미치고 있고, 한미동맹도 예외가 아니다. 주한미군 철수, 방위비 분담금 재협상 등 이미 2024년 미국 대선 캠페인 동안 한국에 대해 트럼프 대통령이 언급한 사안은 한미동맹의 기반을 약화시킬 가능성이 있다. 더욱이 이러한 동맹국에 대한 태도는 결국 동맹국의 미국에 대한 헤징을 가져올 수 있으며, 미국의 의도와 관계없이 다극체제의 부상이라는 내러티브가 더욱 설득력을 얻을 수 있을 것이다.

요컨대 70년 넘게 유지되어 온 한미동맹은 미국의 대전략 변화와 강대국 경쟁으로 인해 또 다른 도전을 맞이하고 있다. 지금의 강대국 경쟁, 그리고 우크라이나와 중동에서 진행되는 '두 개의 전쟁' 국면 속 미국은 그 어느 때보다 동맹과의 연대와 협력이 필요할 것이다. 특히 한미동맹의 경우, 한국에 대북억제 역할 강화를 요청하며 미국이 강대국 경쟁에 집중할 수 있는 여건을 마련하는 방향으로 발전할 가능성이 있다. 물론 북한과의 거래를 통해 한반도에서의 위기 고조 가능성을 낮추며 중국과 러시아에 대한 지렛대로 활용할 가능성도 존재하는데, 이와 같이 예측하기 어려운 미국 트럼프 행정부의 한반도정책에 한국의 이익이 반영되도록 한미 양국 간의 소통이 유지되어야 할 것이다. 물론 트럼프 2기 행정부 특유의 동맹에 대한 거래주의적 접근, 경제포퓰리즘적 시각을 통한 대외정책 노선 수정은 스스로를 고립시킬 가능성도 존재하는데, 그렇다면 미국의 글로벌 동맹체제는 상당한 변화를 겪을 수도 있다. 한미동맹은 이러한 도전 상황에 어떻게 대응할 수 있을 것인가? 또한, 한미동맹이 새로운 강대국 경쟁 시기에 설정해야 할 목표는 무엇일까? 이 글은 이러한 질문들을 중심으로 기존의 동맹이론을 살펴보고, 한미동맹이 1953년 이후로 어떠한 궤적을 따라 발전해 왔는지 살펴본다. 또한, 한미 양국이 상정한 국익과 현안, 그리고 향후 전망을 논의해 본다.

2. 동맹의 개념과 주요이론

동맹에 관한 이론은 매우 방대하며 이 중 다수의 연구가 동맹 형성과 존속, 해체의 원인을 설명한다. 또한, 보다 구체적으로 동맹국이 어떠한 조건에서 동맹조약에 명시된 공약을 준수하는가, 혹은 얼마나 오랜 기간 동맹이 유지되는가 등의 질문에 대해 논의하는 연구도 존재한다. 사례연구와 정량적 통계분석 등 다양한 방법론으로 연구가 진행되어, 사실상 동맹 정치연구는 안보연구에 있어 가장 다양한 시각과 연구방법론을 통해 분석된 주제라고 볼 수 있다. 이 절에서는 이 가운데 한미동맹을 이해하는 데 많은 함의를 줄 수 있는 동맹 형성과정에 관한 기존 연구와 개념을 살펴본다.

1) 동맹의 정의

동맹에 관해서 매우 다양한 정의가 존재하며, 정의마다 강조하는 요소들이 상이하다. 일반적으로 받아들여지는 동맹의 정의란 "특정 국가나 국가들에 대응하기 위해 군사적 자원 사용에 관해 협력할 것을 약속하고, 특히 특정 상황에서 무력을 사용하거나 무력 사용을 고려하도록 강제하는 공식적 합의"이다.[2] 이에 따라 동맹의 가장 중요한 기능은 외부 위협에 공동으로 대응하는 것이며, 특히 이러한 대응 과정에서 안보 요소를 제공하여 대응 역량을

배가하는 것이다.[3] 공동의 위협에 기반하여 동맹이 형성되고, 또한 그러한 공동의 위협이 실제로 현실화되었을 때 안보 요소 제공 혹은 집단방어(collective defense)의 형태로 협력해 대응하는 것이다.

둘째, 동맹이 갖고 있는 또 다른 특징 중 하나는 공동 대응, 특히 안보 요소 제공(혹은 비제공)의 조건을 구체적으로 조약에 명시하는 것이다. 즉, 동맹조약 체결 과정에서 조인국들은 군사적 협력이 발생할 수 있는 조건에 대해 명시적으로 밝히며 이에 대해 합의한다.[4] 이러한 차원에서 동맹의 유형은 방위조약과 불가침조약, 그리고 협약(entente) 등으로 나뉘며 공약의 범위와 조건을 구체화한다. 물론 협약에서와 같이 모든 상황을 구체적으로 명시하지 않는 예도 있다. 때로는 비공식적이고 묵시적인 이해를 바탕으로 협력의 공약이 형성되고 군사력을 제공하기도 한다.[5]

셋째, 동맹조약은 군사력 사용의 상황이 발생할 시 이를 강제하는 조약이다. 이러한 측면에서 동맹이란 집단행동의 문제(collective action problem) 차원에서 살펴볼 수 있다. 즉, 특정 위협에 대한 공동 대응이라는 점을 고려할 때 이러한 공동 대응은 결국 공공재의 성격을 갖기 때문이다.[6] 공공재 마련에 있어 가장 대표적인 문제는 바로 무임승차인데, 동맹의 관점에서도 무임승차는 다양한 상황에서 나타날 수 있다. 예컨대 자율성-안보 교환의 딜레마(autonomy-security trade-off dilemma)를 그 예로 들 수 있다. 자율성-안보 교환의 딜레마에 따르면, 비대칭동맹의 지속가능성은 약소국이 강대국에 얼마나 자율성을 양보하느냐에 따라 결정된다.[7] 즉, 약소국이 자율성을 양보하면 강대국의 안보지원이 확대되어 동맹이 강력해질 수 있으나, 약소국이 자율성 양보를 선호하지 않을 경우, 그만큼 강대국의 안보지원 의지가 약해져 동맹이 약화될 수 있는 것이다. 만약 약소국이 자율성을 양보하여 강대국으로부터 안보지원을 받는다면 그 결과, 군비에 투자될 재정을 절약해 다른 부분에 예산을 사용할 수도 있을 것이다.[8] 제2차 세계대전 이후 미국이 형성한 대부분의 동맹은 비대칭동맹으로서 한국, 일본 등 미국의 동아시아 동맹국들은 이러한 자율성-안보 교환의 딜레마로부터 사실상 자유롭지 못했다.

비대칭동맹이 겪을 수 있는 또 다른 딜레마인 연루와 방기의 공포(fear of abandonment-entrapment) 역시 이러한 집단행동의 문제 관점에서 살펴볼 수 있다. 이것은 동맹 당사국에 의해 벌어진 군사적 충돌 상황에 다른 동맹국이 자신의 의지와 관계없이 연루되는 것에 대한 두려움을 의미하며, 방기의 공포란 국가가 위기에 처했을 때 원조를 제공하기로 한 동맹국이 약속을 지키지 않을 가능성에 대한 공포를 의미한다. 이러한 연루와 방기의 공포는 동맹국 간 힘의 균형이 비대칭적일수록 더욱 심화되며, 특히 약소국일 경우 방기의 공포를

가질 수 있다. 한미상호방위조약 체결 직후 한국은 미국의 남한 방어 의지에 대해 확신을 가질 수 없었고, 이러한 방기의 딜레마가 현저하게 나타난 바 있다.[9] 연루의 사례로 논의할 수 있는 것은 제1차 세계대전을 촉발한 사라예보 암살 사건으로, 이것은 사실 오스트리아-헝가리와 세르비아 간의 전쟁으로 이어졌으나, 결국 오스트리아-헝가리와 동맹국인 독일과 이탈리아, 프랑스와 동맹국인 러시아와 영국의 관계로 인해 유럽 전역에서의 전쟁, 즉 잘 알려진 바와 같이 3국협상과 3국동맹의 세계대전으로 확전되었다.[10]

한편, 동맹은 집단안보 조약과는 차이를 보이는데 특히 집단안보 조약은 동맹체제에 포함되지 않은 비조인국의 위협에 대응하며, 과거 제1차 세계대전 이후 미국 우드로 윌슨 대통령에 의해 주도된 국제연맹의 사례에서와 같이 연맹 내부의 현상 유지를 독려하며 조인국 간의 물리적 폭력을 제약하고 감시하는 기능도 포함한다. 지금의 유엔 역시 가장 보편적인 회원국을 보유한 집단안보 기구이며, 아프리카연합, 구소련 구성 공화국 6개국이 창설한 집단안보조약기구 등도 집단안보 형태의 조직이라고 볼 수 있다.

2) 동맹의 형성 배경

동맹의 형성을 설명하는 이론은 전통적으로 현실주의 혹은 신현실주의 시각에서 논의되

었다. 이에 따르면 동맹은 국제체제의 구조적 특성인 무정부 상태와 권력 분포에 의해 형성된다. 무정부 상태의 국제체제에서 국가들은 자국의 안보를 우선시하며, 강력한 공동의 외부 위협에 대응하기 위해 동맹을 체결하고 군사적 역량을 결집한다.[11] 이러한 권력 결집(aggregation of power) 관점에 따르면,[12] 동맹 형성은 군사적 역량과 안보 이익에 의해 결정되며, 국내적 요인보다 외부 요인에 의해 더욱 영향을 받을 수밖에 없다.

이러한 맥락에서 세력균형이론과 동맹이론의 관계도 생각해볼 필요가 있다. 이러한 관계 속에서 생각해보면 국가들은 권력이 균등하게 배분되도록 유지하기 위한 수단으로서 동맹을 형성한다. 모겐소(Hans Morgenthau)에 따르면, 동맹은 국가 간 권력 투쟁 속에서 특정 국가의 권력이 커지는 것에 집단적으로 대항하기 위해 혹은 다른 국가들과 권력을 결집하는 과정 속에서 형성된다.[13]

필연적으로 이러한 논의는 "누구와 동맹을 체결하는가"의 문제로 이어진다. 이에 대해 균형(balancing)과 편승(bandwagon)의 논의가 뒤따르는데, 편승이란 더욱 강력한 연합 혹은 국가와 제휴하는 것을 의미하는 반면, 균형은 약한 연합 혹은 국가와 제휴하는 것을 말한다. 특히 월트(Stephen Walt)는 편승에 대해 "위험의 근원과 제휴하는 것"이라고 정의했는데, 이러한 편승이 발생하는 원인으로 강력한 연합 혹은 국가에 대한 유화정책

차원에서 혹은 강력한 국가 혹은 연합이 승리를 거둘 경우, 이로부터 이익을 취하기 위한 목적 등이 언급되었다.[14] 월트는 위협균형론(balance of threat)을 논의하며, 편승보다는 균형이 외부 위협에 대응하기 위한 방식으로 좀 더 많이 선택되어왔으며 편승은 약소국에 의해 주로 활용된 선택지였음을 강조한다. 균형, 즉 약한 연합 혹은 약소국과의 제휴는 모든 국가에게 위협이 될 수 있는 패권국의 부상을 예방할 수 있게 한다고 주장한다.

한편, 스웰러(Randall Schweller)는 이와 같은 기존 연구의 현상유지적 편향성(status quo bias)을 지적하며,[15] 국가가 상정하고 있는 이익, 즉 현상유지의 이익을 갖고 있는가, 아니면 현상변경적 이익을 갖고 있는가의 여부가 국가의 행동을 설명하는 데 더욱 중요하다고 주장한다. 스웰러에게 편승이란 "위험의 근원과의 제휴"가 아니라, 자국과 이익이 양립할 수 있는 강한 국가와의 제휴를 의미한다고 주장하며, 이러한 차원에서 동맹 형성을 이해해야 한다고 언급한다.[16] 즉, 위협의 공포로 인해 편승하는 것이 아니라, 강한 국가 혹은 연합이 전쟁 승리로 얻게 될 영토나 이익을 나누기 위해 편승한다는 것이다. 이와 같이 스웰러의 '이익균형론(balance of interest)'은 위협이나 권력의 불균형으로 인해 동맹이 형성되는 것이 아니라, 정치적 목표가 양립가능할 시 동맹이 가능하다는 점을 주장하며 기존 이론과의 차별성을 보인다. 만약 국가가

현상유지에 만족한다면, 그 국가는 국제체제의 균형을 유지하는 연합 혹은 국가와 제휴할 것이고, 이와 반대로 현상변경을 통해 영토와 이익을 취하려는 국가의 경우, 자국과 동일한 정치적 목표를 공유하는 국가와의 제휴를 시도할 것이다. 즉, 스웰러의 이론은 국가의 동맹국 선택 기준이 위협이나 권력 결집 차원이 아닌 '이익'에 있음을 강조한다.

그러나 스웰러의 이론은 국제체제적 영향력을 고려하지 않았다는 점에서 여전히 한계가 있다. 즉, 스웰러의 이익균형론은 결국 국가 각각의 이익이 동맹 형성과 국제체제의 안정을 설명하는 주요 변수라고 설명하고 있는데, 이는 구조적 현실주의이론이 강조하는 체제적 효과, 즉 강대국 간의 상호작용이 국가들의 행동 방향에 대해 사회화의 효과를 가져온다는 점과 배치된다는 것이다.[17]

요컨대 월트와 스웰러의 연구는 동맹 형성 배경이 위협에 관한 것인가, 아니면 이익에 관한 것인가에 대한 근본적인 질문을 던지고 있다. 물론 이러한 이분법적인 동맹 형성 배경과 국가의 제휴 형태에 국한하지 말고 좀 더 다양한 스펙트럼에서 국가의 행동 배경과 형태를 살펴봐야 한다는 연구도 존재한다.[18] 특히 헤징(hedging)과 중립(neutrality) 등 다양한 사례가 외교사에 존재했다는 점을 상기해 볼 필요가 있다.[19]

한편, 이러한 외부로부터의 위협 혹은 이익 때문이 아니라 국가 내부로부터의 위협으로 인해 동맹이 형성된다는 연구도 존재한다. 외부로부터의 위협으로 인해 동맹이 형성되었다면, 사실 냉전 종식 이후 북대서양조약기구(NATO: North Atlantic Treaty Organization)와 같이 구소련의 위협에 대응하기 위해 조직된 동맹체제는 사라져야 했지만 그렇지 않았다.[20] 라슨(Deborah Larson)의 경우, 중부유럽과 동부 유럽국가들에 대한 사례연구를 통해 약소국은 잠재적 패권국과의 제휴, 즉 편승을 통해 경제원조를 얻어내거나, 내부 경쟁자의 정치적 레버리지를 약화시키고 혹은 외부로부터의 전복 가능성을 차단해 왔다는 점을 밝혔다.[21] 또한, 제3세계 국가들의 제휴행위를 분석한 데이빗(Steven David)의 경우, '전방위 균형(omnibalancing)'이라는 개념을 제시했다.[22] 이에 따르면, 정권 안정을 도모하기 위해 지배 엘리트는 외부 위협에 편승하게 되는데, 특히 자국 내 경쟁자를 지원하는 국가들을 대상으로 유화정책을 시행한다. 이러한 행위는 대외적으로는 편승처럼 보이지만, 보다 근본적으로는 국내적 경쟁자를 겨냥한 균형정책이라고 볼 수 있다.

그러나 이와는 달리 약소국들은 근본적으로 균형정책을 택할 여력이 없어 편승을 택할 수밖에 없다는 연구도 존재한다.[23] 즉, 군사력 제고를 위한 재정 배분 여력이 매우 부족하거나 이를 위한 국내 자원 추출 과정에서 국민의 저항에 부딪힐 가능성이 존재해 차라리 외부 위협에 대해 편승을 선택하게 된다는 것이다. 요컨대 동맹 형성의 선택 기로에서 국가들은 국내정치적 비용과 대외적 이익을 종합적으로 고려한 선택을 내리게 된다.[24]

마지막으로 동맹은 상호관리의 수단이라는 연구도 존재한다.[25] 동맹국 간에도 갈등과 경쟁이 존재할 수 있다는 현실주의적 시각 속에서, 동맹이라는 제도 속에서 평화를 유지하고 동맹국들의 행동을 관리할 수 있다는 것이다. 특히 19세기 비스마르크가 설정한 유럽체제와 그 동맹은 이러한 관점에서 상당히 안정적으로 유지되어 왔다고 평가된다.

요컨대 동맹은 왜 형성되는가, 그리고 동맹의 파트너로서 어떠한 국가를 선택하는가의 질문에 대해 기존 연구들은 매우 다양하고 이론적으로 끊임없이 진화하는 대답을 제시하고 있다. 월츠의 세력균형과 월트의 위협균형, 그리고 스웰러의 이익균형론은 점차 구체적인 국가의 이익이 국가의 행동에 투사되는 과정을 보여주고 있으며, 이러한 국가의 이익에 의해 동맹의 파트너 선정, 동맹 공약의 내용과 그 지속가능성을 예측할 수 있다.

3. 한미동맹 등장 배경과 발전

한미동맹이 70년 넘게 유지되었다는 것은 그만큼 한미 양국의 협력 유인이 존재했다는 것을 보여주지만, 동시에 그동안 나타난 국제질서의 구조적 변화로 인해 한미 양국도 갈등을 피할 수 없었다. 이 절에서는 제2차 세계대전 이후 미국이 동맹체제 구축을 통해 달성하고자 했던 전략적 목표와 함께, 냉전과 함께 본격적으로 운용하게 된 한미동맹이 겪은 주요 사건들을 논의하며 한미동맹의 발전 과정을 알아본다.

1) 미국의 대전략 변화와 동맹체제의 출범

한미동맹은 한국전쟁 이후 1953년 한미상호방위조약 체결과 더불어 공식화되었지만, 이후 미국의 동아시아 전략과 역내 안보지형의 변화에 따라 많은 도전을 받아왔다. 제2차 세계대전 이후 강대국으로 부상한 미국은 고립주의 대전략에서 벗어나 자유국제주의 질서를 전 세계에 구축하고, 이러한 질서를 운용하기 위한 세력균형을 형성하고자 했다. 유럽과 아시아 등 주요 지역 내에서 미국에 우호적인 세력균형을 형성하기 위해 필요한 것은 해당 지역에서 또 다른 강대국이 부상하는 것을 막는 것이고, 이러한 목표를 함께 추구할 수 있는 지역별 동맹국이 필요하게 되었다. 유럽의 경우 구소련, 동아시아지역의 경우 중국이 각각 자리잡고 있었는데 미국은 지역별 세력균형을 유지할 뿐만 아니라 미국으로부터 지리적으로 멀리 떨어진 이 지역 내에 공산주의의 확산을 봉쇄하고 자유국제주의 질서를 자리잡게 할 수 있도록 지원할 수 있는 국가와 동맹조약을 체결하게 되었다.

또한, 미국의 동아시아 동맹체제 형성과정은 동맹국의 일방적인 현상변경 행위를 억제하기 위한 목적을 담고 있다. 특히 한국의 이승만 대통령과 대만의 장개석 총통은 모두 통일을 선호했고, 일본 역시 1952년 연합군 점령 종결 이후 군국주의로 회귀할 가능성이 있다고 미국은 판단했다. 이에 따라 미국이 동맹국인 한국과 일본에 주둔하는 것은 지역 안정을 유지하는 데 필요한 조치라고 생각했고, 중국 역시 이러한 미국의 의견에 동의하는 듯했다.[26]

이러한 배경에 따라, 미국이 유지하고 있는 동맹체제는 제2차 세계대전 이후 형성되었다. 1949년 미국은 캐나다, 영국, 프랑스, 이탈리아 등 11개국과 집단방위 조약을 맺고 북대서양조약기구(NATO)를 창설했고, 1951년에는 필리핀과의 상호방위조약, 호주, 뉴질랜드와의 ANZUS조약, 일본과의 안전보장 조약, 그리고 1953년 한국과의 상호방위조약 등이 연이어 체결되었다. 북대서양조약기구의 집단방위체제와 동아시아지역 미국의 동맹체제는 제도적 외형이 같지 않다. 동아시아지역 미국의 동맹체제는 기본적으로 다수의 양자동맹이 미국을 중심으로 이어지는, 소위 바퀴살 형태(Hub and Spoke)의 외형을 보유하고 있다. 비록 형태는 다르더라도 이러한 동맹의 존재는 결국 미국이 전 세계에 과도한 확장을 하지 않게 하면서도 유럽과 동아시아에서 미국에게 우호적인 세력균형을 유지할 수 있게 했다.[27] 미국의 과도한 팽창은 결국 미국의 국력을 소진시켜 패권국으로서의 역할과 미국이 지탱하는 국제질서의 쇠퇴로 이어질 수 있어 이러한 동맹의 존재는 미국에게 매우 중요한 전략적 자산이었다.

이와 같이 한미동맹이 출범하던 배경에는 냉전을 맞아 부상한 미국의 봉쇄 전략이 존재했다. 그 이후로도 미국이 동아시아 역내 부상하는 강대국들에 대해 어떠한 전략을 취하는가, 미국에게 우호적인 세력균형을 유지하기 위해 어떠한 수단을 택하는가, 그리고 미국의 이와 같은 해외 개입에 대해 미국 국민들이 어떠한 태도를 취하는가에 따라 한미관계도 많은 변화를 겪어왔다. 앞서 논의한 동맹에 관한 많은 이론들도 한미동맹이 발전해오는 오랜 시간 동안 다양하게 적용될 수 있을 것이다.

2) 한미상호방위조약 체결과 냉전기 한미동맹의 발전

먼저 한미상호방위조약이 체결되던 1953년 전후, 미국은 한국전쟁 이후 한반도를 둘러싼 동북아시아의 세력균형을 형성하기 위한 방안을 모색하고 있었다. 한편, 한국전쟁 이후 휴전협상이 진전되자 이승만 대통령은 휴전에 강력히 반대하며, 한반도 통일을 위해 미국도 압록강까지 진격해야 하며 그렇지 않을 경우, 한반도로부터 철수해야 한다고 주장했다. 이승만 대통령의 북진 주장의 진실성이 있는 것인가도 문제였지만, 실제로 그렇게 될 경우, 한국이 승리할 수 있을 것인가, 또한 한국전쟁 이후 또 다른 전쟁에 연루될 가능성에 대해 미국은 우려할 수밖에 없었다. 물론 한국이 휴전을 반대한 이유는 통일에 대한 열망도 작용했지만, 미국으로부터 안보 보장을 받으려는 의도도 작용했다. 이러한 이유로 한미 양국이 동맹조약 체결을 위한 협상을 시작했을 때에도, 한국은 한반도 전쟁 발발 시 미국이 자동개입해야 한다는 조항을 포함시키고자 했다. 다만, 미국은 한국과의 상호방위조약 체결을 통해 한국의 일방적인 북진 가능성을 예방하며 역내 안정을 유지하고자 했기에, 자동개입 조항을 포함시키기보다 실질적인 인계철선 역할을 수행할 수 있는 미군 2개 사단을 서울과 휴전선 사이 서부전선에 배치해 실질적인 자동개입 역할을 수행하도록 했다.

한미상호방위조약 체결에도 불구하고 미국은 이승만 대통령의 일방적인 군사행동 가능성을 우려했는데 1954년 아이젠하워 대통령은 이승만 대통령과의 한미정상회담을 통해 도출한 '한국에 대한 군사 및 경제원조에 관한 대한민국과 미합중국과의 한미의사합의록'에 이러한 우려가 담겼다. 이승만 대통령이 북진 통일의 의사를 포기하는 대신 유엔군사령부가 한국 방위의 책임을 부담하고, 한국군에 대한 작전통제권을 보유하며, 1955년에 4억 2,000

만 달러 군사원조와 2억 8,000만 달러 경제원조, 10개 예비사단 추가 신설과 79척의 군함, 약 100여 대의 전투기를 제공하기로 합의했다. 또한, 이를 계기로 한미상호방위조약이 발효되었다. 이를 통해 아이젠하워 행정부도 이승만 대통령의 일방적인 군사행동으로 인해 전쟁에 연루될 가능성을 줄였다는 데서 그 의의를 찾을 수 있을 것이다.[28]

그러나 아이젠하워 행정부의 뉴룩(New Look) 정책에 따라 미국과 한국은 다시 한번 충돌할 수밖에 없었다. 제2차 세계대전과 한국전쟁을 배경으로 출범한 아이젠하워 행정부의 우선순위는 재정적자 축소, 균형 잡힌 예산, 국방비 축소 등으로 설명될 수 있다. 전후 미국 경제를 회복하기 위한 차원에서 이러한 목표 설정은 타당하나, 당시 국제질서는 냉전으로 돌입하고 있었다는 점을 고려할 때 미국의 국방비 축소는 소련과 중국에 대한 봉쇄 전략 추진을 어렵게 할 것으로 예측되었다.

그럼에도 불구하고 아이젠하워정부가 뉴룩 정책에 따라 제시한 것은 동맹국 내의 전술핵무기 배치, 그리고 동맹국들이 해당 지역에서 좀 더 많은 안보분담과 역할을 수행하도록 하는 것이었다. 이승만 대통령에게 이러한 뉴룩 정책은 국가안보의 위기이자 정권 안보의 위기로 인식되었다. 대규모의 주한미군은 한국 정부의 중요한 정치적 자산, 즉 이승만정부에 대한 국민적 지지를 유지하게 하는 중요한 기반이었을 뿐만 아니라 남북한 간의 군사적 균형을 유지할 수 있게 해주었기 때문이다. 1954년 한미의사합의록을 도출한 지 얼마 되지 않아 아이젠하워 행정부는 1958년까지 11개 현역 사단과 12~15개 예비사단에 대한 추가감축을 통해 전체 주한미군의 50% 이상을 감군하고자 했다.[29] 그러나 실제 주한미군 감축은 계획대로 이뤄지지 않았는데 이는 1957년 소련의 인공위성 발사, 1959년 쿠바혁명 등 공산주의 세력 확장이 가시화되는 일련의 사건들 때문이다. 이에 따라 아이젠하워 행정부는 한국에서 단 2개 사단만 감축하는 데 그쳤다. 한편, 1958년에는 동북아지역에서의 군사적 열세를 만회하기 위해 한국에 전술핵무기를 배치하기에 이른다.[30] 미국은 1958년부터 1991년까지 한국에 전술핵무기를 배치했고, 1960년대 중반에는 거의 950여 기에 달했다. 전술핵무기는 북한의 대규모 재래식 지상 침공을 억제하기 위한 거부 억제의 목적과 북한이 침공하더라도 감당할 수 없는 피해를 볼 것이라는 처벌 억제의 신뢰도를 높이는 역할을 했다.[31]

아이젠하워 행정부 이후로도 한미 양국 간에는 상호 간 신뢰를 시험하는 많은 사건들이 일어났다. 예컨대 1968년 1월 북한 게릴라에 의한 청와대 습격 사건, 북한의 미국 정보함 푸에블로호 나포 사건을 들 수 있다. 특히 푸에블로호 나포 사건의 해결을 위한 미북회담 과정에서 한국은 미국이 청와대 습격 사건에 대해 북한에 항의해 줄 것을 요청했으나, 미

국은 나포된 미국 선원들의 안전을 고려해 이를 수용하지 않았다.[32] 한국정부는 이에 대한 항의의 표시로 베트남에 파병된 한국군을 철수하겠다고 미국을 위협했으나, 오히려 미국은 추가 파병을 요청했다.

닉슨 행정부의 경우, 아이젠하워 행정부와 마찬가지로 베트남전쟁으로 인한 과도한 재정지출뿐만 아니라 세계적인 경기침체로 인해 축소정책으로 선회했다. 이에 따라 한반도에서 긴장완화, 주한미군 감축, 그리고 지상군 완전 철수를 목표로 설정했으나, 미국 내부에서는 과연 주한미군이 부재한 가운데에서도 북한의 재래식 전쟁 감행 시 한국이 단독으로 방어할 수 있을 것인가에 대한 이견이 존재했다.[33]

더욱이 1975년 유엔군사령부 해체에 관한 유엔 총회 결의안 등을 고려하여 한미 양국 간에는 새로운 군사 기구 설치를 논의하게 되었고, 1978년 한미연합군사령부를 창설하게 되었다. 동시에 한국군에 대한 작전통제권도 유엔군사령부에서 연합군사령부로 이양되었고, 유엔군사령부와 연합군사령부는 지원과 협조관계를 맺게 되었다. 유엔군사령부는 정전협정 서명 당사자로서 정전관리의 권한과 책임을 수행하며, 도표 6.1과 같이 현재의 한미 양국의 지휘구조와 연합방위태세를 갖추게 되었다. 또한, 주한미군 사령관의 경우 연합사 사령관, 유엔사 사령관의 임무를 모두 수행하는 세 개의 직책을 가져 '세 개의 모자'

도표 6.1   한미 양국 지휘구조와 연합방위 형태

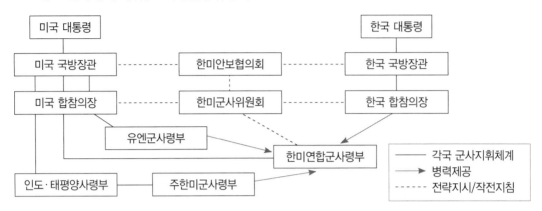

를 썼다고 표현하기도 한다.

카터 행정부의 경우, 1979년 미중관계 정상화뿐만 아니라 박정희정부의 인권 향상을 조건으로 주한미군 철수를 논의했다.[34] 그러나 여전히 한반도 안보 상황을 고려할 때 주

한미군 철수는 어렵다는 것이 미국 내의 주류적인 의견이어서 카터 행정부의 주한미군 철수정책은 시행되지 않았다. 다만, 박정희 대통령 시해 사건과 신군부 군사쿠데타 등의 사건이 연이어 한국에서 벌어지며 카터의 주한

글상자 6.1   한미동맹의 통합단일지휘체계

한미동맹은 1978년 한미연합사령부 창설 이후 통합단일지휘체계를 유지하고 있다.

일본 자위대와 주일미군이 병렬형 지휘체계(paralleled command structure)를 유지해온 것과 대비되는데 일본과 주일미군의 경우 분리되어 운영되며, 필요시에만 협조하는 형태를 유지한다. 그런 점에서 각각의 독립성과 자율성은 상대적으로 높으나 협의와 협력의 범위 및 수준이 낮아질 수밖에 없다. 그러나 한국과 주한미군의 경우, 한미연합사사령관이 전시작전 통제권을 보유하고 있어 한미간 통합단일지휘체

계가 가능했으며 또한 상대적으로 군사적 효율성이 높을 수 밖에 없다. 만약 전시작전통제권이 한국군으로 전환되고, 한국군 장성이 연합사령관을 맡게 될 경우, 새로운 지휘 및 협조체계가 재구성되어야 할 것이다. 또한, 전시작전통제권 전환 이후 창설될 미래연합사가 기존의 지휘구조 속에서 한국 합참과 어떠한 관계를 맺게 될 것인지 역시 많은 논의와 검토가 필요할 것이다. 또한, 이러한 문제는 여론에 상당히 민감하다는 점을 고려할 때, 국민적 공감대를 확보하는 방식으로 이루어져야 할 것이다.

미군 철수 논의도 중단되었다. 그러나 광주민주화항쟁에 대해 미국은 한국 내 상황에 개입하지 않는다는 입장을 취해, 민주주의보다 정권 안정을 더욱 우선시하는 것이 아닌가라는 논란과 함께 한국 내 반미감정이 확대되는 결과로 이어졌다.[35]

요컨대 냉전기 한미동맹이 마주한 도전은 미국의 주한미군 철수 시도와 이로 인한 안보 공백 발생 가능성에 대한 것이었고, 이로 인해 한국의 위협인식은 확대되었다. 한국이 1970년대 이후 빠른 속도로 경제발전을 이루며 남북한 군사균형도 점차 회복되고 있었으나, 여전히 주한미군의 존재는 한국의 정권안정뿐만 아니라 국가안보에 있어서도 중요한 자산으로 기여하고 있음을 알 수 있다. 다만, 앞에서 언급했듯이 1980년 광주민주화항쟁에 대한 미국의 태도는 또 다른 유형의 갈등 원인으로 남게 되었다.

3) 탈냉전기 한미동맹의 발전

냉전 종식 이후로도 한미동맹이 한반도에서 마주한 안보 상황은 크게 변화하지 않았다. 다만, 미국은 구소련 붕괴를 배경으로 다수의 해외 기지를 폐쇄하고 해외 주둔 미군의 수를 줄이려 했다. 조지 H.W. 부시 대통령과 클린턴 대통령은 "기지 상향 검토(Base Force Bottom-up Review)"를 통해 국방비를 줄이고 해외 주둔군의 비율을 축소하려는 목표를 설정했다. 그러나 일방적으로 축소하기보다는, 혹시 모를 침략을 억제하고 각 지역의 안정을 유지하기 위해 전진배치된 주둔군을 유지하는 대신 원정군으로 재편했다. 즉, 전방 방어에서 전방 현시를 목표로 해외 기지의 역할을 재설정했다.[36]

이러한 변화의 연장선상에서 불거진 논쟁 중 하나가 바로 전략적 유연성(strategic flexibility)이다. 2003년 한미연례안보협의회 공동 성명에 최초로 등장한 본 개념은 조지 W. 부시 행정부의 군사변환과 해외 미군 재배치 계획의 일환으로 제시되었다. 본 개념은 한국에 배치된 주한미군을 대북억제의 목적에 국한시키지 말고 테러리즘과 같은 초국가적 위협 혹은 긴급 사태에 대비한 신속 기동군으로 전환하는 것을 골자로 한다. 이에 대해 한국 내에서는 한국이 미국과 중국 간의 갈등에 불필요하게 연루될 가능성에 대한 우려가 제기되었다. 1만 2,500명의 주한미군 감축 및 재배치와 더불어 제기된 전략적 유연성 문제에 대한 또 다른 해석은 당시 노무현 대통령 집권 시기 극대화되었던 반미감정과 북한에 대한 한미 간 접근법의 차이로 인해 미국의 불만이 표출된 것이 아닌가라는 것이었다. 당시 한미 간에 논의되던 전시작전권 전환 문제, 용산 기지 이전, 주한미군지위협정(SOFA: Status of the Forces Agreement) 개정 문제 등 다수의 현안과 맞물려 한미동맹은 더욱 경직되어 갔다 (대북억제와 관련해서는 이 책의 7장 대북억제와 국방전략을 참조).

그러나 이명박정부의 '21세기 전략동맹', 박근혜정부의 '포괄적 전략동맹'으로의 한미동맹 격상을 통해 한국이 미국의 동아시아 전략과 더욱 조응하게 되자 한미동맹의 활동 영역은 한반도를 벗어나 더욱 확장되었다. 그러나 한국 내 보수-진보 정권의 교체와 더불어 미국과 한미동맹에 대한 한국정부의 태도가 바뀜에 따라, 한미동맹의 글로벌 전략동맹으로의 격상에 대한 행정부별 온도 차도 감지되었다. 이러한 온도 차는 한미동맹의 글로벌화, 그리고 이를 위한 한미일 협력의 재가동과 관련해 극명하게 나타났다.

특히 미중경쟁이 본격화되며 등장한 인도·태평양전략 공간 개념의 등장과 그러한 전략공간을 채워 넣은 안보아키텍처에 한국이 참여할 것인가에 대해 한국의 입장은 정권별로 매우 상이하게 나타났다. 이는 근본적으로 한미동맹의 최우선 목표인 북한과 관련해, 보수 정권은 북한을 위협의 대상으로 상정해 억제 조치를 우선시하는 반면, 진보 정권은 북한의 피포위 의식을 고려해 관여와 대화를 통해 남북한 간의 평화를 조성하는 것이 중요하다는 점을 강조해왔기 때문이다. 대북정책의 이러한 근본적인 차이는 결국 대북정책의 실효성을 높이기 위한 주변국 외교와의 연동으로도 이어지는데, 특히 북한의 주요 파트너인 중국, 그리고 한미동맹의 파트너인 미국과 연동된다. 대북 관여를 위해서는 대중국 관여가

필요한데 이는 미중 강대국 경쟁이 심화되는 상황 속에서 한국에게 매우 중대한 전략적 선택을 해야 하는 상황으로 이어진다. 박근혜정부가 제시했던 동북아평화협력구상은 중국을 포함한 다자안보협력회의체 수립을 목표로 했는데, 미중 경쟁이 본격화되던 시기 미국은 이러한 구상에 대해 긍정적인 반응을 보이지 않았다. 박근혜정부는 북한 비핵화 문제 해결을 위해 한미동맹 혹은 한미일 협력에 무게를 두기보다는 한미관계 및 한중관계의 병행 발전 전략 하에 위와 같은 지역협력 구상을 제기했다. 당시 일본은 오바마 행정부의 재균형정책과 한미일 협력에 대해 적극적인 태도를 보이며 미국과의 제휴 수준을 높이려고 해 한국은 이러한 미국의 동아시아 전략 속에서 입지가 약화되는 결과로 이어졌다. 미국은 한미일 협력의 중요성을 지속적으로 강조했고, 일본 역시 박근혜정부의 대중 경사 태도를 비판했다. 이후 일본은 환태평양경제동반자 협정 교섭국으로 참여하고, 오바마 행정부의 재균형정책을 지지하며, 동시에 미일동맹에 대한 일본의 기여를 확대하며 안보법제 수정, 즉 집단적 자위권을 포함한 군사적 역할을 확대했다.[37]

문재인정부 역시 북한 문제를 대외정책의 우선순위로 상정해 유사한 문제가 등장했다. 미국에게 북한 문제도 중요하지만 미중경쟁이라는 구조적 변환에 적시에 대응하는 것이 최우선 순위였으며, 이를 위한 역내 동맹국들

의 협력과 안보아키텍처 구축이 시급했다. 이는 오바마와 트럼프 행정부 모두에게 해당된다. 다만, 트럼프 행정부는 북한 비핵화문제 해결을 위해 세 차례의 정상회담을 가질 정도로 이에 관심을 두었지만, 끝내 북한의 태도 변화를 이끌어내지는 못했다 (북핵문제와 관련해서는 이 책의 8장 북핵문제와 한국의 안보전략을 참조).

요컨대 냉전 종식 이후 미국의 동맹정책은 좀 더 유연한 해외 주둔 미군 재배치에 우선순위를 두었고, 한미동맹 역시 이러한 압력으로부터 자유롭지 못했다. 더욱이 테러와의 전쟁은 이러한 변화가 전략적 유연성에 대한 요청으로 이어져 한미동맹의 새로운 갈등 요인이 되었다. 또한, 미중경쟁이 본격화됨에 따라 미국이 구축하려는 안보아키텍처에 대한 한국의 소극적인 태도는 한미동맹에 또 다른 문제가 되었다.

4. 동맹 관련 한미의 국익과 가치 평가

앞서 논의한 바와 같이 한미동맹은 오랜 시간 국제질서의 변화와 양국 국내 상황의 변화에도 불구하고 유지되어 왔다. 단순히 북한의 위협과 이에 대한 인식공유 때문만이 아니라, 민주주의와 법치, 인권 등 가치의 공유, 무역과 투자 등 경제 교류, 그리고 양국관계를 저변에서 이어주는 인적 교류 등도 한미동맹의 내구력을 강화해주고 있다. 이러한 현황은 결국 한미 양국이 서로에 대해 상정한 이익과 가치가 양립가능했기 때문이다. 동맹은 일방적으로 존재하지 않으며, 서로에게 이익이 되기 때문에 형성되고 유지된다. 이 절에서는 한미 양국이 상정하는 한미동맹에 대한 국익과 가치에 대해 논의해본다.

1) 한국의 한미동맹에 대한 국익과 가치 평가

제2차 세계대전 이후 미국이 동아시아에 구축한 양자동맹체제 가운데 한미동맹은 전쟁을 함께 치른 소위 '혈맹'관계 속에 존재한다. 애초 한국의 전략적 가치를 높게 평가하지 않았던 미국은 1950년 한국전쟁 발발 직후 신속한 파병 결정을 통해 북한의 공세를 가까스로 막아냈고 휴전협정을 체결했다. 한국전쟁 당시 미국의 역할이 없었다면 지금의 한국은 존재하기 어려웠을 것이다. 더욱이 휴전협정은 체결되었을지라도 한국은 전쟁의 폐허 속에 존재했고, 경제활동은 불가능할 정도의 피폐한 상태에 놓여 있었다. 미약한 군사력과 남북한 분단 상황으로부터 노정된 안보적 취약성은 이승만 대통령으로 하여금 집요한 대미외교를 통해 한미상호방위조약 체결과 주한미군 주둔, 경제·군사원조 등을 얻어내게 했다. 비대칭동맹체제 속 한국은 안보 자율성을 양보하며 한미동맹을 통해 한국의 안보를 강화해왔고, 이에 기반한 경제발전을 빠른 속도로 이뤄냈으며, 현재와 같이 남북한 군사력 균형에서 압도적인 위치를 점할 수 있었다. 요컨대 한미동맹 출범 70여 년이 지난 지금 한국은 전쟁 빈곤국에서 글로벌 중추국가로 스스로를 명명할 수 있을 만큼 선진국 반열에 오를 수 있었다.

이러한 출범 배경에서 알 수 있듯 한국에 있어 한미동맹은 정상적인 국가로 발전할 수 있는 기회와 모멘텀을 제공해주었다. 또한, 냉전이라는 진영화된 시기를 함께한 한미동맹은 경제, 사회, 문화, 기술, 규범 등 군사 영역 이외 많은 부분에서도 이익과 선호가 조응되는 관계로 발전했다. 한미 양국의 경제적 관계는 2012년에 시행된 한미자유무역협정(KORUS FTA)에 의해 강화되었는데, 2023년 기준 한국은 미국의 7번째 큰 무역파트너였고, 미국은 중국을 제외하고 한국의 두 번째 큰 무역파트너로 기록되었다. 즉, 이는 한미 양국의 경제적 관계는 상호 경제발전의 기반이 된다는 점이며, 더 이상 비대칭적 원조관계에 놓여 있지 않을 정도로 양국의 경제 규모와 질적 수준이 변화했다는 점을 보여준다. 또한, 한국의 민주화가 진행되며 안보 이익과 가치를 동시에 공유하는 동맹으로 거듭나게 되었다. 한국의 민주화는 한미동맹의 비대칭성에 대한 문제 제기를 가능하게 했고, 1980년대 한국 내 권위주의체제에 대한 미국의 불개입 입장으로

인해 한국 국민들의 불만을 사게 되었지만, 점차 민주주의가 성숙해짐에 따라 가치를 공유하는 동맹으로 발전했다. 예컨대 최근 미국과 함께 개최한 민주주의 정상회의의 경우, 민주화를 경험하고 성숙한 민주주의체제를 유지하고 있는 한국이 전 세계 민주주의 국가들과 민주주의 공고화의 해법을 논의할 수 있는 기회를 마련한 것으로 평가할 수 있다. 또한, 이미 한국은 더 이상 원조 수원국이 아닌 공여국으로 격상되며 전 세계 개발협력에 기여하고 있는데, 한미동맹 차원에서도 일방적인 안보 수혜국의 위치에 머물지 않고 안보 공여국으로 그 역할을 확대하고 있다.

실제로 한미동맹 차원에서 한국이 담당할 수 있는 안보분담을 확대함으로써, 한미동맹 속 한국의 역할과 위상을 제고하고 있을 뿐만 아니라 좀 더 자율성을 확대하려고 노력하고 있다. 이미 한국은 냉전기에도 비대칭동맹, 안보 수혜자의 역할에 머물지 않고 역내 공산주의 봉쇄의 역할을 자임하고자 했다. 예를 들어, 1954, 1958, 1959년 한국은 라오스에 병력 파병을 통해 동남아시아 공산주의 확대를 저지하겠다는 의지를 미국에 전달하기도 했고, 1965년 베트남 전에는 정식 참전을 결정한 바 있다. 비록 한국은 비대칭동맹국의 위치에 놓여 있었지만 동맹국으로서의 안보분담 확대를 통해 좀 더 대등한 위치로 나아가려는 노력을 기울인 것으로 볼 수 있다.

물론 이러한 한국의 노력은 미국의 대외정

책 축소 기조 속 주한미군 철수 혹은 감축 등에 대응하며 미국의 한반도공약을 유지하기 위한 것이었다. 미국 아이젠하워, 닉슨, 카터 행정부의 경우에서 알 수 있듯이 미국은 동아시아 대전략과 소련 및 중국과의 관계 속에서 한반도정책이 형성되어왔기 때문이다. 그러나 완전한 주한미군 철수와 대규모 감축은 이제까지 없었다는 과거의 선례에서 알 수 있듯이 한미동맹의 본래적 목표인 한반도 안정 유지에 대한 인식을 여전히 유지하고 있다고 볼 수 있다.

더욱이 미중 간 강대국 경쟁이 심화되고 있고, 대만, 남중국해 등에서 무력 분쟁 가능성이 높아지는 가운데 한국과 일본 등 주요 동맹국의 전략적 가치는 더욱 중요해지고 있다. 물론 한국은 이러한 분쟁에 직접적으로 관여하기보다는 그러한 분쟁 상황에서 한반도 안정을 유지하는 역할에 더 집중할 가능성이 높지만, 이러한 상황 발생 가능성을 고려한다면, 한반도에서의 안정을 위해서라도 한미동맹이 여전히 중요함을 보여준다. 또한, 한미동맹은 한반도 안정뿐만 아니라 서태평양의 안정을 위해 기여할 부분이 많음을 보여주고, 한국은 그러한 기여를 점진적으로 확대하며 한미동맹에서의 입지와 역할을 제고하고 있다.

2) 미국의 한미동맹에 대한 국익과 가치 평가

미국은 아시아 강대국(Resident Asian Power)이라고 스스로를 정의하며 아시아의 패권국으로 역할을 수행하려 하지만, 실제로 미국은 아시아 밖에 존재한다. 미국이 아시아 내에 정주하고 있는 지역을 굳이 식별해보면 인도·태평양 사령부, 한국과 일본, 필리핀 등에 존재하는 미군기지 정도라고 볼 수 있다. 그럼에도 불구하고 스스로를 아시아 강대국으로 정의하는 이유는 미국이 아시아지역에서 얻고자 하는 막대한 이익 때문이다. 첫 번째 이익은 바로 무역이다. 아시아라는 거대한 규모의 시장과 구매력 있는 중산층의 증가 추이는 미국에게 있어 놓칠 수 없는 경제적 이익의 원천이며, 특히 미중 경쟁 국면에서 더욱 그렇다. 두 번째 이익은 바로 안보이다. 제2차 세계대전 이후 유라시아대륙의 주변지역(rimland)에 존재하는 연안국가들을 중심으로 동맹과 파트너십을 구축하며 미국은 강대국의 팽창을 봉쇄해왔고, 그러한 측면에서 이러한 아시아 연안 동맹국들의 경제성장과 민주주의 공고화는 매우 중요한 미국의 안보이익이 되었다. 제2차 세계대전 중에도 미국은 유럽에서 벌어지는 전쟁에 적극적으로 참전하지 않았고, 진주만 폭격 이후에야 제2차 세계대전에 참전하며 태평양지역에서의 우위를 확보하고자 했는데, 이로부터 미국의 지역별 전략적 우선순위를 확인할 수 있다. 제2차 세계대전 이전에도 미국은 필리핀을 점령하고, 중국에 대한 일본의 확장을 견제하는 역할을 수행하기도 했다. 요컨대 미국에 있어 아시아 지역이란 경제, 안보적 이유로 중요한 지역이었으며, 제2차 세계대전과 한국전쟁 이후 미국이 본격적으로 봉쇄정책을 수행하기 위한 교두보로 일본과 한국은 매우 중요한 파트너가 될 수밖에 없었다. 마지막으로 이념적인 이익이다. 미국의 민주주의 전파정책은 윌슨주의와 미국 예외주의에 근거해 지속적으로 유지되어 왔고 이는 미국의 정치체제인 민주주의가 위협받고 있다는 상황인식에 대응하는 안보이념으로 작용해왔다. 역내 한국과 일본과 같은 민주주의 동맹들이 안정적으로 발전할 수 있는 환경을 조성하고 이들의 민주주의가 공고화되도록 지원하는 것은 중요한 이익이라고 볼 수 있다.

동아시아에 대한 미국의 이러한 여러 전략적 이익을 고려할 때, 미국에게는 과거 한국전쟁과 같은 전면전 발생가능성을 예방하는 것이 중요한 이익이며, 한미동맹을 통해 한국의 내구력을 강화시키는 것은 매우 중요한 전략적 목표이다. 또한, 안정적인 한반도 관리는 미국의 경제적, 안보적 이익에도 부합하기 때문에 미국은 한반도에서의 위기고조를 통제해왔다. 특히 미중 경쟁 맥락에서 한반도의 안정과 한국의 억제력 제고는 미국의 이익에도 부합하며, 특히 한미동맹 차원에서 한국의

거부억제 역량 제고는 미국이 구상하는 안보분담의 방향과도 일치한다. 그러한 맥락에서 한미동맹에 대한 미국의 안보적 이익과 가치가 존재할 것이다.

또한, 이러한 안정적인 안보환경 조성을 통해 미국이 우선시하는 경제적 이익 확보도 가능할 것이다. 이러한 상황에서 알 수 있듯이 미국은 중국과의 인도·태평양 영향권 분할을 결코 선호하지 않는다. '인도·태평양'이라는 공간은 미국이 중국과의 관계 속에서 우호적인 세력균형을 유지해야 하는 전략공간으로서 군사적·경제적 우위를 유지해야 할 뿐만 아니라 이를 위해 지역 전역에 자유로운 해양교통로(SLOC: Sea Lines of Communication)을 유지해야 하기 때문이다. 이러한 전략적 목적을 달성하는 데 역내 동맹국들과의 협력과 안보분담은 매우 중요하다. 또한, 미국뿐만 아니라 한국과 같은 동맹국이 아시아 국가들과의 촘촘한 경제협력 네트워크를 형성함으로써 역내 경제 회복력에 기여하고 시장경제체제로 관여하며, 아시아지역의 시장 규모를 확대하는 것은 미국의 이익에도 부합한다. 최근 한미 양국이 반도체, 인공지능, 양자컴퓨팅 등 기술 개발 및 공급망 회복력 증진을 위한 협력, 즉 경제안보 강화를 위한 협력에 합의한 것은 미중 전략경쟁에서 승리하기 위한 새로운 경제적 기반을 마련하는 과정으로 이해할 수 있다. 이는 중국, 러시아 등 부상하는 현상변경 국가들에 의해 흔들리는

자유국제주의 질서를 쇄신하고 이에 대해 입장을 같이 하는 국가들과의 협력을 재개하는 과정으로도 이해할 수 있을 것이다.

다만, 최근의 미중 경쟁과 북한 핵·미사일 능력 고도화는 한미동맹에 새로운 도전을 안겨주고 있다. 미중 경쟁 관련, 한국은 중국과의 높은 경제 상호의존 상태에 놓여있었고, 미국과는 동맹을 통한 안보협력, 즉 소위 '안미경중'의 상태에 놓여있었다. 그러나 이러한 경제적 의존은 미국의 디리스킹 전략에 대한 협력, 그리고 한국이 지난 2016년 사드배치 이후 겪은 중국의 경제적 강압조치의 경험으로 인해 점차 약화될 수밖에 없었고, 미국과 유사입장국들과 함께 공급망 재편에 참여하게 되었다. 북한의 핵·미사일 능력 고도화는 한국 내 자체 핵무장 여론을 현저하게 만들어 논란이 되고 있는데 지난 2023년 한미정상회담에서 채택된 워싱턴선언과 그에 따른 핵협의그룹 창설, 그리고 확장억제 강화를 통해 일정부분 해소하려 했다고 볼 수 있다.

요컨대 한미동맹 차원에서 한미 양국이 상호 인식하는 전략적 가치는 좁게는 대북억제와 글로벌 안보아키텍처로의 기여, 넓게는 미국이 제2차 세계대전 이후 주도해온 규칙기반 질서의 재편과 회복에 대한 기여로 나누어 생각해볼 수 있다. 한미동맹의 1차적 목표는 한반도의 안정 유지와 대북억제인데, 이는 사실상 지역 안보 유지와도 밀접하게 연결되어 있다. 특히 중국과 북한, 러시아의 전략적 제휴

수준이 높아짐에 따라 역내 분쟁의 동시발생 가능성과 기회주의적 도발의 가능성이 예측됨에 따라 한반도에서의 분쟁은 서태평양 역내 다른 분쟁 발생가능성과도 연계해 대응할 필요에 직면해 있다. 또한, 이러한 전략적 이익을 같이 하는 유사입장국들의 회복력을 제고하는 것도 중요해졌다. 지금의 강대국 경쟁은 단순히 군사적 차원에 머물지 않고 경제, 정치, 사회, 문화, 규범 등 전방위적 경쟁이라는 점을 고려해볼 때, 한국의 민주주의와 시장경제체제의 유지, 그리고 그에 대한 미국의 공약을 유지하는 것은 동아시아 질서와 이를 지탱하는 세력균형 유지에 필수적일 것이다.

5. 한미동맹 관련 주요 현안과 쟁점

한미동맹은 70여 년 넘게 유지되어온 만큼 많은 현안이 존재한다. 이러한 현안은 단기간에 해결될 문제가 아니며, 한미동맹이 유지되는 한 지속적으로 조정과 논의가 필요한 현안이라고 볼 수 있다. 또한, 한미 양국이 한미동맹의 장기적 비전을 어떻게 설정하는가에 따라 이러한 현안의 해법이 달라질 수 있을 것으로 보인다.

1) 북한 핵에 대한 한미 대응전략

최근 한미동맹이 당면한 가장 중요한 현안은 바로 북핵문제이다. 최근 한미동맹은 핵협의그룹(Nuclear Consultative Group) 창설을 통해 핵기반동맹으로 격상되었다. 앞서 언급했듯 2023년 한미정상회담에서 채택된 '워싱턴선언'에 기반해 핵협의그룹 창설이 본격적으로 논의되었다. 이는 한국 내 자체 핵무장 여론과 무관하지 않다. 미국은 1945년 트리니티 실험을 통해 핵개발에 성공했고, 이후 핵비확산조약 체결을 통해 전 세계적 비확산 정책을 유지해왔는데 이는 적대국과 동맹국 모두의 핵개발을 허용하지 않는 전략이었다. 특히 동맹국이더라도 자체 핵무장을 통해 미국의 동맹체제로부터 이탈하거나 해당 지역 내 영향력과 자율성이 확대될 가능성에 대해 미국은 우려해왔다. 물론 적대국의 핵개발을 억제하며 미국의 핵우위를 추구하는 것 역시 매우 중요한 전략적 이익이었는데 이는 수출통제와 비확산 규범 확산, 확장억제, 제재 등으로 실현되었다.[38]

실제로 한국 내에서 확장억제에 대한 대안으로 논의되어 왔던 북대서양조약기구(NATO)의 핵공유체제는 미국과 북대서양조약기구 동맹국이 핵무기 사용 권한을 공유하는 것처럼 보이지만 실제로는 미국이 유럽지역에 배치한 핵무기와 북대서양조약기구 동맹국들의 공중 전략의 통합체제를 의미하며, 핵기획그룹(nuclear planning group)의 만장일치 의사결정과정을 거치기에 실질적으로 핵사용의 권한을 공유하는 것은 아니라고 볼 수 있다. 다만, 동맹국의 참여와 역할을 확대함으로써 확장억제의 실행력과 동맹보장을 강화한다는 데 의미가 있다.[39] 한미 핵협의그룹에서 논의될 핵 및 재래식 통합(CNI) 역시 한반도 비핵화정책 기조하에 미국의 확장억제 공약과 한미 확장억제 협력을 강화하는 방향으로 발전한다고 볼 수 있다.[40]

현재 트럼프 2기 행정부는 한국 내 전술핵 재배치 혹은 핵무장 가능성을 열어놓은 것처럼 회자되고 있으나, 미국이 과연 위와 같은 전략적 이익을 도외시하며 한국의 핵무장을 용인할 것인지는 미지수이다. 전술핵 재배치와 관련해서도 지상배치 전술핵은 현재 아시아 동맹국 그 어느 곳에도 배치되어 있지 않고 서태평양지역이 해양중심적인 특성을 갖고 있다는 점을 고려해볼 때 지상배치보다는 전략핵잠수함 운용이 더욱 효과적인 것으로 판단된다는 점도 생각해야 할 것이다. 현재 미국은 핵 및 투발수단의 현대화를 시도하고 있는데 이 역시 미국의 국방예산 증액과 맞물려 장기적으로 고려해야 할 쟁점 중 하나다.

현재 한국의 핵무장 여론은 미국이 과연 한국을 보호해줄 수 있는 것인가, 즉 안전보장(assurance) 측면의 신뢰도 문제이다. 특히 북한이 대륙간탄도미사일 개발에 성공하고 한미 간 디커플링 논쟁이 불거지며 나타난 문제이며, 더욱이 한미일이라는 관계 속에서 북한이 일본과 한국 둘 중 한 동맹국을 공격한다면 미국은 어떻게 대응할 것인가의 논쟁도 존재한다. 이러한 논쟁들이 결국 미국의 확장억제 신뢰도를 약화시키며 자체 핵무장 여론으로 추동되고 있는 것으로 보인다. 그러한 측면에서 미국 전략자산의 한반도 전개 빈도를 높이고, 핵협의그룹 내 핵기획 참여 및 도상훈련 등 가시적인 성과를 통해 안전 보장의 수위를 높이려고 하고 있다. 한국이 만약 지속적으로 자체 핵무장 여론을 고조시키거나 혹은 자체 핵무장을 시도한다면 이는 동맹의 균열로 이어질 가능성이 높아 보인다. 다만, 트럼프 2기 행정부가 전략적으로 이에 어떻게 대응할지는 좀 더 관찰해볼 필요가 있을 것이다.

2) 한미동맹의 전략적 확대 모색

미중경쟁이 심화되는 상황 속에서 미국은 스스로를 '태평양 국가'로 명명하며 인도·태평양 역내 국가들에 대한 관여를 확대하고 있다. 인도·태평양이란 단순히 지역 개념이 아니라 중국 등 현상변경 국가들의 강압으로부터 미국과 동맹국이 자유로울 수 있고 또 번영할 수 있는 전략 공간을 의미한다.[41] 특히 도표 6.2에서 알 수 있듯이 미국이 상정하는 인도·태평양 공간은 미국 서부에서부터 인도 서부 해안까지의 공간으로 인도양과 태평양 수역 내 존재하는 모든 연안 국가들을 포괄한

다. 미국은 미중관계를 경쟁적 공존으로 정의했고,[42] 향후 장기화될 미중경쟁에 대응하기 위해 미국에게 우호적인 세력균형을 형성하기 위해 인도·태평양 역내 안보아키텍처 구축을 시도하고 있다.

또한, 최근 국가 간 협력은 동맹이 아닌 제휴(alignment) 차원에서 연합(coalition), 안보 커뮤니티, 전략적 파트너십 등의 용어로 설명되고 있다.[43] 좀 더 유연한 협력을 위해 다양한 형태와 수위의 협력 양상을 설명하는 용어들이 등장하고 있는데, 이러한 변화의 흐름과 궤를 맞추어 미국의 동맹국 간 교차협력도 확대되고 있다. 예컨대 미국 트럼프 행정부가 2019년 발간한 『인도·태평양 전략보고서』에서 제시한 '네트워크화된 안보아키텍처(networked security architecture)'[44] 개념은 기존의 허브 앤 스포크, 즉 바퀴살 형태의 양자동맹체제를 좀 더 촘촘한 안보 아키텍처로 변화시키려는 의도를 보이고 있다. 이때의 변화는 미국 동맹국들 간의 양자 혹은 소다자 형태의 협력, 즉 격자무늬 협력을 기존의 바퀴살 협력체제에 중첩시킴으로서 보다 다양한 영역에서 효율적인 협력을 도출하려는 목표를 지녔다. 한미일 협력과 오커스(AUKUS), 쿼드(Quad)와 최근의 미국-일본-필리핀 협력 모두 이러한 격자무늬 협력의 일환으로 볼 수 있다. 바이든 행정부 역시 이러한 노력을 이어가며 최근에는 동맹국 내 방위산업 공급망 재조정을 통해 안보 아키텍처의 복원력을 회

도표 6.2 인도·태평양의 지리적 구획

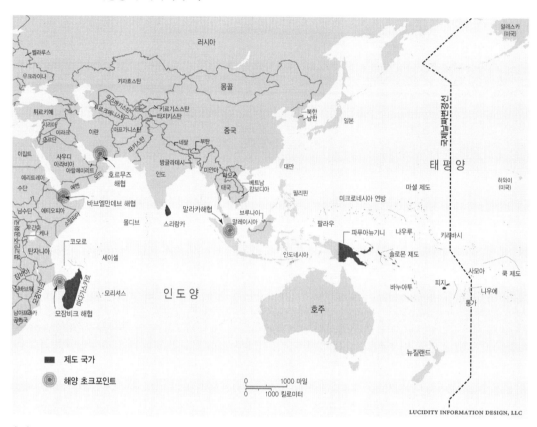

출처: Darshana M. Baruah, "What Island Nations Have to Say on Indo-Pacific Geopolitics" *Carnegie Endowment for International Peace* (23 March 2022).

복하려고 하고 있으며, 이를 바탕으로 지역별로 안보 상황을 고려한 맞춤형 집단방어(collective defense)를 추진하려는 움직임도 보인다.[45] 2022년 미국 국방전략서가 제기한 '통합억제(integrated deterrence)' 개념은 이러한 집단방어체제 구축을 위한 수단 차원에서 이해해야 하며, '네트워크화된 안보아키텍처' 내부의 지역별, 영역별, 기능별 통합의 추세는 더욱 가속화될 것으로 보인다.

요컨대 미중경쟁이 지속되는 한 경쟁의 무게중심이 위치한 인도·태평양 역내의 안보 아키텍처 구축과 통합억제 추세는 지속될 것으로 볼 수 있다. 더욱이 우크라이나 전쟁을 계기로 북한과 러시아의 안보협력체계가 갖춰지고 있는 상황이기에, 인도·태평양 국가들과 유럽 국가 간의 협력도 더욱 확대될 것으로 예측된다.[46] 이미 존재하는 NATO-IP4 (Indo-Pacific 4) 협력을 통해 연합 방어의 형

표 6.1 인도·태평양 역내 아키텍처 구축 현황

협의체	참여국
Quad	미국, 인도, 일본, 호주
Quad Plus (논의 중)	미국, 인도, 일본, 호주, 한국, 뉴질랜드, 베트남
D-10 (논의 중)	미국, 영국, 캐나다, 프랑스, 독일, 이탈리아, 일본, 인도, 호주, 한국 (G-7 회원국 + 인도, 호주, 한국)
G-11 혹은 G-12 (논의 중)	미국, 영국, 캐나다, 프랑스, 독일, 이탈리아, 일본, 한국, 러시아, 인도, 호주, 브라질 (G-7 회원국 + 한국, 러시아, 인도, 호주, 브라질)
Five Eyes Plus (논의 중)	미국, 영국, 호주, 캐나다, 뉴질랜드, 한국
AUKUS	미국, 영국, 호주
Indo-Pacific Economic Framework (IPEF)	미국, 인도, 한국, 일본, 인도네시아, 필리핀, 태국, 브루나이, 싱가포르, 말레이시아, 베트남, 호주, 뉴질랜드
NATO-Indo-Pacific Four	한국, 일본, 호주, 뉴질랜드
Chip Four (논의 중)	미국, 한국, 일본, 대만
Partners in the Blue Pacific (논의 중)	미국, 일본, 호주, 뉴질랜드, 영국 (프랑스, 독일, 한국)

출처: 정구연, "경쟁적 공존과 미국의 제도적 균형: 미국의 맞춤형 연합체와 지역 아키텍처 구축을 중심으로"『세계지역연구논총』제 40권 3호(2022), pp. 1–31.

태를 궁극적으로 지향할 것으로 예측된다.

한미동맹의 경우, 이러한 인도·태평양 역내 연합방어에 있어 지역적으로는 동북아의 중심축으로 기능하고, 인도·태평양 역내 현안에 대해서도 보다 적극적으로 기여하기를 요청받을 가능성이 높다. 이는 한미동맹의 전략적 유연성과 역외 협력에 관한 문제와 연관되어 논의할 수 있다. 최근 대만해협 위기로 인해 대만 인근에 위치한 서태평양의 미국 동맹국은 중국과 대만의 갈등에 연루될 가능성에 대해 우려하고 있다. 미국 역시 중국의 대만에 대한 군사적 강압 행위에 우려를 표하며 대만에 대한 군사지원을 지속하고 있지만 실제로 군사적 위기가 고조될 경우, 어떻게 대응할지 고민하고 있다. 물론 대만해협 위기는 다양한 형태의 시나리오로 논의되고 있지만 중요한 것은 미국은 대만해협 위기 시 역내 모든 동맹국들의 지원을 기대하기는 어렵다는 점이며, 그러한 상황에 대비해 지역 내 미군을 배치하거나 역내 국가들의 거부억제 (deterrence by denial) 역량을 제고해두어야 한다는 점이다.[47] 그러나 미국은 역내 동맹국들의 국내정치 변화에 따라 대중국 연합의 내구력이 약화될 수 있다는 점을 인지하고 있으

며, 이에 따라 다양한 조합의 대비태세를 준비해야 한다는 점을 알고 있다. 물론 트럼프 2기 행정부 집권과 함께 대외정책적 축소 국면에 놓인 미국은 동맹국의 역내 안정화 역할을 좀 더 강조할 수 있으며, 이에 따라 역내 동맹국 내 주둔하고 있는 미군의 전략적 유연성이 좀 더 요청될 수 있을 것이다.[48]

3) 유엔군사령부 활성화와 한미동맹

유엔군사령부의 활성화 및 재편 문제도 중요하다. 유엔군사령부는 1950년 7월 7일 유엔 안전보장이사회 결의안 84호에 따라 출범했다. 본 결의안 84호에는 유엔사의 출범 배경과 그 중요성이 명시되어 있는데 특히 1항의 경우, 북한의 남침에 대응하기 위해 유엔 회원국들이 지원해야 한다는 점을, 3항은 미국을 중심으로 한 통합사령부(Unified Command)에 유엔 회원국들이 지원을 제공하며, 제4항은 통합사령부 지휘관은 미국이 임명하고, 제5항은 통합사령부가 작전 중 유엔 깃발 사용을 허용받았다는 점이다.[49] 본 결의안은 여전히 논쟁적인 유엔사 수립과 유엔사를 통한 국제사회의 전력 제공의 정당성을 보여준다. 유엔사의 전쟁 수행 기능이 한반도 평화를 위협한다며 유엔사를 해체해야 한다고 주장하는 북한의 주장은 말 그대로 모순임을 보여준다. 유엔사는 북한의 불법 남침의 결과로 출범하게 되었기 때문이다.

정전협정 체결과 함께 선언한 "한국 휴전에 관한 공동 선언문"에 따르면, 전쟁이 다시 발발할 경우 재참전하는 유엔 회원국에 대한 지원 수행 역할을 유엔사가 담당하게 된다. 요컨대 유엔사는 별도의 유엔 안보리 결의 없이도 회원국들로부터 전시 증원을 통합, 관리하는 실질적 역할을 담당하고 있으며, 1954년 유엔사와 일본이 체결한 주둔군지위협정에 따라 주일 미 해군·공군기지를 사용할 수 있게 되었다. 1978년 한미연합군사령부 창설 이후 유엔군 사령관이 행사해오던 한국군에 대한 작전통제권이 이양된 후 유엔사는 정전협정 관리 기능에 집중하게 되었지만, 유엔사는 한반도 전쟁 발발 시 일본 내 7곳의 후방기지를 활용하여 북한의 공격에 대응하는 임무를 수행할 것이다.

이러한 유엔사의 역할 강화에 대해 미국은 오래전부터 언급해왔다. 럼스펠드 전 미국 국방장관은 유엔사의 병력 제공기능 보강을 지시하고 유엔사에 다국적 협조본부를 편성하기도 했다. 2018년에는 미군이 아닌 캐나다 출신의 에어(Wayne D. Eyre) 육군 준장을 부사령관으로 임명하며 미국 이외 국가들의 참여를 확대해 왔다. 2018년 캐나다에서 개최된 20개국 외교장관회의는 애초 한국전쟁에 참전했던 전력 제공국 회의로 기획되었는데 일본, 인도, 스웨덴도 참여하며 20개국 회의로 치러졌다.

요컨대 유엔사 재활성화 시도는 여전히 대

북억제를 위한 선택지 가운데 하나이며, 유엔사는 북한의 군사적 위협이 확대되는 상황을 고려해 사이버와 우주 영역까지 한국과의 협력을 늘려나가겠다는 의도다. 이에 따라 유엔사 참여국들과의 긴밀한 소통도 중요해질 전망이다.

4) 전시작전권 전환 논의 현황과 과제

앞서 논의한 바와 같이 한국전쟁 당시 전시작전권이 유엔군사령관에게 이양되었고, 이것이 공식화된 것은 1954년 한미합의의사록이 작성되었던 당시였다. 1978년 한미연합사령부 창설 이후 한국군 작전통제권은 유엔군사령관에서 다시 한미연합사 사령관에게 이양되었고 1994년 평시작전통제권이 한국군에 이양되었다.

이러한 배경에 따라 전시작전권 전환 문제가 본격적으로 논의되었다. 가장 최근의 합의 방향은 "조건에 기초한 전작권 전환"으로 이는 안정적으로 전작권을 전환하기 위해 충족해야 할 세 가지 조건을 명시한다. 첫 번째 조건은 "연합방위 주도를 위해 필요한 군사적 능력," 두 번째 조건은 "동맹의 포괄적인 북한 핵·미사일 대응능력 확보," 세 번째는 "안정적인 전작권 전환에 부합하는 한반도 및 역내 안보환경"이다. 요컨대 전작권 전환을 위해 가장 필요한 것은 한국의 방위능력 강화이다. 특히 연합방위를 주도할 수 있는 한국의 독자적 능력뿐만 아니라 킬체인, 한국형 미사일 방어체제 구축 등 북한 핵·미사일 능력에 효과적으로 대응할 수 있는 능력 개발이 필수적이다. 현재 한국 국방부는 2024~2028 국방중기계획 수립을 통해 5년간 군사력 건설 및 운영·유지계획을 세웠고, 방위력 개선비로 약 114억 원을 투자하기로 결정하는 등 전작권 전환을 위한 한국군의 전력 확충 계획을 마련하고 있다. 이러한 역량강화뿐만 아니라 전작권 전환 이후 전구작전을 주도할 미래연합군사령부의 조직화 문제도 구체적으로 논의해야 할 것이다. 표 6.2에 설명된 바와 같이, 현재로서는 2019년의 미래연합사 기본운용능력 평가, 2022년 2단계 완전운용능력 평가도 성공적으로 시행해 향후 공동평가가 상호 합의될 경우 지속적으로 전작권 전환 추진을 이어갈 예정이다. 이를 위해 한미동맹은 한미 양국의 좀 더 빈틈없는 연합방위태세에 대한 인식공유와 전략적 목적에 대한 이해 확대 등 지속적인 소통이 있어야 할 것으로 보인다.

6. 한미동맹의 과제와 미래전망

70년 넘게 유지되어온 한미동맹은 앞으로도 동아시아 안보 아키텍처의 주요 구성요소로서 기능할 가능성이 높다. 미국이 미중경쟁을 대외정책 우선순위로 설정하는 상황 속에서, 인도·태평양 역내에 위치한 한국의 전략적 가

표 6.2 전시작전통제권 전환 추진 현황

합의 방향	일시	주요 내용
전작권 전환 합의	2006. 09.	한미정상회담에서 전작권 전환 기본원칙과 이행지침 등 합의 * 이행지침: 주한미군 지속주둔, 연합방위태세 유지, 전환 후 공고한 한미동맹 유지, 유사시 미군의 신속한 증원 등
시기에 기초한 전작권 전환	2007. 02.	한미 국방장관이 전작권 전환시기를 2012. 4. 16로 합의 * 지휘구조: 연합사 해체, 한국 합참 주도-미국의 한국사 지원의 병렬형 지휘 구조 채택
	2010. 06.	한미정상회담에서 변화된 안보상황 등을 고려해 전작권 전환시기를 2015. 12. 1.로 조정
	2014. 04.	한미정상회담에서 북한의 핵·미사일 위협이 고조되는 안보환경을 고려해 전작권 전환시기와 조건을 재검토하기로 합의
조건에 기초한 전작권 전환	2014. 10.	한미안보협의회에서 '조건에 기초한 전작권 전환'에 합의
	2015. 11.	한미안보협의회에서 '조건에 기초한 전작권 전환계획(COTP: Condition-based Operational Control Transition Plan)에 합의
	2017. 06.	한미정상회담에서 조건에 기초한 전작권 전환의 조속한 추진에 합의
	2018. 10.	한미안보협의회에서 미래지휘구조 기본안 합의 * 한미연합사체제 유지, 미래연합군 사령관은 한국군 4성장군, 부사령관은 미군 4성장군 임명 등
	2019. 08.	미래연합사 기본운용능력(IOC) 평가 시행
	2022. 08.	미래연합사 완전운용능력(FOC) 평가 시행
	현재	COTP 조건 충족을 위한 한미공동의 연례공동평가 시행

출처: 대한민국 합동참모본부(https://jcs.mil.kr/mbshome/mbs/jcs2/subview.jsp?id=jcs2_020403000000).

치는 유지될 것이기 때문이다. 다만, 트럼프 2기 행정부 하에서 미국 대외전략의 축소와 자제 정향이 심화됨에 따라 동맹국들에게 더 많은 안보분담과 상호주의를 요구할 것으로 예측된다. 사실 축소와 자제의 논란은 과거부터 존재했으며, 바이든 행정부 역시 중국과의 경쟁에서 미국의 힘이 분산되지 않도록 다른 지역에서는 미국의 힘을 아끼는 전략을 선택해

왔다.[50] 다만, 트럼프 대통령 특유의 거래주의와 포퓰리즘에 기반한 리더십으로 인해 이러한 정향이 더 두드러질 것으로 보인다.

실제로 트럼프 대통령은 지난 2024년 대통령 선거유세 동안 한국에 대한 방위비 분담 증액을 공공연히 언급했고, 한국뿐만 아니라 북대서양조약기구 탈퇴를 언급하면서까지 회원국의 방위비 분담 증액을 요구한 바 있다.

즉, 미국은 더 이상 경찰국가가 아니며, 강대국 경쟁을 비롯해 국제사회의 변화에 미국 단독으로 대응하기 어렵기 때문에 동맹국들의 협력이 필요하다는 것이다.[51] 특히 방위비 분담뿐만 아니라 동맹국의 국방비 증액도 요구하고 있는데, 이는 최근 안보분담의 문제가 단순히 비용 분담을 넘어서 안보 공약의 공유 그리고 집단방어 형태로 발전하고 있기 때문이다. 인도·태평양, 유럽, 중동 등 주요 지역에 배치되어 있는 미국의 전략자산들이 노후화되고 있는 반면, 중국, 러시아, 이란, 북한 등 소위 현상변경 국가들의 강압행위는 증가 일로에 있어, 미국은 동맹국들의 자체 억제력 강화뿐만 아니라 억제체제 간 통합, 동맹국 간 방위산업 공급망 구축 등 다양한 통합정책을 요구할 것이다. 예컨대 최근 호주를 비롯한 미국의 비핵동맹국들이 구상하고 있는 집단방어, 즉 전진배치된 미군 병력과 핵억제력, 미국 동맹국의 재래식 억제력을 통합해 좀 더 효과적인 억제체제를 구축하려는 것도 이러한 맥락에서 이해할 수 있다.

요컨대 한미동맹은 미국의 인도·태평양 안보아키텍처의 일부로서, 아키텍처 내부의 격자무늬 협력, 즉 쿼드(Quad)와 오커스(AUKUS), 한미일 협력, 미일호 협력 등 소다자 협력과 함께 좀 더 통합되고 더 많은 안보부담을 공유하는 방향으로 발전할 가능성이 높다. '네트워크화된 안보아키텍처'로서 통합되어 억제의 시너지효과를 낼 수 있는 대중

균형의 기제로 기능하도록 협력의 방향이 모색될 것이다.[52] 미중경쟁이 지속되는 한 이러한 통합의 추세도 유지될 것이며, 미국과 동맹국, 그리고 동맹국들 간의 다양한 협력이 더욱 활성화될 것으로 보인다.

또한, 인도·태평양 역내 국가들과의 협력을 넘어서 대서양-인도양-태평양 역내 동맹국들과의 협력이 확대될 것으로 예측된다. 특히 북한의 우크라이나 전쟁 파병 이후 유럽안보와 아시아의 안보가 연계되는 상황에 놓이게 되었고, 2024년 북대서양조약기구 정상회의에서 발표된 '워싱턴선언' 역시 인도·태평양 지역안보의 중요성을 강조하고 있다.[53] 이는 다시 말해 인도·태평양 역내 동맹국이 연루된 분쟁에 대해 북대서양조약기구 회원국 역시 관여해 공동으로 대응하겠다는 의지로 읽힐 수 있을 것이다.

요컨대 미국과 미국의 동맹국들은 영역별, 지역별로 통합되며 협력의 영역을 넓혀가는 추세다. 미중 경쟁의 맥락에서 이러한 통합의 추세가 가속화되고 있지만 한미동맹 역시 이를 통해 좀 더 국제사회에서의 역할과 위상을 높일 기회로 활용할 필요가 있을 것이다. 다만, 한미동맹의 본래적 목표인 대북억제와 한반도 안정이 가장 중요한 협력의 영역이 되어야 할 것이다. 북한의 위협은 현재의 안보지형 속에 고립되어 존재하지 않으며, 러시아 및 중국과의 전략적 제휴를 높여가며 한국과 미국에 대한 레버리지를 높이고 있다. 이러한

복합적인 위협이 상존하는 인도·태평양 안보 환경 속에서 한미동맹은 한국과 미국 양국의 안보와 번영을 달성하는 데 중요한 자산으로 기여할 것이다. 물론 국내정치적 변화와 전략적 이익 우선순위의 차이가 존재할 수 있지만 이것도 지속적인 소통을 통해 그 간극을 좁히며 양국 공동 이익과 가치를 유지하도록 노력해야 할 것이다.

▌토의주제

1. 한미동맹은 1953년 출범 시점과 비교해 어떻게 달라졌는가? 어떠한 요인이 그러한 변화를 가져올 수 있었는가?

2. 한국과 미국의 공동 위협인식은 변화했는가? 만약 그렇다면 그 원인은 무엇인가?

3. 한국의 경제발전과 군사력 제고는 한미동맹에 어떠한 영향을 미치는가?

4. 미국은 1958년 한국에 전술핵무기를 배치했는데 그 배경은 무엇인가?

5. 1972년 닉슨독트린은 한미동맹에 어떠한 영향을 미쳤는가?

6. 한국과 미국의 지도자들이 현재 보여주고 있는 동맹의 비전은 무엇인가? 이들은 양립가능한 동맹의 비전을 갖고 있는가?

7. 북한의 핵무기 개발은 한미동맹에 어떠한 영향을 미치는가?

8. 중국의 부상과 함께 시작된 미중 강대국 경쟁은 한국에게 어떠한 전략적 도전을 안겨주는가?

▌주

1) Nadia Schadlow, "How America Can Gain Its Edge in Great Power Competition," *Foreign Affairs* (9 October 2024).

2) Robert E. Osgood, *Alliance and American Foreign Policy* (Baltimore: Johns Hopkins University Press, 1968), p. 17.

3) Patricia Weitsman, *Dangerous Alliance: Proponents of Peace, Weapons of War* (Stanford: Stanford University Press, 2004), p. 27.

4) Glenn H. Snyder, *Alliance Politics* (Ithaca: Cornell University Press, 1997), p. 4.

5) Stephen Walt, "Why Alliance Endure or Collapse," *Survival* 39-1 (1991), pp. 156-179.

6) Emerson Niou and Sean M. Zeigler, "Entente versus Alliance: When Should States Be Friends but Not Allies?" *Defense and Peace Economics* 35-7 (2023), pp. 792-808.

7) James D. Morrow, "An Alternative to the Capabilities Aggregation Model of Alliances," *American Journal of Political Science* 35-4 (1991), pp. 905-930.

8) Michael F. Altfeld, "The Decision to Ally: A Theory and Test," *Western Political Quarterly* 37-4 (1984), pp. 523-544.

9) 김영준, "비대칭동맹에서 방기 우려에 대한 대책: 한미동맹의 사례," 『유라시아연구』 제11권 4호 (2014), pp. 79–96.

10) John A. C. Conybeare and Todd Sandler, "The Triple Entente and the Triple Alliance 1880–1914: A Collective Goods Approach," *American Political Science Review* 84–4 (1990), pp. 1197–1206.

11) George Liska, *Nations in Alliance: The Limits of Interdependence* (Baltimore: Johns Hopkins University Press, 1962), p. 13.

12) Kenneth Waltz, *Theory of International Politics* (Reading: Addison-Wesley, 1979).

13) Hans Morgenthau, *Politics among Nations: The Struggle for Power and Peace* (New York: 1985), pp. 199–217.

14) Stephen Walt, *The Origins of Alliances* (Ithaca: Cornell University Press, 1987), p. 17.

15) Randall Schweller, "Neorealism's Status-Quo Bias: What Security Dilemma?," *Security Studies* 5–3 (1996), pp. 114–155.

16) Randall Schweller, "Bandwagoning for Profit: Bring the Revisionist State Back In," *International Security* 19–1 (1994), pp. 72–107.

17) Glenn Snyder, "Alliance Theory: A Neo-Realist First Cut," *Journal of International Affairs* 44–1 (1990), pp. 103–123.

18) Stephen M. Walt, "Testing Theories of Alliance Formation: The Case of Southwest Asia," *International Organization* 42–2 (1988), pp. 275–316.

19) Thomas J. Christensen and Jack Snyder, "Progressive Research on Degenerate Alliances," *American Political Science Review* 91–4 (1997), pp. 919–922; Darren J. Lim, Zack Cooper, "Reassessing Hedging: The Logic of Alignment in East Asia," *Security Studies* 24–4 (2015), pp. 696–727.

20) Rajan Menon, *The End of Alliance* (New York: Oxford University Press 2007).

21) Deborah W. Larson, "Bandwagon Images in American Foreign Policy: Myth or Reality?," in Robert Jervis and Jack Snyder eds., *Dominoes and Bandwagons: Strategic Beliefs and Great Power Competition in the Eurasian Rimland* (New York: Columbia University Press, 1991), pp. 85–111.

22) Steven R. David, "Explaining Third World Alignment," *World Politics* 43–2 (1991): 233–256.

23) Michael Barnett and Jack Levy, "Domestic Source of Alliances and Alignment: The Case of Egypt 1962–1973," *International Organization* 45–3 (1991), pp. 369–395.

24) James Morrow, "Arms versus Allies: Trade-offs in the Search for Security," International Organization 47–2 (1993), pp. 207–233.

25) Paul W. Schroeder, "Alliance, 1815–1945: Weapons of Power and Tools of Management," in David Wetzel, Robert Jervis, and Jack S. Levy eds., *System, Stability, and Statecraft: Essays on International History of Modern Europe* (New York: Palgrave Macmillan, 2004), pp. 195–222.

26) Gerald Curtis, "U.S. Policy Toward Japan, 1972–2000," Gerald Curtis ed., *New Perspectives on US-Japan Relations* (Tokyo: Japan Center for International Exchange, 2001), p. 10.

27) Paul Kennedy, *The Rise and Fall of the Great Powers: Economic Change and Military Conflict from 1500 to 2000* (New York: Random House, 1987).

28) Yong-Pyo Hong, *State Security and Regime Security: President Syngman Rhee and the Insecurity Dilemma in South Korea 1953–1960* (Oxford: St. Martin's Press, Inc, 2000).

29) Donald Stone Macdonald, *US-Korean Relations from Liberation to Self-Reliance: The Twenty Year Record* (San Francisco: Westview Press, 1992).

30) 이연주, 이근욱, "재정절감과 동맹국 안전보장의 기로에서: 1958년 전술핵무기 배치에 대한 새로운 해석," 『사회과학연구』 23–2 (2015), pp. 126–156.

31) Amy F. Woolf, Emma Chanlett-Avery, "Redeploying U.S. Nuclear Weapons to South Korea: Background and Implication in Brief," CRS Report (14 September 2017).

32) 양준석, "1968년 푸에블로호사건 초기 한국정부의 미국에 대한 대응전략: 방기의 두려움을 중심으로," 『군사』 105 (2017), pp. 151–188.

33) 류인석, "닉슨독트린과 주한미군 철수: 개입 축소와 영향력 유지의 딜레마에서의 철수 결정," 『국방

정책연구』 140호, pp. 7–41.

34) 박원곤, "카터의 인권외교와 한미관계-충돌, 변형, 조정," 『역사비평』 129호 (2019), pp. 40–63.

35) 박원곤, "5·18 광주 민주화 항쟁과 미국의 대응," 『한국정치학회보』 45집 5호 (2011), pp. 125–145.

36) Stacie L. Pettyjohn, *U.S. Global Defense Posture, 1783–2011* (Santa Monica: The Rand Corporation, 2012).

37) 손열, "미중 전략경쟁 속 한일관계 2012–2023, 역사갈등, 외압, 전략적 동조화," 『일본연구』 제58호 (2023), pp. 125–147.

38) Francis J. Gavin, "Strategies of Inhibition: U.S. Grand Strategy, the Nuclear Revolution, and Non-proliferation," *International Security* 40–1 (2015), pp. 9–46.

39) 조비연, "우크라이나 전쟁 2주년과 나토 핵공유체제의 동향: 재래식핵통합(CNI)개념을 중심으로," 『정세와 정책』 통권 371호 (2024년 2월).

40) 함형필, "『한미 한반도 핵억제 핵작전 지침』의 의의와 향후 핵·재래식 통합(CNI) 발전 방향," 『동북아안보정세분석』 (2024년 8월 12일).

41) Rory Medcalf, "May Players, May layers: The Indo-Pacific Long Game," SWP Working papers (November 2019).

42) Kurt M. Campbell and Jake Sullivan, "Competition without Catastrophe," *Foreign Affairs* (August 1, 2019).

43) Thomas S. Wilkins, "'Alignment,' not 'alliance,' – the Shifting paradigm of international security cooperation: toward a conceptual taxonomy of alignment," *Review of International Studies* 38–1 (2012), pp. 53–76.

44) US Department of Defense, "Indo-Pacific Strategy Report: Preparedness, Partnerships, and Promoting a Networked Region," (1 June 2019).

45) Ashley Townshend, David Santoro, and Toby Warden, *Collective Deterrence and the Prospect of Major Conflict* (Sydney: United States Studies Centre, 2023).

46) Guilio Pugliese, "The European Union and an 'Indo-Pacific Alignment'," *Asia-Pacific Review* 31–1 (2024), pp. 17–44.

47) Zack Cooper and Sheena Chestnut Greitens, "Asian Allies and partners in a Taiwan Contingency: What Should the United States Expect?," *American Enterprise Institute* (2022).

48) Andrew Byers and Randall Schweller, "Trump the Realist: The Former President Understands the Limit of American Power," *Foreign Affairs* (1 July 2024).

49) UN Security Council, Resolution 84(S/RES/84 (1950), https://digitallibrary.un.org/record/112027?ln=en

50) Hal Brands, "The Overstretched Superpower," *Foreign Affairs* (18 January 2022); Charles Kupchan, "America's Pullback Must Continue No Matter Who is the President," *Foreign Policy* (21 October 2020).

51) Robert O'Brien, "The Return of Peace Through Strength," *Foreign Affairs* (18 June 2024); Nadia Schadlow, "How America Can Regain its Edge in Great-Power Competition," *Foreign Affairs* (9 October 2024).

52) Jan Hornat, "Beyond the Hub and Spokes: The Networking Logic and the Operationalization of US Indo-Pacific Strategy," *Asian Affairs* 54–4 (2023), pp. 647–699; US Department of Defense, Indo-Pacific Strategy Report: Preparedness, Partnerships, and Promoting a Networked Region (1 June 2019).

53) NATO, Washington Summit Declaration (10 July 2024). (https://www.nato.int/cps/ar/natohq/official_texts_227678.htm)

참고문헌

1. 한글문헌

김영준. "비대칭동맹에서 방기 우려에 대한 대책: 한미동맹의 사례."『유라시아연구』제11권 4호 (2014).

류인석. "닉슨독트린과 주한미군 철수: 개입 축소와 영향력 유지의 딜레마에서의 철수 결정."『국방정책연구』제140호 (2023).

박원곤. "5.18 광주 민주화 항쟁과 미국의 대응."『한국정치학회보』45권 5호 (2011).

_____. "카터의 인권외교와 한미관계-충돌, 변형, 조정."『역사비평』No. 129 (2019).

손열. "미중 전략경쟁 속 한일관계 2012-2023, 역사갈등, 외압, 전략적 동조화."『일본연구』제58호 (2023).

양준석. "1968년 푸에블로호사건 초기 한국정부의 미국에 대한 대응전략: 방기의 두려움을 중심으로."『군사』105호 (2017).

이연주, 이근욱. "재정절감과 동맹국 안전보장의 기로에서: 1958년 전술핵무기 배치에 대한 새로운 해석."『사회과학연구』23-2 (2015).

조비연. "우크라이나 전쟁 2주년과 나토 핵공유체제의 동향: 재래식핵통합(CNI)개념을 중심으로."『정세와 정책』통권 371호 (2024년 2월).

함형필. "『한미 한반도 핵억제 핵작전 지침』의 의의와 향후 핵·재래식 통합(CNI) 발전 방향."『동북아안보정세분석』(2024년 8월 12일).

2. 영어문헌

Altfeld, Michael F. "The Decision to Ally: A Theory and Test." *Western Political Quarterly* 37-4 (1984).

Barnett, Michael, and Jack Levy. "Domestic Source of Alliances and Alignment: The Case of Egypt 1962-1973." *International Organization* 45-3 (1991).

Brands, Hal. "The Overstretched Superpower." *Foreign Affairs* (January 18, 2022).

Byers, Andrew, and Randall Schweller. "Trump the Realist: The Former President Understands the Limit of American Power." *Foreign Affairs* (July 1, 2024).

Campbell, Kurt M., and Jake Sullivan. "Competition without Catastrophe." *Foreign Affairs* (August 1, 2019).

Christensen, Thomas J., and Jack Snyder. "Progressive Research on Degenerate Alliances." *American Political Science Review* 91-4 (1997).

Cooper, Zack, and Sheena Chestnut Greitens. "Asian Allies and partners in a Taiwan Contingency: What Should the United States Expect?." *American Enterprise Institute* (2022).

David, Steven R. "Explaining Third World Alignment." *World Politics* 43-2 (1991).

Gavin, Francis J. "Strategies of Inhibition: U.S. Grand Strategy, the Nuclear Revolution, and Non-proliferation." *International Security* 40-1 (2015).

Hong, Yong-Pyo. *State Security and Regime Security: President Syngman Rhee and the Insecurity Dilemma in South Korea 1953-1960.* Oxford: St. Martin's Press, Inc, 2000.

Hornat, Jan. "Beyond the Hub and Spokes: The Networking Logic and the Operationalization of US Indo-Pacific Strategy." *Asian Affairs* 54-4 (2023).

Kennedy, Paul. *The Rise and Fall of the Great Powers: Economic Change and Military Conflict from 1500 to 2000.* New York: Random House, 1987.

Kupchan, Charles. "America's Pullback Must Continue No Matter Who is the President." *Foreign Policy* (October 21, 2020).

Larson, Deborah W. "Bandwagon Images in American Foreign Policy: Myth or Reality?." in Robert Jervis and Jack Snyder eds. *Dominoes and Bandwagons: Strategic Beliefs and Great Power Competition in the Eurasian Rimland.*

190   제2부 ● 전략 및 평화적 안보

New York: Columbia University Press, 1991.

Lim, Darren J., Zack Cooper. "Reassessing Hedging: The Logic of Alignment in East Asia." *Security Studies* 24-4 (2015).

Liska, George. *Nations in Alliance: The Limits of Interdependence.* Baltimore: Johns Hopkins University Press, 1962.

Macdonald, Donald Stone. *US-Korean Relations from Liberation to Self-Reliance: The Twenty Year Record.* San Francisco, Westview Press, 1992.

Medcalf, Rory. "May Players, May layers: The Indo-Pacific Long Game." SWP Working papers (November 2019).

Menon, Rajan. *The End of Alliance.* New York: Oxford University Press 2007.

Morgenthau, Hans. *Politics among Nations: The Struggle for Power and Peace.* New York: 1985.

Morrow, James D. "An Alternative to the Capabilities Aggregation Model of Alliances." *American Journal of Political Science* 35-4 (1991).

Morrow, James. "Arms versus Allies: Trade-offs in the Search for Security." *International Organization* 47-2 (1993).

Narang, Vipin. *Nuclear Strategy in the Modern Era: Regional Powers and International Conflict.* Princeton: Princeton University Press, 2014.

O'Brien, Robert. "The Return of Peace Through Strength." *Foreign Affairs* (June 18, 2024).

Pettyjohn, Stacie L. *U.S. Global Defense Posture, 1783-2011.* Santa Monica: The Rand Corporation, 2012.

Pugliese, Guilio. "The European Union and an 'Indo-Pacific Alignment'." *Asia-Pacific Review* 31-1 (2024).

Schadlow, Nadia. "How America Can Gain Its Edge in Great Power Competition." *Foreign Affairs* (October 9, 2024).

Schroeder, Paul W. "Alliance, 1815-1945: Weapons of Power and Tools of Management." in David Wetzel, Robert Jervis, and Jack S. Levy eds. *System, Stability, and Statecraft: Essays on International History of Modern Europe.* New York: Palgrave Macmillan, 2004.

Schweller, Randall. "Bandwagoning for Profit: Bring the Revisionist State Back In." *International Security* 19-1 (1994).

Schweller, Randall. "Neorealism's Status-Quo Bias: What Security Dilemma?." *Security Studies* 5-3 (1996).

Snyder, Glenn. "Alliance Theory: A Neo-Realist First Cut." *Journal of International Affairs* 44-1 (1990).

Townshend, Ashley, David Santoro, and Toby Warden. *Collective Deterrence and the Prospect of Major Conflict.* Sydney: United States Studies Centre, 2023.

US Department of Defense. *Indo-Pacific Strategy Report: Preparedness, Partnerships, and Promoting a Networked Region* (1 June 2019).

Walt, Stephen M. "Testing Theories of Alliance Formation: The Case of Southwest Asia." *International Organization* 42-2 (1988).

Walt, Stephen M. *The Origins of Alliances.* Ithaca: Cornell University Press, 1987.

Waltz, Kenneth. *Theory of International Politics.* Reading: Addison-Wesley, 1979.

Wilkins, Thomas S. "'Alignment,' not 'alliance,' — the Shifting paradigm of international security cooperation: toward a conceptual taxonomy of alignment." *Review of International Studies* 38-1 (2012).

7장

대북억제와 국방전략

박영준(국방대 안보대학원)

1. 서론   192
2. 억제전략의 개념과
   유형   193
3. 남북한 군사력 평가   196
4. 북한의 재래식 및
   핵 군사력 운용전략:
   군사도발 가능성 평가   200
5. 국방전략으로서의
   대북 억제태세   204
6. 북한 도발 시 한국의
   대북 국방전략   211
7. 한국 국방전략의 과제와
   미래전망   214

개요

한국의 국가안보전략에서 가장 중요한 과제 가운데 하나는 재래식 전력뿐만 아니라 핵능력을 지속적으로 증대시키고 있는 북한의 군사적 위협에 어떻게 대응해 갈 것인지 문제이다. 역사적으로 개별국가들이 선택할 수 있는 국방전략 혹은 군사전략은 공격, 방어, 억제의 3가지 유형으로 대별된다.

북한은 한국전쟁을 통해 전면전을 도발한 바 있으며, 그 이후에도 특수전 부대의 파견, 비정규전 수행 등을 통해 공격전략의 성향을 보인 바 있다. 특히 6차례의 핵실험을 통해 핵전력을 지속적으로 증강시키면서, 2022년 9월에 공표한 '핵무력법'을 통해 핵전력도 공격적으로 운용할 것이라는 핵전략을 밝힌 바 있다.

이에 반해 한국은 헌법하에서 국제평화주의를 표방하고, 유엔 회원국으로 그 헌장을 준수할 의무를 가지고 있다. 따라서 한국은 3축체계 구축 등 북핵대응 재래식 군사력을 구축하고, 한미동맹 차원의 확장억제태세를 강화하면서 일관되게 대북 억제전략을 추구해 왔다. 즉, 거부적 억제 및 응징적 억제를 위한 군사력을 증강하고, 한미동맹 차원의 핵확장억제 태세를 갖추어, 북한이 군사적 공격을 감행할 경우, 그 이익보다 비용이 훨씬 크다는 것을 인식케 하여 전쟁도발 기도를 저지해 왔던 것이다. 이같은 억제형 군사전략은 한국의 국가안보를 위해 중요한 역할을 하고 있지만, 이를 보완하기 위해 경제력이나 과학기술력 등 종합적 국력의 증대가 더욱 필요하고, 한미동맹을 포함한 국제 우방 국가들과의 안보협력이 확대될 필요가 있다.

핵심이슈

- 국방전략 혹은 군사전략의 유형은 어떻게 나누어질 수 있고, 억제전략이란 어떤 특성을 갖는지 살펴본다.
- 남북한 군사력은 어떻게 비교할 수 있으며, 남북한은 그 군사력을 어떤 전략에 따라 운용하고 있는지 설명한다.
- 북한의 군사력과 군사전략을 고려할 때, 향후 북한의 군사도발 가능성은 어떻게 전망할 수 있는지 논의한다.
- 대한민국은 북한의 군사도발 가능성에 대비하여, 어떻게 대북 억제전략을 구현하고 있는지에 대해 분석한다.
- 한미동맹 차원에서 구축되고 있는 '확장억제' 태세가 북한의 핵위협을 억제하기에 충분한지, 그렇지 않다면 보완 방향은 어떻게 되는지에 대해 살펴본다.

1. 서론

국가전략이란 국가가 보유한 외교, 경제, 군사, 사회문화 등의 여러 역량을 동원해 국가목표와 국가이익을 달성하기 위한 제반 정책 방향과 노력을 지칭한다. 국가가 달성하고자 하는 가장 우선적인 목표 가운데 하나는 바로 국가의 안보, 즉 주권과 영토와 국민의 생명을 확보하는 것이며, 따라서 통상 국가전략은 '국가안보전략' 혹은 '대전략(grand strategy)'이라고도 칭해지며, 국가가 추구하는 여러 분야별 전략 가운데 최상위 수준 전략으로서의 위상을 갖는다.[1]

개별국가는 국가전략 혹은 국가안보전략을 달성하기 위한 세부전략으로서 외교전략, 경제전략, 그리고 국방 및 군사전략 등을 책정하게 된다. 외교전략은 국가의 목표를 달성하기 위해 외교적 수단을 사용하는 방식에 관한 원칙과 운용방향 등을 담게 되며, 경제전략은 국가의 목표를 달성하기 위해 경제수단을 어떻게 갖추어야 할 것인지에 대한 정책방향이나 경제주체가 수행해야 할 역할을 담게 된다. 국방전략 혹은 군사전략이란 국가목표를 달성하기 위해 군사력 및 군사제도의 건설, 군사력의 운용, 그리고 군사동맹의 역할 등을 원칙적으로 규정하게 된다. 미국의 경우, 새로운 행정부가 들어설 때마다 백악관 국가안전보장회의(NSC)에서 국가안보전략, 국방부에서 국가국방전략, 합참에서 국가군사전략

을 각각 책정하고 있다. 한국도 노무현정부 이후 이같은 체계에 따라 안보전략서들을 공표하고 있다.

특히 국방전략 혹은 군사전략은 국가의 주권, 영토, 국민의 생명에 가해질 수 있는 대내외 군사적 위협요인을 식별하고, 이를 배제하기 위한 군사력의 건설, 군사제도의 정비, 군사력의 운용, 그리고 대외군사동맹의 관리와 강화 등의 정책수단을 마련하고 이를 실행해가는 정책 방향을 가리킨다.[2] 국방전략과 군사전략의 범위에 대해서도 의문이 제기될 수 있다. 이 글에서 군사전략은 군사력의 건설과 군사력의 운용에 중점을 두는 정책방침이고, 국방전략은 군사전략의 내용을 포함하면서 보다 넓게 병역제도나 동맹관리 등을 포함한 국방분야 전반에 관한 정책방침으로 구분하기로 한다.

여타 국가들과 달리 한국은 1948년 정부 수립 이후부터 북한에 의한 군사적 위협에 노출되어 왔다. 급기야 북한 정권은 1950년 6월 25일, 한국에 대한 대규모 전쟁을 도발하였고, 1953년 전쟁 종료 이후에도 게릴라전이나 테러, 해상 도발 등의 군사적 위협을 지속적으로 가해 왔다. 게다가 북한은 2006년 제1차 핵실험 이후 핵무기 개발을 지속하면서, 기존의 재래식 군사력에 더해 핵무기를 더한 군사적 위협을 가하고 있는 것이 현실이다.

따라서 한국 입장에선 북한에 의한 군사적 위협을 배제하기 위한 국방 차원의 전략, 즉

군사력 건설이나 그 운용, 병역제도의 정비, 그리고 대외적으로 평시 및 유사시에 한국을 지원할 수 있는 동맹 및 다자간 안보태세 구축 등이 매우 중요한 정책과제가 되고 있다. 즉, 여타 국가와 비교할 때, 한국의 전반적인 국가전략 혹은 국가안보전략의 체계 속에서 국방전략 분야가 각별한 중요성을 지닌다고 할 것이다.

더욱이 2017년까지 6차례 핵실험을 성공하면서 핵무력 완성을 선언한 북한은 2023년 12월과 2024년 1월을 거치면서, 김정은 국무위원장의 담화와 연설 등을 통해 남북한 관계가 더 이상 '통일을 지향하는 동족관계'가 아니며, '적대 상태하에 있는 교전 관계'라고 재규정하였고, '유사시 핵무력을 포함한 모든 물리적 수단과 역량을 동원해 남조선 전 영토를 평정하기 위한 대사변 준비'를 해야 한다고 선언하기에 이르렀다.[3] 이같은 선언은 1991년 남북기본합의서에 합의한 이래 30여 년 지속되어온 남북 화해와 협력 기조를 정면으로 부인하고 있는 의미를 지니고 있다.

이 때문에 더욱 북한의 군사능력과 그 의도를 엄정하게 평가하고, 이에 의한 위협 가능성을 배제하기 위한 한국의 군사력 태세와 한미동맹 간의 확장억제 태세를 포괄적으로 평가하는 정책적, 학문적 노력이 국가안보 차원에서 더할 나위 없는 중요성을 가진다. 이러한 문제의식에서 이 장에서는 국방전략의 유형 가운데 억제전략의 개념과 내용, 한국과 대

비한 북한 군사력의 평가, 북한의 군사적 위협 가능성에 대응하는 한국과 한미동맹 차원의 억제전략 등을 설명해 가기로 한다.

2. 억제전략의 개념과 유형

국방전략 혹은 군사전략은 군사력의 건설 및 사용, 군사제도의 정비와 관리 등을 통해 적대국가 및 세력으로부터의 군사적 위협을 배제함으로써 국가의 목표, 즉 국가안보에 기여하는 것이다. 국방전략을 실행하기 위해서는 육해공 군사력이 갖춰져야 하고, 통합형이나 합동형 등의 군사제도가 정비되어야 한다. 이러한 군사력을 어떤 목표로 사용하는가에 관한 방침, 즉 군사전략의 성격도 결정해야 한다.

1) 국방전략/군사전략의 유형

국방전략 혹은 군사전략의 성격에 관해 포젠(Barry Posen) 등의 연구자들은 역사적으로 3가지 유형이 존재해 왔다고 설명한다. 공격전략, 방어전략, 그리고 억제(deterrence)전략이 그것이다.[4]

공격전략은 공격 지향의 군사력을 건설하고, 전쟁 시에 공격 중심의 운용을 함으로써 적대국을 무장해제하거나, 적의 군사력을 파괴하는 목표를 추구한다. 포젠 교수의 설명처럼 1930년대 히틀러 지도하의 독일 군대

가 기갑전력이나 스투카 등 폭격기 전력을 집중적으로 육성하고, 1939년 이후의 폴란드나 1940년의 프랑스에 대해 전격전(Blitzkrieg)의 방식으로 공세적 운용을 추구한 것이 그 대표적인 사례라고 볼 수 있다. 메이지 유신 이후 1890년대의 일본이 근대적 해군 건설을 서두르고, 해외 출정이 가능한 사단제 편성을 완료하면서 조선에 대한 종주권을 행사하던 청국(淸國)에 대해 선제기습공격을 가하거나, 1930년대 이후 미국 해군 전력을 능가하는 6만 톤급의 대전함과 4만 톤급의 항모를 건설하고 제로센(零戰) 같은 함재기를 개발하면서 1941년 12월, 미국 진주만에 선제공격을 가한 것을 또 하나의 대표적인 공격전략 유형으로 볼 수 있다.[5]

방어전략이란 강력한 방어진지와 방어용 전력을 증강함으로써 적대국의 침략 가능성을 거부하는 국방전략이다. 서양의 전쟁사에서는 제1차 세계대전 이후 프랑스가 독일의 공격 가능성에 대비해 독일과의 국경지대에 설치한 마지노 방어선이 대표적인 방어전략의 사례로 평가되고 있다.[6] 고대 동아시아 세계에서는 중국의 최초 통일 제국을 건설한 진시황(秦始皇)이 북변에서 위협을 가하던 흉노족의 공세에 대응해 몽염(蒙恬)으로 하여금 만리장성 수축을 시도한 전략이 대표적인 방어전략 사례로 거론된다.[7]

억제전략(deterrence strategy)이란 적대국에 의한 공격이 감행될 경우, 그 목적을 달성할 수 없을 뿐만 아니라 오히려 응징을 당할 것이라는 국방태세를 미리 현시함으로써 상대국의 공격 가능성을 사전에 배제하는 전략을 말한다.[8] 방어전략이 수동적으로 군사력을 갖추고 방어적 태세를 갖추는 것이라면 억제전략은 군사력의 공격 가능성을 현시하면서 상대측의 공격의지를 제어하는 능동적인 방어전략이라고 할 수 있을 것이다.

2) 억제전략의 전개

이같은 억제전략이 주요 국가들의 국방전략에서 중시되기 시작한 것은 제2차 세계대전 이후 미국과 소련 등이 핵무기를 보유하기 시작하면서부터이다. 제2차 세계대전 시기까지 각국은 공격 혹은 방어전략의 범주 안에서 자신들의 국방전략을 책정해 왔다. 그러나 1945년 8월, 미국이 히로시마와 나가사키에 원폭을 투하하면서 핵무기의 위력이 실증되고, 1949년 소련이 핵실험에 성공하여 바야흐로 핵무기 경쟁 시대가 되면서, 기존의 공격전략과 방어전략은 그 실효성에 의문이 던져지기 시작했다.

소련이 핵무기 개발에 성공을 거두자 미국의 군부와 전략연구자들 간에는 소련에 대한 예방전쟁, 즉 핵선제공격을 가하여 승리를 거두어야 한다는 강경론이 대두했다.[9] 그러나 랜드(RAND)연구소의 버나드 브로디 같은 전략가는 미국이 핵공격을 가한다면 소련도 핵무기로 반격을 하게 될 것이고, 그 경우의 핵전쟁은 양 강대국의 자살행위가 될 것이라고 주장했다. 따라서 핵경쟁 시대에서 미국이 선택할 수 있는 최적의 전략은 상대국이 핵공격을 가해 왔을 때, 생존성을 확보하면서 상대방에 대해 보복을 가할 수 있는 제2차 가격능력(second strike capability) 보유를 통해 상대국의 전쟁도발 가능성을 억제하는 것이라고 제안했다.[10]

이같은 억제전략의 논리가 트루먼과 아이젠하워 행정부에 의해 미국 대소 전략의 중심적인 요소로 수용되었다. 트루먼 행정부는 1950년 NSC에서 책정한 NSC-68 전략서를 통해 소련에 대한 예방전쟁의 선택지보다는 군사력을 건설하고, 동맹국을 규합하는 대외전략을 통해 소련의 팽창을 억제한다는 전략기조를 수립했다.[11] 이같은 기조하에 미국 정부는 유럽에서 NATO를, 아시아에서는 호주와 뉴질랜드를 동맹으로 묶는 ANZUS 조약 및 미일동맹 조약을 체결했다. 이같은 동맹 전략에 기반하여 육군과 해군은 유럽과 아시아에 해외기지를 확보하였고, 공군은 대륙간 폭격기 개발을 통해 원거리 투발수단을 유지하려고 했다.

아이젠하워 대통령도 예방전쟁보다는 핵억제 전략을 선호하였고, 덜레스 국무장관은 핵억제 전략의 일환으로 대규모 핵보복 능력을 확보한다는 대량보복전략(massive retaliation)을 하였다. 아이젠하워 행정부의 육군

참모총장을 역임한 맥스웰 테일러 장군도 핵전쟁 가능성에 대응하기 위해서는 억제전략이 유일한 대안임을 인정하면서, 다만 방법론적으로 핵무기에 의존하는 대량보복전략보다는 특수전 전력과 같은 재래식 전력을 다양하게 활용하는 '유연반응전략(Flexible Response)'을 제시했다.[12] 미국의 대표적인 동맹국 영국에서도 공군 대장 슬레서 경(Sir John Slessor) 등이 소련을 포함한 동구 공산권 국가들에 대응하기 위해서는 선제적 예방전쟁보다는 핵전력 증강을 통한 핵억제전략(Great Deterrence)이 불가피하다는 전략적 공감대가 형성되었다.[13] 이처럼 핵시대를 맞이하면서 억제전략은 미국 등 주요 국가의 가장 중요한 군사전략으로서 위상을 갖게 되었다.

3) 억제전략의 유형과 요소

억제전략은 그 목표에 따라 '거부적 억제(deterrence by denial)'와 '보복적 억제(deterrence by punishment)' 두 가지 유형으로 대별할 수 있다. 거부적 억제란 사전에 압도적인 군사력을 건설하거나 군사태세를 구축함으로써 적대국이 설령 공격하더라도 목표를 달성할 수 없을 것임을 주지시키는 것이다. '보복적 억제'란 설령 적대국에 의한 공격이 있더라도 그 공격에 상응하는 보복공격을 받을 것이고 막대한 피해가 초래될 것이라는 분명한 시그널을 보내 적대국의 침략 가능성을

사전에 저지시켜야 한다.[14)]

이 구분은 현실적으로 애매한 점이 있지만, 분명한 것은 거부적 억제나 보복적 억제를 달성하기 위해서는 적대국의 군사력이나 그 의지에 비해 결코 떨어지지 않는 상당한 군사적 능력과 의지를 사전에 확보하고, 상대국에 대해 적극적으로 현시해야 한다는 점이다.

억제전략은 그 지리적 범위에 따라 '직접적 억제(direct deterrence)'와 '확장억제(extended deterrence)'로 구분되기도 한다. 직접적 억제란 적대국의 군사적 위협에 대해 자국의 안보를 보호하는 데 목적을 둔 억제를 의미한다. 이에 비해 '확장억제'란 자국뿐만 아니라 동맹국 보호까지도 억제의 범위로 설정하는 것을 말한다.

억제전략이 유효하게 적용되기 위해서는 능력, 의지, 그리고 잠재적 적대국과의 명확한 소통(communication) 등의 요소들이 필요하다. 능력이란 상대국의 공격능력 못지않게 자국의 군사적 능력이 갖춰져야 함을 의미한다. 자국의 군사적 능력이 뒤따르지 않는 억제는 상대국에게 효과를 발휘하지 못할 것이다. 의지란 유사시에 자신의 군사적 능력을 주저하지 않고 활용할 수 있는 마음가짐을 말한다. 역시 군사능력을 활용하겠다는 의지가 없다면 억제의 효과는 기대하기 힘들 것이다. 명확한 전략적 소통이란 상대국에 대해 유사시에 자신의 군사적 능력을 최대한 운용하여 상대국의 군사적 능력과 핵심 지휘체계 등을 파괴할 수 있음을 일관되게, 그리고 명시적으로 전달해야 함을 의미한다. 예컨대 상대국이 도발할 경우, 그 지휘원점을 타격할 것이라고 일관되게 강조하거나, 상대국이 전쟁을 도발할 경우, 그 지휘부는 궤멸할 것이고 상대국 자체가 지구상에서 사라지게 될 것이라는 메시지를 일관되게 내는 것이 명확한 소통의 일환이라고 보아야 할 것이다.

3. 남북한 군사력 평가

억제전략의 실행을 위해서는 위협을 가하는 상대국가의 군사적 능력과 의도를 정확히 평가하고, 그에 대응할 수 있는 자국의 군사능력을 증강하고, 이를 유사시에 사용할 수 있다는 의지를 보이는 것이 필요하다. 요컨대 위협을 가하는 상대국가의 군사적 능력과 의도를 정확히 파악하는 것이 억제전략 이행의 첫걸음이 된다.[15)]

1) 군사력 평가의 방법

어느 한 국가의 군사적 능력을 파악하는 데는 정태적 방법과 동태적 방법이 있다.[16)] 정태적 방법이란 해당 국가의 군사력을 육군, 해군, 공군, 전략군 등으로 구분해 각 군종이 갖는 주요 무기, 예컨대 병력 규모, 전차, 장갑차, 해군 함정, 잠수함, 공군 전투기, 핵탄두 및 투발수단 규모 등을 평면적으로 파악하는 것이다. 이같은 정태적 방법에 의한 군사력 평가는 객관적인 수치를 제시한다는 점에서 이해하기 쉽고, 여타 국가와의 비교를 용이하게 수행할 수 있는 장점이 있다.

그러나 실제 전쟁 수행시에는 병력이나 무기의 규모가 아닌 상대국의 전쟁수행 전략, 병참문제, 지리적 요인, 해당 국가의 정부나 국민의 사기 등의 요인이 보다 중요한 영향을 줄 수 있다. 따라서 서방의 전략 연구가들은 상대국의 군사력을 평가할 때 수치상으로 나타낼 수 있는 전력 규모 등과 별도로 해당 국가의 군사전략 유형, 지리적 여건, 역사적 전통, 병참, 군사적 리더십, 무기기술 등 동태적 요소도 함께 고려할 필요가 있다고 강조하고 있다. 예컨대 냉전기 미소 간의 군사력 비교를 수행하던 랜드연구소의 앤드류 마샬 등은 1960년대부터 쌍방의 무기와 병력 규모에 더해 군사전략, 정부와 군의 정책결정 방식, 지리적 영향 등을 포괄적으로 비교 평가해야 한다는 총괄 평가(net assessment)의 방법론을 제시하기도 했다.[17]

그런데 사실 동아시아의 전략 사상에서 이같은 동태적 군사력 평가의 방법론은 낯선 것이 아니다. 손자(孫子)는 춘추전국시대에 서술된 그의 병법에서 전쟁에 임하여 장수된 자는 반드시 피아 간의 '도천지장법(道天地將法)'의 5가지 요소들, 즉 어느 편이 정당성을 갖고 있고, 지리적 조건을 잘 이용하고 있고,

어느 편의 지휘관이나 국가지도자가 리더십을 발휘하고 있고, 어느 국가가 군수나 병제 등 제도 면에서 뛰어난가를 헤아리고 비교해야 할 필요를 강조한 바 있다.[18]

물론 전략이나 리더십 등 동태적 평가의 요소들은 수치로 표현하기 쉽지 않아, 정태적 요소들에 비해 명확한 형태로 드러나지 않는다. 다만, 상대국의 정치지도자나 군사지휘관들이 표명하는 언사, 상대국가가 수행하는 군사훈련, 상대국가가 실행할 것으로 예상되는 장차전쟁의 시나리오 등을 통해, 동태적 군사력 요소들인 상대국의 전략이나 민군관계 등의 요소들을 대략적으로 파악할 수 있다. 그리고 이러한 동태적 요소들을 정태적 요소들과 같이 고려해야, 보다 효과적인 억제전략의 수립과 실행이 가능해질 것이다. 이같은 관점에서 북한의 군사력에 대한 정태적 평가를 제시하고, 절을 바꾸어 북한의 군사적 도발 시나리오 제시를 통해 동태적 평가의 일면을 밝혀보도록 한다.

2) 남북한 군사력 평가: 정태적 방법

표 7.1은 한국 국방부가 작성한 『국방백서 2022』에 소개된 남북한 군사력 평가다. 전형적으로 남북 양측의 군병력 규모, 육해공군이 운용하는 전차, 야포, 함정, 전투기와 훈련기 등 주요 전력 규모에 대한 보유 수치가 제시되어 있다. 정태적 방법에 의한 북한 군사력

표 7.1 남북 군사력 현황 비교(2022년 12월 기준)

			한국	북한
병력(평시)	육군		36.5만	110만
	해군		7만(해병대 2.9만 포함)	6만
	공군		6.5만	11만
	전략군		–	1만
	합계		50만	128만
주요전력	육군	부대	군단 12 사단 36(해병대 포함) 여단 32(해병대 포함)	군단 15 사단 84 여단 117
		전차	2,200여 대(해병대 포함)	4,300여 대
		장갑차	3,100여 대(해병대 포함)	2,600여 대
		야포	5,600여 문(해병대 포함)	8,800여 문
		다연장/방사포	310여 문	5,500여 문
		지대지유도탄	발사대 60여 기	발사대 100여 기(전략군)
	해군	전투함정	90여 척	420여 척
		상륙함정	10여 척	250여 척
		기뢰전함정	10여 척	20여 척
		지원함정	20여 척	40여 척
		잠수함정	10여 척	70여 척
	공군	전투임무기	410여 대	810여 대
		감시통제기	70여 대(해군 항공기 포함)	30여 대
		공중기동기	50여 대	350여 대
		훈련기	190여 대	80여 대
	헬기(육해공)		700여 대	290여 대
예비병력			310만여 명	762만여 명

출처: 대한민국 국방부, 『국방백서 2022』 (서울: 국방부, 2023), p. 334.

평가의 주요 지표가 될 수 있는 자료다.

이 표를 보면 남북한의 총병력 규모는 56만 대 110만으로 북한이 우위에 서 있고, 육군의 주력 무기인 전차는 2,200여 대 대 4,300여 대, 다련장 및 방사포도 310여 문 대 5,500여 문, 해군의 전투함정도 90여 척 대 420여 척,

잠수함도 10여 척 대 70여 척, 공군의 전투기도 410여 대 대 810여 대 등으로 수적 규모 면에서는 북한이 우세한 것으로 나타나고 있다.

이같은 남북한 군사력 비교가 어느 정도의 정확성을 갖는지는 확실하지 않다.[19] 북한이 자신의 군사력에 관한 객관적인 통계를 국제사회에 제시하고 있지 않기 때문이다. 다만, 북한이 방사포나 잠수함 전력의 양적 측면에서 한국의 그것을 앞서고 있고, 이러한 재래식 전력의 격차가 한국의 대북 위협의식을 높이고 있음은 분명해 보인다.

한국은 보유하고 있지 않으나 2006년 제1차 핵실험 이후 북한이 지속적으로 증강해온 핵전력 비교를 고려하면, 한국이 갖는 대북 위협인식은 보다 뚜렷해진다. 북한은 2006년 제1차 핵실험을 실시한 이래 2017년까지 6차례의 핵실험을 감행하면서, 우라늄 농축과 플루토늄 재처리를 통해 개발한 원자폭탄, 수소폭탄 등을 테스트해 왔다. 그러한 결과를 바탕으로 2017년 북한은 핵무력 완성을 선언한 바 있다. 표 7.2는 2006년부터 2017년까지 북한이 감행한 핵실험의 위력과 특성을 보여주는 자료다.

북한의 핵전력 규모에 대한 정확한 파악은 어렵지만, 표 7.3은 국제사회 주요 연구기관들에서 추정하고 있는 대략을 보여주고 있다.

표 7.3은 북한의 핵시설에서 농축되거나 추출된 우라늄과 플루토늄의 양을 추정하고, 그에 기반하여 북한이 개발했을 것으로 추정되는 핵탄두의 수량을 보여주고 있다. 2023년 시점에서 북한은 최소 핵탄두 30여 기를 갖고 있을 것으로 추정되며, 이를 투발하기 위한 단거리, 중거리(IRBM), 지상발사 대륙간 탄도탄(ICBM), 수중발사 탄도미사일(SLBM)을 다수 보유하고 있는 것으로 파악되고 있다. 이러한 핵탄두 및 그 투발수단들은 2014년 창설된 전략군에서 집중적으로 관리 및 운용하고 있다.[20] 이를 토대로 국내 연구자들은 북한

표 7.2 북한의 핵실험 규모 및 특성

시기	지진파 규모(mb)	위력(국방부 발표)	실험지역	북한 발표
1차(2006.10.9.)	3.9	0.8	풍계리 동쪽 갱도	성공적 핵실험
2차(2009.5.25.)	4.5	3~4	풍계리 서쪽 갱도	–
3차(2013.2.12.)	4.9	6~7	풍계리 서쪽 갱도	소형화 성공
4차(2016.1.8.)	4.8	6	풍계리 핵시설	수소폭탄
5차(2016.9.9.)	5.0	10	풍계리 일대	표준화 성공
6차(2017.9.3.)	5.7	50	풍계리 일대	ICBM용 수소폭탄

출처: 임기훈 국방대 총장 강연자료, "북핵 위협과 확장억제" (2024.8.12.)에서 재인용.

표 7.3 북한 핵탄두 보유량 추정

	북한 보유 핵탄두	핵물질 보유량 추정 기반 잠재 핵탄두	비고
2015 조엘 위트, 데이비드 올브라이트	10~16발	–	2020년대 100여 발 보유 추정
2017년 미국 국방정보국 (Defense Intelligence Agency)	50발 추정	–	–
2022 SIPRI	20여 기	핵물질 포함 45~55기	–
2023 SIPRI	30여 기	핵물질 포함 40~50여 기	–

출처: 이 표는 다음 자료를 토대로 작성되었음. "Editorial: North Korea's Nuclear Expansion," *International New York Times* (February 28, 2015); David E. Sanger and William J. Broad, "Americans misgauged North Korea nuclear risk," *New York Times International Edition* (2018.1.10.); SIPRI, SIPRI Year Book (2023); 함형필, "북한의 핵미사일 능력 평가 및 전망," 한국국가전략연구원, 『제12회 한국국가전략연구원+미국 브루킹스연구소 국제회의 자료집: 한미일 및 북중러 연대 가속화와 한반도 안보』 (2024.1.10.) 등

이 2030년대까지 한반도의 주요 시설을 타격할 수 있는 전술핵 탄두를 180~200여 기, 그리고 미국 본토나 인도·태평양지역 주요 미군시설을 타격할 수 있는 전략핵탄두를 110~120여 기 보유할 것으로 전망하고 있다.[21]

이상과 같은 정태적 군사력 평가를 통해, 남북한은 재래식 군사력 면에서 비교적 대등한 양상을 보이고 있으나, 북한은 장사정포나 잠수함 같은 재래식 전력 면에서 한국에 대해 수적인 우위를 보이고 있고, 핵전력에 대해서는 비핵화 노선을 견지해온 한국에 대해 북한이 단연 우위를 점하고 있음을 알 수 있다. 그렇다면 북한은 이같은 재래식 및 핵군사능력을 한국에 대해 유사시에 과연 어떻게 운용할 것인가. 이 점은 군사력의 동태적 비교에 관한 분석이라고 할 수 있는데, 절을 바꾸어 이에 관한 북한 내부의 전략적 주장들을 추가적으로 검토하기로 한다.

4. 북한의 재래식 및 핵 군사력 운용전략: 군사도발 가능성 평가

북한의 군사력 운용, 즉 군사전략도 여타 국가들과 마찬가지로 공격, 방어, 혹은 억제의 범주 속에서 평가될 수 있을 것이다. 북한은 1950년 한국전쟁 도발을 통해 공격전략에 바탕해 자신들의 군사력을 운용한 경험을 갖고 있다. 전쟁 이후에도 1960년대의 1·21 사태나 울진·삼척 지구 무장공비 침투 사건 등에서 보듯이 특수부대 전력을 운용하여 비정규전을 감행하기도 했다. 2000년대 이후에도 제1, 2차 연평해전, 연평도지역 포격, 서울 상공에 대한 드론 침투 등과 같이 해상 및 공

중 전력을 활용해 대남 공세적 군사작전을 감행해 왔다. 이러한 역사적 사례들을 보면 북한은 그동안 재래식 군사력을 공세적으로 운용해 왔음을 알 수 있다.

1) 공격적 군사전략과 핵전략

북한은 2006년부터 핵실험을 지속하면서 핵전력을 증강해 왔다. 그렇다면 북한은 재래식 전력과 마찬가지로 핵전력도 공격전략의 기조에 따라 운용할 것인가. 사실 핵전력을 보유한 구공산권 국가들은 핵전략에 관한 한두 가지 상반되는 입장을 보여왔다. 1949년에 핵실험에 성공하고 핵전력을 보유하게 된 구소련은 냉전기를 통해 미국에 대한 공격적 핵전략을 견지해 왔다. 1960년대 당시 흐루쇼프 공산당 서기장은 연설을 통해 장차 전쟁을 핵전쟁으로 예상하고, 이에 대비해 소련이 핵전력을 집중적으로 증강하면서 공격적 핵전쟁을 불사한다는 입장을 밝힌 바 있다. 1990년대 소련이 와해하고 러시아 공화국이 탄생하면서 일시적으로 러시아는 선제불사용(no first use) 핵전략을 밝힌 바 있으나, 푸틴 대통령 집권 기간에 러시아는 다시 러시아에 대한 전면전쟁과 제한전쟁 시에 각각 핵전력을 공격적으로 사용할 것이라는 핵전략을 밝힌 바 있다.[22] 한편, 1964년 최초의 핵실험에 성공하면서 핵전력을 보유하게 된 중국은 타국에 대해 선제적으로 핵전력을 사용하지 않겠다는 선제불사용 원칙을 비교적 일관되게 표명해 왔다.[23]

그렇다면 북한은 자신들의 핵전력을 러시아처럼 선제 사용을 불사한 공격전략에 의해 운용할 것인가, 아니면 중국처럼 선제불사용 원칙에 따른 방어적 전략하에서 운용할 것인가. 이 점에 관해 북한의 입장은 2020년을 전후로 변화되고 있는 것으로 보인다. 북한은 최초의 핵실험을 감행한 2006년에 개최된 제7차 당대회에서 "책임있는 핵보유국으로서 침략적인 적대세력이 핵으로 우리의 자주권을 침해하지 않는 한, 이미 천명한 대로 먼저 핵무기를 사용하지 않을 것"이라고 선언했다. 그 연장선에서 2013년 4월 1일에 책정한 '자위적 핵보유국의 지위를 더욱 공고히 할 데 대하여' 법령(이하 '핵보유국법')에서도 "적대적인 다른 핵보유국이 우리 공화국을 침략하거나 공격하는 경우, 그를 격퇴 보복공격을 가하기 위하여 조선인민군 최고사령관의 최종명령에 의하여서만 사용할 수 있다"고 하면서, "적대적인 핵 보유국과 야합하여 우리 공화국을 반대하는 침략이나 공격 행위에 가담하지 않는 한, 비핵국가들에 대하여 핵무기를 사용하거나 핵무기로 위협하지 않는다"라고 선언한 바 있다.[24] 즉, 이 시기 북한의 핵전략은 '선제불사용 원칙'에 가까운 방어적 성격을 지니고 있었다고 평가된다.

그러나 북미 간의 하노이 정상회담이 결렬되고 대남정책도 적대시 정책으로 전환되던

2020년 이후 북한의 핵전략은 보다 공격적인 성격으로 변화되고 있다. 2022년 4월 25일, 김정은 국무위원장은 조선인민군 열병식에서의 연설을 통해 "우리의 핵이 전쟁방지라는 하나의 사명에만 속박되어 있을 수 없다"고 선언하면서, 북한 핵전력이 단순히 방어나 억제전략이 아니라 공격전략으로도 운용될 수 있음을 시사했다. 그리고 2022년 9월 8일, 북한 최고인민회의 14기 제7차 회의에서 채택된 '조선민주주의 인민공화국 핵무력정책에 대하여' 법령(이하 '핵무력법')은 다음과 같이 다섯 가지 경우에 핵무기를 사용할 수 있음을 밝히고 있다.[25]

① 조선민주주의인민공화국에 대한 핵무기 또는 기타 대량살륙무기공격이 감행되였거나 임박하였다고 판단되는 경우
② 국가지도부와 국가핵무력지휘기구에 대한 적대세력의 핵 및 비핵공격이 감행되였거나 림박하였다고 판단되는 경우
③ 국가의 중요 전략적대상들에 대한 치명적인 군사적공격이 감행되였거나 림박하였다고 판단되는 경우
④ 유사시 전쟁의 확대와 장기화를 막고 전쟁의 주도권을 장악하기 위한 작전상필요가 불가피하게 제기되는 경우
⑤ 기타 국가의 존립과 인민의 생명안전에 파국적인 위기를 초래하는 사태가 발생하여 핵무기로 대응할 수 밖에 없는 불가피한 상황이 조성되는 경우

즉, 2022년의 '핵무력법'은 2013년의 '핵보유국법'과 달리, "적대세력의 핵 및 비핵공격이 임박한 경우"나 국가 존립 위기와 같은 "불가피한 상황이 조성되는 경우"에도, 핵무기를 선제적으로 사용할 수 있다는 보다 공격적인 핵전략을 표명하고 있는 것이다. 따라서 북한의 핵전략은 재래식 군사력의 운용전략과 마찬가지로 방어나 억제 차원을 벗어나 공격적인 목적으로 운용될 수 있는 길을 법제화를 통해 열어 놓았다고 평가할 수 있다.

재래식 및 핵전력을 갖추고 그 공세적 운용을 표면화한 북한은 대외적으로 중국 및 러시아와의 군사동맹 관계 재구축을 도모하고 있다. 중국과는 1961년에 체결된 군사동맹관계가 냉전기 및 탈냉전기를 거치면서 여전히 유지되고 있다. 러시아와 1961년 체결된 군사동맹관계는 탈냉전기에 해소되었으나, 우크라이나전쟁 와중에 다시 부활하고 있다. 즉, 2024년 6월 19일, 러시아의 푸틴 대통령은 북한을 방문하여 김정은 위원장과 회담을 갖고 양국 간의 '포괄적 전략적 동반자 관계 조약'을 체결했다. 양국은 다음과 같은 이 조약의 제3조와 제4조를 통해 어느 일방이 전쟁상태에 처하게 되는 경우, 모든 수단으로 군사적 및 기타 협조를 제공할 것을 선언하고 있다.

제3조   쌍방은 공고한 지역적 및 국제적평화와 안전을 보장하기 위하여 호상 협력한다. 쌍방중 어느 일방에 대한 무력침

략행위가 감행될수 있는 직접적인 위협이 조성되는 경우 쌍방은 어느 일방의 요구에 따라 서로의 립장을 조률하며 조성된 위협을 제거하는데 협조를 호상 제공하기 위한 가능한 실천적조치들을 합의할 목적으로 쌍무협상통로를 지체없이 가동시킨다.

제4조 쌍방중 어느 일방이 개별적인 국가 또는 여러 국가들로부터 무력침공을 받아 전쟁상태에 처하게 되는 경우 타방은 유엔헌장 제51조와 조선민주주의인민공화국과 로씨야련방의 법에 준하여 지체없이 자기가 보유하고 있는 모든 수단으로 군사적 및 기타 원조를 제공한다.

즉, 북한에 군사적 위협이 조성되거나, 전쟁상태에 처하게 되는 경우, 러시아는 북한과의 협상 통로를 통해 협조를 제공하고, 보유하고 있는 모든 수단으로 군사적 및 비군사적 원조를 제공하도록 된 것이다. 러시아가 자신들의 핵전략을 통해 전면전쟁이나 제한전 발생의 경우, 핵선제사용을 불사함을 이미 밝히고 있기 때문에, 이같은 북러 조약에서 규정하고 있는 사태가 발생할 경우, 북한은 자신들의 핵전력에 더해 러시아로부터의 핵전력도 제공받을 수 있는 여지가 생겼다고 볼 수 있다.

이같이 재래식 전력과 핵전력에 걸쳐 군사능력을 강화하고 러시아 및 중국과의 군사동맹관계도 재구축한 북한은 지도자들의 언명

이나 인민군이 실행하는 훈련 시나리오 등을 통해 자신들의 군사력을 공격적으로 운용할 수 있는 태세를 강화하고 있다.

2) 북한의 대남 군사도발 가능성

개별국가가 채택하고 있는 군사전략은 그 최고지도자가 수시로 표명하는 전략적 발언, 그리고 그 군대의 배치 상태나 수행하는 군사훈련의 양상 등을 통해 간접적으로 파악할 수 있다. 북한은 2022년 4월 17일의 『로동신문』 보도를 통해 전선의 장거리 포병부대들에 신형전술유도무기를 배치해 화력 타격력을 비약적으로 향상시키고 있다고 확인하였다. 이는 전선에 전술핵이 배치되었음을 확인하는 것이다.[26] 북한은 2023년 3월에는 전술핵탄두 화산-31을 공개하였고, 9월 16일에는 김정은 위원장이 전술핵무기 탑재가 가능한 전술핵공격잠수함의 진수식에 참석했다.

이같은 다양한 전술핵무기를 내외에 과시할 뿐만 아니라 북한은 핵무기 운용을 포함한 군사훈련을 수시로 실시하고 있다. 2023년 3월에는 핵반격을 가상한 종합전술훈련을 실시하였고, 이해 8월 29일과 30일에도 적대국의 무력침공을 격퇴하고, 전면적 반공격으로 이행해 남반부 전 영토를 점령하는 데 목표를 둔 훈련을 실시했다. 이때 훈련에는 한국 내 중요 거점과 비행장 등의 시설을 초토화하기 위한 전술핵타격 훈련이 포함되었다.[27]

이같은 훈련을 실시하는 데 있어 북한은 한국 내의 특정 지역을 표적화하는 것으로 보인다. 2022년 6월 23일, 로동신문은 한국의 포항 등 남동부지역을 대상으로 한 작전계획 지도를 노출시킨 바 있고, 2023년 8월 9일, 김정은 위원장은 지도상의 서울 및 계룡대 인근 지역을 가리키면서 공세적 전쟁 준비를 강조한 바 있다.

이같은 훈련 양상, 훈련에 동원된 무기체계 등을 종합적으로 볼 때, 북한은 남북한 간 우발적 상황하에서 군사충돌이 발생할 경우, 자신들이 전선 지역에 배치된 전술핵이나 방사포 등의 전력을 총동원하여 서울이나 계룡대 등 한국의 지휘체계 등 거점을 타격해 무력화시키고, 포항이나 부산 등 미군이 증원되어 전개될 수 있는 교두보 지역의 항만과 공항에도 타격을 가하여 미군과 유엔군의 동원을 차단하는 전쟁을 구상하고 있는 것으로 보인다.[28] 경우에 따라 북한은 중거리 및 장거리 미사일을 운용하여 한반도에 증원될 수 있는 일본 내의 주일미군 기지나 괌의 미군 기지 등을 타격할 수 있을 것이다.

이같은 교전상황 발발 시 북한은 군사동맹 관계를 유지하고 있는 중국과 러시아로부터의 군사지원을 요청할 수 있으며, 러시아 등은 앞서 소개한 '포괄적 전략적 동반자 관계 조약'에 의해 북한에 대한 군사적 및 비군사적 지원을 제공할 수 있을 것이다. 이 과정에서 북한은 자신들이 증강해온 재래식 전력뿐만 아니라 핵전력도 과감하게 운용할 것으로 보이며, 이 경우 한반도에서의 전쟁은 남북한 이외에 미국 및 러시아 등이 관여하는 국제전의 양상을 보일 것이며, 그 전쟁 양상도 재래식 전력을 동원한 특수전 및 비정규전, 핵전력을 동원한 핵전쟁 등이 복합적으로 전개되는 모습이 될 수 있을 것이다.

5. 국방전략으로서의 대북 억제태세

미국 등 주요 국가들은 새로운 행정부가 출범할 때마다 국가안보전략서, 국방전략서 등을 공표하며, 해당 국가가 직면한 안보상의 위협을 식별하고, 그에 대응하기 위한 국가와 국방 차원의 전략들을 제시하고 있다. 북한의 군사도발 위협에 직면하고 있는 한국도 노무현정부 이래 새로운 정부가 집권할 때마다 최상위의 국가안보전략서와 그를 국방 차원에서 구현하기 위한 국방전략서를 발간해 오고 있다.

1) 한국의 안보전략과 국방전략 구상

역대 정부가 집권 초기에 국가안보전략서를 발간해온 전례에 따라 윤석열정부의 경우에도 2023년에 『윤석열 정부의 국가안보전략』을 공표했다. 이 문서에서는 '자유, 평화, 번영에 기여하는 글로벌 중추국가'가 국가비전으로 설정되었다.[29] 그리고 국가안보 목표로는 첫째, 국가주권과 영토의 수호, 국민 안전의 증진, 둘째, 한반도 평화정착과 통일미래 준비, 셋째, 동아시아 번영의 기틀 마련과 글로벌 역할의 확장 등을 제시했다. 이같은 안보목표를 구현하기 위한 안보전략 기조로서, 외교 차원에서는 '국익 우선의 실용외교와 가치외교의 구현', 국방 차원에서는 '강한 국방력으로 튼튼한 안보구축', 통일정책 차원에서는 '원칙과 상호주의에 입각한 남북관계 정립', 경제 차원에서는 '경제안보 이익의 능동적 확보' 등이 제시되었다.

이같은 국가안보전략서의 기조에 따라 국방분야의 목표와 정책기조를 담은 『국방전략서』가 마련되었다. 이 문서는 이전 정부하에서 『국방기본정책서』로 불렸으나, 윤석열정부는 이를 『국방전략서』로 개칭한 것이다.[30] 『국방전략서』는 국방의 목표를 다음과 같은 3가지, 즉 외부의 군사적 위협과 침략으로부터 국가를 보위, 평화통일 뒷받침, 지역 안정과 세계평화 기여 등으로 규정했다. 특히 북한이 2021년에 개정한 노동당 규약에서 한반도 전역의 공산주의화를 명시하고, 2022년 12월의 당 중앙위원회에서 한국을 '명백한 적'으로 규정한 사실을 지적하면서, "핵을 포기하지 않고, 지속적으로 군사적 위협을 가해오는 북한 정권과 북한군은 우리의 적"이라고 강조하고 있다.[31] 북한 정권과 북한군을 '위협' 혹은 '주적' 가운데 어떤 방식으로 표현할 것인가가 매번 쟁점이 되어 왔으나, 윤석열정부의 경우, '북한 정권 주적론'의 입장을 취하고 있는 것이다.

이같은 국방목표를 구현하기 위한 국방전략 기조로서는 '통합 능동방위', '혁신과 자강', '동맹과 연대', '안전과 상생' 등이 제시되고 있다. '통합능동방위'란 육해공군의 군사력 및 범정부 차원의 안보능력을 포괄적으로 결합해 방어전략의 범주하에서 적극적으로 국방의 태세를 구축한다는 의미를 담고 있다. '혁신과 자강'이란 첨단과학기술의 강점을 살려 정예 강군을 건설함으로써 북한에 대한 비대칭적 우위를 확보한다는 의미를 내포하고 있다. '동맹과 연대'란 한미동맹을 글로벌 포괄적 전략동맹으로 발전시키고, 그에 더해 글로벌 국방협력 네트워크를 확대해 안보태세에 대한 국제적 지원을 확보한다는 의미다. '안전과 상생'이란 국방태세 확립의 목표가 국민의 안전 확보에 있으며, 국민과의 신뢰 속에 민군이 상호 협조하는 가운데 국방태세를 강화한다는 의미를 담고 있다.

이같은 국방전략 기조하에 『국방전략서』는 전방위 국방태세 확립, 첨단과학기술군 육성, 한미군사동맹의 도약적 발전, 방위산업을 국가전략사업으로 육성한다는 등의 국방정책 중점을 제시하고 있다. 이하에서는 북한의 군사적 위협 억제 차원에서 특히 국방전략서 등이 역점을 두고 있는 '전방위 국방태세 확립', 한미동맹의 확장억제 태세, 그리고 한미일 안보협력 등의 측면을 세부적으로 살펴보기로 한다.

2) '전방위 국방태세 확립'과 한국형 3축체계 능력 구축

'국방전략서'는 국방정책의 첫 번째 중점 과제로서 '전방위 국방태세 확립'을 제기하고 있다. 이를 구현하기 위해 국방부는 합동참모본부(이하 '합참')를 정점으로 한 육·해·공군의 태세를 강화하고 있고, '한국형 3축체계'로 통칭되는 억제 전력 구축에 노력을 경주하고 있다.

1963년 창설된 합참은 설립 초기에는 군 통수권자에 대한 군사분야 자문 역할을 수행하다가 1990년대 합동형 군제가 정립됨에 따라 육·해·공군의 야전부대를 통합지휘하는 역할을 새롭게 부여받게 되었다. 합참본부에는 정보본부, 작전본부, 전략기획본부, 군사지원본부 등의 참모부서들이 합참의장의 야전부대 지휘 역할을 보좌하고 있다. 2023년 1월에는 핵 WMD 대응본부가 신설되어 북한의 핵운용에 대한 대응전략을 전담하게 되었고,[32] 이 부서는 2024년 10월을 기해 전략사령부로 확대, 재편되었다. 합참의장은 육·해·공군의 모든 야전부대를 지휘하는 권한을 갖고 있다. 육군의 지상작전사령부와 제2작전사령부, 미사일전략사령부, 특수전사령부 등, 해군의 작전사령부와 해병대사령부, 서

북도서방위사령부, 공군의 작전사령부, 미사일방어사령부 등이 합참의장의 지휘통솔하에 부여된 작전을 수행하게 된다. 향후 한국군의 정밀타격능력 및 우주와 사이버 능력을 통합하여 신설될 전략사령부도 합참의장의 지휘하에 들어가게 된다.

국방부와 합참은 북한의 군사도발, 특히 핵도발의 가능성에 대비하여, 킬체인, 한국형 미사일방어체계, 대량응징보복 등을 포함한 '한국형 3축체계'로 일컬어지는 군사능력을 구축해 왔다. '킬체인(Kill Chain)' 능력은 앞서 언급한 '거부적 억제' 개념에 바탕한 것으로 북한의 핵미사일 사용 징후가 명백한 경우, 발사 전에 한국 보유의 미사일 능력 등을 최대한 활용해 이를 제거하기 위한 공격체계를 가리킨다. '한국형 미사일방어체계(KAMD)' 역시 거부적 억제개념에 바탕한 것으로서, 북한의 탄도미사일이나 장사정포 공격이 감행될 경우, 이를 무력화하는 한국 주도의 미사일 방어체계를 의미한다. KAMD체계는 이미 배치된 패트리어트와 천궁-2 미사일 등이 하층 방어체계를 담당하고, 개발 추진 중인 L-SAM체계가 상층 방어를 담당하고, 한국형 아이언돔이 북한의 장사정포를 요격하는 다층방어체계로 구성되어 있다. '대량응징보복(KMPR)' 능력은 보복적 혹은 응징적 억제개념을 구현하는 것으로, 전략적 타격능력을 구축해 상대국의 전쟁지도부와 핵심시설을 응징하는 목적을 갖는다.[33]

킬체인이나 한국형 미사일방어체계 등 한국형 3축체계가 원활하게 운용되기 위해서는 적대국의 군사동향에 대한 정확한 정보 파악이 선결과제가 된다. 이같은 능력을 구비하기 위해 국방부는 미국과의 긴밀한 정보 공유 외에 군 정찰위성의 전력화, 백두 및 금강 등의 정보자산 강화 등을 통해 독자적인 영상 및 신호정보 수집 능력을 갖추어 나가고 있다.[34]

이같이 한국이 '전방위 국방태세 확립'의 일환으로 추진하고 있는 한국형 3축체계 구축은 공격 전략을 위한 것이 아니라 억제전략에 기반하여 진행되고 있음을 주목할 필요가 있다. 즉, 압도적인 군사능력을 구축해 상대방이 선제 공격을 할 경우, 그에 따르는 희생과 피해가 공격으로 인한 이익보다 클 것이라는 점을 인식하게 하여 도발의지를 제거하는 것이다. 한국은 한미동맹 차원에서도 북한 핵능력에 대한 억제전략을 구축하고 있다.

3) 한미동맹 차원의 '확장억제' 태세 구축

1953년 체결된 한미동맹은 지난 70여 년간 북한의 군사적 도발을 억제해 온 또 하나의 중요한 안보 메커니즘이다. 미국은 2024년 현재 2만 8천여 명 규모의 미군을 한국에 주둔시키면서, 한국군과 긴밀히 협력하여 북한의 군사도발을 억제하고, 침략 발생 시에는 이를 격퇴하기 위한 태세를 구축하고 있다. 한미 간에는 북한의 군사도발 가능성에 대응하기 위한 공동의 작전계획을 수립하고, 이에 기반하여 을지프리덤쉴드(UFS) 훈련을 포함해 표 7.4와 같이 육·해·공군 및 해병대 간에 다양한 연합군사훈련을 실시하고 있다.

미국은 냉전기였던 1978년 이래 외부로부터의 핵위협에 대해 한국을 '핵우산'으로 보호한다는 공약을 한미 간의 연례 국방장관 회담인 안보협의회의(SCM: Security Consultative Meeting) 공동성명을 통해 지속적으로 표명해 왔다. 특히 북한이 제1차 핵실험을 감행한 2006년 이후의 SCM에서는 미국이 핵 및

표 7.4 한국 육·해·공군의 한미연합훈련 현황

	육군 (국내+해외)	해군 (국내+해외)	공군 (국내+해외)	해병대
2020	30+1	75+5	20+1	17
2021	64+2	88+10	43	16
2022	65+3	88+7	50+1	14

출처: 국방부, 『국방백서 2022』 (서울: 국방부, 2023), pp. 88-91 자료 종합.

미사일 방어체계, 재래식 전력을 동원하여 한국에 대해 '확장억제(extended deterrence)'를 제공한다는 공약을 지속적으로 표명해 왔다. 한미 양국은 '확장억제' 공약의 신뢰성을 높이기 위해 2011년에는 국방당국간 '확장억제 정책협의체(EDPC)'를 가동했다. 2015년에는 이 협의체를 북한의 미사일에 대응하기 위해 조직된 '미사일 대응능력위원회(CMCC)'와 통합하여 '억제전략위원회(DSC)'를 신설했다. 그리고 다시 그 다음 해인 2016년에는 이 위원회를 격상시켜 한미 양국의 국방뿐만 아니라 외교차관급이 같이 참가하는 '확장억제 전략협의체(EDSCG: Extended Deterrence Strategy and Consultation Group)'를 출범시켰다. 예컨대 2022년 9월 16일에 한국의 외교 및 국방차관이 미국의 카운터 파트너와 함께 참가해 개최된 한미 양국의 EDSCG 회의에서 발표된 공동성명은 북한이 '핵무력법' 등을 제정해 핵위협을 고조시키고 있는 현상에 대해 우려를 표명하면서, "미국은 핵, 재래식, 미사일 방어 및 진전된 비핵능력 등 모든 범주의 군사적 능력을 활용해 대한민국에 확장억제를 제공한다"는 공약을 재확인하고, "대북억제와 역내 안보증진을 위해 전략자산의 시의적절하고 효과적인 역내 전개"에도 합의하였다.[35]

한미 국방장관 간의 연례협의체인 SCM에서도 북한의 핵위협에 대응하여 미국이 한국에 대한 '확장억제'를 제공한다는 공약이 지속적으로 표명되고 있다. 2023년 11월 13일, 신원식 국방장관과 로이드 오스틴 미 국방장관이 참가한 SCM의 공동성명에서도 북한의 다양한 핵무기와 투발수단 개발에 대한 대응으로 미국이 "핵, 재래식, 미사일 방어 및 진전된 비핵능력을 포함한 모든 범주의 군사능력을 운용하여 대한민국에 확장억제를 제공한다"는 점이 재확인되었다. 또한, 2023년 SCM은 한미 양국이 '확장억제수단운용연습(DSC TTX: Table Top Exercise)'을 처음으로 실시한 점을 확인하였고, 향후에도 미국 전략핵잠수함의 한국 내 기항, 미국 항모강습단의 전개 등 전략자산 전개를 통해 확장억제 공약을 이행해 간다는 점을 천명했다.[36]

한국과 미국 양국 정상은 국방당국 간에 지속적으로 표명되어온 확장억제 공약을 제도화하기 위한 공동합의에도 도달했다. 2023년 4월 26일, 윤석열 대통령이 미국 바이든 대통령과 정상회담을 갖고 발표한 '워싱턴선언'에서 언급된 핵협의그룹(NCG: Nuclear Consultative Group)이 그것이다. 양 정상은 '핵협의그룹'이 "확장억제를 강화하고, 핵 및 전략기획을 토의하며, 비확산체제에 대한 북한의 위협을 관리"하는 역할을 맡을 것이라고 천명했다. 또한, '워싱턴선언'에서는 유사시 미국이 핵작전을 실시할 경우, 한국이 재래식 지원의 임무를 동시적으로 수행한다고 하여 '핵-재래식 전력 통합(CNI: Conventional Nuclear Integration)'의 방침을 밝혔고, 한

반도에서의 핵억제에 관한 연합교육 및 훈련 활동도 강화해 나갈 것을 천명했다.[37]

이후 한미 양국은 국가안보실 및 국방부 고위당국자가 참가하는 핵협의그룹(NCG) 회의를 수차례 개최하고, 그 논의 결과를 담아 마련한 '한미 한반도 핵억제 핵작전지침(United States and Republic of Korea Guidelines for Nuclear Deterrence and Nuclear Operation on the Korean Peninsula)'을 2024년 7월 11일에 서명하기에 이르렀다. 이 작전지침에 따르면 한미 양국은 4단계에 걸쳐 북한 핵 위협에 대한 확장억제 전략을 실행해 가게 된다. 제1단계는 정보공유로서, 한미 양국은 북한 핵위협에 대한 정보의 상호 공유를 확대하고, 보안 절차와 통신체계를 구축한다. 제2단계는 협의단계로서, 양국 정상은 북핵 대응을 위한 즉각적 협의를 보장할 수 있는 절차와 체계를 정립한다. 제3단계는 공동기획 단계로서 양국은 핵 및 재래식 전력의 통합에 관한 공동기획을 수행하고, 핵억제에 대한 심화교육을 실시하게 된다. 제4단계는 공동실행 단계로서 양국은 핵 및 재래식 전력 통합을 적용한 연습 및 훈련을 시행하게 된다. 이같은 4단계에 걸친 확장억제 작전지침을 수행하면서, 한국은 미국의 핵전력 기획 과정에 직접 참여해 실제 미국이 제공하게 될 핵전력의 운용 및 작전실시에 임해 한국의 입장을 적극 반영할 수 있게 된다.[38] 한미 간에 구축된 핵협의그룹체제, 그리고 '한반도 핵억제 및 핵작전 지침'은 NATO 동맹 차원에서 운용되고 있는 '핵기획그룹(NPG: Nuclear Planning Group)' 및 전술핵 재배치 못지 않게, 북한의 핵위협에 대응해 한국에 대한 철저한 확장억제를 제공하겠다는 미국의 의지를 반영하는 것으로 보인다.

4) 한미일 안보협력 및 유엔사 재활성화를 통한 대북억제

북한의 고도화되고 있는 핵능력은 한반도뿐만 아니라 주일미군이 주둔하고 있는 일본, 그리고 인도·태평양지역의 여타 국가들에게도 잠재적 위험이 되고 있다. 특히 일본은 2013년에 책정되고 2022년에 개정된 국가안보전략서 등을 통해 중국의 군사활동 확대뿐만 아니라 북한의 핵전력 증강 등을 자국의 안보에 대한 위협요인으로 명시하고, 이에 대응하기 위해 국내적으로 방위예산 증액, 원거리 타격 전력 강화 등을 추진하면서, 대외적으로 미일동맹의 강화 및 호주와 필리핀 등을 포함한 소다자 안보협력의 확대를 추진하고 있다.[39]

이 과정에서 동일한 북한의 위협에 대응하고 있는 한미동맹과 미일동맹의 연계, 즉 한미일 안보협력의 필요성이 각국의 안보전문가 및 정책결정자들 사이에서 공감되기 시작했다 (한미일 안보협력과 관련해서는 이 책의 10장 "한미일 안보협력 가능성과 한계 참조). 이같은 필요성에 따라 한미일 3국 간에는 그동안 북핵대응 정책조정그룹과 같은 외교당국의 안보협의체도 가동되었고, 대잠 공동훈련이나 공동 미사일 방어훈련 등이 실시되기도 하였다. 2023년 8월 18일, 한미일 3개국 정상이 미국 캠프 데이비드에서 회담을 갖고 발표한 공동성명 및 '캠프 데이비드 원칙'은 이같은 한미일 안보협력을 보다 제도화하는 의미를 갖는 것이었다. 윤석열 대통령, 미국의 바이든 대통령, 일본의 기시다 수상은 '공동성명'에서 북한의 탄도미사일 발사와 재래식 군사행동들이 한반도와 그 이외 지역의 평화와 안보에 중대한 위협을 가하고 있음을 지적하고, 불법 사이버 활동에 대해서도 공동의 우려를 표명했다. 이같은 공동의 북한발 군사위협에 대응하기 위해 3개국은 공동의 군사훈련을 다영역을 포함해 연례적으로 실시할 것에 합의하고, 북한 미사일에 관한 정보공유, 이를 바탕으로 탄도미사일 방어훈련 등도 지속적으로 실시하기로 했다. 또한, 한미일 3개국의 국가안보실장이나 국방장관 등의 회담을 연례적으로 실시해 한미일 안보협력을 뒷받침하기로 했다. 이날 동시에 발표된 '캠프 데이비드 원칙'에서는 3개국이 유엔 안보리 결의에 따른 북한의 완전한 비핵화 공약을 견지할 것을 확인하였고, 납북자, 억류자, 미송환 국군포로 등의 문제에 대한 인도적 해결을 추진한다는 방침도 공동으로 천명했다.[40]

캠프 데이비드 정상회담 이후 한미일 3개국은 북한의 군사적 위협에 대응하기 위한 목적에서 공중과 해상, 그리고 사이버를 포함한 다영역에서 활발하게 공동 군사훈련을 실시하면서 대북 억제태세를 강화하고 있고, 3개국 국방장관 회담 등이 수시로 개최되면서, 정책적 차원에서의 협력도 병행하고 있다.

그에 더해 한국은 1950년 한국전쟁 중에 유엔 결의안에 의해 조직된 유엔사 회원국들 간의 안보협력도 추진하고 있다. 미국, 영국, 프랑스, 캐나다, 호주 등 유엔사 병력파견 17개국은 1953년 7월 한국전쟁 정전 이후에 한

도표 7.1 유엔군사령부 일본 내 후방기지 7개소

일본 유엔군사령부 후방기지
※ 유사시 한반도에 전력 급파 및 군수물자 지원,
   5만 명 규모 주일미군 분산 배치

자료: 유엔군사령부

출처: 『중앙일보』, 2023년 8월 16일.

반도에 전쟁이 재발될 경우, 다시 참전한다는 워싱턴 공동성명도 발표한 바 있다. 유엔사령부가 갖고 있던 작전지휘 기능은 1978년 한미연합사가 창설되면서 연합사에 이관되었지만, 여전히 유엔사는 정전체제관리 및 일본에 소재한 7개소 유엔사 후방기지 등을 통한 다국적 전력제공 등의 중요한 역할을 수행하고 있다.[41] 다만, 그동안 국내에서는 유엔사의 역할에 부정적인 견해도 많아, 심지어 이를 해체해야 한다는 논의도 대두된 바 있다. 그러나 북한의 군사위협 대두에 직면하여, 대북 억제태세 강화의 일환으로 유엔사의 역할을 재평가하고, 이를 한국의 안보자산으로 활용하려는 정책적 노력들이 최근 적극적으로 기울여지고 있다. 그 일환으로 2023년 11월 14일, 제1회 한국-유엔사 회원국 국방장관회의가 신원식 국방장관 및 미국 로이드 오스틴 국방장관 등이 참석한 가운데 서울에서 개최되었다. 이 회의에서 참석 국가들은 "북한의 불법적인 핵 및 미사일 프로그램이 다수의 유엔 안보리 결의를 위반"하고 있음을 규탄하면서, 향후에 한미동맹과 유엔사 회원국 간의 연합연습과 훈련을 활성화하기로 합의했다.[42] 이같은 합의에 따라 향후에도 한국과 유엔사 회원국 간의 국방장관 회담이 정례화되면서, 북한의 군사적 위협을 억제하기 위한 목적에서 유엔사 회원국 다수가 참가하는 보다 다자적인 연합훈련도 실시될 것으로 전망된다.

6. 북한 도발 시 한국의 대북 국방전략

앞에서 살펴본 바와 같이 북한의 핵 및 재래식 전력에 의한 군사적 위협에 대응하여, 한국은 3축체계 건설을 비롯한 자주국방적 노력, 한미동맹 차원의 확장억제 태세 구축, 그리고 한미일 협력과 유엔사 재활성화 등을 통한 소다자적 안보협력 확대 등 다층적 억제태세 구축을 추진하고 있다. 이같은 다층적 억제태세를 통해 북한에 대해, 만약 군사적 도발을 감행한다면 그로 인해 얻어지는 이익보다 감수해야 할 비용이 훨씬 크다는 시그널을 지속적으로 북한에 보내고 있다. 예컨대 북한이 한국에 핵 도발을 감행한다면 북한 정권은 아예 종말을 맞게 될 것이라는 일관된 메시지를 한미 양국이 지속적으로 발신하고 있는 것이다.

그럼에도 불구하고 만약 북한이 핵전력과 재래식 전력을 동원해 한국에 군사도발을 할 경우, 한국이 구축해온 다층적 억제태세는 전시태세로 전환되면서 한국 및 한미동맹 차원의 피해를 최소화하고, 무모한 도발을 선택한 북한 정권을 응징하는 강력한 기반이 될 것이다. 냉전기 이래 한국은 한미동맹을 바탕으로 북한의 군사적 도발에 대응하기 위한 여러 작전계획을 수립해 왔다. 작전계획은 고도의 군사적 기밀 사항이어서 그 내역을 살피는 것은 제약이 따를 수 밖에 없다. 그러나 군 통수권자인 대통령이나 국방부 장관 등이 남긴 기록을 통해 대략적인 윤곽을 파악하는 것은 가능하다.

냉전기인 1970년대 이전까지는 유엔군사령부에 의한 작전계획 OP 5022가 수립되어 북한이 선제기습공격을 감행할 경우, 한미 양국의 공동 대응 절차를 규정한 것으로 알려져 있다. 이에 따르면 북한이 선제기습공격을 가할 때 현 전선을 유지하려는 노력을 경주하지만, 불가피한 경우에는 한강선까지 한미연합전력을 철수시켜 지연전을 실시하고, 미국 본토에서 증원전력이 도착하면 반격작전을 실시한다는 개념이었다.[43]

그러나 이 계획을 따를 경우, 북한 침공 시한강 이북 수도권을 포기하는 결과를 낳게 되어 자주국방을 표방하던 박정희정부는 OP 5022를 대체한 한국군 단독의 전쟁수행계획을 수립했다. 합참과 육군본부 등의 검토를 거쳐 1973년 책정된 '태극 72'계획은 북한의 전선에 걸친 군사도발 시 수도권을 고수하고, 현 전선에서 반격작전으로 전환해 멸악산맥 선까지 공격을 확대한다는 내용으로 변경되었다.[44] 같은 시기 한미 제1군단장으로 부임한 홀링스워스 중장도 기존 유엔군사령부의 OP 5022가 지나치게 방어적이라고 판단하고, 새로운 작전계획 OP5027-75를 수립하게 되었다. 이에 의하면 북한의 공세 감행 시현 전선에서 공격을 차단하고, 미 제2사단 및 B-52 전략폭격기 전력으로 공세로 전환하여개성 지구를 공략하고, 증원전력의 투입을 기

다려 평양선까지 점령하도록 되었다.[45]

1980년대 전두환정부도 유사한 국방전략을 지속적으로 추진했다. 1983년 2월 시점에 수립된 대북 전략은 북한이 전면전을 도발할 경우, 개전 초기 3일간 최전방에서 북한의 침공을 저지하고, 이후 반격한다는 '공세적 방위개념'이었다고 한다. 그리고 이러한 '공세기동전략' 구현을 위해 전두환정부는 지상전력으로서 한국형 K-1 전차, 해상전력으로서 한국형 구축함 FFK, 공중 전력으로서 F-4 팬텀 추가 도입 및 F-16 실전 배치, 그리고 유도무기인 현무미사일 개발 등의 전력증강을 추진했다.[46]

1990년대 북한의 핵능력 개발이 가시화된이후에는 정찰감시와 조기경보가 대북 국방전략의 일환으로 보다 중요성을 갖게 되었다. 제1차 북핵위기가 발생한 1993~1994년 시기, 김영삼정부는 북한 핵 및 화생방 위협에 대응하는 정찰감시 및 조기경보능력의 중요성을 재인식하고, 북한이 공격을 감행할 경우, 응징보복을 가하기 위한 전력 증강을 추진했다. 장거리 무인정찰기 글로벌 호크, 한국형 정찰위성, 조기경보통제기 등 정찰감시능력과 원거리 타격이 가능한 F-15 전투기, 해군의 이지스 구축함, 중거리 지대공 유도무기 등의 전력증강이 추진되었다.[47]

이같은 국방전략 기조는 현재에도 지속되고 있다. 즉, 2015년에 책정된 한미간 연합작전계획 OP 5015는 재래식 전력뿐만 아니

글상자 7.1　한미연합작전계획

한미연합작전계획이란 북한 도발 상황에 대응하는 한미동맹 차원의 군사작전 계획을 말한다. 한국은 한미연합사령관이 전시 작전통제권을 갖고 있기 때문에, 미국 측 주도하에 연합작전계획을 세우고, 이에 따라 한국군과 미군 연합 군사력을 운용하는 체계가 되고 있다. 대표적인 한미연합작전계획으로 OP 5027, OP 5015 등을 들 수 있다.

한미연합작전계획 5027(OP 5027)은 냉전기였던 1974년에 책정되었다. 즉, 북한이 남침했을 경우, 초기 단계에서 북한의 공격을 저지한 후 전열을 재정비하고 반격을 가하고, 전쟁 발발 90일 이내에 미 증원군이 한반도에 파견되면 북진을 해서 북한 정권을 무너뜨린다는 계획이었다.

북한이 제1차 핵실험을 실시한 2006년 이후 북한의 핵위협이 대두하자 재래식 전쟁을 상정한 OP 5027은 2015년 한미연합사령관 커티스 스캐퍼로티 대장과 합참의장 최윤희 대장의 서명으로 작전계획 5015(OP 5015)로 대체되었다. OP 5015는 한국과 미국의 정찰자산으로 북한의 남침 징후를 파악하고, 징후가 발견될 경우, 방어와 함께 반격하는 내용으로 되어 있다. 북한 핵심 시설에 대한 선제타격의 방안도 포함되어 있다. 다음 그림은 OP 5027과 OP 5015의 차이를 보여주고 있다.

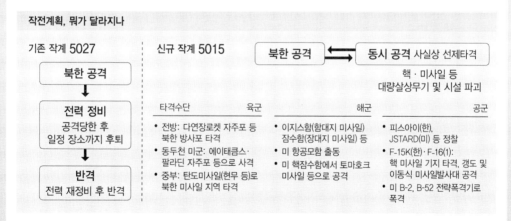

미국은 북부사령부, 남부사령부, 유럽사령부, 아프리카 사령부 등 지역통합사령부별로 작전계획을 수립, 관리하고 있다. 미 인도·태평양 사령부도 '50'으로 시작하는 일련의 작전계획을 수립하고 있는데, 한국에 대해서는 OP 5027, OP 5015 등의 작전계획을, 일본에 대해서는 OP 5051, OP 5053, OP 5055 등의 작전계획을 수립하고 이에 따라 연합훈련을 실시하고 있다.

라 핵전력을 지속적으로 증강시키고 있는 북한의 군사도발 가능성에 대응하여, 한미간의 정찰감시 및 조기경보 태세를 강화하고, 이를 바탕으로 핵전력을 사용한 군사도발의 징후가 탐지될 경우에는 킬체인 전력의 실제 운용 태세에 돌입하는 내용으로 되어 있다. 실제로 전면적 무력 도발이 감행될 경우에는 응징보복 개념에 따라 즉각적으로 상대의 지휘체계와 핵심시설을 무력화하는 군사적 대응도 포함되어 있다.

한국의 국방전략은 방어적 성격을 지닌 억제전략을 취하고 있지만, 국가의 주권과 영토, 국민의 생명이 적대세력에 의해 도전받게 될 경우, 국방의 수단들은 신속히 태세를 전환하여 한미동맹하에 책정된 작전계획들에 따라 강력한 반격과 응징보복의 수단으로 전환될 수 있을 것이다.

7. 한국 국방전략의 과제와 미래전망

국방전략의 궁극적인 목표는 국가의 주권과 영토, 그리고 국민의 생명과 안전을 보호하는 것이다. 이같은 국방전략의 목표를 달성하기 위하여 군은 방어, 공격, 혹은 억제전략을 선택할 수 있다. 한국은 헌법상에 명시된 '국제평화주의'를 준수하고, 유엔 회원국으로서 유엔헌장을 준수할 책무를 갖고 있다. 그런 원칙하에서 한국은 『국방백서 2022』에서 표현

된 '통합능동방어' 개념, 그리고 한미동맹 간의 공동성명에서 지속적으로 사용되어온 '확장억제' 개념처럼 방어 혹은 억제전략을 국방전략으로 채택해 왔다. 억제전략이 그 성과를 거두기 위해서는 그를 구현하기 위한 능력과 의지, 그리고 상대국가에 대해 분명한 메시지를 전달하는 커뮤니케이션 등의 요소들이 충족되어야 한다. 이 때문에 한국은 그동안 억제전략을 구현하기 위한 육·해·공군의 전력 증강을 추진해왔고, 한미동맹 차원에서는 '확장억제' 전략개념에 따라 한미 간 NCG를 창설하고 핵전력 및 재래식 전력 통합체제를 갖추는 등의 국방정책적 노력을 경주해 왔다.

이에 반해 북한은 냉전기 한국전쟁 도발의 역사에서 보듯이, 자신들의 목표를 달성하기 위해 공격전략을 서슴지 않고 채택한 경위를 갖고 있다. 탈냉전기 시대에는 남북한 대화와 교류에 응하기도 했으나, 2010년대 이후 김정은 정권하에서는 재래식 전력에 더해 핵전력을 급속도로 증강시키고 있으며, 2022년 9월에 책정된 '핵무력법'을 통해 핵선제공격이 가능한 국방전략을 공공연하게 표방하고 있다.

따라서 현재 한반도는 핵선제공격의 가능성을 추구하는 북한의 공격전략과 한미동맹 차원의 '확장억제' 태세 강화를 기반으로 이에 대응하려는 한국의 억제전략이 상호 경쟁을 벌이고 있는 국면이 전개되고 있다. 한국이 그동안 이룩한 국가발전, 즉 정치적 자유민주주의와 경제적 번영의 성과를 지속시켜 나가기

위해서는 한미동맹을 기반으로 한 억제전략이 핵능력을 바탕으로 한 북한의 공격전략을 무력화시키지 않으면 안 된다. 마치 냉전기 미국과 소련 간의 체제 대결에서 결국 자유주의와 시장경제를 바탕으로 한 미국의 봉쇄전략이 소련에 승리를 거둔 것과 같은 역사가 한반도에서도 재현되지 않으면 안 되는 것이다.

이같은 한반도 전략경쟁에서 한국 주도의 억제전략이 성공하기 위해서는 국방전략 차원의 노력에 더해, 외교, 경제, 과학기술 등 국가 전체적인 능력이 동시에 증대되고, 이러한 능력들이 국방전략을 지원하는 국가전략적 조율이 필요할 것이다. 냉전기 미국에서 그러했듯이, 행정부의 변화와 관계없이 일관된 국가전략을 추구하면서, 경제나 외교, 과학기술의 분야에서 압도적인 능력을 구축하여 국방정책분야를 뒷받침하고, 대외적으로 동맹 및 우방국가들과의 국제안보협력 네트워크를 공고히 다지는 국가 내외의 전반적인 태세 구축이 대북억제전략 성공의 토대가 될 것이다.

토의주제

1. 국방전략 혹은 군사전략의 유형은 어떻게 나누어질 수 있는가? 이러한 구분에 비추어 볼 때, 한국, 미국, 중국, 일본, 러시아 등은 어떠한 국방전략을 추구하고 있다고 생각하는가?

2. 북한의 군사력 평가에 대해서는 다양한 의견이 제시되고 있다. 혹자는 북한의 핵 및 재래식 전력이 한국을 앞선다고 평가하고 있지만, 다른 견해들은 재래식 군사력 측면에서 한국이 우위를 보이고 있다고 평가한다. 한국정부가 발간하는 『국방백서』, 영국 IISS에서 발간하는 *Military Balance*, 스웨덴의 스톡홀름평화연구소가 간행하는 *SIPRI Yearbook* 등에 나타난 북한의 군사력 관련 데이터들을 종합할 때, 남북한 군사력은 어떻게 평가할 수 있는가?

3. 북한은 재래식 전력뿐만 아니라 핵전력 증강에 많은 노력을 기울이고 있다. 북한의 군사전략 및 국방전략을 파악할 수 있는 자료들에 근거하여 북한은 어떠한 국방전략하에서 군사력 증강을 도모하고 있다고 생각하는가?

4. 한국과 미국은 매년 양국 국방장관이 참가하는 연례 안보협의회의(SCM)를 개최하면서 공동성명을 발표해 오고 있다. 최근 한미 양국 간의 SCM 공동성명을 찾아보고, 한미동맹 차원에서 북한의 군사적 위협을 어떻게 평가하고 있고, 어떤 대응 정책을 제시하고 있는가?

5. 북한의 핵능력 증대와 대남 핵위협에 대응하기 위해 한국은 국내적으로는 3축체계의 무기체계와 전략을 구축하고 있고, 대외적으로는 미국과 확장억제 태세를 강

화하면서 캠프 데이비드 정상회담에서 합의한 바에 따라 한미일 안보협력체제도 강화하고 있다. 이같은 한국의 국방전략이 북한 핵위협에 대응하기 위한 최적의 방책이라고 생각하는가? 그렇지 않다면 어떠한 국방전략이 추가적으로 필요하다고 생각하는가?

6. 한국은 북한의 군사적 위협에 대응하기 위해 한미동맹 차원의 억제태세 강화에 더해 한미일간 안보협력의 추진, 그리고 유엔사 회원국 간의 안보협력도 추진하고 있다. 이에 대해 일각에서는 이러한 정

책이 오히려 한반도 안보에 불안정을 초래한다는 비판도 제기되고 있다. 반면, 불확실한 한반도 및 글로벌 안보정세에 대응하기 위해서는 동맹에 더해 소다자 안보협력이 불가결하다는 반론도 만만치 않다. 이같은 논쟁에 대하여 어떻게 생각하는가?

7. 한미 간의 연합작전계획에는 어떠한 것들이 있으며, 이러한 작전계획을 테스트하기 위한 연합군사훈련에는 어떠한 것들이 있는가?

주

1) 한용섭, 『국방정책론』 (서울: 박영사, 2012), pp. 3-11. '대전략' 개념에 대한 자세한 설명은 관점에서 분석하고 있는 연구로는 Ramon Pacheco Pardo, *South Korea's Grand Strategy: Making Its Own Destiny* (New York: Columbia University Press, 2023), chap.1 참조. 이 책에서 파르도 교수는 중견국으로서 한국의 대전략이 노태우정부 시기에 분명하게 나타나고 있다고 설명하고 있다. 한국 역대정부의 국가안보전략에 대한 시론적 연구로는 박영준, 『한국 국가안보전략의 전개와 과제』 (서울: 한울아카데미, 2017) 참조.
2) 한용섭, 『우리 국방의 논리』 (서울: 박영사, 2019), pp. 77-82.
3) 남정옥, "김일성의 '국토완정', 김정은의 '영토완정'," 『월간조선』 2024년 2월호.
4) 군사전략 유형에 대해서는 여러 분류의 학문적 시도들이 존재한다. 이 글에서는 MIT대학 베리 포젠 교수의 고전적 분류에 따르기로 한다. Barry R. Posen, *The Sources of Military Doctrine: France, Britain, and Germany between the World Wars* (Ithaca, New York: Cornell University Press, 1984), p. 14.
5) 박영준, 『제국 일본의 전쟁, 1868-1945』 (서울: 사회평론아카데미, 2020), 제4장 및 제9장 등 참조.
6) Posen (1984), p.15.
7) 사마천, 김원중 역, 『사기 본기』 (서울: 민음사, 2010), p. 263. 한반도의 경우에는 통일신라의 성립 이후 AD 720년경 성덕왕 대에 북변에 장성을 쌓았다는 기록이 있다. 金富軾, 이병도 역주, 『三國史記』(下) (서울: 을유문화사, 1983, 1987), p. 164.
8) Posen (1984), p.14.
9) 1949년 소련의 핵개발 성공 이전, 미국 합참은 소련과의 전쟁 발발 시 소련 주요 도시에 핵탄두 70여 개 이상을 투하한다는 Halfmoon이나 Dropshot 같은 지극히 공격적인 핵전략을 추진하였다. Allan R. Millet & Peter Maslowski, *For the Common Defense: A Military History of the United States of America* (New York: The Free Press, 1994), p. 500.
10) 1950년대 초반 랜드연구소에서 폰 노이만과 버나드 브로디 등에 의해 전개된 핵억제전략 논쟁에 대해서는 앤드루 크레피네비치, 배리 와츠 지음, 이동훈 옮김, 『제국의 전략가』 (서울: 살림, 2019), pp. 76-79.
11) Russell F. Weigley, *The American Way of War: A History of United States Military Strategy and Policy* (Bloomington: Indiana University

Press, 1973), p. 380.

12) Maxwell D. Taylor, *The Uncertain Trumpet* (New York: Harper & Brothers, 1959), p. 133.

13) Lawrence Freedman, "The First Two Generations of Nuclear Strategists," in Peter Paret, ed., *Makers of Modern Strategy: from Machiavelli to the Nuclear Age* (Oxford: Clarendon Press, 1986), p. 740.

14) Robert Endicott Osgood, *Limited War: The Challenge to American Strategy* (The University of Chicago Press, 1957), p. 1.

15) 미국의 현실주의 국제정치학자 왈트는 위협이란 상대국가의 국력 총체, 군사적 공격능력, 군사적 의도, 지리적 인접성에 의해 결정된다고 설명하고 있다. Stephen M. Walt, *The Origins of Alliances* (Ithaca: Cornell University Press, 1987), pp. 22-25.

16) Aaron L. Friedberg, "The Assessment of Military Power: A Review Essay," *International Security* 12-3 (Winter, 1987-1988), pp. 192-193.

17) 앤드루 크레피네비치, 배리 와츠 지음, 이동훈 옮김, 『제국의 전략가』 (서울: 살림, 2019), p. 121; Aaron L. Friedberg, "The Assessment of Military Power: A Review Essay," *International Security* 12-3 (Winter, 1987-1988), pp. 192-193도 참조.

18) "故經之以五(事), 校之以計, 而索其情, 道天地將法", "故校之以計, 而索其情, 曰, 主孰有道, 將孰有能, 天地孰得, 法令孰行, 兵衆孰强, 士卒孰練, 賞罰孰明, 吾以此知勝負矣," 孫子, 김광수 역주 『孫子兵法』 (서울: 책세상, 1999), pp. 23-31.

19) 예컨대 Military Balance 자료에 따르면 남북한의 야포 규모가 12,128문 대 21,600문, 전차는 2,149대 대 3,500대, 잠수함은 19척 대 71척, 공군 전투기는 602대 대 545대로 나타나고 있다. IISS, *Military Balance 2023*, pp. 262-268.

20) 국방부 (2023), pp. 29-32.

21) 함형필 (2024) 참조.

22) Olga Oliker, "Moscow's Nuclear Enigma: What is Russia's Arsenal Really For?," *Foreign Affairs* (November/December, 2018).

23) 이에 대해서는 인민해방군 대교이자 중국 군사과학원 연구원인 야오 윤주(Yao Yunzhu)의 Yao Yunzhu, "China will not change its Nuclear Policy," *PacNet 28* (CSIS Pacific Forum, April 23, 2013) 참조.

24) 이병철, "북한 핵무기 사용 법제화 분석 및 대응,"

『IFES 브리프』 2022-19 (경남대 극동문제연구소, 2022.9.14)에서 재인용.

25) 원문은 정성장, "북한의 핵지휘통제체제와 핵무기 사용 조건의 변화 평가: 9.8 핵무력정책 법령을 중심으로," 『세종논평』 2022-06 (2022.9.14)에서 재인용.

26) 정성장 (2022) 참조.

27) 최근 북한의 전술핵 사용 훈련 상황에 대해서는 김태현, "북한 군사도발 가능성 전망과 9.19 합의," (국방대 세미나 자료, 2023.10.26) 참조.

28) 김태현 (2023)이나 함형필 (2024)도 이같은 전망을 공유하고 있다.

29) 대통령실 국가안보실, 『윤석열 정부의 국가안보전략: 자유, 평화, 번영의 글로벌 중추국가』 (2023.6).

30) 이 문서는 비공개 문서이나, 개략적인 내용은 『국방백서 2022』에 소개되고 있다.

31) 국방부 (2023), p. 39.

32) 국방부, 『국방백서 2022』 (서울: 국방부, 2023), p. 47.

33) 국방부 (2023), pp. 60-61.

34) 2022년 7월22일, 당시 이종섭 국방장관이 윤석열 대통령에게 행한 '윤석열 정부 국방정책 방향과 세부 추진과제 보고' 참조. 『국방일보』, 2022.7.23.

35) '한미 확장억제전략협의체(EDSCG) 회의 공동성명'(2022.9.16.): Joint Statement on the Extended Deterrence Strategy and Consultation Group Meeting (2022.9.16.).

36) 2023년 11월 13일에 발표된 '한미 SCM 공동성명' 및 신원식 국방장관의 기고문 "제55차 SCM, 70주년 한미 군사동맹의 도약적 발전," 『동아일보』, 2023년 11월 15일자 참조.

37) 워싱턴선언(Washington Declaration) (2023.4.26) 참조.

38) 『국방일보』, 2024년 7월 15일.

39) 일본의 최근 안보 및 방위정책 변화에 대해서는 박영준, "군사대국의 부활 혹은 보통국가의 완성?: 일본 기시다 내각의 안보전략 3문서 공표와 '전후 안보정책의 대전환'," 『일본연구논총』 제57호 (2023년 6월) 참조.

40) '한미일 정상회의 공동성명' 및 '캠프 데이비드 원칙' (2023.8.18).

41) 장광현, 『다시 유엔사를 논하다』 (서울: 굿프렌드정우, 2020), p. 141.

42) 『국방일보』, 2023년 11월 15일.

43) 조영길, 『자주국방의 길』 (서울: 플래닛미디어, 2019), p. 52.

44) 조영길 (2019), p. 56.
45) 조영길 (2019), p. 58.
46) 전두환, 『전두환 회고록 2: 청와대 시절, 1980-

1988』 (서울: 자작나무숲, 2017), pp. 321-323.
47) 조영길 (2019), pp. 321-324.

참고문헌

1. 한글문헌

대통령실 국가안보실. 『윤석열 정부의 국가안보전략: 자유, 평화, 번영의 글로벌 중추국가』 (2023.6).

대한민국 국방부. 『국방백서 2022』. 서울: 국방부, 2023.

박영준. 『제국 일본의 전쟁, 1868-1945』. 서울: 사회평론아카데미, 2020.

_____. 『한국 국가안보전략의 전개와 과제』. 서울: 한울아카데미, 2017.

손자(孫子) 지음. 김광수 역주. 『손자병법(孫子兵法)』. 서울: 책세상, 1999.

앤드루 크레피네비치, 배리 와츠 지음. 이동훈 옮김. 『제국의 전략가』. 서울: 살림, 2019.

이근욱. 『냉전: 20세기 후반의 국제정치』. 서울: 서강대학교 출판부, 2012.

장광현. 『다시 유엔사를 논하다』. 서울: 굿프렌드 정우, 2020.

정성장. "북한의 핵지휘통제체제와 핵무기 사용 조건의 변화 평가: 9.8 핵무력정책 법령을 중심으로." 『세종논평』 2022-06 (2022.9.14).

조영길. 『자주국방의 길』. 서울: 플래닛미디어, 2019.

한용섭. 『국방정책론』. 서울: 박영사, 2012.

_____. 『우리 국방의 논리』. 서울: 박영사, 2019.

함형필. "북한의 핵 미사일 능력 평가 및 전망." 한국국가전략연구원 『제12회 한국국가전략연구원+미국 브루킹스연구소 국제회의 자료집: 한미일 및 북중러 연대 가속화와 한반도 안보』 (2024.1.10).

2. 영어문헌

Freedman, Lawrence. "The First Two Generations of Nuclear Strategists." Peter Paret, ed. *Makers of Modern Strategy: from Machiavelli to the Nuclear Age* (Oxford: Clarendon Press, 1986).

Friedberg, Aaron L. "The Assessment of Military Power: A Review Essay." *International Security* 12-3 (Winter, 1987-1988).

IISS, *Military Balance 2023* (IISS, 2023).

Millet, Allan R., & Peter Maslowski. *For the Common Defense: A Military History of the United States of America*. New York: The Free Press, 1994.

Oliker, Olga. "Moscow's Nuclear Enigma: What is Russia's Arsenal Really For?." *Foreign Affairs* (November/December, 2018).

Osgood, Robert Endicott. *Limited War: The Challenge to American Strategy*. Chicago: The University of Chicago Press, 1957.

Pardo, Ramon Pacheco. *South Korea's Grand Strategy: Making Its Own Destiny*. New York: Columbia University Press, 2023.

Posen, Barry R. *The Sources of Military Doctrine: France, Britain, and Germany between the World Wars*. Ithaca, New York: Cornell University Press, 1984.

Taylor, Maxwell D. *The Uncertain Trumpet*. New York: Harper & Brothers, 1959.

Walt, Stephen M. *The Origins of Alliances*. Ithaca: Cornell University Press, 1987.

Weigley, Russell F. *The American Way of War: A History of United States Military Strategy and Policy*. Bloomington: Indiana University Press, 1973.

8장

북핵문제와 한국의 안보전략

황지환(서울시립대 국제관계학과)

1. 서론   220
2. 북핵문제의 등장과
   변화   221
3. 북한의 핵전략과
   군사적 위협   228
4. 한미의 대응전략과
   한국안보   232
5. 비핵화와 체제보장의
   협상과 안보딜레마   238
6. 한반도 핵무기정치의
   미래전망   240

개요

1990년대 초반 한반도의 안보 위협으로 등장한 북한 핵문제는 30여 년이 지난 현재까지 여전히 해결되지 않고 있다. 북한은 비핵화는커녕 2006년부터 2017년까지 여섯 차례의 핵실험을 감행하며 핵무기 보유국의 지위를 주장해 왔다. 이에 따라 한국은 사실상의 핵무기 보유국인 북한에 대한 대응 방향을 모색해야 할 상황이 되었다. 이러한 관점에서 이번 장은 북한 핵문제와 관련된 다양한 이슈를 다룬다. 우선 북핵문제의 기원과 전개 과정에 대해 논의하고, 북한의 핵실험 과정과 핵능력 변화를 살펴본다. 또한, 북핵문제의 협상 과정에서 북한과 다른 국가들 사이에서 어떠한 합의가 이루어졌는지 논의한다. 반면, 북핵문제에 대한 합의인 1994년 북미 제네바합의, 2005년 6자회담 9·19 공동성명, 2018년 싱가포르 북미정상회담 공동성명 등이 이행되지 못한 이유를 살펴본다. 그 과정에서 북한이 어떤 핵전략을 펼쳐왔는지 논의하고, 2022년 핵무력정책법 공포 이후 변화된 핵교리를 설명한다. 북핵 위협에 대해 한국정부는 그동안 정권에 따라 대북 포용정책과 압박정책을 번갈아 시행해 왔는데, 그러한 정책이 성과를 거두지 못한 요인을 살펴본다. 또한, 북핵문제에 대한 대응으로서 한미동맹이 발전시켜온 확장억지 강화방안이 제시된다. 마지막으로 북한 비핵화와 한반도 평화체제 사이에 존재하는 구조적 딜레마를 설명하면서 북핵문제 해결이 여전히 어려운 국제질서의 현 상황을 진단한다.

핵심이슈

- 북한은 냉전의 종식 이후 핵무기 프로그램을 개발해 왔다.
- 북한은 2006년 이후 6번의 핵실험과 수많은 장거리 미사일 시험 발사를 통해 핵능력을 고도화해 왔다.
- 북핵문제에 대해 1994년 북미 제네바합의, 2005년 6자회담 9·19 공동성명, 2018년 싱가포르 북미정상회담 공동성명 등 다양한 합의가 있었지만, 제대로 이행되지 못했다.
- 북한은 핵능력의 진전에 따라 변화된 핵전략을 보여주었는데, 2022년 핵무력정책법은 공세적인 핵전략으로의 전환을 예고했다.
- 북핵문제에 대해 한국정부는 정권에 따라 압박정책과 포용정책 사이에서 서로 다른 정책을 보여주었다.
- 한미동맹은 북핵 위협에 대응하기 위해 미국의 확장억지를 강화해 왔다.
- 북핵문제는 북한의 비핵화와 한반도평화체제 사이에서 구조적 딜레마를 가지고 있다.

1. 서론

1990년대 초반 한반도의 안보 위협으로 등장한 북한 핵문제는 30여 년이 지났지만, 여전히 해결되지 않고 있다.[1] 북한은 비핵화는 커녕 2006년부터 2017년까지 10여 년 동안 6번의 핵실험을 감행했다. 북한은 지속적으로 핵능력을 발전시키며 핵무기 보유국의 지위를 주장해 왔다. 북한은 2016년의 5차 핵실험이 핵탄두 실험이었으며, 2017년의 6차 핵실험은 수소탄 실험이었다고 주장한 바 있다.[2] 더구나 북한은 2017년 11월 29일 시험 발사한 '화성 15형'이 "초대형 중량급 핵탄두 장착이 가능한 대륙간탄도 로케트"로서 미국 전역을 타격할 수 있다고 선전한 바 있다.[3] 북한의 주장은 미국 수도인 워싱턴까지 공격할 능력이 있음을 암시한 것이었다. 유엔을 비롯한 국제사회가 대북제재를 지속적으로 강화해 왔음에도 불구하고 북한은 끊임없이 핵과 미사일 능력을 발전시키면서 핵무기 보유를 기정사실화하고 있다. 이에 따라 한국은 사실상의(de facto) 핵무기 보유국인 북한에 대한 대응 방향을 모색해 보아야 할 상황이 되었다. 북핵문제는 여전히 한반도의 가장 위협적인 안보 현안이지만, 뾰족한 해결책을 찾아내지 못하고 있다.

북핵문제 대응방안에 대한 첨예한 이견은 해결의 어려움을 잘 말해주고 있다. 일부에서는 북한체제의 생존을 위협할 만큼 강력한 제재를 부가해 북한이 어쩔 수 없이 비핵화를 선택하도록 강제해야 한다고 주장한다.[4] 북한 핵시설에 대한 예방적 공격 주장도 존재한다. 하지만 미시적인 폭격조차 전면전으로 확대될 수 있는 가능성 때문에 모두가 두려워한다.[5] 여전히 남은 해법은 외교적 방안뿐이라는 의견도 강하게 존재한다.[6] 하지만 북한은 어떠한 조치에도 핵무기 프로그램을 포기할 의사가 없는 듯하다. 핵확산금지조약(NPT)과 국제원자력기구(IAEA)로 대표되는 강력한 비확산레짐 고려할 때, 국제사회가 북한을 공식적인 핵무기 보유국으로 인정할 가능성은 거의 없다. 그러나 현실적으로 한반도에는 사실상의 핵무기 보유국인 북한의 위협이 일상화되고 있다. 물론 북한의 비핵화를 위한 노력은 지속되어야 한다. 이에 사실상의 북한의 핵무기를 어떻게 이해하고 대응해야 할 것인지의 문제는 이제 우리의 당면한 현실이 되었다. 북한의 핵포기는 여전히 중요한 정책적 목표이지만, 사실상의 핵무기 보유국인 북한의 전략을 분석하고 이에 대한 대응 방향을 고민하는 것도 현실적으로 필요하기 때문이다.[7]

이러한 관점에서 이번 장은 북한 핵문제와 관련된 다양한 이슈를 다룬다. 우선 북핵문제의 등장과 변화과정에 대해 논의하고, 현재 북한이 취하고 있는 핵전략과 군사적 위협, 한미동맹의 대응전략을 다룬 후 한반도 핵무기정치의 미래를 전망해 본다.

핵확산금지조약(NPT: Treaty on the Non-Proliferation of Nuclear Weapons)은 원자력 에너지의 평화적 이용을 위해 핵무기를 보유하지 않은 국가의 새로운 핵무기 보유를 금지하고, 기존 핵보유국이 비핵보유국에 핵무기를 확산하는 것을 금지하는 조약이다. 1968년 6월 12일 UN 총회에서 초안이 가결되었고, 1970년 3월 5일 효력이 발생했다. 당시까지 핵무기를 보유하고 있던 미국, 소련, 영국, 프랑스, 중국 5개국의 핵무기 보유가 공식적으로 인정되었고, 그 이외 국가의 핵 보유는 금지되었다. 인도, 파키스탄, 이스라엘은 NPT에 서명하지 않고 핵무기를 개발하였고, 북한은 NPT 서명국으로서 탈퇴 이후 최초로 핵무기 개발에 성공한 국가가 되었다. NPT는 효력 발생 25주년인 1995년에 개최된 검토회의에서 조약의 무기한 연장을 결정했다.

2. 북핵문제의 등장과 변화

지난 30년 넘게 끌어온 북한 핵문제가 수많은 협상에도 불구하고 완전히 해소되지 않는 이유는 무엇일까? 그렇다고 해서 핵위기가 극단적인 군사적 충돌로 발전되지도 않은 이유는 무엇일까? 이 의문을 풀어가기 위해서는 북한

핵위기의 근원을 이해해야 한다. 북한 핵문제는 전형적인 냉전의 유산이다. 1990년대 초반 이후 세계질서가 냉전의 종식 이후 새로운 질서로 진입했음에도 불구하고 한반도의 안보질서가 여전히 과거 20세기 냉전의 굴레에서 벗어나지 못했다는 점을 가장 잘 보여준 사건이 북한 핵문제다. 냉전 시기 북한은 소련과 중국에 자국의 안보를 상당 부분 의존하면서 한반도 세력균형을 추구해 왔다. 냉전 종식 이후 두 강대국 동맹이 한국에 대한 기존의 적대시 정책을 포기함으로써 북한은 더 이상 소련과 중국의 핵우산을 신뢰할 수 없게 되었다.[8] 소련의 해체와 동유럽 국가들의 체제전환은 북한의 생존 가능성에 커다란 위협을 제기했다. 이후 북한은 자체적인 핵 프로그램에 의한 강력한 억지력의 필요성을 가지게 되었다고 주장했다. 하지만 북한의 핵 프로그램은 대량살상무기(WMD)의 확산을 방지하려는 국제사회에서 용인될 수 없었다. 결국 탈냉전 시기 북한의 생존전략과 국제사회의 확산방지 노력은 북한 핵문제에서 충돌하게 된다. 이러한 평행선을 좁혀보려는 기나긴 노력의 과정이 1994년 제네바합의, 2005년 9·19 공동성명, 2018년 싱가포르 북미정상회담 공동성명 등의 합의문이다. 북한은 모든 협상과 합의문에서 안전보장을 지속적으로 요구했고, 국제사회는 핵 프로그램의 포기를 강조했다. 이처럼 북한 핵문제는 한반도 냉전 구조라는 쉽지 않은 연결고리를 담고 있다.

1) 북핵위기의 발생과 전개

1993년 3월 북한의 핵확산금지조약(NPT) 탈퇴에 의해 촉발되었던 북한 핵위기는 1994년 6월 김일성과 카터의 극적인 평양 합의와 10월 북미 간의 제네바합의가 타결됨으로써 부분적으로 해소되었다.[9] 그러나 2002년 10월 북한의 고농축우라늄(HEU) 프로그램 활동에 대한 북미 간의 논란으로 또 다른 핵위기가 시작되었다. 이후 북핵문제를 타개하기 위해 남북한과 미국, 중국, 일본, 러시아 사이에서 베이징 6자회담이 개최되었다. 6자회담은 2005년 9월 북핵문제의 평화적 해결에 합의하는 '9·19 공동성명(제4차 6자회담 공동성명)'을 채택하고, 이를 이행하기 위해 2007년 '2·13 합의(9·19 공동성명 이행을 위한 초기조치)'와 '10·3 합의(9·19 공동성명 이행을 위한 제2단계 조치)'를 이루어냈지만, 큰 성과를 거두지 못하고 실패하고 말았다. 6자회담에서는 미국의 북핵 폐기 원칙과 북한의 핵 동결과 보상 원칙이 충돌하면서 공동성명 합의 바로 다음 날부터 갈등이 다시 고조되기도 했다. 공동성명 합의 직후 갈등이 고조된 점은 북한 핵문제가 가지는 구조적 어려움을 잘 보여주었다. 이 과정에서 북한은 2006년 10월 9일 마침내 처음으로 핵실험을 감행했다. 이에 국제사회는 유엔 안전보장이사회를 열어 대북 제재결의를 채택하며 북한의 행동에 강력하게 대응했으나, 북한은 2009년 5월 25일 두 번째 핵실험을 강행했다.

6자회담은 여러 차례의 합의에도 불구하고 현실적으로 이행되기 어려운 구조적 문제점을 가지고 있었기 때문에 북핵문제에 대한 근본적인 해결책이 될 수는 없었다. 미국의 세계전략을 고려할 때 6자회담에서 당시 미국의 목표는 북한의 신속하고 검증가능하고, 되돌릴 수 없는 비핵화였다. 완전하고 검증가능하며 불가역적인 폐기(CVID: Complete, Verifiable, and Irreversible Dismantlement)로 요약되는 미국의 정책은 북한이 과거와 현재의 모든 핵 프로그램과 핵무기를 신고 및 폐기하고 난 후에야 북미관계 정상화 등 실질적인 보상을 할 수 있다는 입장이었다. 따라서 북한의 핵 포기가 우선적으로 이루어져야 북미 간의 관계개선이 가능하고, 대북 경제지원과 한반도 평화체제 구축이 진행될 수 있다는 것이었다.

하지만 당시 북한의 입장은 6자회담에서 북미관계가 정상화되어 신뢰가 조성되고 미국의 대북 군사적 위협이 제거될 때 핵 프로그램과 핵무기를 포기할 수 있다는 것이었다. 북한으로서는 먼저 핵무기를 포기하는 것을 어떠한 경우라도 받아들일 수 없으며, 그 대신 북미 관계개선, 대북 경제지원, 한반도 평화체제 구축이 이루어지면 핵 프로그램 포기를 논의할 수 있다는 원칙을 가지고 있었다. 사실 북한은 핵위기를 북한 스스로 야기한 문제가 아닌 미국과 한국을 포함한 '조선반도' 전체의 문제로 파악하고 있었다. 특히 '조선반도' 핵문제의 근원은 북한에 있는 것이 아니라 미국의 핵무기 반입과 대북 핵위협에 있다고 수차례 강조한 바 있다.[10] 이러한 관점에서 북한은 미국이 대북 적대시정책을 포기하고 북한에 대한 핵 위협을 제거할 때 자신들의 핵무기를 포기할 수 있으며 그 과정에서 핵 포기에 대한 경제적 손실의 보상이 이루어져야 한다는 점을 강조한 것이다. 이러한 북한의 입장은 6자회담뿐만 아니라 그 이후의 핵협상과 합의문에서도 지속적으로 등장했다. 북한이 주장하는 소위 '행동 대 행동'의 원칙은 북한 핵문제를 단계별로 동시 이행하자고 주장하는 것이었다. 북미 간 '말 대 말'의 원칙적인 합의 이후에도 이행문제가 해결되지 못할 경우, 그 합의는 쉽게 붕괴될 수 있다는 점을 보여주었다. 북한에게 핵무기는 김 씨 수령체제를 유지하는 마지막 보루이기 때문에 핵의 일방적인 포기는 북한의 국가전략상 절대 수용할 수 없는 것이었다.

2011년 12월 김정일 위원장 사망 이후 출범한 김정은체제하에서 북핵문제는 더욱 복잡하고 어려워진 모습이었다. 무엇보다 북한은 그동안의 핵실험을 통해 새롭게 핵무기 보유국의 지위를 주장하기 시작했다. 특히 북한은 2012년 개정된 사회주의 헌법 서문에 핵보유국이 되었다고 명기했다.[11] 북한은 2006년과 2009년의 제1, 2차 핵실험 이후 한반도 핵문제의 핵심적 이슈가 미국 핵무기 대 북한

핵무기라는 인식을 보여준 바 있다. 북한은 이제 핵무기 보유국이며, 이러한 사실은 미국이나 국제사회의 인정 여부와는 관련이 없다고 주장했다.[12] 북한은 이전과는 달리 북미관계가 외교적으로 정상화되고 미국이 대북 안전보장을 해 주더라도 더 이상 핵 포기 의사가 없음을 암시하는 듯했다. 김정은 집권 이후 북한은 자국을 포함한 핵무기 보유국 간 핵군축 협상이 이루어져야 하며, 핵군축 협상이 한반도 핵문제를 해결하기 위한 유일한 방법이라고 주장하기도 했다. 북한은 핵문제를 핵보유국 간의 주권평등의 시각에서 바라보며 북한만의 비핵화는 거부하고 있었다. 북한은 미국과의 회담을 핵무기 보유국 간 핵군축 협상장으로 이용하려고 했지만 미국은 협상의 목표를 북한의 비핵화로 인식하고 있었다. 미국은 북핵문제가 한반도의 안보위협일 뿐만 아니라 국제비확산체제에 대한 위협으로 인식했기 때문에 북한을 핵무기 보유국으로 인정할 가능성은 거의 없었다.[13] 결국, 김정은체제하에서도 북핵문제는 쉽게 해결되지 못할 구조적 어려움을 가지고 있었다.

2) 북한의 핵실험과 핵능력의 발전

1950년대 이후 오랫동안 발전되어 온 북한의 핵능력을 정확하게 평가하기는 쉽지 않다. 핵무기가 충분한 능력을 발휘하기 위해서는 운반수단이 필수적이기 때문에 북한이 집중하

고 있는 장거리 미사일 능력 역시 정확한 핵 능력 평가를 위한 핵심적인 요소다. 북한의 핵과 미사일 능력이 지속적으로 발전하고 있는 시점에서 이를 확정적으로 논의하는 것은 쉽지 않다. 하지만 북한의 핵보유 이후 한반도 안보환경의 변화를 관찰하기 위해 핵능력 변화를 평가하는 것은 필요한 작업이다. 표 8.1에 정리된 것처럼 북한은 2006년 이후 2017년까지 6차례의 핵실험을 감행했으며, 핵능력은 지속적으로 발전해 왔다. 제1, 2차 핵실험은 김정일 시대에 이루어졌으며, 제3차 핵실험부터는 김정은 집권 이후에 이루어진 것으로 이 시기 북한의 핵 능력에 커다란 진전이 있었다고 평가된다.

북한이 2017년 9월 3일 제6차 핵실험에서 보여준 위력은 1945년 미국이 일본에 투하한 핵무기의 위력(15~20kt)과 비교하여 몇 배나 더 강력한 수준이었다. 특히 북한은 6차 핵실험이 수소탄 실험이었다고 주장했다. 북

한은 6차 핵실험이 "대륙간탄도로케트 장착용 수소탄시험"이었으며, "핵무기설계 및 제작기술이 핵탄의 위력을 타격 대상과 목적에 따라 임의로 조정할 수 있는 높은 수준에 도달했다"고 밝혔다.[14] 수소탄 실험 여부에 대한 논란은 있었지만, 제6차 실험은 120kt의 위력으로 지진파 6.3Mb의 규모를 보여줌으로써 이전의 핵실험들과는 차원이 다른 핵능력을 보여주었다. 북한은 또한 제6차 핵실험이 "국가 핵무력 완성의 완결단계 목표를 달성하기 위한 일환"이었다고 주장하며, 핵무기 능력의 완성이 멀지 않았음을 시사했다.[15]

북한은 여섯 차례의 핵실험을 통해 핵무기 능력의 진전을 보여주었을 뿐만 아니라 수많은 로켓 실험을 토대로 장거리 미사일 능력도 발전시켜 왔다. 기존의 스커드, 노동, 대포동 미사일 기술뿐만 아니라 2015년 이후 북극성 로켓 개발 실험을 통해 잠수함발사탄도미사일(SLBM) 능력의 가능성을 보여주기도 했

표 8.1 북한의 핵실험과 핵능력

	1차	2차	3차	4차	5차	6차
시기	2006년 10월 9일	2009년 5월 25일	2013년 2월 12일	2016년 1월 6일	2016년 9월 9일	2017년 9월 3일
지도자	김정일	김정일	김정은	김정은	김정은	김정은
위력(Yield)	0.8kt	2~6kt	6~7kt	6kt	10kt	120kt
지진파 규모	3.9Mb	4.5Mb	4.9~5.1Mb	4.9~5.2Mb	5.0~5.3Mb	6.3Mb
형태	플루토늄	플루토늄	고농축우라늄? (핵분열)	증폭핵분열탄? (핵융합?)	핵탄두 실험?	수소폭탄 실험?

다. 북한의 로켓 개발 목표가 미국 본토를 타격할 수 있는 대륙간탄도미사일(ICBM)임을 감안할 때, 2017년 11월 29일 발사한 '화성 15형'의 의미는 상당했다. 북한은 '화성 15형'이 '초대형 중량급 핵탄두 장착이 가능한 대륙간탄도로케트'로서 미국 전역을 타격할 수 있다고 선전했다.[16] 이에 대해 김정은은 국가 핵무력 완성의 역사적 대업, 로켓 강국 위업이 실현되었다고 선언했다. 김정은이 핵무력 완성을 선언했다는 점은 핵과 미사일 능력에 대한 자신감을 보여주는 것이었다.

김정은은 2021년 1월 개최한 조선노동당 제8차 당대회에서 핵능력 발전 목표를 더욱 구체적으로 제시했다. 김정은은 사업총화보고를 통해 핵기술을 더욱 고도화하는 한편, 핵무기의 소형경량화, 전술무기화를 통해 전술핵무기들을 개발하고 초대형 핵탄두 생산을 지속적으로 추진해 나갈 것을 목표로 제시했다.[17] 또한, 김정은은 핵선제 및 보복타격능력을 고도화하기 위해 극초음속 미사일, 핵잠수함, 수중발사 핵전략무기 등을 보유하는 과업을 상정하기도 했다. 북한은 1월 14일 개최한 제8차 당대회 열병식에서 북극성-5A라는 잠수함발사탄도미사일(SLBM)을 최초로 공개했다. 또한, 북한은 그해 10월 19일 신형 잠수함발사탄도탄을 시험발사했다고 주장하기도 했다.

북한의 핵과 장거리미사일 능력은 지속적으로 발전하며 상당한 수준에 이르렀음이 분명하다. 북한 스스로 주장하듯, 수소탄 실험과 대륙간탄도미사일 개발을 통해 핵능력의 완성단계에 다가가고 있는지도 모른다. 북한의 핵무기가 실제로 군사적으로 운용가능한 수준인지, 미국 동부를 타격할 수 있는 수준인지에 대해서는 여전히 회의적인 시각이 있는 것도 사실이다. 하지만 핵무기는 1945년 8월 이후 한 번도 사용되지 않은 무기다. 핵무기의 전략적 가치는 사용될 때보다는 사용되지 않고 사용될 가능성이 예상될 때 더욱 크다. 북한 역시 그동안 이러한 핵무기의 효용성을 잘 활용해 왔다. 북한에 대한 불확실성과 정보 부족은 핵무기의 속성과 결합되어 그동안 군사전략적, 외교적 차원에서 활용되어 왔다. 북한은 대미 억지력을 주장하며 핵무기 보유국의 지위에서 대외정책을 구사해 왔다.

3) 북미정상회담과 북핵 협상

김정은체제하에서 북한의 핵능력이 고도화되었으나, 핵위기만 심화된 것은 아니었다. 북한은 2017년 말 제6차 핵실험과 대륙간탄도미사일 시험발사를 통해 대미 핵억지력 완성을 선언한 후 미국과의 협상을 시도했다. 트럼프 대통령과 김정은 위원장은 2018년 6월 12일 싱가포르에서 역사적인 첫 북미정상회담을 개최했다. 김정은은 트럼프와 만난 자리에서 북미정상회담이 수십 년의 긴장관계와 적대관계를 해소하고 새로운 미래를 여는 중요한 의미가 있는 사건이라고 언급했다.[18] 싱가포르 정상회담 공동성명에서 트럼프와 김정은은 새로운 북미관계 구축과 항구적이고 안정된 한반도 평화체제 구축에 대한 의견을 교환했다. 김정은은 한반도의 완전한 비핵화에 대한 흔들림 없는 의지를 약속했으며, 트럼프는 북한에 대한 안전보장을 제공할 것을 약속했다. 바로 몇 달 전에 북한이 핵실험과 대륙간탄도미사일 발사 시험을 했던 것을 고려하면 싱가포르 북미정상회담은 엄청난 사건이었다.

트럼프와 김정은은 2019년 2월 베트남 하노이에서 다시 만나 제2차 정상회담을 개최했는데, 이 회담은 실패로 끝나고 말았다. 김정은은 한반도의 평화가 비핵화를 이끌어 간다며 비핵화 이전에 북한에 대한 안전보장과 평화체제의 구축이 이루어져야 함을 강조했다. 북한은 싱가포르 정상회담 공동성명이 이러한 대북안전보장-비핵화의 순서와 '행동 대 행동'의 원칙을 규정하고 있다고 주장했다. 싱가포르 공동성명에서 트럼프가 먼저 대북 안전보장에 대한 약속을 언급하고 김정은이 한반도의 완전한 비핵화를 약속했다는 이유였다. 북한은 싱가포르 공동성명에서 트럼프 대통령이 한미연합훈련을 중단하고 안전보장을 제공하면서 제재를 해제할 것을 약속했다고 주장했다. 문제는 트럼프와 김정은 사이에 커다란 인식의 격차가 존재했다는 점이었다. 트럼프는 기자회견을 통해 김정은이 미국에게는 덜 중요한 부분에서 양보하기를 원했다고 언급했다. 트럼프는 또한 북한 내부에서 우라늄 농축, 미사일, 핵탄두 등 언론에 공개되지 않은 프로그램이 진행되고 있음을 미국이 발견했다고 암시하기도 했다. 트럼프가 북한의 완전한 비핵화와 탄도미사일 및 생화학무기 포기를 요구하자 김정은은 크게 반발했다. 하노이 정상회담에서 김정은은 트럼프가 북한의 초기 부분적 비핵화 조치에 동의할 것이라고 기대했지만, 잘못된 기대였다. 김정은은 영변 핵시설 영구 폐쇄를 약속함으로써 유엔 안보리가 2016년과 2017년에 부과했던 대북 경제제재를 해제하도록 트럼프를 설득시킬 수 있을 것으로 생각했다. 정상회담 직후 개최된 기자회견에서 북한 외무상 리용호는 영변 핵시설 폐쇄가 북한이 현시점에서 할 수 있는 최대치의 양보라고 언급하기도 했다.

김정은은 트럼프가 요구한 것을 거부했는데, 이는 자신이 기대했던 것과 다른 방식으로 트럼프가 협상을 진행하려고 했기 때문이었다. 김정은은 싱가포르 정상회담에서 트럼프가 북한의 점진적 비핵화에 따라 대북 안전보장을 제공한다는 점에 동의했다고 생각했다. 하지만 하노이 정상회담에서 트럼프는 북한이 당장 완전한 비핵화를 이행해야 미국이 안전보장을 제공해 줄 수 있다고 선언한 것이었다. 김정은은 이런 트럼프의 정책 변화를 예상하지 못했으며, 싱가포르에서 자신이 이해했던 것처럼 단계적 방식으로 '동시 병행적'으로 진행하려고 계획했다. 트럼프가 즉각적이고 완전한 비핵화를 요구할 것이라는 점

글상자 8.2 싱가포르 북미정상회담 공동성명 (비공식 번역본)

도널드 트럼프 미합중국 대통령과 김정은 조선민주주의인민공화국 국무위원장의 싱가포르 정상회담 공동성명

트럼프 대통령과 김정은 위원장은 미국과 조선민주주의인민공화국의 새로운 관계 수립과 한반도의 지속적이고 견고한 평화체제 구축과 관련한 사안들을 주제로 포괄적이고 심층적이며 진지한 방식으로 의견을 교환했다. 트럼프 대통령은 조선민주주의인민공화국의 안전보장을 제공하기로 약속했고, 김정은 위원장은 한반도의 완전한 비핵화를 향한 흔들리지 않는 확고한 약속을 재확인했다.

새로운 북미관계를 수립하는 것이 한반도와 세계의 평화, 번영에 이바지할 것이라는 점을 확신하고, 상호신뢰를 구축하는 것이 한반도 비핵화를 증진할 수 있다고 인정하면서 트럼프 대통령과 김 위원장은 아래와 같은 합의사항을 선언한다.

1. 미국과 조선민주주의인민공화국은 평화와 번영을 위한 양국 국민의 바람에 맞춰 미국과 조선민주주의인민공화국의 새로운 관계를 수립하기로 약속한다.
2. 양국은 한반도의 지속적이고 안정적인 평화체제를 구축하기 위해 함께 노력한다.
3. 2018년 4월 27일 판문점 선언을 재확인하며, 조선민주주의인민공화국은 한반도의 완전한 비핵화를 향해 노력할 것을 약속한다.
4. 미국과 조선민주주의인민공화국은 신원이 이미 확인된 전쟁포로, 전쟁 실종자들의 유해를 즉각 송환하는 것을 포함해 전쟁포로, 전쟁실종자들의 유해 수습을 약속한다.

역사상 처음으로 이뤄진 북미정상회담이 거대한 중요성을 지닌 획기적인 사건이라는 점을 확인하고, 북미 간 수십 년의 긴장과 적대행위를 극복하면서 새로운 미래를 열어나가기 위해 트럼프 대통령과 김 위원장은 공동성명에 적시된 사항들을 완전하고 신속하게 이행할 것을 약속한다. 미국과 조선민주주의인민공화국은 북미정상회담의 결과를 이행하기 위해 마이크 폼페이오 미국 국무장관, 관련한 조선민주주의인민공화국 고위급 관리가 주도하는 후속 협상을 가능한 한 가장 이른 시일에 개최하기로 약속한다.

도널드 트럼프 미합중국 대통령과 김정은 조선민주주의인민공화국 국무위원장은 북미관계의 발전, 한반도와 세계의 평화, 번영, 안전을 위해 협력할 것을 약속했다.

2018년 6월 12일
싱가포르 센토사섬에서.

을 김정은은 전혀 예상하지 못했던 것이다. 김정은은 경제제재 해제만으로 북한이 완전한 비핵화를 이행한다는 것은 도저히 받을 수 없는 조건이었다.

하노이 정상회담의 실패 이후 2019년 6월 30일 트럼프와 김정은은 판문점에서 다시 한 번 만났다. 트럼프는 2분 정도의 만남도 좋다고 트위터에 언급했으나 당시 만남은 50분 이상의 회담이 되어 전 세계를 놀라게 했다. 북한 역시 판문점 회동이 하노이 정상회담 실패 이후 새로운 전환점이 될 수 있기를 기대했다.[19] 판문점 회담에서 두 정상은 조만간 실무급 회담을 개최하기로 합의했다. 하지만 10월 스톡홀름에서 개최된 협상에서 아무런 합의를 도출하지 못하고 북미관계는 이후 경색되기 시작했다.

3. 북한의 핵전략과 군사적 위협

북한이 2006년 이후 보여준 여섯 번의 핵실험과 중장거리 미사일 능력을 고려할 때, 북한은 이제 '사실상의 핵무기 보유국'으로 진입하고 있다고 평가된다. 이에 따라 한국과 국제사회는 북한의 실질적인 핵과 미사일 위협에 직면하고 있는 상황이다. 그렇다면 북한은 핵무기 프로그램을 통해 어떤 군사전략을 추구해 왔는가? 이 절에서는 북한이 핵실험 과정에서 보여준 핵전략과 2022년 9월 공포

한 핵무력정책법을 살펴보고자 한다.

1) 북한의 핵실험과 핵전략

사실 1990년대 북핵문제가 처음 불거졌을 때, 북한은 핵 프로그램이 핵무기를 만들기 위한 것이라고 공식화하지는 않았다. 당시 북한은 자신들의 핵 프로그램이 핵확산금지조약 4조에도 규정되어 있는 평화적 목적의 에너지 개발이라고 주장했다. 이에 따라 1994년 10월 북미 사이에 체결된 제네바합의는 북한에 2기의 경수로와 연간 50만 톤의 중유 공급을 약속했다. 이는 핵프로그램 동결로 인한 에너지 부족분을 보충할 필요가 있다는 북한의 주장 때문이었다. 하지만 제네바합의가 붕괴되고 새로운 핵위기가 불거진 2002년 가을 이후 북한은 자신들의 핵프로그램이 미국의 대북 무력 사용에 대한 억지용이라는 사실을 부정하지 않았다.[20]

이후 북한은 2006년 10월 제1차 핵실험을 통해 대미 핵 억지력 강화를 분명하게 강조했다. 북한은 외무성 성명을 통해 자위적 핵 억지력, 선제 핵 불사용, 핵위협 및 핵이전 불허, 북미 적대관계 청산, 북미협상을 통한 한반도 비핵화 등을 주장했다.[21] 또한, 한반도의 비핵화를 실현하고 세계적인 핵군축과 종국적인 핵무기 철폐를 위하여 노력할 것이라고 언급했다. 북한이 2009년 5월 제2차 핵실험을 감행하고 보인 대외적 인식 역시 제1차

핵실험 이후와 크게 다르지 않았다. 북한은 자신들의 핵실험이 국제법적으로도 문제가 되지 않는 자위적인 조치라고 항변했다. 북한은 자신들의 제2차 핵실험이 지구상의 2,054번째 핵실험이며 전체 핵실험의 99.99%를 유엔 안전보장이사회 5개 상임이사국이 진행했다고 비난하며 국제법적 정당성과 핵보유 불가피성을 주장했다.[22]

하지만 김정은이 집권한 후 2013년 2월 처음 진행한 제3차 핵실험 직후 북한은 이전보다 공세적인 주장을 펼쳐나가기 시작했다. 자신들의 핵실험이 미국의 대북 적대시 정책에 대한 자위적 수단이라는 주장을 지속하면서도 핵타격을 통한 선제공격을 언급하는 모습을 보이기도 했다. 제3차 핵실험 직후에는 특히 김정은체제의 국가전략이라고 할 수 있는 '핵무력 경제 병진노선'이 발표되었다는 점을 주목할 필요가 있다. 병진노선은 경제건설과 핵무력 건설을 동시에 진행하겠다는 김정은체제의 새로운 전략노선으로 선언되었다.[23] 북한은 병진노선이 김일성 주석과 김정일 국방위원장이 추진했던 경제국방 병진노선을 계승한 것이라고 설명했다. 하지만 김일성, 김정일 시대의 경제국방 병진노선이 사실상 국방력 강화를 위한 국가전략이었음을 고려하면, 김정은의 병진노선 역시 지속적인 핵능력 강화를 위한 노력으로 해석되었다.[24]

2016년 1월과 9월 감행한 제4, 5차 핵실험에서도 북한은 대미 핵억지력을 위한 자위적 조치를 강조하고 핵선제 불사용과 이전금지 원칙을 재확인하였다. 북한은 진전된 핵능력을 바탕으로 핵무기 보유국으로서의 전략적 지위를 강조하고 유사시 핵대응조치를 경고하기도 했다. 이는 대미 핵억지력을 바탕으로 핵균형을 통한 대외전략을 추구하겠다는 점을 암시하는 듯했다. 이러한 북한의 언급은 1990년대 이후 국제사회가 핵무기 프로그램이라고 의심해 오던 영변 핵시설에 대해 '원자력의 평화적 이용'을 위한 것이라고 항변해 오던 것과는 분명한 차이를 보였다. 2017년 9월 6차 핵실험과 11월 화성-15형 대륙간탄도미사일 시험발사 이후에 북한은 대미 핵억지력 완성을 선언하고 미국의 침략과 공격을 억지 및 격퇴하고 본토에 대한 보복타격을 목적으로 하는 핵균형을 선언했다.

2) 핵무력정책법 공포와 공세적 핵전략의 위협

북한의 핵전략은 2022년 들어 공세적인 모습으로 변화하기 시작했다. 북한 최고인민회의는 2022년 9월 8일 핵무력정책법을 입법화하여 핵무기 사용조건을 구체화하고 억지 수단으로서의 핵뿐만 아니라 핵의 선제사용(nuclear first-use) 가능성을 상정했다. 핵무력정책법은 국가 핵무력에 대한 지휘통제체계가 적대세력의 공격으로 위험에 처하는 경우, 사전에 결정된 작전방안에 따라 도발원점과 지휘부를 비롯한 적대세력을 궤멸시키기 위한 핵타격이 자동적으로 즉시에 단행된다고 규정했다.[25] 이를 위해 북한은 핵무기를 사용할 수 있는 5가지 상황을 상정했다. 핵무기 사용조건은 구체적으로 전쟁 임박 시의 선제타격(preemptive strike), 전시 핵사용 및 보다 포괄적인 위기상황하의 사용으로 요약된다. 이러한 핵무력정책법은 2022년 초 김정은과 김여정의 핵사용 관련 언급과 연결되었다. 김정은은 4월 25일 조선인민혁명군 창건 90주년 열병식에서 핵전략 관련 연설을 했는데, 핵무력의 기본 사명은 전쟁을 억지하는 것이지만 적이 북한의 근본이익을 침탈하려고 든다면 둘째가는 사명을 결행하지 않을 수 없다고 위협했다. 김정은이 연설할 당시에는 두 번째 사명이 무엇인지 구체적으로 언급하지 않았으나, 핵무력정책법에서 이를 구체화한 것이었다."[26] 한편, 김여정 역시 4월 초 남북한 사이의 군사적 대결을 언급한 바 있는데, 이 경우 핵무력 전투의 동원을 언급함으로써 한반도에서의 핵무기 사용가능성을 암시했다.[27] 북한이 그동안 주장해 왔던 핵무기의 용도는 대미 핵억지력을 위한 전략핵이었지만, 이제 한반도 전장에서 전술핵 무기 사용을 언급한 것이다.

이에 따라 최근 북한이 핵교리(nuclear doctrine) 변화를 꾀하고 있다는 해석이 제기되어 왔는데, 핵무력정책법이 이를 구체화한 것이다. 북한이 이전까지 보여 온 핵교리는 기존 미소 냉전 시기의 상호확증파괴(MAD) 개념에 기반한 '확증보복(assured retaliation)' 전략이었다고 해석할 수 있다.[28] 이는 한미의 핵 공격 가능성이 있는 경우, 보복을 위해 핵을 사용할 것이라고 표명하여 억지하는 전략이다. 확증보복 전략은 핵 공격 가능성이 임박한 경우, 선제타격을 암시하지만, 초점은 억지에 있다. 북한은 북미 핵균형을 바탕으로 대미 핵억지력을 추구하고, 미국의 군사적 공격에 핵무기 보복으로 대응하는 처벌적 억지를 주로 상정하는 모습이었다. 북한이 핵의 선제사용 개념을 부정하지는 않았으나 핵선제사용(nuclear first-use) 의미보다는 한미의 공격이 임박했을 때 선제타격(preemptive strike)의 의미로 해석되었다. 하지만 핵무력정책법에 나타난 북한의 핵교리는 보다 공세적인 것으로 '비대칭확전(asymmetric escalation)' 전략에 가까웠다. 이는 적국의 비핵 재래식 공격에 대해서도 핵무기의 선제사용 위협을 통해 상대국의 공격 가능성을 억지하는 전략이다. '비대칭확전' 전략 역시 억지를 언급하기는 하지만 재래식 공격 위협에도 핵의 선제사용에 초점이 있어 보다 위험한 전략이다. 북한의 전략이 '비대칭확전' 전략으로 옮겨갈 경우, 상당한 위기 고조 가능성이 있다. 핵무력정책법의 조건 중 5번째 내용은 상당히 모호하게 기술되어 있어 한반도에서 군사적 분쟁이 발생할 경우, 상당한 위기 고조 가능성이 있다.

3. 핵무력에 대한 지휘통제
  1) 조선민주주의인민공화국 핵무력은 조선민주주의인민공화국 국무위원장의 유일적 지휘에 복종한다.
  2) 조선민주주의인민공화국 국무위원장은 핵무기와 관련한 모든 결정권을 가진다. 조선민주주의인민공화국 국무위원장이 임명하는 성원들로 구성된 국가핵무력지휘기구는 핵무기와 관련한 결정으로부터 집행에 이르는 전 과정에서 조선민주주의인민공화국 국무위원장을 보좌한다.
  3) 국가핵무력에 대한 지휘통제체계가 적대세력의 공격으로 위험에 처하는 경우 사전에 결정된 작전방안에 따라 도발원점과 지휘부를 비롯한 적대세력을 괴멸시키기 위한 핵타격이 자동적으로 즉시에 단행된다.

6. 핵무기의 사용조건
  조선민주주의인민공화국은 다음의 경우 핵무기를 사용할 수 있다.
  1) 조선민주주의인민공화국에 대한 핵무기 또는 기타 대량살육 무기공격이 감행되었거나 임박하였다고 판단되는 경우
  2) 국가지도부와 국가핵무력 지휘기구에 대한 적대세력의 핵 및 비핵공격이 감행되었거나 임박하였다고 판단되는 경우
  3) 국가의 중요전략적 대상들에 대한 치명적인 군사적 공격이 감행되었거나 임박하였다고 판단되는 경우
  4) 유사시 전쟁의 확대와 장기화를 막고 전쟁의 주도권을 장악하기 위한 작전상 필요가 불가피하게 제기되는 경우
  5) 기타 국가의 존립과 인민의 생명안전에 파국적인 위기를 초래하는 사태가 발생하여 핵무기로 대응할 수 밖에 없는 불가피한 상황이 조성되는 경우

3) 북한의 핵 지휘통제체계

북한은 핵무력정책법에서 핵 지휘통제체계를 재정비했다. 핵 지휘통제체계는 핵무기 사용명령을 내렸을 때 핵사용이 정상적으로 작동하고, 명령이 없는 상태에서는 절대로 사용되지 않도록 하는 것이 핵심이다. 북한 핵능력과 전략에 있어서 핵무기 수량이나 장거리 탄도미사일 기술 등의 하드웨어뿐만 아니라 핵전력과 전략을 지휘통제 하는 소프트웨어 측면 역시 중요하다. 북한의 핵 지휘통제체계는 그동안 김정은에게 집중되어 있을 것으로 예상되었다. 가령, 김정은은 2018년 신년사에서 "핵 단추가 내 사무실 책상 위에 항상 놓여있다는 것은 위협이 아닌 현실임을 똑바로 알아야 한다"고 언급하며 자신이 북한의 핵무기를 직접 관리하고 통제하고 있음을 암시한 바 있다.

이후 북한의 핵 지휘통제체계는 2022년 핵무력정책법을 통해 보다 구체적으로 알려졌다. 우선, 핵무력정책법 3조는 북한의 핵무력이 김정은 국무위원장의 유일적 지휘에 복종한다고 명시하고 있다. 또한, 김정은 위원장이 핵무기와 관련된 모든 결정권을 가지지만, 국가핵무력 지휘기구를 구성하여 김정은 위원장을 보좌한다고 규정하여 핵 지휘통제체계가 제도화되어 있음을 보여주었다. 이는 김정은에게 핵무기의 기술적, 작전적 보좌를 하기 위한 목적뿐만 아니라 김정은 유고 상황에 대비하기 위한 목적도 있을 것으로 보인다. 핵무기 지휘통제 권한이 김정은에게 집중되어 있을 경우, 유사시 핵 지휘불능 사태에 빠질 가능성이 있기 때문이다. 이에 따라 국가핵무력지휘기구는 김정은이 신뢰하는 소수의 그룹으로 구성되어 있을 것으로 예상된다. 한편, 핵 지휘통제체계 관련 핵무력정책법이 공개한 가장 주목할 만한 사실은 유사시 핵무기 사용에 대한 사전위임(pre-delegation)을 언급하고 있다는 점이다. 북한은 지휘통제체계가 적대세력의 공격으로 위험에 처하는 경우, 사전에 결정된 작전방안에 따라 핵공격이 자동적으로 즉시에 단행된다고 규정하고 있다. 이는 유사시 김정은 위원장을 비롯한 북한 핵지휘통제 지도부의 유고 시 핵무기가 자동 사용될 것이라는 점을 경고하여 적의 군사적 공격을 억지하려는 의도로 해석된다.

4. 한미의 대응전략과 한국안보

북한 핵문제에 대해 한국정부가 그동안 취해온 정책은 크게 강경책인 대북 압박정책과 온건책인 대북 포용정책으로 대별될 수 있다. 북한 핵문제가 본격적으로 불거지기 시작한 1993년 북핵위기 초기에 대응한 김영삼정부의 정책은 일관적이지 않고 상황에 따라 압박정책과 포용정책 사이에서 움직였다. 이후 진보정부인 김대중, 노무현, 문재인 대통령 집권기에는 북핵문제 해결과 남북관계 개선에 대한 낙관론에 바탕을 두고 포용정책을 펼쳤는데, 이는 때때로 미국의 한반도 정책과 일정한 차이를 보이며 긴장을 야기하기도 했다. 반면, 보수정부인 이명박, 박근혜 대통령 집권기에는 대북 경제제재를 중심으로 압박정책을 펼쳤는데, 남북관계 악화로 인해 북핵문제에서 돌파구를 만들어내지 못했다.

1) 한국정부의 북핵 대응전략: 포용정책과 압박정책의 경쟁

김대중, 노무현, 문재인정부에서 추진했던 대북 포용정책은 이슈적으로 덜 민감한 경제 및 사회문화부문에서 북한과의 협력을 진전시켜 핵문제 등 정치 및 군사 분야에서도 협력을 진전시키려는 점진적이고 단계적인 기능주의적 접근법이었다. 북핵문제에 대한 정책도 작은 부분에서 시작해 단계적으로 협상하고 점진적으로 확대해 나가려는 접근법이었다.

하지만 대북포용정책은 북핵문제에서 실질적인 진전을 이끌어내지 못했다고 비판받곤 했다. 북한이 각 현안마다 협상테이블을 다각화하고 의제를 세분화함으로써 의도하는 살라미 전술에 대한 대응책으로 한계를 지니고 있었기 때문이다. 실제로 김대중, 노무현정부 시기 금강산 관광과 개성공단 운영이라는 경제 분야의 남북관계 진전에도 불구하고 북핵문제는 돌파구를 찾지 못했다. 1994년에 합의된 북미 제네바합의는 김대중정부 시기인 2002년 붕괴되었고, 6자회담의 합의들은 노무현정부 내내 이행되지 못했다. 초기에 덜 민감하고 쉬운 부분부터 협상해 나가면서 초기의 합의 가능성은 높이지만, 중장기로 가면서 어려운 문제에 직면해서는 난관에 부딪혀 초기의 합의조차 붕괴되는 상황이 반복되었다.

대북 포용정책의 북핵정책이 성공하려면 북한 정권의 성격이 근본적으로 변하여 개혁개방과 국가발전에 대한 명확한 확신이 있어야 했지만, 북한 정권의 속성상 그러한 변화를 기대하기 어려웠다. 정권안보에 대한 불안감이 팽배한 상황에서 북한 정권이 근본적인 국가전략 변화를 꾀하기에는 한계가 있었고 대북 포용정책도 구조적으로 한계를 가지고 출발할 수밖에 없었다. 이러한 점이 진보 정부의 지속적인 노력에도 불구하고 북한의 핵 포기를 이끌어내지 못한 주요 요인이라고 할 수 있다. 따라서 대북포용정책은 북한 정권의 본

질과 성격변화에 대한 보다 현실주의적 사고를 통해 북핵정책을 재조정할 필요가 있었다.

반면, 이명박, 박근혜정부가 추진했던 대북압박정책은 진보 정부의 정책과 정반대의 방향성과 한계를 보여주었다. 이 정책은 햇볕정책과 같은 점진적이고 단계적인 대북 포용정책의 실패를 극복하기 위해 북핵문제에 대해 원칙론적인 접근을 하며 대북 강경책을 추구했다. 진보 정부가 남북관계와 북핵문제에 대해 단계적이고 점진적인 정책을 추구했던 데 비해, 보수 정부는 북핵문제와 남북관계를 연계해 통합적으로 접근하려는 방식을 보여주었다. 보수 정부의 정책은 남북관계와 북핵문제의 다양한 사안을 한꺼번에 놓고 논의 및 협상하고자 했다. 북핵문제의 해결 없이는 남북관계의 구조적 기반이 취약할 수밖에 없었기 때문에 무엇보다 북핵문제에서 북한의 근본적 국가전략 변화를 요구했다. 이에 따라 북한과의 협상에서 제시할 수 있는 모든 어젠다를 협상테이블에 올려놓고 가장 중요한 것부터 시작하여 해결하려는 접근방식이었다. 북핵문제를 우선적으로 하여 핵심적인 사안에 대해 먼저 합의한 후 그다음에 구체적인 이행방안과 부차적인 사안들을 협상해 나가자는 포괄적 접근방식이었다. 이러한 방식은 북한이 각 현안마다 협상테이블을 다각화하고 의제를 세분화하여 시도하는 살라미 전술에 대한 대응책으로 제시되기도 했다. 따라서 보수 정부의 대북정책은 북한의 핵포기라

는 전략적 결단을 우선적으로 요구했다. 북한이 핵포기에 대한 결단을 명확히 내리고 행동을 취하면 한국정부와 국제사회가 확실한 안전보장과 본격적인 경제지원을 제공할 것을 약속하고 새로운 남북관계를 도모하겠다는 일괄타결 방식이었다.

하지만 보수 정부의 북핵 정책은 진보 정부의 정책과 비교하여 정반대의 문제점을 가지고 있었다. 만약 북한이 핵포기에 합의하고 이행에 옮길 경우, 한반도 비핵화와 남북관계 발전에 중요한 진전이 있을 것이다. 하지만 북한이 핵포기에 합의하지 않을 경우, 북한문제에 대해 거의 아무런 조치도 취할 수 없다는 문제가 있었다. 북한과의 협상에서 핵문제라는 가장 핵심적이고 어려운 문제를 먼저 다루기 때문에 초기에 합의만 된다면 나머지 사안들은 일사천리로 해결될 가능성이 높았다. 하지만 북한체제의 경직성을 고려할 때 초기 합의 자체가 어려워 북한의 변화를 무한정 기다려야 하는 문제가 있었다.

이후 북한 핵위기가 진행되는 과정에서 국내에서는 대북정책을 둘러싼 남남갈등이 심화되었다. 정권에 따라 압박과 포용이라는 이분법적 대북정책이 시행되면서 북핵문제 대응은 표류해 왔다. 한국정부 홀로 이러한 정책을 추구할 경우, 정책적 효과는 미미했으며 한미관계나 남북관계의 긴장을 심화시키기도 했다. 하지만 국제사회와의 긴밀한 조정과정 속에서 정책이 이루어질 경우, 부분적으로 효과를 발휘하기도 했다.

2) 한미동맹의 북핵 대응전략

북한의 핵실험이 본격화된 후 국제사회는 유엔 안보리의 대북제재 결의를 중심으로 북한을 압박해 나갔으나 북핵문제는 해결되지 못했다. 북한의 핵 위협이 고도화되면서 한미동맹을 중심으로 한 안보협력이 강화되었다. 북핵 위협에 대해 한미는 무엇보다 한국에 대한 미국의 확장억지(extended deterrence) 강화를 강조했다.[29] 북한이 제1차 핵실험을 감행한 직후인 2006년 10월 한미연례안보협의회의(SCM)에서 양국은 핵우산 제공을 통한 확장억지의 지속을 구체화했다. 미국은 한국과의 공동성명을 통해 북한의 핵실험에 대하여 깊은 우려를 표시하고 미국의 핵우산 제공을 통한 확장억지의 지속을 포함해 한미상호방위조약에 따른 미국의 한국에 대한 굳건한 공약과 신속한 지원을 보장했다.[30] 당시 국내에서는 전시작전통제권 전환과 한미연합사 해체로 인한 미국의 핵우산 보장체제가 약화될 것이라는 우려가 있었다. 하지만 미국이 확장억지의 지속적인 제공을 보장함으로써 일부의 한미동맹 위기론에도 불구하고 북핵위기에 대한 한미동맹의 단호한 대응을 천명했다.

북한이 제2차 핵실험을 감행한 2009년에도 한미는 '한미동맹을 위한 공동비전(Joint Vision for the Alliance of ROK-USA)'을 통해 미국의 핵우산 제공과 확장억지의 지속적인 공약을 재확인했다. 미국은 핵우산을 포함한 확장 억지에 대한 지속적인 공약 보장이 더욱 강화하고 있다고 언급했다.[31] 이 공동비전은 당시 한미동맹의 미래지향적 발전 청사진을 담은 전략적 마스터플랜으로서 한미동맹을 양국의 공동의 가치와 상호신뢰에 기반한 양자, 지역, 범세계적 범주의 포괄적 전략동맹으로 구축하기로 합의한 것이었다. 오바마 행정부는 미국의 확장억지와 한미 전략동맹의 모습을 기회가 있을 때마다 재확인했다. 특히 북한이 제3차 핵실험을 감행한 3개월 후인 5월 '한미동맹 60주년 기념 공동선언'에서는 미국의 확장억지가 보다 구체적으로 명시되었다. 미국은 확장억지와 재래식 및 핵전력을 포함하는 모든 범주의 군사적 능력 사용을 포함하여 한국에 대한 확고한 방위공약을 재확인했다.[32]

한국에 대한 오바마 행정부의 확장억지 강화정책은 임기 말 '확장억지전략협의체(EDSCG)' 신설에서도 강하게 나타났다. 북한이 두 차례의 핵실험을 실시한 2016년 한미는 미국 워싱턴에서 열린 외교·국방장관(2+2) 회의에서 양국의 외교·국방차관급이 주관하는 확장억지전략협의체를 설립하기로 합의했다.[33] 확장억지전략협의체는 한미동맹이 그동안 기회가 있을 때마다 확인해 왔던 확장억지를 제도화하는 데 의미가 있었다. 확장억지의 제도화는 향후 한국과 미국에 어떤 정부가 들어서

더라도 미국의 대한국 확장억지를 신뢰성 있게 보장하기 위함이었다.

한편, 2017년 등장한 트럼프 행정부에서는 '미국 우선주의(America First)' 정책으로 인해 확장억지가 약화될 가능성이 제기되기도 했다. 트럼프 행정부는 동맹국들에 대해서도 미국의 핵 주도력을 강화할 것임을 강조했는데, 이는 북대서양조약기구(NATO)와 마찬가지로 한반도에서도 미국의 확장억지 약화 가능성을 내포하고 있었다. 하지만 트럼프 행정부에서도 한국에 대한 미국의 확장억지는 지속적으로 재확인되었다. 2019년 11월 발표한 '미래 한미동맹 국방비전'에서 한미는 확장억지의 신뢰성, 능력, 지속성을 보장하기 위해 확장억지 강화를 지속해 나가기로 합의했다.[34] 또한, 2020년 제52차 한미연례안보협의회의 공동성명에서도 핵, 재래식 및 미사일 방어능력을 포함한 모든 범주의 군사능력을 운용하여 한국에 확장억지를 제공할 것을 명시하여 미국의 확장억지 공약을 더욱 구체화했다.[35]

북한이 핵무력정책법을 공포하는 등 핵위협이 점증하는 상황에서 한국에 대한 미국의 확장억지는 2023년 '워싱턴선언(Washington Declaration)'을 통해 보다 확대된 모습을 보였다. 한미동맹 출범 70년을 기념하는 문서로 작성된 '워싱턴선언'은 북핵문제에 대응하는 한미 확장억지 강화에 커다란 의미를 가지는데, 한미는 정상회담을 통해 한국에 대한 미

국의 확장억지 강화방안을 새롭게 명기하여 발표했다.[36] 미국은 한반도에 대한 모든 가능한 핵무기 사용의 경우, 한국과 이를 협의하기 위한 모든 노력을 다할 것임을 약속했다. 한미는 특히 '핵협의그룹(NCG)' 설립을 공개했는데, 핵협의그룹은 한미가 확장억지를 강화하고, 핵 및 전략 기획을 토의하며, 비확산 체제에 대한 북한의 위협을 관리하기 위해 설립한 새로운 협의기구다. 이 기구를 통해 한미동맹은 유사시 미국 핵 작전에 대한 한국 재래식 지원의 공동 실행 및 기획이 가능하도록 협력하고, 한반도에서의 핵억지 적용에 관한 연합 교육 및 훈련 활동을 강화해 나가기로 했다. 또한, 이 약속의 이행을 위해 한미동맹은 핵 유사시 기획에 대한 공동의 접근을 강화하기 위한 양국 간 새로운 범정부 도상 시뮬레이션을 도입하기로 했다.

'워싱턴선언'의 핵협의그룹은 비록 북대서양조약기구의 '핵기획그룹(NPG)'에는 미치지 못하지만, 한미동맹 70년에 걸맞은 확장억지 강화 노력으로 평가되었다. 당시 바이든 대통령은 한국에 대한 미국의 확장억지가 항구적이고 철통같으며, 북한의 한국에 대한 모든 핵 공격은 즉각적, 압도적, 결정적 대응에 직면할 것임을 재확인하며, 미국의 확장억지가 핵을 포함한 미국의 역량을 총동원하여 지원된다는 점을 강조했다. '워싱턴선언'에서 추가적으로 언급된 부분은 미국의 전략핵잠수함(SSBN)의 한국 기항 등 한국에 대한 미국 전략자산의 정례적 전개 부분이었다. 더불어 한미는 기존의 '확장억지전략협의체'를 포함한 정부의 상설협의체를 강화하고 공동 기획 노력에 정보를 제공하기 위한 시뮬레이션을 실시할 것을 합의했다. '워싱턴선언'은 미국의 확장억지 강화를 기반으로 하여 한미가 상호동맹조약에 따라 강력한 연합방위태세를 유지하겠다는 공약을 재확인한 것이다.

3) 북핵문제 대응과 군사적 위기 방지 노력

향후 북핵문제에 대한 한미의 대응은 지금처럼 동맹의 재래식 전력과 미국의 확장억지에 의존하게 된다. 한국에 대한 미국의 안보 공약은 그동안 재래식 억지에서 핵억지로 지속적으로 확대 강화되어 왔다.[37] 한미의 확장억지 강화방안은 분명히 북한의 핵 위협 억지에 상당한 도움이 될 것이다. 문제는 확장억지 강화방안이 북한 핵으로 인한 우발적 위기 가능성까지 완전히 해소하지는 못한다는 점이다. 북한의 '핵무력정책법'은 핵무기 사용 조건을 구체화하고 억지를 넘어선 핵의 선제 사용 가능성을 명문화해 핵전쟁 위기를 증대시키고 있다. '핵무력정책법'에 나타난 북한의 핵전략은 한반도의 위기안정성을 악화시켜 상당한 군사적 위기 가능성을 내포하고 있다. 어떠한 이유에서든 한반도에서 군사적 위기가 고조되는 경우, 북한은 한미에 대한 경계태세를 높이게 될 것이고 이 경우, 우발적인 핵충돌 가능성이 증가한다. 한미 확장억지 강화 노력은 북한의 의도된 도발에 대한 억지 능력을 강화하는 데는 도움이 되겠지만, 북한 핵능력의 고도화로 인한 우발적 충돌가능성을 해소하는 방안은 제시하지 못했다.

결국, 북한 핵으로 인한 위기 가능성을 근본적으로 해소하기 위해서는 북한 비핵화를 추진하거나 최소한 북한의 핵능력을 통제하려는 노력이 필요하다. 하지만 2019년 하노이 북미정상회담 실패 이후 한미는 북핵문제에 대해 사실상 아무런 외교적 대응을 추진하지 못했다. 트럼프에 이어 2021년 등장한 바이든 행정부는 북핵문제에 거의 손을 놓고 있는 모습이었다. 미중 전략경쟁과 러시아의 우크라이나 침공, 국내 정치·경제적 어려움으로 인해 미국이 북핵문제에 신경 쓸 시간과 여력이 부족했던 것도 사실이다. 하지만 바이든 행정부가 사실상 오바마 행정부의 '전략적 인내' 정책을 답습하면서 북핵문제 해결에는 큰 관심을 보이지 않았다. 트럼프 행정부처럼 직접 정상회담을 하지는 않더라도 미국이 어떤 조건에서 어떤 협상안을 가지고 북한을 다룰 것인지 구체화할 필요가 있는데 그런 조건을 제시하지는 않았다. 이러한 상황에서 북한은 핵문제에 대한 교착상태를 지속하면서 핵미사일 능력을 강화해 왔다. 김정은은 2017년 대미 핵억지력 완성을 선언하고도 2019년 하노이 북미정상회담에서 트럼프 대통령에게

수모를 당했던 실패 경험을 되풀이하지 않으려 할 것이다. 2021년 1월 8차 당대회에서 김정은이 국방발전 5개년 계획을 선언하고 핵무력의 고도화를 위해 극초음속 미사일, 초대형 핵폭탄, 다탄두 핵무기 기술, 핵잠수함과 수중발사 핵무기, 군 정찰위성 등의 목표를 제시한 이유다.

러시아의 우크라이나 침공 이후 미러, 미중은 갈등 구도를 형성하고 있는데 이는 북한 문제에서도 크게 불거질 수 있다. 특히 북한이 대륙간탄도미사일 수준의 미사일 발사를 감행했음에도 불구하고 유엔안보리의 대북 추가 제재는 러시아와 중국의 반대로 불가능한 상태가 되었다. 우크라이나전쟁 이전에도 중국과 러시아는 북한에 대한 추가 제재에 반대하고 오히려 제재완화를 주장해 국제사회의 대북제재 레짐이 약화되는 경향이 있었다. 패권경쟁으로 인한 미중관계 악화에 이어 우크라이나 사태 여파로 대북제재 효과는 더욱 감소되어 왔다. 북한은 러시아의 우크라이나 침공 이후 미국·서방 대 중국·러시아의 신냉전 구도를 인식하면서 이를 한반도에서 활용하려고 노력하고 있다. 북한을 비핵화시키거나 핵능력을 통제하지 않는 한 북핵으로 인한 한반도의 위기 가능성은 여전히 감소되지 않을 것이다. 글로벌 신냉전 구도가 심화되는 상황에서 북한은 더욱 공세적인 정책을 보일 가능성이 있다. 북핵문제에 대응하고 한국의 안보를 증진시키기 위해서는 한미 확장억제

강화방안을 지속적으로 모색하는 것뿐만 아니라 북한의 핵능력 강화와 우발적 위기 상황에 대한 대응 전략 역시 모색할 필요가 있다.

5. 비핵화와 체제보장의 협상과 안보딜레마

북핵문제가 지난 30년 넘는 기간 동안 해소되지 못한 이유는 북한의 비핵화와 체제보장 사이에 해소하기 어려운 구조적 문제점이 존재했기 때문이다. 특히 북한과 미국은 정상회담을 통해 합의를 시도했음에도 불구하고 협상에 실패했는데, 그 주요 요인은 사실상 비핵화와 체제보장 사이에 존재하는 딜레마 때문이다. 북한은 그동안 미국과 이 딜레마 사이에서 교환게임을 해 왔다.[38] 북한은 한반도에 핵문제가 시작된 것은 냉전기 미국이 전술핵무기를 한국에 도입했기 때문이라고 오랫동안 주장해 왔다. 북한은 핵문제가 북한만의 문제라고 생각하지 않으며, 북한과 미국 사이의 문제로 규정해 왔다. 북한은 한반도 평화를 위협하는 것은 자신들이 아니라 미국이며, 북한은 한반도전쟁을 막기 위해 핵억지력을 통해 노력해 왔다고 주장해 왔다.[39] 따라서 북한의 주장은 비핵화 이전에 미국으로부터 완전한 안전보장을 받아야 한다는 것이다. 북한이 상정하는 한반도 비핵화는 자신들의 비핵화뿐만 아니라 미국을 포함한 다른 핵무기 보유국의 비핵화를 포함할 것으로 예상된다. 이는 미국의 대북 적대시 정책이 철폐되고 한반도에 평화체제가 정착되지 않는 이상 비핵화를 할 수 없다는 강한 의지의 표현이라고 할 수 있다. 미국은 북한 비핵화 없는 한반도 평화는 불가능하다고 생각하지만, 북한은 자신들에 대한 완전한 안전보장 없이는 비핵화를 하지 않으려 할 것이다. 미국이 완전하고, 검증가능하고 되돌릴 수 없는 비핵화를 요구할 때 북한 역시 완전하고, 검증가능하고 되돌릴 수 없는 안전보장을 요구할 것이다. 이것은 아마도 북미관계 정상화뿐만 아니라 북미간 적대관계의 종식을 포함하는 것이다. 하지만 이러한 조치는 한반도뿐만 아니라 동북아지역의 안보환경이 근본적으로 변화할 때 가능한 것이어서 쉽지 않은 작업이다. 비핵화와 체제보장 사이의 이러한 딜레마가 현재의 북미관계를 규정하고 있으며, 향후 한반도 안보환경에도 커다란 영향을 미칠 것으로 예상된다.

이러한 관점에서 한반도 평화체제 논의가 구체화되기 위해서는 북한의 비핵화와 북한 체제보장 사이의 관계를 명확히 설정하고 어떤 과정을 만들어나갈 것인지 분명히 하는 것이 중요하다. 특히 비핵화와 평화체제 사이의 딜레마를 해소할 수 있는 세부적인 교환관계를 설정하려는 노력이 필요하다. 완전한 비핵화와 평화체제 이전 단계로서 북한은 경제제재 해제와 종전선언을 요구할 것이며, 미국은 북한의 핵시설 신고 및 검증, 폐기 등을 요구할 것이다. 결국, 현재 북미협상의 핵심은 비핵화와 평화체제의 교환관계에 있다. 미국 입장에서 협상의 핵심은 북한의 비핵화이지만, 북한 입장에서 핵심은 평화체제이며, 평화체제 주장 중 핵심은 북한의 체제보장이기 때문이다. 하지만 비핵화와 평화체제 사이의 선후관계, 단계적 내용, 이행보장방안 등에 대한 딜레마가 존재해 해결이 어려운 상황이다. 비핵화와 평화체제 사이의 딜레마를 해소하기 위해서는 북한의 체제안전 보장에 대한 방안을 마련하는 것이 현실적으로 필요하다. 북한의 인식은 미국이 현재 비핵화에만 신경을 쓰고 있다는 것이며, 미국의 인식은 북한이 비핵화 의지가 없다는 것이다. 북한의 비핵화와 체제보장 및 한반도 평화체제를 동시에 고려할 때 북핵문제의 안보딜레마가 해소될 수 있을 것이다 (북한의 비핵화와 한반도 평화체제에 대해서는 제12장 다자안보와 한반도 평화구축에서 자세히 논의된다).

한편, 미국은 그동안 북핵문제를 한반도 안보뿐만 아니라 국제 비확산체제의 관점에서 다루어 왔다고 할 수 있다. 핵확산금지조약 서명국이었던 북한이 탈퇴해 핵실험에 성공했다는 것은 향후 국제 비확산체제의 약화를 가져올 수 있는 중대한 사안이기 때문이다. 북한에 이어 이란 등 다른 국가들까지 핵확산금지조약을 탈퇴하고 핵보유를 시도한다면 전 세계적으로 핵확산이 확대되어 비확산체제는 무너지고 전 세계가 핵위협의 소용돌이 속에 빠져들 수 있을 것이다. 결국, 미국은 북한 핵으로 인한 국제 비확산체제 위기 가능성을 해소하기 위해서는 북한 비핵화를 추진할 필요가 있다. 하지만 미국은 그동안 여전히 북핵문제 해결을 위한 충분한 방안을 내놓지 못했다. 한미는 지속적으로 한반도의 완전한 비핵화 달성이라는 공동의 목표를 추구해 왔지만, 실질적인 진전 없이 북한의 핵능력은 빠른 속도로 확대되어 왔다. '워싱턴선언'을 비롯한 한미의 확장억지 강화 노력은 북한의 군사적 위협과 도발에 대한 대응 능력을 일부 향상시켰을지 몰라도 북한 핵문제 해결과 군사적 위협을 제거하기 위한 근본적 해결책은 제시하지 못했다.

이러한 관점에서 북핵문제에 대해 완전한 합의가 아니더라도 일정 부분 북한과 미국의 전략을 결합하는 비핵화 협상을 모색하는 것이 필요하다. 미국이 요구하는 '완전한 비핵화'의 일괄타결과 북한이 요구하는 '동시 행동'의 원칙을 단계적인 이행의 틀에서 연결시키는 작업이 필요하다. 국내외에서 그동안 북핵 능력 동결과 협상을 위해 중간단계의 합의(interim agreement)가 필요하다는 논의가 진행되어 왔다. 북한 핵문제에 대해 여전히 완전한 비핵화가 최종적인 목표이지만, 북미 간 간극을 좁히고 몇 가지 세부적인 의제를 교환해 합의하는 작은 단계에서 시작되도록 하는 환경 조성이 필요하다. 물론 북미 간에는 핵문제에 대한 이견이 워낙 크기 때문에 단기간 내에 성과를 이루어내기는 쉽지 않을 것이다.

6. 한반도 핵무기정치의 미래전망

북한은 2018년 남북정상회담과 북미정상회담에서 합의했던 내용들에 대해 부정적인 입장을 피력하며 한국 및 미국의 대북정책에 비판적인 입장을 지속하고 있다. 북한 비핵화 협상은 2020년 이후 전혀 진전이 없는데, 북한은 2019년 하노이 북미정상회담 실패 이후 '정면돌파전'을 주장하며 장기적인 버티기 전략에 들어갔기 때문이다.

2022년 2월 우크라이나전쟁 발발 이후 북한 핵문제는 더욱 돌파구를 찾기 어려운 상황이다. 북한은 우크라이나 위기를 자신의 입장을 더욱 강화하는 계기로 활용하고 있는데, 우크라이나 사태에 대해 여러 차례 의견을 개진한 바 있다. 특히 북한 외무성이 전쟁 발발 직후인 2022년 2월 28일 기자회견을 통해 밝힌 내용은 북한의 최근 인식을 잘 보여주었다.[40] 북한은 우크라이나 사태의 근본 원인이 미국과 서방의 패권주의에 있으며 이들이 동진하여 문제를 일으켰다고 인식하고 있기 때문에 러시아의 요구는 합리적이고 정당하다고 주장한다. 또한, 북한은 미국이 아프가니스탄, 리비아를 폐허로 만들어 놓고 우크라이나 사태에 대해 주권존중과 영토보전을 이야

기하는 것은 어불성설이라고 비난했다. 북한은 미국의 일방적인 이중기준 정책이 평화를 해치고 있다고 주장한 것이다. 이러한 상황과 인식은 향후 북핵문제를 다루는 데 상당한 어려움을 야기할 것으로 예상된다.

특히 북한은 우크라이나 사태를 통해 강대국의 위협이 있을 때 핵무기를 포기하면 나라를 지킬 수 없다는 신념을 더욱 공고히 가지게 될 것이다. 북한은 러시아와의 관계를 고려해 우크라이나 사태의 교훈을 공개적으로 언급하지는 않겠지만, 비핵화가 완료되면 되돌릴 수 없으며 이후에 주변 강대국의 위협을 억지할 수 없다는 인식을 강화하게 될 것이다. 결국 북한은 주변국들의 안전보장을 통해 평화를 보장받는 정책이 비현실적이고 순진한 사고라고 생각할 것이다. 그동안 자신들이 이라크, 리비아 사태에 대해 미국의 주권침해와 영토침범을 언급해 왔던 점을 고려할 때, 러시아의 우크라이나 침공 사례 역시 자신들의 기존 주장을 내심 재확인하는 계기가 되었을 것이다. 이러한 상황은 북핵문제와 한반도 안보환경에 큰 영향을 미칠 수 있다. 미국 및 러시아가 우크라이나의 안보를 보장한 우크라이나판 평화체제 문서인 1994년 '부다페스트 양해각서'가 무력화되는 상황에서 한반도에서도 종전선언과 평화협정 체결이 자신들의 안보를 보장할 수 없다고 인식할 것이다. 러시아의 우크라이나 침공으로 '부다페스트 양해각서'가 휴지 조각이 됨으로써 북한

역시 비핵화와 평화체제 협상에 더욱 부정적인 인식을 가질 것으로 판단된다. 특히 북한이 그동안 강조해 왔던 주권존중, 영토보전, 군사력 사용 금지, 핵무기 위협 금지 등 조항이 '부다페스트 양해각서'에 모두 포함되어 있었지만, 하나도 지켜지지 않았음을 주목할 것이다.

한편, 북한의 최근 신냉전 세계질서 인식은 큰 의미를 가진다. 김정은은 여러 기회를 통해 세계질서의 변화를 강조하며, 국제질서가 신냉전 구도로 변화하면서 한반도를 둘러싼 세력 판도가 미국의 일극세계에서 다극세계로 전환하고 있다고 언급한 바 있다.[41] 이를 통해 김정은은 신냉전 구도가 북한에 미치는 영향을 면밀히 분석하는 모습이었다. 북한은 1980년대 말까지 미소 냉전으로 한반도에서 세력균형을 유지하다가, 1990년대 이후 냉전 종식으로 미국 단극시대에서 체제위기를 경험한 바 있다. 미소, 미러 간 새로운 냉전 구도가 고착화된다면 이는 북한의 대외환경을 1990년 이전으로 되돌리는 효과가 있을 것이다. 이는 최근 북한이 중국 및 러시아와 대외관계를 강화하고 있는 모습에서 잘 나타나고 있다. 특히 북한은 2024년 6월 19일 러시아와 동맹조약에 준하는 '포괄적인 전략적 동반자관계에 관한 조약'을 체결하고 군사협력을 강화하고 있다.[42] 북러 간 새로운 동맹조약은 분명히 한반도 안보환경을 크게 변화시킬 중대한 위협으로 작용할 것이다.

물론 신냉전 질서가 고착화될지는 아직 확실하지 않다. 다만, 변화하는 세계질서는 한국에 더 큰 도전을 제기할 것으로 보인다. 미국 주도의 단극체제에서 양극체제나 다극체제로의 세력 균형 전환을 고려했을 때, 변화하는 역내 안보환경에 대해 고민해 볼 필요가 있다. 한국은 특히 북핵문제와 관련하여 신냉전이 한반도에 주는 함의를 검토할 필요가 있다. 사실, 미국과 중국의 반복되는 갈등은 중국과의 협력 관계를 유지하려는 한국에 복잡하고 어려운 도전을 안겨주고 있다. 지금까지 한국의 북핵문제 접근방식은 미국 주도의 단극체제를 기반으로 한 탈냉전 지역안보체제에 기반을 두고 있었다. 북한이 1990년대 초 냉전기 후원국이었던 소련과 중국을 잃고 고립되어 있던 동안 한국은 우호적인 안보환경을 활용해 강력하고 단호한 대북정책을 추구해 왔다. 그러나 신냉전 상황에서 이러한 정책이 성과를 거두기는 쉽지 않다. 향후 한국 입장에서 북핵문제나 남북관계를 운용하기에 더욱 어려운 환경을 직면할 가능성이 높다.

문제는 국제정세가 변화하면서 더 이상 북핵문제를 탈냉전의 틀 내에서 다룰 수 없다는 점이다. 한반도 주변 지역 질서가 다시 한미일 대 북중러의 냉전 구도에 놓이게 된다면 북한은 더 이상 고립국가가 아니게 된다. 북한은 러시아와 중국에 강하게 의존하면서 그들에게 지원을 받는 국가가 될 것이다. 물론 러시아와 중국은 북한을 예전처럼 동맹으로 인식하지도 않고, 북한 또한 두 국가를 무조건적으로 신뢰할 수 있는 후원국으로 보지 않는다. 하지만 러시아와 중국은 미국을 상대하는 데 북한 문제를 지속적이고 전략적으로 이용할 것이다. 북한은 러시아와 중국의 이러한 입장을 잘 이해하고 있으며, 북한의 전략적 이점을 위해 이를 활용할 가능성이 높다. 한국을 가장 난처하게 하는 것은 북한의 행동을 변화시킬 영향력 및 효과적인 레버리지가 없다는 점이다. 한미동맹은 북한이 군사적으로 도발하는 것을 억지할 수는 있지만 북한의 행동을 바꾸는 데는 한계가 있다. 신냉전 상황이 심화될 경우, 중국과 러시아에 대한 북한의 의존도는 더욱 높아질 것이다. 특히 북한에 대한 중국과 러시아의 영향력이 커질수록 한반도 전체에 대한 중국의 영향력 또한 자연히 커질 것이다. 국제정세가 결코 유리하지 않게 흘러가는 신냉전 상황에서 한국은 어떻게 대응할 것인지 깊은 고민이 필요하다.

토의주제

1. 북한이 핵무기를 개발한 이유는 무엇인가?

2. 북한은 2006년 이후 6번의 핵실험을 감행했는데, 현재 북한의 핵능력과 군사적 위협은 어떻게 평가할 수 있는가?

3. 북핵문제에 대한 다양한 합의가 있었지만, 제대로 이행되지 못하고 중간에 붕괴한 이유는 무엇인가? 합의 이행이 안 된다면, 북핵문제에 대해 향후 협상이 재개될 수 있는가?

4. 북한은 2022년 핵무력정책법을 공표했는데, 새로운 핵교리는 이전과 어떤 차이점을 가지고 있는가?

5. 북핵문제에 대한 한국정부의 정책이 정권에 따라 달라진 원인은 무엇인가?

6. 한국에 대한 미국의 확장억지는 북핵 위협 대응에 어떤 도움을 줄 것인가? 확장억지를 넘어선 북핵 위협 대응방안에는 어떤 것이 있을까?

7. 북한의 비핵화와 한반도평화체제 사이에서 존재하는 구조적 딜레마는 무엇인가? 왜 이런 딜레마는 해소되지 않는가?

8. 우크라이나전쟁이 북핵문제에 미친 영향은 무엇인가?

9. 북핵위기가 발발한 지 30여 년이 지났지만, 여전히 해결되지 못한 이유는 무엇인가?

주

1) Jihwan Hwang, *North Korea, Nuclear Risk-Taking and the United States: Kim Il Sung, Kim Jong Il and Kim Jong Un* (Lanham, MD: Lexington Books, 2024).
2) 『로동신문』, 2017년 9월 4일.
3) 『로동신문』, 2017년 11월 29일.
4) Joshua Stanton, Sung-Yoon Lee, and Bruce Klingner, "Getting Tough on North Korea: How to Hit Pyongyang Where It Hurts," *Foreign Affairs* (May/June 2017).
5) Motoko Rich, "In North Korea, 'Surgical Strike' Could Spin Into 'Worst Kind of Fighting'," *The New York Times*, 5 July 2017.
6) Nicholas Kristof, "Five Blunt Truths About the North Korea Crisis," *The New York Times*, 5 July 2017; The Editorial Board, "The Way Forward on North Korea," *The New York Times*, 4 July 2017.
7) 김태형 외, 『북한이 핵보유국이 된다면 어떻게 달라지는가: 핵 보유 이후 국가행동의 변화』 (서울: 사회평론 아카데미, 2020).
8) Don Oberdorfer, *The Two Koreas: A Contemporary History* (New York: Basic Books, 2001).
9) 황지환, "전망이론을 통해 본 북한의 핵 정책 변화: 제1, 2차 북한 핵 위기의 분석," 『국제정치논총』 제46집 1호 (2006).
10) 『조선중앙통신』, 2006년 10월 18일.
11) "조선민주주의인민공화국 사회주의 헌법," 2012년 4월 13일 개정.
12) 『조선중앙통신』, 2009년 1월 13일.
13) 황지환, "핵안보 시대 국제비확산체제의 글로벌 거버넌스와 한국의 외교," 『국제문제연구』 제11권 4호 (2011).
14) 『로동신문』, 2017년 9월 4일.
15) 『로동신문』, 2017년 9월 6일.
16) 『로동신문』, 2017년 11월 29일.
17) 『로동신문』, 2021년 1월 9일.
18) 『로동신문』, 2018년 6월 13일.
19) 『로동신문』, 2019년 7월 1일.
20) 『로동신문』, 2002년 11월 22일, 12월 13일, 12월 23일, 12월 28일.
21) 『로동신문』, 2006년 10월 3일.
22) 『조선중앙통신』, 2009년 5월 29일.
23) 『조선중앙통신』, 2013년 3월 31일.
24) 황지환, "김정은 시대 북한의 대외전략: 지속과 변화의 '병진노선'," 『한국과 국제정치』 제30권 1호 (2014).
25) 『로동신문』, 2022년 9월 9일.
26) 『로동신문』, 2022년 4월 26일.
27) 『로동신문』, 2022년 4월 5일.
28) Vipin Narang, *Nuclear Strategy in the Modern Era: Regional Powers and International Conflict* (Princeton: Princeton University Press, 2014).
29) 황지환, "미국의 한반도 확장억지는 약화되어 왔는가?: 확장억지의 진화와 신뢰성의 재평가," 『국가전략』 제27권 3호 (2021).
30) 대한민국 국방부, "제38차 한미연례안보협의회의 공동성명서," 2006년 10월 20일, 미국 워싱턴 D.C.
31) The White House, "Joint vision for the alliance of the United States of America and the Republic of Korea," Washington D.C., 16 June 2009.
32) 청와대, "한미동맹 60주년 기념 공동선언," 2013년 5월 7일, 미국 워싱턴 D.C.
33) U.S. Department of Defense, "Joint Statement for the Inaugural Meeting of the Extended Deterrence Strategy and Consultation Group," 20 December 2016.
34) 대한민국 국방부, "미래 한미동맹 국방비전," 2019년 11월 15일.
35) 대한민국 국방부, "제52차 한미연례안보협의회의 공동성명서," 2020년 10월 14일, 미국 워싱턴 D.C.
36) The White House, 'Washington Declaration,' April 26, 2023.
37) 황지환 (2021).
38) Jihwan Hwang, "Will Trump and Kim Make History?," *The National Interest*, 14 October 2018.
39) 황지환, "한반도 평화체제 논의의 귀환: 미국우선 평화 대 병진평화," 『한국과 국제정치』 제35권 1호 (2019).
40) 『조선중앙통신』, 2022년 2월 28일.
41) 『로동신문』, 2021년 9월 30일, 2022년 9월 9일.
42) 『로동신문』, 2024년 6월 20일.

참고문헌

1. 한글문헌

김태형 외. 『북한이 핵보유국이 된다면 어떻게 달라지는가: 핵 보유 이후 국가행동의 변화』. 서울: 사회평론 아카데미, 2020.
대한민국 국방부. "제38차 한미연례안보협의회의 공동성명서." 2006년 10월 20일, 미국 워싱턴 D.C.
_____. "미래 한미동맹 국방비전." 2019년 11월 15일.
_____. "제52차 한미연례안보협의회의 공동성명서." 2020년 10월 14일, 미국 워싱턴 D.C.
청와대. "한미동맹 60주년 기념 공동선언." 2013년 5월 7일, 미국 워싱턴 D.C.
황지환. "전망이론을 통해 본 북한의 핵 정책 변화: 제1, 2차 북한 핵 위기의 분석." 『국제정치논총』 제46집 1호 (2006).
_____. "핵안보 시대 국제비확산체제의 글로벌 거버넌스와 한국의 외교." 『국제문제연구』 제11권 4호 (2011).
_____. "김정은 시대 북한의 대외전략: 지속과 변화의 '병진노선'." 『한국과 국제정치』 제30권 1호 (2014).
_____. "한반도 평화체제 논의의 귀환: 미국우선평화 대 병진평화." 『한국과 국제정치』 제35권 1호 (2019).
_____. "미국의 한반도 확장억지는 약화되어 왔는가?: 확장억지의 진화와 신뢰성의 재평가." 『국가전략』 제27권 3호 (2021).

2. 영어문헌

Board, Editorial. "The Way Forward on North Korea." *The New York Times*, 4 July, 2017.
Hwang, Jihwan. "Will Trump and Kim Make History?." *The National Interest*, 14 October, 2018.
Hwang, Jihwan. *North Korea, Nuclear Risk-Taking and the United States: Kim Il Sung, Kim Jong Il and Kim Jong Un*. Lanham, MD: Lexington Books, 2024.
Kristof, Nicholas. "Five Blunt Truths About the North Korea Crisis." *The New York Times*, 5 July, 2017.
Narang, Vipin. *Nuclear Strategy in the Modern Era: Regional Powers and International Conflict*. Princeton: Princeton University Press, 2014.
Oberdorfer, Don. *The Two Koreas: A Contemporary History*. New York: Basic Books, 2001.
Rich, Motoko. "In North Korea, 'Surgical Strike' Could Spin Into 'Worst Kind of Fighting'." *The New York Times*, 5 July 2017.
Stanton, Joshua, Sung-Yoon Lee, and Bruce Klingner. "Getting Tough on North Korea: How to Hit Pyongyang Where It Hurts." *Foreign Affairs* (May/June 2017).
U.S. Department of Defense. "Joint Statement for the Inaugural Meeting of the Extended Deterrence Strategy and Consultation Group." 20 December 2016.
The White House. "Joint vision for the alliance of the United States of America and the Republic of Korea." Washington D.C., 16 June 2009.
_____. "Washington Declaration." 26 April 2023.

9장

미중갈등관계와 한국의 안보

이왕휘(아주대 정치외교학과)

1. 서론 246
2. 미중관계의 역사적 변천: 갈등과 협력의 교차 247
3. 미중갈등의 요인 249
4. 미중갈등관계의 주요 분야 254
5. 미중갈등이 동북아 및 한국안보에 미치는 영향 260
6. 미중갈등관계에서 한국안보의 과제와 선택 266

개요

21세기 미중갈등은 글로벌 차원은 물론 동북아지역과 한반도에서 가장 중요한 안보문제로 부상했다. 1970년대 말 미중 국교 정상화 이후 미국은 중국의 유엔 가입과 개혁개방을 지원하는 개입전략을 선택하였으나 2008년 글로벌금융위기 이후 경제력을 바탕으로 중국이 부상하자 중국을 견제하는 아시아 회귀/재균형 전략을 도입했다. 또한, 트럼프 1기 행정부에서는 인도·태평양전략을 통해 중국을 포위하는 봉쇄전략으로 선회했다. 이에 경제적으로 부상한 중국은 일대일로 구상과 아시아인프라투자은행(AIIB) 설립을 통해 세력권을 동아시아에서 확대하였다. 미국과 중국의 전략경쟁은 동북아지역과 한반도의 안보지형에 심대한 영향을 미치고 있다. 안보는 미국, 경제는 중국에 의존하는 한국은 미국과 중국 사이에서 선택을 강요받고 있다. 박근혜정부 시기 한국은 AIIB 가입, 한국 FTA 체결 등 중국 경사론이 대두했으나, 북핵문제에 중국이 협조하지 않자 2016년 미국의 고고도미사일방어시스템(THAAD) 배치를 허용하며 중국과 마찰을 일으켰다. 문재인정부에서는 세 차례의 북미정상회담이 합의에 도달하지 못하면서 남북관계가 경색되었다. 이후 윤석열정부가 바이든 행정부의 인도·태평양경제프레임워크(IPEF)에 가입하고 한미일 협력에 동참함으로써 한국은 미국에 본격적으로 편승했다. 미국이 중국 첨단기업에 다양한 제재를 가하면서, 윤석열정부는 경제안보 전략을 안미경중(安美經中)에서 안미경미(安美經美)로 전환했다. 트럼프 행정부가 대중 압박을 더욱 강화하면, '미국 경사론'이 더 부각될 것이다.

핵심이슈

- 미중관계의 역사와 구조를 살펴본다.
- 미중갈등에 영향을 미치는 중요한 요인들을 검토한다.
- 미중관계를 악화시키는 현안을 외교안보와 경제안보로 구분하여 분석한다.
- 미중갈등이 동북아안보에 미치는 영향을 한반도와 대만해협·남중국해를 중심으로 설명한다.
- 미중관계의 변화 속에서 한국이 선택할 수 있는 전략적 대안을 모색한다.

1. 서론

냉전 이후 한국의 안보는 미중관계의 영향을 받아 왔다. 미국과 중국이 국교를 맺지 않았던 냉전시대 한국은 중국과 교류가 차단되어 있었다. 1950년 10월 중국이 북한에 파병한 이후 미국은 중국을 봉쇄하는 전략을 추구했다. 1971년 수교 협상을 시작한 미국과 중국이 1979년 국교를 정상화하면서, 미중관계가 급속하게 개선되었다. 이후 미국은 중국의 대외 진출을 억제하는 봉쇄전략에서 중국의 개혁개방을 유도하는 개입전략으로 선회하였다. 한중수교는 1990년대 초반 사회주의권이 붕괴할 때 노태우정부의 북방정책을 통해 성사되었다. 중국과 공식 수교에 성공했다. 경제적 교류가 폭발적으로 증가하여 중국은 미국을 제치고 한국의 최대 교역국이 되었다. 2001년 세계무역기구(WTO)에 가입한 미국과 중국은 경제적 교류를 통해 상호의존을 심화하였다. 한국도 2015년 중국이 설립한 아시아인프라투자은행(AIIB)에 가입하고 한중자유무역협정(FTA)을 체결하면서 중국과의 유대를 강화하였다. 그러나 북한 핵문제 해결을 위해 중국이 격렬하게 반대하는 미국의 고고도미사일방어시스템(THAAD) 배치를 한국이 허용하면서 한중관계는 급속히 악화되었다. 2018년 무역전쟁 발발 이후 미중관계도 냉각되면서, 한국은 중국보다 미국에 경사되고 있다.[1]

미중갈등이 한국의 안보에 미치는 영향을 이해하기 위해서는 미중관계의 변화를 검토해야 한다. 미중관계는 크게 네 가지 요인의 영향을 받는다. 가장 기본적인 변수는 국력이다. 군사력과 경제력의 차이에 따라 관계의 (비)대칭성의 정도가 변화한다. 국제정치 구조(또는 세력균형)도 반드시 고려해야 할 요소다. 양국관계는 단극·양극·다극 질서에서 다르게 발현했다. 셋째는 교류의 범위와 정도이다. 다양한 분야에서 밀접하게 접촉할수록 갈등의 가능성이 높아지는 경향이 있다. 마지막으로 전략도 간과될 수 없다. 각국이 국력을 어떻게 어디에 투사하는가에 따라 양자관계가 적대·경쟁·조화·협력 등으로 다르게 형성된다.

21세기 들어 미중관계가 협력에서 갈등으로 전환되면서, 한국의 안보는 심각한 도전에 직면하게 되었다.[2] 탈냉전기 양국은 4자회담과 6자회담을 통해 북한이 핵무기 개발을 포기하도록 설득하는 노력에 동참했다. 그러나 양국 사이의 갈등이 고조되면서 북한 비핵화는 협상 의제에서 배제되는 경향을 보여주고 있다. 또한, 양국이 대치하고 있는 대만해협·남중국해에서 무력 충돌은 한반도에도 간접적인 영향을 미칠 수 있다. 미국은 인도·태평양전략에 동맹국인 한국이 적극적으로 동참하길 원하고 있다. 반면, 중국은 한국의 참여를 하나의 중국 원칙을 위배하는 내정간섭이라고 간주한다.

이 장의 구성은 다음과 같다. 2절에서는 미국과 중국 사이에서 협력과 갈등이 역사적으로 변화해온 과정을 정리한다. 3절에서는 미중관계의 변화에 영향을 미치는 네 가지 요인의 변천 과정을 각각 탐구한다. 4절에서는 21세기 미중갈등의 구조와 내용을 외교안보와 경제안보로 구분하여 분석한다. 5절에서는 미중갈등이 동북아안보에 미치는 영향을 한반도와 대만해협·남중국해를 중심으로 검토한다. 마지막 절에서는 미중갈등 속에서 한국의 전략적 선택을 모색한다.

2. 미중관계의 역사적 변천: 갈등과 협력의 교차

미국과 중국(당시 청)이 처음으로 접촉한 시점은 18세기 말까지 거슬러 올라갈 수 있다. 그러나 양국의 공식적인 외교관계는 아편전쟁 직후였다. 19세기 후반에서 20세기 전반까지 미국은 영국의 패권에 도전할 정도의 국력을 보유하지 못해서 태평양지역을 장악하지 못했다. 따라서 양자관계는 제한적이었으며 이 지역의 세력균형에도 큰 영향을 미치지 못했다.[3] 제2차 세계대전 직후 패권국가로 부상한 미국은 아시아지역에 세력권을 형성했다. 1949년 출범한 중화인민공화국은 소련을 중심으로 구성된 사회주의권에 속해 있었다. 공식 수교 협상이 개시되었던 1960년대 말부터 미국이 봉쇄에서 개입으로 전략을 수정하면서 양자관계의 범위와 정도가 점증하였다. 1971년 유엔에 가입했던 중국은 안전보장이사회 상임이사국으로서 국제무대에서 역할과 비중을 늘려갔다.

1978년 개혁개방으로 세계의 공장으로 발전한 중국은 2001년 WTO 가입으로 미국의 최대 교역국으로 도약하였으며 2010년에는 일본을 제치고 세계 2위 경제대국으로 부상했다. 그리고 2008년 글로벌금융위기 이후 상대적 쇠퇴를 심각하게 우려하기 시작한 미국은 중국을 경쟁자로 간주하면서 아시아 회귀, 재균형, 인도·태평양전략과 같은 대중 전략을 도입했다.[4] 이에 중국은 미국의 견제에 신형대국관계, 인류운명공동체, 일대일로 구상으로 대응하였다.

2017년 트럼프 행정부가 집권하여 무역전쟁을 일으킨 후 미중갈등은 첨예화되었다. 중국과의 국력 격차가 축소되어 역전될 수도 있다고 예상한 미국은 대전략의 목표를 대중 압박으로 설정했다. 중국 역시 미중관계를 가장 중요한 양자관계로 보고 대미 전략을 강화했다.

트럼프 행정부 이후 미중갈등이 고착되는 경향은 여론조사에 반영이 되어 있다. 퓨리서치 센터의 조사 결과를 보면 2017년부터 중국에 대한 미국의 부정적 인식이 급속하게 증가했다. 그전까지 긍정과 부정의 차이가 20% 내외였는데, 2017년 이후 60% 이상으로 증가했다. 그 결과, 중국을 미국의 동반자보다

는 적과 경쟁자로 보는 비율이 약 90%를 넘어섰다.[5]

중국 칭화대학 국제관계연구원의 미중관계 평가도 이와 다르지 않다. 2010년대 이후 양국관계는 긍정에서 부정으로 이행하였다. 양국관계는 트럼프 행정부 출범 이후 급속하게 악화되어 최저점을 찍었다가 바이든 행정부에서 약간 개선되었다.

미국과 중국의 여론은 약간의 차이는 있지만, 트럼프 행정부가 출범했던 2017년을 기점으로 급속하게 악화되는 추세를 보여준다. 양국 모두에서 상대국에 대한 부정적 인식의 증가는 신냉전 구조가 고착화되고 있다는 점을 시사한다.

도표 9.1 미국의 대중 인식

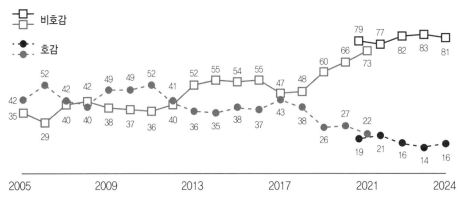

출처: Laura Silver, Patrick van Kessel, "Christine Huang, and Laura Clancy, Americans Remain Critical of China," *Pew Research Center* (2024), p. 3.

도표 9.2 중국의 대미관계 평가 (각 연도 12월 기준)

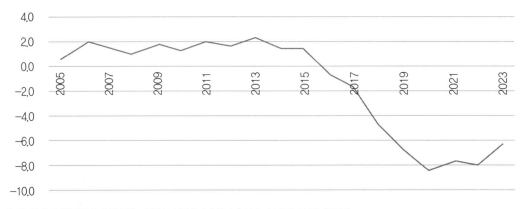

출처: 清华大学国际关系研究院, 中国与大国关系分值表(1950-2023年12月) (2024).

3. 미중갈등의 요인

미국과 중국이 협력하느냐 갈등하느냐는 여러 가지 요인에 영향을 받는다. 그중에서 가장 중요한 요인은 국력 격차라고 할 수 있다. 중국이 일본을 제치고 세계 2위의 경제대국으로 성장하기 전까지 미국은 중국을 심각한 도전자로 간주하지 않았다. 국제정치 구조도 양국관계에 영향을 미친다. 다극체제보다는 양극체제에서 대립 구도가 선명하게 드러나서 갈등이 더 첨예화될 수 있다. 다양하고 긴밀한 교류는 상호의존을 심화시켜 갈등을 낮추고 협력을 촉진하는 경향이 있다. 마지막으로 상대국을 어떻게 보느냐도 간과될 수 없는 문제다. 상대국을 적, 경쟁자, 도전자로 규정

하게 되면, 그 국가와의 갈등은 피하기 어렵게 된다.

1) 국력

일반적으로 국력을 비교하는 가장 중요한 지표는 GDP와 국방비라고 할 수 있다. 전자는 경제력, 후자는 군사력을 가늠해 볼 수 있다. 21세기 이후 미국과 중국은 모든 지표에서 격차를 좁히고 있다. 이런 추세는 미국에서 발생한 2008년 글로벌금융위기 이후 가속화되었다. 구매력 기준 GDP에서는 2014년 중국이 미국을 추월하였고, 국방비에서는 중국이 미국의 1/3 수준으로 근접했다는 평가도 있다.[6]

경제력 격차 축소 가능성에 대해서는 여러

도표 9.3 GDP/국방비 (미국 달러 기준)

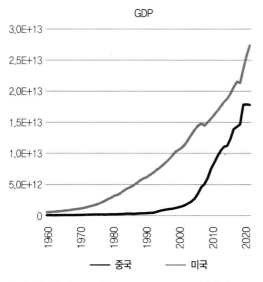

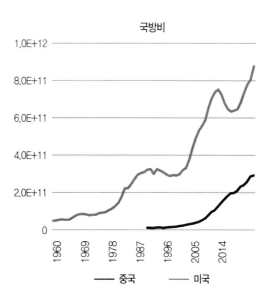

출처: 세계은행 https://data.worldbank.org (검색일: 2024.09.05).

가지 논란이 벌어지고 있다. 중국의 경제성장이 정점에 달했다는 차이나 피크(China Peak) 주장은 경제 규모에서 중국이 미국을 능가하지 못할 것이라고 예측한다. 미국의 대중제재와 코로나 19위기의 여파로 2022년 중국의 성장률이 개혁개방 이후 가장 낮은 3.0%로 떨어졌다. 장기적으로 생산가능 인구 감소가 잠재성장률 하락으로 이어지는 추세는 명확하다. 설상가상으로 미국과 유럽의 대중제재가 첨단 과학기술의 발전을 지체시키고 있다. 반면, 중국경제가 더 성장할 수 있는 여력이 충분하다는 전망도 있다. 장기적으로 미국과 독자적인 첨단산업 생태계/플랫폼/공급망을 구성할 수 있는 정도로 중국의 과학기술이 발전하고 있다. 반도체를 제외한 AI, 빅데이터, 자율주행, 전기차(EV), 배터리 등에서 중국은 미국과 대등한 수준으로 도약하였다. 단기적으로도 중국의 GDP 대비 재정 적자가 비교적 낮은 수준이기 때문에 중앙정부가 적극적으로 시장에 개입해 위기를 선제적으로 예방할 수 있다.[7]

2) 국제정치 구조

제2차 세계대전 이후 국제정치 구조는 냉전, 탈냉전, 신냉전 구조로 변화했다. 1945~1989년 냉전은 미국과 소련 사이의 양극체제였다. 이 시기 중국은 경제적으로 군사적으로 두 초강대국과 대등한 수준에서 경쟁할 수 없었다.

1960년대 중반 국경분쟁이 발생한 이후 중국은 소련과 거리를 두었다. 중국은 미국과 국교 정상화 논의를 통해 1971년 UN에 가입하고 안전보장이사회 상임이사국이 되면서 국제무대에서 영향력을 확대할 수 있는 교두보를 확보하였다. 1978년에 시작된 개혁개방정책은 이후 40년 동안 평균 9% 이상의 경제성장을 촉진시키는 결정적 계기였다.

1990~2016년 탈냉전은 소련의 몰락으로 인해 미국의 단극체제였다. 미국은 신자유주의 이념에 기반을 둔 세계화정책을 추구했다. 소련의 세력권에 있었던 대부분의 국가가 사회주의에서 자본주의로 이행했다. 미국은 특유의 사회주의 시장경제를 발전시킨 중국이 2001년 WTO에 가입하는 것을 용인했다. 이후 중국의 경제는 급속도로 성장했고, 특히 2008년 미국이 글로벌금융위기로 큰 타격을 받았을 때 중국은 두 자릿수 경제성장으로 2010년 일본을 제치고 세계 2위의 경제 대국이 되었다. 이때 G2나 차이메리카(Chimerica)와 같은 단어가 유행했다.[8]

이러한 중국의 경제성장을 바탕으로 2017년부터 미국 중심의 단극체제가 끝나고, 미국과 중국의 양극체제가 시작되었다. 시진핑정부는 2013년 아시아, 유럽, 아프리카로 진출하는 일대일로 구상을 발표했다. 이에 트럼프 행정부는 인도·태평양전략을 제시하고 중국과의 무역전쟁을 일으켰다.

미중 양극체제에 기초한 신냉전의 가능성

표 9.1   제2차 세계대전 이후 국제정치 구조의 변천

	냉전 (1945~1989년)	탈냉전 (1990~2016년)	신냉전 (2017년 이후)
이념	자유주의 대 공산주의	신자유주의	기술민족주의/디지털보호주의
체제	양극체제(미국과 소련)	단극체제(미국)	양극체제(미국과 중국)
정치	민주주의 대 권위주의	민주주의의 우세	권위주의의 확산
경제	부분적 세계화(진영 내)	전면적 세계화	탈/반 세계화

에 대해서는 이견이 없지 않다. 현재 국제정치 구조를 미국과 유럽을 의미하는 글로벌 웨스트, 중국과 러시아를 중심으로 하는 글로벌 이스트, 인도, 브라질 및 개발도상국을 포함하는 글로벌 사우스의 삼극으로 보는 시각도 있다.[9] 더 나아가 글로벌 웨스트와 글로벌 이스트 내부의 갈등도 간과할 수 없다. 전자에서 EU는 대미 의존도를 낮추기 위한 전략적 자율성을 모색하고 있다. 후자에서는 중국과 러시아의 협력이 장기적이라기보다는 단기적일 것이라는 평가가 지배적이다.

3) 교류

1972년 미국이 중국과 수교를 맺으면서 중국과 미국은 다양한 방식으로 교류를 했고, 특히 미국은 중국에 대해 개입정책을 지속적으로 추진해 왔다. 미국이 중국에 개입정책을 추진한 동기는 지속적으로 변화해왔다. 냉전기 미국의 대중 전략은 소련의 팽창을 견제하는 지전략에 초점이 맞춰져 있었다. 탈냉전 이후 미국은 중국의 세계경제 편입을 지원하였으며 과학기술 협력에도 관심을 가졌다. 중국이 WTO에 가입한 이후 중국의 경제적 부상이 가시화되자 미국은 경제뿐만 아니라 인권과 기후변화와 같은 글로벌 규범에 대한 중국의 책임을 강조하기 시작했다. 트럼프 행정부 이후 미국은 양자관계의 중점을 중국이 야기한 문제에 대한 해결책을 촉구하고 압박하는 방향으로 선회하였다.

2020년대 들어 전략경쟁의 격화에도 불구하고 양자관계를 지탱하는 소통 채널은 그대로 유지되고 있다. 2023년 11월 샌프란시스코 정상회담에서 양국은 군사 소통 채널의 복원에 합의하였다. 서로 제재를 주고받는 무역전쟁에도 불구하고 양자 무역도 거의 줄어들지 않고 있다. 코로나19 팬데믹으로 대부분의 교류가 중단된 기간 중에도 양국은 기후변화 대응을 위한 고위급 회담을 진행했다.

4) 미국과 중국의 대전략

제2차 세계대전 이후 미국은 국제적으로 글로벌 리더십, 자유주의적 국제질서의 수호 및

표 9.2 미국의 대중 개입정책의 역사적 동기

분야	1972~1989년	1989~2001년	2001~2017년	2017~2020년
I. 지전략	• 소련에 역균형 • 침공 예방 (예: 대만) • 비확산 지지	• 침공 예방(예: 대만) • 비확산 지지 • 불량국가 대응에 협조	• 침공 예방(예: 대만) • 비확산 지지 • 불량국가 및 테러리즘 대응에 협조	• 침공 예방(예: 대만) • 비확산 지지 • 불량국가 대응에 협조 • 해양규범 강제
II. 경제		• 시장지향 경제개혁 및 세계경제 편입 촉진	• 시장지향 경제개혁 및 세계경제 편입 촉진 • 균형있는 성장 모델 촉진 • 시장 접근 증대 • 글로벌경제 및 금융안정성 유지	• 균형있는 성장 모델 촉진 • 시장 접근 및 호혜성 증대
III. 인권 및 시민사회	• 혁명 정권에 대한 지원 제한	• 중국에서 개방, 인권 및 민주적 선택에 대한 국내적 지지 건설 • 시민사회 지지	• 중국에서 개방, 인권 및 민주적 선택에 대한 국내적 지지 건설 • 시민사회 지지	• 중국에서 개방, 인권 및 민주적 선택에 대한 국내적 지지 건설 • 인권 침해에 대한 반발
IV. 글로벌 규칙과 규범		• 글로벌무역규범 준수 장려	• 글로벌무역규범 준수 장려 • 글로벌거버넌스 개선에 협력	• 글로벌무역규범 준수 장려
V. 글로벌 공공재			• 기후변화 대응 • 글로벌공공보건 개선 • 저소득국가 개발	• 저소득국가 개발
VI. 기술 및 혁신	• 연구개발 협조 장려	• 연구개발 협조 장려 • 미국 제품 시장 개발 및 공급망에 편입 • 지적재산권 보호	• 연구개발 협조 장려 • 미국 제품 시장 개발 및 공급망에 편입 • 지적재산권 보호 • 법치 및 규제 투명성 확대	• 지적재산권 보호 • 법치 및 규제 투명성 확대

출처: Stephanie Segal and Dylan Gerstel, "Degrees of Separation: A Targeted Approach to U.S.-China Decoupling & Interim Report," *Center for Strategic and International Studies* (2021), p. 3.

장려, 자유·민주주의·인권의 수호 및 장려, 유라시아지역 패권의 등장 방지라는 네 가지 목표를 유지해 왔다.[10] 이러한 목표를 달성하기 위한 대전략은 여러 번 변화했다. 미국은 냉전기 소련을 중심으로 하는 동구권을 봉쇄했다. 1960년대 중반 중소분쟁이 발생하자 미국은 중국을 끌어들여 소련을 고립시키기 위한 세력균형의 변화를 시도하였다. 1990년대 시작된 탈냉전시대 미국은 일극으로서 세계화를 전 세계에 확산시키는 데 핵심적 역할을 수행했다. 중국의 자본주의 편입이 미국의 이익에 부합한다는 가정에 기반을 둔 개입정책에 따라 미국은 2001년 중국의 세계무역기구(WTO) 가입을 허용했다.[11]

현재 논의되고 있는 미국의 대전략은 국가이익의 국내적 및 국제적 측면을 기준으로 네 가지로 구분될 수 있다. 첫째, 미국이 자유주의적 국제질서를 수호하는 자유주의적 국제주의다. 둘째는 미국의 자유주의를 보호하는 데 집중하는 보수적 우위다. 셋째는 미국의 국가이익이 확보되지 않더라도 자유주의의 확산을 도모하는 깊은 개입이다. 마지막은 대외 개입을 최소화하는 자제이다.

미국의 대중 전략이 국제구조 변화에 따라 조정된 것처럼, 1949년 신중국 등장 이후 중국의 대전략은 세 단계 변화했다.[12] 이는 중국의 정치경제 발전단계에 조응한다. 1949~1977

표 9.3 미국의 대전략

		미국 국익의 국제적 측면	
		긍정	부정
미국 국익의 국내적 측면	긍정	자유주의적 국제주의	보수적 우위
	부정	깊은 개입	자제

출처: Paul C. Avey, Jonathan N. Markowitz, and Robert J. Reardon, "Disentangling Grand Strategy: International Relations Theory and U.S. Grand Strategy," *Texas National Security Review* 2-1 (Nov 2018), p. 31.

년 중국은 무에서 유를 만들어 내야 했다. 중국은 국력을 해외에 투사할 수 있는 능력을 보유하지 못한 신생 독립국으로서 국가건설에 매진했다. 1950년대 양극체제에서 중국은 공산주의 종주국 소련과 직접적인 갈등을 회피하였다. 그리고 1960년대 국경에서 무력 충돌이 발생한 이후 중국은 소련을 비판하면서 독자적 노선을 모색하였다. 1970년대 UN에 가입하고 미국과 수교하면서 국제적 위상이 강화한 모택동 주석은 3개 세계(三個世界) 이론을 주장했다. 제1세계는 세계적 차원에서 패권주의를 추구하는 초강대국 미국과 소련, 제2세계는 그 중간에 있는 선진국인 영국, 독일, 일본, 캐나다, 호주 등, 제3세계는 아시아, 아프리카, 라틴아메리카의 개발도상국 및 미개발국이다. 중국은 제3세계 국가로서 제국주의·식민주의·패권주의에 반대했다.

1978~2016년 중국은 소에서 대로 발전했다. 중국은 정치체제와는 별개로 1970년대 후반 개혁개방을 추진하며 경제력 향상에 집중하였고, 이를 통해 세계경제에 편입하며 미국 중심의 단극질서를 용인하는 방향으로 선회했다. 당시 중국의 지도자였던 덩샤오핑은 미국을 능가할 수 있는 국력을 확보하기 전까지 충돌을 회피하는 도광양회 전략을 추구했다.[13]

2017~2049년 중국은 대에서 강을 지향하고 있다. 중국은 미국과 경쟁할 수 있는 사회주의 현대화 강국을 목표로 삼았다. 미중 격차가 빠르게 줄어들자 해야 할 일을 해야 한

표 9.4 중국의 대전략

시기	1인당 GDP	중국의 발전
2020년	1만 달러	전면적 샤오캉(小康) 사회 건설
2035년	2만 달러	사회주의 현대화 기본 실현
2050년	3만 달러	부강한 민주문명과 조화롭고 아름다운 사회주의 현대화 강국 건설

출처: 清华大学中国与世界经济研究中心, "2017年第四季度中国宏观经济分析与预测: 十九大后的中国经济 2018, 2035, 2050," (2017), pp. 2-5.

다는 유소작위로 전환이 이뤄졌다. 2010년대 말 미중 전략경쟁이 격화되면서 분발유위가 부각되었다. 인류운명공동체, 일대일로 구상, 중국제조 2025, 쌍순환, 신질생산력 등의 전략과 정책에는 이런 전략의 변화가 잘 반영되어 있다. 2021년 공산당 창립 100주년, 2049년은 정부수립 100주년을 의미하는 양개백년(兩個百年)의 목표 중 하나인 전면적 샤오캉 사회는 성공적으로 달성되었다.[14]

이처럼 미국과 중국은 갈등과 협력을 병행해 왔다. 냉전시대에는 갈등, 탈냉전시대에는 협력이 각각 우세했다. 트럼프 행정부가 등장한 2010년대 후반 전략경쟁이 본격화되면서 미중관계의 균형추는 협력에서 갈등으로 이동했다.

4. 미중갈등관계의 주요 분야

미중갈등의 구조와 내용은 네 가지 변수에 의해 형성된다. 갈등의 구조는 앞의 3절에서 언급했듯이 양국이 채택하는 대전략에 의해 좌우된다. 갈등의 내용은 분야별로 차이가 있다. 외교안보에서는 대결 구도가 강화되고 있지만, 경제안보와 신흥안보에서는 타협의 여지가 남아 있다. 특히 글로벌 차원에서 해결책을 모색하는 쟁점에 대해서 양국은 고위급 대화 채널을 유지하고 있다.

미국과 중국의 대전략을 종합해 보면 미중관계는 네 가지 유형으로 구분될 수 있다. 첫째, 미국이 강경론, 중국이 유소작위를 선택하는 경우, 양국 사이에는 적대적 관계가 형성되어 안보딜레마가 심화되기 때문에 반드시 무력충돌이 아니더라도 전쟁은 피하기 어렵다. 둘째, 미국이 유화론, 중국이 유소작위를 선택하는 경우에는 경쟁적 관계가 형성되더라도 패권을 둘러싼 갈등은 불가피하다. 셋째, 미국이 강경론, 중국이 도광양회를 선택하는 경우, 중국이 '책임있는 이익상관자'가 되라는 미국의 요구를 적극적으로 수용해 냉전보다 훨씬 덜 긴장된 대치 국면이 나타날 수 있다. 넷째, 미국이 유화론, 중국이 도광양회를 선택함으로써 양국이 서로를 동반자로 인정한다면, 차이메리카나 미중 전략경제대화와 같은 협조체제가 등장할 수 있다.

21세기 미중관계에서는 동반자나 이익상관

표 9.5 미국과 중국의 전략적 관계와 결과:
네 가지 유형

		중국	
		유소작위	도광양회
미국	강경론	적/전쟁	이익상관자/대치
	유화론	경쟁자/갈등	동반자/협조

자보다 경쟁자와 적으로 보는 경향이 우세했다. 특히 시진핑 주석과 트럼프 대통령이 전략경쟁에서 승리를 위해 타협을 배제함으로써 양국관계 전반에 긴장이 고조되고 있다.

1) 외교안보적 갈등

미국과 중국이 갈등과 긴장관계를 보이는 가장 큰 분야는 외교안보 분야이다. 미국과 중국은 2006년 12월 제1회 미중 전략경제대화를 개최하였다. 이 대화는 양자관계뿐만 아니라 다자관계에서 미국이 중국의 역할과 비중을 심각하게 인식하고 있다는 사실을 반영하였다. 트럼프 행정부가 폐지하기 전까지 이 대화는 미국 부통령과 국무·재무장관 및 중국의 총리와 부총리가 참여하는 최고위급 채널로서 작동했다.

양자관계에서 미국의 주도권은 2008년을 전후로 약해지기 시작했다. 미국이 글로벌금융위기의 수습에 전념하고 있었던 2009년 중국은 러시아, 브라질, 인도, 남아프리카공화국과 함께 브릭스(BRICS)를 결성하여 미국과 다른 해결책을 모색했다. 2013년 시진핑 주석은 아시아, 아프리카, 유럽을 연결하는 일대일로 구상을 제안했다. 미국의 입장에서 중국의 이러한 시도는 자유주의적 국제질서에 대한 도전으로 간주되었다.[15]

양자 차원에서도 중국은 미국과의 비대칭성을 축소하기 위한 노력을 배가하였다. 시진핑 주석은 "광활한 태평양에는 중국과 미국 두 대국을 수용할 수 있는 공간이 충분하다"고 주장하면서 신형대국관계를 주장했다. 이 개념에는 중국이 더 이상 미국에게 일방적으

표 9.6 대전략과 미중관계

상호인식	중국	미국	국제환경
동반자 (차이메리카/공동의존)	도광양회 (화평굴기/화평발전)	개입 (책임있는 이익상관자)	WTO 가입
경쟁자/도전자	유소작위 (핵심이익)	역외균형 (아시아 회귀/재균형)	세계금융위기
적	분발유위 (신형대국관계/주변외교/ 일대일로/인류운명공동체)	봉쇄 (미국우선주의/ 인도·태평양전략)	무역전쟁

출처: 김흥규 외, 『신국제질서와 한국외교전략』 (서울: 명인문화사, 2021), p. 109.

로 협조하지 않겠다는 의지가 내포되어 있다.

중국 공세외교의 가장 중요한 근거는 핵심이익이다. 핵심이익은 ① 국가주권, ② 국가안보, ③ 영토완정(領土完整), ④ 국가통일, ⑤ 중국 헌법이 확립한 국가정치 제도와 사회의 전반적 안정, ⑥ 경제사회의 지속적 발전을 위한 기본 보장으로 구성되어 있다.[16] 핵심이익은 미중관계의 첨예한 쟁점과 연계되어 있다.[17]

미국은 중국의 공세적 외교가 자유주의적 국제질서의 기본 원칙에 부합하지 않는다고 비판하면서 인정하지 않고 있다. 미국의 시각에서 중국의 티베트, 신장, 홍콩정책은 인권을 위배한다. 기본권을 제한하고 강제노동을 시킴으로써 소수 민족의 권리를 존중하지 않고 있다는 것이다. 2019년 홍콩 민주화 시위가 발생했을 때 미국 의회에서 홍콩 인권 민주주의법(Hong Kong Human Rights and Democracy Act of 2019), 2022년 위구르 강제노동방지법(Uyghur Forced Labor Prevention Act), 2024년 티베트-중국 분쟁법("Promoting a Resolution to the Tibet-China Dispute Act)이 각각 통과되었다.

대만 문제는 영토분쟁과 항행의 자유라는 두 가지 쟁점이 중첩되어 있다. 중국은 대만이 자국의 영토이며 통일되어야 한다는 입장을 견지하고 있다. 반면, 미국은 대만이 주권국가라서 중국이 통일해야 할 대상이 아니라고 반박하고 있다. 대만해협과 남중국해에 대

해서도 양국은 대립하고 있다. 중국은 이 해역이 자국의 영해이기 때문에 중국인민해방군이 통제해야 한다고 주장하고 있다. 반면, 이 해역을 공해로 간주하는 미국은 항행의 자유가 보장되어야 한다고 대응하고 있다.

미국은 중국의 해양 진출을 막기 위해 인도·태평양전략을 추진하고 있다. 이 전략의 목표는 모든 국가들의 주권과 독립 존중, 분쟁의 평화적 해결, 공개적인 투자, 투명한 합의, 연계성에 기반한 자유롭고 공정하고 호혜적인 무역, 항행의 자유와 같은 국제적 규칙과 규범 준수다.

외교안보 차원에서 미국은 미국, 인도, 일본, 호주가 참여하는 4자 안보대화(약칭 쿼드), 미국, 호주, 영국으로 구성된 오커스(AUKUS), 14개국을 포함하는 인도·태평양경제프레임워크(IPEF) 등 동맹국들과 다양한 소다자 협의체를 구축하고 있다.

반면, 국방력이 미국과 직접적으로 대적하기에는 충분하지 않아 중국은 반접근·지역거부(A2AD: Anti-Access, Area Denial) 전략을 채택했다. 미군의 영해 접근을 막기 위해 인민해방군은 도련선을 중심으로 미사일, 전투기, 잠수함, 항공모함 등을 배치하고 있다.

중국은 미국의 봉쇄를 대비해서 일대일로 연선국가를 확대하고 있다. 2000년대 초반부터 중국은 파키스탄·미얀마·방글라데시 등 인도양 주변국에 중국 군함이 접근할 수 있는 항만의 건설과 인수를 추진해 왔다. 해상 실크

글상자 9.1   대만해협 워게임

2022년 8월 2일 낸시 펠로시 미국 하원의장의 대만 방문 직후 중국은 대만의 해·공역에 선박과 항공기의 진입을 금지했다. 대만을 둘러싸는 형태로 설정한 6개 구역의 해·공역에서 인민해방군이 4일 12시부터 7일 12시까지 군사훈련을 수행했다. 대만 북부·서남·동남부 해역과 공역에서 연합 해상·공중훈련, 대만해협에서 장거리 화력 실탄 사격을 각각 실시하고, 대만 동부 해역에서 재래식 미사일(핵미사일 제외 의미) 시험 사격을 실시했다. 차이잉원 총통의 미국 방문 직후에도 인민해방군은 전년보다 규모가 작은 군사훈련을 실시했다. 2023년 4월 8~10일 인민해방군은 항공모함인 산동함에서 수십 대의 전투기를 출격시켜 방공식별구역을 수십 차례 침범하였다.

이렇게 대만해협·남중국해에서 긴장이 고조되면서, 중국이 대만을 침공하는 시나리오를 검토하는 워게임이 많이 이뤄지고 있다. 전략국제문제연구소(CSIS)는 2023년 1월 중국인민해방군이 2026년 대만을 점령하기 위해 상륙작전을 감행하는 상황을 가정하여 분석했다.[18] 이 분석에 따르면, 개전 초기에 중국이 대만을 봉쇄하고 상륙하는 데 성공하지만, 미국과 일본이 대만을 지원하게 되면 점령하는 데는 실패할 것이다. 전쟁의 승패와 관련 없이, 양국 모두 막대한 피해를 피할 수 없다. 예상되는 피해는 미군 항공모함 2척, 함정 20~30척, 병력 3,200명, 중국군 함정 138척, 항공기 155대, 병력 1만 명으로 추정되었다. 군사력에서 중국군보다 월등히 우월한 미군이 예상 외로 큰 손실을 보는 이유는 기동 거리에 있다. 중국은 본토와 연해에서 대만을 직접 공격할 수 있는 반면, 미군은 병력과 무기를 본토와 해외 기지에서 이동시켜야 한다.

로드는 2010년대에 유럽과 아프리카의 주요 항구까지 확대되었다. 유라시아 대륙을 관통하는 육상 실크로드에서 중국의 영향력이 강화되고 있다. 우크라이나전쟁 이후 중국 세력권 확대에 대한 러시아의 저항이 약화되었다.

중국도 일대일로 연선국가를 기반으로 다층적인 외교 네트워크를 확대하고 있다. 상하이협력기구(SCO) 회원국 수가 1996년 5개국에서 2024년 10개국, 브릭스도 회원국 수가 2009년 4개에서 2024년 9개국, 아시아인프라투자은행(AIIB)도 2015년 57개국에서 2024년 109개국으로 각각 증가했다.

2) 경제적 마찰과 경쟁

중국이 WTO에 가입한 이후 미국은 중국의 대미무역흑자가 지나치게 많다는 문제를 제기했다. 중국은 2001년 WTO 가입 이후 미국의 최대 무역 적자국으로 등극했다. 글로벌금융위기가 발생한 직후 미국의 상품 무역수지 적자에서 중국이 차지하는 비중이 2009년에는 70%를 넘어서기도 했다.

중국의 막대한 대미무역흑자는 양국의 외환 및 환율정책에도 심각한 문제를 야기시켰다. 미국은 소비보다 생산이 많아 발생한 글로벌저축 과잉이 중국의 책임이라고 비판했다. IMF는 미중 무역수지의 비대칭성이 글로벌 불균형의 가장 중요한 원인이라고 지적했다.[19]

미국은 대중무역적자 축소를 위해 중국에 지적 재산권 침해, 강제적인 기술 이전, 국영기업에 대한 보조금 지급 등과 같은 불공정 행위와 위안화 평가절하의 중단을 요구했다. 거듭되는 압박에도 불구하고 중국의 시정 노력은 미국이 기대하는 수준에 미치지 못했다. 그러나 중국이 축적한 외환보유고로 만들어진 국부펀드가 2008년 글로벌금융위기에서 미국 금융기관을 구제하는 데 기여하면서, 양국관계가 상호이익을 공유하는 차이메리카(Chimerica)/ 공동의존(codependency)으로 묘사되기도 했다.

그러나 2010년대 들어 미국 제조업의 공동화와 실업 문제의 근원이 저렴한 중국 상품의 범람에 있다는 인식이 확산되면서, 중국에게 더 강력한 조치를 취해야 한다는 여론이 미국 내에서 고조되었다. 이러한 미국 내 여론에 편승하여 트럼프 행정부는 2017년 발표한 국가안보전략에 경제안보를 국가안보로 규정하였다.[20]

2017년 4월 미중 정상회담에서 트럼프 대통령은 시진핑 주석이 제안한 대중무역적자 축소를 위한 '100일 행동계획'(100 day action plan)을 수용하였다. 그러나 중국이 합의를 성실하게 이행하고 있지 않다고 판단한 트럼프 대통령은 8월 1974년 통상법(Trade Act of 1974)을 근거로 미국 무역대표부(USTR)에 중국의 불공정 무역 관행을 조사하라고 지시했다.[21] 이 조사 결과에 따라 트럼프 행정부는 2018년 4월 500억 달러 규모의 1,333개 관세 부과 품목을 발표하였다. 중국도 동일한 규모, 금액 및 강도라는 대등보복원칙(對等報復原則)에 따라 다음 달 1차 리스트(340억 달러, 545개 품목) 미국산 제품에 대해 25% 관세를 부과했다. 이후에도 양국이 세율을 올리고 품목을 늘림으로써 무역전쟁이 악화되었다. 2018년 5월부터 2019년 10월 말까지 총 13차 고위급 협상을 통해 양국은 2020년 1월 1단계 무역 합의를 통해 휴전에 도달했다.

관세를 통한 무역전쟁이 소강상태에 접어들었지만, 디지털 보호주의/기술민족주의가 무역전쟁을 가속화시켰다. 2018년 4월 미국은 대북 및 대이란제재를 위반했다고 중국 통신장비업체 중싱통신(ZTE)에 대해 7년간 미국 기업과의 거래를 금지시켰다. 그리고 2019년 5월 백악관이 '정보통신 기술 및 서비스 공급망 확보에 관한 행정명령'을 발표한 직후 상무부가 화웨이와 68개 자회사에 미국산 반도체 수출을 통제했다. 2020년 이후 반도체 수출통제는 화웨이에서 이중용도 제품을 만드는 중국의 군민융합(軍民融合)기업으로 확대되었다.

2020년 코로나19 팬데믹이 급속하게 확산될 때 미국에서 차량용 반도체 품귀 현상이 발생하였다. 바이든 행정부는 미국 내에서 반도체 생산을 증가하기 위해 산업정책을 추진했다. 2022년 반도체과학법(CHIPS and Science Act)에 따라 미국정부는 최신 파운드리(반도체 위탁 생산 업체) 공장을 건설하는 인텔과 마이크론 등에 막대한 보조금을 지급하였다. 미국 기업이 첨단 반도체 수요를 충족하지 못하기 때문에 바이든 행정부는 TSMC와 삼성전자를 포함해 우방국의 반도체 기업의 투자를 유치하는 프렌드쇼어링(friendshoring)정책을 도입하였다. 이 정책에 따라 미국 내에서 생산시설을 건설하는 해외 반도체 기업에도 미국정부는 보조금을 지급했다.

반도체전쟁이 시작된 이후 미중 과학기술 갈등은 4차 산업혁명의 핵심산업인 인공지능(AI), 5세대 통신(5G), 사물인터넷(IoT), 핀테크(fintech) 등에서도 치열해지고 있다. 미국은 이 분야에서 격차가 축소되었다는 위기의식을 느끼고 있다. 중국의 추격을 억제하기 위해 미국은 수출통제 이외에도 수입 금지, 투자 심사, 인적교류 제한 등의 방법을 활용하고 있다.

트럼프 행정부는 중국과의 완전한 단절을 의미하는 디커플링(decoupling)을 추구했다. 그러나 무역전쟁에도 불구하고 투자는 줄어들었지만, 무역은 일시적으로 늘어나기도 했다. 미국이 제조업 공동화로 인해서 중국산 공산품의 수입을 줄이는 데 한계가 있었던 것이다. 이에 바이든 행정부는 전략경쟁에 중요한 영향을 미치는 핵심 분야에서 중국을 배제하는 디리스킹(derisking)으로 선회하였다. 작은 마당과 높은 담장(small yard and high fence)로 불리는 이 전략은 반도체, 배터리, 희토류, 바이오 등에서 중국기업이 없는 공급망을 구축하고 있다.[22]

중국은 미국의 디리스킹에 대응하기 위해 과학기술 자립에 사활을 걸고 있다. 2010년대 시진핑정부는 공급측 개혁, 중국제조 2025, 인터넷 플러스, 쌍순환, 신질생산력 등 혁신주도형 발전전략을 통해 경제구조의 틀을 제조업에서 서비스업, 수출에서 내수, 국유에서 민간으로 전환시키고 있다. 이런 노력의 결과, 중국의 알리바바, 텐센트, 바이두, 화웨이, 바이트댄스 등은 미국의 페이스북, 아마존, 애플, 넷플릭스, 구글 등과 글로벌시장에서 경쟁할 수 있는 수준으로 성장했다.

세계 2위 경제대국으로 부상한 중국이 미국이 건설한 자유주의적 국제질서에 도전하면서 전략경쟁이 격화되고 있다. 이러한 경쟁은 미국과 중국 사이에 위치한 동북아시아와 한반도에서 심각해지고 있다. 그 결과, 한국과 북한의 안보는 미중갈등의 소용돌이에 휩싸여 있다.

반도체는 4차 산업혁명의 핵심인 인공지능(AI), 블록체인, 자율주행, 5세대 이동통신(5G) 등에 필수적인 부품이다. 또한, 반도체는 거의 대부분의 첨단 무기체계에서 쓰이기 때문에 미국은 중국반도체 산업의 굴기를 막기 위한 다양한 제재를 도입했다.[23]

가장 강력한 조치는 화웨이를 비롯한 중국의 군민융합 기업에 최첨단 반도체 및 제작 장비에 대한 수출통제다. 미국은 중국기업의 미국기업 인수합병도 허가하지 않고 있다. 이와 동시에 미국은 최첨단 반도체를 제작하는 대만, 한국, 일본, 네덜란드 등에 미국의 수출통제를 준수할 것을 요구하고 있다. 미국이 설계와 제작 장비에서 압도적 우위에 있기 때문에, 이 국가들은 미국의 요구를 거부할 수 없는 상황이다. 코로나19 팬데믹 기간 중 자동차용 반도체 품귀에 고생한 미국은 자국 내에서 첨단 반도체 생산을 위해 반도체법을 제정하여 TSMC와 삼성전자의 투자를 유치했다.

중국은 미국의 제재를 극복하기 위해 치열하게 노력하고 있다. 한편, 중국정부는 수입대체전략의 일환으로 반도체 기금을 세 차례나 조성하여 핵심 기업에 막대한 자금을 지원했다. 다른 한편으로 갈륨, 게르마늄, 흑연 등 반도체 제작에 사용되는 중요 광물을 수출통제 목록에 포함시킴으로써 미국에 보복을 준비하고 있다.

미중 반도체전쟁이 치열하게 벌어지고 있지만, 디커플링으로 이어지지는 않고 있다. 글로벌 반도체 수요의 약 1/5 이상을 차지하고 있어 미국 기업도 중국시장을 포기하지 못하고 있다. 중국 역시 치명적으로 위협할 수 있는 수단이 없어 미국에 실질적으로 보복하지 못하고 있다.

5. 미중갈등이 동북아 및 한국안보에 미치는 영향

미중 갈등은 한반도는 물론 동북아 전역에 큰 영향을 미치고 있다. 군사·외교 차원에서 양국은 한반도를 자국의 세력권으로 포섭하기 위해 경쟁하고 있다. 양국은 북한 핵·미사일 개발, 사드 배치, 미국의 확장 억지 등에서 첨예하게 대립하고 있다. 경제·통상에서도 양국은 반도체, 배터리, 전기자동차 등과 같은 한국의 첨단산업을 자국의 공급망과 더 긴밀하게 연계하기 위해 노력하고 있다.

1) 군사·외교안보

미중갈등이 동북아와 한반도에 영향을 미친 시점은 19세기 중반까지 거슬러 올라갈 수 있다. 아편전쟁 이후 청과 미국이 공식적인 외교관계를 맺은 이후 한반도는 미중관계에 영향을 받기 시작했다. 1882년 임오군란 이후 청은 조선을 종번(종주국과 속국)관계로 관리했다. 그해 조선과 공식적으로 수교했던 미국은 1905년 가쓰라-태프트 밀약을 통해 조선에 대한 일본의 보호권을 추인하였다. 신해혁명 이후 등장한 중화민국은 일본의 침략과 국공내전으로 한반도 문제에 개입할 여력이 없었다. 제2차 세계대전 종전으로 미국이 일본군의 무장해제를 위해 한반도에 진출했다. 1949년 출범한 중화인민공화국은 한국전쟁에서 북한을 지원하기 위해 1950년 참전함으로써 양국이 무력으로 충돌했다. 냉전기 한반도에서 미국의 영향력이 압도적으로 우세해서 중국의 역할은 매우 제한적이었다.[24]

21세기 들어 중국이 세계 2위의 경제대국으로 부상하면서 한반도에 대한 영향력에서 미중 격차가 급속하게 축소되었다. 한중관계는 1992년 수교 직후 '선린우호협력관계', 1998년 '21세기 협력동반자관계', 2003년 '전면적 협력동반자관계', 2008년 '전략적 협력동반자관계'로 발전하였다. 1992년 공식 수교 이후 중국은 한국의 최대 교역국으로 부상하였으며 중국은 북한 핵문제 해결을 위한 4자회담 및 6자회담에서 주도권 확보를 시도했다. 미국은 동아시아 회귀, 재균형, 인도·태평양전략 등으로 중국을 견제하고 있다.[25] 중국도 일대일로 구상과 주변외교를 통해 동북아시아와 한반도에서 존재감을 과시하고 있다.

미국과 중국은 동북아와 한반도에 미치는 가장 중대한 안보 위협인 북한 핵문제에 대해 다른 정책을 추구했다. 1970년대 초반 미국의 주한미군 철수 계획에 대비하여 박정희정부는 자주국방을 강화하기 위한 방안으로 핵무기 개발에 착수했다. 1980년 전두환정부는 미국의 압력으로 핵 개발을 포기했다. 1970년대부터 비밀리에 핵무기제작을 준비해온 북한은 기술을 제공한 소련의 압력으로 1985년 비확산조약인 핵확산금지조약(NPT)에 가입했다. 1990년대 초 북한이 개발한 핵무기가 노출되면서 미국과 한국은 북한 비핵화를 위한 본격적인 공조를 시작했다.

소련의 몰락으로 탈냉전이 급속하게 진행되면서 1991년 미국은 한국에 배치한 전술핵무기를 철수하고 북한은 국제원자력기구(IAEA) 사찰을 수용하는 '한반도 비핵화 공동선언'에 합의했다. 1992년 5월~1993년 2월까지 6차례 사찰에서 북한이 공개하지 않은 시설에 핵물질이 저장되어 있다고 의심한 미국이 추가 사찰을 요구하였으나 북한이 이를 거부함으로써 제1차 핵 위기가 발생하였다. 미국이 영변 핵시설을 공중에서 타격하려는 작전까지 계획했을 정도로 심화되었던 이 위기는 제네바에서 열린 북미회담에서 타협을 통해 해소되었다. 한국이 북한에 경수로를 제공하는 대가로 북한이 핵 개발을 중지하는 데 동의했다. 그러나 4자회담과 6자회담, 남북정상회담, 북미정상회담 등 수십 차례의 협상에도 불구하고 북한은 핵 및 미사일 개발 실험을 계속하였다 (북핵문제와 관련해서는 8장 북핵문제와 한국의 안보전략을 참조). 2017년 6차 핵실험 및 IRBM, SLBM, ICBM을 발사하였으며, 2021년 국가 핵무력의 완성을 공식적으로 발표했다.[26]

북한 비핵화에 대한 미국의 대응은 일관되지 않았다. 오바마와 바이든 행정부에서는 직접적인 개입을 자제하는 전략적 인내(strategic patience) 전략을 견지했다. 반면, 트럼프 행정부는 최고지도자의 담판을 통해 쟁점을 해결하려고 세 차례의 정상회담(싱가포르, 하노이, 판문점)을 개최했다. 트럼프 대통령의 적극적인 태도에 김정은 위원장이 영변 핵실험 시설의 일부를 폭파하는 등 성의를 표시했으나, 양국은 최종 합의에 도달하지 못했다.

4자회담과 6자회담에 참여했지만, 중국은 북한 핵문제를 해결하기 위한 한미 협력을 적극적으로 지지하지 않았다. 중국의 입장에서 북한 핵무기는 당면한 심각한 위협이 아니었기 때문이다. 또한, 중국은 북한이 요구하는 주한미군 철수에 동조해 왔다. 중국은 주한미군이 자신의 안보를 위협하는 것은 물론 한반도를 자신의 세력권으로 포섭하는 데 방해물로 보고 있다.[27]

미국과 중국의 갈등은 사드 배치 문제에서 극대화되었다. 사드는 미국의 미사일방어(MD) 시스템의 하나로 단거리, 중거리 탄도미사일을 고도 40~150km 상공에서 요격하는 방어시스템이다. 미국은 사드가 북한의 핵 위협을 막는 데 필수적인 무기체계라고 주장했다. 반면, 중국은 사드가 북한뿐만 아니라 중국도 겨냥하고 있다고 반박하였다. 중국은 한국 기업이 제작한 콘텐츠, 한국인이 출연하는 광고, 한국 단체관광 등을 금지하는 한한령(限韓令)으로 한국에 보복하였다.

문재인정부는 중국의 반발을 무마하기 위해 미국의 미사일 방어체계에 참여하지 않으며 사드를 추가로 배치하지 않고 한미일 군사동맹을 결성하지 않는다는 3불(不)정책을 비공식적으로 제한했다. 실제로 문재인정부는 환경평가 등을 이유로 경상북도 성주에 배치된 사드를 본격적으로 운용하지 않았다.[28]

정상회담을 세 차례나 추진했던 트럼프 행정부와 달리 바이든 행정부는 북한 핵문제 해결에 적극적으로 나서지 않았다. 이런 틈을 활용해 북한은 2021년 1월 국가핵무력의 완성과 발전을 선언했다. 2022년 4월 김정은이 발표한 핵 독트린이 9월 최고인민회의 법령 '조선민주주의인민공화국 핵무력정책에 대하여'로 확정되었다. 2023년 3월 김정은 위원장이 핵탄두를 직접 시찰했다.

북한의 핵 능력 강화에 대한 대응책은 두 가지로 구분될 수 있다. 한편에서는 한국의 독자적인 핵 무장을 주장하고 있다. 원자력 기술을 보유하고 있어 한국은 2~3년 내에 핵무기를 제조할 수 있다. 다른 한편에서는 한국의 핵 무장이 핵무기 비확산체제의 근간을 흔드는 것은 물론 북한 비핵화의 명분을 약화시킬 수 있다는 우려가 있다. 이런 점에서 바이든 행정부는 한국의 핵억지 능력을 증강시키기 위해 대륙간탄도미사일, 전략폭격기, 전략핵잠수함, 항공모함 등과 같은 전략자산을 정례적으로 배치하는 확장억지(extended deterrence)를 대안으로 제시하였다. 그러나 이 방안이 북한의 핵 위협을 근본적으로 해결하지 못한다는 점에서 한계가 있다.[29]

북한 핵문제 이외에 미중이 대립하는 안보 문제는 대만해협·남중국해 긴장이다. 미국이 인도·태평양전략을 전개하면서, 한반도·동북아와 대만해협·남중국해 사이의 연계가 밀접해지고 있다. 미국은 이 지역에서 중국과 무력으로 충돌할 때 주한미군의 일부를 이동시킬 것이다. 이 경우, 미국이 한국군에게 비전투병력은 물론 전투병력까지 지원을 요구할 수 있다. 이렇게 되면 한국은 미중갈등에 직접적인 연루를 피할 수 없을 것이다.[30]

2) 경제·통상안보

1992년 수교 이후 한중 경제·통상관계는 급속도로 발전했다. 글로벌 공급망에서 한국이 수출한 중간재를 중국이 조립·가공하여 만든 완성품을 해외로 수출하는 선순환 구조가 작동하여 수교 이후 30년 동안 교역이 60배 이상 증가하였다. 그 결과, 한국의 최대 교역국이 미국에서 중국으로 변화하였다.

미국은 한국과의 경제협력을 발전시키기 위해 자유무역협정(FTA)을 2009년 체결했다. 하지만 미국은 중국으로부터 한국의 최대 교역국의 지위를 탈환하지 못했다. 한국은 2015년 오바마 행정부가 추진한 환태평양경제동반자협정(TPP)협상에 참여하지 않는 대신 중국과 FTA를 체결했다. 더 나아가 미국의 반대를 무릅쓰고 한국은 중국이 주도한 다자개발은행인 아시아인프라투자은행(AIIB)에도 가입했다. 그 결과, 안미경중이 심화되었다.

2016년 사드 갈등 이후 중국의 한한령은 경제안보 차원에서 대중 의존도를 축소해야 한다는 위기감을 확산시켰다. 중국이 상호의존을 무기화하지 못하도록 한국은 공급망의 다변화를 경제안보 전략의 핵심 목표로 설정하였다. 2019년 일본의 반도체와 디스플레이 소재·부품·장비 수출통제 강화는 전략 제품의 국산화를 촉진시키는 계기가 되었다.

2018년 시작된 미중 무역전쟁은 안미경중의 기반을 급속하게 약화시켰다. 미국은 중국에 수출통제, 수입제한, 투자금지, 인적교류 차단 등 다양한 제재를 부과했다.[31] 한국의 입장에서 가장 큰 타격은 주력 산업인 반도체 수출통제였다. 2024년 1~11월 중국은 전체 수출의 19.5%, 그중 반도체가 35.0%를 각각 차지할 정도로 비중이 크다.[32] 2019년 5월 트럼프 행정부는 세계 최대 통신기업인 화웨이에 첨단 반도체 수출을 금지했다. 2022

년 바이든 행정부는 중국의 반도체 산업 발전을 억제하기 위해 미국 기업은 물론 해외기업도 극자외선(EUV) 노광기와 같은 최첨단 장비의 중국 반입을 차단했다. 그 결과, 중국에서 30~40%의 반도체를 생산하는 삼성전자와 SK하이닉스는 생산 능력을 확대하기 어렵게 되었다.

2020년대 들어 미국이 대중제재를 강화하는 동시에 프렌드쇼어링을 도입하여, 대중무역과 대미무역 사이의 격차가 축소되었다. 주력 산업인 반도체, 자동차, 배터리의 대중 수출과 투자가 줄고 대미수출과 투자가 느는 추

표 9.7 한국 반도체·배터리·자동차 기업의 해외생산시설: 미국과 중국

산업	기업	미국	중국
반도체	삼성전자	• 오스틴: 파운드리 • 테일러: 파운드리(건설중)	• 시안: 낸드플래시 • 쑤저우: 반도체 조립 및 검사
	SK 하이닉스	• 첨단 패키징 공장 건설 예정	• 우시: D램 및 파운드리 • 다렌: 낸드플래시 • 충칭: 후공정
배터리	LG에너지 솔루션	• 미시간: 전기차 배터리 26GWh • 애리조나: 원통형 및 ES LFP 배터리 43GWh(2025년 예정) • 오하이오, 테네시, 미시간(GM 합작): 전기차 배터리 140GWh(2025년 예정) • 오하이오(혼다 합작): 전기차 배터리 0GWh (2025년 예정) • 조지아(현대 합작): 전기차 배터리 30GWh (2025년 말 예정)	• 난징: 원통형 및 파우치형 배터리 93GWh
	SK온	• 조지아: 전기차 배터리 9.8GWh (2023년 21.5GWh 예정) • 켄터키(포드합작): 전기차 배터리 86GWh (2026년 예정) • 테네시(포드합작): 전기차 배터리 43GWh (2026년 예정)	• 창저우(베이징자동차 등 합작): 전기차 배터리 7.5GWh • 후이저우(EVE에너지 합작): 전기차 배터리 10GWh • 옌청: 전기차 배터리 27GWh (2024년 +6GWh 예정)
	삼성SDI	• 인디애나(스텔란티스 합작): 전기차 배터리 (2025년 33GWh → 2027년 67GWh 예정)	• 톈진: 소형 배터리 • 시안: 중대형 배터리
자동차	현대	• 앨라배마: 30만 대	• 베이징/창저우/쓰촨: 25만 대
	기아	• 조지아: 30만 대	• 장쑤: 15만 대

출처: 한국은행, "우리나라 주요 제조업 생산 및 공급망 지도" (2023).

세가 확연하다. 또한, 미국은 배터리의 소재인 중요 광물에 대해서도 중국산 비중을 축소하라고 압박하고 있다. 이러한 지정학적 리스크에 대비하기 위해 한국 반도체 기업의 신규투자는 중국보다 미국에서 훨씬 더 많이 이뤄지고 있다.

미중 전략경쟁은 무역수지에도 영향을 미치고 있다. 한국 무역수지는 글로벌금융위기가 발생했던 2008년(133억 달러 적자)을 제외하고 1998년(390억 달러)부터 2021년(293억 달러)까지 24년 동안 계속 흑자였다. 이런 기조가 변화되는 조짐이 2021년 11월에 처음 등장했다. 2022년 3월부터 2023년 5월까지 무역수지가 15개월 연속 적자였다. 이는 1995년 1월~1997년 5월 29개월 이후 가장 긴 기록이었다. 1997년 IMF 위기가 보여주듯이, 대규모 무역적자는 환율을 불안정하게 만들어 대외 충격에 대한 회복력을 약화시킨다는 점에서 주의가 필요하다.

문제는 이러한 추세를 역전시키기 어렵다는 점이다. 무역적자의 가장 중요한 원인은 중국과의 교역 구조 변화에 있다. 공식적으로 수교했던 1992년을 제외하고 1993년부터 작년까지 대중무역수지는 항상 흑자였다. 1993~2021년 중국은 전체 수출의 22.5%, 수입의 16.9%였으나, 전체 무역흑자의 86.0%를 차지했다. 1993~1997년, 2005~2008년, 2010~2014년에는 대중 무역흑자가 전체 무역흑자를 상회하였다. 실제로 대중 무역흑자

가 없었다면 전체 무역수지는 적자였다. 그러나 한국의 무역수지 흑자국에서 중국의 순위는 2018년 1위(556억 3,600만 달러), 2019년 2위(289억 7,400만 달러), 2020년 3위(236억 8,000만 달러), 2021년 3위(242억 8,500만 달러)에서 2022년 22위(12억 1,300만 달러)로 급락했다. 사실 반도체 수출을 제외하면, 2021년부터 대중 무역적자가 시작되었다.

제2차 미중 무역전쟁을 예고한 트럼프 행정부의 등장으로 한국은 안미경미를 추진하기 어렵게 되었다. 대미 무역흑자가 트럼프 1기의 첫해인 2017년 178억 달러, 마지막 해인 2020년 166억 달러에서 2021년부터 227억 달러, 2022년 280억 달러, 2023년 444억 달러로 급증하여 미국 재무부는 한국을 환율관찰 대상국으로 재지정하였다. 트럼프 행정부 2기가 미국과 FTA를 체결한 한국을 예외로 인정할 가능성은 크지 않다. 만약 미국이 보편적 관세 10%를 부과할 경우, 한국의 대미국 수출액은 약 152억 달러 감소할 것으로 예상된다. 미국이 제3국에 관세를 부과하여 해당 국가의 대미수출이 감소함에 따라 한국산 중간재에 대한 수입도 47~63억 달러 감소할 것이다. 또한, 상대국이 미국에 보복관세를 부과함에 따라 미국의 수출이 감소하면서 발생하는 한국산 중간재에 대한 수입은 약 6~14억 달러 감소할 것으로 예상된다. 무역감소로 한국의 실질 GDP는 약 −0.26~0.12%, 후생은 약 −288억~61억 달러, 상대국이 보복관

세를 부과할 경우에는 각각 −0.27~0.13%, −299억~61억 달러 감소한다.[33]

지경학적 측면에서 양안관계는 이 지역의 공급망과 교역망에 중요한 함의를 가진다. 첫째, TSMC는 전 세계 첨단 반도체의 90% 이상을 제조하고 있다. 이 생산시설이 공격을 받게 되면 글로벌 반도체 공급망이 교란될 수밖에 없다. 전체 교역의 20%를 반도체에 의존하고 있는 한국에게 대만 반도체 산업의 타격은 막대한 피해를 야기할 수 있다. 또한, 대만해협은 해상수송의 요지이다. 석유·가스를 수입하는 수송로가 차단되면 운송 기간과 운임이 증가할 것이다.[34]

6. 미중갈등관계에서 한국안보의 과제와 선택

미중 전략경쟁이 심화되면서 한국은 어느 한쪽을 선택하라는 압박에 시달리고 있다. 한반도 평화체제 구축에 양국의 협력은 필수적이다. 그러나 양국은 한국전쟁 종언에 대해 서로 다른 정책을 고수하고 있다. 한국은 미국과 함께 북한 핵문제 해결에 중국이 더 많은 역할을 수행해야 한다고 주장했지만, 중국은 북한을 강력하게 압박하지 않았다. 이에 한국은 한미동맹을 중심으로 일본을 비롯한 유사입장국이 참여하는 다자안보협력을 추구하고 있다.

1) 미중과의 협력과제: 한국전쟁 종전과 한반도평화체제

한반도 평화체제는 남북한은 물론 관련국이 전쟁상태를 종식하여 한반도에 평화가 보장되는 상태를 의미한다. 이는 1953년 7월 27일 미국, 북한, 중국이 휴전협정을 체결한 이후 지속되고 있는 정전상태의 종언이다. 평화협정을 맺기 위한 노력은 1954년 4~6월 19개국이 참여한 제네바 정치회의에서 시작되었으나 냉전의 고착화로 더 이상 협상이 진전되지 않았다.

탈냉전시대 남북관계가 개선되면서 평화체제로 전환을 위한 협상이 재개되었다. 1992년 발효된 「남북 사이의 화해와 불가침 및 교류·협력에 관한 합의서」 5조에 "현 정전상태를 남북 사이의 공고한 평화상태로 전환시키기 위하여 공동으로 노력하며, 이러한 평화상태가 이룩될 때까지 현 군사정전협정을 준수"한다는 문구가 포함되었다. 북한 핵문제 해결을 위한 1997~1999년 남북미중 간 4자회담(총 6차)에서도 종전문제가 논의되었으나 참가국 사이의 이견이 해소되지 않았다. 2005년 제4차 6자회담 9·19 공동성명(제4조) 및 2007년 제4차 6자회담 2·13합의(제6조)에서 "직접 관련 당사국들은 적절한 별도 포럼에서 한반도의 항구적 평화체제에 관한 협상을 가질 것"에 합의하였다 (한반도 평화체제에 대한 구체적 내용은 제12장 다자안보와 한반도 평화구축을 참조).

　이러한 성과는 2007년 남북정상회담의 「남북관계 발전과 평화번영을 위한 선언(10·4선언)」으로 이어졌다. 양 정상은 "남과 북은 현 정전체제를 종식시키고 항구적인 평화체제를 구축해 나가야 한다는 데 인식을 같이 하고 직접 관련된 3자 또는 4자 정상들이 한반도지역에서 만나 종전을 선언하는 문제를 추진하기 위해 협력해 나간다"는 데 합의했다. 그러나 이명박정부와 박근혜정부가 북한과의 협상을 이어나가지 않아 이 합의는 무력화되었다.

　문재인정부가 2018~2019년 남북정상회담 (2018.4.27, 5.26, 9.18~20)을 추진하고 북미정상회담(2018.6.12., 2019.2.27~28) 및 남북미 정상 판문점 회동(2019.6.30)을 중재하면서, 평화체제가 다시 주목받았다. 2018년 제1차 남북정상회담에서 채택된 「한반도의 평화와 번영, 통일을 위한 판문점선언」에 "남과 북은 정전협정 체결 65년이 되는 올해에 종전을 선언하고 정전협정을 평화협정으로 전환하며 항구적이고 공고한 평화체제 구축을 위한 남북미 3자 또는 남북미중 4자회담 개최를 적극 추진해 나가기로 하였다"라는 문구가 삽입되었다. 2018년 6월 북미정상회담 공동성명에서도 양측은 한반도의 항구적이고 공고한 평화체제 구축을 위해 공동의 노력을 기울여 나가기로 합의하였다. 이러한 합의는 하노이 북미정상회담(2019.2.27) 결렬 이후 사문화되었다. 2021년부터 문재인정부는 종전선언 협상을 재개하기 위해 노력하였으나 성과를 보지 못했다.[35]

　종전선언 협상에서 남북한은 물론 미국과 중국이 서로 다른 입장을 견지하고 있다. 가장 중요한 쟁점은 주한미군 철수와 유엔사령부의 해체다. 남북이 평화협정을 체결해 주한미군이 철수하고 유엔사령부가 해체되면 미국은 한반도는 물론 동북아시아에 군사력을 신속하게 전개할 수 있는 기지를 상실하게 된다. 미국이 한국에서 나가게 되면 중국은 한반도에서 세력권을 확대할 기회를 얻게 된다. 이 때문에 중국은 문재인정부의 종전선언 협상에서 건설적 역할을 자임했다.[36]

2) 북핵문제 해결을 위한 대중국 외교: 가능성과 한계

중국의 한반도정책은 북한과 군사동맹을 유지하면서도 한국과 경제협력을 발전시키는 '북정남경(北政南經)'에 기반을 두고 있다. 이런 정책 기조하에서 중국은 북한 핵문제 해결 방안으로 쌍중단(雙中斷)·쌍궤병행(雙軌竝行)을 일관되게 주장해왔다. 쌍중단은 북한의 핵·미사일 실험과 한미 군사훈련의 중단, 쌍궤병행은 비핵화와 평화체제의 전환을 동시에 추진하는 것을 의미한다. 중국은 미국이 북한 핵무기를 빌미로 한반도에서 긴장을 의도적으로 고취시켜 중국을 견제하지 못하도록 만들기 위해서 북한 핵 실험과 한미 군사훈련을 연계하였던 것이다.

　이러한 중국의 양면성 때문에 중국의 역할은 상황에 따라 변경되었다. 중국이 북한을 설득하거나 압박할 수 있다는 기대는 1993년 3월 북한이 핵확산금지조약(NPT) 탈퇴를 선언한 직후 열린 김영삼-장쩌민(江澤民) 정상회담에서부터 시작되었다. 중국은 한반도 비핵화 원칙에 동의하면서도 유엔 안전보장이사회의 대북제재 결의안 투표에서는 대부분 기권했다. 1997~1999년 4자회담, 2003~2007년 6자회담에서 중국은 이중적 자세를 견지했다. 북한이 북미 양자회담을 고집하면서 중국의 참여를 반대했음에도 불구하고, 중국은 한반도에서 영향력을 유지하기 위해 회담에 참석했다.

　2010년대 전반 한중관계가 급속히 발전했다. 2015년 박근혜 대통령은 중국의 전승절 행사에 참석하였으며 한중 자유무역협정(FTA)도 체결되었다. 이런 분위기에서 '중국 역할론'이 부각되었다. 2016년 1월 북한의 4차 핵실험 이후 중국은 한국의 기대와 달리 신중한 자세를 견지하여 '중국 책임론'이 등장했다. 그 결과, 박근혜정부는 중국의 격렬한 반대에도 불구하고 미군의 사드를 한국에 배치하는 데 동의했다. 2018년 북한의 평창올림픽 참가 이후 남북정상회담과 북미정상회담이 연이어 개최되자 '중국 소외론(China passing)'이 제기되었다. 시진핑 주석은 북한과의 관계개선을 위해 2018년 3월부터 5차례 북중 정상회담을 개최했다.[37]

　북한 핵문제에 대해 중국의 궁극적 목표는 비핵화가 아니라 한반도에 대한 영향력 유지다. 따라서 중국은 북한을 설득하거나 압박하는 데 큰 노력을 기울이지 않았다. 오히려 중국은 북미 관계개선을 막기 위해 북한이 국제사회의 대북제재를 회피·우회할 수 있는 통로를 열어 주었다. 따라서 북한 비핵화에 대한 중국의 의지와 기여는 매우 제한적일 수밖에 없다.

3) 한국의 선택: 역내 협력 강화 또는 동맹관계 강화

미중 전략경쟁은 한미일 대 북중러 구도를 강화시키고 있다. 2022년 5월 미국이 설립한 인도·태평양경제프레임워크(IPEF)의 창립회원국으로 참여한 3국은 2023년 8월 캠프 데이비드 정상회담에서 군사안보협력에 합의했다. "우리는 한미동맹과 미일동맹 간 전략적 공조를 강화하고, 3국 안보협력을 새로운 수준으로 끌어올릴 것이다."[38] 역사 및 영토 문제로 안보협력을 거부했던 한국과 일본의 화해는 동북아 세력균형에 중대한 변화이다.

　한국 여론은 중국보다는 미국에 훨씬 우호적이다.[39] 다른 나라와 비교해서 한국의 반중 정서는 매우 높은 편이다. 퓨리서치센터의 35개국 조사 결과에 따르면 한국 여론은 중간값(친미 52%; 친중 35%)과 크게 차이가 나는 친미 71%, 친중 25%였다. 아시아에서는 한국이 일본(87%), 호주(85%) 다음으로 미국에 우호적이다.[40] 이런 추세가 지속되면, 한국의 대외전략은 안미경중에서 안미경미로 전환될 것이다.[41]

미국과 EU의 제재를 받아 고립된 러시아는 2023년 중국과 '신시대 전면적 전략협력동반자관계 심화에 관한 공동성명'과 '2030년 내 중러 경제협력 중점 방향 발전계획에 관한 공동성명'에 합의했다. 중국은 러시아에 이중용도 제품을 수출하고 있으며 러시아 금융기관이 금융제재를 우회할 수 있는 국제결제망도 제공하고 있다. 러시아는 북한과도 관계를 급속하게 개선하였다. 포탄을 비롯한 무기를 제공해준 대가로 러시아는 북한에 석유와 식량을 제공하는 것은 물론 포괄적전략동반자관계도 체결했다. 이 조약의 4조는 "쌍방중 어느 일방이 개별적인 국가 또는 여러 국가들로부터 무력침공을 받아 전쟁상태에 처하게 되는 경우, 타방은 유엔헌장 제51조와 조선민

주주의인민공화국과 로씨야련방의 법에 준하여 지체없이 자기가 보유하고 있는 모든 수단으로 군사적 및 기타 원조를 제공한다"[42]라는 자동군사개입 조항이 포함되었다. 중국-러시아 및 북한-러시아의 양자관계가 북중러 삼각협력으로 발전할 수 있다.

북러관계의 진전에 중국은 강한 우려를 표명하고 있다. 특히 중국의 가장 큰 불만은 북한의 홀대이다. 북한은 러시아와 포괄적 전략동반자관계 조약과 러시아 파병에 대해 중국에게 사전 설명은 고사하고 사전 통지도 제대로 하지 않은 것으로 보인다. 북중 교역량도 2024년 9월 이후 감소세로 전환된 것으로 추정된다.

중국은 북한의 일탈을 효과적으로 처벌하기 어려운 상황이다. 북러관계에 개입하게 되면, 러시아가 반발할 수 있기 때문이다. 따라서 중국이 북한의 정책 변화를 유도할 수 있는 실질적인 제재 수단은 없다.

이런 배경에서 중국은 한국과의 관계개선을

도표 9.4   한미일 대 북중러

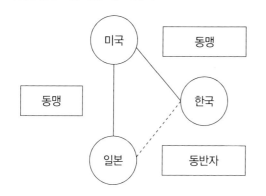
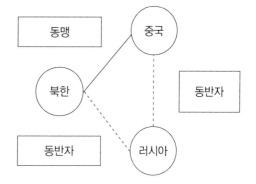

조심스럽게 추진하고 있다. 가장 중요한 사건은 2024년 5월 한중 정상회담이다. 이 회담에서 윤석열 대통령과 리창 총리는 FTA 2단계 협상을 재개하기로 합의했다. 2024년 7월 싱하밍 주한대사가 교체되고 다이빙 주유엔 중국 부대사가 후임으로 내정되었다. 싱 대사와 달리 다이 대사는 전랑(戰狼)외교에 거리를 둘 것으로 예상된다. 이런 점에서 중국은 대한관계를 개선하고 싶다는 의지를 표명한 것으로 해석된다. 11월에는 한국을 15일 비자면제국에 포함시켰다. 이후 면제 기간이 15일에서 30일로 연장되었다. 한국이 요청한 적이 없어 이 조치 역시 선의의 표시로 간주된다.

2024년 11월 윤석열·시진핑 정상회담은 관계개선을 가속화하는 계기였다. 윤석열 대통령은 브라질 일간지와의 회담에서 "미국과 중국은 선택의 문제가 아니다. … 한미동맹을 기본 축으로 하면서, 인도·태평양지역과 국제사회의 평화와 번영에 도움이 되는 방향으로 중국과 계속 소통하고 관계를 발전시키고자 노력 중"[43]이라고 발언했다.

트럼프 행정부 2기의 출범은 동북아 세력균형을 변화시킬 수 있다. 트럼프 대통령과 바이든 대통령의 가장 중요한 차이점은 세계전략이다. 바이든 행정부가 중국과 러시아를 동시에 막으려고 했던 반면, 트럼프 행정부 2기는 중국에 집중할 것이다. 러시아를 방어하는 부담을 덜기 위해 트럼프 대통령은 우크라이나전쟁을 종식시키기 위해 러시아와 협상을 모색하는 동시에 NATO 회원국에 방위비 지출을 늘리라고 압박할 것이다.

대중전략에서도 트럼프 대통령은 바이든 대통령과의 단절을 시도하고 있다. 바이든 행정부는 중국과 갈등하면서도 협력을 중단하지 않았다. 중국 첨단산업의 발전을 막기 위해 다양한 제재를 부과하고 인권 탄압에 대해서 항의하였지만, 기후변화와 코로나19 팬데믹과 같은 글로벌 문제에 대해서 긴밀하게 협의하였으며 글로벌 공급망에서 중국을 부분적으로 배제하는 디리스킹을 추구했다. 반면, 트럼프 행정부 2기는 1기에서처럼 중국을 최대한 압박하기 위해 중국산 수입품에 60% 이상의 관세를 추가하고 중국과의 공급망을 완전히 단절하는 디커플링을 밀어붙일 것이다. 중국이 이러한 조치에 반발하게 되면, 제2차 무역전쟁이 불가피하다.

한미일 협력도 상당히 후퇴할 것으로 보인다. 바이든 행정부는 2023년 8월 한미 및 미일 양자 동맹을 3자협력으로 제도화하는 캠프 데이비드 선언을 성사시켰다. 3국협력이 심화되면 이시바 시게루 총리가 주장하는 아시아판 NATO로 진화할 수도 있다. 그러나 트럼프 대통령은 다자 협력에 매우 부정적이다. 다자보다는 양자협상에서 미국이 압도적인 국력을 더 효과적으로 활용할 수 있기 때문이다.

북미관계도 변화의 조짐을 보여주고 있다. 트럼프 행정부 1기에 북미정상회담이 세 차

레 개최되었다. 반면, 바이든 행정부는 북핵 문제 해결에 소극적으로 대응했다. 그동안 북한은 핵 능력을 강화해 2022년 4월 핵 교리를 발표하고 2023년 3월 대남 타격용 핵탄두, 2024년 9월 우라늄 농축시설을 공개했다. 트럼프 대통령은 올해 7월 "나는 그들과 잘 지냈으며 우리는 북한의 미사일 발사를 중단시켰다"고 자랑하면서 김정은 위원장이 "아마도 나를 보고 싶어 할 것이고 그가 나를

그리워할 것으로 생각한다"[44]고 주장했다.

남북관계가 근본적으로 개선되지 않는 이상, 트럼프 행정부 2기에 한반도를 포함한 동북아안보는 미중관계로부터 더 큰 영향을 받을 것이다. 따라서 향후 한국의 선택은 미중갈등이 어떻게 그리고 얼마나 심화되는가에 따라 변화할 것이다. 한미일 대 북중러 구도가 고착화될수록 한국이 안미경중을 지속하기는 점점 더 어려워질 것이다.

▌토의주제

1. 미국과 중국의 갈등이 극단화되어 신냉전으로 발전할 것인가? 아니면 세계대전과 같은 최악의 상황을 막기 위해 타협을 할 것인가?

2. 미국과 중국이 신냉전에 돌입한다면, 동북아시아 안보질서는 어떻게 변화할 것인가? 만약 분쟁이 발생한다면, 어느 지역이 가장 위험할까?

3. 동북아 국가들은 신냉전에서 어떤 전략을 선택할 것인가? 미국과 중국 중 한쪽 편에 편승할 것인가 아니면 양국과 거리를 두는 균형을 유지할 것인가?

4. 미중갈등은 한국이 당면한 최대의 안보위협인 북한 핵문제를 해결하는 데 어떤 영향을 미치는가?

5. 미국과 중국이 북한 비핵화에 공조할 수 있을 것인가? 공조하지 않는다면, 한국은 독자적으로 핵무기를 개발해야 하는가?

6. 대만해협과 남중국해에서 양국이 충돌하거나 중국이 대만을 공격하게 되는 경우, 미국은 한국에 어떠한 역할을 요구할 것인가?

7. 만약 한국이 양안관계에 개입한다면, 중국은 어떻게 반발할 것인가?

8. 신냉전 속에서 안보와 경제의 연계가 강화되는 경제안보가 부각되고 있는데, 한국은 탈냉전기에 발전한 안미경중을 지속할 수 있을까?

9. 반도체전쟁에서 한국은 미국의 대중제제를 준수하고 있는데, 미국과의 협력을 위해 중국 시장을 포기할 수 있는가?

주

1) 정대희, 김흥규, 이왕휘, 조가람, 『미중갈등 시대에 대외여건의 구조 변화와 대응방안』 (서울: 한국개발연구원, 2021); 박인휘, 이왕휘 외 지음, 『영-미 사례를 통한 미중 패권 전환 가능성 분석: 무역, 금융, 안보, 다자주의를 중심으로』 (세종: 대외경제정책연구원, 2024).

2) 전봉근, 『한반도 국제정치의 비극: 동북아 패권경쟁과 한국의 선택』 (서울: 박영사, 2023); 김갑식, 이왕휘 외 지음. 『미중 전략경쟁시대 한국의 복합대응전략』 (서울: 통일연구원 2023).

3) Dong Wang, *The United States and China: A History from the Eighteenth Century to the Present*, Second edition (Lanham, Maryland: Rowman & Littlefield Publishers, 2021); 왕위안충(王元崇), 이화승 역, 『중국과 미국, 무역과 외교 전쟁의 역사: 개방과 배척, 패권과 공존의 100년』 (파주: 행성비, 2022).

4) Ronald O'Rourke, "U.S.-China Strategic Competition in South and East China Seas: Background and Issues for Congress," *Congress Research Service* (Feb 2024).

5) Laura Silver, Patrick van Kessel, Christine Huang, and Laura Clancy, "Americans Remain Critical of China," *Pew Research Center* (May 2024), p. 11.

6) M. Taylor Fravel, George J. Gilboy and Eric Heginbotham, "Estimating China's Defense Spending: How to Get It Wrong (and Right)," *Texas National Security Review* 7-3 (Jun 2024).

7) Ronald O'Rourke, "Great Power Competition: Implications for Defense-Issues for Congress," *Congress Research Service* (Feb 2024).

8) Robert J. Art, "The United States and the Rise of China: Implications for the Long Haul," *Political Science Quarterly* 125-3 (Fall 2010).

9) G. John Ikenberry, "Three Worlds: The West, East and South and the Competition to Shape Global Order," *International Affairs* 100-1 (Jan 2024).

10) Ronald O'Rourke, "U.S. Role in the World: Background and Issues for Congress," *Congress Research Service* (Jan 2021).

11) 이혜정, "자제 대 패권: 탈냉전기 미국 대전략의 이해," 『한국정치연구』 24-3 (2015).

12) Oriana Skylar Mastro, "Chinese Grand Strategy," in John Baylis, James J. Wirtz, Jeannie L. Johnson (eds), *Strategy in the Contemporary World, 7th edition* (Oxford: Oxford University Press, 2022).

13) Michael D. Swaine and Ashley J. Tellis, *Interpreting China's Grand Strategy: Past, Present, and Future* (D.C.: Rand, 2020).

14) Andrew Scobell, Edmund J. Burke, Cortez A. Cooper III, Sale Lilly, Chad J. R. Ohlandt, Eric Warner, J.D. Williams, *China's Grand Strategy: Trends, Trajectories, and Long-Term Competition* (D.C.: Rand, 2020); 이정남, 이왕휘 외 지음, 『중국공산당 수립 100주년과 2050년 중국: 어떤 강대국이 될 것인가?』 (서울: 아연출판사, 2022).

15) Thomas J. Christensen, "The Advantages of an Assertive China: Responding to Beijing's Abrasive Diplomacy," *Foreign Affairs* 90-2 (2011); Alastair Iain Johnston, "How New and Assertive is China's New Assertiveness?," *International Security* 36-4 (2013).

16) Michael D. Swaine, "China's Assertive Behavior-Part One: On 'Core Interests'," China Leadership Monitor (2010); Michael D. Swaine and M. Taylor Fravel, "China's Assertive Behavior-Part Two: The Maritime Periphery," *China Leadership Monitor* (2011).

17) 이민규, "중국의 국가핵심이익 시기별 외연 확대 특징과 구체적인 이슈," 『중소연구』 제41권 1호 (2017).

18) Mark F. Cancian, Matthew Cancian, and Eric Heginbotham, "The First Battle of the Next War: Wargaming a Chinese Invasion of Taiwan," *CSIS* (Jan 2023).

19) 이관세, 이왕휘 외 지음, 『미중 전략적 경쟁-무엇이 문제이고 어떻게 풀어야 하나』 (서울: 경남대극동문제연구소, 2020).

20) White House, *National Security Strategy* (2017) p. 17.

21) Office of Trade & Manufacturing Policy, *How China's Economic Aggression Threatens the Technologies and Intellectual Property of the United States and the World* (2018); 国务院新闻办公室, 『关于中美经贸摩擦的事实与中方立场』 (2018).

22) White House. Remarks by National Security Advisor Jake Sullivan on Renewing American Economic Leadership at the Brookings Institution (23 April 2023).

23) Chris Miller, *Chip War: The Fight for the World's Most Critical Technology* (New York: Scribner, 2022).

24) 전봉근, 『동북아 전쟁사와 한국 외교: 21세기 한국 대전략의 탐색』 (서울: 국립외교원, 2023).

25) Lindsey W. Ford and James Goldgeier, "Retooling America's Alliances to Manage the China Challenge," *Brookings Institution* (2021).

26) 이용준, 『북핵 30년의 허상과 진실』 (파주: 한울, 2018); 박일, 『북한 핵담론 따라잡기: 군축 비확산 전문가의 공개정보 20년 분석』 (서울: 좋은땅, 2024).

27) 신종호, "한중 수교 30년과 북중관계: 평가와 전망," 『현대중국연구』 24권 1호 (2022).

28) 양욱, "사드(THAAD)의 배치 현황과 한반도 미사일 방어에의 함의." 아산정책연구원, 『이슈브리프』 (2024).

29) 전봉근, 『북핵위기 30년: 북핵외교의 기록과 교훈』 (서울: 명인문화사, 2023).

30) 김정섭, "대만 유사 관련 미중의 전략과 쟁점," 『세종정책브리프』 2024-04 (2024).

31) 정대희, 김흥규, 이왕휘, 조가람, 『미중갈등 시대에 대외여건의 구조 변화와 대응방안』 (서울: 한국개발연구원, 2021).

32) 한국무역협회, "글로벌 무역통계 서비스 K-stat" (https://stat.kita.net/)

33) 김영귀·강구상·김혁중·연원호·이천기·김혁황·

정민철, "미국 대선–트럼프 관세정책의 배경과 영향." 『오늘의 세계경제』 24권 06호 (2024).

34) 이왕휘·박성빈, "대만의 경제안보: 신남향정책과 반도체 산업." 『국제·지역연구』, 32권 3호 (2023).

35) 외교부, "한반도평화체제" (https://overseas.mofa.go.kr/www/wpge/m_3982/contents.do)

36) 김준형·신범철, "한반도 종전선언에 대한 찬반 논쟁," 『아시아브리프』 1권 32호 (2021).

37) 이동률, "한중 관계 30년 역사와 '북한문제'에서의 중국 역할." 『현대중국연구』, 24권 1호 (2022).

38) 대통령실, "캠프 데이비드 정신: 한미일 정상회의 공동성명" (2023).

39) 정상미, "2015~2024 한국인의 대중국 인식 분석," 국립외교원, 『주요 국제문제 분석』 (2024).

40) Laura Silver, Christine Huang, Laura Clancy and Andrew Prozorovsky, "Most People in 35 Countries Say China Has a Large Impact on Their National Economy," *Pew Research Center* (2024).

41) 허재철, 김흥규, 박성빈, 이왕휘 외 지음, 『미중 전략경쟁 시대 지정학적 리스크와 경제안보』 대외경제정책연구원 (2022); 손열, 이승주 엮음, 『미중 경제전쟁과 한국: 경제안보의 부상, 위기와 기회』 (서울: 동아시아연구원, 2024).

42) "조선민주주의인민공화국과 로씨야련방사이의 포괄적인 전략적동반자관계에 관한 조약," 『조선중앙통신』, 2024년 6월 19일.

43) 허진, 윤 대통령 "미·중 선택의 문제 아니다…양국과 긴밀 협력," 『중앙일보』, (2024년 11월 19일)

44) 정혜정, 트럼프 "김정은, 날 기다릴 것…핵무기 가진 자와 잘 지내면 좋아," 『중앙일보』, (2024년 7월 19일).

참고문헌

1. 한글문헌

김갑식, 이왕휘 외 지음. 『미중 전략경쟁시대 한국의 복합대응전략』. 서울: 통일연구원, 2023.

김영귀·강구상·김혁중·연원호·이천기·김혁황·정민철. "미국대선-트럼프 관세정책의 배경과 영향." 『오늘의 세계경제』 24권 06호 (2024).

김정섭. "대만 유사 관련 미중의 전략과 쟁점." 『세종정책브리프』 (2024).

김준형·신범철. "한반도 종전선언에 대한 찬반 논쟁." 『아시아브리프』 1권 32호 (2021).

김흥규, 이왕휘 외 지음. 『신국제질서와 한국외교전략』. 서울: 명인문화사, 2021.

대통령실. "캠프 데이비드 정신: 한미일 정상회의 공동성명" (2023).

박인휘, 이왕휘 외 지음. 『영-미 사례를 통한 미중 패권 전환 가능성 분석: 무역, 금융, 안보, 다자주의를 중심으로』. 서울: 대외경제정책연구원, 2024.

박일. 『북한 핵담론 따라잡기: 군축 비확산 전문가의 공개정보 20년 분석』. 서울: 좋은땅, 2024.

손열, 이승주 엮음. 『미중 경제전쟁과 한국: 경제안보의 부상, 위기와 기회』. 서울: 동아시아연구원, 2024.

신종호. "한중 수교 30년과 북중관계: 평가와 전망." 『현대중국연구』 제24권 1호 (2022).

양욱. "사드(THAAD)의 배치 현황과 한반도 미사일 방어에의 함의." 아산정책연구원. 『이슈브리프』 (2024).

왕위안충(王元崇) 저. 이화승 역. 『중국과 미국, 무역과 외교 전쟁의 역사: 개방과 배척, 패권과 공존의 100년』. 파주: 행성비, 2022.

이관세, 이왕휘 외 지음. 『미중 전략적 경쟁—무엇이 문제이고 어떻게 풀어야 하나』. 서울: 경남대 극동문제연구소, 2020.

이동률. "한중 관계 30년 역사와 '북한문제'에서의 중국 역할." 『현대중국연구』 제24권 1호 (2022).

이민규. "중국의 국가핵심이익 시기별 외연 확대 특징과 구체적인 이슈." 『중소연구』 제41권 1호 (2017).

이왕휘·박성빈. "대만의 경제안보: 신남향정책과 반도체 산업." 『국제·지역연구』 제32권 3호 (2023).

이용준. 『북핵 30년의 허상과 진실』. 경기: 한울, 2018.

이정남, 이왕휘 외 지음. 『중국공산당 수립 100주년과 2050년 중국: 어떤 강대국이 될 것인가?』. 서울: 아연출판사, 2022.

이혜정. "자제 대 패권: 탈냉전기 미국 대전략의 이해." 『한국정치연구』 제24권 제3호 (2015).

전봉근. 『동북아 전쟁사와 한국 외교: 21세기 한국 대전략의 탐색』. 서울: 국립외교원, 2023.

_____. 『북핵위기 30년: 북핵외교의 기록과 교훈』. 서울: 명인문화사, 2023.

_____. 『한반도 국제정치의 비극: 동북아 패권경쟁과 한국의 선택』. 서울: 박영사, 2023.

정대희, 김흥규, 이왕휘, 조가람. 『미중갈등 시대에 대외여건의 구조 변화와 대응방안』. 서울: 한국개발연구원, 2021.

정상미. "2015~2024 한국인의 대중국 인식 분석." 국립외교원, 『주요 국제문제 분석』 (2024).

한국은행. 『우리나라 주요 제조업 생산 및 공급망 지도』 (2023).

허재철, 김흥규, 박성빈, 이왕휘 외 지음. 『미중 전략경쟁 시대 지정학적 리스크와 경제안보』. 세종시: 대외경제정책연구원, 2022.

2. 영어문헌

Art, Robert J. "The United States and the Rise of China: Implications for the Long Haul." *Political Science Quarterly* 125–3 (Fall 2010).

Avey, Paul C., Jonathan N. Markowitz, and Robert J. Reardon. "Disentangling Grand Strategy: International Relations Theory and U.S. Grand Strategy." *Texas National Security Review* 2–1 (Nov 2018).

Cancian, Mark F., Matthew Cancian, and Eric Heginbotham. "The First Battle of the Next War: Wargaming a Chinese Invasion of Taiwan." *CSIS* (Jan 2023).

Christensen, Thomas J. "The Advantages of an Assertive China: Responding to Beijing's Abrasive Diplomacy." *Foreign Affairs* 90–2 (2011).

Ford, Lindsey W., and James Goldgeier. "Retooling America's Alliances to Manage the China Challenge." *Brookings Institution* (2021).

Fravel, M. Taylor, George J. Gilboy, and Eric Heginbotham. "Estimating China's Defense Spending: How to Get It Wrong (and Right)." *Texas National Security Review* 7–3 (Jun 2024).

Ikenberry, G. John. "Three Worlds: The West, East and South and the Competition to Shape Global Order." *International Affairs* 100–1 (Jan 2024).

Johnston, Alastair Iain. "How New and Assertive is China's New Assertiveness?." *International Security* 36–4 (2013).

Mastro, Oriana Skylar. "Chinese Grand Strategy." in John Baylis, James J. Wirtz, Jeannie L. Johnson (eds) *Strategy in the Contemporary World, 7th edition*. Oxford: Oxford University Press, 2022.

Miller, Chris. *Chip War: The Fight for the World's*

Most Critical Technology. New York: Scribner, 2022.

O'Rourke, Ronald. "Great Power Competition: Implications for Defense-Issues for Congress." *Congress Research Service* (Feb 2024).

_____. "U.S. Role in the World: Background and Issues for Congress." *Congress Research Service* (Jan 2021).

_____. "U.S.-China Strategic Competition in South and East China Seas: Background and Issues for Congress." *Congress Research Service* (Feb 2024).

Office of Trade & Manufacturing Policy. *How China's Economic Aggression Threatens the Technologies and Intellectual Property of the United States and the World* (2018).

Scobell, Andrew, Edmund J. Burke, Cortez A. Cooper III, Sale Lilly, Chad J. R. Ohlandt, Eric Warner, J.D. Williams. *China's Grand Strategy: Trends, Trajectories, and Long-Term Competition*. D.C.: Rand, 2020.

Segal, Stephanie, and Dylan Gerstel. "Degrees of Separation: A Targeted Approach to U.S.-China Decoupling & Interim Report." *Center for Strategic and International Studies* (2021).

Silver, Laura, Christine Huang, Laura Clancy and Andrew Prozorovsky. "Most People in 35 Countries Say China Has a Large Impact on Their National Economy." *Pew Research Center* (2024).

Silver, Laura, Patrick van Kessel, Christine Huang, and Laura Clancy. "Americans Remain Critical of China." *Pew Research Center* (May 2024).

Swaine, Michael D. "China's Assertive Behavior-Part One: On 'Core Interests'." *China Leadership Monitor* (2010).

Swaine, Michael D., and Ashley J. Tellis. *Interpreting China's Grand Strategy: Past, Present, and Future*. D.C.: Rand 2020.

Swaine, Michael D., and M. Taylor Fravel. "China's Assertive Behavior-Part Two: The Maritime Periphery." *China Leadership Monitor* (2011).

Wang, Dong. *The United States and China: A History from the Eighteenth Century to the Present*, Second edition. Lanham, Maryland: Rowman & Littlefield Publishers, 2021.

White House. *National Security Strategy* (2017).

White House. Remarks by National Security Advisor Jake Sullivan on Renewing American Economic Leadership at the Brookings Institution (April 23, 2023).

3. 중국어문헌

国务院新闻办公室. 『关于中美经贸摩擦的事实与中方立场』(2018).

清华大学国际关系研究院. 中国与大国关系分值表 (1950-2023年12月) (2024).

清华大学中国与世界经济研究中心. "2017年第四季度中国宏观经济分析与预测: 十九大后的中国经济 2018, 2035, 2050." (2017).

4. 언론사 자료

"조선민주주의인민공화국과 로씨야련방사이의 포괄적인 전략적동반자관계에 관한 조약." 『조선중앙통신』. 2024년 6월 19일.

정혜정. "트럼프 '김정은, 날 기다릴 것…핵무기 가진 자와 잘 지내면 좋아'." 『중앙일보』. 2024년 7월 19일.

허진. "윤 대통령 "미·중 선택의 문제 아니다. … 양국과 긴밀 협력." 『중앙일보』. 2024년 11월 19일.

5. 인터넷 자료

세계은행. https://data.worldbank.org (검색일: 2024.09.05).

외교부. "한반도평화체제" (https://overseas.mofa.go.kr/www/wpge/m_3982/contents.do).

한국무역협회. "글로벌 무역통계 서비스 K-stat" (https://stat.kita.net/).

10장

한미일 안보협력의 가능성과 한계

조양현(국립외교원)

1. 서론   277
2. 한일관계의 갈등구조   277
3. 한국안보에 대한 일본의
   인식과 정책   282
4. 한일/한미일 안보협력의
   평가 및 쟁점   288
5. 한미일 안보협력의
   가능성과 한계   296

개요

탈냉전 이후 한일 간에 갈등이 증가한 배경에는 과거사와 위협인식을 둘러싼 이중의 갈등구조가 있다. 일본정부는 북한의 핵과 미사일 능력의 고도화에 대응하기 위해 한일/한미일 안보협력을 강화해 나간다는 입장이다. 일본의 안보 전문가들은 한미동맹이 대북한 억지력의 기능을 넘어 지역동맹으로 확대되고, 이를 미일동맹과 연계해 한일 안보연대로 발전하기를 희망한다. 한일 양국은 대북한 억지력 강화를 위한 협력을 확대해 2016년에 한일군사정보보호협정(GSOMIA)을 체결했다. 1990년대에 북한의 핵 개발에 공동 대응하기 위해 시작된 한미일 협력은 부침을 거듭하다가 2023년 8월 캠프 데이비드 정상회의를 계기로 괄목할 만한 진전을 보였다. 한일/한미일 안보협력에서 과거사 갈등이 제약요인이었다면, 북한의 위협과 미중 간의 전략경쟁은 촉진요인으로 작용했다. 한미일 안보협력은 한반도 차원에서 대북한 억지력과 대응력 강화, 인도·태평양 차원에서 군사안보 네트워크화, 그리고 비전통 안보협력이라는 세 방향으로 발전할 가능성을 내포하고 있다.

핵심이슈

- 탈냉전 이후 한국은 한미동맹의 지역동맹화, 한일/한미일 안보협력 확대에 신중한 이었지만, 현 정부 들어 한미일 협력에 대한 관여를 전향적으로 확대했다.
- 미국은 중국의 부상과 전략적 도전에 대응하기 위해 한일/한미일 안보협력을 중시한다.
- 한반도 유사시 미군, 유엔군에 기지제공, 후방지원을 담당하는 일본은 한국과의 안보협력 확대를 원한다.
- 한일 과거사 갈등에도 불구하고 최근 한일/한미일 안보협력을 지지하는 여론이 증가한 배경에는 북한 핵 능력의 고도화, 미중 전략경쟁의 상시화 등에 따른 위기의식의 심화가 있다.
- 한일/한미일 안보협력은 다양한 발전 가능성을 내포하고 있다.

1. 서론

2022년 5월의 정권교체를 계기로 한국의 외교안보정책은 큰 방향전환을 했다. 윤석열정부는 일본을 중요한 협력 파트너로 인식하고, 한일관계의 복원을 대일외교의 최우선 과제로 삼았다. 그 결과, 한일관계는 급속히 개선되어 대결에서 협력으로 국면이 전환되었다. 한일 간 갈등 현안의 상당 부분이 해소되었을 뿐만 아니라 양국 정부는 다양한 분야의 협력에 합의하였고, 양자 차원의 소통을 넘어 한미일 3국 협력, 지역 및 글로벌 차원의 협력을 포괄적으로 논의하는 단계에 이르렀다.[1]

2023년 8월 미국 캠프 데이비드에서 한미일 3국의 정상은 북한의 핵, 미사일, 인권 문제와 인도·태평양지역의 안보위협에 공동 대응, 공급망과 신흥기술 등 경제안보 관련 협력의 강화에 합의했다. 3국은 한반도를 넘어 인도·태평양 차원의 공동 도전과 도발, 위협 발생 시 공동 대응에 합의하고, 3국 협력의 제도화에 대한 의지를 확고히 했다는 점에서 한미일 협력의 획기적인 진전이었다고 할 수 있다.

한미일 안보협력의 많은 부분은 한일관계에 의존하고 있다. 즉, 한미 간의 동맹관계와 미일 간의 동맹관계에 비해 상대적으로 '약한 고리'인 한일관계를 어떻게 개선하고, 양국 간의 안보협력을 어떤 분야와 수준까지 그리고 어느 정도의 속도로 추진할 것인가의 문제인 것이다. 한일관계가 정부 차원에서 개선되었다지만 반일 국민감정, 일본 사회의 보수화, 정권교체 때마다 대일정책의 기조가 바뀌는 한국의 정치환경을 고려한다면 한미일 협력의 전도를 낙관할 수만은 없다.

이러한 문제의식하에서 한미일 안보협력의 역사와 쟁점을 살펴보고, 한국안보에 대한 일본의 인식과 정책, 캠프 데이비드 선언에 대한 평가를 바탕으로 한미일 안보협력의 가능성과 한계에 대해 검토해 보고자 한다.

2. 한일관계의 갈등구조[2]

1965년에 국교를 정상화한 이래 일본은 우리에게 '청산'의 대상인 동시에 국익 극대화를 위해 손을 잡아야 할 '협력'의 상대였다.[3] 1980년대 이후 국력과 체제 가치관의 접근, 교류 기회의 증대에 따라 한일관계가 대칭화되었지만, 역설적이게도 양국 간에는 협력보다 갈등의 요소가 증가했다.[4] 그 배경에는 과거사와 위협인식을 둘러싼 '이중의 갈등구조'가 있다.

1) 과거사 갈등의 격화

한반도가 남북으로 분단되고 한국전쟁이 발발하면서 유럽에서 시작되었던 미소 간의 냉전은 동아시아의 지역 냉전체제로 고착되었다. 미일안보조약과 한미상호방위조약의 체결로 한일 양국은 '허브 앤 스포크(hub and spokes)'로 불리는 집단안보체제에 편입되어 미국을 매개로 하는 '준(準)동맹'의 관계에 있었다.[5] 과거사 관련 한국의 국민감정과 태평양전쟁의 유산인 '평화국가'라는 일본의 정체성이 한일 간의 본격적인 동맹관계의 구축을 제약했다. 한일 간의 갈등이 불거질 때마다 미국은 동맹의 '관리'에 부심했고, 한일관계는 미국의 동아시아 냉전 전략의 '불완전한 고리'로 남았다.[6] 그럼에도 불구하고 냉전기의 한일관계는 경제·안보 분야의 협력을 위해 과거사 갈등이 관리되는 특징을 보였다.

해방 후에 한일관계에서 최대 장애는 과거사문제였다.[7] 1910년 이후 35년간의 일본의 한반도 지배의 불법성 및 전후처리 방식에 대해 양국의 입장은 정면 충돌했다. 반일민족주의를 대외관계와 국내정치의 기본노선으로 삼은 이승만정부는 미국이 추진했던 일본 중심의 지역 전략에 반발했다. 일본은 '두 개의 코리아' 정책을 기조로 북한과도 교류하고자 했다. 이 시기에는 이승만 라인(평화선), 재일조선인의 북한 이송(북송) 등의 현안 외에 한일 회담 과정에서 불거진 일본 측의 과거사 관련 망언이 한일 간의 반목과 갈등을 초래했다.

1965년에 한일기본조약이 체결되어 한일 간 국교가 정상화되었다. 이른바 한일관계 1965년 체제하에서 박정희정부는 일본을 배척하지 않고 협력의 상대로 바라보았고, 일본의

대한반도 정책에서는 북한보다 한국을 중시하는 관행이 정착되었다. 1980년대에 한일 양국은 일본의 역사교과서 기술을 두고 일시적으로 대립하기도 했지만, 대체로 우호적인 관계를 유지했다.[8] 냉전기를 통해 한국정부는 대일외교에서 반공과 경제발전을 우선시했고 과거사문제는 '해결'보다 '관리'에 방점을 두었다.

1990년대 들어 글로벌 냉전의 종언으로 한일 간에 반공 연대의 필요성은 줄어들었다. 그동안 '봉인'되었던 과거사문제가 한일관계의 핵심 현안으로 등장하였는데, 그 계기는 구 일본군의 위안부문제였다.[9] 1997년에 한국은 'IMF 사태'라는 금융위기를 겪게 되었고, 이듬해 김대중정부의 출범을 계기로 양국이 '21세기 새로운 한일 파트너십 공동선언'에 합의하면서 한일관계는 협력의 국면으로 전환되었다.[10] 그러나 2000년대 들어 위안부문제에 더해 교과서, 야스쿠니 신사 및 독도를 둘러싸고 대립하면서 한일관계는 다시 냉각되었다.

2010년대 들어 한일관계는 과거사 갈등이 상시화했다. 2008년에 출범한 이명박정부는 일본과의 협력을 중시하였지만, 2011년 8월 한국 헌법재판소의 판결을 계기로 위안부 갈등이 재연되면서 한일관계는 냉각되었다. 2012년 봄에 한일정부 간에 추진되던 위안부 교섭과 GSOMIA 체결 교섭은 좌초되었고, 8월에 이명박 대통령이 독도를 방문하면서 한

일관계는 크게 악화되었다.

박근혜정부 초기에도 위안부문제는 대일외교의 핵심 현안이었다. 한국정부는 유엔과 미국 등의 국제사회를 상대로 위안부문제 관련 일본의 무성의한 대응을 비판했고, 일본이 이에 맞대응하는 경우가 늘어났다.[11] 양국 정부는 2015년 12월 말에 위안부문제의 해결에 합의하였고, 이듬해 11월에 북한 관련 군사정보를 공유하기 위해 GSOMIA를 체결했다. 그러나 박 대통령이 탄핵되면서 한일협력은 추동력을 상실했다.

문재인정부 시기에는 강제징용 문제가 대일외교의 새로운 쟁점으로 등장했다. 2018년 10월 한국 대법원이 강제징용 관련 일본기업의 배상 책임을 확정하는 판결을 내리자 일본 측은 크게 반발하였다. 이듬해 7월, 일본정부는 한국에 대해 반도체·디스플레이 관련 소재 3종의 수출을 규제하는 조치를 발표했고, 이에 한국 측은 국민들에 의한 일본 상품의 불매운동과 정부에 의한 세계무역기구(WTO) 제소와 GSOMIA의 종료 선언으로 대응했다. 과거사 갈등에서 시작되어 경제와 안보 분야로 확대된 '복합 갈등'은 완화될 기미가 보이지 않았다.[12]

2010년대의 한일관계는 탈냉전 이후 20년과 비교해 몇 가지 차이점을 보였다. 첫째, 갈등이 상시화하였다는 점이다. 김영삼, 노무현, 이명박정부 시기에 한일관계는 협력과 갈등 국면을 반복했다. 정부 출범 초기에 일본과 협력관계를 유지하다가 과거사나 독도 문제로 충돌하면서 갈등국면으로 전환되어 한일관계가 냉각된 채 다음 정권으로 교체되는

글상자 10.1 한일군사정보보호협정(GSOMIA)

2016년 11월 23일에 한일 양국이 군사정보를 공유하기 위해 체결한 협정이다. 동 협정은 한일 간에 군사정보의 전달·보관·파기·복제·공개 등에 관한 절차를 규정하는 21개 조항으로 구성되었고, 공유 가능한 정보의 범위에는 1급 비밀을 제외한 모든 군사정보가 포함된다. 협정의 유효기간은 1년이며, 일방이 기한 만료 90일 전인 8월 24일까지 협정 종료 의사를 상대측에 통보하지 않는 한 자동으로 1년씩 연장된다. 2019년 7월 일본정부가 한국에 대해 반도체 및 디스플레이 제조에 필요한 핵심 소재의 수출을 제한하는 조치를 발표하자 다음 달 22일 문재인정부는 동 협정의 종료를 발표했다. 이에 협정은 2019년 11월 23일 0시를 기해 종료될 예정이었으나, 당시 한국정부는 협정의 지속을 강력히 희망하는 미국정부의 입장 등을 고려해 종료 시한 6시간을 앞두고 종료 통보의 효력을 일시 중지하기로 결정했다. 2023년 3월 윤석열 대통령의 방일을 계기로 한국정부는 GSOMIA의 완전한 정상화를 선언했다.

것이 일반적인 패턴이었다. 그런데 2010년대에는 정권 초기부터 한일관계는 대결 국면에서 출발했다. 박근혜정부나 문재인정부의 출범이 한일관계 개선의 재료가 되지 못했다.

둘째, 과거사 관련 사법 판결이 한일관계에 결정적인 영향력을 행사하고 있다는 점이다.[13] 전술한 대로 2010년대 들어 헌법재판소와 대법원 등 사법 당국은 일본군 위안부문제와 강제동원 피해자문제에서 한국정부와 일본기업에 해결을 요구하는 판결을 내렸고, 이것이 대일외교의 방향을 결정적으로 좌우했다. 한국정부는 삼권분립과 헌법정신의 존중이라는 시대적 조류를 거스를 수 없는 상황에 놓였다.

셋째, 한일관계에서 정경분리원칙의 침식이다. 탈냉전 이후 20년 동안 양국은 이른바 정경분리원칙, 즉 안보나 경제문제 등 기타 현안을 과거사문제와 분리해 대응한다는 방침을 공공연하게 부정하지 않았다. 그런데 2010년대에는 과거사문제가 기타 현안과 연동되어 한일관계 전체를 제약하는 구도가 선명해졌다. 박근혜정부 초기에는 한국정부가 위안부문제에 대한 일본의 양보를 사실상의 정상회담 개최 조건으로 삼아 일본 측을 강하게 압박했다. 문재인정부 시기에는 일본정부가 징용 피해자 문제로 일본기업에 피해가 발생한다면 제반 대응 조치를 검토하겠다고 발표했다.[14]

2) 위협인식의 괴리

탈냉전을 거치면서 북한 및 중국에 대한 한일의 위협인식은 변화하였고, 한일 간 위협인식의 괴리가 한일협력의 제약요인으로 작용했다.

우선 중국에 대한 한일의 인식은 탈냉전 이후 극적으로 역전되었고, 이는 한일관계에 영향을 미쳤다.[15] 2010년에 중일의 국내총생산(GDP)이 역전되었고, 같은 해 센카쿠(중국명 댜오위다오) 사건을 계기로 일본 국민의 대중국 인식은 급속히 악화되었다. 2013년에 발표된 일본의 국가안전보장전략 문서는 아시아·태평양지역의 안보위협으로 특히 중국의 위협을 강조했다.[16] 중국의 영해 침범과 동중국해 상공의 방공식별구역 설정 등은 "힘에 의한 현상변경 시도"로서 국제법 질서와 배치되며, 중국의 공세적인 태도와 행동이 국제사회의 우려라고 기술했다. 이후 일본정부는 중국을 현상변경 국가로 규정하고, 중국에 대한 억지력 확보를 위해 미일동맹의 강화에 주력했다.[17]

반면, 한국에서 중국의 부상은 '위협'이라기보다 '기회'로서의 측면이 컸다.[18] 1992년 한중 수교로 냉전기의 적대관계를 청산한 한중관계는 제반 분야에서 폭발적인 성장을 거듭하였다. 한미동맹이 한국안보의 핵심이라는 점에는 변함이 없지만 한국정부는 '안보는 미국, 경제는 중국, 북한문제는 미중'이라는 식으로 대미외교와 대중외교의 균형을 유지하면서 미중 간의 세력경쟁에 말려들지 않으려고 고심했다.[19] 2016년 이후 사드 배치 문제를 둘러싸고 한중관계가 냉각되었지만 문재인정부 시기에도 중국은 '기회'로서의 이미지가 강했다.

다음으로 미국과의 동맹관계 재편에서도 한일의 대응은 차이가 있다. 9·11테러 이후 글로벌 차원의 미군 재편 일환으로 미일 양국은 미일동맹의 글로벌화와 일체화를 추진해 왔다.[20] 2010년대 들어 동아시아에서 미중 간의 경쟁구도와 동중국해에서 중일 간의 갈등이 가시화하자, 중국의 도전에 대응하기 위한 미일 양국의 움직임이 활발해졌다. 당시 아베 신조(安倍晋三) 내각이 추진한 제도적 종착점이 집단 자위권의 행사를 전제로 한 미일방위협력지침(가이드라인)의 개정과 안보법제의 정비였다.

반면, 한국은 한미동맹의 조정에 신중한 입장이었다. 한미동맹은 북한에 대한 억지력에 중점을 둔다는 점에서 미일동맹과는 차이가 있다.[21] 9·11테러 이후 미국은 주둔국의 승인 없이 미군을 다른 지역으로 신속히 이동할 수 있는 '전략적 유연성'을 요구했지만, 노무현정부는 한국의 의지와 무관하게 지역분쟁에 연루될 수 있음을 우려해 신중하게 대응했다. 오바마정부 시기에 한미 양국은 '포괄적 전략동맹'에 합의했지만, 이것이 한국이 중국 견제에 동참했다는 것을 의미하지는 않았다.[22]

마지막으로 대북한 정책에서도 한국과 일본의 입장은 달랐다. 북한에 대한 접근법에서 대화와 압박 중 어느 쪽을 우선하느냐를 두고 차이가 있었다. 한국전쟁 이후 사활을 건 체제경쟁을 벌였던 남북한 간에 1990년대 들어 비핵화 합의, 유엔 동시가입 등 화해와 교류의 움직임이 나타났다. '햇볕정책'을 표방한 김대중정부는 2000년에 최초의 남북정상회담을 개최하였고, 노무현정부도 북한과의 대화 노선을 계승했다.

일본은 1991년에 북한과 국교정상화교섭을 시작하였지만, 북한의 핵실험과 탄도미사일 발사, 일본인 납치 의혹으로 교섭은 난항을 거듭했다.[23] 2002년 고이즈미 준이치로(小泉純一郎) 총리의 방북 이후 일본인 납치문제가 북일관계의 최대 현안이 되었다. 2006년 아베 정권 출범 이후 일본의 대북정책 기조가 압박 중심으로 선회하였고, 6자회담 참가국 중에서 북한에 가장 유화적인 한국과 가장 강경한 일본의 입장이 대비되었다.[24]

문재인정부 시기에는 북한문제를 두고 한일 간의 대결 구도가 선명해졌다.[25] 2018년 들어 한국정부는 북한의 동계 올림픽 참가와 남북정상회담 및 북미정상회담 개최를 잇달아 성사시키면서 대화를 통한 북한의 비핵화에 주력했다. 반면, 일본정부는 한중일정상회의, 미일정상회담 및 G-7 정상회의 등 일련의 국제회의에서 북한의 대량살상무기와 탄도미사일 관련 계획과 시설의 '완전하고 검증가능하며 불가역적인 폐기(CVID: Complete, Verifiable, Irreversible Dismantlement)'와 일본인 납치문제의 조속한 해결을 촉구하면서 북한에 대한 압박을 이어갔다.

3. 한국안보에 대한 일본의 인식과 정책

일본은 유엔군에 대한 기지 제공과 후방지원 기능을 담당하고 있어 한반도 유사시 자국이 연루되는 것을 피할 수 없다는 인식이 지배적이다. 일본정부는 북한의 핵과 미사일 능력의 고도화에 대응하기 위해 한일 및 한미일 간의 안보협력을 강화해 나간다는 입장이다. 21세기 들어 미중 전략경쟁의 심화를 배경으로 일본은 중국에 대한 억지력 강화 차원에서 한국을 잠재적인 전략적 파트너로 인식하고 있다.

1) 일본의 대한반도 전략관

역사적으로 일본은 한반도 정세에 깊은 관심을 가지고 한반도에 대한 영향력 확대를 추구해 왔다. 메이지 시대의 대표적인 정한론자(征韓論者)인 야마가타 아리토모(山県有朋)는 한반도를 일본의 영토인 '주권선(主權線)'의 방어에 사활적인 전략적 요충지, 즉 '이익선(利益線)'으로 간주했다. 그는 한반도가 일본이 아닌 제3세력의 영향권에 들어간다면 일본에 대해 "머리 위의 칼(頭上の刃)"로 작

용한다는 논리로 한반도 식민지화와 대륙침략의 길을 열었다. 한반도가 대륙세력권에 들어가면 일본의 안보가 위협을 받게 되므로, 한반도를 자국의 영향력하에 두거나 일본과 우호적인 세력이 한반도에 안정적으로 자리 잡게 해야 한다는 발상이다.[26]

냉전기를 통해 한반도의 평화와 안정의 유지는 일본 외교안보정책의 일관된 목표였다.[27] 1949년 중국대륙 공산화 이후 일본의 안보에서 한국은 '반공의 방파제'였다. 식민지배라는 역사적 특수성에서 일본과의 명시적인 동맹을 원하지 않는 한국과 전후 초기의 격렬한 이념논쟁하에서 한반도 유사시 분쟁에 말려드는 것을 경계하는 일본 사이에 공식적인 동맹조약은 없었다. 그렇지만 양국은 미국의 동아시아 냉전 전략에 편입되어 한반도 유사시에 대비해 주한미군과 주일미군이 유기적으로 연계되어 있었고, 일본에서는 한반도 유사시 자국이 연루되는 것을 피할 수 없다는 인식이 대세였다. 1980년대 신냉전기를 예외로 한다면, 냉전기를 통해 일본의 최대 위협은 소련이 아닌 북한이었다.[28]

탈냉전 이후에도 일본 안보에서 한국은 지정학적으로 중요한 위치에 있다.[29] 한반도는 2010년대 들어 심화되고 있는 미중 전략경쟁의 향배를 좌우하는 요충지이고, 한국은 일본의 '잠재적인 전략상 파트너'다.[30] 2013년 12월에 일본정부가 채택한 국가안전보장전략 문서에 따르면, 일본은 중국의 부상에 대응하

기 위해 미일동맹과 역내 국가들과의 안보협력 네트워크를 동시에 강화해 나가야 해 한국은 호주, 동남아, 인도와 함께 전략적 파트너로 인식되었다.

일본이 한국과의 안보협력을 강화하고자 한 데는 미국의 의향이 크게 반영되었다. 2011년 2월에 발표된 미국 국가군사전략의 목표에 "한일 간의 안보관계를 개선해 군사협력을 강화하고, 지역 안전에 기여하도록 조력"하는 것이 최초로 포함되었다.[31] 2012년 8월에 발표된 제3차 아미티지-나이 보고서는 '중국의 부상'이라는 전략적 도전에 맞서 지역의 안정과 번영을 지키기 위한 미일의 공동 대응 및 한미일의 강한 동맹관계의 중요성을 강조했다.[32] 동 보고서는 한일 간에 GSOMIA와 상호군수지원협정(ACSA)의 체결, 인도, 호주, 필리핀과 대만 등 '민주주의 파트너'와의 연대 강화, 미일 간에 상호운용이 가능한 정보·감시·정찰(ISR) 능력의 확보 및 운영을 제안했다. 그리고 한미일 3국이 과거사문제의 합의를 위한 비공식 협의체를 확대하고, 확장억지력(핵우산)의 신뢰 확보를 위한 대화를 활성화할 것을 주문했다.

그렇지만 전술한 대로 2010년대에 과거사와 독도 문제를 둘러싼 갈등으로 인해 한일 간의 안보협력은 정체되었다. 특히 문재인 정부 시기인 2018년 자위대 초계기에 대한 한국 함정의 레이더 조사 여부에 대한 공방, 2019년에 한국에 대한 일본의 수출규제 도입과 한국의 GSOMIA 파기 결정(이후 파기 유보) 등으로 한일관계는 전면적인 대결 국면으로 치달았다.

2013년 12월과 2022년 12월에 발표된 일본의 국가안전보장전략 문서는 한국에 관한 기술에 변화가 보인다. 일본정부가 북한문제에 대한 공조를 염두에 두고 안보 측면을 포함한 한일 및 한미일의 전략적 연계를 강화하고, 독도 영유권 문제의 평화적인 해결을 위해 외교적 노력을 하겠다고 밝힌 것은 2013년과 2022년 문서에서 대동소이하다. 그런데 후자에서 "1965년 국교정상화 이후 구축해 온 한일의 우호협력관계"가 추가된 것은 과거사 갈등과 중국 및 북한의 위협에 대한 인식차로 인해 한국과의 협력이 곤란해진 현실을 반영한 것이라고 할 수 있다. 아베 내각 시기에 일본정부는 원론 차원에서 한국과의 안보협력의 필요성을 인정하면서도 실제로는 한국의 국제적 위상을 하향화하고 배제하려는 정책으로 일관했다.[33] 일본은 자국이 추진한 포괄적·점진적 환태평양경제동반자협정(CPTPP), 인도·태평양(전략)구상, 미국, 일본, 인도, 호주 4개국 안보대화(QUAD) 등에 한국의 참여를 요청하지 않았고, G7정상회의에 한국의 참가나 한국인의 WTO 수장 진출에 대해 공공연하게 반대하였다.

일본 외무성이 발간한 외교청서에서도 이러한 흐름을 확인할 수 있다. 2014년판 청서는 한국에 대해 "자유, 민주주의, 기본적 인권 등의 기본적인 가치와 지역의 평화와 안정 확보 등의 이익을 공유하는 일본에게 가장 중요한 이웃"으로 기술하였는데, 여기에는 '가치의 공유', '이익의 공유', '가장 중요한 이웃'이라는 세 가지 표현이 포함되었다. 그 후 일본군 위안부문제로 한일관계의 경색 국면이 장기화되자 2015년판에서는 '가장 중요한 이웃'만 남고, 가치와 이익의 공유가 사라졌다. 한일 양국이 위안부문제의 해결에 합의한 이후인 2016년판과 2017년판에서 '전략적 이익을 공유하는 가장 중요한 이웃'이라는 표현이 살아났지만, 한일관계가 악화되기 시작한 2018년 이후 이 표현은 다시 사라졌다.

2021년 1월 미국에서 한미일 협력을 중시하는 바이든정부가 출범하고, 같은 해 10월 일본에서 기시다 후미오(岸田文雄) 내각이 출범했다. 2022년판 외교청서는 한국이 안보 측면에서 중요한 이웃나라이며, 북한문제 등 지역 안정에 한일 및 한미일의 협력은 불가결하다고 기술하고 있다.[34] 그렇지만 과거사문제와 관련해 한일관계는 구한반도 출신 노동자(강제동원) 문제나 위안부문제 등 매우 어려운 상황에 있으며, 한일관계를 건전한 관계로 되돌리기 위해 일본의 일관된 입장에 따라 한국 측에 적절한 대응을 강력히 요구해 나가고, 다케시마(독도)는 역사적으로 국제법상으로 일본 고유의 영토라는 기본적인 입장에 근거해 의연히 대응한다는 입장을 유지했다.

그런데 2024년판 외교청서에서는 한일관계와 관련해 주목할 만한 내용이 추가되었다.[35] "2023년은 한일관계가 크게 움직인 1년이 되었다. 한국은 국제사회에서 다양한 과제에 대응하기 위해 파트너로서 협력해 나가야 할 중요한 이웃국이다. 특히 긴박한 국제환경하에서 한일 양국은 지역의 평화와 안정이라는 공통 이익의 확보를 위해 다양한 분야에서 연계를 깊게 하고 협력의 폭을 넓혀갈 필요가 있다"라고 기술하였다. 2022년 5월 한국의 정권 교체 이후 한일관계가 개선되자, 일본정부가 다양한 지역 현안에 대해서도 한국과의 협력에 적극적으로 나서고 있음을 알 수 있다.

2) 한미동맹 관련 일본의 입장

한미동맹은 미일동맹과 함께 동아시아 안보의 핵심축이며 일본의 안보와 직접 연동된다는 점에서 일본은 한미동맹의 조정과 운영에 사활적인 이해관계를 갖고 있다. 전술한 대로 탈냉전 이후 미국과의 동맹관계 조정에서 한일의 입장이 대비되는 상황에서 일본은 한미동맹이 한반도에서 대북 억지력의 기능을 넘어 지역동맹으로 확장되기를 희망하고 있다. 일본이 한국과의 안보협력에서 중시하고 있는 것은 북한의 핵과 미사일 위협에 대한 억지력과 방어력의 강화 외에 대중국 헷징의 차원에서 남중국해, 동중국해, 서해상에서 안보협력의 확대이다. 한미동맹과 미일동맹의 동질성과 상호 보완성이 강화되고 한미일 안보

협력이 활성화된다면, 중국에 대한 일본의 전략적 종심(縱深) 확보에 유리하게 작용할 것으로 기대되기 때문이다.[36]

이와 반대로 한미동맹과 한미일 안보협력이 정체되거나 약화될 경우, 한반도에서 힘의 균형이 일본에 불리하게 작용할 수 있다. 이 경우, 일본은 한국이 일본의 잠재적 위협이 될 가능성을 우려해야 한다. 한일관계가 극도로 악화되었던 2020년에 발표된 일본의 방위백서는 문재인정부 출범 이후 한국 방위백서에 나타난 '주적' 개념의 변화, 국방계획 2.0 및 국방중기계획 2020-2024에 따른 국방비의 급증, 한국형 미사일방어(MD)체계의 구축, F-35A 등 첨단 전투기 도입, 순항미사일과 탄도미사일 개발 배치, 잠수함 전력 증강, 합동화력함 도입 계획 및 무기수출의 비약적인 증가 등에 대해 구체적으로 기술하고 있다.[37] 일본정부가 한국의 '독침 전략'이 북한이나 중국뿐만 아니라 일본에 대해서도 억지력으로 작용할 수 있다는 사실을 의식하고 있음을 짐작할 수 있다.[38]

나아가 한국이 한미동맹을 상대화하고 중국과의 안보협력을 모색하는 상황이 펼쳐진다면, 일본은 동해까지 연장된 중국의 군사적 영향력에 대응하기 위해 일본 열도의 남서방면에 더해 한반도 방면의 방위력 증강에 추가적인 부담이 불가피해진다. 전술한 2020년판 방위백서는 한미동맹과 관련해 전시작전권의 한국군 전환 문제, 한미연합훈련의 중단 내지

축소, 주한미군 주둔 관련 방위비 협상 등의 동향을 소개하고 있다. 일본정부가 한미동맹의 약화가 자국의 안보에 미칠 부정적인 영향을 우려하고 있음을 알 수 있다. 주한미군의 전면 철수가 현실화되면 일본은 아시아에서 유일하게 대규모 미군이 주둔하는 국가가 된다. 일본사회에서 미군 주둔의 명분이 약해지고, 대외전략의 근본적인 수정을 요구하는 목소리가 커질 가능성이 있다.

일본은 한반도 종전체제가 평화체제로 전환되고 한미동맹이 상대화되는 상황을 경계한다. 문재인정부는 한반도의 평화정착을 위해 미국정부를 설득해 남북미 3국 간에 종전선언과 평화협정 체결을 추진하였는데, 일본정부는 평화체제 추진 과정에서 일본의 이해관계가 무시되고 주한미군이 축소될 수 있는 상황을 우려했다. 당시 한미 양국에 의한 연합군사훈련의 유예 결정에 대해 오노데라 이쓰노리(小野寺五典) 일본 방위상은 "한미훈련은 주한미군과 함께 동아시아 안전보장에 중요한 역할을 하고 있다"라고 우려를 표명했다.[39] 아베 총리는 북한의 비핵화를 위한 협상의 일환으로 주한미군을 철수하는 방안에 반대하고, "미군의 한국 주둔은 동아시아의 평화와 안정을 위해 매우 중요한 요소"라고 강조했다.[40]

한미 간의 전시작전권 문제와 관련해서 일본에서는 한국군이 한반도 유사시 독자적인 작전권을 행사하게 될 경우, 한미일 안보협력

의 핵심인 미국의 역할이 축소되어 대북 억지력의 약화로 이어질 수 있음을 우려하는 시각이 있다. 이들은 문재인정부가 추진한 한국군의 방위력 강화 사업이 전작권 전환을 위한 노력의 일환이라고 본다.[41] 2015년 안보법제의 성립으로 일본 자위대는 ACSA를 맺은 외국 군대에 대해 후방지원을 할 수 있게 되었다. 일본은 미국, 호주와 맺은 기존 ACSA를 개정하고, 영국, 캐나다, 프랑스, 인도, 독일, 이탈리아와 동 협정을 체결했지만, 한일 간에는 ACSA 관련 논의가 가시화되지 않았다. 일본의 안보전문가들은 대북 억지력을 유지하기 위해서라도 한미 간의 전작권 전환 논의와 병행하여 한일 간의 ACSA 체결이 병행되어야 한다고 주장한다.[42]

3) 한반도 통일에 대한 일본의 시각

한반도 통일문제는 정치적으로 민감한 사안이므로 그와 관련된 움직임이 나타나더라도 일본정부는 적극적인 역할을 하기보다는 신중하고 반응적으로 대응할 가능성이 크다.[43] 일본정부는 1988년에 노태우정부가 발표한 '민족자존과 통일번영을 위한 특별선언'(이른바 7·7 선언)을 지지했다.[44] 북한과의 관계를 적대적 관계에서 벗어나 동반자관계로 발전시키고, 남북한이 상호 교류를 통해 사회·경제·문화 부문에서 공동체로 통합해 나가고, 이를 바탕으로 통일을 실현하겠다는 "한국정

부의 유연하고 건설적인 제안에 대해 지지와 환영"을 표명했다.

2023년 8월 캠프 데이비드에서 개최된 한미일 정상회의에서 한반도 통일에 대한 일본정부의 입장이 공식적으로 표명되었다. 동 회의에서 채택된 3개의 합의 문서 중 하나인 '캠프 데이비드 원칙'에서 3국 정상은 "우리는 자유롭고 평화로운 통일 한반도를 지지한다"라고 명시했다. 이는 한반도 통일에 대한 미일 양국의 공식적인 지지를 확보하였다는 점에서 의의가 크다.[45] 상기한 1988년 일본정부의 지지가 한반도 통일을 향한 과정에서 남북한 간의 "대화와 교류"에 방점을 둔 것이었다면, 2023년의 지지는 정치과정의 결과로 탄생한 통일 한국의 이념과 상황이 자유롭고 평화로워야 한다는 것을 강조하고 있다는 점에서 주목된다.

한편, 다수의 일본 전문가들은 한반도 통일 과정과 통일 후의 국가 정체성에 대한 우려 때문에 통일보다는 현재의 분단 상황 유지를 선호한다고 할 수 있다.[46] 한반도 통일 과정에서 군사적 충돌이나 대규모 난민사태가 발생한다면 일본의 안보에 위협이 되기 때문이다. 2018년에 동아시아연구원(EAI)과 일본 '겐론 NPO'가 공동으로 실시한 여론조사에 따르면, 일본 국민은 이상적인 한반도의 미래상에 대해 '하나의 국가로 통일'(18%)보다 '관계 개선 없이 현재의 두 국가체제로 공존'(27.8%)을 선호했다. 일본은 1965년 한일

국교정상화 이후에도 휴전선 이북에 존재하는 실체로서의 북한을 부정하지 않았으며, 냉전체제의 이완이나 남북한관계의 개선 같은 움직임이 나타날 때마다 북일관계의 개선을 시도해 왔다.[47] 지금도 언제든지 상황이 개선되면 북일국교정상화 교섭을 재개할 수 있다는 것이 일본정부의 입장이다.

일본에서는 한반도에서 통일국가가 출현할 경우, 그 변화는 북한이 아닌 한국이 주도하고, 자유민주주의와 시장경제를 따를 것이라는 전망이 지배적이다. 하지만 일각에서는 '반일민족주의'로 무장한 통일 한국의 출현 가능성을 우려하는 시각이 있다. 진보 성향의 논객인 후나바시 요이치(船橋洋一)조차 중장기적으로 일본 안보의 최대 위협은 중국의 해양 진출과 미래의 통일 한국이라고 보았다.[48] 핵무기를 보유하고(Nuclear), 중립적이고(Neutral), 민족주의적인(Nationalistic) 이른바 '3N'의 통일국가가 출현한다면, 일본 안보에 최악의 시나리오가 될 것이라고 경계한다. 일부 우익 인사들은 한국이 중국과 연대하여 일본에 대해 역사 공세를 전개해 오고 있다고 비판한다. 이들은 한반도가 통일되어 한국의 정치가들이 반일민족주의를 선동한다면 일본이 국가 존립의 위기를 맞을 수 있다고 주장한다.[49]

일본의 안보전문가들은 한반도에서 통일국가가 출현할 경우, 한반도에 대한 중국의 영향력이 커질 가능성을 경계한다.[50] 노무현,

박근혜정부의 대외정책에 대해 일본이 '중국 경사론'을 제기한 데서 알 수 있듯이, 일본의 보수세력은 통일 한국의 대외정책이 한미동맹을 상대화하고 미중 사이에서 중립을 취할 가능성을 우려한다. 만약 한반도 통일 이후 주한미군이 철수하거나 감축될 경우, 이를 계기로 일본은 물론 미국 여론과 의회에서도 주일미군의 감축 요구가 거세질 수 있다. 한미동맹과 주한미군의 유지가 일본안보에 긴요하다고 보는 일본정부가 이러한 상황 변화를 받아들이기는 쉽지 않다고 할 수 있다.

반대로 한국이 북한을 흡수해 통일할 경우, 북한의 핵과 미사일 문제가 해결되고, 지역의 안정과 평화에 도움이 될 것이라는 시각도 존재한다. 이들은 통일 한국이 자유민주주의와 시장경제를 유지한다면, 한반도 통일은 북일관계의 현안인 전후보상문제와 일본인 납치문제를 해결할 기회를 제공한다는 점에서 일본과 국제사회가 환영할 만한 사건이라고 본다. 경제적으로는 통일 한국이 일본과 경쟁할 것이라는 주장이 있는 반면, 일본 기업에 시장 확대와 새로운 기회를 제공할 것이라는 반론도 존재한다.

4. 한일/한미일 안보협력의 평가 및 쟁점

한일 간의 안보협력은 한일 양자 간의 협력 외에 미국을 매개로 한 한미일 협력의 형태로 전개되었으며, 미일동맹과 한미동맹에 비해 낮은 수준에 머물러 있었다. 한일 안보협력은 냉전기에는 한국에 대한 일본의 경제 지원 위주였지만 탈냉전 이후에는 북한에 대한 억지력을 강화하기 위한 협력을 확대해 2016년에 GSOMIA를 체결했다. 1990년대에 북한의 핵 개발에 공동 대응하기 위해 시작된 한미일 간의 협력은 부침을 거듭하다가 2023년 8월 캠프 데이비드 정상회의를 계기로 괄목할 진전을 보였다.

1) 한일 안보협력의 평가

국가 간의 안보협력에는 다양한 형태가 존재한다.[51] 공동의 적을 전제로 조약 등에 의해 안보에 관한 책임과 의무를 규정하는 동맹관계 외에 방위 당국 간의 교류나 정보 교환 수준에 그치는 낮은 단계의 협력이 있다. 그 중간 단계로 특정한 위협을 상정하여 군사작전을 공유하고 정보를 교환하는 군사협력 외에, 공동의 적을 상정하지 않고 군사훈련의 사전 통보, 군사적 교류, 군사정보의 교환 등을 통해 신뢰를 구축하는 협력이 있다. 한일 안보협력은 일본을 보는 시각과 전제하는 상황

에 따라 다르게 정의될 수 있다. 미국을 매개로 하는 준동맹(냉전형 반공동맹), 특정한 위협세력을 상정하는 긴밀한 군사협력(대북 억지력 차원의 협력), 적을 특정하지 않는 느슨한 안보협력(한중이나 한러 간의 안보협력과 같은 수준) 등 다양한 형태로 정의할 수 있다. 다만, 그 어느 경우에도 한일 안보협력이 한미동맹이나 미일동맹보다 낮은 수준에 있다고 본다는 점에는 차이가 없다.

냉전기에 한일 양국은 한미동맹과 미일동맹의 접점인 미국을 매개로 하는 '유사동맹' 관계에 있었다. 주일미군의 주둔과 한반도 유사시 자국 영토 내의 7개 유엔사 기지를 제공하는 일본의 역할 규정은 북한에 대한 억지력으로 작용했다. 1969년에 미일이 합의한 "한국의 안전은 일본의 안전에 긴요하다"라는 '한국 조항' (이후 한반도 조항)은 한반도 유사시 일본의 관여 의지를 공식적으로 확인한 것으로 이해되었다. 1975년 인도차이나 공산화 이후 한미연합사의 창설과 일본의 방위계획대강의 채택, 1983년 40억 달러의 한일경협차관 합의 등의 사례에서 알 수 있듯이 한일 양국은 안보 측면에서 미국의 냉전 전략과 유기적으로 연동되는 협력관계에 있었다. 간헐적인 안보교류를 제외하면 한일 간에 제도화된 안보협력은 부재하였지만 한국에 대한 일본의 경제원조는 사실상 안보협력의 성격을 띠고 있었다. 박정희정부가 추진한 중화학공업 육성과 자주국방 정책의 실현에는 기술과

자본 면에서 일본의 지원이 필수불가결했다.

1990년대에는 한일 간에 직접적인 안보협력이 가시화되었다.[52] 미소 냉전이 종식되면서 동아시아의 안보환경이 변화하였고, 한반도와 대만해협 유사시 대응할 필요성이 제기되었다. 1990년대 중반부터 북한의 핵 개발과 탄도미사일 발사와 같은 군사적 도발을 계기로 제기된 '북한 위협론'은 한일 안보협력의 촉진제가 되었다. 양국 방위 당국 간에 인사 교류와 부대 간 교류가 시작되어 정보 교환을 위한 협의체로 발전하였고, 연습함대의 상호방문도 시작되었다. 1994년 이후에는 매년 국방장관회담이 개최되었고, 방위정책 실무회의가 연례화되어 군사 분야의 제반 현안을 논의했다. 구체적인 논의 정도는 불분명하지만, 북한체제의 붕괴 가능성과 북한의 도발을 염두에 두고 한일 간에 안보대화와 협력이 모색되었다고 할 수 있다. 일본은 한반도 유사시에 대비해 군사안보 면에서 한국과 협력관계를 구축하고자 희망하였고, 한국은 일본과의 전략적 소통을 통해 북일 접근을 견제하려는 의도가 있었다.[53]

1998년 김대중정부 출범 이후 한일관계는 크게 개선되고 북한의 대포동미사일 발사, 반잠수정 사건 등의 도발이 계속되는 상황에서 표면적인 발표와 별개로 실제 협력에서 한일 안보협력은 특정 위협세력을 상정하는 단계, 즉 대북 억지력으로서 성격을 띠는 수준으로 발전했다. 1998년에 발표된 '21세기 한일 파트너십 선언'에는 양국 간 협력 분야에 안보대화와 방위교류의 확대가 포함되었다.[54] 이를 전후하여 양국의 외교·국방 관계자로 구성되는 한일 안보정책협의회(국장급 2+2 외교안보대화)가 개설되었다. 양국은 긴급사태 발생 시 정보교환을 위한 군사 핫라인을 설치하고, 동중국해에서 공동의 해난구조훈련을 실시했다. 그리고 국방과 외교 분야의 연구·교육기관 간 학술교류가 정례화되었다.[55]

노무현정부 시기에 정체되었던 한일 안보협력은 이명박정부 시기에 다시 탄력을 받았다. 2009년 한일국방장관회담에서 '한일 국방교류에 관한 의향서'가 서명되었고, 대량살상무기확산방지구상(PSI) 훈련에의 공동 참가, GSOMIA 및 ACSA 체결 시도 등의 움직임이 있었는데, 이는 대북 억지력 확보 차원에서 중간 단계 수준의 안보협력을 지향한 것으로 볼 수 있다. 그 배경에는 북한의 핵 위협 고조, 일본 민주당 정부의 전향적인 역사인식, 한일 안보협력에 대한 미국의 기대 등이 있었다.[56] 그러나 2011년 말부터 한일 간 위안부문제를 둘러싼 갈등이 가시화하자 협력의 추동력은 상실되었다. 이듬해 6월 GSOMIA 및 ACSA 협정 체결이 중단되고, 8월 이명박 대통령의 독도 방문으로 한일관계가 악화되고 양국 간의 방위교류 프로그램들이 취소되었다.

박근혜정부 시기에 한일 안보협력은 GSOMIA 체결이라는 성과를 거두었다. 당시 일본의 아베 내각은 2013년에 채택된 국가안보전략문서에서 한국과의 안보협력의 필요성을 강조했지만, 한일관계는 과거사 관련 갈등국면을 벗어나지 못했다. 2014년에 한미일 정보공유약정(TISA)에 합의해 한일 양국은 미국을 매개로 북한의 핵과 미사일에 대한 정보를 공유할 수 있게 되었다. 그리고 2015년 12월에 한일 양국이 위안부문제 해결에 합의하면서 과거사 갈등이 진정되었다. 이듬해 북한이 핵과 미사일 도발을 감행하자, 한일 양국은 정보공유협정(GSOMIA)을 체결하여 북한의 미사일 관련 정보를 미국을 거치지 않고 직접 공유할 수 있는 제도를 정비했다. 그러나 문재인정부 시기에 한일 간 과거사 갈등이 재연되면서 GSOMIA의 연장 여부가 쟁점이 되었다. 윤석열정부 출범 이후 한일 외교장관회담과 국방장관회담이 빈번히 개최되었고, GSOMIA의 정상화와 함께 한일 안보정책협의회 및 외교차관 전략대화가 재개되었다.

위에서 살펴보았듯이 한일 간에는 해방 후 적대관계 수준의 대립 시기를 지나 1965년의 관계정상화를 계기로 자유 세계의 일원으로 안보 연대감을 유지해 왔지만, 실질적인 안보협력은 구체화되지 못했다. 한일안보협력이 구체화한 것은 세계적인 탈냉전 이후 한반도의 끝나지 않은 냉전, 즉 북한 핵, 미사일 위협 등 한반도 위기 사태에 대한 관리 필요성이 한일 간에 공유되면서부터였다. 이후 한일 양국은 상호 대화와 교류를 통한 신뢰구축을 도모하는 낮은 단계의 안보협력에서 공동훈련과 정보교환을 실시하는 중간 단계의 협력으로 점진적으로 확대·발전시켜 왔다.

2) 한미일 안보협력의 평가

한편, 탈냉전 이후 북핵 문제가 불거지면서 한일 양자협력과 병행해 한미일 협력도 구체화했다. 1993년부터 미국 국무부와 워싱턴 주재 한일 양국 대사관 관계자들 사이에 북핵 문제가 논의되었다. 이듬해 제네바 핵합의 이후 한반도에너지개발기구(KEDO)가 설립되었는데, 이는 북한의 대량살상무기 개발을 저지하기 위해 한미일 3국 간의 입장을 조정해 공동대응하기 위한 목적에서 만들어진 공조체제였다.

1998년에 시작된 한일 간의 대북정책 공조는 이듬해 10월 '페리 프로세스'로 불리는 미국의 대북정책 전환을 가져오는 촉매제가 되었다. 1999년 4월 하와이에서 한미일 3국은 대북정책 조정을 위해 국장급의 3자 대북정책조정그룹회의(TCOG: Trilateral Coordination and Oversight Group)를 결성하기로 합의했다. 동 회의는 1999년 5월 도쿄에서 1차 회의가 개최된 이후 2003년 8월 6자회담으로 대체될 때까지 활발하게 개최되었다. 이 협의체는 북한의 핵 개발 문제 외에 북한에 대한 지원 문제도 논의되었으며, 북한문제가 불거질 때마다 3국 대표가 회동해 공동성명을 발표했다. 이 협의체는 한미일 간의 대북

정책 공조의 시발점이 되었다.[57]

이명박정부 들어서는 한미일 3국의 6자회담 수석대표 회동을 포함해 3국 간 외교안보 담당 장관 및 차관급 회의가 수시로 개최되었다. 2010년에는 북한 핵에 대한 국제공조체제인 PSI 훈련을 부산 해상에서 실시해 한국, 미국, 호주와 함께 일본이 참가했다. 2010년 천안함 사건 이후 미국은 한미공동군사연습에 일본 자위대를, 미일공동연습에는 한국군을 옵저버로 초청하는 등 한미일 간의 군사적 협력 강화를 유도했다. 전술한 대로 2014년에 협정보다는 구속력이 약한 양해각서 형식으로 3국 간에 TISA가 체결되어 북한의 핵과 미사일 관련 정보를 공유할 수 있게 되었다.

2010년대 들어 중국의 부상을 배경으로 미중 간의 패권경쟁이 가시화하면서 한미일 협력은 미중의 전략 게임과 연동되는 모습을 보였다. 중국은 냉전기에는 일본의 침략전쟁에 대해 관용적인 태도를 보인 반면, 탈냉전 이후에는 반일 역사교육을 강화하고 일본의 전쟁 책임에 대한 반성과 사죄를 요구하는 경우가 증가했다.[58] 중국정부는 미일동맹과 한미일 안보협력에 대한 경계심이 깊어질수록 일본의 역사수정주의에 대한 비판을 강화했다.[59] 중국은 야스쿠니와 위안부문제 대응에서 한국과 연대해 일본을 압박하려는 태도를 선명히 했고, 이에 대해 중국이 한미일관계의 '준동맹화'를 견제하기 위해 '약한 고리'인 한일관계를 겨냥하여 '역사 카드'를 동원하고

있다는 지적이 제기되었다.[60]

오바마정부는 한일 간의 과거사 갈등이 한미일관계에 미치는 부정적인 영향을 최소화하기 위해 일본의 역사수정주의적 행태와 한국의 비타협적인 태도를 견제하는 등 동맹 관리에 나섰다.[61] 2014년 3월, 오바마 대통령은 헤이그에서 열린 핵안보정상회의를 계기로 박근혜 대통령과 아베 총리를 현지의 미국 대사관으로 초청해 위안부문제를 중재했다. 이것은 미국이 한일 간의 과거사 문제에 공개적으로 개입한 보기 드문 사례였다.[62] 그 후 한일 외교당국 간에 위안부문제를 다루기 위한 국장급 회의가 10여 차례 개최되었고, 2015년 12월 양국은 합의에 도달했다.

트럼프정부 시기에 한미일 협력은 정체되었는데, 그 배경에는 전술한 한일 간의 '복합 갈등'이 있었다. 대일 협력에 대한 문재인정부의 신중한 입장과 한미일 공조에 대한 미국의 관심과 영향력의 저하도 한미일 협력을 위축시킨 요인이었다. 트럼프정부는 '미국 우선주의'와 동맹 비용의 절감을 중시했다. 반면, 문재인정부는 한미동맹과 관련해 전시작전권의 조기 이양을 추진하고, 박근혜정부가 결정한 사드의 도입에도 소극적인 입장이었다. 한국정부는 한미동맹과 미일동맹의 일체화를 경계했고, 북핵 문제 관련 정책 공조를 제외한 한미일 간의 안보협력에 소극적인 태도로 임했다.[63] 트럼프정부는 2017년 11월 개최된 한미정상회담에서 한국 측에 한미일 협력의

강화와 '인도·태평양'에의 참여를 요청했지만 한국정부는 신중한 입장을 견지했다.[64]

동맹과 다자주의를 중시하는 바이든정부의 출범과 한국의 정권교체를 계기로 한미일 협력은 다시 활발해졌다.[65] 2022년 2월에 발표된 미국의 인도·태평양전략은 액션플랜에 "한미일 협력의 확대"를 포함시키고, 3국 간에 북한 문제 등의 안보 분야를 넘어 인도·태평양 지역에 대한 개발과 인프라, 중요 기술과 공급망 문제, 여성의 리더십 강화 등의 분야에서 긴밀히 협력하고, 서로의 지역 전략을 3자의 맥락에서 조율해 나갈 것을 제시했다.[66] 2021년에 3국 간 국가안보실장회의, 외교장관회의, 외교차관회의 그리고 북핵수석대표회의가 연이어 개최되었다. 이듬해에는 여기에 정상회의, 국방장관회의, 합참의장회의가 추가되었고, 특히 최고위 협의체인 3국 정상회의가 두 차례 개최되면서 한미일 협력은 중요한 진전을 이루었다.[67] 윤 대통령, 바이든 대통령, 기시다 총리는 6월에 NATO 정상회의를 계기로 회동하여 북한의 핵·미사일 위협에 대한 협력을 강화하기로 합의했다. 11월의 ASEAN 정상회의를 계기로 3국 정상회의에서는 다양한 분야에서 포괄적인 협력 방향을 담은 '인도·태평양 한미일 3국 파트너십에 대한 프놈펜 성명'이 채택되었다.

2023년 8월 미국 캠프 데이비드에서 한미일 정상회의가 개최되었다. 한미일 정상회의는 1994년 11월에 처음 열린 이래 2023년 5월까지 총 12회 개최되었지만 모두 다른 국제회의를 계기로 실현되었다.[68] 그에 비해 캠프 데이비드 회의는 단독으로 개최되어 3국 협력의 기본지침과 구체적인 협력방안에 관한 3개의 문서가 발표되었다. 3국은 군사안보, 공급망과 첨단기술 등의 경제안보, 개발과 보건 등의 지역 및 글로벌 이슈, 동남아시아와 태평양도서국에 대한 지원 등 인도·태평양 관련 문제, 3국 간 인적교류 등에 대한 포괄적인 협력을 약속했다. 나아가 3국 간 정상회의, 외교장관, 국방장관, 상무·산업장관, 국가안보담당보좌관 등 다양한 각료급 협의체를 매년 1회 이상 개최할 것에 합의했다. 협력의 구체화와 제도화라는 점에서 캠프 데이비드 정상회의는 한미일 협력의 획기적인 진전이었다.[69]

캠프 데이비드 회의에서 주목할 점은 다음과 같다. 첫째, 한미일 협력의 기본지침이 채택되었다. 3국은 국제법과 공동의 규범과 가치를 바탕으로 자유롭고 열린 인도·태평양을 추진하고, 힘에 의한 현상변경에 반대했다. 북한의 완전한 비핵화, 북한과의 전제조건이 없는 대화, 자유롭고 평화로운 통일 한반도를 지지하고, 3국의 핵 비확산 공약을 확인했다. 대만해협에서의 평화와 안정의 중요성을 확인하고, 양안 문제의 평화적 해결을 촉구했다 (캠프 데이비드 원칙). 둘째, 전술한 다양한 분야에서 포괄적인 협력방안을 마련해 공동성명으로 채택했다. 종래의 3국 협력이 한반도와 북한문제에 방점이 놓였다면, 윤석열 정부 출범 이후 개최된 프놈펜 회의와 캠프 데이비드 회의에서는 협력의 범위를 인도·태평양과 글로벌 차원으로 확대했다 (캠프 데이비드 정신). 셋째, 3국 간 상호 협의의 의무를 문서로 약속했다. 3국은 "공동의 이익과 안보에 영향을 미치는 지역적 도전, 도발, 그리고 위협에 대한 3국의 대응을 조율하기 위한 신속한 협의"를 공약하였고, 이것이 한미상호방위조약이나 미일안보조약 상의 공약 그리고 국제법과 국내법적인 권리나 의무와 무관하다고 병기(倂記)하였다 (한미일 협의에 대한 공약). 이는 법적 구속력을 갖추지는 않았지만, 지역 차원의 안보 현안에 대한 3국 간의 협의 약속을 문서로 규정하고 있다는 점에서 주목된다.

한미일 협력은 미국에 의해 주도된 측면이 강하다. 탈냉전 이후 미국은 대북정책의 공조와 동맹 관리를 위해 한일 간의 갈등을 중재하는 한편 한미일 협력을 강화하는 데 주력해 왔다. 이러한 경향은 진보적인 역사인식에 입각해 대화를 통한 한반도 문제의 해결을 추구하였던 클린턴, 오바마 등 민주당 정부 시기에 두드러졌다.[70] 미중 전략경쟁의 구도가 가시화된 트럼프정부 이후 한미일 협력은 중국 견제를 염두에 둔 인도·태평양전략의 일환으로 자리매김되었고(이에 대해서는 후술), 캠프 데이비드 정상회의를 계기로 연례화되어 쿼드(QUAD)나 오커스(AUKUS)와 같은 소

다자 협의체의 기틀을 갖추게 되었다.

한일/한미일 안보협력에서 과거사 갈등이 제약요인이었다면 북한의 위협과 미중 전략경쟁은 촉진요인으로 작용했다.[71] 한일/한미일 안보협력은 3국의 국내정치, 한일관계, 남북한관계, 북한의 도발, 중국의 부상과 미국의 대응전략 등의 영향을 받으면서 전개되었다. 역설적이게도 한일 안보협력은 북한과의 대화를 추구한 김대중정부 시기에 진전이 있었다. 반면, 보수 정부인 김영삼, 이명박정부 초기에는 일본과의 전략적 협력을 지향하였지만, 과거사와 독도 문제로 한일관계가 경색되면서 안보협력도 위축되었다. 2010년대의 한일 과거사 갈등은 미중의 전략경쟁과 연동되면서 한일/한미일 안보협력을 제약했다. 2022년 한국의 정권교체와 한일관계의 개선, 미국의 지역전략이 상호작용하면서 한미일 협력이 진전되었다.

3) 한일/한미일 안보협력의 쟁점

한일/한미일 안보협력의 필요성을 주장하는 근거는 다음과 같다. 첫째, 미일동맹이 재편·강화되어 미군과 자위대의 역할이 재조정되고 있어 한반도 유사시 효과적인 대응을 위해 한일, 한미일 3국 간에 군사적인 대응 계획을 조율할 필요가 있다는 주장이다. 일본은 한반도 유사시 한국 방어의 안전판이자 린치핀이어서 일본이 기지를 제공하고 있는 주일미군과 주

한미군의 연계, 일본에 있는 7개의 유엔사령부 후방기지의 역할, 미국 본토에서의 대규모 지원 병력이 한반도에 전개될 때 중개지로서 일본의 협조, 미군 및 유엔군에 대한 일본 자위대의 후방지원 등이 긴요하다. 일본 자위대가 한반도 영토 내에서 작전을 전개할 가능성은 제한적이지만, 공해상에서 기뢰제거나 초계활동 등과 같이 미군을 후방이나 측면에서 지원할 가능성은 매우 크다. 이러한 다차원적인 활동의 원활한 수행을 위해서는 한일/한미일 협력이 필수불가결하다는 것이다.[72]

둘째, 북한 핵과 미사일에 대한 억지력을 강화하기 위한 일본과의 협력 필요성이다. 실존적 위협으로서 북한의 군사적 도발은 한미일 3국의 공동 대응을 절실히 요구하고 있다. 북한의 거듭되는 핵실험과 미사일 발사로 지역 안보의 심각한 위협이 증대되고 있어 북한의 위협에 노출된 채 북한 비핵화 목표를 공유하는 한일 간의 협력이 중요하다는 것이다. 과거의 6자회담, 북미정상회담 등 북한 비핵화를 위한 국제사회의 노력이 사실상 효과를 보지 못하고 북한이 핵 보유를 기정사실화하고 있는 상황에서 한반도 안보환경을 관리하기 위한 실효성 있는 다자 협의체가 절실히 요구된다. 효율적인 대북 공조를 통한 대북한 억지력 확보 및 상황 관리를 위해 한일협력과 이를 바탕으로 한 한미일 협력이 그 어느 때보다 중요하다는 주장이다.[73]

셋째, 국제질서의 구조적 변화를 염두에 둔 거시적인 관점에서 지역의 평화와 안정을 확보하기 위해 이념과 가치를 공유하는 한일 간에 포괄적인 협력관계를 구축해야 한다는 주장이다. 21세기의 급변하는 국제질서는 한국 외교에 전방위적이고 긴밀한 협력적 안보 네트워크의 구축을 요구하고 있다. 현재는 한미동맹이 강한 결속을 유지하고 있지만, 한미동맹만으로는 국제질서의 불확실성에 완전히 대응할 수 없고 장차 어떤 도전에 직면할지도 알 수 없다. 미국의 동맹국으로 인권, 민주주의, 시장경제의 규범과 체제를 공유하는 한일 양국은 과거의 앙금과 정치적 불신과 단기적 이해타산을 극복하고, 북한의 핵문제, 지역의 안보현안, 경제통상, 사회문화 등 제반 분야에서 협력함으로써 공동 이익을 창출할 수 있는 관계에 있다. 한일관계를 미국과의 동맹관계의 틀 안에 국한되는 군사동맹이 아닌 민주동맹으로 발전시켜 나가야 한다는 것이다.[74]

한일/한미일 안보협력의 반대 논리는 다음과 같다. 첫째, 냉전기에도 일본을 끌어들이지 않고 한미동맹으로 대북 억지력을 확보했는데, 냉전이 끝난 상황에서 일본과의 안보협력을 추구하는 것은 시대착오적이며 남북한 관계 개선 및 한반도 통일에 부정적으로 작용할 수 있다는 우려다. 북한에 대한 한일 간의 이해관계가 충돌할 수 있는 상황에서 일본이 한미일 협력을 통해 한반도의 위기관리에 참여한다면 한국안보는 한층 복잡해질 수 있다. 지금까지 한미는 한국 주도의 한반도 통일이라는 대원칙 아래 협력해 왔는데, 일본이 관여하게 되면 위기관리는 복잡해지고 우리의 국익에 역행한다는 주장이다.[75]

둘째, 한미일 협력이 안보화할 경우, 관련국 간에 안보딜레마를 초래해 역내 질서가 불안정해질 수 있다는 주장이다. 한국은 중국과 경제적으로 상호의존관계에 있으며 북한문제 대응에서 중국의 협력이 중요하므로 한미일 결속으로 중국을 자극하는 것은 한국 국익에 반한다는 것이다. 동아시아에서 미중 전략경쟁과 동중국해에서 중일 갈등이 격화되는 상황에서 한국이 미일 주도의 대중국 견제망에 가담하는 것으로 비친다면, '한미일 대북중러'의 진영대결이 고착되고 한국이 자신의 의지와 무관하게 지역분쟁에 말려들 수 있다. 즉, 한미일 협력이 중국과 러시아, 북한을 배제하는 배타적 지역질서 추구의 상징이 되어서는 곤란하다는 것이다.[76] 한미일 안보협력은 대북한 억지력 강화에는 도움이 되지만, 북한과의 대화 메커니즘이 없는 상황에서 군사안보 중심의 3국 협력만으로 비핵화로 이어질 가능성은 낮다는 지적도 있다.[77]

셋째, 일본의 과거사 반성이 미흡한 상황에서 한일 안보협력을 추진하면 일본의 군사대국화나 역사수정주의에 면죄부를 줄 수 있다는 주장이다. 식민지배와 침략에 대한 일본의 반성과 사죄가 부족하고, 이를 미화하는 퇴행적 움직임이 계속되는 상황에서 한일 안보협력의 추진은 일본이 선택한 보통국가화 노선

에 정당성을 부여할 수 있다. 일본은 집단적 자위권과 적기지 공격능력을 확보하고 방위비를 배증하고 미일동맹을 강화하면서 인도·태평양에서 자국의 역할을 확대하고 있다. 한일 간에 역사 화해가 진전되지 않고 일본의 방위력 정비에 대한 신뢰가 부족한 상황에서 우리가 일본과 안보협력을 확대한다면, 한반도에서 긴급사태 발생 시 일본의 관여에 길을 열어주는 결과가 되고 한일 간 안보 이익이 충돌할 수 있다는 것이다.[78]

위에서 검토한 반대 논리는 한일/한미일 안보협력을 추진할 때 고려해야 할 사항으로 다음을 제시하고 있다.[79] 첫째, 한미동맹과 미일동맹 간의 기능의 차이다. 한미동맹과 미일동맹이 한미일 동맹으로 연결될 경우, 대북 억지력이라는 한미동맹의 주된 기능이 미일동맹이 상정하는 대중국 억지력으로 확대되어 한중관계를 손상시키고, 신냉전 구도를 유발할 수 있다는 점이다. 둘째, 북일관계와 남북관계의 경합성 문제다. 대북한 정책에서 한일 간에 경쟁적인 요소가 남아 있는 상황에서 한일이 북한을 공동의 위협으로 상정하는 안보협력에 들어갈 경우, 한반도 평화와 통일에 부정적인 영향을 미칠 수 있다는 점이다. 셋째, 일본의 보통국가화의 이중성이다. 일본의 지역적 안보역할 확대가 지역질서에 긍정적으로 작용할지 아니면 불안정을 초래할지 불확실한 상황에서 한일 안보협력의 추진은 일본이 선택한 보통국가화 노선에 정당성을 부

여할 수 있다는 점이다. 넷째, 지역적 신뢰구축과 다자안보협력의 필요성이다. 한반도 평화 및 통일을 위해 한국이 다자안보협력을 추진할 경우, 한일 간 군사동맹은 이와 상충될 수 있다는 점이다.

5. 한미일 안보협력의 가능성과 한계

2023년 8월의 캠프 데이비드 회의는 30년의 역사를 가진 한미일 정상회의를 제도적으로 한 단계 도약시킨 사건이었다. 동 회의에서 3국은 다양한 분야에서 포괄적인 협력에 합의했다. 그 합의 내용을 바탕으로 한미일 안보협력의 전도(前途)에 대해 한반도 차원에서 대북한 억지력과 대응력 강화, 인도·태평양 차원에서 군사안보 네트워크화 및 비전통 안보협력이라는 세 협력 분야를 중심으로 검토해 보고자 한다.

1) 대북 억지력 및 대응력 강화

한미일 협력의 발전 방향 내지 협력 가능한 분야로 가장 유망한 것은 북한의 군사적 위협에 대한 억지력과 대응력을 강화하기 위한 협력일 것이다. 북한의 위협은 한미일이 공통으로 직면한 위협이어서 그동안 3국 간에 그 대응에 대해 많은 논의와 진전이 있었고 국내정치적인 공감대도 상당 부분 확보된 상태이기 때문이다. 북한문제 대응과 관련해 '캠프 데이비드 정신'이 문서화된 것은 3국의 정책 방향이 대체로 수렴해 있음을 보여준다. 3국은 다년간의 연합훈련 계획, 탄도미사일 방어 협력, 북한 사이버 활동에 관한 3국 실무그룹, 정보의 공유 및 조정의 강화, 외부의 정보 조작에 대한 대응 등의 협력을 강화하기로 합의했다.[80]

이미 오래전부터 한반도와 일본 열도는 중·단거리 미사일을 이용한 북한의 핵공격에 노출되어 있었다. 2010년에 천안함 폭침과 연평도 포격 사건에서 알 수 있듯이, 북한은 비대칭 무기인 핵을 레버리지 삼아 제한적인 재래식 도발을 감행할 가능성이 있다. 군사적 충돌이 확전될 경우, 북한은 미국 본토에 대한 장거리 핵타격 능력의 보유로 인해 미국이 핵 사용을 주저할 것이라고 보고 핵공격을 포함한 전면전도 불사할 가능성이 있다. 그리고 북한체제의 정치적 혼란과 붕괴가 유사사태로 이어질 수 있다. 이러한 다양한 시나리오에 대비하기 위해 한미일 안보협력은 평시의 대북 억지력 및 위기관리능력과 유사사태 발생 시의 대응력을 동시에 강화할 필요가 있다. 그리고 한국의 독자적인 능력과 한미동맹의 대응력과 한미일 공조를 통해 3국이 보유한 자산을 효율적으로 활용할 수 있도록 역할 분담을 조율해 중층적이고 포괄적인 억지력과 대응력을 확보해야 한다.

북한 관련 3국의 협력 분야는 정보공유, 공동 군사훈련, 그리고 이를 원활하게 운용하기 위한 제도적 정비로 구분할 수 있다. 먼저 한미일 3국은 북한 핵에 대한 긴밀한 정보공유와 MD훈련, 공동 대잠훈련과 공중훈련을 강화해 나갈 가능성이 있다.[81] 한국은 북한의 군사적 도발에 대해 한국형 MD(KAMD), 킬체인(Kill Chain) 및 대량응징보복(KMPR)으로 구성된 3축체계와 미사일전력, 잠수함 전력, 스텔스 전투기를 근간으로 하는 전략사령부를 창설해 억지력을 확보한다는 전략으로 대응해 왔다. 그런데 최근 중국과 러시아의 반대로 유엔 안보리에서 북한의 탄도미사일 발사 관련 제재 결의안이 통과되지 못하고, 북러 간의 접근으로 러시아의 군사기술이 북한에 제공될 가능성이 커지면서 북한 미사일에 대한 신속한 탐지와 요격 능력 확보가 절실해졌다.

그 현실적 대안으로 추진되어 온 것이 3국이 보유한 억지력, 방위력, 정보력, 감시 및 정찰(ISR) 능력을 연동시켜 공동 대응하는 방안이다. 미국의 위성 등 정찰자산, 일본의 신호정보나 위성정보, 한국이 획득한 정보를 종합적으로 분석해 공유할 수 있다면, 북한 미사일에 대해 보다 효과적인 대응이 가능해진다. 한미일의 방위 당국 간에는 2014년과 2016년에 각각 체결된 TISA와 GSOMIA를 통해 정보를 공유할 수 있는 제도적 기반이 갖추어져 있다. 2023년 12월 3국 간에 북한 미사일 정보 공유체제가 완성되어 북한 미사일의 발사 지점, 비행 방향과 특성, 미사일의 예상 탄착 지점에 관한 정보를 실시간으로 공유할 수 있게 되었다. 미국은 2019년 우주군을 발족시킨 이래 2022년 11월 하와이에 인도·태평양우주군을 창설하고, 같은 해 12월 한국 오산기지에 주한 미우주군사령부와 2024년 12월 일본 요코다기지에 주일 미우주군사령부를 창설했는데, 3국 기지 간의 연계로 북한 탄도미사일에 대한 실시간 감시 능력이 강화될 것으로 보인다.[82]

한미일 3국은 MD훈련, 대잠수함 방어훈련 및 공중훈련을 실시해오고 있는데, 캠프 데이비드 정상회의의 합의에 따라 이를 정례화하고 다영역 훈련으로 확대해 나갈 것으로 예상된다. 현재는 북한 미사일의 '경보정보'만 실시간 공유 대상이며 요격체계는 한미 양국이 독자적으로 운용 중이어서 한국의 MD와 미일의 MD체계가 통합된 것은 아니다. 향후 3국 간의 MD훈련을 통해 그 운영을 보완해 나갈 필요가 있다. 첨단 요격체계나 극초음속 MD체계에 대한 공동연구, 우주 감시 및 위성 기반 정보 공유를 통해 3국 MD체계 간의 상호 운용성을 높일 수 있다.[83] 북한이 추진하고 있는 수중발사탄도미사일(SLBM) 능력을 가진 잠수함 전력에 대한 공동 대응 논의도 활발해질 수 있다. 2023년 4월의 한미 간 합의에 따라 북한 핵 위협에 대한 대응의 일환으로 미국의 전략폭격기와 원자력잠수함 같은 전략자산이 한반도에 전개되고 있는바(이른바 미국 전략자산의 정례적인 가시성 확보), 한일 양국의 전투기와 호위함이 공동으로 호위하는 훈련도 늘어날 수 있다.

북한 핵 위협이 불거질 때마다 미국은 한국과 일본에 대한 확장억지력 제공을 확인해 왔는데, 그 실효성 확보를 위한 협력도 강화될 것으로 보인다. 2023년 4월, 미국은 워싱턴선언과 한미핵협의그룹(NCG)의 설립을 통해 "핵을 포함한 모든 역량과 미국의 지원을 받는 한국에 대한 확장억지력 제공에 대한 미국의 의지를 재확인"했다.[84] 일본도 미국과 확장억지력 강화를 위한 협의를 진행해오고 있다. 전문가들 사이에서는 핵 관련 위기 사태가 발생하면 한미일 3국의 대응은 연동될 수밖에 없으므로 3자 협의체를 통해 확장억지력의 신뢰성을 제고해야 한다는 의견이 제시되어 있다.[85] 관료조직이나 작전계획 상의 제약 그리고 핵에 대한 한일 국민여론 차이 등을 감안한다면, 당장은 한미 양자 차원에서 NCG를 강화하는 것이 합리적인 선택지라고 할 수 있다. 그렇지만 향후 북한의 탄도미사일 및 우주 기술의 급속한 발전과 최근 중국의 핵 무력 태세 강화에 대응하기 위한 다음 단계의 조치로 한미일 3자 간의 핵 협의체 설립이 논의될 가능성이 있다.[86]

한미일 안보협력의 제도적인 보완 필요성도 제기되어 왔는데, 대표적으로 2+2 협의체의 격상과 ACSA의 체결이다.[87] 한일 간에 운영되고 있는 기존 국장급 안보정책협의회는 실무적인 논의에 치중할 수밖에 없어 고위급 2+2 협의체 신설을 통해 전략 현안을 원활하게 조율하고 국제환경의 변화에 속도감 있게 대응할 수 있는 기반을 마련할 필요가 있다. 그리고 한반도 유사시 한미일 협력의 실효성 강화라는 차원에서 일본과의 ACSA 체결을 추진해야 한다. 금융당국이 통화스와프협정으로 외환시장의 방어능력을 확장하듯이, ACSA는 군사작전 수행 시 체약국 간에 물품과 역무의 공유를 통해 군의 대응력을 확장하는 효과가 있다. 한국은 현재 미국, 호주, 영국 등 17개국과 ACSA를 체결하였지만, 일본은 포함되지 않았다. 한일 간의 역사적 특수성을 감안하더라도 한반도 유사시 일본의 역할을 고려한다면 일본과의 ACSA 체결은 늦은 감이 있다. 그리고 일본은 외국 군대와의 공동훈련을 원활하게 수행하기 위해 원활화협정(RAA)과 방위장비품·기술이전협정을 체결해오고 있다. 향후 한일이 공동으로 참여하는 군사훈련이 증가한다면 양국 간에 RAA 체결의 필요성도 제기될 수 있다.

마지막으로 유엔사 체제의 보완에 관한 것이다. 전술한 대로 유엔사체제는 한미동맹과 함께 한반도 유사시 한국의 안보를 보장하는 제도다. 유엔사의 역할에 대해서는 다양한 시각이 있을 수 있지만, 북한의 위협이 상존하는 상황에서 한반도 유사시 투입될 외국 군대의 원활한 운영 태세를 사전에 갖추어 두어야 한

물품역무상호제공협정(ACSA: Acquisition and Cross-Servicing Agreement)은 공동훈련, 유엔평화유지활동(PKO: Peace-keeping Operations), 인도적인 국제구호활동, 대규모 재해대처활동 등에 필요한 탄약, 식량, 연료 등 물품과 운송 등 역무의 상호제공에 관한 기본적인 조건을 정하는 협정이다.

원활화협정(RAA: Reciprocal Access Agreement)이란 협정국 군대의 상대국 방문 시의 수속이나 부대의 지위 등을 사전에 정하여 공동훈련이나 재해구조 등에서 양국 부대 간의 협력을 원활하게 수행하기 위한 협정이다.

다는 점에는 이론이 있을 수 없다. 한국은 유엔사 전력제공국들과 지위협정을 체결해 외국군의 한반도 전개 시 법적 자격을 규정해둘 필요가 있다. 유엔사의 지원을 받는 한국과 유엔사 후방기지를 지원하는 일본은 정작 유엔사 회원국이 아니어서 유엔사의 정책결정과정에 참여할 수 없다는 한계가 있으므로 그 보완책을 강구할 필요가 있다.[88] 한미동맹과 미일동맹의 지휘·통제 체계의 비대칭성을 보완하기 위해 한미연합사령부나 유엔군사령부로 자위대의 연락장교를 파견하는 안이 제시되어 있어[89] 그에 대한 검토도 필요해 보인다.

2) 지역적 군사안보 네트워크화

한미일 안보협력의 두 번째 가능성은 국내정치적으로 민감한 쟁점인 한미동맹의 지역화, 즉 지역적 군사안보 네크워크와 관련이 있다. 미국은 기존 양자동맹과 다양한 소다자 협력

의 네트워크화를 추진해오고 있다. 향후 미일동맹을 중핵(中核)으로 해 인도, 호주, 한국, 영국, 필리핀을 격자형으로 연결하는 안보네트워크망이 구체화될 경우, 한미일 안보협력은 그 일부로 편입될 수 있다. 캠프 데이비드의 합의는 미국의 인태전략 및 글로벌 군사전략과 연동되는 한미일 협력의 제도화로서 국제질서의 변혁기에 미국 우위의 질서 유지를 위한 3국 공조라는 의미부여가 가능하다.[90]

트럼프정부는 2017년 11월 '인도·태평양'에 대한 미국의 관여를 선언하였고, 2019년에 미국 국방성은 중국의 군사적 도전에 맞서 인도·태평양에서 규칙기반 국제질서를 유지하기 위해 동맹과 파트너십을 강화해 네트워크화된 안보아키텍처로 발전시켜 나가겠다는 목표를 제시했다.[91] 바이든정부는 이를 발전시켜 2022년 국가안보전략과 국가방위전략(NSS·NDS)에서 '통합억지(integrated deterrence)' 개념을 제시하고,[92] '거리의 폭

정'과 '집중의 역설'을 극복하기 위해 미일동맹, 한미동맹 등 양자동맹에 QUAD, AUKUS 등 소다자협력을 '격자형' 혹은 연합동맹 형태로 연결하는 작업을 추진해 왔다.[93] 이와 동시에 동맹 관리 차원에서 '약한 고리'인 한일관계의 개선과 한미일 협력을 독려해 왔는데 그 성과가 캠프 데이비드 정상회의였다고 할 수 있다.

트럼프 1기 정부가 제시한 '인도·태평양'과 '네트워크화된 안보아키텍처' 개념이 바이든정부에 계승되었듯이, 트럼프 2기 정부는 바이든정부와의 차별화를 위해 명칭을 변경하더라도, 소다자안보네트워크를 통한 통합억지 전략을 이어갈 가능성이 있다.[94] 전술한 대로 캠프 데이비드 회의에서 3국은 '자유롭고 열린 인도·태평양', '힘에 의한 현상변경에 반대', '대만해협에서의 평화와 안정'을 협력의 원칙으로 확인하고, '도발과 위협에 대한 3국의 대응을 조율하기 위한 신속한 협의'를 문서로 약속했다. 이는 3국 협력이 한반도를 넘어 대만해협과 남중국해 문제와 같은 지역 안보를 다루는 협의체로 진화해 나갈 수 있음을 보여준다.

2021년 4월 미일정상회담에서 일본은 대만해협의 평화와 안정이 미일의 공동 관심사임을 명문화하는 데 동의했다.[95] 2022년 2월 러시아의 우크라이나 침공을 계기로 일본에서는 대만해협 관련 논의가 일본 안보의 최대 관심사가 되었고, 센카쿠 열도뿐만 아니라 대

만해협 주변의 유사사태를 상정한 미일 간의 역할 분담 관련 미일가이드라인의 운용과 일본 안보법제의 적용에 관한 논의가 뒤따랐다. 향후 이 지역들에서 유사사태 발생 시 미군에 대한 후방지원, 함선, 시설의 보호 등 자위대의 개입을 전제로 한 미 일 공동 군사연습이 논의될 개연성이 크다. 나아가 미국은 대만 유사시를 상정한 자위대의 역할 확대 외에 중거리 미사일의 일본 내 배치, 남중국해 및 인도양에서 공동작전 확대를 요구할 가능성이 있다.

바이든정부 시기에는 미일의 주도로 인태 지역에서 종래의 '허브 앤 스포크 체제'를 보완하는 '격자형(lattice-like) 구조'의 안보 네트워크가 추진되었다.[96] 2022년 5월 미일정상회담에서 양국은 지역의 평화와 안정 유지를 위한 억지력 강화에 협력하기로 하고, QUAD, AUKUS 및 기타 다자포럼, 유럽과 캐나다 등 역외 파트너와의 협력의 중요성을 강조했다.[97] 2024년 4월 미일정상회담에서는 호주, 영국, 인도, 필리핀, 한국 등을 미일동맹과 연결하는 다양한 소다자 협력(한미호, 미일영, 한미일 협력)의 강화와 AUKUS 필러 II의 첨단기술 분야에 대한 일본의 협력에 합의했다. 다음날 개최된 미국, 일본, 필리핀 정상회담에서 3국은 남중국해에서 중국의 도발적 행위에 대한 공동 대응의 일환으로 공동훈련, 해상보안협력에 합의했다.[98]

한미일 협력에는 한국의 국익을 어떻게 확

보하고 지역 및 글로벌 차원의 국제질서를 어떻게 만들어 갈지에 대한 고민이 투영되어 있다.[99] 현재로서는 '글로벌 포괄적 전략동맹'을 지향하는 한미동맹의 전통안보적 기능은 한반도에 국한되어 있다. 한미일 협력을 한반도를 넘어 지역 차원의 안보문제로 확장하는 것은 한미동맹의 재정의와 직결되는 문제이므로 앞에서 지적했듯이 국내정치의 연장선에서 이에 대한 격렬한 찬반논쟁이 진행 중이며, 국민적 공감대를 도출하기까지 상당한 정치적 비용과 시간이 필요해 보인다. 그렇지만 미국이 추진하는 통합억지에 따른 동맹의 재편과 역내에서 점증하는 군사적 긴장을 감안한다면, 한미동맹의 역할과 범위의 재조정과 한미일 안보협력의 확장에 대한 현실적 필요는 증가하고 있으며,[100] 그 작업에는 대만해협 관련 대응이 포함될 가능성이 커졌다고 할 수 있다.[101]

3) 비전통 안보협력

한미일 안보협력의 세 번째 가능성은 비전통 분야의 안보협력인데 특히 경제안보와 개발원조 및 해양안보에 관한 정책 공조다. 먼저 경제안보와 관련해 3국은 캠프 데이비드 정상회의에서 경제안보대화와 공급망 회복력을 위한 조기경보시스템, 첨단기술과 인공지능의 수출통제와 국제표준의 개발, 인도·태평양지역에서 인프라 지원, 금융 안정성, 중요

광물, 경제적 강압에의 대응 등에서 협력하기로 약속했다. 3국 간 경제안보대화는 2024년 6월까지 4차례 개최되어 공급망, 핵심신흥기술, 디지털, 인프라 보안 등 4개 분야의 협력을 강화해오고 있다.[102]

3국은 공급망 중단에 대한 정보공유와 정책 조정을 강화하기 위해 3국의 안보실 간에 조기경보시스템(EWS)을 개발 중이다. 여기에 더해 한일 양국은 중국에 대한 경제의존도를 축소하기 위해 협력을 강화하고, 미국, 호주 등 협력국과 우호국을 포함하는 소다자 협력으로 발전시키는 방안을 검토할 필요가 있다.[103] 희토류, 반도체, 의약품과 같은 핵심 품목에 대해 공동 비축 전략을 세워 3국 간 공급망의 연계성을 높이고, 동남아, 인도, 중남미에 투자를 확대해 중국 의존에서 발생할 수 있는 공급 차질에 대비해야 한다는 지적도 있다.

중국과 러시아의 경제적 강압에 대한 '집단적 회복력'을 강화하기 위해 개발도상국을 청정에너지 공급망에 포섭하기 위한 파트너십이 추진되고 있다. 그리고 경제보복이 우려되는 국가에 대해 한미일 3국을 비롯한 관련 국가들이 공동으로 자국의 시장과 자원에 대한 접근을 보장해주는 방안이 제시되었지만, 실효성 있는 대응책 마련은 과제로 남아 있다.

핵심 신흥기술 관련 3국 연구기관 간의 공동연구 협력과 3국 기술보호법 집행 당국 간의 정보공유, 그리고 디지털 분야에서 글로벌 인공지능(AI) 거버넌스의 수립과 데이터 보

안, 핵심 인프라의 보안정책에 관한 협력이 추진되고 있다. 3국은 반도체, AI, 5G·6G 등 차세대 기술 분야에서 협력하고, 이중용도 기술에 대한 수출통제 정책을 조율하고, 신기술의 표준화 작업을 통해 글로벌 기술표준을 주도할 수 있다.[104]

다음으로 동남아시아와 태평양도서국의 인프라 개발을 위한 원조 및 해양안보에 관한 정책 공조다. 동남아시아는 2010년대 들어 본격화한 미중 간 전략경쟁의 최대 격전지이자 인도·태평양의 중심 지역으로, 경제와 안보 면에서 미국과 중국은 물론 한국, 일본, 호주, 인도 등의 국가들에 사활적으로 중요하다. ASEAN 회원국으로 구성되는 동남아시아의 급속한 경제발전과 미중 전략경쟁의 본격화를 배경으로 향후 이 지역의 전략적 중요성은 증가할 것으로 보인다. 동남아시아 역내 국제관계는 물론 미중 갈등과 남중국해 영유권 분쟁 등과 연동된 역외국과 역내국 관계의 전개 양상은 인도·태평양 질서의 핵심 변수가 될 전망이다.

2022년 11월 프놈펜과 이듬해 8월 캠프 데이비드에서 개최된 정상회의에서 한미일 3국은 동북아와 한반도를 넘어 인도·태평양 차원의 협력을 약속하고, 3국 협력의 범위에 동남아시아국가연합(ASEAN), 메콩 유역, 태평양도서국에 대한 개발원조, 인도주의적 지원, 해양안보 등을 포함시켰다. 향후 3국 간 정책 조율을 통해 동남아시아 및 태평양도서국

을 대상으로 해양안보 및 해양법 집행, 해양영역인식(MDA), 능력구축지원이 강화될 가능성이 있다.[105] 3국 간에 인도·태평양 관련 국장 혹은 차관보급 정책 대화가 정례화되고, 개발원조자금과 능력구축지원의 재원을 효과적으로 투입하기 위한 협조체제가 논의될 수 있다.[106] 예를 들어, 3국의 개발정책 담당부서와 한국국제협력단(KOICA), 미국국제개발청(USAID), 일본국제협력기구(JICA) 등 집행기관 간에 협의체가 구성된다면 더 효율적인 자원 배분을 기대할 수 있다.

해상수송로인 동중국해와 남중국해 문제는 한국에게도 사활적인 이해관계가 있다. 한국 정부가 2022년 12월에 발표한 '자유, 평화, 번영의 인도·태평양전략'은 스스로를 인도·태평양지역의 '전략적 플레이어'로 자리매김하고, 동남아시아와의 관계강화를 중시하고 있다. 이를 위해 아세안 국가들에 대한 해군 함정 등 군수물자의 지원, 해양테러 대응과 해양법 집행 분야에서 역내국과의 협력, 아세안 국가들과의 해양안보, 해양영역인식, 해양경제, 해양환경 분야 협력, 역내 안보 현안에 대한 동아시아정상회의(EAS) 차원의 논의 참여 등을 통해 인도·태평양지역의 다자안보 질서 구축에 기여하겠다고 밝히고 있다. 한미일 협력의 맥락에서 한국 해군과 해안경비대의 파견을 통한 동남아시아 국가의 해군·해안경비대의 역량, MDA, 해양법 집행능력 등의 강화 방안이 검토될 여지가 있다.[107]

4) 전망 및 제언

이 장에서는 한일/한미일 안보협력의 역사와 쟁점을 살펴보고, 캠프 데이비드 회의를 계기로 한미일 협력이 구체화하고 제도화 단계에 진입했다는 판단하에 한미일 안보협력의 발전 가능성과 한계에 대해 세 분야로 나누어 검토했다. 논의의 편의를 위해 한반도 차원에서 대북한 억지력과 대응력 강화, 인도·태평양 차원에서 군사안보 네트워크화 및 비전통 안보협력이라는 세 가지로 구분했지만, 현실에서는 이 분야들의 협력이 상호 배타적이지 않고 중복되거나 혼합된 형태로 전개될 가능성이 크다.

한미일 안보협력의 향배는 글로벌 국제질서 차원의 요인, 한반도 차원의 요인, 국내정치 차원의 변수에 의해 좌우된다고 할 수 있다. 여기에는 최고지도자의 리더십, 국내정치(여론과 정권교체), 남북한관계(북한의 군사적 도발과 한국의 대북한 정책), 한일관계(과거사 갈등), 동맹 관리에 대한 미국의 의지(안보 제공 및 갈등 중재), 그리고 미중관계(전략적 경쟁의 지속 여부) 등이 포함된다.[108] 특히 트럼프 2기 정부의 등장이나 한국의 정권교체 가능성은 한미일 협력의 지속적인 추진과 제도화에서 최대 도전이 될 수 있다.[109]

2010년대 후반부터 국제정세와 국내정치에 나타난 변화는 한일관계의 개선과 한미일 협력을 촉진했다. 2016년 사드 사태 이후 한중관계의 냉각, 미중 전략경쟁의 상시화, 팬데믹 사태와 글로벌 공급망의 불안정, 문재인 정부가 추진한 '한반도평화프로세스'의 좌초와 북한 핵 능력의 고도화, 우크라이나 전쟁의 발발, 이스라엘-하마스 분쟁의 격화, 바이든정부의 한미일 협력 중시, 한국과 일본의 정권교체 등으로 인해 한일 양국의 대외전략에서 위협인식과 이해관계가 수렴하는 환경이 조성되었다. 2022년 이후 한일관계의 국면전환과 한미일 협력의 진전은 한국의 정권교체와 지도자의 리더십이 없었다면 불가능한 것이었다. 문재인정부 시기에는 한반도의 평화정착이 대외정책의 최우선 관심사여서 미일의 주도로 지역 질서가 '인도·태평양'으로 빠르게 재편되는 과정에 한국은 참여하지 못했다. 윤석열정부는 이를 반면교사 삼아 대외정책의 무게중심을 한미동맹, 한일관계, 한미일 협력에 두고 인도·태평양에 대한 관여를 명확히 했다.

제2차 세계대전 이후 형성된 미국 주도의 자유주의 국제질서는 과도기적 상황에 있다. 미중 데탕트 이후 반세기 이상 유지되었던 미국의 대중국 관여 정책은 2010년대 후반부터 견제적 요소가 강화되면서 향후 상당한 기간에 걸쳐 미중 간 '신냉전'이 구조적으로 고착될 가능성이 커졌다.[110] 최근 북한은 남북한관계를 '전쟁 중에 있는 교전국 관계'로 재정의하고, 핵 선제사용 가능성을 시사하는 공세적인 핵 독트린을 내놓으면서 남북한관계는 당분간 대화보다 대결 국면이 이어질 가능성이 크다.[111] 미중 전략경쟁과 남북한 간 대결 구도가 상시화한다면 한미일 협력은 북한에 대한 억지와 중국 견제의 성격을 띨 것이다. 만약 이러한 예상과 달리 미중관계가 화해 국면으로 전환된다면 한미일 협력에서 대중국 견제의 성격은 완화될 것이다. 남북한 간에 대화와 화해가 진전된다면 한미일 안보협력의 명분은 줄어들고, 대북한 억지력보다는 비전통 분야의 협력에 국한될 가능성이 있다.

위의 어느 경우에도 한미일 협력의 범위와 속도는 3국의 정권교체와 한일 과거사 갈등에서 자유롭지 못할 것이므로 지도자의 리더십과 대외전략에서 전략적 사고, 일본과의 안보협력에 대한 국민적 공감대가 중요하다고 하겠다. 2023년 EAI와 겐론 NPO의 여론조사에 따르면, 한국 국민들은 정부가 추진한 제3자 변제안과 일본 측의 대응에 대해 불만이 강하지만, 한미동맹 발전을 위해 한일관계 개선이 필요하다는 의견도 압도적으로 많았다. 이는 과거사 변수가 여전히 한일관계의 제약요인으로 남아 있지만, 한국의 대외전략에서 미중 전략경쟁과 북한의 위협이 상수화하는 가운데 한미동맹의 강화를 위해서라면 한일협력이 불가피하다는 현실론이 힘을 얻고 있음을 보여준다. 한국 국민의 대일인식에 반일 감정과 전략적 사고가 공존하고 있어 한국의 대일외교에서 과거사와 안보를 분리하여 대응할 수 있는 선택지가 늘어났음을 의미한다.[112]

한미일 안보협력의 본질은 한국이 북한의 군사적 위협에 대해 어떠한 수단과 방법으로 대응하고, 미중일을 상대로 어떠한 국가전략을 선택할 것인가의 문제라고 할 수 있다. 가치와 이익에 따라 미중을 중심으로 진영화하고 있는 신냉전의 국제질서가 가시화하고 있다. 이는 우리가 원하는 바가 아니지만, 그렇다고 눈 앞에 펼쳐지는 현실에 대해 시대착오적이라고 비판하는 당위론적 접근이나 '안미경중'의 균형외교로는 국익을 확보하기 어려워지고 있다는 사실을 부정할 수는 없다. 국익 극대화라는 현실주의적 관점에서 변화하는 국제질서에 맞추어 한미동맹과 한미일 협력을 재정의할 필요가 있다.

한국사회에서 일본의 방위력은 군사적 위협요인으로 인식되는 경향이 강하지만 북한의 핵 위협과 중국의 힘에 의한 현상변경 시도가 현재화한 상황에서 일본의 역할을 재고할 필요가 있다. 한반도와 지역질서의 안정을 위해서라면 일본을 활용할 수 있다는 전제하에 일본의 능력과 역할 확대에 맞추어 한국이 필요한 분야에서 미국을 매개로 일본과의 협력을 확대해 나가는 방안을 고민해야 한다. 일본과 전략적 소통을 강화하여 한일 간에 국익이 상충될 수 있는 여지를 최소화하고, 통일 한국에 대한 미래비전을 공유해 나갈 필요가 있다. 일본이 추구하는 군사적 보통국가화의 이중성에 대한 우려와 관련해서는 한미동맹을 공고히 하여 미일동맹의 대일 견제적 기능을 활용한다는 발상이 필요해 보인다.

　대북한 정책의 공조, MD체계의 연동, 확장 억지력의 신뢰성 제고, 유엔사 체제의 제도적 보완을 위한 한미일 차원의 협력을 확대하고, 한일 방위 당국 간 인적교류와 정보교류의 확대, 고위급 2+2 협의체의 설치 및 ACSA의 체결을 추진할 필요가 있다. 인도·태평양 관련 한미일 협력을 통해 한국외교의 전략 공간을 한반도를 넘어 지역 및 글로벌 차원으로 확대하는 것도 중요하다. 이를 위해서는 동중국해와 남중국해에서 힘에 의한 현상변경에 반대하고 규범에 기반한 국제질서와 항행의 자유를 지키기 위한 동맹국과 우호국의 공동 대응에 적극적으로 참여하고, 경제안보, 개발원조 및 해양안보 분야에서 한미일 공조를 확대해 나가는 것이 현실적인 대안이라고 할 수 있다.

▌토의주제

1. 탈냉전 이후 한일관계에서 협력보다 갈등의 요인이 두드러진 이유는 무엇인가?

2. 한일 양국이 '준동맹' 관계에 있다는 것은 어떤 의미인가?

3. 일본의 전통적인 대한반도 전략관은 어떤 특징을 보이는가?

4. 일본은 한미동맹과 한반도의 통일문제를 어떻게 바라보고 있는가?

5. 한일/한미일 안보협력에 대한 3국의 입장은?

6. 미일 양국에 비해 한국이 한일/한미일 안보협력에 신중했던 이유는 무엇인가?

7. 한일/한미일 안보협력에 대한 찬성과 반대의 논리는 무엇이고, 그것은 현재 상황에서 얼마나 타당한가?

8. 최근 한미일 안보협력을 지지하는 여론이 증가한 배경은 무엇인가?

9. 2023년 캠프 데이비드 정상회의는 한미일 안보협력에 어떤 영향을 미쳤나?

10. 한국의 국격 상승에 어울리는 한미일 협력의 바람직한 미래상은 무엇인가?

주

1) 조양현, "2023년 대일외교의 성과 및 과제," 국립외교원, 『주요 국제문제 분석』 (2023년 12월).

2) 이 절은 조양현, "대일본관계," 김계동 외, 『한국의 외교정책과 대외관계』 (서울: 명인문화사, 2023)의 일부를 수정·가필한 것임을 밝혀둔다.

3) 김영작, "일본(인)은 우리에게 무엇인가: 과거, 현재 그리고 미래," 김영작·이원덕 편, 『일본은 한국에게 무엇인가』 (서울: 한울아카데미, 2006), p. 34.

4) 기미야 다다시 저, 이원덕 역, 『한일관계사』 (서울: 에이케이커뮤니케이션즈, 2022), p. 8.

5) Victor Cha, *Alignment Despite Antagonism: The United States-Korea-Japan Security Triangle* (California: Stanford University Press, 2000).

6) 李鍾元, 『東アジア冷戦と韓米日関係』 (東京: 東京大学出版会, 1996).

7) 이원덕, 『한일 과거사 처리의 원점: 일본의 전후 처리 외교와 한일회담』 (서울: 서울대학교출판부, 1996).

8) 李庭植, 『戦後日韓関係史』 (東京: 中央公論社, 1989), 제6장.

9) 기미야 타다시, "냉전 이후의 한일관계는 역사 문제를 어떻게 바꾸어 놓았는가?," NEAR재단 편저, 『한일관계 이렇게 풀어라』 (서울: 김영사, 2015), p. 344.

10) 기미야 (2022), pp. 194–206.

11) Kent E. Calder, *Asia in Washington: Exploring the Penumbra of Transnational Power* (Washington, D.C.: Brookings Institution Press, 2014), ch. 5.

12) 손열, "좌절하는 한일관계: 다가오는 위기, 멀어지는 해법," 『EAI 논평』 (2020.7).

13) 양기호, "강제징용 쟁점과 한일관계의 구조적 변용: 국내변수가 양국관계에 미치는 영향을 중심으로," 『일본연구논총』 제51호 (2020), p. 34.

14) 송정현·이현승, "한국과 일본 사법부 및 정부입장에 관한 연구: 강제징용 문제를 중심으로," 『일본문화연구』 제79집 (2021), p. 224.

15) 나카니시 히로시(中西寬), "한일관계의 구조변화와 미래: 일본의 시각," 동아시아재단, 『EAP』 제34호 (2015.9.15).

16) 国家安全保障会議決定·閣議決定, "国家安全保障戦略について," 平成25年12月17日 (2013년 12월 17일).

17) 서승원, "일본 아베 정권의 집단적 자위권과 중국," 『아세아연구』 제58권 4호 (2015).

18) 이희옥, "한국에서의 중국 부상의 성격," 『한국과 국제정치』 25권 4호 (2009).

19) 木宮正史, "日本の安全保障と朝鮮半島―安全保障における非対称性," 木宮正史編著, 『朝鮮半島と東アジア』 (東京: 岩波書店, 2015).

20) 조양현, "4월 미·일 정상회담 이후 동아시아 전략구도와 한국 외교," 국립외교원, 『주요 국제문제 분석』 (2015년 8월).

21) 倉田秀也, "『地域』を模索する米韓同盟: 同盟変革と『リバランス』," 『東亜』 555号 (2013년9월).

22) 阪田恭代, "米国のアジア太平洋リバランス政策と米韓同盟: 21世紀『戦略同盟』の三つの課題," 『国際安全保障』 44巻1号 (2016년6월).

23) Shunji Hiraiwa, "Japan's policy on North Korea: four motives and three factors," *Journal of Contemporary East Asia Studies* 9–1 (2020), pp. 6–9.

24) 기미야 타다시, "일본의 대북한 인식과 한일관계," 국민대 일본학연구소, 『일본공간』 창간호 (2007년 5월).

25) Sheila A. Smith, "The U.S.-Japan-ROK Trilateral: Better at Deterrence than Diplomacy?," *KEIA Joint U.S.-Korea Academic Studies* (2018).

26) Michael Green, "Japan in Asia," David Shambaugh and Michael Yahuda ed., *International relations of Asia* (Lanham, Md.: Rowman & Littlefield Publishers, 2008), pp. 178–180.

27) 阪田恭代, "朝鮮半島と日米同盟" 猪口孝(監修), 『日米安全保障同盟』 (東京: 原書房, 2013).

28) 柴田晃芳, 『冷戦後の日本の防衛政策――日米同盟深化の起源』 (東京: 北海道大学出版会, 2011), pp. 37–39.

29) 道下徳成, "序論―韓国の安全保障戦略と日本," 『国際安全保障』 第33巻第4号 (2006).

30) 道下徳成·東清彦, "朝鮮半島有事と日本の対応," 木宮正史編著, 『朝鮮半島と東アジア』 (東京: 岩波書店, 2015), p. 202.

31) Chairman, Joint Chiefs of Staff, "The National

Military Strategy of the United States of America 2011: Redefining America's Military Leadership," 8 February 2011. 이종원, "전후 한일관계와 미국 한미일 삼각관계의 변용과 지속," 이원덕 편, 『전후 한일관계사I-정치』 (서울: 역사공간, 2015), p. 191에서 재인용.

32) Report of the CSIS Japan Chair, "The U.S.-Japan Alliance: Anchoring Stability in Asia" (August 2012).

33) 손열, "미중전략경쟁 속의 한일관계 2012-2023," 『일본연구논총』 제58호 (2023), p. 139.

34) 外務省, 『外交青書』 (2022年版).

35) 外務省, 『外交青書』 (2024年版).

36) 道下·東 (2015).

37) 防衛省·自衛隊, 『令和2年版防衛白書』 (2020).

38) Kohtaro Ito, "What to Make of South Korea's Growing Defense Spending," Sasakawa Peace Foundation, International Information Network Analysis (2020.3.12).

39) "日방위상, 한미훈련·주한미군, 동아시아 안보에 중요 역할," 『연합뉴스』, 2018년 6월 13일자.

40) "아베, '트럼프, 주한미군 철수할 생각 없는 것으로 안다'," 『연합뉴스』, 2018년 10월 8일자.

41) Ito (2020).

42) 倉田秀也, "対北抑止を揺るがす統制権返還：米軍の「扇の要」が失われる," 『産経新聞』, 2017.8.1; 倉田秀也, "在韓米軍再編と指揮体系の再検討— 『戦略同盟2015』修正の力学," 『国際安全保障』 第42巻第3号 (2014).

43) Michael H. Armacost and Kenneth B. Pyle, "Japan and the Unification of Korea: Challenges for U.S. Policy Coordination," (NBR ANALYSIS, VOL. 10, NO. 1) National Bureau of Asian Research, March 1999.

44) "盧泰愚韓国大統領の南北統一問題に関する特別宣言, 日本政府見解," 1988年7月7日午前の小渕官房長官記者会見冒頭発言.

45) "한미일 3국 정상, 최초로 '자유롭고 평화로운 한반도 통일 지지' 천명," 『통일과 미래』 (2023.9.1). https://www.tongnastory.com/news/articleView.html?idxno=726

46) 이종원, "한반도 평화통일 과정과 일본의 역할," 전남대학교 세계한상문화연구단 국제학술회의, 2008.6.

47) 신정화, 『일본의 대북정책 1945~1992년』 (서울: 오름, 2004), p. 54.

48) 후나바시 요이치, "일본과 미국: 동맹의 지속인가? 개편인가?," 문정인·서승원, 『일본은 지금 무엇을 생각하는가?』 (서울: 삼성경제연구원, 2012), p. 174.

49) 冷泉彰彦, "「北朝鮮」「有事」よりも恐ろしい、南北統一後の面倒くさい朝鮮半島," 冷泉彰彦のプリンストン通信 (2017.5.31).

50) 문정인·양기호 편저, 『한일국교정상화 50주년과 한일관계』 (서울: 연세대학교 대학출판문화원, 2016), p. 60.

51) 서동만, "한·일 안보협력에 관하여," 김영작·이원덕 편, 『일본은 한국에게 무엇인가』 (서울: 한울아카데미, 2006), pp. 144-145.

52) 서동만 (2006), pp. 146-152.

53) 토가시 아유미, "탈냉전기 한일 안보협력 형성과정 연구," 서울대학교대학원 정치외교학부 박사학위논문, 2016.

54) 이원덕, "한·일안보협력의 현황과 과제," 『외교』 60호 (2002), p. 120.

55) 박영준, "한국외교와 한·일안보관계의 변용, 1965-2015," 『일본비평』 제12호 (2015), pp. 155-156.

56) 박영준 (2015), pp. 159-161.

57) 니시노 준야, "왜 화해는 필요한가: '21세기 새로운 한일 파트너십 공동선언' 이후의 한일관계," 양기호·기미야 다다시 편, 『역사 화해를 위한 한일 대화정치편』 (서울: 동북아역사재단, 2020), pp. 213-214.

58) 服部龍二, "歴史認識問題," 井上寿一ほか編, 『日本の外交 第5巻』 (東京: 岩波書店, 2013).

59) 読売新聞政治部, 『日中韓」外交戦争』 (新潮社, 2014), 제3장.

60) 金子秀敏, "中国の台頭と日韓関係," 小倉和夫ほか, 『日韓関係の争点』 (東京: 藤原書店, 2014), pp. 309-312.

61) Chen Liu, "Obama's Pivot to Asia and its Failed Japan-South Korea Historical Reconciliation," *East Asia: An International Quarterly* 35-4 (2018), pp. 293-316.

62) 손열, "위안부 합의의 국제정치: 정체성-안보-경제 넥서스와 박근혜 정부의 대일외교," 『국제정치논총』 제58권 2호 (2018), pp. 157-159.

63) 김태효, "미·중 신냉전 시대 한국의 국가전략," 『신아세아』 제28권 2호 (2021).

64) 牧野愛博, "北朝鮮核を巡る日米韓協力," 『東亜』

607 (2018), p. 36.

65) 조양현, "미국 바이든 정부 출범과 한미일 협력," 국립외교원, 『정책연구』 (2022).

66) "Indo-Pacific Strategy of the United States," The White House, 11 February 2022.

67) 대한민국 대통령실 국가안보실, 『윤석열 정부의 국가안보전략: 자유, 평화, 번영의 글로벌 중추국 가』 (2023년 6월), pp. 33-35.

68) 정구연, "한국의 입장과 정책: 북핵과 한반도를 넘어서는 한·미·일 안보 협력," 황재호 편, 『한미일 3국의 안보협력』 (서울: 이담북스, 2024), pp. 89-90.

69) "FACT SHEET: The Trilateral Leaders Summit at Camp David," The White House, 18 August 2023.

70) 이종원 (2015), pp. 186-194.

71) 반길주, "한미일 신안보아키텍처 출범 추동체 추적: 북핵과 신냉전의 복합연계," 『국제학논총』 제 38집 (2023).

72) 박철희, "한일 갈등의 심화와 한일안보협력의 미래," 『한국국가전략』 제4권 2호 (2019).

73) 이수훈, "캠프 데이비드 한미일 정상회의: 성과와 과제," 『동북아안보정세분석』 (2023).

74) 김태효, "민주동맹으로 거듭나기," 『전략연구』 제 13권 제2호 (2006).

75) 김종대, "왜 지금 한·미·일 안보협력인가," 『한겨레』, 2022년 10월 13일자.

76) 박인휘, "국제질서 변화와 한미일 안보 협력: 질서의 차원," 황재호 편 (2024), p. 37.

77) 앤드류 여, "한·미·일 연대 제도화와 한반도 및 인도·태평양 안보," 『한국국가전략』 제9권 1호 (2024), pp. 73-75.

78) 안문석, "한미일 안보 협력에 대한 성찰: 한일 안보 협력의 가능성을 중심으로," 『동향과 전망』 제 119호 (2023), pp. 273-287.

79) 서동만 (2006), pp. 162-168.

80) "FACT SHEET: The Trilateral Leaders Summit at Camp David."

81) 박영준, "국제안보질서의 동요와 한미일 안보협력의 방향," 『국가전략』 제30권 38호 (2024), pp. 23-27.

82) "美, 주일 우주군사령부 신설," 『세계일보』, 2024. 12.4.

83) 김성한, "한·미·일 로드맵, 한·일이 먼저 트럼프에게 제시해야," 『조선일보』, 2024년 11월 25일자.

84) 대한민국대통령실 보도자료, "워싱턴선언," 2023. 04.27.

85) 박영준, "인도·태평양 지역 비핵국가들의 확장억제 연대 구상: 한국과 일본의 핵억제정책 유사성과 연대 가능성을 중심으로," 『국가전략』 제29권 2호 (2023).

86) 앤드류 여 (2024), pp. 70-71.

87) 박영준 (2024), p. 25.

88) 김현욱, "한국의 한·미·일 연대 가속화 전략과 기대효과," 『한국국가전략』 제9권 1호 (2024), p. 96.

89) The Japan Institute of Internatioanl Affairs, "Strategic Annual Report 2023: A World in Turmoil: How Can We Rebuild International Security and Cooperation?," 2024.2.19.

90) 전재성, "한미일 협력 현황과 향후 과제," 윤보선 민주주의연구원 2023년 후기 학술회의 발표문, (2023년 11월 2일).

91) Department of Defense, "Indo-Pacific Strategy Report: Preparedness, Partnership, and Promoting a Networked Region," June 1, 2019.

92) 박원곤, "미국의 인도·태평양 전략과 한미동맹: 통합억제와 전 세계 대비태세," 『한국국가전략』 vol.7, no.2 (2022), pp. 35-40.

93) 유상범, "바이든 행정부의 동맹전략과 한미동맹에의 함의," 『국제정치연구』 26-3 (2023), pp. 18.

94) 설인효·배학영, "미 대선 이후 한미동맹 대응 전략 연구: 트럼프 1기 분석을 통한 2기 전망 및 대응 방향을 중심으로," 『세계지역연구논총』 42-3 (2024), p. 26.

95) 조양현, "미일정상회의(2021.4.16) 평가 및 전망," 국립외교원, 『주요 국제문제 분석』 (2021년 6월).

96) 김덕기·김법헌, "미국의 인도-태평양에서 중국 견제를 위한 동맹 및 Partnership 기반 격자형 안보 체제구축에 관한 소고," 『군사발전연구』 18-2 (2024).

97) 조양현, "미일정상회담(2022.5.23) 평가 및 전망," 국립외교원, 『주요 국제문제 분석』 (2022년 6월).

98) 조양현, "미일정상회담(2024.4.10.) 평가," 국립외교원, 『주요 국제문제 분석』 (2024년 5월).

99) 전재성, "한미일 캠프 데이비드 정상회담의 전략적 함의와 향후 과제," 『통일정책연구』 제32권 2호 (2023), pp. 5-11.

100) 박원곤 (2022), pp. 47-53.

101) 이택선·이흥정, "2022-2023년 대만해협 위기 평가와 한국의 대비 방향," 『국가안보와 전략』 제24

집 2호 (2024), pp. 135-143.

102) "한미일 경제안보대화 4차 회의…공급망·핵심신흥기술·디지털·인프라보안 논의," 『서울신문』, 2024년 6월 6일자.

103) 박성빈, "한일 경제안보 협력의 모색과 전망," 『일본연구논총』 제60호 (2024), p. 130.

104) 김성한 (2024).

105) 최원기·조원득·조양현, "한국의 인태지역 역할 확대 방안," 국립외교원, 『기획과제』 (2024), pp. 77-82.

106) 森聡, "アメリカのインド太平洋戦略と日米韓協力," シンポジウム, 『日米韓協力の新たな地平』 発表文 (2023.10.19).

107) Jaehyon Lee, "South Korea's Indo-Pacific Strat-egy and the Role of the ROK Navy and Coast Guard," *Asian Institute for Policy Studies Issue Briefs* (2023.1.27).

108) 김도희, "한미일 안보협력: 새로운 시대의 전망과 과제," 황재호 편 (2024), pp. 215-220.

109) 김현욱 (2024), pp. 93-94.

110) 김태효 (2021), pp. 114-117.

111) 홍현익, "북한의 핵위협과 한국의 안보 및 외교전략," 세종연구소, 『세종정책브리프』 (2024.3.18.); 성기영, "북한 '적대국가론' 의도를 통해 본 '평화공존론'의 한계 분석," 『국가안보전략연구원 전략보고』 (2025.1.20.).

112) 정구연 (2024), p. 108.

참고문헌

1. 한글문헌

강웅구. "미국의 대 한미·미일동맹 정책 비교를 통한 변화와 전망." 『한국과 국제사회』 제8권 제1호 (2024).

김태효. "민주동맹으로 거듭나기." 『전략연구』 제13권 제2호 (2006).

남창희. "한미동맹과 미일동맹의 동조화와 한일안보협력." 『한일군사문화연구』 제8집 (2009).

박기철. "한·미·일 안보협력과 동북아평화: 중국 대만 갈등 현안을 중심으로." 『JPI Peace Net』 (2023).

박명희. "한미일 정상회의 관련 일본 내 평가와 시사점." 국회입법조사처 『이슈와 논점』 제2146호 (2023).

박영준. "국제안보질서의 동요와 한미일 안보협력의 방향." 『국가전략』 제30권 38호 (2024).

박원곤. "미국의 인도·태평양 전략과 한미동맹: 통합억제와 전 세계 대비태세." 『한국국가전략』 제7권 2호(2022).

박철희. "한·미·일 안보협력 제고방안." 『한국전략문제연구소 KRIS 창립 20주년 기념논문집』 (2017).

반길주. "한미일 신안보아키텍처 출범 추동체 추적: 북핵과 신냉전의 복합연계." 『국제학논총』 제38집 (2023).

서동만. "한·일 안보협력에 관하여." 김영작·이원덕 편. 『일본은 한국에게 무엇인가』. 서울: 한울아카데미, 2006.

설인효. "비전통 안보위협의 부상과 한미일 안보협력 방안." 『한일군사문화연구』 제31집 (2021).

손열. "미중전략경쟁 속의 한일관계 2012-2023." 『일본연구논총』 제58호 (2023).

신욱희. 『한미일 삼각안보체제: 형성·영향·전환』. 서울: 사회평론아카데미, 2019.

안문석. "한미일 안보 협력에 대한 성찰: 한일 안보 협력의 가능성을 중심으로." 『동향과 전망』 제119호(2023).

앤드류 여. "한·미·일 연대 제도화와 한반도 및 인도·태평양 안보." 『한국국가전략』 9권 1호 (2024).

유상범. "바이든 행정부의 동맹전략과 한미동맹에의 함의." 『국제정치연구』 제26집 3호 (2023).

이종원. "6장 전후 한일관계와 미국." 이원덕, 기미야 다다시 외. 『한일관계사 1965-2015 1: 정치』. 서울: 역사공간, 2015.

전재성. "한미일 캠프 데이비드 정상회담의 전략적 함의와 향후 과제." 『통일정책연구』 제32권 2호 (2023).

황재호 편. 『한미일 3국의 안보협력: 동인과 변인, 그리고 미래』. 서울: 이담북스, 2024.

2. 영어문헌

Cha, Victor. D. "Abandonment, Entrapment, and Neoclassical Realism in Asia: The United States, Japan, and Korea." *International Studies Quarterly* 44-2 (June 2000).

Govella, Kristi, and Bonnie Glaser. "How to Mend the Rift Between Japan and South Korea." Foreign Affairs (2022).

Katz, Katrin Fraser, Christopher Johnstone, and Victor Cha. "America Needs to Reassure Japan and South Korea." *Foreign Affairs* (2023).

Lee, Ji-Young, and Andy Lim. "Japan-Korea Relations: Camp David: Institutionalizing Cooperation Trilaterally." *Comparative Connections* (Pacific Forum) 25-2 (2023).

Sneider, Daniel C., Yul Sohn, and Yoshihide Soeya. "U.S.-ROK-Japan Trilateralism: Building Bridges and Strengthening Cooperation." *NBR Special Report* 59 (July 2016).

3. 일본어문헌

西野純也, 渡部恒雄. "「対談 拡大抑止の再強化を目指して　日米韓の安全保障協力は新段階へ."『外交』79 (2023).

村野将. "平和安全法制後の朝鮮半島有事に備えて: 日米韓協力の展望と課題."『国際安全保障』第47巻 第2号 (2019).

11장

북중러 삼각관계와 한국안보

김재관(전남대 정치외교학과)

1. 서론 312
2. 북중러 삼각관계 내
   양자관계의 변화와
   전망 315
3. 남방삼각관계와
   북방삼각관계의 부활:
   가능성과 한계 329
4. 북방삼각관계의 변화와
   한국안보에의 영향 333
5. 북방삼각관계 대비
   한국안보의 과제와
   전략적 선택 340

개요

이 글은 다극화 신냉전체제(2018년 미중전략경쟁 이후)의 등장과 같은 새로운 세계질서의 변화와 다중 위기 상황 속에서 한반도를 둘러싼 안보문제 가운데 특히 북중러 삼각관계의 형성 가능성과 조건에 주목하고 있다. 북중러 삼각관계는 냉전 시기만 해도 중소분열로 말미암아 삼각협력은 제대로 발휘될 수 없는 악순환을 겪었다. 하지만 탈냉전 이후 최근 미중 전략경쟁과 우크라이나전쟁이 발발하면서 동북아 안보환경에 큰 변화가 일어나고 있다. 이에 따라 북중러 삼각협력의 가능성이 점점 더 커지고 있다. 동북아 안보환경에 영향을 미치는 가장 큰 독립변수 두 개는 미중관계의 변화와 미러관계의 변화이다. 최근 미중갈등은 전략경쟁으로, 미러 갈등은 우크라이나전쟁 발발로 이어졌다. 이 두 가지 갈등요인은 최근 동북아 안보환경의 변화를 촉발하는 매개변수로서 촉진요인이라 할 수 있다. 그 결과, 여러 가지 동북아의 위협요인들이 종속변수로서 출현했다. 북중관계 회복 및 중러관계의 준동맹화 추세, 북러관계의 급진전과 재동맹화 흐름, 한미일 대 북중러 3국 사이에서 안보딜레마 심화 등은 가장 큰 위협요인들이다. 이 글은 한미일 동맹화 추세에 대한 맞대응 차원에서 중러, 북중, 북러 3개의 양자관계, 그리고 나아가 북중러 삼각관계가 어떤 변화 속에 전개되고 있는지 주목하고 있다. 그리고 한미일 남방삼각관계와 북중러 북방삼각관계의 대치 가능성과 한계가 무엇인지, 한국안보에서 북방삼각관계의 영향과 이에 대비한 한국안보의 과제와 전략적 선택이 무엇인지 논의한다.

핵심이슈

- 북중러 삼각관계 형성 가능성, 촉진요인 및 조건은 무엇인지 살핀다.
- 북중러 삼각관계에서 3개의 양자관계인 중러관계, 북중관계, 북러관계는 어떻게 변화·발전하고 있는지 분석한다.
- 한미일 남방삼각관계와 북중러 북방삼각관계의 부활: 가능성과 한계가 무엇인지 살핀다.
- 한국안보에서 북방삼각관계의 영향이 무엇인지 고찰한다.
- 북방삼각관계 대비 한국안보의 과제와 전략적 선택은 무엇인지 살핀다.

1. 서론

2022년 2월 우크라이나전쟁 발발 이후 최근 동북아안보에서 가장 놀라운 사건들 가운데 하나가 북러관계의 급진전이다. 북러 양국 정상은 2023년 9월 13일 보스토치니 우주기지에서 가진 정상회담을 통해 관계 강화의 돌파구를 열었고, 불과 1년도 지나지 않은 2024년 6월 19일 평양회담에서는 북러 간 동맹 복원 조치라 할 수 있는 「포괄적 전략적 동반자 관계에 관한 조약」(이하 북러 신조약)에 서명했다. 2000년의 「북러 우호·선린·협조 조약」(이하 2000조약)을 대체하는 파격적인 내용을 담은 이 신조약에는 '자동개입조항'(제4조)을 포함해 군사안보, 기술협력의 제도화는 물론 경제·무역·과학기술·우주·생물·평화적 원자력·인공지능 등 전방위적 차원의 협력을 강화하는 내용이 실렸다. 이에 따라 한국은 물론 한미일 3국에 크나큰 충격과 더불어 향후 대응 전략을 고민하게 만들고 있다.[1] 이 신조약 체결을 둘러싸고 유관 전문가들 사이에서 최근 우크라이나전쟁의 가장 큰 수혜자는 북한이라는 점에서 이견이 없는 것 같다. 북러 간 동맹 복원의 수준에 가까운 관계 강화로 말미암아 북한은 안보뿐만 아니라 전방위 영역에서 특혜와 특수를 누리고 있다는 점에서 한국은 우려를 금하지 않을 수 없다. 1950년 발생한 한국전쟁이 패전국 일본의 부흥과 재기를 위한 '신의 선물'이었듯이,

우크라이나전쟁은 하등 관련이 없던 이국만리의 역외 국가인 북한체제의 존속과 안전보장을 위한 '기회의 창'을 제공했다. 북한이 유엔의 대북제재에 설상가상 코로나 위기까지 겹친 데다 특히 바이든-윤석열정부하에서 북미 및 남북관계가 악화되면서 북한체제의 고립과 경제 난국은 심화될 수밖에 없었다. 그러나 우크라이나전쟁은 역설적으로 북한에게 '약자의 힘'을 발휘할 수 있는 유리한 안보환경을 제공했다고 판단된다. 따라서 이전과는 비교할 수 없을 정도로 '다극화'되고 있는 '신냉전'의 국제질서와 안보환경 속에서 한국이 어떻게 적응하고 대비할 것인가가 중요한 안보 사안으로 대두되었다.[2]

요컨대 최근 10년 사이 미중 전략경쟁과 2022년 2월 우크라이나전쟁 발발 이후 한반도를 둘러싼 동아시아 안보환경이 구조적으로 진영화되고 위기가 심화되면서 이에 대한 여러 가지 쟁점과 논란 그리고 우려가 깊어지고 있다. 무엇보다 이 글은 북중러 북방 삼각관계와 한미일 남방 삼각관계가 서로 대립 구도를 형성하고 있는지에 대한 문제의식에서 출발한다. 향후 한국안보에서 한미일 대 북중러 삼각관계의 대립구도의 영향과 파급력은 무엇인가? 북방삼각관계에 대비하여 한국안보의 과제와 전략적 선택은 무엇이며 어떻게 모색할 것인가? 이러한 여러 가지 연구 퍼즐들은 동시에 동북아 안보환경에 영향을 미치는 다양한 변수들을 복합적으로 고려할 때만

비로소 일정 부분 풀릴 수 있을 것이다.

최근 북중러 삼각관계의 변화에 대한 유관 전문가들의 선행 연구들은 크게 두 개의 흐름으로 나타나고 있다. 한 흐름은 북중러 삼각관계의 형성 가능성이 전례 없이 높아졌다는 긍정론이고, 다른 하나는 아직 형성될 수 없는 여러 제약 조건들 때문에 삼각체제의 형성 가능성이 매우 낮고 오직 3개의 양자관계가 주축이 될 수밖에 없다는 부정론이다. 이 글에서는 이러한 내용을 자세히 설명하지는 않지만, 다양한 주장들이 존재하고 있다.[3]

미중전략경쟁과 우크라이나전쟁 이후 국제질서가 다극화된 신냉전 질서로 변화하고 있는 것으로 보인다. 영국의 전략가 니블렛은 최근 저서에서 첨단기술패권경쟁을 특징으로 하는 미중전략경쟁과 우크라이나전쟁 이 두 가지 요인이 신냉전을 특징짓는 가장 중요한 징표라고 강조한다.[4] 우크라이나전쟁 전부터 세계화는 한층 더 퇴조해왔고, 미국은 탈세계화 전략 속에 한층 더 가치·안보·경제 차원의 블록화된 동맹의 재편과 함께 지역 및 초지역 차원의 네트워크 연대(NATO와 인도·태평양 지역의 연계)를 확산시키고 있다. 이러한 미국의 진영화 전략이 신냉전을 조성하고 있다. 하지만 진영화와 대조적으로 브릭스(BRICS), 글로벌 사우스(Global South) 등 제3 중간지대 국가들의 영향력도 동시에 커지고 있다는 점도 주목해야 할 것이다. 따라서 세계는 다자주의적 다극화 시대로 전환하고 있는 것처럼 보인다. 하지만 국제질서는 미중 간 장기전처럼 여전히 '강대국 간의 장기간에 걸친 지속적인 경쟁'으로 이어질 것으로 보인다. 이런 개념으로써 신냉전을 이해한다면, 우리는 국제질서에 대한 전망을 새롭게 볼 수도 있을 것이다.[5]

이 글은 미중 전략경쟁과 우크라이나 위기 이후 전면화하고 있는 다극화 신냉전체제의 등장과 같은 새로운 세계질서의 변화 속에서 한반도를 둘러싼 동북아 안보환경의 변화 문제에 주목하고 있다. 국제적 역학관계가 다변화하고 있는 다중 위기상황 속에서 무엇보다 미중 간 전략경쟁이 장기전으로 지속되는 추세에 있다. 게다가 우크라이나전쟁 발발에도 불구하고, 중러 간 밀월관계가 준동맹에 준할 정도로 공고화되고 있는 상황을 먼저 주목하고 있다.[6] 이처럼 미중러 전략적 신삼각관계가 변화하고 있는 신냉전(2018년 미중전략경쟁 이후) 다극화 시대에 설상가상으로 우크라이나전쟁 발발을 계기로 한미일 삼각동맹화 추세도 새롭게 부각되고 있다. 보다 구체적으로 말하면 한미일 안보협력의 확대 강화에 대한 맞대응 차원에서 중러, 북중, 북러 3개의 양자관계, 그리고 나아가 북중러 삼각관계가 어떤 변화 속에 전개되고 있는지 주목하려고 한다. 이러한 문제의식과 연구가설을 도식화하면 도표 11.1과 같다.

도표 11.1에서 제시한 주제와 관련하여 다양한 변수들이 책정될 수 있다. 먼저 구조라

도표 11.1   신냉전 다극화 시대 동북아 안보환경의 변화(2018년 이후)

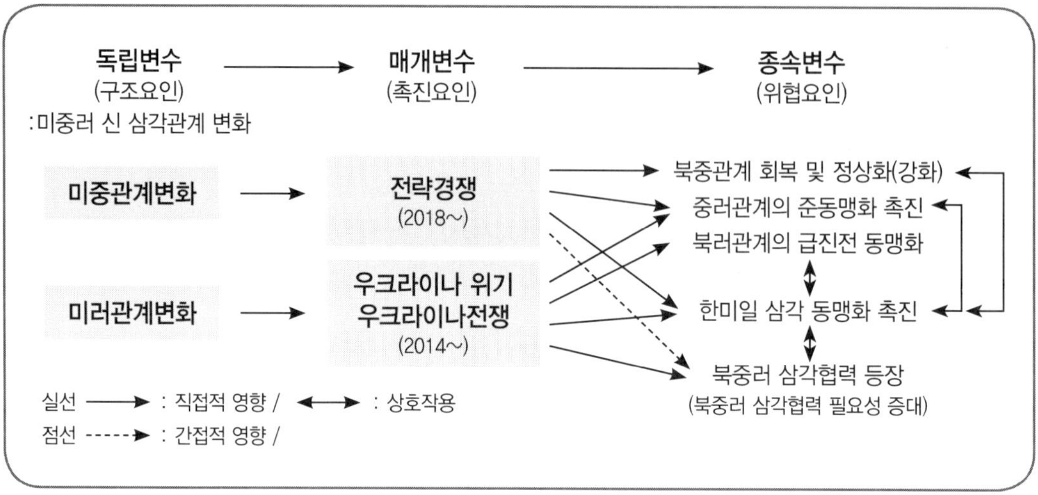

출처: 김재관 "북중러 삼각관계와 3개의 양자관계의 최근 변화와 전망," *Analyses & Alternative* 8-3 (2024).

할 수 있는 세력의 분포는 다극화 방향으로 미중러 전략적 신삼각관계의 변화로 나타나고 있다. 특히 두 개의 독립변수로서 미중관계의 변화와 미러관계의 변화를 주요 구조적 요인으로 가정하고자 한다. 그리고 이 독립변수는 강대국의 국내정치적 요인이라는 매개변수의 영향을 받을 수밖에 없다. 여기서 매개변수는 구체적으로 전략경쟁과 우크라이나전쟁 발발인데, 이 두 요인이 동북아 위기의 촉진요인으로 작용하고 있다고 본다. 두 가지 구조적 요인과 두 가지 촉진요인이 작동한 결과, 종속변수로서 일련의 동북아 위협요인들을 창출한다는 연구가설을 세웠다.

구체적으로 여러 가지 구조적인 변수들이 있겠지만 주요 매개변수들도 작동하고 있다. 무엇보다 우선 우크라이나전쟁 이후 형성된 다극화된 신냉전 신국제질서하에서 여러 변수들 가운데 가장 근본적이고 더 구조적인 독립변수는 역시 미중관계의 변화이다. 이 미중관계는 치열한 전략경쟁을 벌이고 있기 때문에 한반도에 미칠 영향은 여전히 지대하다. 아울러 이 전략경쟁이 '장기전'으로 지속될 수밖에 없는 상황에서 중러관계와 북중관계 그리고 북러관계에 어떤 변화와 지속성을 띨 것인가 역시 중요한 문제이다.[7] 둘째, 강대국 미국이나 중국의 국내 정치변수들이 대외정책에 지대한 영향을 미쳐왔다. 지금 가장 큰 매개변수로 작용하고 있는 전략경쟁은 2024년 말 미국 대선에서 트럼프 후보가 재집권하게 되면서 더욱 치열해질 것으로 전망된다. 트럼프 2.0 외교정책이 미국우선주의, 위대한 미국재건(MAGA), 고관세·보호무역주의 확대, 첨단기술 분야 패권경쟁, 신고립주의, 거래적 외교정책 등으로 펼쳐질 것으로 보인다.[8] 이에 따라 트럼프 2.0 시대는 동북아 두 개의 삼각관계에 중요한 변수가 될 것이다. 특히 동북아지역 내 주요 이해 당사국인 북·중·러·한·일 5개국에는 중요한 변수가 될 것이다. 셋째, 또 하나의 독립변수인 미러관계는 '대리전'인 우크라이나전쟁이라는 매개변수를 통해 충돌하고 있다. 이 전쟁이 어떻게 동북아 안보지형을 바꾸고 있는가 역시 중요한 매개변수이다. 넷째, 한미일 삼각안보협력이 전방위적으로 확장되고 있는 상황에서 한미일 대 북중러 3국 사이에서 안보딜레마는 계속 심화될 수밖에 없을 것으로 보인다. 한미일이 보다 안정적인 삼각관계라고 한다면 북중러 삼각관계는 불안정성을 띠면서 형성 중이다. 북중러의 경우, 당분간은 3개의 양자(중러, 북중 및 북러)관계를 중심으로 전개될 수밖에 없을 것이다. 북중러는 아직 제도화되지 못한 부실한 삼각관계이기 때문이다. 특히 중국의 경우, 양자관계를 선호하지만 내심 거부감을 드러내는 북중러 삼각협력과 병행해서 한중일 삼자협력도 동시에 유지하려는 투 트랙의 동북아 소다자주의 협력을 펼치고 있다. 중국의 입장에서 볼 때, 북중러 못지않게 한중일 삼자협력이 미중 전략경쟁에 대한 대응 차원에서 중요하다고 보기 때문이다.[9] 바이든정부는 집권 이래 한미일 대 북중러가 대치되는 상황을 조장해왔는데, 이에 동조하여

윤석열정부 역시 이념 가치 편향의 한미일 일변도 외교를 계속 강화해왔다. 이런 진영화 추세는 미 대선 이후에도 어느 정도로 수정 없이 지속 강화될 것인가? 다섯째, 무엇보다 작금의 우크라이나전쟁 이후 북러관계가 준동맹 수준으로 급속히 복원 강화되고 있는 상황에서 한중일 삼각협력, 한러관계 및 한중관계는 복원될 수 있을 것인가?

이상의 여러 가지 구조적 독립변수와 연관된 상황적인 매개변수들이 복합적으로 상호작용하고 있기 때문에 연구 퍼즐들을 분석·진단·예측하는 것은 그리 쉬운 일이 아니다. 그럼에도 불구하고 '구조 현실주의'와 '자유주의적 국제주의' 관점을 병용하여 북중러 삼각관계를 살펴보면서 이것이 한국에 어떻게 영향을 미치는지 살펴보고자 한다.

2. 북중러 삼각관계 내 양자관계의 변화와 전망

이 절에서는 서론에서 언급했지만, 북중러 삼각관계는 대체로 중러, 북중 및 북러라는 양자관계를 형성해 진행하고 있으므로 3개의 양자관계가 어떻게 변화했고, 앞으로 어떻게 될 것인지 전망하고자 한다.

1) 중러관계의 변화와 평가

우선 중러관계를 살펴보면, 미중 전략경쟁과 우크라이나전쟁 여파 속에서 중러관계는 어떤 변화와 지속성을 보일 것인가? 우크라이나전쟁 이후 중러관계의 발전과 지속성 여부를 둘러싸고 란코프(Andrei Lankov) 교수처럼 부정적 회의론 역시 만만치 않다.[10] 2023년 한국의 동북아역사재단(NAHF: Northeast Asian History Foundation)이 개최한 국제 학술회의에서 란코프 교수는 "러시아 입장에서 중국의 전략적 가치는 지난 몇 년 동안 많이 높아졌다"고 분석했다. 하지만 양국관계는 기본적으로 "정치 동맹의 기반은 매우 취약하고, 기회주의적 성격을 띠고 있다"며 "중러 동맹은 장기적으로 지속 가능한 동맹으로 보기 어렵다"고 판단했다. 같은 회의에 참석한 바신(Mark Bassin) 교수 역시 우크라이나전쟁 이후 중국에 대한 러시아의 취약성과 의존성이 심화되면서 동등한 파트너십이 흔들리고 있다는 비관적 전망을 제시했다.[11]

주지하다시피 중국과 러시아는 탈냉전 이래 최근까지 경쟁과 협력을 동시에 해왔다. 향후 푸틴정부와 시진핑정부는 준동맹(quasi-alliance)에 가까운 전면적인 전략적 협력을 유지하면서도 자국의 핵심이익을 위해 불가피하게 유라시아에서 지정학적·지경학적 그레이트 게임(great game)을 펼칠 수밖에 없을 것으로 전망된다. 요컨대 유라시아지역 내에서 지정학적 목표인 유라시아 패권 장악을 위해 중국은 '일대일로 이니셔티브'를 펼쳐왔고, 이에 맞서 러시아 역시 유라시아경제연합(EAEU)과 '대유라시아(Greater Eurasia)' 전략을 펼치고 있어 양국 사이에는 근본적인 이익 충돌 때문에 갈등이 불가피하다는 것이다. 따라서 양국은 고작 단기적인 국익에 따라 경쟁과 협력을 하는 것에 불과하며, 양국관계는 '비대칭적'이고 깨지기 쉬운 일종의 '정략의 축' 혹은 '정략결혼'에 가까운 한시적 밀월관계를 맺고 있다는 것이다.[12]

그래서 현재는 미국의 패권과 일방주의에 맞서기 위해 일시적인 전략적 협력을 할 뿐이라고 본다. 게다가 역사적, 사회문화적으로 러시아의 정체성은 서구편향적이며, 중국을 비롯한 아시아 문화를 경시해왔다는 점에서 중러관계는 불안정할 수밖에 없다는 관점이다. 중러관계의 비대칭성 확대와 러시아가 중국의 주니어 파트너로 전락하는 가운데 러시아 엘리트층이나 인민들이 중국에 대한 근본적 불신과 경계심 혹은 '황화론(黃禍論, Yellow Peril)', 즉 '중국위협론'이 여전히 존재한다고 보는 점 역시 중러관계의 비관적 전망을 갖게 한다. 이런 비관적 시각과 관련하여 러시아의 중러관계 전문가인 루킨(Alexander Lukin)은 '중국위협론'이 존재하지만 양국 협력의 엄청난 시너지 효과와 밀월관계의 추세를 의도적으로 간과, 부정하는 이런 충돌 시나리오야말로 일종의 '신화'에 가깝다고 지적한다.[13] 따라서 그의 시각은 사실상의 동맹에 근접하고 있는 중러 밀월관계라는 객관적 현실을 있는 그대로 보자는 관점이라 할 수 있다.

반면, 이상과 같은 회의적인 비관적 시각과 대조적으로 중러관계는 21세기에 '지속적인 상승 추세'를 보여왔고, 점점 '준동맹(quasi-alliance)', '사실상의 동맹(de facto alliance)' 차원으로 발전하고 있다는 전문적 시각이 있으며 필자를 포함한 많은 전문가들이 지지하고 있다. 이런 중러관계 낙관론은 특히 푸틴-시진핑 집권기에 더욱 강화되어왔다. '한계 없는' 중러 간 밀착과 전략적 협력은 미국의 입장에서 볼 때 가장 우려할 수밖에 없는 가장 큰 국제관계의 변수들 가운데 하나다.[14] 더욱이 중러는 우크라이나 위기(2014년 러시아 크림반도 병합) 이후로도 계속 전략적 협력의 공감대를 얻고 있다. 중러관계는 미중관계와 미러관계가 악화될수록 오히려 더욱 증대되고 있는 것 같다. 2012년 이래 양국 정상은 최근까지 무려 43차례 이상의 회담을 가져왔다. 푸틴 대통령이 2024년 5월 집권 5기 출범 9일 만에 중국부터 방문한 이유는 그만큼 러시아의 입장에서 중국과의 협력이 절박함을 시사한다.

중러관계가 안정적으로 지속되고 있고 향후에도 그럴 가능성이 높은 몇 가지 근거로 첫째, 2014년 우크라이나 위기 이래 경제안보 차원에서 양국은 전방위적 교류를 확대해왔다는 점이다. 특히 중국이 러시아의 우크라이나 침공에 따른 대러제재에 불참하면서 러

시아의 장기전 대비와 체제안정에 버팀목 역할을 하고 있는 점이 중요하다. 우크라이나전쟁 이후 러시아를 겨냥한 표적형 고강도 제재에도 불구하고 전방위적 차원의 양국 간 무역은 우크라이나전쟁 전인 2021년에 1,468억 달러에서 2022년 말에 기록적인 1,800억 달러에 달했으며, 2023년은 전년 대비 23% 증가한 2,401억 달러에 달했다. 2년 새 63.5% 급증했으며, 교역의 90%가량을 달러가 아닌 루블화와 위안화로 결제하고 있다.[15] 최근 2~3년 사이뿐만 아니라 2014년 러시아의 크림반도 병합 이후 10여 년 동안 중러무역이 급성장해왔다. 특히 금융 분야와 에너지 분야가 중러 협력에서 두드러진 영역이다. 러시아는 2021년 기준 세계 3위 원유생산국이자 2위 천연가스 생산국으로 에너지 수익이 전체 연방 예산의 45%, 에너지 수출이 자국 총수출에서 약 50%를 차지할 정도로 과도한 에너지 의존형 국가다. 전쟁 전 2021년 중국은 러시아 원유수출과 LNG 수출에서 각각 31%를 차지했으나, 전쟁 이후 러시아는 중국뿐만 아니라 인도, 튀르키예 등 새로운 수출시장을 개척, 확대하고 있다. 2022년 5월 러시아는 사우디아라비아를 제치고 중국의 최대 원유 공급국이 되었고 중러 간 에너지 협력이 확대 일로에 있다.[16]

두 번째 근거로 미러갈등 지속과 미중 전략 경쟁에 대비한다는 차원에서 중러 수교 70주년에 즈음하여 2019년에 양국은 "신시대 전

면적인 전략적 협력동반자관계"를 천명하였다. 양국은 군사안보 차원에서 이미 2001년에 중러 간 준군사동맹의 성격이 강한 '선린우호협력조약'을 맺었고, 매년 합동군사훈련을 지속적으로 해왔다. 그리고 2021년에 다시 이 조약을 20년 더 연장하는 조치를 취한 점 역시 주목할 대목이다. 양국은 '특수우군관계(特殊友軍關係)'라 할 수 있다.[17]

세 번째 근거로 우크라이나전쟁 이후에도 경제 분야 이외에 기술·인프라·군사안보협력 등 전방위적 차원에서 전략적 협력을 확대, 강화한 점 등을 들 수 있다. 이처럼 중러 간 전면적인 전략적 협력 동반자관계는 2014년 우크라이나 위기 이후 서구 자유 진영의 압박에도 불구하고 지금까지 변함이 없으며 더 확대일로에 있다. 시진핑 주석은 2023년 봄 집권 3기 출범과 동시에 러시아를 방문하여 중러 간 전략적 연대를 다시 한번 과시했다. 전반적인 국제질서의 추세로 볼 때, 다극화·신냉전의 기본적인 대립인 미중 간의 전략경쟁이 '장기전'이 될 수밖에 없는 상황이고 우크라이나전쟁에서 보는 것처럼 미국이 자유주의 패권 전략에 따라 NATO 동진 확장 전략을 지속하는 한에서, 중러관계는 '준동맹'에 가까운 전략적 협력을 장기간에 걸쳐 지속할 수밖에 없을 것으로 전망된다. 따라서 현재 "중러관계 성격은 공식적인 군사동맹은 아니더라도 '사실상의 동맹'에 가깝고 오히려 전통적인 동맹관계보다 새로운 시대의 국제질서에 한층 더 잘 적응할 수 있는 '탄력적이고 고도로 유연한 준동맹관계'로 유지해나갈 것으로 보인다.[18] 전반적으로 볼 때 21세기 중러관계는 협력 요인 못지않게 유라시아지역 내 주도권 장악, 배타적 민족주의 이데올로기 심화 등과 같은 갈등 요인들도 병존하고 있다. 하지만 이런 경쟁 및 갈등요인들은 시진핑-푸틴 집권기에 크게 해소되고 있다. 우크라이나전쟁 발발에도 불구하고 중러 간 공동 협력은 한층 더 확대되고 있으며, 중국위협론은 대체로 일부에서 거론될 뿐 그 영향력은 크지 않아 보인다. 요컨대 협력 요인이 경쟁 및 갈등요인을 압도할 정도로 월등한 우위를 점하고 있다.

네 번째 근거는 지도자 요인이다. 특히 절대권력자인 푸틴과 시진핑의 집권 스타일인 탄력적 권위주의 통치 방식이 유사하다. 그리고 이데올로기 및 세계관의 동조화(coupling)가 양국의 밀월관계를 촉진시키는 것 같다.[19] 전반적으로 중러관계의 결속과 전략적 협력 강화 심지어 준동맹화 추세가 이어질 수 있었던 근거는 탈냉전기 미국 주도의 단극체제하에서 미국의 패권주의와 일방주의를 견제하려는 중러 양국의 일치된 전략적 이해가 있었기 때문이다. 요컨대 다극 질서 구축과 같은 공유된 인식·이익·정체성·문화 및 규범의 친화성 등 이런 복합적 요인들이 중러관계 강화의 객관적 배경이라고 보는 미국의 로즈만(Gilbert Rozman)과 같은 시각이 보다 균형 잡힌 객관적 시각이라고 생각된다. 로즈만은 유사한 이데올로기 기반, 서구와의 역사관의 차이, 권위주의 정치모델, 외부의 위협에 대한 공동대응, 국제분쟁에서 공동입장 유지, 국가통합과 정체성 증진 등의 6가지 근거와 요인들 때문에 중러관계는 '준동맹'에 가까운 전면적인 전략적 동반자관계는 지속될 수밖에 없다고 본다.[20]

이상과 같은 배경과 여러 가지 사실에 근거해 볼 때, 중러 간 전면적인 전략적 협력은 글로벌 신냉전 다극화 시대에 미중 전략경쟁의 장기화 및 미러갈등의 지속, 미국이 주도하는 NATO와 인태지역 연계 네트워크 협력 강화, 그리고 좁게는 한반도와 대만문제를 포함한 동북아지역의 안보위기가 개선되지 않는 한 향후에도 지속될 것으로 전망된다.

2) 북중관계의 변화와 평가

북중관계는 안보·역사·문화·이념적 요인과 북·중의 대내 정치적 요인 외에도 냉전기의 중소분열, 미중수교뿐만 아니라 탈냉전기의 한중수교, 미중 전략경쟁, 최근의 북러관계 급진전과 같은 일련의 대외환경의 변화가 북중관계에 중요한 영향을 미쳐왔다.[21] 요컨대 북중관계에 영향을 미치는 네 가지 핵심 변수로는 국가안보(특히 미중 및 북미관계), 사회주의 이념, 전통적 연대, 경제관계 등을 꼽을 수 있다.[22] 하지만 그 가운데 미중관계야말로 북중관계에 가장 큰 영향을 미치는 구조적 변수

라고 할 수 있다. 2012년 4월 김정은 집권과 더불어 2013년 2월 북한이 제3차 핵실험을 했을 때 대북제재에 중국이 동참하면서 미중협조관계가 유지되자 북중관계가 악화되기 시작했다. 2013년 1월 24일 북한은 국방위원회 성명에서 중국에 대한 불만을 노골적으로 드러냈다. "세계의 공정한 질서를 세우는 데 앞장서야 할 큰 나라들까지 제정신을 차리지 못하고, 미국의 전횡과 강권에 눌리워 지켜야 할 원칙도 서슴없이 줴버리고 있다"[23]고 비판했고, '자기의 이득을 위해 미국에 맹목적으로 동조'한다는 서운한 감정도 표시했다.[24] 게다가 김정은이 2013년 12월 북중협력 사업 전반을 총괄했던 고모부인 친중파 장성택을 처형함에 따라 시진핑 집권 1기 내내 북중관계는 냉랭했다. 2013년 시진핑 국가주석이 취임한 후부터 2016년 한중 간 사드(THAAD) 사태가 발생하기 전까지 중국은 북한과 거리를 두면서 한중관계에 더 공을 들였다. 그 일례로 중국 국가주석이 취임한 후 북한에 앞서 한국을 먼저 전격 방문한 것이 2014년이 처음일 정도였다. 2011년 12월 김정일 사후 2017년까지 무려 6년 이상 북중 최고지도자 간의 상호방문이 한 차례도 성사되지 않았다는 점 역시 북중관계가 얼마나 경색되었는지 반증한다.

이랬던 북중관계가 급진전될 수 있었던 계기는 2018년 6월 트럼프 대통령과 김정은 국무위원장 사이의 최초의 역사적인 싱가포르 '북미 정상회담'이었다. 2018년 벽두부터 남

북미 3국 정상 간에 숨가쁘게 전개되었던 양자 및 삼자회담이 열리면서 한반도 내 중국의 영향력과 주도권 상실을 우려한 시진핑 주석은 급기야 북미회담 직전인 2018년 5월에 김정은 방중(중국 따롄, 大連)으로 이뤄진 북중 정상회담을 개최함으로써 신속히 북중관계를 복원시켰다. 구체적으로 2018년에만 북중정 상회담이 세 차례나 개최되었다. 그리고 동시에 중국은 '한반도 해법'으로 주장해온 쌍중단(雙暫停, 북한의 핵·미사일 실험과 한미의 대규모 군사훈련 일시 중단), 쌍궤병행(雙軌竝行, 한반도 비핵화와 평화협정 병행 추진) 해법이 남북미중 사이에서 일정 정도 수용됨으로써 한반도 내 영향력을 발휘할 수 있었다. 그러나 북한은 2018년 남북 정상의 9·19 합의 후 문재인 대통령이 볼턴(John Robert Bolton)과 같은 미국의 강경파에 밀려 "평화협정 체결은 북한 비핵화 완성 이후"라고 후퇴한 것과 관련하여 남한의 대미 굴종적 태도를 비난해왔고, 급기야 2019년 2월 하노이 제2차 북미정상회담에서 북미 간 합의가 결렬된 후인 2020년 6월 전격적으로 개성 남북 연락사무소를 폭파시켰다. 이에 따라 북한은 북미관계는 물론이고 남북관계 역시 파탄으로 몰고 갔다.[25] 이런 사태 전개에도 불구하고 2018년 봄 복원된 북중관계는 윤석열정부 집권과 더불어 한중관계가 경색되는 국면 속에서도 여전히 전방위적인 협력을 유지해왔다.

그러나 북중관계는 우크라이나전쟁 이후 2023년 9월 김정은의 러시아 방문을 계기로 열린 북러 정상회담과 뒤이은 2024년 6월 북러 간 동맹복원에 가까운 '포괄적 전략적 협력동반자' 조약 체결을 계기로 새로운 변화의 조짐이 보이는 것 같다. 그러한 추측의 단서로서 첫째, 2024년 6월 북러 간 신조약협정을 앞둔 시점에서 4년 5개월 동안 중지되었던 한중일 정상회담이 5월 27일 개최되어 '한반도 비핵화' 표현이 공동선언에서 채택되자 바로 그날밤 북한이 군사정찰위성 2호를 발사함으로써 중국에 불만을 표출한 점,[26] 둘째, 2018년 5월 따롄에서 개최된 김정은-시진핑 정상회담을 축하해 두 정상의 산책길에 설치되었던 '발자국 동판'을 2024년 5월에 철거한 점, 셋째, 6월 북러 간 신조약 체결 이후 중국 당국이 7월 초 중국 내 고용되었던 북한의 주요 외화벌이 노동자들을 모두 전격적으로 귀국 조치를 요구한 것에 맞서 북한 역시 자국 내 북중 간 가교역할을 하던 화교에 대해 거주지 이탈 제한, 북한 주민의 화교가정 출입 단속 등의 통제를 강화한 점, 그리고 평양 시장에서 위안화 결제 금지, 북한 주민과 군인을 대상으로 중국영화·드라마 시청 금지 등,[27] 넷째, 최근 김정은 국무위원장이 7월 30일 내린 '1호 지시', 즉 주중 북한 공관에 내린 "중국 눈치볼 것 없다"라는 포치(공지)문을 하달했다는 보도는 북러 간 동맹 복원 조치 전후로 북중 간에 파열음이 일고 있다는 추측을 하게 한다.[28] 그러나 이런 추측과 대조적으로 7월 26일 김정은은 정전협정 71주년에 앞서 한국전쟁 참전 중국군을 기념하는 우의탑을 방문해 "우리 조국의 가장 어려운 시기에 조·중 두 나라 인민이 한 전호에서 생사고락을 같이하며 쟁취한 승리의 7·27은 세월이 흐르고 세기가 바뀌어도 변함없는 생명력을 발휘하는 인류사적 대승"이라고 발언함으로써 북중혈맹관계를 재확인했다.[29]

북중관계를 이해하려면 양 당국자들의 현 국제질서에 대한 인식과 대응이 어떠한지가 중요한 판단기준이 될 것이다. 우크라이나전쟁 이후 국제질서에 대한 북한의 국제정세 인식은 다분히 중국과 결을 달리한다. 2022년 12월 개최된 노동당 중앙위원회 제8기 6차 전원회의에서 김정은은 "국제관계 구도가 '신냉전'체제로 명백히 전환되고 다극화의 흐름이 더욱 가속화하고 있다"고 진단했다. 이미 국제질서의 변화를 '신냉전'으로 인식하기 시작한 시점은 2021년 미국 바이든정부 출범 이후다. 동년 9월 최고인민회의 제14기 5차 회의 시정연설에서 김정은은 "미국의 일방적이며 불공정한 편 가르기식 대외정책으로 인하여 국제관계 구도가 '신냉전'으로 변화되고 있다"고 주장한 바 있다.[30]

2022년 2월 러시아의 우크라이나 침공 이후 북한은 핵보유에 더욱 집착하면서 핵무력 정책에 대한 정당화·법제화를 서둘렀다. 즉, 2022년 9월 8일 최고인민회의 제14기 7차 회의에서 김정은은 시정연설을 통해 국제질서가 "미국이 제창하는 일극체제로부터 다

극체제로의 전환이 눈에 뜨이게 가속화"되기 때문에 "핵무력 정책을 법제화함으로써 핵보유국으로의 우리 국가의 지위가 불가역적인 것"으로 되었다고 선언했다. 여기서 김정은은 "만약 우리의 핵 정책이 바뀌자면 세상이 변해야 하고, 조선반도의 정치 군사적 환경이 변해야 한다"라고 주장했다.[31] 결국, 북한은 현 국제질서를 신냉전과 다극화로 규정하고 있다. 이러한 국제정세 인식은 분명 러시아도 같은 입장이라고 할 수 있다.[32] 이처럼 북한은 미중 전략경쟁과 우크라이나전쟁을 '신냉전'으로 이해하면서 이에 지정학적 대립 구도를 자국에 유리하게 이용, 편승하려는 입장이다.

다만, 중국의 경우, 국제질서의 다극화 흐름에는 동의하나 '신냉전' 구도가 미중 전략경쟁에서 미중 간 대결과 충돌을 부추길 수 있다는 측면에서 반대한다고 볼 수 있다. 그래서 중국은 기본적으로 미중 경쟁을 '신냉전' 성격을 띤다고 보는 시각에는 동조하지 않고 있다. 그 이유는 무엇보다 미중 경쟁이 냉전 시기의 진영 간 대립이 아니며, 둘째, 양국의 상호이익이 접합, 동조화되어 있으며, 셋째, 미국과 유럽 그리고 일본 등의 주요 강국의 대중국 정책이 동일하지 않아 미국을 중심으로 반중 진영 형성이 쉽지 않을 것으로 여기고 있기 때문이다.[33]

중국의 입장에서 볼 때 신냉전 질서에 대한 반대에도 불구하고 북한과 러시아가 원하는 대로 신냉전 구도 속에 북중러 삼각협력을 강

화할 경우, 안정적이고 발전적인 양안관계를 기반으로 한 장기적인 평화발전을 원하는 중국의 외교적 선택지는 좁아질 수밖에 없을 것이다. 결국 중국은 신냉전 구도야말로 동북아 갈등 지역인 양안관계, 남중국해·동중국해 영유권 분쟁, 한반도를 포함해 동북아지역 내에서 미중 대결을 부추길 수밖에 없다고 우려하고 있다. 그래서 중국은 북중러 삼각협력의 강화보다는 양자관계에 집중하여 3개의 중러, 북중, 북러관계를 안정적으로 관리하면서 동시에 한중일 지역소다자주의 협력을 강화함으로써 미중대결을 회피하고자 한다. 이처럼 신냉전 구도는 결코 중국에 유리하지 않다고 판단된다. 그러나 북한의 입장에서는 동북아지역에서 신냉전 구도가 작동하고 있으며, 분명히 미국 민주당이나 공화당 가릴 것 없이 미국 주도의 편 가르기식 진영 외교를 통해 구체화되고 있다고 본다.

윤석열정부 역시 한미동맹을 기축으로 삼아 급조된 한일관계 개선을 통해 한미일 삼각동맹화를 추진하면서 북한체제의 고립화를 추진하고 있다. 이러한 북한의 정세 인식 때문에 북한은 2022년 12월 노동당 제8기 6차 전원회의에서도 남한을 주적으로 명시하고, 북미 대결을 핵무장의 다각화를 통해 대비하고 있다. 보다 구체적으로 최근 들어 가장 주목할 만한 변화 시도는 북러 간 동맹 복원 조치를 통해 군사협력은 물론 전방위적 차원의 북러 협력을 극대화함으로써 체제 생존을 모

색하고 있다는 점이다. 물론 북한은 북러 밀착으로 말미암아 회복된 북중관계가 악화되기를 원치 않으며, 북중러 삼각협력과 연대를 통해 위기 국면을 타개해 나가고자 한다.

북중관계 변화를 진단, 분석하려면 이상과 같은 미국의 외교정책 변화, 미중관계의 변화, 그리고 러시아 변수들의 영향도 고려해야겠지만, 그 가운데 특히 미중관계가 어떻게 전개되느냐가 중요하다. 미중관계가 중국의 대북정책과 북중관계에 영향을 미치는 중요한 변수로 작동되어왔다는 점에서 특히 중요한 변수가 아닐 수 없다.[34] 그러나 역으로 미중관계가 전면적인 전략경쟁 혹은 갈등이 분출될 경우, 북한의 전략적 가치는 상승한다. 즉, 북한이 중국의 '전략적 자산'이자 '전략적 완충지대'로서 중국의 핵심 카드로 유리하게 활용될 수 있다는 점에서 역으로 북한의 전략적 자율성의 여지가 확장될 수도 있다. 마치 냉전기에 북한이 중소갈등 대립 국면에서 자국에 유리한 방향으로 '시계추 외교'로 외교적 자율성을 발휘했듯이 말이다.

미중관계가 오바마 집권기와 시진핑 집권 1기(2013~2018년)까지만 해도 대체로 큰 갈등 없이 협조적이었던 반면, 트럼프 집권 후반기와 맞물린 시진핑 집권 2기(2018~2023년)에는 미중관계가 전략경쟁 국면에 접어들면서 갈등이 증폭되었다. 2017년 12월 미국이 「국가안보전략보고서」를 발표해 중국을 미국의 패권과 미국 주도의 국제질서에 도전

하는, 즉 미국의 지위를 넘보는 소위 '수정주의 국가'이자 전략적 경쟁자로 규정했고, 초당적 차원에서 '존재론적 위협'이 된 중국의 부상을 억지시키는 것이 중국과의 전략경쟁에서 가장 급선무임을 명시했다.

이미 앞에서 언급했다시피 비록 10여 년간의 단기간이지만 미중관계가 편의적인 협력관계일 때 북중관계는 냉랭했던 반면, 2018년 미중관계가 전면적인 전략경쟁으로 악화되자 북중관계는 크게 호전되기 시작했다. 김정은 국무위원장이 2018년 3월부터 6월까지 세 차례에 걸쳐 중국을 전격 방문함으로써 냉랭했던 북중관계를 일시에 해소하는 성과를 거두었다. 북한이 의도한 것은 북중 당·정·군 관계의 완전한 회복, 국제정세에 대한 전략적 소통 강화, 한반도 비핵화에 대한 공동대응, 북미회담 대응 및 정보 공유, 대북 제재 완화 등이었다.

반면, 중국 측은 2016년 7월 한국의 사드 배치를 본질적으로 중국을 겨냥한 미국의 전략 자산으로 이해했다. 그리하여 중국은 한국의 사드 배치에 대한 우려를 표하였고, 이는 북중관계와 한중관계 변화의 분기점이 되었다. 그리고 2017년 말부터 미중 간 전면적인 전략경쟁기에 접어들면서, 한반도의 파국을 막기 위해 중국은 남북한과 미국을 향해 '한반도 평화 해법'으로 '쌍중단(雙暫停)'-'쌍궤병행(雙軌竝行)' 해법을 제시했다.[35] 당시 북한은 미국의 대북 선별 타격을 우려한 나머지 즉각 이 해법을 적극 수용하기도 했다. 중국은 2018년 초부터 남북정상회담, 제1차 북미정상회담(2018.06.12) 등 한반도를 둘러싼 남북미 3국의 급격한 관계 전환에서 차이나 패싱(중국 소외)을 극복하고 한반도에 대한 영향력을 유지하고자 했다. 이에 따라 중국의 대북 인식은 북중관계가 전략적 부담에서 전통적 우호관계를 유지해야 할 전략적 자산으로, 일반 국가 대 국가관계에서 운명공동체관계로 전환되었다. 그리고 북중관계에서 중국은 북한체제의 안정화에 적극 기여해 대북제재 완화, 대북 영향력 확대 쪽으로 급선회했다.

이러한 북중관계의 급진전과 관계 회복은 미중관계의 악화에서 비롯된 측면도 강했다. 즉, 2018년 초부터 미중 간 전략경쟁이 본격화되면서 3월 트럼프는 '대만여행법' 서명, 중국의 대미 투자제한 행정명령 서명, 중국 제품에 대한 25% 고관세 부과(4.3), 남중국해에서 미 루즈벨트와 칼빈슨 2개 항모와 중국의 랴오닝 항모의 대치(4.5~11), 미 상무부의 중국 기업 중싱(ZTE)에 대한 제재조치(4.16), 미국과 대만 간 정부 고위급 인사교류 재개(6.12), F-22 전투기와 B-52 전략폭격기 동중국해 진입(6.13), 트럼프의 고관세 부과 승인(6.14) 등으로 미중관계가 급격히 갈등 국면으로 치닫게 되었다.

2018년 상황에 비춰 볼 때 세 가지 요인, 즉 미중관계 악화, 남북정상회담 개최, 역사적 북미정상회담을 통한 북미관계의 급격한 개선 등이 한동안 경색되었던 북중관계를 신속히 회복시키는 데 주요하게 작용했다고 볼 수 있다. 미중관계의 악화 여부, 즉 갈등 정도가 단기적으로 북중관계의 변화에 일정한 영향을 미쳤다는 관점에서 볼 때, 당시 북미중 삼자관계를 2018년 무렵 국한해서 보면 미중관계와 북중관계는 역진적 관계에 있었음을 알 수 있다. 당시 몇 가지 요인들 가운데 미중관계 변화가 북중관계 변화를 추동한 핵심변수임을 알 수 있다.

이와 동시에 북미관계의 변화 역시 북중관계의 전환에 큰 영향을 미쳤다. 2018년 6월 최초로 북미정상회담이 개최될 기미를 보이자 냉랭하던 북중관계가 급속히 회복되었다. 이것은 중국이 한반도, 특히 북한을 자신의 '영향권'으로, '핵심이익'의 지역군으로 간주하고 있음을 반증한 것이다. 이것은 또한 북한이 한미일 수중으로 넘어가는 것을 결코 방관하지 않겠다는 중국 측 의지의 표출이기도 하다. 결국 중국의 입장에서 볼 때 북한은 동전의 양면처럼 '전략적 자산'이면서 동시에 '전략적 부담'이라는 성격을 띤 한편, 북한은 자국에 대한 중국의 전략적 의도와 계산을 역이용하여 냉전시대 이래로 지금까지 북중관계에서 전략적 자율성과 재량권을 효과적으로 발휘해왔다고 볼 수 있다.

앞에서 언급한 몇 가지 북중관계 변화 요인들 외에도 북한 자체의 노선전환, 즉 핵-경제 병진노선으로부터 중국이 제기한 '한반도 평화 해법'으로 주장해온 쌍중단-쌍궤병행 해법을 2018년 적극 수용해 경제발전 집중노선으로의 전환 역시 양국관계 전환의 또 하나의 주요 요인이 되었다고 볼 수 있다.

이제 종합적으로 미중, 북중, 북미 3개의 양자관계에서 볼 때, 어떤 관계가 한반도를 둘러싼 동북아지역 내에서 가장 큰 핵심변수 내지 영향력을 발휘하고 있다고 볼 것인가가 중요하다. 사실 구조현실주의 맥락에서 볼 때, G2 국가인 미중 양국이 신냉전 국제질서를 좌지우지하는 패권국가라는 점에서 동북아지역 내에서 현재는 물론이고 향후 미래에도 가장 큰 영향력을 행사할 것으로 보인다. 미중관계에 따라 북중관계는 물론이고 중러, 한중, 한러 및 북러관계 역시 영향을 받고 있다는 점에서 여러 요인들 가운데 미중관계가 가장 큰 독립변수임에 틀림없다. 그리고 미러관계 역시 국제질서 변화의 또 하나의 큰 독립

도표 11.2 미중관계와 북중관계의 연관성

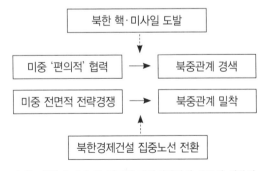

출처: 신상진, "미·중 전면적 전략경쟁시대 중국의 대북정책과 북·중관계: 미중관계와 북중관계의 연관성," 『국방연구』 제63권 4호 (2020), p. 72.

변수다. 2022년 우크라이나전쟁이야말로 미러갈등이 '대리전'으로 전면화된 것이다. 매개변수인 우크라이나전쟁이 북러 재동맹화를 촉진시켰다는 점에서 러시아가 한반도 문제에 적극적으로 개입하면서 중요 행위자로 부각되고 있다. 한반도에 국한해서 보면 북한은 우크라이나전쟁 이후 열린 '기회의 창'을 이용해 절대적인 약자임에도 불구하고 핵보유국으로서 지위를 철저히 활용하고 있다. 즉, 한반도를 둘러싼 6개국 사이의 지정학적 역학관계를 활용해 교묘히 재량권을 갖고 전략적 자율성을 행사하고 있음을 알게 된다. 북한은 우크라이나전쟁 이후 형성된 다극화된 신냉전 질서를 활용해 전략적 자율성을 한껏 높이고 있다. 이 장에서 미중관계가 북중관계에 영향을 미치는 독립변수로 작용해왔음을 부정할 수 없다. 하지만 북한 역시 중국의 대북정책뿐만 아니라 한반도를 둘러싼 동북아지역 내 국제관계에 영향을 미칠 수 있는 매개변수 겸 작은 독립변수로 작용하고 있음을 알 수 있었다.

3) 북러관계의 변화와 평가

2024년 블라디미르 푸틴 대통령이 24년 만에 북한을 전격적으로 방문하여 군사동맹 복원 조치를 취한 것은 향후 한반도를 둘러싼 동북아지역 내 안보 질서에 엄청난 영향을 미칠 것이 확실하다. 2024년 6월 19일 자동개입조항까지 포함한 북러 간 '포괄적 전략적동반자관계' 조약(신조약) 체결을 어떻게 평가할 것인가? 이 신조약이 과거 냉전시대 동맹 수준에 버금가는 내용을 담고 있는가? 신냉전의 다극화 시대 북한체제 생존과 유지에 있어 이 신조약이 과거 1961년 조소(朝蘇) 구조약을 능가하는 실효성을 띠고 있을 뿐만 아니라 북중관계에 준할 정도로 북한체제 유지에 중요한 계기로 작용할 것인가? 북러관계의 급속한 밀착은 북중관계와도 마찰 없이 병행하면서 상호 시너지 효과를 발휘하는 가운데 향후 북중러 삼각협력의 토대로 작용할 것인가? 우크라이나전쟁이 끝난 후에도 북러 간 동맹 수준의 관계가 계속 유지될 것인가? 이 신조약으로 말미암아 작용-반작용이라는 각도에서 북러 밀착이 한미동맹 강화를 넘어 한미일 삼각동맹화를 촉진시킬 것이고, 이에 따른 맞대응 반작용으로 북중러 삼각협력 역시 연동해서 발전할 것인가? 그리하여 동북아지역 내 남방삼각협력 대 북방삼각협력이 대치하는 신냉전 구도가 고착화될 것인가 등의 의문을 갖게 한다.

그럼 신조약의 주요 내용과 그 전략적 함의는 무엇일까?

2024년 6·19 북러 간 '포괄적 전략적 동반자관계'조약은 동맹이라는 표현보다는 현대 국제관계에서 널리 운용되고 있는 '전략적 동반자 관계'라는 용어를 사용함으로써 관련 이해 당사국들의 우려를 불식시키고 있다. 러시

글상자 11.1   북러가 체결한 '포괄적인 전략적 동반자 관계에 관한 조약' 주요 내용 (총 23개 조항)

제1조	쌍방은 기타 국제법적 원칙들에 기초한 포괄적인 전략적 동반자 관계를 항구적으로 유지하고 발전시킨다.
제4조	쌍방 중 어느 일방이 개별적인 국가 또는 여러 국가들로부터 무력침공을 받아 전쟁 상태에 처하게 되는 경우 타방은 유엔 헌장 제51조와 조선민주주의인민공화국과 로씨야련방(러시아연방)의 법에 준하여 지체 없이 자기가 보유하고 있는 모든 수단으로 군사적 및 기타 원조를 제공한다.
제7조	쌍방은 유엔과 그 전문기관들을 비롯한 국제기구들의 테두리 내에서 쌍방의 공동 이익과 안전에 직접적 또는 간접적인 도전으로 될 수 있는 세계와 지역의 발전 문제들에서 호상(상호) 협의하고 협조한다.
제8조	쌍방은 전쟁을 방지하고 지역적 및 국제적 평화와 안전을 보장하기 위한 방위능력을 강화할 목적 밑에 공동조치들을 취하기 위한 제도들을 마련한다.
제9조	쌍방은 식량 및 에네르기(에너지) 안전, 정보통신기술 분야에서의 안전, 기후변화, 보건, 공급망 등 분야에서 협력한다.
제10조	쌍방은 무역경제, 투자, 과학기술 분야들에서의 협조의 확대 발전을 추동한다.
제12조	쌍방은 농업, 교육, 보건, 체육, 문화, 관광 등 분야에서 협조를 강화한다.
제23조	이 조약은 무기한 효력을 가진다. 어느 일방이 효력을 중지하려는 경우 타방에게 서면으로 통지하여야 한다.

출처: 권승현, "북·러 반미 기치로 '위험한 군사동맹' … '신냉전' 격랑 속으로," 『문화일보』, 2024년 6월 20일.

아가 현재 포괄적인 전략적 동반자관계를 맺고 있는 나라는 중국, 인도, 베트남, 몽골, 남아프리카공화국, 우즈베키스탄, 아르헨티나 등이다.[36]

이 신조약은 총 23개의 조항으로 구성되어 있는데 북러관계의 전통·현 국제정세에 대한 공통의 이해·발전 지향을 담은 전문과 함께 체약국 쌍방의 의무와 권리, 협력 범위와 대상, 효력 기간 등을 규정하고 있다. 두 나라는 기본적으로 우크라이나전쟁 이후 현재의 국제관계를 다극화된 신냉전 질서로 이해한다는 점에서 공통점이 있다. 양국은 이번 조약에 "정의롭고 다극화된 새로운 세계질서 수립"에 적극 협력하는 것을 목표로 명시하고 있다.

북한과 러시아는 1961년 「조소우호·협력·

상호원조조약」을 체결하고 1996년에 러시아의 연장만료조치로 파기된 후 다시 2000년에 「러북 우호·선린·협력조약」으로 대체되었다. 2000년에 체결한 이 조약은 분명히 약화된 탈동맹 성격의 조약이었다. 그런데 2024년에 체결한 6·19조약 가운데 특히 가장 주목할 대목은 제4조, 즉 체약국 중 일방이 무력 침공을 받을 경우, 타방의 즉각적이고 모든 보유수단을 동원한 군사원조를 명시하고 있다. 이는 자동개입조항으로서 군사동맹 복원의 성격이 짙다. 하지만 이 자동개입조항을 담고 있는 문제의 제4조는 1961년에는 없던 "유엔헌장 제51조와 조선민주주의인민공화국과 러시아연방의 법률에 준하여"라는 문구가 추가되었다. 동 규정에 따라 러시아는 자국 법률에 따라 북한에 군사지원을 할 때 반드시 러시아연방 상·하원의 승인 절차를 밟아야 한다는 점에서 일종의 안전장치를 마련한 셈이며, 국내법을 근거로 군사원조를 회피할 수 있다는 점에서 제한적이다. 이 단서 유보 조항 때문에 제4조는 무조건적이고 무제한적인 자동개입조항을 담고 있는 1961년 북중 간에 맺은 「중조(中朝) 우호·협력·상호원조조약」의 제2조에 비해 그 한계가 뚜렷하다. 북중조약은 지금도 존속되고 있으며 계속 유효하다. 반면, 6·19 신조약의 제4조 '자동개입조항'의 성격은 아이러니하게도 「한미상호방위조약」 제3조, 즉 한미 양국은 "공통의 위협에 대처하기 위해 각자의 헌법상 절차에 따라 행동한다"라는 단서조항과 유사하다.[37] 한미조약은 자동개입조항이 없는 셈이다. 북러조약이나 한미조약 모두 각각 단서조항이 있다는 점에서 군사동맹의 성격이 희석되는 측면을 인정해야 할 것이다. 반면, 자동개입조항을 제대로 반영하고 있는 국가는 북한과 중국이다. 이 중조(북중)동맹조약 내 핵심조항인 제2조 자동개입조항이야말로 중국에게는 일면 '연루'의 위험성 때문에 부담이 되겠지만, 역으로 북한에게는 한미의 군사적 응징을 무시하고 핵·미사일 도발을 감행할 수 있는 유력한 버팀목이 되고 있다고 할 것이다. 한편, 중국의 입장에서 볼 때 이 조항이 한반도의 안정판 역할을 한다고도 볼 수 있기 때문에 굳이 백지화할 이유도 없을 것이다. 달리 보면 한반도 분단의 현상 유지를 가능케 하는 기능을 한다고도 볼 수 있을 것이다.

2024년 현재 북한이 상호방위조약을 맺고 있는 나라는 중국과 러시아뿐이다.[38] 북한은 중국과 러시아를 대상으로 냉전시대 이래 지금까지 북한이 가진 지전략적 특수성을 바탕으로 특히 '자동개입조항'을 통해 소위 '꽃놀이패'를 활용하고 있다고 볼 수 있다. 따라서 북한이 미·중·러 강대국을 상대로 전략적 자율성을 행사하고 있다는 점에서 역대 한국정부들이 가령 중국을 통해 북한을 압박하겠다는 전략적 의도가 얼마나 비현실적이었는지를 깨달아야 할 것이다.

6·19조약에서 북러 양국은 유엔안보리 대

북제재의 부당성을 강조(제16조)하면서 전방위적 차원에서 양자 협력을 구체화하고 있는데 그 파급력이 매우 클 것으로 예상된다. 세부적으로 보면, 북러 양국은 이번 조약에서 첫째, 식량 및 에너지, 둘째, 정보통신기술 분야, 셋째, 기후변화·보건·공급망 등 전략적 의의를 가지는 분야, 넷째, 무역경제·투자, 다섯째, 우주·생물·평화적 원자력·인공지능·정보기술 등 과학기술 분야(10조), 여섯째, 농업·교육·보건·체육·문화·관광·환경보호 및 자연재해 방지 등 여러 분야의 교류와 협조를 포괄적으로 약속했다. 제16조에서 보듯이 유엔 대북제재에 구애받지 않고 무제한으로 전방위적 차원에서 교류를 확대해나가겠다고 선언한 것은 북한 입장에서 볼 때 큰 소득이 아닐 수 없다. 또한, 이것은 러시아뿐만 아니라 특히 북한 입장에서 보면 신냉전 국면에서 경제위기를 극복하면서 안정 속에 체제 유지와 발전을 할 수 있는 심대한 돌파구를 마련했다는 점에서 엄청난 의미를 띠고 있다고 할 것이다. 러시아 입장에서도 우크라이나전쟁 국면에서 핵과 미사일을 보유한 북한과의 군사동맹 협력을 통해 미국으로 하여금 3개의 전선, 즉 우크라이나, 중동, 동북아 특히 한반도에서 전력을 분산시키도록 유도함으로써 '성동격서' 전략을 추진할 수 있을 것이고, 러시아 본토가 공격당하는 최악의 사태에도 대비할 수 있을 것이다.[39] 이제 북한이 핵보유국이라는 사실은 누구도 부정하지 않을 것이고

심지어 한국정부도 인정할 수밖에 없는 상황이 되고 있다. 따라서 향후 미국 대선에서 누가 당선되더라도 북한의 비핵화는 비현실적일 것이고 오히려 핵동결 협상이 더 현실적일 수 있을 것이다. 그렇다면 최근 한중일 정상회담에서 '한반도 비핵화'가 공동선언에 포함된 것과 관련해 북한과 러시아는 실소를 금하지 않을 수 없을 것이다. 핵과 미사일을 보유한 북한의 입장에서 보면 훨씬 더 체제 유지와 안정보장에 필수적인 핵억지력을 포기할 수 없기 때문에 비핵화는 더 이상 담판의 대상이 될 수 없다. 따라서 러시아는 북한의 군사기술의 다각화와 첨단화에 도움을 줄 가능성이 농후해졌다.

이미 북한은 다양한 핵무기를 소형화, 규격화하여 양산체계로 들어갔다. 게다가 최근 극초음속 중장거리 미사일 시험에 성공해 괌과 오키나와에 주 전력이 몰려있는 미국의 간담을 서늘하게 하고 있다. 어디 그뿐인가. 미 본토를 위협하는 고체연료의 대륙간탄도미사일(ICBM), 핵무기를 실은 3,000톤급 잠수함, 다양한 순항 미사일을 선보이고 있다. 이러한 북한 군사력의 첨단화와 다각화 과정 속에서 이뤄진 북러 밀착 행보는 북러 양국이 동북아 신냉전체제하에서 주권과 생존 확보뿐만 아니라 글로벌 차원의 세력균형을 만들어 내는 획기적 사건이었다. 앞에서 언급했다시피 러시아가 현재 '포괄적인 전략적 동반자관계'를 맺고 있는 나라는 중국·인도·베트남·몽골·

남아프리카공화국·우즈베키스탄·아르헨티나 등이다.[40] 그러나 이들 중 서로 공격받을 경우, 군사적 지원을 약속한 나라는 아무도 없다. 매년 합동군사훈련을 하는 중국과도 그런 자동개입 수준은 아니다. 이 때문에 이번 6·19 북러조약은 질적으로 완전히 다른 군사동맹이 탄생했음을 의미하는 것이다.

그런데 북러 밀착과 북한 군사력의 첨단화와 다각화는 중국과 러시아에 근본적인 입장차이를 낳게 한다. 중국은 북러동맹 복원에 대해 극도로 우려하고 있는 가운데 북중러 삼각협력에 대해서도 러시아보다 망설이는 이유가 있다.

3. 남방삼각관계와 북방삼각관계의 부활: 가능성과 한계

북중러 삼각관계는 냉전 시기만 해도 중소분열로 말미암아 삼각협력은 제대로 발휘될 수 없는 악순환을 겪었다. 하지만 탈냉전 이후 특히 21세기에 접어들면서 4가지 변수에 의해 북중러 삼각협력의 가능성은 한층 더 높아졌다고 볼 수 있다. 첫째 변수는 다름 아닌 미중 전략경쟁의 장기화와 우크라이나전쟁 발발에 따른 동북아 안보환경의 변화, 둘째 변수는 북중관계 회복과 중러관계의 준동맹화 추세, 셋째 변수는 우크라이나전쟁 이후 특히 2023년 가을 이후 급속도로 밀착하고 있는

북러관계의 동맹화 재추진, 넷째 변수는 남북 및 북미관계의 경색과 악화 속에 한미동맹의 강화 및 한미일 삼각동맹화 추세에 맞선 북중러 삼각협력의 부상 등이다. 이미 앞 서론에서 첫째 변수에 대해서는 도표 11.1을 통해 언급했고, 2절에서 중러, 북중, 북러라는 세 가지 양자관계의 변화와 정치적 함의에 대해 살펴보았다. 이 절에서는 첫 번째 변수인 미중관계와 넷째 변수를 중심으로 한미일 삼각협력 대 북중러 삼각협력 부활의 가능성과 한계에 대해 언급하고자 한다.

주지하다시피 러시아와 북한의 경우, 그 전략적 이해가 중국과 완전히 다른 상황에 직면해 있다. 특히 2022년 우크라이나전쟁 이후 북러 양국은 북중러 삼각협력에 모두 적극적이라고 볼 수 있다. 이러한 북중러 삼각협력을 촉진시킨 요인은 우선 2023년 8월 캠프 데이비드 공동선언에서 출발한 한미일 삼각동맹화의 추진이다. 2023년 이후 본격화하고 있는 남방삼각과 북방삼각 대립구조의 형성은 안보딜레마 속에 상호작용하면서 진영화하고 있는 듯하다.

1) 한미일 동맹화 촉진요인

그런데 좀 더 구체적으로 한미일 삼각동맹화를 촉진시킨 직접적인 촉발 요인은 동북아 역내, 특히 한반도 내부, 즉 2019년 하노이 북미협상 결렬 이후 북미 및 남북관계가 경색 국면

으로 치닫자 북한이 남방정책에서 북방정책으로 급선회하면서 형성된 측면도 무시할 수 없다. 그러나 한미일 삼각동맹화를 촉진시킨 더 큰 구조적이자 대외적 요인은 바로 미중 전략경쟁, 우크라이나전쟁이었다. 특히 우크라이나전쟁 이후 북한이 핵·미사일 도발을 가속화하기 시작하면서 한미일 3국의 주요 안보 관심사로 급부상했다. 우크라이나전쟁 발발 한 달 후인 2022년 3월 24일 북한은 동해상으로 대륙간탄도미사일(ICBM)을 발사하며 도발을 본격적으로 시작했다. 이로써 북한은 2018년 4월 선언한 '핵실험·ICBM 발사 모라토리엄(유예)'을 약 4년 만에 파기했다. 2022년 5월 26일 북한의 대륙간탄도미사일 발사, 2022년 9월 핵선제공격을 시사한 핵무력 법제화 선언, 10월 5일 일본 열도를 넘어가는 중거리 탄도미사일 발사, 10월 전술핵 운용부대 훈련, 11월 4일과 21일 화성-17형 ICBM 발사, 2023년 2월 열병식에서의 고체연료 ICBM 공개, 그리고 12월 고체연료 기반의 화성-18형 ICBM 발사 등을 통해 북한은 핵무력 고도화를 향해 질주했다. 2022년 한 해 동안 북한은 40차례 넘게 탄도 미사일, 순항 미사일, 그리고 대형 방사포 등 여러 종류의 발사체를 쏘아 올리며 북한의 핵미사일 능력 고도화에 집중해왔다. 이러한 북한의 연이은 도발에도 불구하고 중러 양국은 유엔 안전보장이사회에서 미국 등이 제안한 모든 추가 제재나 언론 성명에 거부권을 행사했다. 우크라이나전쟁 이

후 중러 양국은 북한 문제를 바라보는 시각에서 공동보조를 맞추었다. 구체적으로 2023년 3월 모스크바에서 열린 중러 정상회담은 대북정책에서 달라진 공동 인식을 보여주었다. 중러 양국은 미국에 대해 "북한 측의 정당하고 합리적인 우려에 실질적인 행동으로 화답하고, 대화 재개를 위한 여건을 조성해야 한다"라고 주장하면서, "제재와 압박은 실현 가능하지도 않으며, 대화와 협의만이 한반도 문제의 유일한 길"이라고 합의했다.[41]

중러 양국은 또한 북핵 문제를 바라보는 시각에서도 이전과 다른 시각, 즉 북한의 비핵화는 북한이 핵무력을 법제화한 상황에서 이제 현실적으로 불가역적인 상황이 되었으므로 오히려 핵보유국인 북한이 지전략적 차원에서 미국에 맞설 수 있는 대항마로서 역할을 하도록 유도하는 것이 더 유리할 수 있다는 판단이 선 것 같다. 즉, 미국에 대항하는 전략적 완충지대로서의 북한의 지정학적 가치를 중러 양국 모두 승인한 것으로 보인다. 중러 양국은 북한의 핵 보유를 한반도에서의 새로운 세력균형 정책의 일환으로 간주하게 되면서, 협상을 통한 북핵 문제 해결의 가능성은 이미 소실되고 있는 것 같다.

따라서 한미일 3국의 안보 담당자들이 볼 때, 중러 양국이 대북문제에 공감대를 형성하고 북한체제의 안정과 유지에 기여하면서 북중러 3국 협조체제가 가동되기 시작했다고 판단한 것 같다. 이에 따라 북중러 협조체

제에 맞서 한미일 삼각동맹화가 급진전된 것으로 보인다. 구체적인 예는 북핵 도발에 대응한 '확장억제(extended deterrence)'를 신속하고 상시적으로 추진하기 위한 '한미 핵협의그룹(NCG)'의 창설을 골자로하는 '워싱턴 선언'이다. 윤석열정부 출범 이후 한미동맹은 한층 더 강화되었고, 한일관계 역시 한국 내 위안부, 강제 징용공 문제 등 과거사 문제 처리를 둘러싸고 국내 반대여론이 존재함에도 미국의 압박 속에 졸속으로 급속히 개선되었다. 구체적 후속 조치로서 2023년 5월 21일 일본 히로시마 주요 7개국(G7) 정상회의 때 열린 한미일 정상회의와 8월 20일의 캠프 데이비드 한미일 3개국 정상회의는 향후 북한 핵문제뿐만 아니라 아태지역의 안보협력을 위한 3개국 간 전략적 협력을 급속히 강화시켰다. 이에 따라 북중러 삼각협력의 필요성이 그 어느 때보다 현저히 높아진 상태다.

이처럼 우크라이나전쟁 이후 국제질서의 전환 속에서 한미 양국은 2023년 4월 말 한미 간 워싱턴선언 '핵협의그룹(NCG)'을 중심으로 한 논란의 여지가 있는 '핵공유 협정' 체결로 한중 및 남북 간 긴장을 고조시켰다. 이에 따라 한반도 비핵화 전략은 수포로 돌아갔다고 볼 수 있다. 2023년 8월 한미일 3국이 합의한 '캠프 데이비드' 선언, 즉 '협의에 대한 공약' 선언(Commitment to Consult)이야말로 미국이 중국과 러시아를 장기적이고 안정적으로 견제, 고립시킬 수 있는 중요한 계기였

다고 볼 수 있다. 이 캠프 데이비드의 한미일 정상회의에서 3국 정상은 3개의 문서를 채택했다. 첫째, 정상회의 정례화 등 3국 간 포괄적인 협력방안을 망라한 한미일 공동선언 '캠프 데이비드 정신', 둘째, 한미일 협력 추진과정의 원칙을 문서화한 '캠프 데이비드 원칙', 셋째, 공동의 위협에 대한 대응방안을 신속히 협의, 조율하자는 정치적 의지를 담은 '3자 협의에 대한 공약'이다. 2024년 8월 18일 캠프 데이비드 1주년을 맞이해 3국 정상은 공동성명을 발표했는데, 그 내용 가운데 주목할 부분은 아래와 같다.

"3국 정상은 3국 간에 철통같은 한미동맹과 미일동맹으로 연결된 안보 협력을 제고하고, 공동의 경제적, 기술적 우선순위를 더욱 일치시켜 나간다. … 우리 3국 간 다영역 훈련인 '프리덤 에지(Freedom Edge)' 최초 시행, 새로운 한미일 안보협력 프레임워크 서명, 북한의 대량살상무기 프로그램 대응과 더불어 … 인도·태평양지역의 평화와 안정을 유지할 것을 다짐하며, 세계의 가장 거대한 도전들에 맞설 준비가 되어 있다."[42]

구체적으로 2023년 캠프 데이비드 공약의 후속 조치라 할 수 있는 '프리덤 에지(Freedom Edge)'까지 이어지는 한미일 삼각동맹화 추세는 급기야 2024년 7월 28일 한미일 3국 국방장관이 '한미일 안보협력 프레임워크(TSCF)'를 최초로 체결함으로써 확인되었다.[43] 한미

일 안보협력(남방 삼각협력)이 준동맹 수준으로 급진전되는 것에 상응하여 북중러 삼각협력(북방삼각협력)도 한미일 수준으로 과연 굳건해질 것인지는 아직 장담할 수 없다. 그러나 한미일 삼각안보협력에서 작전 운용성이 한반도를 포함한 인도·태평양지역에서 평화와 안정을 담보하는 수준으로 확장된다는 점에서 북중러 삼각관계에 미칠 영향은 명약관화할 것이다. 미국의 입장에서는 중러, 북러 및 북중러 파트너십의 위협, 즉 새로운 악의 축 구축이 결코 무시할 수 없는 상황이 되자 그 어느 때보다 한미일 삼각협력뿐만 아니라 역외 NATO와의 연계도 더 절실해지고 있다.[44] 게다가 최근 미국은 북중러 핵공조를 막으려고 바이든 대통령이 새로운 비밀 핵전략을 승인했다고 미국 뉴욕타임즈(NYT, 2024년 8월 20일)가 보도했다. 핵심 골자는 중러 군사협력에 이어 북러 군사동맹화 밀착 등이 북중러 3국의 핵위협을 더욱 고조시키고 있다는 판단하에 이를 억지시켜야 할 필요성이 새로운 비밀 핵전략으로 구체화된 것이다. 부상하는 중러 파트너십과 우크라이나전쟁 와중에 북한·이란의 대러시아 재래식 무기 제공은 워싱턴의 생각을 근본적으로 바꿔놨다고 할 수 있다.[45]

2) 북중러 삼각관계 형성의 가능성과 한계 및 조건

이러한 북중러 대 한미일 간 안보딜레마 상황에서의 주고받기(tit-for-tat)식 맞대응은 2023년 7월 러시아 세르게이 쇼이구 국방장관이 북한의 '전승절' 70주년 기념식 참석차 평양을 방문했을 때 김정은에게 북중러 연합해상군사훈련을 제안한 것만 봐도 북러 양국의 안보 불안감을 예상할 수 있다.[46] 중국과 러시아도 정기적으로 연례 합동군사훈련을 계속해왔고, 2022년 한 해에만 무려 여섯 차례나 최다 합동군사훈련을 할 정도로 군사안보 분야 협력이 확대되어왔다. 그리고 이번 북러 간 군사동맹화 추진은 한미일 삼각동맹화 추진에 대한 일련의 맞대응 조치라 할 것이다. 이에 따라 북중러 삼각협조관계가 이제 형성될 수 있는 가능성은 그 어느 때보다 높아졌다. 하지만 이 삼각관계가 견고한 내구성을 갖춘 삼각 파트너십 혹은 제도화 심지어 동맹화 수준으로 갈 가능성은 커보이지 않고 오히려 상호 호혜적인 양자관계에 더 치중할 것으로 보인다.[47]

앞에서 이미 여러 번 언급했듯이 3국 가운데 중국 측이 북중러 삼각연대 나아가 3국동맹화 추진에 가장 주저할 것으로 보인다. 중국 측이 북중러 삼각연대 형성에 신중하게 접근하는 이유와 근거에 대한 주장을 살펴보면 "첫째, 중국의 북중러 연대 참여는 중국이 그동안 탈냉전·비동맹외교·평화발전 외교노선을 표방해 온 것과 배치되며, 무엇보다 특히 바이든 집권 이래 미국이 동맹 강화와 진영화로 신냉전 질서를 형성하는 것에 반대해 온 중국 입장과도 배치된다. 둘째, 북중러 삼각 연대 형성이 오히려 한미일 안보협력을 가속화시킴으로써 미국의 대중 압박으로 돌아올 수 있다는 안보우려감이 크다는 점이다. 셋째, 북중러 연대 형성은 미중전략경쟁을 장기적·안정적으로 관리해야 할 중국의 입장에서 볼 때, 완화되고 있는 미중 간 갈등과 대립을 오히려 악화시킬 수 있다. 넷째, 국제사회에서 '책임 있는 대국외교(負責任的大國外交)'를 추진함으로써 글로벌 차원에서 중국의 긍정적 국가 이미지를 제고·확산시키는 노력과도 이반되는 것이다. 다섯째, 국제제재를 받고 있는 북한 및 러시아와의 연대 형성은 국제사회에서 세컨더리 보이콧(secondary boycott)을 초래해 중국경제에 심각한 타격을 줄 수 있다."[48]

그럼에도 불구하고 앞에서 언급한 바와 같이 북중러 3국 합동군사훈련의 개최 가능성을 둘러싸고 국내외적으로 거론되고 있지만, 아직 북중러 합동군사훈련이 개최될지 불투명하고, 아직 시기상조로 보인다. 그러나 다음과 같은 가능성, 첫째, 미중, 미러, 북미관계가 개선되지 않은 상태에서, 북중러를 겨냥한 한미일 안보협력이 한층 더 고도화되어 삼각동맹화 수준으로 나아가거나, 둘째, 미중뿐만 아니라 역내 주요 국가들 사이에서 '사활적 이익(vital interest)'을 둘러싸고 동중국해·남중국해·양안·북방4개 섬 등 분쟁지역에서 충돌이 발생하여 미중러일이 연루되어 안보상황이 악화된다거나, 셋째, 남북관계 악화 등 한반도를 포함한 동북아 위기가 고조된다면, 북중러 합동군사훈련 개시뿐만 아니라 나아가 북중러 삼각체제의 형성이 앞당겨질 수도 있을 것이다.

4. 북방삼각관계의 변화와 한국안보에의 영향

앞에서 살펴보았듯이 북방삼각 대 남방삼각 대립 구도의 형성은 여러 가지 변수들이 종합적으로 상승 작용을 일으키면서 일어날 수 있는 가능성의 영역에 속하는 진영 간 대립구도라 할 것이다.

두 개의 삼각 대립 구도 형성에 영향을 미칠 수 있는 여러 가지 변수들을 거론하자면, 첫째, 트럼프 후보의 재집권은 미국의 '인도·태평양전략'에 어떤 변화와 지속성을 띨 것인가? 둘째, 미중 전략경쟁의 장기화에 따른 동북아 지역 내 신냉전 질서의 지속과 변화 여부, 셋째, 미중 전략경쟁과 우크라이나전쟁 여파에 따른 중러 간 전면적인 전략적 협력의 지속성 여부, 넷째, 북러 동맹화 밀착 행보가 서로의 필요에 의한 '일시적 결탁'이나 '정략결혼'

이 아니라 우크라이나전쟁 종식 이후에도 지속성과 안정성을 띨 것인가 여부, 다섯째, 북러관계의 밀착 속에서도 전통적인 북중관계가 동요 없이 안정적으로 병행, 유지될 것인가 여부, 여섯째, 한미일 삼각동맹화 추세가 계속 확대, 강화된다면 북중러 삼각협력도 맞대응 차원에서 강화될 수 있는 가능성과 지속성 여부, 일곱째, 한미일 삼각협력과 한중일 삼각협력은 병행될 것인가? 여덟째, 남북관계의 개선으로 '한반도 문제의 한반도화'가 추진될 것인가 여부이다.

1) 미국의 외교정책 변화와 동북아안보

박빙 승부로 예상되었던 미 대선은 예상을 깨고 트럼프 후보가 압도적 차이로 재선되었고, 상하 양원마저 공화당이 차지하게 되었다. 그럼 향후 트럼프 집권 2기 미국의 인도·태평양전략은 바이든정부와 어떤 차별성을 보일 것인가? 아니면 바이든정부의 기본 정책을 계승할 것인가? 지난 2024년 7월에 나온 미국 공화당 신강령을 바탕으로 예상해보면, 우선 '미국 우선주의' 논리가 진화하고 확대되면서 '미국을 다시 한번 더 위대하게(MAGA)' 만들겠다는 내부 자강 논리가 더 강하게 피력되고 있다. 외부 개입보다 내부 집안단속이 우선이다. 외교·안보 측면에서 트럼프 집권 1기를 앞두었던 2016년 강령이 글로벌 리더

십과 동맹 강화를 강조했다면, 이번 신강령은 "힘을 통한 평화로의 복귀"를 주장한다. "세계 최강의 군대 재건"을 공약하면서도 '미국의 이익이 직접적으로 위협받을 때만' 군사력을 사용하겠다는 선택적 사용 입장을 보인다. 일종의 '역외균형'에 기반한 '현실주의 전략'을 취하겠다는 의미로 해석된다. 막대한 군비 지출을 하면서 과도한 역외 개입은 자제하겠다는 것이다. 그래서 '인도·태평양전략'은 더 강화되지는 않을 것 같다. 우크라이나전쟁이 조기 종식됨에 따라 그리고 무엇보다 안보 무임승차를 반대해왔던 트럼프정부는 계속해서 동맹부담 원칙을 내세울 것으로 보여 NATO와의 관계가 더 강화될지도 미지수다. 요컨대 미국 우선주의·보호무역주의 전략과 동맹부담 압박 등으로 NATO 내 미국에 대한 불만이 다시 상승할 가능성이 높기 때문이다. 동맹 강화를 단 한 차례 언급하지만, 미국 전역 미사일 방어체계 구축 등 '자강'에 더 방점을 찍고 있다. 이번 강령에서는 한국, 북한, 한반도 문제가 전혀 언급되지 않았다. 2016년 강령이 "대한민국과의 동맹을 재확인"하고, "한반도의 평화적 통일을 지지"하며, "북한의 핵무기 및 미사일 프로그램에 대해 깊은 우려"를 표명한 것과는 대조적이다. 북한 비핵화에 대한 언급이 없다.[49]

2024년 11월 미국 대선을 앞두고 8월 18일에 나온 미국 민주당 신강령에서는 외교와 관련하여 세계경제의 거의 2/3를 차지하는 '인

도·태평양'지역을 미국에 가장 중요한 핵심적 지역으로 언급하고 있다. 특히 바이든 대통령은 북한의 핵·미사일 도발에 맞서 한국을 지지해 왔고 앞으로도 그럴 것이라고 강조했다. 또 2023년 4월 한미 정상이 채택한 워싱턴선언과 동년 8월 캠프 데이비드에서 열린 한미일 정상회담을 바이든의 핵심적인 외교적 성과로 언급했다. 특히 강령은 "결코 동맹국에 등을 돌리지 않을 것"이라고 강조하면서 유럽연합(EU)과 북대서양조약기구(NATO), 한미일, 오커스(AUKUS), 쿼드(QUAD) 등 유럽과 인도·태평양 동맹국 및 우호국들과의 협력 강화를 강조하고 있다. 이런 자유민주주의 가치동맹 네크워크를 통해 러시아가 이란·북한·중국을 동원해 전 세계 자유를 위협하는 것을 막아낼 것이라고 밝혔다.[50] 미 민주당의 신강령에서 보듯이 해리스가 당선되었다면 한미일 삼각협력을 통해 북중러를 견제하겠다는 기본 입장을 계속 유지, 확대, 강화할 것으로 전망되었다.

하지만 바이든정부의 외교정책을 신랄하게 비판해왔던 트럼프 후보가 재선되어 바이든 정부의 정책을 그대로 계승할 것으로 보이지는 않는다. 상당한 변화가 예상된다. 물론 미중 전략경쟁은 계속 이어지겠지만, 가치 이념에 입각한 과도한 개입정책은 자제할 것으로 보인다. 단적으로 미 공화당의 현실주의적 접근법이 과도한 대외 개입을 자제함으로써 오히려 동북아지역의 갈등을 완화하면서 안정

과 평화에 더 이바지할 가능성이 높다. 심지어 단절되었던 북미 협상을 재추진해 한층 더 전향적 접근이 가능할 수도 있을 것으로 전망된다. 트럼프 캠프에서 안보 분야를 보좌하는 프레드 플라이츠(Fred Fleitz) 미국 우선주의 정책연구소(AFPI) 부소장은 공약집인 "미국 국가안보에 대한 미국 우선주의 접근법"을 주도해 편집 발간했다. 미국 우선주의 접근법의 기본 관점과 특징을 집약하면 아래와 같다. 탈냉전 이래 민주당, 공화당을 막론하고 과거 미국의 대외정책의 문제점은 바로 미국이 국가안보에 있어 지나친 대외 '개입주의적 접근법'이었다. 이런 접근법은 새로운 전쟁의 발발 방지와 갈등 중재를 위해 민족국가 차원의 외교적 노력을 기울이기보다 오히려 국내 문제를 등한시한 채 더 깊이 대외문제에 개입함으로써 국가자원의 낭비와 함께 "전략적 과잉접근의 길"에 빠져드는 심각한 문제를 낳는다고 보고 있다. 요컨대 과거 미국의 외교정책 수립과 국가안보 기관들이 일반 미국 시민의 중요한 국가이익을 위해 작동하지 않는 손상된 시스템을 대표했을 뿐이라고 비판한다. 또한, 미국은 점점 더 헌법적 틀에서 벗어나 대외지향적인 외교정책 목표를 수용해왔다. 그 결과, 미국은 효과적인 국가안보정책의 핵심 원칙인 "신중한 군사력 사용, 신성한 국가주권, 국가 차원의 외교의 중요성, 그리고 가장 중요한 것으로 국가안보와 번영을 최우선시하는 원칙"을 견지하는 것을 망각해왔다고

꼬집었다. 아울러 그 전략적 과잉접근의 사례로 플라이츠와 켈로그(Keith Kellogg)는 '피할 수 있었던 비극'인 우크라이나전쟁도 결국 세계지도자로서 부적격자인 바이든의 무절제한 개입주의식 '혼란스러운 외교정책'에서 비롯되었다고 신랄히 비판한다. 따라서 미국의 사활적, 전략적 이익이 걸려 있지도 않은 이 '대리전(proxy war)'이 핵전쟁으로 비화되지 않도록 무기 제공을 거부하고 전쟁을 종식시키는 쪽으로 나가야 한다고 본다.[51] 뿐만 아니라 플라이츠는 최근 한국 한 언론과의 인터뷰에서도 트럼프가 재집권할 경우, 의미 있는 행보, 즉 "트럼프는 북한과의 관계 정상화를 바라고 있다. 취임과 동시에 평양에 대표를 보내 정상회담을 논의할 것이다" 그리고 그는 트럼프가 이념에 구애받지 않았던 헨리 키신저의 현실주의 외교 노선을 따를 것이라고 강조했다. 키신저는 작고 직전에 "조 바이든 대통령과 적국 정상 간의 외교가 부족하다"고 우려 섞인 발언을 했다. 이것이 트럼프 외교의 우선순위다. 바이든은 2022년 2월 이후 블라디미르 푸틴 러시아 대통령과 통화하지 않았다. 냉전 때도 정상 간에 생산적 논의는 했다. 트럼프의 정책은 더 강경해지겠지만, 시진핑(習近平) 중국 국가주석을 만날 것이고 푸틴은 물론 김정은과도 대화할 것이다. 이 같은 트럼프 2.0 시대는 바이든과 같은 가치이념 편향의 자유주의 외교노선보다는 현실주의 국익외교를 펼칠 것으로 보여 미중관

계는 바이든 집권기 때보다 완화될 가능성도 크고, 진영 간 대립, 즉 한미일 대 북중러 대립 구도의 출현 역시 지체될 것으로 보인다.[52]

물론 미국 우선주의 고관세 정책에 따라 미중 간 경제적 마찰과 경쟁은 한층 더 치열해질 것으로 보인다. 철저히 미국 국익 증진의 관점에서 그동안 미국의 가치와 이상에 기반한 자유주의적 국제주의와 미국 예외주의 접근법은 종언을 고할 것이다. '미국 예외주의의 종언'이 트럼프 2.0 시대에 도래할 것이라는 점에서 미국의 글로벌 리더십은 심각하게 실추할 것이고 외교정책의 부패 역시 일상화될 수도 있다.[53]

바이든 집권기에 민주당의 자유주의적 국제주의 접근법은 자유민주주의 대 권위주의 진영 간 대립을 프레임으로 하여 북중러 대 한미일 갈등 대립을 조장함으로써 동북아지역의 갈등과 충돌을 더 심화, 확대시켜 왔다. 따라서 한반도와 동북아지역에 국한해서 보면, 역설적이게도 민주당보다 공화당 트럼프의 재집권이 한반도와 동북아의 안정화에 더 기여할 것으로 예상해본다.

2) 북중러 삼각관계의 변화가 한국안보에 미치는 영향

북중러 삼각관계는 냉전 시기만 해도 중소분열로 말미암아 삼각협력은 제대로 발휘될 수 없는 악순환을 겪었다. 그런데 10여 년 전과

비교했을 때 최근 북중러 삼각관계 내 3개의 양자관계, 즉 중러, 북중, 북러관계의 성격이 질적으로 큰 변화를 이루어 북방삼각 대 남방삼각의 대립의 가능성이 상당히 높아지고 있다. 10여 년 전만 하더라도 전반적으로 3개의 양자관계의 측면에서 볼 때, 중러관계가 신형대국관계에서 가장 강력한 전략적 협력 동반자관계라면, 북중관계는 주변국 관계에서 준동맹에 가까운 순망치한(脣亡齒寒)적 가장 긴밀한 관계였던 반면, 북러관계는 전통적 우호협력 관계이지만 가장 취약한 관계였다.[54] 그리하여 3개의 양자관계는 비대칭·불균형·불안정한 관계였다. 그러나 2018년 미중전략경쟁 개시와 2022년 우크라이나전쟁 발발 이후 중러관계와 북중관계 그리고 북러관계가 전

방위적 차원에서 동맹 수준으로 복원되었다. 중러관계가 우크라이나 위기와 전쟁에도 불구하고 변함없이 가장 안정적인 대국관계를 유지해왔다면, 북중관계는 2018년 미중 전략경쟁 개시와 더불어 경색되었던 관계를 급격히 개선했다. 그리고 우크라이나전쟁은 가장 취약한 관계였던 북러관계를 전면적 동맹 수준으로 격상시키는 계기가 되었다. 요컨대 3개의 양자관계는 10여 년 전 비대칭적 불균형 관계에서 가장 안정적인 균형 상태로 전환되었다.[55] 따라서 10년 사이에 3개의 양자관계는 '부등변삼각관계'에서 '정삼각관계'로 전환하고 있고, 이러한 전환 과정의 결과, 북방삼각 대 남방삼각의 대치 가능성이 훨씬 높아지고 있다고 판단된다.

도표 11.3 북중러 삼각관계의 3단계 변화

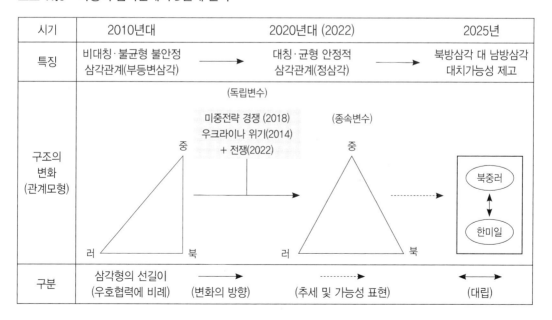

그리하여 3개의 양자관계의 역동성과 안정성이 증가함에 따라 북중러 삼각 협력의 가능성이 그 어느 때보다 높아져 남방삼각 대 북방삼각의 대치 가능성이 점점 커지고 있다. 우크라이나전쟁 발발 이후 세 개의 양자관계 변화에서 가장 큰 이익을 누리면서 전략적 자율성을 누리고 있는 국가는 다름 아닌 북한이다. 중국이나 러시아와 달리 수세적이었던 북한이 냉전시대에도 두 강대국을 상대로 '비대칭적 동맹'을 유지하면서 자주외교를 펼쳐왔다.[56] 또한, 북한은 탈냉전기는 물론이고 우크라이나전쟁 이후 형성된 '신냉전'이라는 '기회의 창'을 이용해 비대칭적인 약자임에도 불구하고 냉전 시기보다 더욱 적극적으로 중국과 러시아를 상대로 '전략적 자율성'을 발휘할 수 있는 가능성이 전례 없이 높아졌다고 할 수 있다. 이러한 북방 대 남방 삼각 대치 국면에서 핵보유국 북한의 전략적 가치는 크게 격상되었고, 북한은 이 점을 이용하여 중국과 러시아를 상대로 전략적 자율성을 효과적으로 발휘하고 있다. 그리하여 중국과 러시아는 변화된 동북아 안보환경하에서 과거 한반도 비핵화 전략에서 후퇴해 북한을 핵보유국으로 새롭게 바라보고 있다. 따라서 한반도 비핵화 전략은 이제 거의 실현 불가능한 목표가 되어버린 것 같다.

동북아 안보환경에 가장 결정적 변수 가운데 하나인 미중 전략경쟁은 전면적 충돌보다는 복합적 상호의존성을 띠면서 경쟁과 협력이 병행하는 '장기전'으로 간다는 것은 상수이다. 이 때문에 미중러 전략적 신삼각관계를 감안한다면, 중국과 러시아는 서로의 필요에 의해 전략적 협력을 확대지속할 가능성이 높다.

최근 북러 동맹화 밀착은 북한군의 우크라이나 파병으로까지 이어지면서 남과 북이 모두 우크라이나전쟁에 연루되고 있다. 특히 우크라이나전쟁 이후 전쟁물자 부족과 전투병 부족에 시달리는 러시아 측 기대와 이 전쟁을 '기회의 창'으로 활용해 체제안정을 기하려는 북한의 기대, 즉 북러 간 서로의 필요에 의한 전략적 협력은 동맹 수준에 버금갈 정도이다. 이 협력이 일시적 결탁일지 아니면 장기적이고 포괄적인 협력이 될지 두고 볼 일이다. 트럼프 재집권과 더불어 예상되는 우크라이나전쟁 종식 이후 북러 협력이 약화될 가능성도 무시할 수 없다. 북러 밀착을 국내 안보전문가들이 특히 신조약 3조(위기 시 쌍방협의)와 4조(자동개입조항), 8조(군사원조) 때문에 과도하게 민감하게 반응하지만 4조에도 국내 단서조항이 있기 때문에 지켜볼 필요가 있다. 향후 상황 변화에 따라 북러 밀착이 한미일 삼각동맹화를 촉진, 강화시킬 수 있는 계기로 작용할 수도 있겠지만, 거꾸로 약화시킬 수도 있다. 트럼프 집권 2기에 북미협상이 재개될 수도 있고, 미러관계 역시 개선될 수도 있기 때문이다. 미국의 입장에서 볼 때 주적 중국을 견제하기 위해 '역키신적' 전략, 즉 '러시아를 이용해 중국을 견제'하는 '이아제중(以俄

制中)' 전략을 사용할 수도 있기 때문이다. 트럼프 집권 1기 구상인 '이아제중'이 다시 추진될 수도 있기 때문이다.

중국은 기본적으로 3개의 양자관계인 '중러', '북중', '북러'관계를 안정적으로 병행 관리하면서 동북아지역 내 안정과 평화 속에 자국의 지속적인 경제발전을 다그쳐 '중국몽'을 실현하고자 할 것으로 보인다. 냉전시대 때와는 달리 지금은 이 세 개의 양자관계가 선순환할 가능성이 크다. 국내 일부 언론들이 마치 북러관계와 북중관계를 상충 및 갈등관계로 예측하는 것은 비현실적인 기대 섞인 판단이다. 왜냐하면, 미중 전략경쟁 상황에서 중국이 가장 역점을 두고 있는 신형대국관계는 중러관계이고 이 양국의 전략적 협력이기 때문에 북러 밀착에 대해 직접적으로 반대하거나 비난할 가능성은 크지 않다. 오히려 북러 밀착 행보에 대해 중러 정상은 사전 이해와 공감을 했을 것으로 판단된다. 2024년 5월 중러정상회담 바로 한 달 후 평양 북러정상회담에서 신조약이 체결되었기 때문이다. 이렇게 중요한 문제를 둘러싸고 사전에 중러 정상 간에 논의를 안 했을 리 만무하다.

중국은 한미일 삼각협력이 동맹화 수준으로 가더라도 북중러 삼각협력체제의 형성에 적극적으로 나설 것으로 보이지 않는다. 그 근거는 남방삼각 대 북방삼각 대립구도는 평화와 안정 속에서 중국의 지속적인 경제발전을 추진할 수 없도록 만들 수 있기 때문이다.

다만, 중국의 핵심이익을 침해하는 사안들이라 할 수 있는 동중국해·남중국해·양안충돌·한반도 급변사태 등과 갈등 사안들이 충돌한다면, 미중관계 역시 악화되어 북중러 삼각협력체제의 출현을 앞당길 것이다. 무엇보다 양안관계와 한반도에서 위기가 고조된다면, 북중러 삼각협력체제는 강화될 수밖에 없다. 바로 이 두 개 위기 사안은 중국의 핵심이익과 직접적으로 관련되기 때문이다.

중국은 한미일 삼자협력이 전방위적으로 발전하더라도 이를 상쇄, 견제하기 위해 한중일 역내 소다자주의 협력을 동시에 적극적으로 추진하고 있다. 이러한 상호 전략적 이해관계의 복잡성 때문에 한미일과 한중일은 배치되지 않고 병진될 수도 있을 것이다. 한국과 일본 역시 북중러 협력을 약화시키고 견제하기 위해 한중일 협력을 추진하는 데 적극적으로 나설 이유가 충분하다고 판단된다. 2024년 5월 제9차 한중일 3국 정상회의가 4년 만에 재개된 것도 이러한 한중일 3국의 이해관계가 일치했기 때문이다. 그리고 2024년 말 중국정부가 한국과 일본을 대상으로 일방적으로 무비자 입국을 2025년 말까지 허용한 조치 역시 한중일 삼자협력과 관계 개선을 위한 노력의 일환으로 해석된다. 시기적으로 볼 때 중국은 트럼프 2.0 시대에 대비하기 위해 한중일 관계개선에 박차를 가하고 있는 것으로 보인다. 이는 일종의 "주변국 관리 전략"의 일환이라 할 수 있다. 한중 양국은 2024년 11월

15일부터 잇달아 열리는 페루에서의 아시아 태평양경제협력체(APEC) 정상회의와 브라질 주요 20개국(G20) 정상회의를 계기로 한중 정상회담 개최 방안을 논의 중이라고 한다. 북러 밀착 속에 한반도 관리 차원에서 한국에 대한 적극적인 외교적 행보를 보이는 것으로 판단된다.[57]

그러나 위에서 언급한 한반도와 양안관계에서 두 개의 위기 사안이 발생하여 북중러 협력이 확대, 강화된다면 한미일과 한중일 삼자협력은 병진되기 힘들 것이다.

문재인정부 때와 대조적으로 현재 남북관계는 최악의 파탄 지경에 이르러 적대국으로 변해버린 상황이다. 현 남북 상황을 타개하기 위해 2000년 6·15 남북정상회담과 2018년 남북정상회담을 통해 '한반도 문제'를 자주적으로 해결하려고 시도했던 역사적 경험을 되새길 필요가 있다. 이런 경험을 바탕으로 한반도와 동북아 문제해결에서 남과 북이 미중러와 같은 강대국의 이해관계의 종속변수로 전락하지 않고, 파탄에 이른 남북관계를 주동적으로 개선해야 한반도 평화와 안정, 나아가 한반도 비핵화 과제를 실현할 수 있을 것이다. 미중러 강대국 사이의 지정학적 중간국인 한국은 가치외교를 떠나 전략적 실용주의와 현실주의 외교전략을 펼칠 필요가 있다. 현재 남북관계 개선에서 중요 담론은 '자유'가 아닌 '평화'이어야 한다. 민족공동체가 체제 간 극단적 대결로 치닫는 핵전쟁을 막고 공동번영하려면 '평화'를 우선시해야 한다. 전쟁이 아닌 '평화'가 밥이요 경제다. 평화주도형 공동번영과 소통 그리고 통일이 답이다. 자유담론은 북을 겨냥한 외교 용어로써 부적절할 뿐만 아니라 관계 개선에 전혀 도움이 되지 않는 담론일 뿐이다.

5. 북방삼각관계 대비 한국안보의 과제와 전략적 선택

북방삼각관계 대비 한국안보의 과제와 전략적 선택은 무엇일까? 무엇보다 우선 한미일과 한중일 삼자협력을 병행함으로서 남방삼각 대 북방삼각 대립구도를 완화해야 할 것이다. 중국이나 러시아에게 한미일 삼각협력이 특정 국가인 중국이나 러시아를 직접 겨냥한 삼각동맹이 아님을 설득하고 단기적으로 한중관계를, 중장기적으로 한러관계를 복원, 정상화해야 할 것이다. 북러 간 신조약 체결로 단기적으로 한러관계는 당장 개선되기는 힘들겠지만 중장기적으로는 한반도 안정과 평화, 나아가 동북아의 공동번영을 위해 관계 개선을 준비하고 관계복원을 시켜야 할 것이다. 특히 한러관계 개선을 위한 마지막 레드라인은 북한군의 대러 파병을 빌미로 우크라이나에 살상용 무기지원을 추진하는 것을 자제하는 것이 바람직하다. 실제로 러시아가 한국이 우크라이나에 살상무기를 공급하면 강력히 대응하겠다고 2024년 11월 24일 경고했다. 러시아 타스통신에 따르면 안드레이 루덴코 외무차관은 이날 인터뷰에서 "한국산 무기가 러시아 시민을 살상하는 데 사용되면 양국관계가 완전히 파괴될 수 있다는 점을 한국이 깨달아야 한다"고 말했다. 드미트리 메드베데프 국가안보회의 부의장도 "미국의 적들 가운데 누구에게 잠재적으로 우리 핵기술을 넘길 수 있을지 생각하게 했다"며 지금까지의 핵 위협을 이어가는 발언도 내놨다.[58] 우크라이나전쟁에 당사국이 아닌 한국이 연루되어 한국 국민의 안전과 생명이 위협받는 상황을 야기해서는 안될 것이다.

둘째, 비록 북한이 핵무장 국가로서 핵무력 정책과 남한을 향해 적대적 두 국가관계론을 공식화했지만, 여전히 한반도 비핵화를 재개하기 위한 노력이 필요하다. 미중러 3국 역시 북한이 핵보유국임을 기정사실화하는 가운데 북한에 대한 핵동결 및 핵군축 협상 방향으로 대북 외교정책을 설정하고 있는 것으로 보인다. 2024년 7월과 8월 차기 미국 공화당과 민주당 신강령에서 확인할 수 있듯이, 북한 핵도발 관련 문제에서 나타난 두드러진 특징은 양당 모두 북한 비핵화를 당 강령에 담고 있지 않다는 점이다. 북한을 실질적인 핵보유국으로 인정하고, 북미 협상은 핵군축, 핵동결 협상으로 기울어질 가능성이 커졌다.[59] 이에 따라 한국 내 진보·보수 정권을 막론하고 주장해온 CVID식 북한 비핵화는 이미 물건너 갔다고

생각할 수 있다. 이 때문에 한국 내 자체 핵보유론자의 입지가 더 커질 수 있다. 그러나 이런 상황에서도 한반도 비핵화 노력은 멈추어서는 안 될 것이다. 더욱이 북의 핵무력 정책을 빌미로 우리도 자체 핵무장론으로 가는 것은 아니라고 본다. 민족공동체의 생존을 위해 남과 북이 핵을 안고 이고 살 수는 없다.

이런 국내외 흐름을 반영하듯 4년 반 만에 열린 2024년 5월 27일 한중일 정상회담 공동선언에서 여전히 3국은 '북한의 비핵화'는 합의하지 못한 채 무늬만의 '한반도 비핵화'를 강조했다. 한일은 공동성명에 "한반도의 완전한 비핵화를 공통 목표로 삼는다"라는 취지의 문구가 들어가야 한다고 했지만, 중국이 강하게 반대한 것으로 알려졌다. 이날 공동선언문에서 언급된 '역내 평화와 안정', '한반도 비핵화', '납북자 문제' 문구는 순서대로 각각 중국, 한국, 일본이 강조한 사안이다.[60] 이번 회담을 계기로 한중일 협력을 복원하고 동북아 비핵지대화, 한반도 비핵화 과제를 계속 추진해야 하는 것은 당위이지만 이 회담은 동시에 현실적으로 3국 사이의 외교적 입장과 우선 사안이 서로 다름을 확인하는 자리이기도 했다.

그런데 이 와중에 윤석열 대통령이 2024년 8·15 광복절 기념사에서 '자유통일 독트린'을 발표했다. 8·15 경축사를 보면, 첫째, 힘에 의한 흡수통일 사고가 다분히 반영된 윤석열정부의 안보정책 담당자의 안보관을 확인할 수 있었다. 보수, 진보를 막론하고 남북통일과

관련하여 그동안 한국 역대 정부의 기본 입장이던 3단계 민족공동체 통일 방안을 부정하는 이번 독트린은 한층 더 남북 및 북미관계를 악화시키면서 북한으로 하여금 핵무력 정책을 부채질하고 적대적 두 국가론을 더 공고히 할 수 있는 내용이다. 윤석열정부는 구시대적인 자유 가치 이념에 매몰된 안보관에 근거하여 체제부정과 체제 대결을 부추기는 위험천만한 안보관을 견지하고 있다. 한 걸음 더 나아가 동북아지역 내 한미일 대 북중러체제 대결을 조장하고 있다는 점에서 크게 우려되는 왜곡된 안보관을 가지고 있다고 평가된다.

작금의 한미일 대 북중러 대립 구도가 형성되면서 "국제관계에서 영원한 적도 우방도 없다. 오로지 영원한 것은 국가이익뿐이다"라고 했던, 19세기 중엽 영국의 총리 겸 외무장관을 역임했던 팔머스턴(Palmerston) 경의 발언을 생각하게 된다. 한국정부는 미 민주당 노선을 따라 자유주의 패권 외교의 일환인 시대착오적인 가치-이념 동맹에 사로잡힌 채 진영 간 대립에 빠져 국가이익의 손실을 초래하는 우매한 외교에서 벗어나야 한다. 한미동맹은 유지하는 동시에 한중 전략적 협력관계를 균형감 있게 유지해야 할 것이다. 아울러 북러밀착에도 불구하고 한반도 안보문제의 중요 행위자인 러시아와의 관계 개선도 다시 준비해야 할 것이다. 미국의 압박에도 불구하고 한미일 삼각과 한중일 삼자협력을 연동시키면서, 설령 한미일과 북중러 대립 구도가 맹아적 상태로 작동할지라도 한국은 지정학적 중간국이자 완충국가로서 균형외교를 견지할 필요가 있다. 트럼프 2.0 시대 한국의 외교안보정책 전환이 절실하다.

토의주제

1. 동북아 안보환경에 지대한 영향을 미치고 있는 주요 변수들에는 어떤 것들이 있는가? 독립변수, 매개변수, 종속변수로 나눠 구조현실주의적 관점에서 설명해보라.

2. 북중러 북방삼각관계가 형성될 수 있는 가능성과 촉진 요인과 그 조건은 무엇인가?

3. 북방 삼각관계에서 3개의 양자 관계인 중러관계, 북중관계, 북러관계는 어떻게 변화, 발전하고 있는가? 최근 3개 양자관계의 변화에 대한 평가와 전망을 해보라. 특히 3개 양자관계가 상충, 대립하지 않고 병진, 발전하면서 시너지 효과를 낼 수 있을 것인가?

4. 한미일 남방삼각관계와 북중러 북방삼각
관계는 과연 구조적으로 대립하면서 동북
아의 위기를 조성할 것인가? 대치의 가능
성과 한계는 무엇인가?

5. 한국안보에서 북방삼각관계의 영향은 무
엇인가?

6. 북방삼각관계 대비 한국안보의 과제와 전
략적 선택은 무엇인가?

주

1) 이승현, "北, 북러 '포괄적 전략동반자관계 조약' 전
문 발표," 『통일뉴스』, 2024년 6월 20일; 장세호
외, "러북 정상회담 결과 평가 및 대한반도 파급 영
향," 국제안보전략연구원, 『INSS 전략 보고』 275
(June 2024); 홍완석, "러시아 탈아입아와 푸틴의
방북 함의," RIO(Russia In & Out) (2024).

2) 신냉전을 둘러싼 치열한 논쟁은 Hal Brands &
John Lewis Gaddis, "The New Cold War," *Foreign
Affairs* (2021); 김재관 외, 『미중전략경쟁 시대
한국의 대외전략 51문답』 (서울: 차이나하우스,
2022); 백준기, 김재관 외, "신냉전담론: 현실과
허구 사이," 코리아컨센서스연구원 연례 학술회의
(2023); 로빈 니블렛 저, 조민호 역, 『신냉전』 (서
울: 매일경제신문사, 2024) 등 참조.

3) 긍정론에는 김연철, "김정은 집권기 북·중·러 삼
각관계: 세 개의 양자관계의 역동성," 『한국과 국
제정치』 제39권 4호 (2023); 문장렬, "북·중·러
가 노리는 다극화…신냉전 돌파구는 있다," 『한겨
레』, 2023년 9월 23일; 황성우, "한미일 대 북중러
진영 구조 연구," 『슬라브학보』 제38권 4호 (2023);
Abhishek Sharma, "The Growing China-North
Korea-Russia Axis and South Korea's Response,"
Diplomat (2023); Bruce W. Bennett, "North Korea,
Russia and China: The Developing Trilateral
Imperialist Partnership," (2023); Bruce Klinger,
"The China-Russia-North Korea Partnership: A
Triple Threat That Can't Be Ignored," *The Heri-
tage Foundation* (2024) 등이 있고, 부정론에는 이
정철 외, 『러시아-북한-중국 삼각관계의 전략적 함
의: '미국요인'과 한국에의 시사점』 (서울: 대외경
제정책연구원, 2013); 김재관, "21세기 미국의 재
균형 전략과 북중러 삼각관계에 대한 영향 고찰,"
『동북아연구』 제28권 2호 (2013); 김한권, "북·러
정상회담에 대한 중국의 대응 및 전망: 북·중·러

협력에 대한 중국의 우려," 국립외교원 외교안보연
구소, 『주요 국제문제 분석』 2023-29 (2023); 이
동규, 김지연, "북러 군사밀착과 중국: 북중러 3각
연대로 나아가는가?," 아산정책연구원, 『이슈브리
프』 2023-29호 (2023) 등이 있다. 이 밖에 미중
전략경쟁과 우크라이나전쟁 발발 이후 북중러 내
부 3개의 양자관계가 과거 불균형적 불안한 관계
에서 균형적이고 안정적 관계로 전환함에 따라 한
미일 삼각협력(남방삼각) 대 북중러 삼각협력(북
방삼각)의 대치 가능성이 점점 증가하고 있다는 점
진적 가능론(절충론)의 입장에는 김재관, "북중러
삼각관계와 3개의 양자관계의 최근 변화와 전망,"
Analyses & Alternative 8-3 (2024)을 참조.

4) 로빈 니블렛 (2024).

5) Brands & Gaddis (2021), p. 10; 로빈 니블렛
(2024).

6) 김재관, "시진핑-푸틴 집권기 중러관계의 신추세
에 관한 연구: 경제 및 군사협력을 중심으로," 『중
소연구』 제44권 4호 (2020/2021); Jae-kwan Kim,
"An Inquiry into Dynamics of Global Power Pol-
itics in the changing world order after the war
in Ukraine," *Analyses & Alternatives* 7-3 (2023),
pp. 7-32; 제성훈 외, 『러시아-우크라이나전쟁과
세계질서의 변화』 (서울: 코리아컨센서스연구원,
2023).

7) 김재관 (2020/2021); Kim (2023); 김재관 (2024);
Rush Doshi, *The Long Game* (Oxford: Oxford
University Press, 2021).

8) 트럼프 2.0 시대 미국 보호무역주의 통상외교 정
책에 관해서는 로버트 라이트하이저 저, 이현정
역, 『자유무역이라는 환상: No Trade is Free』 (서
울: 마르코폴로, 2024) 참조.

9) 이남주, "동북아 신냉전과 한중일 정상회담," 『성
균 차이나 브리프』 72 (2024); 김재관 (2022), pp.

77–119.

10) Andrei Lankov, "China-Russia Relations in the New Cold War Era," NAHF Forum: The Emergence of a New Cold War and the Clash of Civilization (2023).

11) Mark Bassin, "From Russia-Eurasia to Greater Eurasia: The Evolution of a Geopolitical Imaginary," NAHF Forum: The Emergence of a New Cold War and the Clash of Civilization (2023).

12) Bobo Lo, *Axis of Convenience: Moscow, Beijing and the New Geopolitics* (London: Royal Institute of International Affairs, 2008).

13) Alexander Lukin, *China and Russia: The New Rapprochement* (Cambridge: Polity Press, 2018), pp. 165–166.

14) M. Patricia Kim, "The Limits of the No-Limits Partnership: China and Russia Can't Be Split, but They Can Be Thwarted," *Foreign Affairs* 102-2 (March/April 2023), pp. 94–105.

15) 최현준, "푸틴이 중국에 간 이유…미·유럽 제재 '틈새' 중·러 무역 2년 새 63% ↑," 『한겨레』, 2024년 5월 16일; 최현준, "'미국과 패권경쟁' '우크라 전쟁 지원'…중-러 끈끈함의 이면," 『한겨레』, 2024년 5월 16일

16) 박정호, 강부균, 현승수, 제성훈, 『미·중·러 전략 경쟁 시기 러시아의 대중국 관계 발전과 정책시사점』 (서울: 대외경제정책연구원, 2022), pp. 112–117.

17) 王海運, "中俄关系 70 年：回顾与展望," 『俄罗斯学刊』 第4期 (2019), p. 17.

18) 김재관 (2020/2021), pp. 245–246; 赵華胜, "論中俄美新三角關系," 『俄羅斯東歐中亞研究』 第6期 (2018), p. 24.; 李興, "中美俄新型三角關係評析," 『統一戰線學研究』 第5期 (2019), pp. 56–57.

19) 김재관 (2020/2021).

20) Gilbert Rozman, "Asia for the Asians Why Chinese-Russian Friendship Is Here To Stay," *Foreign Affairs* (29 October 2014).

21) 이종석, 『북한-중국관계, 1945–2000』 (서울: 중심, 2000); 최명해, 『중국·북한관계: 불편한 동거의 역사』 (서울: 오름, 2009); 순지 히라이와 저, 이종국 역, 『북한·중국관계 60년: '순치관계'의 구조와 변용』 (서울: 선인, 2013); 고미 요지, 『북한과 중국』 (파주: 한울, 2014); 션즈화, 『최후의 천조: 모택동·김일성 시대의 중국과 북한』 (서울: 선인, 2017); 김한권, "미·중 사이 북한의 외교와 중국의 대응," 국립외교원 외교안보연구소, 『주요 국제문제 분석 2018-45』 (2018); 신상진, "미·중 전면적 전략경쟁시대 중국의 대북정책과 북·중관계: 미중관계와 북중관계의 연관성," 『국방연구』 제63권 제4호 (2020).

22) Masahiro Hoshino & Shunji Hiraiwa, "Four Factors in the Special Relationship between China-North Korea: a Framework for Analyzing the China-North Korea Relationship under Xi Jinping and Kim Jong-un," *Journal of Contemporary East Asia Studies* 9-1 (2020), pp. 18–28; 신상진 (2020).

23) 『로동신문』, 2013년 1월 25일.

24) 『로동신문』, 2013년 2월 2일; 김연철 (2023), p. 105.

25) 평화협정 대신 종전선언을 우선해버린 문재인 정부의 전략적 오판에 대한 비판과 관련하여 주목할 만한 지적으로 이삼성, 『동아시아 대분단체제론』 (서울: 한울출판사, 2023), pp. 81–85 참조.

26) 제9차 한일중 3국 정상회의 공동선언문은 아래 외교부 홈페이지 참고. https://www.mofa.go.kr/www/brd/m_26779/view.do?seq=546 (검색일: 2024년 7월 10일).

27) 강영진, "북한, 처음으로 중국 영화·드라마도 시청 금지 지시," 『뉴시스』, 2024년 8월 29일.

28) 정영교, 박현주, "김정은 '中 눈치 보지 말라'…푸틴 만난 뒤 외교관에 1호 지시," 『중앙일보』, 2024년 7월 31일.

29) 허민, "김정은, '우의탑' 헌화…'북중 친선 굳건히 계승'," 『문화일보』, 2024년 7월 27일.

30) 『로동신문』, 2021년 09월 30일; 성기영, "열병식 외교 의미와 향후 전망," 『이슈브리프』 455호 (2023. 08.08); 김연철 (2023), p. 122.

31) 『로동신문』, 2022년 09월 08일; 김연철 (2023), p. 122.

32) 제성훈 외 (2023), pp. 51–68; 백준기 외 (2023), pp. 42–52.

33) 袁鵬, "新冠疫情與百年變局," 『現代國際關係』 第5期 (2020); 가와시마 신·모리 사토루 저, 이용빈 역, 『미중 신냉전? 코로나 19 이후의 국제관계』 (서울: 한울출판사, 2021), pp. 130–131.

34) 신상진 (2020).

35) 2017년 3월 8일 제12기 5차 전국인민대표대회 내외신 기자회견.

36) 이승현 (2024).

37) 장세호 외 (2024), p. 5.

38) 조중동맹 조약과 관련된 쟁점에 대해서는 차두현 (2024); 나무위키, "조중동맹조약," https://namu. wiki/w/%EC%A1%B0%EC%A4%91%EB%8F%9 9%EB%A7%B9%EC%A1%B0%EC%95%BD (검색일: 2024. 08.10).

39) 김계연, "토니 블링컨 미 국무장관은 … 일부 허용했다고 말했다." 『연합뉴스』, 2024년 5월 31일.

40) 김창현, "화들짝 놀란 한미 정상, 북러 협정에 뭐가 들었길래, 질적으로 완전히 다른 군사동맹의 탄생." 『오마이뉴스』, 2024년 7월 15일.

41) 김연철 (2023), p. 121.

42) 대통령실, "캠프 데이비드 정상회의 1주년(8.18) 한미일 정상 공동성명 발표," 2024년 8월 18일. https://www.president.go.kr/newsroom/press/LMWjwZk4

43) 오누키 도모코 & 이유정, "한·미·일 국방 첫 3국 협력 각서…북 미사일 정보 공유도." 『중앙일보』, 2024년 7월 29일.

44) Klinger (2024); Oriana Skylar Mastro, "The Next Tripartite Pact? China, Russia, and North Korea's New Team Is Not Built to Last," 19 February 2024, https://www.foreignaffairs.com/china/next-tripartite-pact (검색일: 2024.07.15.); Bennett (2023).

45) David E. Sange, "Biden Approved Secret Nuclear Strategy Refocusing on Chinese Threat," *The New York Times*, 24 August 2024 https://www.nytimes.com/2024/08/20/us/politics/biden-nuclear-china-russia.html (검색일: 2024.08.22); 김상진 & 이승호, "미국, 북·중·러 핵공조 막는다…바이든, 새 비밀 핵전략 승인." 『중앙일보』, 2024년 8월 22일.

46) 장덕준, "우크라이나전쟁과 북중러 관계." 『외교』 제148호 (2024.1), p. 91.

47) Klinger (2024); 이동규 & 김지연 (2023); 최원기, "미중 진영 대결과 지정학적 중간국." 『파이낸셜뉴스』, 2024년 7월 25일; 노민호, "중·러·북, 내년에 합동 군사훈련 가능성… 차두현 아산硏 연구위원 한미일과의 대립 구도 뚜렷해질 것." 『뉴스1』, 2023년 12월 21일.

48) 이동규·김지연 (2023); 이남주 (2024).

49) Republican Party (2024); 강명구(2024).

50) Democratic Party, "24 Democratic Party Platform," 18 August 2024, pp. 79–80. https://democrats.org/wp-content/uploads/2024/08/FINAL-MASTER-PLATFORM.pdf (검색일: 2024.08.20).

51) Fred Fleitz et al., An America First Approach to U.S. National Security (America First Press, 2024) Kindle Edition, pp. 23, 99.

52) 강태화 (2024).

53) Daniel W. Drezner, "The End of American Exceptionalism." – Trump's Reelection Will Redefine U.S. Power. *Foreign Affairs*, November 12, 2024.

54) 김재관 (2013), p. 29.

55) 김재관 (2024).

56) 김창진, "냉전 시기 소련-북한의 비대칭 동맹과 북한의 자주외교." 『슬라브연구』 제35권 4호 (2019).

57) 강재은, "중국, 한국 등에 무비자 입국 기간 확대…일본도 비자 면제." 『연합뉴스』, 2024년 11월 22일; 정성조, "트럼프 복귀 맞는 中, 한중관계 개선 박차…주변국 관리 전략." 『연합뉴스』, 2024년 11월 14일.

58) 박현준, "푸틴 측근 미국의 적 중 누구에게 핵기술 넘길지 생각." 『중앙일보』, 2024년 11월 26일.

59) 이민석, "美민주, 공화 모두 당 강령서 '北비핵화' 삭제했다." 『조선일보』, 2024년 8월 20일.

60) 양승식·김동하, "한반도 비핵화, 5년 전보다 후퇴한 한중일." 『조선일보』, 2024년 5월 28일.

참고문헌

1. 한글문헌

가와시마 신 & 모리 사토루 저. 이용빈 역. 『미중 신 냉전? 코로나 19 이후의 국제관계』. 서울: 한울 출판사, 2021.

고미 요지. 『북한과 중국』. 파주: 한울, 2014.

김연철. "김정은 집권기 북·중·러 삼각관계: 세 개의 양자관계의 역동성." 『한국과 국제정치』 제39권 4호 (2023).

김재관, 문익중, 박상남, 신종호 & 최필수. 『미중전략경쟁 시대 한국의 대외전략 51문답』. 서울: 차이나하우스, 2022.

_____. "21세기 미국의 재균형 전략과 북중러 삼각관계에 대한 영향 고찰." 『동북아연구』 제28권 2호 (2013).

_____. "북중러 삼각관계와 3개의 양자관계의 최근 변화와 전망." *Analyses & Alternative* 8-3 (2024).

_____. "시진핑-푸틴 집권기 중러관계의 신추세에 관한 연구: 경제 및 군사협력을 중심으로." 『중소연구』 제44권 4호 (2020/2021).

김창진. "냉전 시기 소련-북한의 비대칭 동맹과 북한의 자주외교." 『슬라브연구』 제35권 4호 (2019).

김한권. "미·중 사이 북한의 외교와 중국의 대응." 국립외교원 외교안보연구소. 『주요 국제문제 분석』 2018-45 (2018).

_____. "북·러 정상회담에 대한 중국의 대응 및 전망: 북·중·러 협력에 대한 중국의 우려." 국립외교원 외교안보연구소. 『주요 국제문제 분석』 2023-29 (2023).

니블렛 로빈 저. 조민호 역. 『신냉전』. 서울: 매일경제신문사, 2024.

라이트하이저 로버트 저. 이현정 역. 『자유무역이라는 환상: No Trade is Free』. 서울: 마르코폴로, 2024.

미어샤이머 존 J. 저. 이춘근 역. 『미국 외교의 거대한 환상: 자유주의적 패권 정책에 대한 공격적 현실주의 비판』. 서울: 김앤김북스, 2020.

박정호, 강부균, 현승수 & 제성훈. 『미·중·러 전략경쟁 시기 러시아의 대중국 관계 발전과 정책시

사점』. 서울: 대외경제정책연구원, 2022.

백준기, 김재관, 차태서, 정주영, 제성훈. "신냉전 담론: 현실과 허구 사이." 코리아컨센서스연구원 연례 학술회의 (2023).

성기영. "열병식 외교 의미와 향후 전망." 『이슈브리프』 455호 (2023).

션즈화. 『최후의 천조: 모택동·김일성 시대의 중국과 북한』. 서울: 선인, 2017.

순지 히라이와 저. 이종국 역. 『북한·중국관계 60년: '순치관계'의 구조와 변용』. 서울: 선인, 2013.

신상진. "미·중 전면적 전략경쟁시대 중국의 대북정책과 북·중관계: 미중관계와 북중관계의 연관성." 『국방연구』 제63권 4호 (2020).

이남주. "동북아 신냉전과 한중일 정상회담." 『성균 차이나 브리프』 71 (2024).

이동규·김지연. "북러 군사밀착과 중국: 북중러 3각 연대로 나아가는가?." 아산정책연구원. 『이슈브리프』 2023-29호 (2023).

이삼성. 『동아시아 대분단체제론』. 서울: 한울출판사, 2023.

이정철, 백준기, 김재관, 이남주. 『러시아-북한-중국 삼각관계의 전략적 함의: '미국요인'과 한국에의 시사점』. 서울: 대외경제정책연구원, 2013.

이종석. 『북한-중국관계, 1945-2000』. 서울: 중심, 2000.

장덕준. "우크라이나전쟁과 북중러 관계." 『외교』 제148호 (2024).

장세호 외. "러북 정상회담 결과 평가 및 대한반도 파급 영향." 국제안보전략연구원. 『INSS 전략 보고』 275 (2024).

정진위. 『북방3각관계: 북한의 대 중·소관계를 중심으로』. 서울: 법문사, 1985.

제성훈 외 지음. 『러시아-우크라이나전쟁과 세계질서의 변화』. 서울: 코리아컨센서스연구원, 2023.

차두현. "북러 밀착관계와 '북러 포괄적인 전략적 동반자관계에 관한 조약'의 함축성." 아산정책연구원. 『이슈브리프』 2024-19 (2024).

최명해. 『중국·북한관계: 불편한 동거의 역사』. 서울: 오름, 2009.

홍완석. "러시아 탈아입아와 푸틴의 방북 함의." RIO (Russia In & Out) 2. (2024).

황성우. "한미일 대 북중러 진영 구조 연구." 『슬라브학보』 제38권 4호 (2023).

2. 영어문헌

Gaddis, John Lewis. *Strategies of Containment: A Critical Appraisal of American National Security Policy During the Cold War*. Oxford University Press, 2005.

Fleitz, Fred et al. *An America First Approach to U.S. National Security*. America First Press, 2024. Kindle Edition.

Lukin, Alexander. *China and Russia: The New Rapprochement*. Cambridge: Polity Press, 2018.

Lo, Bobo. *Axis of Convenience: Moscow, Beijing and the New Geopolitics*. London: Royal Institute of International Affairs, 2008.

Rozman, Gilbert. *The Sino-Russian Challenge to the World Order: National Identities, Bilateral Relations, and East versus West in the 2010s*. Stanford: Stanford University Press, 2014.

Bassin, Mark. "From Russia-Eurasia to Greater Eurasia: The Evolution of a Geopolitical Imaginary." NAHF Forum: The Emergence of a New Cold War and the Clash of Civilization (2023).

Bennett, Bruce W. "North Korea, Russia and China: The Developing Trilateral Imperialist Partnership." 13 Sep. 2023. https://www.rand.org/pubs/commentary/2023/09/north-korea-russia-and-china-the-developing-trilateral.html (검색일: 2024.08.13).

Brands, Hal, & John Lewis Gaddis. "The New Cold War." *Foreign Affairs* (2021).

Democratic Party. "24 Democratic Party Platform." 18 August 2024. https://democrats.org/wp-content/uploads/2024/08/FINAL-ASTER-PLATFORM.pdf (검색일: 2024.08.20).

Doshi, Rush. *The Long Game*. Oxford: Oxford University Press, 2021.

Drezner, Daniel W. "The End of American Exceptionalism – Trump's Reelection Will Redefine U.S. Power." *Foreign Affairs* (2024).

Economy, Elizabeth. "China's Alternative Order: And What America Should Learn from It." *Foreign Affairs* 103-3 (2024).

Hoshino, Masahiro, & Shunji Hiraiwa. "Four Factors in the Special Relationship between China-North Korea: a Framework for Analyzing the China-North Korea Relationship under Xi Jinping and Kim Jong-un." *Journal of Contemporary East Asia Studies* 9-1 (2020).

Kim, Jae-kwan. "An Inquiry into Dynamics of Global Power Politics in the changing world order after the war in Ukraine." *Analyses & Alternatives* 7-3 (2023).

Klinger, Bruce. "The China-Russia-North Korea Partnership: A Triple Threat That Can't Be Ignored." The Heritage Foundation, 18 March 2024., https://www.heritage.org/global-politics/commentary/the-china-russia-north-korea-partnership-triple-threat-cant-be-ignored; (검색일: 2024.07.15).

Lankov, Andrei. "China-Russia Relations in the New Cold War Era." NAHF Forum: The Emergence of a New Cold War and the Clash of Civilization (2023).

Lukin, Alexander. *China and Russia: The New Rapprochement*. Cambridge: Polity Press, 2018.

Mastro, Oriana Skylar. "The Next Tripartite Pact? China, Russia, and North Korea's New Team Is Not Built to Last." 19 February 2024, https://www.foreignaffairs.com/china/next-tripartite-pact; (검색일: 2024.07.15).

Mearsheimer, John J. "The Inevitable Rivalry." *Foreign Affairs* (2021)

Patricia Kim, M. "The Limits of the No-Limits Partnership: China and Russia Can't Be Split, but They Can Be Thwarted." *Foreign Affairs* 102-2 (2023).

Republican Party. "2024 GOP PLATFORM, MAKE AMERICA GREAT AGAIN!" July 08, 2024 (검

색일: 2024.08.20.) https://www.presidency.ucsb.edu/documents/2024-republican-party-platform; Sanger, David E. "Biden Approved Secret Nuclear Strategy Refocusing on Chinese Threat," *The New York Times*, 24 August 2024 https://www.nytimes.com/2024/08/20/us/politics/biden-nuclear-china-russia.html (검색일: 2024.08.22).

Rozman, Gilbert. "Asia for the Asians Why Chinese-Russian Friendship Is Here To Stay." *Foreign Affairs* (2014).

Sharma, Abhishek. "The Growing China-North Korea-Russia Axis and South Korea's Response." Diplomat, 06 October 2023. https://thediplomat.com/2023/10/the-growing-china-north-korea-russia-axis-and-south-koreas-response (검색일: 2024.07.10).

Wang Jisi, Hu Ran, and Zhao Jianwei. "Does China Prefer Harris or Trump? Why Chinese Strategists See Little Difference Between the Two." *Foreign Affairs* (2024).

3. 중국어문헌

李興. 中美俄新型三角關係評析. 统一戰線學研究. 第5 期 (2019).

王海運. 中俄关系 70 年:回顾与展望. 俄罗斯学刊. 第4期 (2019).

袁鵬. 新冠疫情與百年變局. 現代國際關係, 第5期 (2020).

赵華胜. 論中俄美新三角關係. 俄罗斯東歐中亞研究. 第6期 (2018).

4. 언론사 자료

강명구. "트럼프 2.0 … 한반도에 밀려 올 거센 파도." 『오마이뉴스』. 2024년 7월 22일.

강영진. "북한, 처음으로 중국 영화·드라마도 시청 금지 지시." 『뉴시스』. 2024. 8월 29일.

강재은. "중국, 한국 등에 무비자 입국 기간 확대…일본도 비자 면제." 『연합뉴스』. 2024년 11월 22일.

강태화. "트럼프 측 재선 땐 취임 즉시 대북특사…

김정은과 회담." 『중앙일보』. 2024년 5월 28일.

권승현. "북·러 반미 기치로 '위험한 군사동맹'…'신냉전' 격랑 속으로." 『문화일보』. 2024년 6월 20일.

김계연. "토니 블링컨 미 국무장관은 … 일부 허용했다고 말했다." 『연합뉴스』. 2024년 5월 31일.

김상진·이승호. "미국, 북·중·러 핵공조 막는다…바이든, 새 비밀 핵전략 승인." 『중앙일보』. 2024년 8월 22일.

김창현. "화들짝 놀란 한미 정상, 북러 협정에 뭐가 들었길래, 질적으로 완전히 다른 군사동맹의 탄생." 『오마이뉴스』. 2024년 7월 15일.

길윤형. "푸틴, 미국 '일극체제' 깨뜨리는 "다극체제화는 불가역적 과정." 『한겨레』. 2022년 6월 30일.

노민호. "중·러·북, 내년에 합동 군사훈련 가능성…차두현 아산硏 연구위원 한미일과의 대립 구도 뚜렷해질 것." 『뉴스1』. 2023년 12월 21일.

문장렬. "북·중·러가 노리는 다극화…신냉전 돌파구는 있다." 『한겨레』. 2023년 9월 23일.

박현준. "푸틴 측근 미국의 적 중 누구에게 핵기술 넘길지 생각." 『중앙일보』. 2024년 11월 26일.

반길주·이종윤. "북러 밀착, 북중 소원? 전략적 모호성과 전략적 자율성 관측." 『파이낸셜 뉴스』. 2024년 7월 11일.

심영구. "북한, 진짜 중국 배신했나…무력 충돌 시 러시아 '자동군사개입' 부활의 진실." 『SBS』. 2024년 7월 15일.

양승식·김동하. "한반도 비핵화, 5년 전보다 후퇴한 한중일." 『조선일보』. 2024년 5월 28일.

오누키 도모코·이유정. "한·미·일 국방 첫 3국 협력 각서…북 미사일 정보 공유도." 『중앙일보』. 2024년 7월 29일.

이민석. "美민주, 공화 모두 당 강령서 '北비핵화' 삭제했다." 『조선일보』. 2024년 8월 20일.

이벌찬. "러시아의 답례 … 중국, 165년 만에 항구 쓰게 돼." 『조선일보』. 2023년 5월 16일.

이승호. "소수정예냐, 다수의 개도국이냐…세계 질서 재편 나서는 미·중." 『중앙일보』. 2023년 10월 30일.

이승현. "北, 북러 '포괄적 전략동반자관계 조약' 전문 발표." 『통일뉴스』. 2024년 6월 20일.

이종원. "中, 北에 잔인한 통보…예사롭지 않은 상황." 『YTN』. 2024년 7월 15일.

정성조. "트럼프 복귀 맞는 中, 한중관계 개선 박차…주변국 관리 전략." 『연합뉴스』. 2024년 11월 14일.

정영교·박현주. "김정은 '中 눈치 보지 말라' … 푸틴 만난 뒤 외교관에 1호 지시." 『중앙일보』. 2024년 7월 31일.

조아름. "해리스 캠프, 북한 비핵화 빠진 정강 '단기 우선순위는 동맹 보호'." 『한국일보』. 2024년 8월 21일.

최원기. "미중 진영 대결과 지정학적 중간국." 『파이낸셜뉴스』. 2024년 7월 25일.

최현준. "푸틴이 중국에 간 이유 … 미·유럽 제재 '틈새' 중·러 무역 2년새 63% ↑." 『한겨레』. 2024년 5월 16일.

최현준. "'미국과 패권 경쟁' '우크라 전쟁 지원'…중-러 끈끈함의 이면." 『한겨레』. 2024년 5월 16일.

허민. "김정은, '우의탑' 헌화…'북중 친선 굳건히 계승'." 『문화일보』. 2024년 7월 27일.

12장

다자안보와 한반도 평화구축

김계동(건국대 안보·재난관리학과)

1. 서론　　　　　　　351
2. 다자안보의 개념과
　 유럽의 사례　　　352
3. 동북아다자안보협력:
　 필요성, 가능성, 그리고
　 한계　　　　　　359
4. 한반도 평화협정 또는
　 평화체제 모색　367
5. 한반도 평화구축: 공존과
　 평화의 제도화 과정　376
6. 한반도 평화의 과제와
　 미래전망　　　384

개요

안보와 평화는 반대되는 개념으로 생각되지만, 이 둘의 목적은 동일하다. 국가를 안전하게 수호하는 동시에 국민들이 안정된 삶을 유지하게 하는 것이다. 일반국가들은 세계질서의 흐름 속에서 안보와 평화를 적절하게 조절하면서 정책을 추진하지만, 한국의 경우는 분단이라는 특수한 환경 때문에 보편적으로 평화보다는 군사안보에 치중하는 경향이 있어 왔다. 냉전이 종식된 이후 한국의 노태우, 김대중, 노무현, 문재인 대통령은 적극적으로 남북한 관계개선을 위한 노력을 기울였으나, 그들이 한반도의 제도적 평화를 위하여 노력한 흔적은 없다. 그들은 관계개선을 평화협정체결 또는 평화체제형성 등 평화구축으로 연결시키려는 시도를 하지 않았다. 현재의 남북한 관계는 적대적 공존관계다. 공존은 하고 있지만, 언제 갈등이 심화되어 무력충돌이 벌어질지 모르는 상황이다. 이 상태에서 완전한 평화를 이루기까지는 여러 단계를 거쳐야 할 것이다. 남북한이 상호이해와 협력을 하게 되면 '적대적'이 빠진 공존상태에 이를 것이며, 과거와 같이 정상회담을 하여 공동선언 또는 합의서를 체결하면 제도적 공존을 이루게 될 것이다. 이후 안보적 측면까지 관계가 발전되어 평화협정이나 평화체제를 성사시키면 제도적 평화를 이루게 되는 것이다. '평화'라는 개념은 추상적인 상태를 수식한다. 일반적인 국가들이 별 갈등 없이 지내는 경우에 평화적 관계라는 어휘를 별로 사용하지 않는다. 적대적이 아니라면 평화적인 것이다. 그러나 적대적인 분단국의 경우에는 완전한 평화를 이루기 위해서는 공존과 평화의 개념에 제도화를 연결시키는 것이 필요하다.

핵심이슈

- 한국이 다자안보를 추진해야 하는 동기와 과정을 살펴본다.
- 남북한 관계개선을 평화관계로 연결하기 위한 방법을 모색한다.
- 유럽의 다자안보협력 사례(CSCE)의 동북아 모델화 가능성과 한계를 분석한다.
- 동북아다자안보협력과 한반도 평화의 연관성을 탐구한다.
- 한반도 군비통제의 장애요인으로서 북한의 핵문제를 살펴본다.
- 한반도 통일방식의 모델로 유럽의 통합방식을 분석한다.

1. 서론

이 책의 지금까지의 모든 장은 국가를 안전하게 수호하고 국민들이 안정되게 살 수 있는 방향의 안보를 다루었다면, 이 장은 다른 국가들과의 적대감과 분쟁 가능성을 줄이기 위한 다자안보의 개념에 기초한 정책 방향을 제시한다. 국제정치에서 넓은 의미의 '다자안보'는 둘 이상의 국가가 힘을 합쳐서 외부의 공격을 막아내기 위한 동맹, 이념적이나 지리적 연관성이 있거나 세계 모든 국가가 참여하여 평화를 모색하고 평화를 파괴하는 국가에 대하여 응징을 가하는 유엔과 같은 집단안보, 적대적인 국가들이 하나의 집단을 형성하여 대화를 하고 협력을 하여 신뢰를 구축하면서 분쟁 가능성을 줄이는 다자안보협력의 세 가지 유형이 있다. 이 장은 이 중에서 마지막 유형인 다자안보협력을 탐구하여 한반도 평화를 구축하는 방안에 대해서 논의한다.

역사적으로 국제질서는 갈등과 충돌로 비롯된 위기를 협상과 협력을 수단으로 하여 새로운 평화의 기회로 탈바꿈하는 과정을 되풀이하여 형성되어 왔다. 동북아의 냉전적 갈등도 별로 성공적이지는 않았지만, 다자간의 협력 또는 다자안보협력체를 구축하기 위한 기회로 전환시키기 위한 노력을 기울여 왔다. 특히 1990년 냉전 종식에 큰 기여를 한 유럽의 다자안보협력 사례를 따라 동북아다자안보협력 방안이 제시되었고, 북한의 핵문제를 해결하기 위하여 2003년부터 동북아 국가들이 망라된 6자회담을 개최하였으며, 유럽 또는 동남아 등과의 경쟁에서 뒤지지 않기 위하여 동북아 국가 간의 경제협력 또는 경제공동체에 대한 연구도 활발히 진행되어 왔다. 지금은 동북아 내부의 구조적 상황과 역내 국가들의 관계가 혼란 상태이기 때문에 별다른 진전이 없지만, 세력관계가 어느 정도 확립되면 동북아다자안보에 대한 고려가 시작될 가능성이 있다. 한반도 평화를 추구해야 할 입장의 한국으로서는 동북아다자안보협력이 절실하게 필요하다.

동북아의 중심에 위치하고 있는 남북한관계를 보면 현재 극한적 적대관계라는 점을 부인하기 힘들다. 북한은 남한과의 관계를 '적대적 국가관계'로 규정하고 있으며, 남한도 북한을 주적으로 삼으면서 화해와 협력에 대해서 전혀 구상하지 않고 있다. 남북한의 변화과정에는 두 가지 큰 변수가 작용하고 있다. 첫째는 남한에 어떠한 세력이 정권을 장악하는가의 여부다. 과거 역사를 보면 노태우 정부를 제외하고 대체로 진보세력이 집권을 하면 북한과의 대화와 협력을 모색했다. 둘째는 미국의 변수다. 미국의 대 동북아정책, 좁혀서 대한반도정책은 기본적으로 동북아에서 미국의 위상과 이익이 침해받지 않으면서 영향력을 유지 및 확대시키는 것이다. 이에 도움이 되면 미국은 북한과 대화를 모색하고, 이것이 남북한관계에도 많은 영향을 미친다.

이러한 두 가지 요소에 더하여 북한의 입장과 정책도 남북한관계에 영향을 미친다. 다만, 북한의 최대목표는 체제유지에 치중되어 있기 때문에 북한이 남한과의 대화와 협력이 체제위기를 조장하지 않고 체제유지에 도움이 된다면 협상에 나설 가능성이 있다.

이러한 점들을 감안하여 이 장은 한반도 평화는 다자적 접근에 의해 이루어질 필요가 있다는 가정하에 다자안보의 개념과 중요성을 살펴보고, 동북아다자안보협력의 가능성과 한계를 판단한 후, 이러한 분석틀을 바탕으로 향후 남북한관계의 발전 방향에 대해서 국가 간의 공존, 공존의 제도화, 평화의 제도화의 틀을 활용하여 한반도 평화구축에 대해서 연구할 것이다.

2. 다자안보의 개념과 유럽의 사례

제2차 세계대전 이후 세계는 냉전대립이라는 새로운 세력관계를 형성하였는데, 미국과 소련을 중심으로 하는 양 진영의 냉전대립은 이전의 세계대전을 발생시킨 적대감에 뒤지지 않을 만큼 강력한 수준으로 상승되었다. 특히 핵무기 개발 등 군사기술 발전은 전쟁이 발발하면 전 인류가 멸망할지도 모르는 위기감을 고조시켰다. 이러한 상황에서 세계 지도자들과 관련 학자들은 새로운 긴장과 대립에 의해서 실제로 전쟁이 발생하는 동인을 피하거나

제거하려 했고, 특히 다자적 접근을 하면서 협력과 신뢰구축을 위한 안보정책을 구상하고 실현하게 되었다. 유럽에서 시작된 유럽안보협력회의(CSCE: Conference on Security Cooperation in Europe)는 유럽과 세계의 냉전 종식에 크게 기여하는 다자안보의 모델 사례가 되었다.

1) 다자안보의 기원과 개념

다자안보의 틀은 세계질서의 변화를 토대로 한다. 국가들은 세계질서의 틀 안에서 보편적인 세력균형의 유지, 국가 간 관계에서 위기의 방지 및 관리 모색, 전쟁의 제한 또는 억지 추구, 상호 영향권 존중 합의, 힘의 축적을 위한 공동행위 등을 추구한다.[1] 세계질서 내에서 이루어지는 국제관계는 고대시대 국가의 성립에서부터 기원한다. 그러나 고대의 국제관계는 공간적인 관점에서의 문명권으로 제한되고 있었기 때문에 장기간 지속되지는 않았다. 위에서 언급한 성격의 세계질서 내에서 형성되고 유지된 국제관계는 16세기 이후인 근대체제에서부터 시작했다. 1648년 베스트팔렌 회의에서 시작된 베스트팔렌체제에서 국가주권, 국제법, 세력균형의 개념에 기반하여 국제관계의 원형이 만들어졌다. 이를 계기로 절대적이고 영속적인 권력을 보유한 국가가 세계질서의 중심이 되었고, 이러한 강력한 주권을 보유한 국가들의 이익이 부합되면서

국가 사이의 협력과 동맹 등 다자적 관계가 이루어지는 등 세력권 형성이 이루어졌다.

당시의 다자적 국제체제는 주로 국가들이 힘을 모으는 동맹의 성격이었고, 국가들이 모여서 평화를 논의하고 구축하는 현대의 다자협력체와 성격은 달랐지만, 국가들이 안보적 협력을 했다는 점에서 의미를 평가할 수 있다. 제1차 세계대전을 계기로 유럽의 100년간의 평화를 가져다준 세력균형체제가 붕괴되면서 미국의 윌슨 대통령은 새로운 세계질서 수립의 필요성을 역설하면서 14개 조의 평화원칙을 주창하였고, 이를 기초로 베르사유체제가 설립되었다. 제1차 세계대전의 경험을 바탕으로 이상주의적 패러다임이 팽배하여 국제법, 국제기구의 강화 등을 모색하며 평화를 모색하고자 하였으며, 이러한 배경하에서 등장한 것이 국제연맹(League of Nations)이었다.[2]

이상주의는 벤담(Jeremy Bentham)과 같은 자유주의자들의 낙관론적 입장에서 출발하는 것으로, 전쟁은 외교정책의 합리적인 수단이 아니라고 인식한다. 선한 사람은 전쟁을 선호하지 않으며 전쟁은 상호 간 오해 또는 교육을 받지 못한 무지한 마음에서 발생하는 것으로 본다.[3] 그들은 현실주의자들의 논리인 주권국가들로 구성된 국제체제에서 힘의 논리에 의해 세계질서가 유지된다는 점에 대해서 반대한다. 그리고 세계대전과 같은 전쟁을 방지하기 위해, 그리고 불완전한 정치제도를 보완하기 위해 국제기구와 같은 제도의 설립을 추구하려 했다. 이에 따라 국제연맹이라는 제도적 틀 내에서 세계평화를 유지하기 위한 국가 간 안보협력을 도모하는 이상주의의 실현을 도모했으나, 국제연맹은 자유주의에 대한 지나친 확대 해석과 더불어 전쟁 방지에만 국한하였기 때문에 국익을 중요시하는 현실적 차원의 문제를 고려하지 못하였으며, 제2차 세계대전의 발발로 실패하게 되었다.

제2차 세계대전의 발발로 국제사회의 법에 의한 지배와 국제기구에 대한 신뢰 등이 무너지게 되었고, 국제 무정부상태를 국가 간의 경쟁과 갈등으로 보게 되었으며, 국제제도에 의한 국가 간 협력이 무정부상태의 강제적 효율성을 완화시킬 수 없다고 주장하는 현실주의적 패러다임이 적실성을 얻게 되었다. 현실주의는 홉스(Thomas Hobbes)와 루소(Jean Jacques Rousseau)의 비관주의, 특히 모든 인간은 악하고 욕심이 강하며, 국제질서는 무정부상태이기 때문에 국가는 자조(self-help)를 추구하기 위해 전쟁을 되풀이한다는 논리에 기초하고 있다. 모겐소(Hans J. Morgenthau)는 국제질서가 '권력으로 정의된 국가이익'에 의하여 이루어지고, 국가는 이러한 국가이익을 추구한다고 주장하며, 현실주의에서 국가는 강한 군대를 보유하려 하고 목적을 이루기 위해 군사력을 사용하며, 자기중심적 이익을 추구한다고 주장했다.[4] 요컨대 현실주의는 국제제도의 가능성과 국제적 협력에 대하여 비관적인데, 이는 전쟁과 국익을 추구하는 국가 간에

는 협력 도모가 어렵다는 사실을 뒷받침해 주고 있다.[5)]

그러나 이러한 현실주의가 팽배한 국제사회의 분위기 속에서 1940년대에서 1970년대에 이르기까지 국가 중심성에 대한 옹호, 국가가 단일 혹은 합리적 행위자라는 주장, 무력이 사용가능하고 효과적인 정책수단이라는 명제를 거부하고, 국가가 권력과 안보를 추구하면 전쟁의 엄청난 비용이 소요되기 때문에 국가 간의 협력과 경제를 중시하여 전쟁을 방지하여야 한다는 자유주의적 시각이 다시 부활하게 되었다. 1940년대 후반과 1950년대 초에는 유럽통합 과정에서 비정치 분야의 교류 협력을 하게 되면 자동적으로 정치부문의 통합에 이를 수 있다고 주장하는 기능주의가 등장하였고, 1950년대와 1960년대에는 기능주의보다 정치적 분야의 협력과 제도화를 강조한 신기능주의이론이 등장했다.[6)]

그리고 1970년대 초반부터 미소관계가 데탕트에 접어들면서 화해의 분위기에 접어들자 자유주의를 바탕으로 한 상호의존이론이 등장했는데, 이 이론은 현실주의의 기본 명제를 부인하며 국가에 대해 다중적 채널의 개념을 제시했다. 다중적 채널은 국제정치의 주요 행위자가 국가만이 아니라 국가 간, 초정부적, 초국가적 행위자 등 다중적 차원을 가진다는 것이다. 즉, 군사안보문제가 더 이상 지배적 위치를 차지하지 않는다는 의미다.

1970년대 이후 데탕트, 신냉전, 탈냉전을 거치면서 국제정치는 이론적으로 자유주의와 현실주의의 성격이 교차되는 경험을 하게 되었다. 이 과정에서 현실주의와 자유주의는 초기의 개념으로부터 변질되기 시작했으며, 신현실주의 또는 제도주의적 자유주의 등 변형된 이론이 등장했다. 1989년 냉전이 종식되면서 세계적으로 이념 및 군사적 대결이 사라지게 되었고, 국가 간의 협력과 국제기구의 발전이 시작되었다. 유럽에서는 1991년 마스트리트조약(유럽연합조약)이 체결되어 유럽공동체(EC)가 유럽연합(EU)으로 전환되었다. 마스트리트조약의 발효와 함께 공동외교안보정책(CFSP: Common Foreign and Security Policy)이 발족되었으며, 시장 및 화폐 통합과 더불어 유럽통합의 급진전이 이루어졌다. 또한, 냉전시대 군사안보 영역에 치중하였던 NATO가 탈냉전 이후 더 이상의 적이 사라진 현실 속에서 성격변경을 하여 다자안보협력을 도모하고, 1994년 CSCE가 OSCE로 제도화됨으로써 1990년대에 들어서 국가 간 다자안보협력의 제도화와 공고화가 촉진되었다.[7)] 이러한 과정을 거쳐 탈냉전 이후 국제정치는 다자주의의 성격을 기반으로 변화와 발전을 하게 되었다.

이론적으로 다자안보협력은 '다자주의'를 기반으로 하고 있다. 러기(John G. Ruggie)가 주장하는 다자주의의 정의는 "국제체제 내에서 다수의 국가들이 특정 문제에 대해 상호협의 또는 공동행동을 취하도록 하는 공식적·비공식적인 약속과 협정의 체결"을 뜻한다. 다자간 형태의 국제적 약속 및 협정을 기반으로 한 다자주의는 일반화된 행위원칙과 규약의 기초 위에서 3개 이상 국가들의 행동을 조정 및 조화시키는 것이다.[8] 일반화된 행위원칙이란 특정 국가의 특정 이익과 특정 상황에 따른 임기응변적이며 자의적인 대응이 배제된 행위원칙으로 공평성, 일관성, 그리고 국제법에 대한 존중이라는 요소들을 함유하고 있다.

구체적으로 러기가 처음 주장한 다자주의는 참여국 모두가 동일하게 대우받는 일반화된 비차별 행위원칙, 다자간 협력체제 내의 한 국가에 대한 외부 행위자의 공격을 참여국 모두에 대한 공격으로 간주하는 불가분성, 관련 국가들이 단기적이고 개별적인 이득을 기대하기보다는 장기적이고 공동의 이득을 추구하는 확산된 상호성을 특징으로 했다.[9] 탈냉전 이후 한 단계 더 나아간 다자주의는 합의된 원칙하에 다수 국가가 참여하여, 새로 부각된 난민, 환경, 마약, 테러 등과 같은 문제에 대하여 공통된 의견 합의를 도출할 수 있고, 소수국가에게 반대 의견을 제시할 수 있는 기회를 제공하여 다양한 의견을 반영할 수 있는 기회를 제공하는 것이다. 또한, 다자주의는 국제교역, 상권, 항공운송 등 기술적 분야에서의 공통규범을 창출하여 차후의 대립을 사전에 방지하기도 한다.

종합해 보면, 이론적으로 다자주의는 자유주의적 시각에서 출발했으며, 국가 중심적 가치를 인정하고, 제도화를 좀 더 강조하는 신자유주의적 제도주의까지 확대된 개념이라 할 수 있다. 이에 따라 국가 중심으로 이루어지는 다자안보와 협력은 다자주의이론을 기원으로 하고 있다. 요컨대, 국가 간의 관계에서 비롯되는 다자주의는 세 가지 요소로 구성되어 있다. 첫째, '불가분성'의 원칙이다. 무정부상태에서 각 국가가 자국의 이익을 추구하기 위해 행동하는 것이 아니라 각국의 행위가 타국에 영향을 미치기 때문에 타국에 대한 반응을 염두에 두고 행위를 해야 한다는 것이다. 둘째, '행동의 일반원칙'이다. 구성국가의 개별적 선호에 의해 사례별로 다르게 나타나는 관계가 아니라, 전 지구적 차원은 아닐지라도 지역이거나 관련 국가들 사이의 일반적인 규범의 형태로 나타난다. 셋째, '포괄적 호혜성'이다. 이는 실용주의적 시각에서의 규정이라 할 수 있는데, 단기적 차원에서 한 행위자가 사안별, 시기별이 아닌, 장기적이고 다양한 이슈에 대해서 기대할 수 있는 공동이익을 강조하고 있는 것이다.[10]

각 국가가 외교안보정책을 추진할 경우, 자국의 이익과 더불어 타국의 이익도 고려하는 공동체 의식, 또한 국익수호와 국제협력의 균형에 초점을 맞추는 다자주의에 기반한 다자안보의 유형에는 집단안보와 다자안보협력으로 나누어 볼 수 있다. 먼저 집단안보의 기본 발상은 '불특정 평화파괴자에 대한 단체제재'

글상자 12.1 다자주의

다자주의(multilateralism)는 셋 이상의 국가가 행위의 일반화된 원칙에 의거하여 활동을 조정하는 과정으로 광범위하게 정의된다. 순수하게 다자적인 과정이 되기 위해서는 다음의 세 가지 원칙에 부합해야 한다.

- 불가분성 (참여국들은 집단안보를 추진하는 것과 같이 자신들이 하나의 존재인 것처럼 행동해야 한다).
- 행동의 일반원칙 (모든 참여국들은 동등한 위상을 유지하며, 개별적 선호가 아니라 공통된 규범에 따라 행동해야 한다).
- 포괄적 호혜성 (국가들 사이의 의무는 1회성 협력이 아니라 일반적이고 지속적인 성격을 가져야 한다).

다자주의는 다수 국가가 공통된 규범과 규칙을 수용하는 것이지만 비공식적일 수 있다. 그러나 일반적으로 공식적이며, 이러한 측면에서 다자주의는 제도주의와 궤를 같이 한다.

의 개념을 내포하며, 한 나라의 안전을 특정 국가나 국가집단을 겨냥한 동맹조약에 의하여 보장하려는 것이 아니라 조약 가맹국 모두가 침략의 희생물이 되는 나라를 지원(군사원조)하기로 합의하는 일반조약을 통하여 보장하는 것이다. 집단안보의 대표적 사례는 유엔이다.

집단안보기구는 공동의 적이 없는 상태에서 만들어지는 안보제휴적인 성격을 가지고 설립된다. 집단안보는 침략국에 대한 집단적 대응수단을 강구하며, 침략행위 발생 전까지 적과 우방이 구분되지 않는다. 집단안보의 개념에 따른 국제안보체제는 평화와 질서를 수호하려는 측에 월등한 힘이 집중되어 있기 때문에, 어느 나라도 감히 평화와 질서를 교란시키지 못하는 '국가 간의 힘의 배분 상태'에

기초한 평화유지 장치이다. 집단안보기구에 참여한 국가들은 평화유지를 위하여 두 가지 행동 목표를 설정하고 있다. 첫째, 상호 간의 갈등을 해결하는 데 있어서 군사적 수단의 사용을 배제한다. 둘째, 위의 원칙을 위반하는 국가에 대해서 무력을 포함한 모든 수단을 동원하여 제재 및 응징을 가한다.

집단안보기구가 세계 또는 지역의 평화와 안보유지를 목적으로 효율적이고 정당한 활동을 하기 위해서는 평화와 질서를 파괴하는 침략행위의 정의에 대하여 회원국의 보편적인 합의가 있어야 한다. 이 경우에만 집단안보기구가 질서와 평화를 파괴한 국가에 대한 제재를 언제 어떠한 방법으로 추진해야 하느냐에 대한 합의를 도출할 수 있기 때문이다.[11] 국가 간의 제휴 시 안보협력 이외에 경제, 기술, 정

치 분야에서의 협력도 활발히 진행된다. 군사안보의 측면에만 치우치지 않고, 특정 위협에 대항한 국가 간 연합이 아닌 보다 평화롭고 안정된 질서의 건설과 같은 일반적인 목적을 추구한다. 따라서 안보제휴는 전통적인 동맹의 목적과 같이 위협을 억지하고 대처하기 위한 힘의 축적을 목적으로 하지 않는다.

통상적으로 국제질서를 안정되고 평화롭게 유지하는 역할은 다자안보협력보다 집단안보가 더 많이 수행한다. 집단안보는 전 세계 모든 국가 또는 광범위한 지역의 국가들이 참여하여 조약이나 헌장을 준수하게 하고, 이를 어겨서 평화를 파괴하는 국가들에게는 응징을 하여 보다 확실하게 안보를 유지하는 기제이기 때문이다. 그러나 다자안보협력은 적대적인 국가들이 하나의 회의체 또는 조직에 참여하여 내부적으로 긴장과 적대감을 완화하고 평화를 만들어 가는 과정이다. 다자안보협력은 역내 국가 간 대립관계를 다자의 손익분담으로 해소한다. 지역 내의 긴장이나 대립의 요인이 발생할 조짐이 있을 경우, 사전에 대화와 협력을 통하여 신뢰구축을 하면서 분쟁예방을 하여 공동으로 안보상의 위협을 해소한다. 다자안보협력은 집단안보보다 결속력이나 대응조치를 취하는 데 있어서 취약한 측면이 있으나, 설립 취지나 참여국들의 참여 동기, 그리고 분쟁예방의 측면에서는 다자안보협력이 보다 효율적이라 할 수 있다. 집단안보는 분쟁예방 및 해결, 응징의 단순한 목표를 추구하지만, 다자안보협력은 분쟁예방, 신뢰구축, 군비통제의 과정으로 이어지면서 평화구축까지 한다.

2) 다자안보협력의 개념과 사례

다자안보협력에 참여한 국가들은 공동관심사에 대한 논의를 통해 역내 국가 간의 대화 관습을 축적하고 공통규범을 추구하며 국가 행동 양식의 예측가능성을 높인다. 이와 같은 목적을 가진 다자안보협력은 정치적 대화, 군사적 신뢰구축, 군비축소 등을 단계별로 추구한다. 참여국은 안보불안을 줄일 뿐만 아니라 안보 이외의 분야에서도 이익을 공유한다. 궁극적으로 다자안보협력은 지역안보 증대를 목적으로 하고, 특정한 안보위협에 군사적으로 대응하기보다는 국가 간 분쟁의 발생 소지 및 지역불안정 요인을 사전에 방지 및 제거하는 예방외교 역할의 수행을 강조한다.[12]

다자안보협력이 수행하는 보다 구체적인 역할은 다음과 같다. 첫째, 참여국들은 지역분쟁의 근본적 원인이 될 수 있는 정치, 경제, 사회, 환경, 테러, 마약문제 등 역내 공통관심사에 대한 협의를 한다. 둘째, 정부 간 또는 비정부 간 군사안보문제와 관련한 토론의 장을 마련하여 의견을 교환하고 국가 간 활동의 투명성을 제고한다. 의견교환 및 투명성 제고를 통하여 '상호확증의 수준(level of mutual re-assurance)'을 증대시킬 수 있다. 셋째, 역내 신뢰안보를 구축하기 위하여, 국방예산, 군사훈련계획 등 정기적 군사정보와 자료를 교환하고, 군 인사교류를 주선한다. 신뢰구축이 이루어지면 구조적 군비통제(군사력 축소)를 실현할 수 있다. 넷째, 분쟁방지 목적의 예방외교 수행을 위해 사실조사활동을 시행한다.

이와 같은 개념, 목적을 가지고 집단적으로 활동하는 다자안보협력체에는 대립하거나 적대적인 국가들 모두가 참여하기 때문에 이 협력체 안에서는 적에 대한 명시된 개념이 없다. 모든 참여국이 국가의 수준과 관련 없이 동등한 자격과 위상을 가지고 참여한다. 지역 내의 안보 불감증이 지속되고, 국가 간 신뢰가 떨어진 상황으로 인하여 발생하는 위기를 사전에 극복하기 위해서 참여국들은 공동으로 평화 및 안정을 추구하고, 신뢰구축을 바탕으로 군축을 시도하기 위하여 다자안보협력체를 구성하는 것이다. 대표적 사례는 1970년대 초반 세계질서가 극한적인 냉전대립 상태에서 데탕트로 전환된 이후 1975년에 수립된 유럽안보협력회의(CSCE)다.

유럽에서 냉전 종식의 결정적 역할을 한 다자안보협력체인 CSCE는 1975년 8월 1일 동서유럽 35개국 정상이 헬싱키에서 채택한 '최종의정서'에 의하여 발족되었다. 헬싱키 최종의정서를 작성하기 위한 협상 과정에서 동유럽 측은 제2차 세계대전 이후 획득한 영토를 보전하기 위한 현상유지와 낙후된 경제를 발전시킬 목적으로 서방국가로부터 기술과 자본도입에 치중하였고, 서유럽 측은 인적교류와 인권에 초점을 맞추었다. 세 개의 바스킷(Three Baskets)이라 불리는 헬싱키 최종의정서는 바스킷1: 안보, 신뢰구축조치(CBMs), 바스킷2: 경제·과학기술·환경협력, 바스킷3: 인도적 문제 및 기타 분야 협력을 포함했다. 가장 핵심 부분인 신뢰구축은 기존 국경 상호존중, 군사안보 및 경제협력, 무력포기, 인권존중 등을 규정했다. 군사적 신뢰구축 방안으로는 2만 5,000명 이상의 병력이 동원된 군사훈련의 자발적 통보와 군사훈련 시 상대방 참관인단의 초청 등을 포함했다.[13] 헬싱키 최종의정서는 국제조약은 아니지만, 정치적 구속력을 갖는 합의의 성격을 가졌다.

CSCE의 최종목표는 군축이었고, 이는 냉전 종식과 함께 이루어졌다. 군사무기 중에서 핵무기에 대해서는 최대 보유국인 미국과 소련의 양자적 접근에 의해서 이루어졌으며, CSCE는 재래식무기의 감축에 집중했다. 유럽에서의 재래식전력감축(CFE)협상은 1989년 3월부터 빈에서 개최된 CSCE에서 NATO 16개국과 WTO 7개국이 시작했다. 전체 유럽의 안정과 안전을 강화하기 위하여 추진된 CFE협상은 낮은 수준에서의 재래식무기 상호 균형 유지, 안정과 안전에 저해되는 불균형의 제거, 기습공격과 대규모 공격능력의 우선적 제거를 목표로 진행되었는데, 냉전이 종식된 이후라서 협상은 그리 오래 걸리지 않았다.

동서유럽 국가들은 1990년 11월 20일 재

래식전력감축협정을 체결했다. 이 조약에 따라 대서양에서 우랄까지의 전 유럽에서 양 진영의 전차, 야포, 장갑차, 전투기, 헬기 등 5개 분야 군사장비의 보유상한선, 초과무기처리와 검증방법이 합의되었다. 양측 보유 상한선을 총 보유 수의 1/3 이하로 정하였고, 양측은 3년 6개월 이내에 감축을 완결하고, 군사력 감축의 실행 여부를 상호 확인 및 검증하는 합의를 했다. 또한, 빈에서 1990년 11월 26일부터 계속된 각국의 병력 제한에 관한 협상이 완료되어 보유 병력 수를 규제한 최종합의서(CFE-1A)가 CFE조약 체결국 22개국과 대서양으로부터 우랄산맥까지의 지역 내에 있는 7개 구소련공화국들을 포함한 총 29개국 간에 1992년 7월 10일 헬싱키 후속 회담에서 채택되었다.[14]

1989년 냉전이 종식되면서 새로운 안보환경을 맞이하여 1994년 12월 5일에 열린 부다페스트 정상회의에서 회의체인 CSCE를 상설기구인 유럽안보협력기구(OSCE: Organization of Security and Cooperation in Europe)로 전환하였고, 기능과 역할을 증대하여 지역 내 분쟁 조기경보, 분쟁예방 및 위기관리로 새롭게 규정했다. 냉전 당시의 평화유지에 대한 회의체라는 소극적 역할에서 분쟁의 사전예방이라는 적극적 임무로 확대된 것이다. OSCE의 회원국은 55개국으로 유럽지역 전 국가 및 미국, 캐나다로 구성되었고, 주요 활동은 지역분쟁 예방 및 위기관리 활동, 소수민족 보

호, 분쟁의 평화적 해결이다. OSCE로 기구화하면서 소수민족을 위한 고등판무관, 민주제도와 인권을 위한 사무국, 범유럽의회 등이 설치되었다. 상설기구화된 OSCE는 CSCE의 원칙에서 더욱 발전하여 탈냉전시대의 평화와 안정을 증진시켰다고 볼 수 있다. 특히 신뢰구축을 바탕으로 군축을 시도하면서 군사적인 면에서 국가 간의 안정을 강화시켰고, 군사뿐만 아니라 경제, 사회, 문화, 인권 등 제반 영역에서의 상호 의존과 협력을 도모하면서 다자안보협력체의 역할을 충실히 이행하고 있다.

3. 동북아다자안보협력: 필요성, 가능성, 그리고 한계

1989년 세계적 차원의 냉전이 종식하였음에도 불구하고, 동북아지역에는 여전히 냉전적 요인이 지속되었다. 역내 경제적 경쟁과 마찰, 그리고 영토문제로 비롯된 갈등이 계속되었으며, 일부 국가들은 세계적 군축추세에 역행해 가며 군비를 증강하는 등 패권을 추구했다. 특히 북한의 핵무기 개발 문제가 등장하여 한반도에 위기감이 조성되었고, 남사군도 영유권 문제로 인한 남중국해에서의 충돌 등 영토분쟁, 대만해협에서의 중국과 대만의 충돌 등으로 인해 동북아에서의 불안정한 상황이 계속 유지되었다. 무엇보다도 미국과 중국

의 경쟁과 대립이 동북아 안정에 지대한 영향을 미치고 있다. 우크라이나전쟁은 지역적으로 동북아 밖에서의 전쟁이지만, 러시아-중국-북한의 북방 삼각관계가 재정립될 가능성의 기회를 제공했으며, 특히 러시아와 북한이 동맹수준의 조약을 체결하여 동북아지역의 세력관계가 새롭게 구성되는 단계에 접어들었다.

동북아에는 전통적으로 다양한 성격의 국가들이 존재하기 때문에 안보위협에 대해서도 다양한 인식이 존재해 왔으며, 이에 따라 뿌리 깊은 역사와 문화적 갈등요인이 내재하고 있다. 이러한 이유로 동북아는 다자안보협력에 대한 필요성이 있다고 인정을 하면서도 다자안보의 개념과 틀을 발전시키지 못해 왔다. 냉전 동안 이 지역의 갈등은 미국과 소련이라는 양 진영 간의 통제 속에서 비교적 안정을 찾았지만, 탈냉전 이후 통제의 끈이 사라지면서 갈등 요소들이 표출되었다. 냉전시대에 유럽의 CSCE가 유럽 및 세계의 냉전을 종식시키는 데 기여했다는 점을 감안하여, 동북아의 긴장과 대립이 복합적이더라도 이를 해소하여 평화로까지 나아가기 위해서는 다자적 접근 이외의 다른 방안을 강구하기는 어려울 것이라는 시각이 등장했다.

1) 동북아 안보질서와 다자안보협력 구상

동북아지역은 안보적인 대립과 갈등 이외에도 정치, 경제, 사회적인 면에 있어서도 차이점을 보이고 있어서 상호협력과 의존이 어려운 점이 있다. 극명한 이념적 차이뿐만 아니라 경제제도에서도 차이가 있다. 또한, 사회적인 측면에서 인권, 교육, 시민의 자유 등에 있어서도 큰 차이가 난다. 시걸(Gerald Segal)은 동북아의 안정은 다음과 같은 네 가지 조건이 충족되어야 이루어진다고 주장하는데, 그들은 다원적 정치체제, 경제 및 사회 분야의 상호의존의 증대, 지역공동체의 설립, 확고하고 안정된 세력균형 등이다.[15] 다시 말해서 총체적인 다자주의가 다자안보의 기본틀이라는 이야기다. 안보뿐만 아니라 국가를 구성하고 있는 모든 영역에서 단일화까지는 못 가더라도 상호 교류와 협력을 할 수 있는 기반이 마련되어야 한다는 의미다.

탈냉전 이후 동북아지역의 새로운 질서는 다음과 같은 세 가지 차원의 변화를 보여 주었다. 제1차원은 동북아지역의 안정과 평화를 유지하는 데 주도적 역할을 수행하고 있는 동맹관계이다. 한미, 미일, 북중 동맹관계가 여기에 포함된다. 탈냉전 이후 구조와 내용에 있어서 일부 조정이 있었으나, 기본적인 틀은 유지되고 있다. 이 동맹 중 어느 하나라도 와해될 경우, 이는 해당국의 군사력 증강, 지역 군비경쟁으로 이어지고, 지역 안정구조의 약화로 연결될 것으로 전망된다.

제2차원은 협력 및 갈등관계의 병존이다. 냉전 종식 이후 기존 전략구도가 약화 내지 해체되면서, 과거 적대진영에 있던 국가 간에 교차적 협력관계가 형성되는가 하면 같은 진영에서 전략적 협조를 유지하던 국가 간에 갈등이 새롭게 생성되는 상황이 전개되었다. 따라서 동북아의 새로운 질서는 지역평화와 안정증진 및 공동이익 창출을 위한 국가 간의 협력이 모색되면서도 전통적 이해관계와 경제문제를 둘러싼 마찰과 갈등이 증폭되는 방향으로 나아가고 있다.

제3차원은 전체적 역학관계의 변화다. 탈냉전 직후에는 소련의 해체 및 러시아의 위상 저하에 따라 일본과 중국의 국가위상 제고 및 역할증대가 계속 추진되었으나, 러시아가 위상제고를 모색하여 북한과 동맹수준의 조약을 맺는 등 다차원적인 권력구조로 개편되고 있다. 동북아에 영토적 기반을 가지고 있지 못한 미국은 세력과 영향력을 유지하려 노력하지만, 중국의 세력 강화로 양국 사이의 경쟁 및 갈등관계가 조성되는 과정에 있다.

다자안보협력의 목적과 유럽의 경험을 살펴볼 때 동북아의 다양한 갈등 및 위협요인을 제거할 수 있는 방안으로 다자안보협력의 유용성이 적극 제시되었다. 특히 세계 및 동북아 안보와 직결되어 있는 한반도의 갈등과 위협을 해소하기 위한 방안으로 다자적 접근이

논의되어 왔다. 동북아 차원과 한반도 차원의 신뢰구축 및 군축의 실현은 상호 배타적인 것이 아니라 상호 보완적인 논리를 바탕으로 하고 있다. 즉, 동북아에서의 갈등관리 실패는 한반도 긴장으로 이어지고, 이는 동북아 긴장으로 다시 이어진다는 순환논리에 근거하고 있다. 따라서 동북아다자안보협력의 추진은 역내 불안정한 요인이 될 수 있는 역내 안보 이슈들에 대한 해결을 위해 필요하고, 한반도의 평화를 위해서도 필수적인 것이다.

글로벌안보의 차원에서 살펴보면 동북아지역은 중동지역과 함께 심각한 위기에 처해 있다. 동북아는 미국, 중국, 러시아, 일본의 핵심적인 국가이익이 교차하면서 잠재적인 불안정 지역이 되고 있다. 특히 북한의 핵 문제로 비롯된 위기는 단시일 내에 해결될 조짐을 보이지 않고 있다. 1953년 한국전 휴전 이후 이 지역에서 대규모 무력충돌은 발생하지 않았지만 다른 어느 지역보다 일촉즉발의 위기상황은 더 심각하다. 유럽과 마찬가지로 1960년대까지 동북아에는 미국과 소련을 축으로 하는 양극체제가 유지되었으나, 1970년대에 들어서면서 중국이 제3의 세력으로 부상하여 다극체제가 시작되었다. 1980년대에는 경제력에 의해 일본이 새로운 강대국의 대열에 진입하게 됨에 따라 동북아질서는 '비대칭적 균형상태'를 이루었다. 냉전 이데올로기 측면에서 소련과 중국이 한편이 되고 미국과 일본이 다른 편이 되어 대립하는 동시에, 전략

적인 측면에서 소련과 중국이 대립하였고, 경제적으로 앞선 일본은 미국에 대하여 군사적으로 의존하였기 때문에 '비대칭적 균형상태'였다는 평가를 받았다.

탈냉전 이후에도 지속되는 동북아지역의 긴장과 대립을 해소하기 위해서 필수적으로 선행되어야 할 동북아지역의 안보협력은 분쟁 및 전쟁방지를 위한 예방외교의 목표수행을 위하여 주권존중 및 영토보존, 불가침과 무력사용 및 위협금지, 국내문제 불간섭, 분쟁의 평화적 해결, 평화공존, 민주주의 및 인간 존엄성 존중의 원칙을 기본강령으로 해야 한다. 다자안보협력이 성공하기 위하여 제시되는 가장 중요한 조건은 '현상인정'이다. 다자안보협력은 갈등과 분쟁이 생길 수 있는 요소를 제거하기 위해서 갈등적 현상을 비갈등적 현상으로 전환시키는 것도 중요한데, 이 과정에서 어느 한 편의 이익을 침해할 수 있고 새로운 갈등이 나타날 수 있기 때문에 한계가 노정되는 경우가 있다. 따라서 일단 현상을 인정하고, 그 현상에서 비롯되는 갈등을 줄여나가는 방식을 택하는 것이 더 바람직하다. 유럽의 다자안보협력이 성공할 수 있었던 것은 기존의 정치, 군사, 경제 분야의 동맹 및 협력관계와 제2차 세계대전 후의 국경선의 존재를 인정하는 바탕 위에서 이루어졌기 때문이었다. 따라서 동북아에서의 기존의 영토관할문제, 세력역학관계, 동맹, 분단체제 등을 인정하는 바탕 위에서 다자안보협력을 추진하는

것이 중요하다.

동북아의 다자안보협력은 분야에 있어서 다양성을 인정하면서 포괄적인 개념하에서 추진되어야 하기 때문에, 의제를 선택하는 데 있어서 광범위하고 융통성 있는 접근을 하여야 한다. 유럽의 CSCE는 정치, 군사, 경제, 과학, 기술, 인권, 환경 등 다양한 분야의 접근을 하였기 때문에 포괄적인 신뢰구축을 이룰 수 있었다. 동북아에는 아직도 정치체제와 이념적인 차이와 갈등적 요인이 남아 있고, 다양하고 상충되는 이익과 이해관계가 존재하기 때문에 동등하고 모두에게 도움이 되는 포괄적 접근이 어려울 수도 있지만, 포괄적 접근을 하여야 한다는 명제 없이 다자안보협력을 추진하게 되면 특정 국가에 유리한 불평등하고 불균형한 제도가 이루어질 우려가 있다.

유럽에서 다자안보협력이 시작될 수 있었던 가장 큰 계기는 1950년대 초반부터 추진된 서유럽의 경제통합이었다. 전체 유럽이 아니라 서유럽 자본주의 국가들만의 통합이었고, 정치 및 군사 분야를 배제한 경제통합이었으나, 서유럽 경제통합을 통한 다자적 관계의 형성은 추후 유럽안보에 있어서 '다자주의적 접근'을 하는 데 유용한 경험과 교훈을 제공했다고 할 수 있다. 따라서 동북아의 다자적 접근도 우선 접근하기 용이한 비정치 분야부터 시작하여 정치, 군사로 발전시켜 나가는 것이 바람직하다는 견해가 제시된다. 또한, 동북아 역내 국가 간의 정치체제, 경제제도,

경제력은 매우 다양하기 때문에 점진적인 접근방식이 필요하다는 점이 강조되기도 한다.

2) 동북아다자안보협력체 모색

앞서 언급한 바와 같이, 동북아 냉전을 종식시키는 방안으로 다자안보협력의 추진이 제시되고 있다. 세계적인 냉전의 종식과 함께 새롭게 등장한 긴장 요인을 제거하고 동북아의 안정과 평화를 위하여 1980년대 후반부터 한국, 일본 및 러시아는 동북아의 다자안보협력기구의 필요성을 강조하기 시작했다. 특히 한국이 동북아지역 안보협력체제의 필요성에 대해 주도적인 언급을 했다. 1988년 10월 18일 노태우 대통령은 유엔 총회 연설에서 동북아지역의 다자안보협력체의 필요성을 역설하면서 남북한과 미국, 중국, 일본, 소련이 참여하는 '동북아 6개국 평화협의회'의 창설을 제안했다. 이후 한국이 중국 및 소련과의 외교관계를 수립하고 북한과의 유엔 동시가입을 실현한 후 1992년 제47차 유엔 총회 연설에서 노태우 대통령은 동북아에서의 상호이해 및 신뢰증진을 위해 이해 당사자들 간에 대화와 협력의 장이 필요함을 재차 강조했다. 1993년 5월 태평양경제협력회의(PBEC: Pacific Basin Economic Council)에서 김영삼 대통령은 지역안보협력을 위한 'mini CSCE' 형태의 다자안보협력체를 제의했다.

1993년 7월 싱가포르에서 개최된 아세안 확대 외무장관회담(ASEAN-PMC)에서 한승주 외무장관은 아태 광역 차원의 안보대화와는 별도로 동북아지역만의 안보대화 추진의 필요성을 역설했다. 다음 해 7월 25일 방콕에서 개최된 아세안지역포럼(ARF: ASEAN Regional Forum) 창설 각료회의에서 한 장관은 "동북아 안보환경은 냉전의 종료에 따라 대체로 개선되었으나 한반도의 긴장 등 불안정 요소가 상존하고 있다"고 전제하고, ARF와 병존하여 협조관계를 유지할 '동북아다자안보협력의 틀'의 창설을 제안했다. 아태지역 내 정치, 안보 분야의 협력 문제를 논의하기 위하여 설치되었고, 한국도 참여하는 ARF의 궁극적인 목표는 안보대화를 통해 상호 간의 이해를 확대하고 공동의 안보이익에 대한 인식을 같이 하는 것이다. 구체적인 ARF의 협력 분야는 신뢰·안보구축, 핵 비확산, 평화유지활동 협력, 군사정보교환, 해상안전문제, 예방외교 등이다.

1993년 미국 캘리포니아대학교의 세계분쟁 및 협력연구소(IGGC)의 주도로 남북한, 미국, 일본, 중국, 러시아 6개국의 외무부·국방부 관리와 학자들이 공동 참여하는 다자간 회의인 동북아협력대화(NEACD: Northeast Asia Cooperation Dialogue)가 개최되었다. NEACD는 동북아 내의 상호불신 제거와 신뢰구축을 위해 상호확신조치(MRMs: Mutual Reassurance Measures)를 집중 논의했으며, 신뢰구축을 바탕으로 동북아에서의 군비통제를 달성하기 위한 다자간 안보협력의 추진을 목표로 했다. 이 기구는 외형상 민간차원의 기구였지만 실질적으로는 각 정부들의 외교안보 관련 관료들이 참석하는 준정부 간 회의였다. 그러나 정부간기구가 아니라서 공식적인 합의를 도출하기 어렵다는 한계를 갖고 있었기 때문에 의도는 훌륭했으나 오래 지속되지 않았다.

이후 다양한 경로를 통해 한국정부와 전문가들은 동북아 다자안보의 필요성에 대하여 언급하면서 적극 추진했다. 대표적인 사례는 다자안보협력체의 가장 초기 단계라 할 수 있는 동북아안보대화(NEASD: Northeast Asia Security Dialogue)를 1994년 7월에 추진한 것이다. 동북아지역의 안보협력은 특히 분쟁방지를 위한 예방외교에 중점을 두어야 한다는 입장을 보인 한국정부는 다자안보협력의 원칙을 주권존중 및 영토보존, 불가침과 무력사용 및 위협금지, 국내문제 불간섭, 분쟁의 평화적 해결, 평화공존, 민주주의 및 인간존엄성의 존중으로 삼았다. 또한, 동북아 역내 국가 간의 정치체제 및 경제력은 서로 상이하기 때문에 점진적인 접근방식을 통한 다자안보협의체 구성을 목표로 했다. 당시 한국정부가 이와 같은 구상을 한 이유는 북한의 대량살상무기 확산 위협, 중국 대만 간의 무력충돌 위협, 역내 국가들의 재래식 군비증강과 같은 불안 요인들이 이 지역에 상존하고 있어 동북아가 아직 긴장 기재로 남아 있

기 때문에 소지역 차원의 다자안보대화를 추진하여 역내 평화와 안정유지를 모색하기 위한 것이었다. 특히 NEASD는 상호불신제거와 신뢰구축에 역점을 두고 추후 이를 바탕으로 동북아에서의 군비통제를 달성하기 위한 다자간 안보협력의 추진을 목표로 했다.

제2차 북핵위기가 2002년 10월에 시작되었고, 이후 2003년 8월부터 2007년 9월까지 북한의 비핵화를 위한 6자회담이 베이징에서 여섯 차례 개최되었다. 남북한, 미국, 중국, 일본, 러시아의 동북아 6대 세력이 모두 참여했다 (미국은 동북아 국가가 아니기 때문에 동북아 6개국으로 표현할 수는 없음). 9·19선언, 2·13합의, 10·3합의를 이루어내는 결실을 맺고 비핵화 합의에 도달했으나, 비핵화 합의 내용을 실행하는 과정에서 다양한 이유로 성공하지 못했다. 비록 최종적으로 성공하지 못했지만, 6자회담은 향후 동북아다자안보협력체의 모델이 될 수 있다는 평가가 일부 전문가들로부터 나왔다.

3) 동북아다자안보협력체제의 이점과 한계

동북아에 다자안보협력체가 형성된다면 다양한 측면의 효과를 기대할 수 있을 것이다. 첫째, 동북아 갈등의 축인 한반도 내에서 남북한의 적대적 관계를 변화시키고 갈등요인을 제거할 수 있을 것이며, 한국전쟁의 법적인 종전

을 추구할 수 있을 것이다. 둘째, 동북아다자안보협력체에 미국과 중국이 참여하게 되면, 미중갈등을 관리 및 해소하는 데 역할을 하고 세계평화에 이바지할 것이다. 셋째, 참여국들의 전반적인 교류와 협력을 추진하여 동북아 자유무역지대의 형성을 가능하게 하고, 특히 역내 경제협력을 통하여 공존공영에 기여할 수 있을 것이다. 넷째, 군비축소의 차원에서 역내 대량살상무기 제거 및 외국군의 철수·감축을 실현하여 역내 안보적 불안감을 관리할 수 있는 다자간 제도적 장치를 마련할 수 있을 것이다. 다섯째, 역내 갈등적 요인이지만 다룰 수 있는 기제가 없는 미세먼지, 기후변화 등 환경문제를 포괄적이고 협력적으로 다룰 수 있을 것이다.

유럽 CSCE의 경험을 볼 때, 다자안보협력의 핵심은 신뢰구축이다. 동북아 차원의 신뢰구축은 동북아 정상회담 정례화, 한반도 평화와 동북아 안정을 위한 고위급 다자간 안보회의 정례화, 대규모 군사훈련의 사전 통보 및 상호참관단 허용, 동북아지역 국가들 간의 공동군사훈련을 실시하는 것이며, 궁극적으로 동북아의 제한적 비핵지대화(한반도 포함), 동북아 군축회담의 개최 등으로 이어질 것이다. 한반도만 분리하여 본다면, 동북아에서 다자안보협력체제가 구축될 경우, 남북한 간에 이미 체결된 기본합의서 등 다양한 양자 사이의 합의, 공동선언 등이 다자협력의 틀 안에서 보장 및 강화될 수 있으며, 북한 비핵

화 등 남북한 당사자 간에 해결이 어려운 문제를 다자간 대화의 틀을 통해 합의를 유도해 낼 수 있을 것이다. 무엇보다 중요한 것은 이 다자안보협력체에 북한이 참여하도록 유도하여 신뢰구축 등 군비통제를 실시함으로써 한반도 평화체제를 구축할 수 있다는 점이다.

동북아지역에 다자안보협력체를 구축하는 것은 바람직하지만, 유럽과 달리 동북아의 다자안보협력체 구축은 용이하지 않을 것이라는 부정적 견해도 존재한다. 유럽에서 이루어진 신뢰구축이나 군축모델이 다른 지역에 그대로 적용될 수 있는 만능모델이 아니라는 것이다. 냉전시대의 유럽은 양 블록 간의 단순한 대결구도였으나 동북아에는 복잡한 비대칭적 대결구도가 존재하고 있는 것이 현실이다. 특히 한미동맹, 미일동맹, 북중동맹 등 양자동맹이 존재하면서 세력구도를 형성하고 있기 때문에 다자협력이라는 큰 틀이 동북아 국가들을 통제하는 것이 쉽지 않을 것이라는 비관적 시각이 존재하고 있다. 기본적으로 다자주의의 경험 없이 양자동맹 또는 협력에 의하여 안보가 유지되고 있다는 점이 동북아지역에서 다자안보협력체제의 구축이 어렵다는 논리로 인용되어 왔다. 또한, 동북아에서 핵무기를 포함한 군사력의 규모와 세력 면에서 극심한 불균형을 보이고 있는 것도 동북아다자협력의 제한요인으로 꼽히고 있다.

군사적 측면 이외에도 동북아지역은 근본적으로 유럽과 달리 동질적 가치의 결여와 이

념적 차별성이 존재하고, 다양하고 이질적인 정치, 문화, 역사적 배경을 가지고 있으며, 공통된 안보위협 인식이 부재하다. 특히 동북아지역 국가들에서는 공동의 이익창출 요인이나 공동의 위협요인이 존재하고 있지 않다. 냉전시대 유럽에서는 동서 양 진영이 상대방으로부터 높은 수준의 위협을 느껴 서로의 안보를 위해 CSCE를 구성하는 데 동의하였지만, 동북아지역에서는 위협의 대상과 수준의 측면에서 역내 국가들이 상당한 차이를 보이고 있고, 핵무기 위협에 대한 공통인식도 부족한 상황이다.

동북아다자안보협력체를 형성하기 위해서는 이를 주도하는 국가가 존재해야 하는 리더십 문제가 있다. 앞서 설명한 바와 같이 냉전 종식 직후 한국이 동북아다자안보협력체 형성에 대하여 가장 적극적인 태도를 보였다. 한반도가 동북아 갈등의 중심에 있기 때문에 한국이 가장 적극적인 태도를 보이는 것은 당연하고 바람직하다. 그러나 실질적인 동북아의 권력구조에 있어서 한국이 다자안보체제 형성을 제안할 수는 있어도, 설립을 주도하고 운영하는 리더십을 발휘할 수 있는 위상이나 입장에 처해 있지는 않다. 더구나 한국이 주도하면 북한이 다자안보에 참여하는 데 주저할 것으로 보인다. 또한, 동북아 국가는 아니지만, 한국 및 일본과 동맹조약을 체결하고 있는 등 가장 강력한 군사력을 투사할 수 있는 미국이 동북아 다자안보에 대해서 적극적

인 태도를 보이지 않고 있으며 앞으로도 그럴 것으로 예상된다.

미국은 아시아지역의 방위를 위한 전통적인 쌍무 간 동맹관계를 선호하고 있으며, 유럽의 경우와 같이 다자안보협력체의 궁극적 목표가 지역 내 군비축소로 이어지면 동북아에서의 미군철수와 이에 따른 미국의 영향력 약화를 우려해 동북아다자안보협력체에 참여하지 않을 가능성이 높다. 중국은 과거 북핵 해결을 위한 6자회담을 중국에서 개최하고 동북아의 중심적 역할을 원하고 있지만, 다른 한편 이러한 다자안보협력체제가 미국과 일본의 주도하에 중국을 견제할 목적으로 이용될 가능성에 대하여 우려하고 있다.

다음은 북한의 참여 여부다. 북한은 동북아지역에서 가장 빈곤하면서 가장 폐쇄적인 국가다. 다자안보협력에 참여하면 경제적으로는 도움을 받을지 모르지만, 체제를 개방해야 하는 부담을 안게 된다. 그리고 북한이 개발 및 보유하고 있는 핵무기를 별다른 보상 없이 포기해야 할 상황이 올지도 모르기 때문에 참여를 반대할 수도 있다. 그러나 북한이 완전한 주권국가로 인정을 받고 확실한 국가성이 보장 및 유지될 수 있을 경우, 국가발전과 안정을 위해 참여할 가능성도 있다. 또한, 북한이 비핵화 협상을 하면서 한반도 평화체제를 강조하는 것을 보면, 동북아다자안보협력체는 북한이 원하는 한반도 평화체제를 통한 체제안보 유지와 일맥상통할 수도 있다.

유럽안보협력회의와 같은 포괄적인 다자안보협력체가 동북아의 다양한 안보위기를 해소하는 데 기여하겠지만, 앞서 언급한 제한 사항들 때문에 당장 실현하기가 어려울 수 있다. 그 대안으로 정치 또는 군사안보는 다루지 않는 다자협력체로 시작하여 점진적으로 안보 분야까지 확대해 나아가는 방식, 또는 환경, 경제, 문화 등 다양한 협력체를 만들다가 분위기가 무르익으면 안보 분야의 협력체를 만들어 통합하는 방식을 택할 수 있다. 한국은 한국전쟁을 법적으로 종식시켜야 하는 과제를 안고 있으며, 역내 가장 위험한 국가인 북한과 대치하고 있는 상황이어서 다자안보협력체가 가장 필요한 국가다. 이러한 점에서 한국은 동북아 모든 국가들을 대상으로 동등한 수준의 외교적 접근을 하는 다자외교가 필요한 시점이다.

성공적으로 추진되는 데 한계는 있지만, 동북아의 다자간안보협력이 이루어지면 한반도 평화에 유리한 환경을 조성하는 데 중요한 역할을 할 것이다. 이의 구체적인 내용은 한반도 평화수립의 합의에 대한 국제적 지지와 보장의 획득, 한반도 평화과정에서 남북한 당사자들이 주도권을 행사할 수 있는 국제환경의 조성, 한반도 평화관계 수립 과정에서 주변 강대국들의 방해 내지는 무력개입을 방지할 수 있는 국제안보 환경의 조성, 북한의 급작스러운 붕괴나 주변 정세의 급변에 대비한 역내 협력 및 조정기구의 마련 등이다. 이와 더불어 어떠한 특정 국가가 한반도 평화수립 과정에서 압도적인 영향력이나 압력을 행사하는 것을 방지할 수 있으며, 한반도 평화와 관련된 주변 강대국 간의 이해관계 및 입장조정에 유리한 측면이 있다.

4. 한반도 평화협정 또는 평화체제 모색

'평화'의 개념은 매우 복합적이고 다양하다. 갈퉁(Johan Galtung)을 비롯한 일부 학자들은 평화의 개념을 단순화시켜서 소극적 평화와 적극적 평화로 구분한다. 소극적 평화는 전쟁이 부재하고 인간들 간의 대규모 폭력 혹은 조직적인 군사적 폭력이 부재함을 의미한다. 반면, 적극적 평화는 전쟁의 부재뿐만 아니라 생태학적 조화, 평화구축, 부패하지 않고 공정하고 정의로운 사회질서의 존재, 구조적 폭력이 없는 상태를 의미한다. 보다 세부적으로 말하여 적극적 평화에서 구조적 폭력이 없는 상태는 "국가 간 또는 국가 내부에서 기존 체제가 정치적으로 억압하지 않으며, 경제적으로 수탈하지 않고, 문화, 종교 등이 폭력을 권장하지 않는 상태"를 말한다.[16]

한반도는 공식적으로 한국전쟁이 종료되지 않았기 때문에 전쟁을 법적으로 종식시키는 과제를 안고 있다. 가장 흔하게 주장되는 종전 방안은 평화협정을 체결하여 휴전협정을 대체하는 것이다. 남한이 휴전회담에 참여하지 않았고 협정에 서명도 하지 않았기 때문에 휴전협정과 평화협정의 당사자 문제가 대두되면서, 이 문제를 해결하기 위해서 평화체제의 형식도 제안되었다. 이러한 법적인 문제를 떠나서 휴전협정 체결이나 휴전체제 형성을 위해서는 남북한 사이에 실질적인 평화가 이루어져야 하고, 이 협정이나 체제가 한반도의 영구한 평화를 보장해야 한다. 이 절에서는 이러한 한반도 평화협정과 평화체제에 대해서 입체적으로 살펴본다.

1) 한국전쟁 종식을 위한 평화협정 체결

한국전쟁의 휴전회담은 전쟁 3년 기간 중 2년이나 계속되었다. 전쟁을 벌이는 양측이 더 이상 전쟁을 수행할 의지와 능력이 부족하게 되어 전쟁을 끝내기로 결정했다면, 종전을 했으면 되었는데, 왜 종전을 하지 않고 휴전을 했는지에 대해서는 그 동기가 밝혀지지 않았다. 수많은 학자와 전문가들이 한국전쟁에 대해서 연구하고 집필을 했는데, 이에 대해서 의문을 가지는 사람도, 이에 대해서 추론이라도 제시하는 사람은 거의 없었다. 지금까지 전쟁을 재개하려는 의사를 가진 전쟁 당사국은 하나도 없었고, 그렇다고 전쟁을 공식적으로 종식시키자고 적극적으로 나서는 국가도 별로 없었다.

휴전협정은 양측의 군 사령관이 체결한 군사적 성격의 협정인 반면, 휴전협정을 대체할 평화협정은 국가원수가 체결하는 포괄적인 정치적 의미의 조약이며 비준을 필요로 한다. 이와 같이 양 협정의 성격이 다르기 때문에 섣부르게 평화협정 제안을 하여 논란을 일으키는 모험을 할 의사를 가진 국가는 거의 없었다. 이와 같이 평화협정은 정치적 의미를 가지기 때문에 전쟁이 종식된 후 20년이 지난 1970년대부터 간헐적으로 평화협정 체결을 해야 한다는 주장이 나오기 시작했는데, 대부분이 정치적 의도를 지니고 있었다.

북한이 처음으로 평화협정을 거론하기 시작했는데, 당시 남북한관계는 평화협정을 맺을 만큼 평화롭지 않았고, 심지어 남북한은 서로를 괴뢰정부로 부르면서 국가인정도 하지 않던 시기였다. 1972년 1월 김일성이 일본『요미우리신문』기자와 대담하는 과정에서 평화협정에 대해서 언급했다. 김일성의 주장은 평화가 이루어지면 미군의 남한 주둔 명분이 없어진다고 판단했던 배경이 있었던 것으로 보인다. 이러한 북한의 주장에 대해서 1974년 1월 남한의 박정희정부는 북한의 주장은 남한의 군사력을 무력화하려는 시도라는 논리하에 북한이 제시한 평화협정을 공식적으로 거부하면서, 남북 불가침협정을 역제안했다.

1974년 3월 북한의 최고인민회의는 평화협정의 당사자를 남북한에서 북한과 미국으로 변경했다. 북한의 평화협정 체결 제안은 남북한의 공존을 위한 것이 아니라 남한을 배제하려는 의도를 지니고 있었다. 북한은 남한이 휴전협정에 참여하지 않았기 때문에 남한은 휴전협정을 대체할 평화협정 체결에 참여할 자격이 없다고 주장했다. 북한이 중국의 위임을 받으면 결국 평화협정 체결 당사국은 북한과 미국이 된다는 논리였다. 휴전협정은 미국, 북한, 중국이 대표하여 서명했다.

이에 대해서 한국정부는 한반도 평화의 당사자인 한국이 평화협정의 당사자에서 배제되는 것은 논리적으로 모순되기 때문에 한국이 평화협정의 당사자가 되어야 한다는 주장과 함께, 보다 제도적인 평화를 구축하기 위해서 남북한, 미국, 중국 등 해당국들이 참여하는 평화체제 구축을 주장했다. 한반도를 둘러싼 관련국들의 이익의 편차가 너무 크고 갈등 양상도 다양하기 때문에 평화체제를 수립하는 것은 쉽지 않을 것으로 보이지만, 한반도의 평화는 동북아 평화의 기초가 된다는 명제하에 한국정부가 적극적인 제도적 평화를 모색한 것이다. 한반도의 평화가 동북아로 확대되도록 하기 위해서는 남북한이 관계개선을 하여 평화를 기반으로 한 공존의 제도화를 이룩해야 한다는 점은 명확하다. 당시 한국정부는 한반도의 평화를 동북아 차원에서 구축하고 보장받는 정책을 구상하고 있었다.

요컨대 남북한이 평화협정을 체결하면 일단 한국전쟁은 법적으로 종식되지만, 남북한 사이에 실질적인 평화가 유지될지의 여부는 다른 문제다. 세계적으로 냉전이 심화되던 1970년대만 하더라도 남북한이 외세를 배격하고 단독으로 평화협정을 체결하거나 평화체제를 수립할 위상과 능력을 보유하고 있지 않았다. 제2차 세계대전 후 외세에 의해서 한반도가 분할점령되고, 유엔이 주도하여 남한의 단독정부를 수립하고 결국 분단국가가 된 점, 유엔이 한국전쟁에 참전한 이후 한반도를 재분단시키면서 휴전을 한 점을 보면, 과연 외세가 한반도의 통일이나 평화를 적극적으로 옹호하는지에 대해서는 의문을 가지지 않을 수가 없다.

남북한이 외세를 배격하고 평화협정을 체결하고 안정적이고 지속성 있는 평화를 이루기 위해서는 몇 가지 조건이 필요하다. 첫째, 남북한 간 군사력의 균형이 이루어져 상대방의 적대적 의도와 행위를 사전에 봉쇄할 수 있을 정도의 효과적인 억지상태가 이루어져야 한다. 북한이 핵무기를 보유하여 남북한의 전력이 비대칭적으로 되었지만, 이러한 비대칭적인 전력을 어느 정도 균형화하기 위해서 남한은 다양한 측면의 군비조정 및 확충을 해야 하는 과제를 안고 있다. 군사력이 균형을 이루기 전에 평화는 이루어지기 어렵다. 둘째, 상호 적대행위를 유발시킬 수 있는 공세적인 군사력 배치나 운용을 적절히 제한할 수 있어야 한다. 특히 남북한의 수도가 휴전선에서 비대칭적인 거리에 있기 때문에 이 비대칭적인 문제를 해결하기 위한 방안을 강구하여 협의를 해야 한다. 셋째, 오해나 불신에 의한 소규모의 우발적인 충돌이 대규모의 무력충돌로 확대되는 것을 방지할 수 있는 분쟁해결 장치가 마련되어야 한다. 최우선적으로 핫라인을 설치해야 한다. 넷째, 남북한 간의 교류·협력을 본격적으로 추진·확대하여 상호 의존성을 심화시킬 수 있는 제도적 장치가 필요하다. 이에 덧붙여서 남북한이 상호 주권국가로 인정하고 내정간섭을 하지 않으며, 국제사회에 더불어 참여하면서 상생을 모색해야 안정적이고 지속적인 평화를 이룰 수 있다. 이 조건들이 충족되기 이전에 하는 평화협정 체결 주장은 단순히 정치적 공세에 불과한 것이다.

2) 한반도 평화체제 논의와 의도성

남한을 배제하고 미국과 평화협정을 체결하자는 북한의 제안이 남한과 미국정부의 적극적 반대로 실현되지 않자, 북한은 이후 이 문제에 대해서 별다른 시도를 하지 않았다. 평화협정 체결을 비롯한 남북한의 평화 및 공존의 문제는 북한의 핵문제 등장 이후 한반도 및 주변 정세가 복잡해지면서 관심에서 멀어져 갔다. 더구나 핵문제에 의해서 남북한관계 및 북한과 국제사회의 관계가 얼어붙으면서 남북한의 평화공존이 거의 불가능한 것처럼 인식되어 평화협정 체결은 거의 포기되었다. 단순히 한국전쟁을 종식시키는 목적의 평화협정과 달리 평화체제에 대해서는 보다 포괄적이고 다자적인 형식이라는 점에서 각국의 입장에 따라 긍정적인 시각이 나오기도 했다.

예상과 달리 의외로 북한 스스로 비핵화를 한반도 평화체제와 연계시켰다. 1993년 3월 북한이 NPT 탈퇴를 선언하여 핵위기가 시작된 이후 비핵화 협상이 전개되는 상황에서 북한은 평화협정과 평화체제를 거론하기 시작했다. 1994년 4월에 북한은 휴전협정을 평화협정으로 대체하고 휴전체제를 대신하는 평화보장체계의 수립을 위한 협상을 제안했다. 과거의 제안과 다른 점은 평화협정 체결과 더불어 일종의 평화체제라 할 수 있는 평화보장체계를 제안한 것이다. 북한이 핵문제 협상과정에서 평화보장체계의 수립을 주장한 것은 다양한 위기에 처하여 체제보장을 위하여 핵무기 개발 카드를 활용했다는 점을 알려주는 것이었다. 체제보장을 평화보장체계라는 언어를 사용하여 객관화함으로써 체제열세를 감추기 위한 모습을 보여 준 면도 있었다.

1994년 10월 21일 제1차 핵위기를 해결하기 위한 제네바 기본합의 이후, 미국과 일종의 동반자적 관계를 가지게 된 북한은 이 기회를 한반도 문제에 있어 주도적 역할을 하는데 적극 활용하려는 시도를 했다. 1995년 6월 북한은 유엔사령부의 해체를 요구했다. 이어서 1996년 2월에는 새로운 평화보장체계의 수립을 위한 협상을 미국에 제안했다. 핵심 내용은 평화협정을 체결하기 이전에 휴전협정을 대신할 '잠정협정'을 체결하고, 군사

정전위원회를 대체하는 북미군사공동기구를 만들자는 것이었다. 당시 북한의 안보전략은 미국과 합의하여 제도적으로 미국의 한반도 개입을 줄이든가, 아니면 미국과의 관계를 증진시켜 한반도 문제를 북한과 미국이 주도하도록 하는 것이었다.

북한의 평화체제에 대한 집착은 2002년 제2차 핵위기가 시작된 이후에 지속되었다. 제2차 핵위기를 해결하기 위해 6자회담이 진행되던 2005년 7월 북한은 외무성 대변인 담화를 통해 "조선반도에서 휴전체제를 평화체제로 전환하게 되면 핵문제의 발생 근원으로 되고 있는 미국의 대조선 적대시정책과 핵 위협이 없어지는 것으로 되며 그것은 자연히 비핵화 실현으로 이어지게 될 것"이라고 주장하며, 평화체제와 비핵화를 교환하는 방식을 제안했다. 이전에는 평화보장체제를 제안하던 북한은 6자회담에서 '평화체제' 용어를 본격적으로 사용하기 시작했다. 미국의 적대시정책을 자신들의 핵무기 개발의 명분으로 주장하고 있는 북한은 한반도 평화체제가 이루어지면 비핵화를 실현할 의지를 내비쳤다. 북한 핵카드의 목표는 한반도 평화체제를 만들어 그 틀 내에서 체제안전을 보장받겠다는 것으로 해석되었다.

결국 2005년의 9·19공동선언에 관련 당사국들이 별도 포럼에서 '한반도의 항구적 평화체제'에 관한 협상을 가질 것이라는 문구가 포함되었다. 이후 2007년의 2·13합의와 10·3 합의에도 평화체제에 대한 내용과 더불어 미국 및 일본과의 관계정상화에 대한 내용이 되풀이되었다 (표 12.1 참조). 과거에 북미평화협정 체결을 주장하던 태도에서 벗어나 다자적 의미를 가진 평화체제를 제안했다는 점은 북한이 과거 남한을 배제하려던 태도를 수정했다는 것을 의미한다. 북한도 남한과 제도적으로 공존하여 평화를 추구하려는 입장을 보인 것으로 해석된다. 북한의 핵문제가 등장하면서 한반도 평화도 멀어지는 것 같았으나, 오히려 비핵화를 평화체제와 교환하는 협상조건이 부각된 것이며, 북한의 핵무기 개발의 우선적인 목표가 무엇인지에 대해서도 시사한다. 한반도에 적극 개입하여 영향력을 행사하고 세력권을 형성하려는 외부 국가는 한반도 평화에 대해서 거부감을 가질지 모르고 교묘한 방식으로 방해를 할지 모르기 때문에 남북한은 외세의 영향력을 줄여가면서 국가관계를 발전시켜 평화를 만들고 공존을 제도화해야 한다는 의미가 부각되었다.

2018년부터 재개된 남북한의 대화에서 한국전쟁의 종전과 평화에 대해서 자주 언급이 되었다. 특히 한반도 평화체제 수립을 위한 다자회의 개최, 그리고 비핵화와 평화체제를 연계시킬 필요성이 제기되었다. 2018년 4월 판문점에서 남북정상은 한반도에서 '비정상적인 현재의 정전상태를 종식시키고 확고한 평화체제를 수립하는 것'을 더 이상 미룰 수 없는 '역사적 과제'로 규정했다. 이를 위해서

표 12.1 6자회담 합의에 포함된 '한반도 평화체제'

합의명	내용
9·19선언	Ⅳ. 6자는 동북아의 항구적인 평화와 안정을 위해 공동 노력할 것을 공약했다. 직접 관련 당사국들은 적절한 별도 포럼에서 한반도의 영구적 평화체제에 관한 협상을 가질 것이다.
2·13 합의 (9·19선언 이행을 위한 초기조치)	Ⅲ. 참가국들은 … 다음과 같은 실무그룹(W/G)을 설치하는 데 합의했다. 1. 한반도 비핵화 2. 미북 관계정상화 3. 일북 관계정상화 4. 경제 및 에너지 협력 5. 동북아 평화·안보 체제 Ⅴ. 초기조치가 이행되는 대로 6자는 … 동북아 안보협력 증진방안 모색을 위한 장관급회담을 신속하게 개최한다. Ⅵ. 참가국들은 … 동북아에서의 지속적인 평화와 안정을 위한 공동노력을 할 것을 재확인했다. 직접 관련 당사국들은 … 한반도의 항구적 평화체제에 관한 협상을 갖는다.
10·3합의 (9·19 공동성명 이행을 위한 제2단계 조치)	Ⅱ. 관련국 간 관계 정상화 ① 북한과 미국은 양자관계를 개선하고 전면적 외교관계로 나아간다는 공약을 유지한다. 양측은 양자 간 교류를 증대하고 상호 신뢰를 증진할 것이다. ② 북한과 일본은 … 평양 선언에 따라 양국관계를 신속하게 정상화하기 위해 진지한 노력을 할 것이다.

남북미 3자 또는 남북미중 4자회담 개최를 추진하기로 합의했다. 이후 평양에서 개최된 정상회담에서 한반도 평화를 위한 다양한 논의와 합의가 있었다. 당시 발표된 평양공동선언의 부속합의서로 '판문점선언 이행을 위한 군사분야 합의서'가 체결되었다. 이 합의서에는 상호 지상, 해상, 공중 등 일체의 적대행위 전면 중지, DMZ 안의 감시초소(GP) 철수, 판문점 공동경비구역(JSA) 비무장화, 공동유해발굴, 서해 NLL 일대 평화수역화, 한강하구 공동이용 등 남북 간 군사적 긴장완화와 신뢰구축에 필수적이고, 한반도에서 전쟁 위험을

해소하기 위한 실효적인 조치들이 담겨 있다. 궁극적으로 남북 군사당국은 2018년 11월 상대방에 대한 일체의 적대행위를 전면 중지하였고, 남한과 북한, 그리고 유엔사는 3자협의체 회의를 통해 JSA 비무장화 조치를 이행하였으며, 2018년 12월까지 GP 시범철수가 완료되었고, 공동유해발굴을 위한 지뢰제거 및 도로 개설이 이루어졌다. 한반도 평화구축을 위한 다양한 기본 조치들이 포함되었다.

북미정상회담에서도 한반도 평화체제에 대한 언급이 있었다. 2018년 6월 싱가포르에서 개최된 북미정상회담에서 양국은 새로운 북

미관계 수립과 한반도에서의 '항구적이며 공고한 평화체제 구축'을 위한 노력에 합의했고, 북한은 판문점선언을 재확인하면서 한반도의 '완전한 비핵화'를 공약했다. 남북한이 분단의 부담과 고통을 줄이고 더불어 살면서 민족화합과 협력을 하기 위해서는 한반도의 영구적 평화를 위한 평화체제를 수립해야 한다는 점에 대해서는 누구도 이견을 달지 않는다. 평화체제는 국가 사이의 전쟁 위험을 제거하고, 상호불신과 군비경쟁에 의한 적대관계를 청산하며, 상호 공존과 번영을 추구하기 위해 국가 간에 합의하는 절차, 원칙, 규범, 규칙 그리고 그것을 관할하는 기구 등을 의미한다.

이와 같이 다양한 회담에서 한반도 평화체제에 대한 논의가 있었다. 문제는 추상적인 평화체제에 대한 논의만 있었지, 구체적으로 체제수립 및 운영방안에 대한 의견은 거의 제시되지 않았다는 점이다. 어쩌면 한국, 미국과 북한이 서로 다른 의도를 가지고 있는지도 모른다. 북한은 북한 자신의 말대로 평화보장체제, 즉 북한의 체제를 보호하고 안정화시키는 의도를 가지고 평화체제를 논하고 있으며, 한국과 미국은 북한을 비핵화하는 유인책 또는 체제변화를 도모하는 기제로 한반도 평화체제를 구상하고 있는지 모른다. 이와 같은 상이한 의도를 극복하고 진정한 한반도 평화를 구축하기 위해서는 남북한이 현재의 적대적인 상태를 극복하고 평화로 가는 구체적인 과정을 모색해야 할 필요가 있다.

3) 한반도 평화체제 정착의 조건: 군비통제

적대적인 국가가 평화체제를 수립했다면, 그 체제가 효율적이고 안정적으로 평화를 유지하기 위해서는 궁극적으로 군비통제의 과정까지 나아가야 한다. 유럽의 냉전 종식 과정에서 평화를 영구적으로 정착시키기 위해서 CSCE가 한 역할 중에 가장 결정적이고 최후에 모색된 역할은 군비통제였으며, 마찬가지로 한반도 평화체제의 최종목표는 군비통제이다. 군비통제의 개념은 모든 전쟁이 인간의 의지로부터 시작된다는 전제하에 잠재적 적대국 간의 상호 합의를 통하여 군비경쟁을 조정하여 군사적 안정성을 제고하고 군사력의 운용 및 구조를 통제함으로써 전쟁 가능성을 제한하거나 감소시키려는 다양한 형태의 군사적 협력을 포괄한다. 따라서 군비통제는 신뢰구축(CBMs), 군비축소, 군비제한, 군비철폐 등을 포함하는 포괄적 개념이다.[17]

군비통제는 다차원적이고 복합적인 의미를 가지지만, 크게 보면 운용적 군비통제와 구조적 군비통제의 두 가지 개념을 지니고 있다. 운용적 군비통제는 신뢰구축조치(CBM), 위기감소조치(RRM), 안전구축조치(SBM)로 이루어진다. 구조적 군비통제는 군사력의 동결, 제한, 감축, 폐기를 포함한다. 통상적으로 평화체제가 수립되어 군사적 신뢰구축을 이루고 나면 군축을 하게 되는데, 군축은 군비경쟁을 중단하고 병력, 장비, 무기 등을 포함하는 군사력을 일정 수준까지 감축하거나 폐기하고 궁극적으로 모든 무기의 해체를 목표로 한다. 궁극적으로 군비통제는 평화의 개념과 마찬가지로 포괄성을 가지며, 공존의 철학에 입각한 공동안보 또는 협력안보의 개념을 가지고 추진되어야 한다.

극한적인 대립상태를 유지해 온 남북한이 군비통제를 하기 위해서는 다음과 같은 중첩적인 목표에 중점을 두어야 한다. 첫째, 남북한의 전략을 방어전략으로 전환하는 동시에 우발적 사고에 의한 군사충돌이 전쟁으로 확대되는 것을 방지해야 한다. 남북한의 우발적 충돌을 방지하기 위해서 정치·군사적 신뢰구축이 필요하고 상호 불신감을 줄여야 한다. 둘째, 기습공격이나 대규모 공격능력을 축소하거나 제거해야 한다. 이를 위하여 공격형 무기인 핵무기와 생화학무기 등 대량살상무기, 전차, 장갑차, 야포, 공격용 헬기, 전투기, 지대지 미사일, 상륙정, 공격용 잠수함 등의 무기를 제한하거나 감축해야 하고, 공수부대, 기갑부대, 상륙부대 등 공격형 부대에 대한 통제를 가해야 한다. 셋째, 전진 배치된 군사력을 후방으로 분산시키는 동시에 비무장지대(DMZ)를 실질적으로 비무장화하고 평화적 목적으로 이용하여야 한다. 넷째, 군비감축을 통하여 전체적인 군사적 균형을 도모하여 군사적

불균형에 의한 위협이 발생하는 것을 방지하고, 전쟁이 억지될 수 있는 제도적 틀을 마련해야 한다.

군비통제의 첫 단계인 운용적 군비통제 방안, 그중에서도 신뢰구축조치가 매우 중요하다. 신뢰구축조치에는 고위 장성급 대화의 정례화 등 군 인사교류를 통한 불신제거 조치, 우발적 군사충돌을 방지하기 위한 핫라인(Hot-Line) 설치, 군사정보 및 자료교환을 통한 투명성 향상 조치, 군사훈련의 사전 통보 및 개방, 대규모 부대이동 통제를 통한 기습 위험성 감소 조치, 비무장지대(DMZ)의 비무장화 및 평화적 이용을 통한 우발적 무력충돌방지 조치 등이 망라된다. 유럽의 경험을 볼 때 신뢰구축은 상호불신 및 대립과 연계된 세력균형으로부터 상호의존과 협력 및 신뢰에 기반한 균형으로 점진적 이전이 이루어져야 한다는 기본 전제에서 시작되어야 하고, 군사 분야는 물론 정치, 경제, 인권 등의 여러 분야에서 체제를 불안정하게 할 수 있는 요소를 제거해야 한다. 따라서 신뢰구축은 '국제성, 합목적성, 합리성, 포괄성'을 가지는 평화체제 건설을 목표로 해야 한다.

남북한 사이에는 탈냉전 이후 교류와 협력은 있었어도 군사문제를 해결하기 위한 협의가 거의 없었던 것처럼 보이지만, 1990년대 초반 군비통제 논의가 상당 수준 이루어졌다. 1990년대 초반 여덟 차례의 고위급회담을 하는 과정에서 군비통제의 기본 틀에 대하여 합

의한 바 있다. 남북한이 합의한 군비통제의 기본원칙은 상호불가침과 공고한 평화체제를 구축할 때까지 휴전협정을 존중하고, 군사적 신뢰구축조치들과 검증가능한 단계적 군비감축을 실현함으로써 저수준의 군사적 대결구조로 전환시킨다는 것이었다. 1991년 12월 제5차 고위급회담에서 채택된 기본합의서의 남북 불가침 부분은 향후 한반도 군비통제를 위한 기본 틀을 마련하였다. 6개 조로 구성된 불가침 분야는 무력불사용, 분쟁의 평화적 해결, 불가침 경계선 설정, 불가침의 이행과 보장, 군사당국자 간 직통전화 설치, 남북군사위원회 구성 등을 규정하였다. 남북한은 불가침의 이행과 보장을 위하여 기본합의서 발효 후 3개월 이내에 남북군사공동위원회를 구성하여 군사적 신뢰조성과 군축을 실현하기 위한 조치를 협의·추진하기로 합의하였는데, 그 내용은 대규모 부대 이동과 군사연습의 통보 및 통제, 비무장지대의 평화적 이용, 군 인사교류 및 정보교환, 대량살상무기와 공격능력의 제거를 비롯한 단계적 군축 실현, 검증문제 등이었다. 이러한 군비통제에 대한 기본합의가 이루어지자 1990년대 초반 남한의 국방부에는 군비통제 부서가 설치되었고, 정부출연연구기관인 한국국방연구원에도 군비통제센터가 만들어졌다.

그러나 군비통제는 군사 분야에 대한 토의와 합의만 가지고 이룰 수 있는 것은 아니다. 국가들이 적대상태를 해소하기 위해서는 일단 쉬운 분야부터 시작하여 화해의 분위기를 조성한 후 마지막으로 군사문제를 해결해야 하는데, 그 이유는 군사문제의 합의가 그만큼 어렵기 때문이다. 현재는 북한이 핵보유국이 되어 남북한의 대칭적 군비통제를 하기가 거의 불가능한 상황이지만, 북한의 핵무기 개발 이전인 1990년대 초반에도 남북한이 군비통제를 실현하는 데는 많은 제약요인이 있었다. 특히 남북한의 위협인식 차이와 비대칭적 지전략적 위치 때문에 군비통제 협상이 쉽지 않을 것으로 전망되었다. 남한은 장사정포, 미사일, 특수부대 및 화생무기 등 휴전선 근처에 전진 배치된 북한의 군사력에 대하여 위협을 느끼고 있는 반면, 북한은 주한미군 및 미군의 유사시 증원전력을 위협으로 인식하고 있었다. 특히 서울과 평양의 지리적 비대칭성은 동등한 입장에서 군비통제 협상을 하는 데 제약요인으로 지적되었다.

남북한 사이에 군비통제 협의가 시작되어 첫 단계인 신뢰구축이 이루어지더라도 과연 군비축소까지 이어질 것인가에 대해서는 1990년대 초반 당시에도 회의론이 많았으며, 북한이 핵보유국이 된 현재 상황에서는 더욱 어려울 것으로 예상된다. 향후 군축협상을 하게 된다면, 북한의 핵무기를 포함한 군축협상이 전개되어야 할 것이다. 냉전시대에 미국과 소련을 중심으로 한 강대국들 사이의 군축회담은 양측 모두가 핵무기를 보유했기 때문에 핵무기 군축과 재래식무기 군축을 별도로 협상하는 것이 필요하고 바람직했지만, 한반도의 경우, 북한만 핵무기를 보유하고 있기 때문에 핵무기와 재래식무기를 분리하여 군축하는 것은 불가능하다. 한반도에는 북한이 핵무기를 보유하고 있고 남한에는 미군이 주둔하고 있기 때문에, 남북한의 재래식 무기에 대한 협상과 별도로 북한의 핵무기와 남한의 주한미군을 연계하는 협상안이 제기될 수도 있다. 이 둘을 연계하는 군비통제 협상이 바람직한지, 산술적으로 어느 쪽이 유리한지를 평가하기가 힘들고, 단지 아이디어일 뿐이다. 이에 대해서는 북한의 태도, 미국의 입장, 한국의 국익과 군사적 이익 등을 종합적으로 판단하여 정책을 수립해야 할 것이다.

핵무기를 보유하기 이전에도 북한은 군비통제에 소극적인 태도를 보였다. 군비통제는 국력 차원에서 한국에 비하여 열세에 놓여있는 북한의 생존에 직결되는 문제이기 때문에 북한은 섣부르게 협상에 응하지 않을 것이라고 예상되었다. 북한이 생각하기에 남한에 대하여 우위를 점하고 있는 분야는 군사력뿐인데 군비통제를 하여 같은 수준이 된다면 대남 체제경쟁에서 뒤지게 된다는 점을 고려하지 않을 수 없었던 것이다. 이와 같이 북한이 부정적인 태도를 가지고 있어 한반도 군비통제의 한계성이 존재할 수 있지만, 북한이 한국과의 정치적 신뢰구축을 바탕으로 한 교류·협력을 하게 되고, 미국 및 일본과의 관계개선을 한 후 안보에 대한 자신감을 가지고 자체적으로 군사력과 군사비를 감축하여야 할 필요성을 느낄 경우, 남북한 군비통제는 빠른 속도로 진행될 가능성도 없지 않을 것이다. 그러나 근본적으로 남북한은 서로의 관계를 국가관계가 아니라 특수관계로 설정하고 서로를 국가로 인정하지 않기 때문에, 통상적으로 국가관계에서 이루어지는 군비통제가 원활하게 추진되는 데 한계가 존재하고 있다.

5. 한반도 평화구축: 공존과 평화의 제도화 과정

앞 절에서 한국전쟁을 종식시키는 것을 주요 목표로 하는 평화협정과 평화체제에 대해서 살펴봤다. 한반도에 평화가 정착되는 방안에는 두 가지가 있는데, 하나는 앞 절에서 설명한 바와 같이 우선 평화협정 체결 또는 평화체제수립을 하고 톱다운 방식으로 한반도 평화를 구축해 나가는 것이고, 다른 하나는 남북한이 대화와 협력을 하여 긴장을 완화하고 적대감을 해소한 이후 평화의 조건을 충족시킨 후 평화구축을 하면서 평화협정을 체결하거나 평화체제를 수립하는 것이다. 논리적으로 남북한관계를 개선한 후 평화관계로 나아가면서 평화협정을 체결하거나 평화체제를 수립하는 것이 순서이지만, 이 글에서 평화협정과 평화체제를 앞 절에서 설명한 이유는 지금까지 휴전협정을 대체하기 위한 평화협정과 평화체제가 거론되는 등 이들이 실질적이고 제도적인 평화과정을 거치지 않고 먼저 이루어질 가능성이 크기 때문이다.

한반도의 평화는 한순간에 이룰 수 있는 것이 아니고, 우선 현재의 적대적 공존관계에서 '적대적'이라는 단어가 빠져야 하고, 공존이 지속되더라도 보다 평화적 관계를 이루기 위해서는 남북한이 화해와 협력을 위한 고위급회담이나 합의서를 체결해야 공존의 제도화, 즉 제도적 공존이 이루어지는 것이다. 이후 남북한이 앞 절에서 언급한 평화협정 또는 평화체제를 완성한다면 제도적 평화가 이루어지는 것으로 볼 수 있다. 평화의 제도화는 어느 한 편이 쉽게 독단적으로 평화를 파괴하는 행위를 하지 못하도록 견제하고 평화를 확립시키는 데 목적이 있다. 한반도의 경우, 무력분쟁 없이 제도적 공존을 하는 상황은 소극적 평화인 반면, 남북한이 정치군사적 신뢰구축을 이뤄 상호 안보이익을 인정하고 공존공영을 하는 것이 적극적 평화라 할 수 있으며, 이 과정에서 평화협정체결, 평화체제수립 등을 하여 평화를 제도화해야 적극적 평화가 장기간 유지될 수 있다 (도표 12.1 참조).

1) 공존의 제도화: 남북한 관계개선 및 상호 협력

한국의 전통적 안보는 우선적으로 대북정책과 남북한관계에 초점이 맞추어져 있고, 파생

도표 12.1 남북한 공존과 평화의 제도화 과정

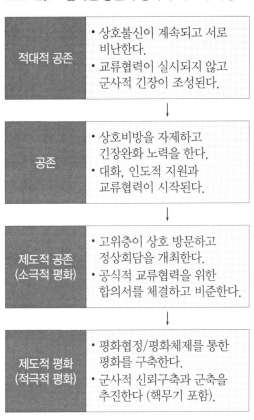

적으로 한미동맹, 동북아안보 등과 연결된다. 남북한관계를 주도하는 대북정책은 단기정책과 중장기정책으로 구분된다. 단기정책은 분단으로 비롯되는 당면한 문제들을 해결하고 관계개선을 하여 남북한 국가가 안정적으로 유지되고 남북한 주민들이 안전하면서 번영하는 국가 내에서 살 수 있도록 교류와 협력을 추진하는 것이다. 분단과 전쟁을 거치면서 생성된 적대감을 해소하고 공동번영과 상생을 위하여 서로의 국가를 인정하는 바탕 위에서 교류와 협력을 추진하는 것이다. 다음의

중장기정책으로는 남북한이 관계발전을 위한 정상회담 등 고위급 접촉을 하여 공동선언 또는 합의서를 채택하여 공존의 제도화를 모색하는 것이며, 이는 제도적 평화관계로 나아가기 위한 초석이다.

탈냉전 이후 일부 남한정부는 적극적인 대북정책을 펼쳐서 북한과의 관계를 개선하려는 노력을 기울였다. 당연한 이야기지만 모든 관계는 나쁜 것보다 좋은 것이 바람직하다. 적대관계의 상황에서 싸워 이길 수 없다면 협력관계를 갖고 상생과 공존을 도모하는 것이 서로의 국력을 소모하지 않고 관계를 안정적으로 관리하는 방법이다. 물론 남북한의 분단은 이념을 바탕으로 하고 전쟁에 의해서 적대

감이 극단적으로 심화되었기 때문에 화해가 쉽지 않은 것이 사실이다. 그러나 1990년대 이후 세계적인 탈냉전의 기류를 타고 노태우, 김대중정부가 적극적인 대북 관계개선의 시도를 했고, 북한도 이에 대해 적극적으로 수용하는 태도를 보이기도 했다. 두 정부의 대북 화해·협력정책을 심층적으로 분석해 보면, 왜 그리고 어떻게 북한과의 관계개선정책을 추진해야 하는지 그 이유를 알 수 있다 (표 12.2 참조).

남북한 관계개선은 어떠한 의미이고, 궁극적으로 무엇을 목표로 하는가? 관계개선의 바람직한 미래는 평화관계로까지 이어지는 것이다. 그러나 노태우와 김대중, 그리고 후

표 12.2 노태우와 김대중의 대북정책 비교

	노태우의 대북정책	김대중의 대북정책
환경	• 탈냉전에 따른 세계질서의 변화 • 남한의 경제발전 및 민주화에 따른 남북한 국력격차 심화 • 북한의 경제난 등 체제위기	• 김일성사망과 김정일 권력승계 • 북한의 '통미봉남'으로 남한의 소외
개최회담	• 1990년 남북 고위급회담(총리 대표)	• 2000년 남북 정상회담
합의사항	• 남북 사이의 불가침 및 교류협력에 관한 합의서(기본합의서)	• 6·15공동선언
성과	• 남북한 교역 시작(1989년)	• 금강산 관광 • 군사를 포함한 다방면적 교류와 협력
북한의 변화	• 나진·선봉자유무역지대 선정과 개방 시도(1990년)	• 신의주 특별행정구 지정과 개방 시도(2002년)
진행	• 북한의 NPT 탈퇴선언(1993년)으로 대북화해정책 중단(후임 김영삼 정부)	• 후임 노무현정부 계승

출처: 김계동, 『남북한 국가관계 구상: 대북정책의 뉴 패러다임』 (서울: 명인문화사, 2023), p. 180.

속으로 노무현과 문재인이 추진한 대북 관계 개선은 평화관계로까지 이어지지 않았다. 그럼에도 불구하고 당시에는 적대감을 해소한 공존관계를 이루었다는 긍정적 평가를 받았다. 제도적 공존과 제도적 평화 등 보다 안정적인 관계는 적대적인 상태에서 바로 이룰 수 있는 것이 아니라 관계개선을 기점으로 시작된다. 남북한이 정상회담, 교류협력 합의서 체결 등으로 제도적 공존을 이룬 단계는 일단 긴장감과 적대감이 해소되었기 때문에 소극적 평화의 시기로 인정할 수 있다. 그러나 평화협정, 평화체제 등으로 발전하지 않으면 모래성처럼 바람만 불면 무너지는 것이고, 과거 수차례의 정상회담 합의서들이 휴지조각이 된 사례가 이를 입증하고 있다.

과거 한국정부는 북한과의 관계개선을 하면서 이를 한반도의 적극적인 평화와 연결시키려는 의도를 거의 보이지 않았다. 전쟁까지 치른 분단국이고 통일을 지향한다는 점을 감안하면, 남북한 사이에는 의외로 통일의 전 단계이면서 과정인 '평화'가 별로 언급이 안 되어 왔다. 관계개선의 폭을 확장하고 심화시키려는 노력은 하였지만, 평화를 염두에 두고 다음 단계로 업그레이드할 생각은 별로 갖고 있지 않았다. 남북한이 수차에 걸쳐서 체결한 합의문, 공동선언을 봐도 평화라는 단어는 별로 없다. 남북한 기본합의서에는 몇 차례 평화에 대한 언급은 있지만, 기본방향은 통일을 지향한다고 되어 있다. 2000년 정상회담 이후 발표

된 6·15공동선언에 '평화통일'이라는 어휘의 수식어로서 '평화'라는 단어가 두 번 나오고 전체 선언서 내용에는 '평화'라는 단어를 사용하여 평화를 추구한다는 내용은 하나도 없다. 남북한은 통일방안을 수차에 걸쳐 제의했지만, 평화방안을 제의한 적은 없다. 무력통일이나 흡수통일이 아닌 합의통일을 하려면 평화단계에서 적대감을 해소하고 동질성을 회복한 후 통일을 해야 하는데 통일 단계에 평화를 포함한 통일방안은 하나도 없다. 한국의 경우, 통일을 다루는 정부 부처는 있어도, 평화를 다루는 부처는 없다. 통일부에 평화를 다루는 주요 부서는 없고, 통일정책실 내에 작은 단위로 평화정책과가 존재할 뿐이다.

그럼에도 불구하고 남북한 관계개선은 아래와 같은 이유로 지속적으로 추구해야 할 과제이다. 첫째, 한 지역에 있는 하나의 민족이 두 국가로 분단되어 경쟁하고 대립한다는 사실은 그만큼 불안정하며 미래가 불투명하다는 의미를 지닌다. 적대국이 바로 코앞에 있어서 항상 전쟁의 위험과 불안 속에서 살아야 하고, 이에 따라 남북한 국민들의 안정적인 삶이 부정적인 영향을 받을 수 있다. 남북한 관계가 개선되면 이러한 불안정하고 긴장된 요인을 제거할 수 있고, 안정, 번영, 자유로운 삶을 영위할 수 있다. 관계개선을 하여 적대감이 줄어들면 군사비 등 분단비용을 대폭 줄일 수 있고, 이에 따른 잉여 재정으로 국민의 삶을 번영되게 만들 수 있다. 국제무역의

차원에서 대륙을 통하여 중국 및 유럽시장으로 저렴하고 빠른 운송 루트를 개설하여 경제적 이득을 제고할 수 있다. 남한의 자본 및 기술과 북한의 저렴한 노동력이 협력하여 국제적으로 경쟁력 있는 생산성 제고를 확보할 수 있다.

둘째, 남북한관계의 개선은 제도적인 공존과 평화로 가는 중요한 과정이다. 한국전 휴전 이후 남북한이 공존은 하고 있지만, 대립과 갈등하에서 적대적인 공존을 하고 있다. 불안정한 대립적 공존을 평화적 공존으로 발전시켜 실질적인 평화관계의 수립과 유지를 해야 할 필요성은 항상 제기되고 있다. 과거 냉전시대에는 남북한 대립의 근저에 이념적 대립이 자리 잡고 있었지만, 현재의 남북한 대립은 이념보다는 전쟁의 경험, 상호불신, 정통성 경쟁 등을 기본으로 하고 있다. 앞서 언급했지만, 남북한이 군사적 합의를 이루어내고 평화의 직전까지 갔던 사례들이 있다. 노태우 대통령 당시 남북한 총리가 서명한 남북한 기본합의서('남북한 간의 화해 불가침 및 교류 협력에 관한 합의서')의 '불가침'은 군사 분야의 포함을 의미했고, 기본합의서 체결 이후 남북한 비핵화에 관한 공동성명도 발표되었다. 또한, 2000년 남북한 정상회담 이후 후속 회담으로 남북한 국방부 장관회담이 이루어져서 다양한 분야의 군사 분야 합의가 이루어졌다. 문재인정부 당시에도 2018년 정상회담을 하고 군사 분야에 대한 합의를 한 역

사가 있다.

셋째, 남북한 관계개선의 목표 중의 하나는 한반도 문제에 대한 외세개입 방지 및 남북한의 외세 의존을 탈피하는 것이다. 한반도 분단은 미국과 소련을 중심으로 한 외세에 의해서 이루어졌고, 한국전쟁도 유엔, 서방국가, 공산국가들이 참여하여 수행했고 중단시킨 전쟁이다. 분단과 전쟁은 남북한의 강대국에 대한 안보적 의존을 강화시켜 국가로서의 존재감이 약화되는 결과를 초래했고, 아직까지 한반도에는 외국군이 주둔하고 있다. 1993년 3월 북한 핵문제가 부각되었을 때 미국이 독자적으로 북한 핵문제의 해결에 나섰다. 한국이 배제된 상태에서 1994년 10월 21일 제네바 핵합의가 미국과 북한의 양자협상의 결과로 이루어졌다. 이후 한반도 문제는 거의 북미관계에 의해서 해결되었고, 한국정부는 철저히 소외되어 '통미봉남'이라는 단어가 등장했다. 1998년 들어서 김대중 대통령이 대북 포용정책을 추진한 이유 중의 하나는 한반도 문제가 북미관계에 의해서 좌지우지되는 것을 남북한관계로 끌어 오겠다는 의도도 내포되어 있었다. 자주적인 측면에서 접근을 하면 남북한관계의 개선은 남북한 국가의 대외적 정통성과 주권을 보다 강화시켜 줄 수 있다.[18]

남북한관계의 개선은 그 자체로 끝나면 내부 정치 상황 변화와 외부적 요인에 의하여 다시 적대적 관계로 회귀할 가능성이 크기 때문에 영구적인 평화를 구축하기 위한 제도적

과정을 거쳐야 한다. 이를 위해서는 우선 공존의 제도화가 이루어져야 한다. '공존'의 사전적 개념은 '서로 도와서 함께 존재함'이다. 공존을 하기 위해서는 서로의 국가적 존재를 인정하고 국가관계를 맺고 상호 협력하고 의존하는 관계를 가져야 한다. 제도적 공존(또는 소극적 평화)의 의미는 더욱 긴밀한 관계로 나아가는 실질적이고 포괄적이며 구조적인 발전을 의미하며, 국가 사이에서는 기본관계 설정, 관계정상화 모색 등이 포함된다. 이에 따라 공존의 제도화는 남북한 간의 적대행위가 종료되고, 화해·협력을 바탕으로 한 균형적인 관계가 제도적으로 이루어진 상태를 말한다. 다시 말해 남북한이 상호체제와 국가를 인정하는 바탕 위에서 긴장을 완화하고, 정치·경제·사회·문화 등 다방면의 교류·협력을 공동선언 또는 합의서를 틀로 하여 추진하는 상태를 의미한다. 이를 위해서는 남북한이 상호 적대감을 최소화할 수 있는 인식과 규범에 대한 국가 입장에서의 공동 양식을 마련해야 한다. 절차적인 차원에서 교류·협력을 하면서 상호이해의 폭을 넓히고 군사안보 분야까지 포함하는 대화를 하면서 제도적 평화관계를 모색해야 한다.

2) 평화의 제도화: 남북한 평화공동체 구상

남북한관계는 국제정치사에서 찾아볼 수 없는 특수한 사례다. 역사적으로 다수의 분단국가들이 존재했고, 특히 제2차 세계대전 이후 독일, 예멘, 베트남 등이 한반도와 더불어 분단국가였으나, 이제 한반도만 유일한 분단지역으로 남아 있다. 분단국인 경우, 적대상태에서 평화로 가는 과정도 일반국가들에 비해서 차이가 있다. 분단국이 아닌 일반적인 적대국가들이 화해를 할 경우, 반드시 평화라는 단어를 사용하지 않아도 상호의존과 협력이 시작되어 공존의 제도화를 가지게 되면 우호선린관계가 이루어지며, 이것이 평화관계다. 우리가 일본이나 미국 등 서방국가들과 평화관계를 유지하고 있다는 단어를 쓰는 경우는 없고, 그냥 관행적으로 일반적인 국가관계를 가지면 평화가 유지되는 것이다. 이러한 점에서 평화라는 개념은 추상적이고 포괄적이며 정적인 상태를 의미한다. 분단국인 남북한의 경우에 적대적인 상태에서 평화적인 상태가 되기 위해서는 '평화의 과정'을 거쳐서 '제도적 평화'가 이루어져야 한다. 이는 평화구축이라는 개념으로 표현된다.

　한반도는 분단국가라는 특수한 환경에 처해 있고, 궁극적으로는 통일을 목표로 하기 때문에 평화체제를 어떠한 방식으로 통일로 이끌어 나가느냐가 중요한 과제인데, 이를 위해서 평화체제를 평화공동체로 발전시켜 나가는 것이 바람직하다. 공동체는 둘 이상의 국가가 통합이나 통일로 가는 중간에 가장 흔하게 언급되는 과정 또는 제도다. 유럽통합의 경우, 처음에 유럽석탄철강공동체(ECSC)로 시작하여, 유럽경제공동체(EEC), 유럽공동체(EC)를 거쳐서 유럽연합(EU)을 완성했다.

한국이 제안한 마지막 통일방안인 김영삼의 민족공동체 3단계 통일방안은 통합방안과 유사한 형태다. 이 통일방안은 점진적이고 단계적인 합의통일 방안이며, 비교적 합리적이고 바람직한 구상이다. 그런데 문제점은 공동체 통일방안인데 '공동체'에 대한 언급은 거의 없고, 공동체 형성이 통일의 단계에 들어있지도 않다. 이 통일방안의 세 단계는 화해협력단계, 연합단계, 완전통일단계로 구성되어 있다. 화해협력단계에서 연합단계로 가는 과정은 많은 절차와 과정을 필요로 하는데, 유럽통합 성공 과정에서 가장 핵심적인 역할을 했던 공동체와 같은 과정이 생략되었기 때문에 과연 이 통일방안이 성공할 수 있을지 의구심을 들게 한다. 그리고 이 통일방안의 연합단계는 국가연합이 아니라 체제연합으로 되어 있다. 역사적으로 체제연합의 사례가 없는데, 구체적인 과정에 대한 설명이 없는 것이 이 통일방안의 가장 큰 문제점이다. 김영삼의 통일방안을 선택하든, 아니면 남북한이 완전한 국가관계를 가지고 연합으로 나아가든 공동체 단계를 가지는 것이 합리적이고 당연한 통일 또는 통합의

과정이다.

남북한이 평화의 제도화를 이룬 후 통일이나 통합의 과정으로 나아가기 위해서 공동체를 구성한다면, 어떠한 방식의 공동체를 구성하는 것이 바람직할까? 유럽처럼 경제를 기반으로 한 공동체를 구성하여 궁극적으로 통합까지 추진하는 것이 바람직할까? 이론적으로 공동체를 구성할 경우, 그 공동체가 추구하는 분야에 대하여 구성국들의 제도가 유사하고 수준이 비슷해야 순조롭게 진행된다. 그러나 남북한 사이에는 경제 수준의 차이가 너무 크고, 더구나 경제제도도 완전히 다르기 때문에 경제공동체를 건설하는 것은 거의 불가능하다. 자본주의와 사회주의 경제의 차이가 분단의 기저를 이루고 있기 때문에 완전통일이 되기 전에 서로 다른 경제이념과 제도를 수렴하는 것은 거의 불가능하다.

이러한 점에서 경제공동체보다는 평화공동체가 더 적실성이 있어 보인다. 통일단계로 나아갈 정도라면 이미 평화체제가 형성된 이후일 가능성이 크기 때문에 평화공동체를 만드는 데 큰 장애요인은 없을 것으로 생각된다. 분단시대의 평화체제를 통합의 과정으로 나아가기 위한 평화공동체로 발전시키는 것이다. 한반도 평화체제는 분단국인 한국전쟁의 종전을 주도하고 분단국의 갈등관리 및 분쟁예방을 목적으로 하기 때문에 미국을 비롯한 동북아 국가들이 참여할 가능성이 크다. 따라서 통합으로 나아가는 과정에서 남북한만의

군사안보문제를 주도할 조직으로 평화공동체가 필요한 것이다. 평화공동체의 기본 토대는 1991년에 체결된 남북기본합의서가 되는 것이 바람직하다. 평화협정이 체결되거나 평화체제가 수립된 이후 한반도가 안보적 측면에서 안정단계에 들어서게 되면 남북한은 남북기본합의서와 부속합의서에서 제시하고 있는 남북군사공동위원회를 추진기구로 선정하여 이를 중심으로 평화공동체를 준비하는 것이 바람직하다.

군사공동위원회가 가동되면, 평화체제를 한 단계 업그레이드시켜서 구체적이고 실질적인 평화를 구축할 수 있는 평화공동체를 설치하는 것이 평화를 제도적으로 보장하면서 통합 과정으로 나아갈 수 있는 방안이 될 수 있을 것이다. 평화협정이나 불가침협정만 체결하고 평화체제를 아직 수립하지 않은 단계일지라도 바로 평화공동체를 구성하는 데 큰 장애요인은 없을 것이다. 공동체의 개념은 체제보다는 더욱 강한 내부적인 연대 내지는 결속을 의미하고, 평화체제는 그 자체가 목표이지만 평화공동체는 통합으로 가는 중간단계가 될 수도 있다. 일반적으로 집합체의 의미로 사용되는 공동체는 한정된 물리적 공간 또는 지리적 영역을 공유하면서 공통적 속성, 귀속감, 또는 사회적 유대의식을 공유하는 집단을 의미한다.

평화공동체는 유럽의 냉전을 종식시키는 데 결정적인 역할을 한 다자안보협력체인 유럽안보협력회의(CSCE)를 참고로 하되, 궁극적으로 통합을 염두에 두고 보다 결속력 있는 공동체가 되는 것이 바람직하다. 평화공동체는 한국정부가 통일안으로 제시한 바 있는 민족공동체 통일방안으로 통일이 추진된다면 제2단계인 '연합'단계 직전에 설립되는 것이 바람직하다. 민족공동체 통일방안이라는 명칭에 걸맞게 평화공동체를 중간 과정에 넣어서 공동체 통일방안의 의미를 부여하는 것이다. 그리고 사실상의 통합이 실현되는 시작단계인 연합기간에도 평화공동체를 존속시키면서 남북한의 평화뿐만 아니라 군사적 신뢰구축과 군축의 역할을 담당하도록 하는 것이 바람직하다. 또한, 유럽의 경우와 마찬가지로 평화공동체가 평화, 안보, 군사문제뿐만 아니라 경제, 인권문제 등으로 범위를 확대할 수도 있다.

요컨대 평화공동체는 남북한의 평화공존을 축으로 하고, 정치, 경제, 군사 등을 포괄적으로 협의하고 공동 실천하는 기구로 발전되어야 한다. 한반도 차원에서 상호 국가체제의 인정과 존중, 상호 비방 및 선전 중지를 기본으로 하여 남북한 기본합의서와 한반도 비핵화 공동선언의 성실 이행, 남북한의 군사적 투명성 증대와 신뢰구축을 모색하여야 한다. 평화공동체에서는 한반도의 신뢰구축을 바탕으로 하여 동북아의 다자안보협력과 평화도 논의할 수 있을 것이다. 한반도의 군사적 신뢰구축과 군비통제를 포함하는 평화체제의 유지는 느슨한 형태의 회의체나 대화보다는 구속력 있고 조직화된 공동체를 만드는 것이 보다 효율적일 것으로 판단된다.

6. 한반도 평화의 과제와 미래전망

한국의 평화 안보전략의 목표는 외부의 군사적 위협과 침략으로부터 국가를 보위하고, 국민들이 안전하고 안정적인 삶을 누릴 수 있도록 하는 것이다. 적극적이고 자주적인 안보전략은 강력한 군사력에 의한 전쟁억지와 방어력을 강화하는 것도 추구하지만, 전쟁방지를 위하여 평화와 협력을 바탕으로 한 화해적인 전략의 추진도 포함한다. 대립적인 남북한관계를 개선하고 상호협력과 이해를 바탕으로 한 신뢰구축을 이루고 평화구축을 하기 위해서는 복합적이고 입체적인 정책을 추진해야 할 것이다. 첫째, 현재 중단되어 있는 남북한 간의 교류협력이 우선적으로 시작되어야 하고, 시작되더라도 지금까지의 산발적이고 임기응변적인 단계를 벗어나, 보다 제도적이고 안정된 방향으로 활성화되어야 한다. 보다 효율적이고 부작용이 없고 장기적으로 지속되는 교류협력을 하기 위해서는 상호 신뢰구축을 이루어야 하고, 이를 평화체제 구축과 연결시키는 것이 바람직하다. 둘째, 미국 등 주변국의 이익과 역할을 남북한 관계개선과 조화시키는 포괄적 접근방법을 통하여 '다자적

신뢰구축'까지 발전시키는 것이 필요하다.

현재 다양한 이유로 남북한 사이에는 긴장과 적대감이 지속되고 있으나, 결국 한반도의 냉전 종식과 이에 따른 평화체제의 형성은 동북아의 냉전 종식과 궤를 함께해 동북아의 안정과 다자적 보장이 한반도 평화에 큰 기여를 할 것이다. 다시 말해서 한반도의 평화는 동북아의 복합구조를 염두에 둔 다차원적 접근을 통하여 이루어지는 것이 바람직하다. 첫째, 동북아 국가들의 '다원적 쌍무관계의 균형'을 기본틀로 할 것이다. 동북아 4강의 쌍무관계가 균형을 이루어야 할 뿐만 아니라 한국의 대중러관계와 북한의 대미일관계의 균형도 필수적이다. 둘째, 동북아 국가들 간의 총체적인 다자적 관계가 요구된다. 미국과 중국의 갈등이 점점 고조되고 있으며 동북아 각 세력의 이익과 목표가 다양하기 때문에 어려운 점은 있지만, 오히려 그렇기 때문에 다자 안보협력이 요구되고 있는 것이다. 셋째, 동북아 안보를 위태롭게 하는 가장 큰 요소인 북한의 위기가 종식되어야 하고 안정이 필요하다. 특히 핵개발 등 국제평화를 저해하는 행위가 중단되어야 한다는 중차대한 명제를 안고 있다. 동북아다자안보협력의 활성화와 평화구축이 한반도 평화의 핵심 요소라는 점은 누구도 부인할 수 없는 중요한 관점이다.

분단과 한국전쟁을 경험하였기 때문에 그 어떤 나라보다 전쟁을 두려워하고, 통일을 하기 위해서는 평화가 제일 먼저임을 가장 잘

알고 있을 한국인들과 지도자들은 왜 '평화'에 관심을 별로 가지지 않고 무시하는 것일까? 통일을 하기 위해서는 평화가 이루어져야 하는 것이 당연하기 때문에 일부러 평화를 언급할 필요가 없다고 하면, 이는 너무 무책임한 발상이다. 왜냐하면 평화의 과정이 너무 복합적이고 평화를 이루는 것은 매우 힘난한 과정이기 때문이다. 남북한 서로가 평화에 대한 입장과 생각하는 바가 다르기 때문에 평화에 중점을 두지 않을 가능성이 있다. 평화에 대한 논의 자체가 평화롭게 이루어지지 않을 가능성이 있기 때문이다. 북한은 한반도 평화가 이루어지면 주한미군이 철수해야 한다는 주장과 연계하고 있으며, 남한은 평화와 민주주의를 연계시켜 광범위한 평화는 인권 및 자유와 개념을 같이 한다고 하면서 북한의 체제변화에 대한 압력을 가하고 있다. 이제는 이와 같은 자기 우선의 정책과 냉전적 사고방식을 탈피하고, 평화에 대해서 집중적인 논의를 할 시점이 되었다.

토의주제

1. 다자안보에는 동맹, 집단안보, 안보협력이 포함되는데, 이들의 차이점은 무엇인가?

2. 다자안보협력체는 긴장완화와 분쟁방지를 위해서 어떠한 활동을 모색하는가?

3. 1975년 헬싱키 최종의정서는 어떻게 구성되어 있으며, 유럽안보협력에 어떠한 기여를 했는가?

4. 유럽 다자안보협력의 성공을 모델로 하여 동북아다자안보협력이 가능한가?

5. 동북아다자안보협력에 대한 동북아 세력들의 입장은 무엇인가?

6. 평화협정과 평화체제에 대한 북한의 입장과 정책은 무엇인가?

7. 북한 비핵화를 위한 6자회담에서 한반도 평화체제에 대한 어떠한 논의가 있었는가?

8. 탈냉전 이후 여러 차례의 정상회담, 공동선언, 합의서가 이루어졌는데, 평화로 이어지지 않은 이유는 무엇인가?

9. 군비통제는 운용적 군비통제와 구조적 군비통제가 있는데, 이들은 무엇을 의미하는가?

10. 민족공동체 통일을 위한 공동체를 설립한다면 경제공동체와 평화공동체 중에 어떠한 공동체 설립이 우선되어야 하는가?

주

1) Hedley Bull, *The Anarchical Society: A Study of Order in World Politics* (London: Macmillan, 1977), pp. 8, 207.

2) Bruce Russett and Garvey Starr, *World Politics: The Menu for Choice*, 3rd ed. (New York: W. H. Freeman and Company, 1989), pp. 27–28.

3) Martin Hollis and Steve Smith, *Explaining and Understanding International Relations* (Oxford: Clarendon, 1990), p. 19.

4) Hans J. Morgenthau, *Politics Among Nations: The Struggle for Power and Peace* (New York: Alfred A. Knopf, 1948).

5) Robert Gilpin, "The Richness of the Tradition of Political Realism," in Robert O. Keohane, *Neorealism and Its Critics* (New York: Columbia University Press, 1966), p. 304.

6) David Mitrany, "The Prospect of Integration: Federal or Functional," in A. J. R. Groom and P. Taylor (eds), *Functionalism: Theory and Practice in International Relations* (London: University of London Press, 1975), pp. 53–78; Ernst B. Haas, *The Uniting of Europe: Political, Economic, and Social Forces, 1950–1957* (Stanford, Calif.: Stanford University Press, 1958), pp. 16–31, 113–239.

7) 김계동, 『현대유럽정치론: 정치의 통합과 통합의 정치』 (서울: 서울대학교 출판부, 2008).

8) John G. Ruggie, "The Anatomy of an Institution," in John G. Ruggie (ed.), *Multilateralism Matters: The Theory and Praxis of an Institutional Form* (New York: Columbia University Press, 1993), p. 8.

9) John G. Ruggie, "Multilateralism: The Anatomy of an Institution," *International Organization* 46–3 (1992).

10) James A. Caporaso, "International Relations Theory and Multilateralism: The Search for Foundation," *International Organization* 46–3 (Summer, 1992), pp. 601–602.

11) James Lee Ray, *Global Politics* (Boston: Houghton Mifflin Company, 1983), p. 329.

12) 김계동, "다자안보기구의 유형별 비교연구: 유럽 통합과정에서의 논쟁을 중심으로," 『한국정치학회보』 제28집 1호 (1994), pp. 552–553.

13) John Freeman, *Security and the CSCE Process: The Stockholm Conference and Beyond* (London: Macmillan, 1991), pp. 40–41, 49.

14) Mary M. McKenzie, "Constructing European Security: Security Conceptions, Threat Definitions, Institution Building, and Transatlantic Relations," Paper prepared for International Studies Association(ISA), 1997.

15) Gerald Segal, "How Insecure is Pacific Asia?," *International Affairs* 73–2 (1997), pp. 235–249.

16) Johan Galtung, "Violence, Peace, and Peace Research," *Journal of Peace Research* 6–3 (1969), pp. 167–191; Johan Galtung, *Peace by Peaceful Means* (London: Sage Publications, 1996), pp. 1–4; Quincy Wright, *A Study of War* (Chicago: University of Chicago Press, 1964); David P. Barash & Charles P. Webel 지음, 송승종, 유재현 옮김, 『전쟁과 평화』 (서울: 명인문화사, 2018), pp. 4–8.

17) Jozef Goldblat, *Arms Control: A guide to Negotiations and Agreements* (Oslo: International Peace Research Institute, 1994).

18) 김계동, 『남북한 국가관계 구상: 대북정책의 뉴 패러다임』 (서울: 명인문화사, 2023), pp. 179–184.

참고문헌

1. 한글문헌

김계동. "다자안보기구의 유형별 비교연구: 유럽통합과정에서의 논쟁을 중심으로." 『한국정치학회보』 제28집 1호 (1994).
_____. 『남북한 국가관계 구상: 대북정책의 뉴 패러다임』. 서울: 명인문화사, 2023.
_____. 『남북한체제통합론: 이론, 역사, 정책, 경험』. 서울: 명인문화사, 2020.
_____. 『현대유럽정치론: 정치의 통합과 통합의 정치』. 서울: 서울대학교 출판부, 2008.
Barash, David P. & Webel, Charles P. 지음. 송승종, 유재현 옮김. 『전쟁과 평화』. 서울: 명인문화사, 2018.

2. 영어문헌

Bull, Hedley. *The Anarchical Society: A Study of Order in World Politics*. London: Macmillan, 1977.
Caporaso, James A. "International Relations Theory and Multilateralism: The Search for Foundation." *International Organization* 46-3 (Summer, 1992).
Freeman, John. *Security and the CSCE Process: The Stockholm Conference and Beyond*. London: Macmillan, 1991.
Galtung, Johan. "Violence, Peace, and Peace Research." *Journal of Peace Research* 6-3 (1969).
Galtung, Johan. *Peace by Peaceful Means*. London: Sage Publications, 1996.
Gilpin, Robert. "The Richness of the Tradition of Political Realism." in Robert O. Keohane, *Neorealism and Its Critics*. New York: Columbia University Press, 1966.
Goldblat, Jozef. *Arms Control: A guide to Negotiations and Agreements*. Oslo: International Peace Research Institute, 1994.
Haas, Ernst B. *The Uniting of Europe: Political, Economic, and Social Forces, 1950-1957*. Stanford, Calif.: Stanford University Press, 1958.
Hollis, Martin, and Steve Smith. *Explaining and Understanding International Relations*. Oxford: Clarendon, 1990.
McKenzie, Mary M. "Constructing European Security: Security Conceptions, Threat Definitions, Institution Building, and Transatlantic Relations." Paper prepared for International Studies Association(ISA), 1997.
Mitrany, David. "The Prospect of Integration: Federal or Functional." in A. J. R. Groom and P. Taylor (eds). *Functionalism: Theory and Practice in International Relations*. London: University of London Press, 1975.
Morgenthau, Hans J. *Politics Among Nations: The Struggle for Power and Peace*. New York: Alfred A. Knopf, 1948.
Ray, James Lee. *Global Politics*. Boston: Houghton Mifflin Company, 1983.
Ruggie, John G. "Multilateralism: The Anatomy of an Institution." *International Organization* 46-3 (1992).
Ruggie, John G. "The Anatomy of an Institution." in John G. Ruggie (ed.), *Multilateralism Matters: The Theory and Praxis of an Institutional Form*. New York: Columbia University Press, 1993.
Russett, Bruce, and Garvey Starr. *World Politics: The Menu for Choice*, 3rd ed. New York: W. H. Freeman and Company, 1989.
Segal, Gerald. "How Insecure is Pacific Asia?." *International Affairs* 73-2 (1997).
Wright, Quincy. *A Study of War*. Chicago: University of Chicago Press, 1964.

찾아보기

3

3개 세계(三個世界)이론 253
3국 해양안보협력 프레임워크 120

6

6자회담 219, 222–223, 233, 261–
262, 266, 268, 281, 290–291,
294, 351, 364, 366, 371–372

9

9·19 공동성명 219, 221–222, 266,
372

ㄱ

갈퉁(Johan Galtung) 367
강제동원 280, 284
개발원조 94, 301–302, 305
개혁개방 233, 246–247, 250, 253
고농축우라늄 9, 222, 224
공격전략 191, 193–194, 200–202,
214–215
공동외교안보정책(CFSP: Common
Foreign and Security Policy)
354
과거사 276–280, 283–284, 290–
291, 293, 295, 303–304
국가사이버안전센터 36–40, 61
국가사이버위협 정보공유시스템(NCTI:
National Cyber Threat Intel-
ligence) 44, 58

국가안보전략(NSS) 3, 12, 16–24,
26–28, 147, 191–193, 258,
289–299, 322
국가안보전략서 204–205, 209
국가이익 3, 12, 14–16, 18–19, 26,
64, 109, 192, 253, 335, 342,
353, 361
　생존적 국가이익 15
　주요한 국가이익 15
　핵심적 국가이익 15
국가정체성 3–4, 12–14, 19, 26, 28
국방우주력 69, 71, 80, 85, 92, 94
국방전략서 204–206
국제비확산체제 223
국제연맹(League of Nations) 163,
353
국제원자력기구(IAEA) 220, 261
국제해양안보구상 113, 123
군민융합(軍民融合) 259–260
군비제한 373
군비철폐 373
군비축소 357, 365–366, 373, 375
군비통제 7, 350, 357–358, 364–
365, 373–376, 383
군사력 평가 196–197, 200
군사전략 191–193, 195, 197, 200–
201, 203, 225, 228
글로벌 공급망(GSC) 21, 25, 130,
133, 142, 148–149, 263, 270,
303
글로벌 사우스 5–8, 24, 251, 313
글로벌 웨스트 5–7, 251

글로벌 이스트 5–7, 251
글로벌 중추국가 20–21, 26, 28, 118,
147, 174, 204
글로벌항법위성시스템(GNSS) 78,
80
금강산 관광 233, 378
기관간우주잔해물조정위원회(IADC)
77
김정은 9–10, 48, 193, 202–204,
214, 223–232, 237, 241, 262,
271, 319–321, 323, 332, 336
김정일 223–224, 229, 319, 378

ㄴ

나세르(Gamal Abdel Nasser) 108
남중국해 99, 102, 109–111, 114–
116, 118, 120–121, 245–247,
256–257, 263, 322, 323, 333,
339, 359
냉전 7–8, 10–12, 17–18, 24, 28,
71, 76, 80, 82, 100, 165–168,
171, 173–174, 197, 201–202,
207, 211–215, 219, 221, 230,
238, 241, 246, 250–252, 254,
261, 266, 277–278, 280, 282,
287–291, 294, 311, 314, 319,
321–322, 324–325, 327, 329,
336, 338–339, 350–352, 354,
358–361, 363, 365–366, 369,
373, 375, 380, 383–385
　냉전 종식 11, 100, 165, 171, 173,
221, 241, 351–352, 358,
361, 366, 373, 384

뉴룩 168

ㄷ

다자안보협력 172, 266, 296, 350-352, 354-355, 357-367, 383-384

　다자안보협력체 351, 358-359, 363-364, 366-367, 383

다탄두 개별유도미사일(MIRV) 11

대량보복전략(massive retaliation) 195

대량살상무기(WMD) 16, 20, 213, 221, 290, 331, 364-365, 374-375

대량살상무기확산방지구상(PSI) 289

대량응징보복 206, 297

대륙간탄도미사일(ICBM) 8, 10, 178, 199, 225-226, 229, 237, 262-263, 328, 330

대륙붕 경계획정 104

대만해협 116, 119, 245-247, 256-257, 263, 266, 359

대북제재 117, 220, 234, 237, 268, 312, 319, 323, 327-328

동남아시아국가연합(ASEAN, 아세안) 292, 302, 363

동맹 6-7, 10-11, 16-19, 21, 25, 28, 45-47, 50-52, 60, 63, 80-82, 87, 89, 104, 111, 123-124, 150, 159-168, 170-186, 191-196, 202-207, 209, 211, 213-215, 219-221, 234-236, 241-242, 246, 256, 262, 266-270, 276-278, 280-288, 291-301, 303-305, 311-320, 322, 325-342, 351, 353, 357, 360-362, 365-366, 377

　군사동맹 60, 192, 202-205, 262, 267, 318, 325, 327-329, 332

　동맹조약 162, 167-168, 236, 241, 282, 327, 356, 366

　양자동맹 159-160, 167, 173, 299-300, 365

동북아안보대화(NEASD) 364

동북아협력대화(NEACD) 363

동아시아정상회의(EAS) 119

동중국해 102, 110, 115-116, 120, 322-323, 333, 339

디커플링 178, 259-260, 270

ㄹ

러기(John G. Ruggie) 354-355

루소(Jean Jacques Rousseau) 353

리용호 226

ㅁ

마스트리트조약 354

모겐소(Hans J. Morgenthau) 164, 353

무역전쟁 246-247, 250-251, 255, 258-259, 263, 265, 270

미국과 중국의 전략경쟁 91-92, 98-99, 109, 110, 116, 121, 245

미국 우선주의 18, 161, 235, 291, 334-336

미일방위협력지침(가이드라인) 281

미중관계 5, 63, 170, 179, 237, 245-248, 254-256, 261, 271, 303-304, 311, 314, 317, 319, 322-325, 329, 336, 339

미중 전략경제대화 254-255

ㅂ

바퀴살 형태 167, 179

반도체과학법(CHIPS and Science Act) 259

반일민족주의 278, 287

반접근·지역거부(A2AD) 전략 116, 256

방어전략 193-194, 205, 374

배타적 경제수역(EEZ) 104

번영의 수호자 작전 110

베스트팔렌체제 352

벤담(Jeremy Bentham) 353

병진노선 229, 324

　경제국방 병진노선 229

　핵무력 경제 병진노선 229

북대서양조약기구(NATO) 7, 17-18, 61-62, 80, 110, 150, 165, 167, 178, 180-181, 184-185, 195, 209, 235-236, 270, 292, 313, 318-319, 332, 334-335, 354, 358

북러 포괄적 전략적 동반자관계 조약 10

북미정상회담 219, 221, 225-227, 237, 240, 261, 267-268, 270, 281, 294, 320, 323-324, 372-373

북정남경(北政南經) 267

북한과 러시아의 안보협력 117, 180

북한 핵문제 18-19, 219-223, 232, 239-240, 246, 261-263, 266-268, 331, 380

분단국가 3, 12, 369, 381

분쟁예방 357, 359, 382

브릭스(BRICS) 255, 257, 313

비핵화 60, 172-173, 178, 200, 210, 219-220, 222-223, 226-228, 234, 237-241, 246, 261-263, 267-268, 281, 285, 292, 294-295, 320, 323, 328, 330-331, 334, 338, 340-341, 364-366, 370-373, 380, 383

비확산레짐 220

ㅅ

사드 배치 260, 262, 281, 323

사이버위협 정보공유시스템 44

사이버위협 정보분석·공유시스템(C-TAS: Cyber Threat Analysis & Sharing) 58

사회주의 헌법 223

살라미 전술 233

상하이협력기구(SCO) 257

상호군수지원협정(ACSA) 283
상호불가침 375
상호의존 120, 133, 177, 246, 249,
    263, 295, 338, 360, 374, 381
    상호의존이론 354
상호확신조치(MRMs) 363
상호확증파괴(MAD) 6, 230
석유 해상수송 104
선제타격 85, 213, 230
성숙한 세계국가 19, 23
세력균형 161, 164, 166-167, 176-
    177, 179, 221, 241, 246-247,
    252, 268, 270, 328, 330, 352-
    353, 360, 374
센카쿠 104, 280, 300
소극적 평화 367, 377, 379, 381
수에즈 운하 102-103, 106-108
    수에즈 운하 위기 108
슬래머 웜 39
식량안보 17, 111, 130, 134, 136-
    137, 146-148, 150
신기능주의 354
신냉전 9, 237, 241-242, 248, 250-
    251, 271, 282, 295, 303-304,
    311-314, 318-319, 321-322,
    324-326, 328, 333, 338, 354
신뢰구축 59-60, 93, 290, 296, 352,
    357-365, 372-377, 383-384
신뢰구축조치(CBMs) 60, 358, 373-
    375
싱가포르 북미정상회담 219, 221,
    226-227
싱가포르해협 103
쌍궤병행(雙軌竝行) 267, 320, 323-
    324
쌍중단(雙中斷) 267, 320, 323-324

ㅇ

아덴만(Gulf of Aden) 103, 108, 110,
    114, 116-118, 122-123
아라비아해 102, 106, 110, 115, 120

아르테미스협정 82
아미티지-나이 보고서 283
아세안지역포럼(ARF) 363
아세안확대국방장관회의 119
아시아인프라투자은행(AIIB) 246,
    257, 263
아시아해적퇴치협정(ReCAAP) 119
아시아 회귀 247, 255, 261
아이젠하워 108, 195
아이켄베리(G. John Ikenberry) 6
안보딜레마 75, 92, 122, 133, 238,
    311, 315, 329, 332
안보불안 357
안전구축조치(SBM) 373
알카에다 103
양개백년(兩個百年) 254
억제(deterrence)전략 193-197, 202,
    207, 214-215
억지력 46, 113, 221, 225, 228-
    230, 237-238, 276, 280-289,
    294-300, 303-305, 328
에너지안보 100, 118, 136, 138, 145-
    146
에버 기븐(Ever Given)호 103
연루와 방기의 공포 163
연합해군사령부(CMF: Combined
    Maritime Forces) 110
오레시니크 11
오커스(AUKUS) 179, 181, 185,
    256, 293, 300, 335
완전하고 검증가능하며 불가역적인
    폐기(CVID: Complete, Veri-
    fiable, Irreversible Disman-
    tlement) 222, 281, 341
우주시스템 69-81, 85-88, 92-93
우주쓰레기 75, 87
우주안보
    우주안보딜레마 92
    우주의 군사화 77
    우주의 안보화 71, 76
우주안전 72-73, 91, 93
우주외교 69, 81, 89

우주의 상업화 77
우주잔해 75, 79, 86, 91-92
우주항공청 88-89, 93
우크라이나전쟁 5-6, 8-11, 16, 22,
    25, 49, 62, 70, 91, 98-99, 109,
    111-112, 117, 120, 146, 202,
    237, 240, 257, 270, 311-318,
    320-321, 325-338, 341, 360
워싱턴선언 60, 177-178, 185, 208,
    235-236, 239, 298, 331, 335
위기감소조치(RRM) 373
위치항법시각(PNT) 74, 81, 84
유럽안보협력기구(OSCE) 354, 359
유럽안보협력회의(CSCE) 350, 352,
    354, 358-360, 362-363, 365-
    367, 373, 383
유보트 103, 108
유엔사 169, 182-183, 209-211,
    267, 288, 294, 298-299, 305,
    370, 372
유엔사령부 211, 267, 370
유엔 안전보장이사회(안보리) 50, 62,
    117, 182, 210-211, 222, 226,
    229, 234, 268, 297, 330
유엔 외기권평화적이용위원회(UN
    COPUOS) 77, 81, 90
유엔해양법 협약 119
유연반응전략(Flexible Response)
    195
이스라엘-하마스전쟁 5, 98, 103,
    109, 116, 120
이중용도기술 74, 77, 92
인도양 101-102, 109, 115-116, 118,
    120, 123-124, 256
인도·태평양경제프레임워크(IPEF)
    245, 256, 268
인도·태평양전략 22-23, 98-99,
    114-115, 117-119, 172, 246-
    247, 250, 255-256, 261, 263
인터넷 기반 사이버위협 정보공유시
    스템(KCTI: Korea Cyber Threat
    Intelligence) 45, 58

일대일로(一帶一路) 116, 247, 250, 254-257, 261, 316

ㅈ

자유주의 국제질서 3, 5-8, 303
자유, 평화, 번영 20, 22, 118, 204, 302
자율성-안보 교환의 딜레마 162-163
잠수함발사탄도미사일(SLBM) 99, 114, 224-225
잠정협정 371
장거리 미사일 11, 204, 219, 223-224, 228, 328
재균형 172, 247, 255, 261
재래식전력감축(CFE)협상 358-359
적극적 평화 367, 377
전략적 동시성 8
전략적 유연성 171, 173, 181-182, 281
전술핵무기 8, 168-169, 203, 225, 238
전시작전권 63, 171, 183, 285, 291
정전체제 149
　　정전체제관리 211
정전협정 182, 267, 320
정한론 282
제3차 핵시대 11-12
제국적 민족주의 7
제네바합의 219, 221-222, 228, 233
주한미군지위협정(SOFA) 171
준동맹 288, 291, 311, 313, 315-319, 329, 332, 337
중간국가 3, 12
중견국 3-4, 13, 46
중국 역할론 268
중국 책임론 268
지구온난화 105, 142
지정학 49, 100, 102, 105-106, 138, 265, 316, 321, 325, 330, 340, 342

지휘통제체계 229, 231-232
진영화 3, 5, 27, 174, 304, 312-313, 315, 329, 333
집단안보 163, 278, 351, 355-357
집단적 자위권 172, 295
집단행동의 문제 162-163

ㅊ

차이나 피크(China Peak) 250
차이메리카 250, 254-255, 258
책임있는 이익상관자 254-255
처칠(Winston Churchill) 104
청색경제 100
청해부대 113-114, 116-122
초크 포인트 99, 102, 105-108, 114, 121
최고인민회의 202, 229, 262, 321, 368

ㅋ

캠프 데이비드 정상회의(캠프 데이비드 회의) 276, 288, 292-293, 297, 300-301, 331
케슬러신드롬 75
쿼드(QUAD) 179, 185, 256, 283, 293, 300, 335
킬체인 85, 183, 206-207, 214, 297

ㅌ

탈냉전 8, 80, 133, 160, 171, 202, 214, 221, 241, 246, 250-251, 253-254, 261, 266, 276, 279, 280, 282, 284, 288, 290-291, 293, 311, 316, 318-319, 329, 333, 335, 338, 354-355, 359-361-362, 374, 378
태평양경제협력회의(PBEC) 363
테러리즘 98, 100, 102-104, 107, 114, 252
통상국가 3, 13, 22, 25

통합억지 299-301
트럼프(Donald J. Trump) 47, 80, 113, 124, 225-228, 235, 237, 245, 247-251, 254-255, 258-259, 262-263, 265, 270-271, 314-315, 319, 322-323, 333-336, 338, 339, 342

ㅍ

파편화 3, 5, 27
페르시아만 102-103, 105-106, 109, 113, 115, 123
페리 프로세스 290
펠로시(Nancy Pelosi) 116, 121, 257
평화협정 240, 266-267, 285, 320, 350, 367-371, 376-377, 379, 383
폼페이오(Michael R. Pompeo) 113, 227
프렌드쇼어링 259, 264
플루토늄 9, 199, 224

ㅎ

하노이 북미정상회담 237, 240, 267
한국에 대한 군사 및 경제원조에 관한 대한민국과 미합중국과의 한미의사합의록 168
한국형 3축체계 206-207
한미동맹 60, 87, 123, 191, 193, 205, 207, 209, 211, 213-215, 219-220, 234-236, 242, 266, 268, 270, 322, 325, 329, 331, 342, 365, 377
　　한미동맹 60주년 기념 공동선언 235
한미안보협의회(SCM) 160, 170, 184
한미연례안보협의회의 234-235
한미연합군사령부 169-170, 182
한미연합작전계획 213
한미연합훈련 207, 226, 285
한미일 사무국 120

한미일 안보협력 205, 209–210, 313, 331, 333
한미일 정보공유약정(TISA) 290
한반도에너지개발기구(KEDO) 290
한반도 평화체제 19, 219, 222, 226, 238–239, 266, 365–366, 370–373, 382
한반도평화프로세스 303
한일 안보협력 288–289, 293, 295
한일경협차관 288
한일군사정보보호협정(GSOMIA) 276, 278–279, 283, 288–290, 297
한일기본조약 278
항행의 자유 99, 121, 256
항행의 자유 작전(FONOP) 111
해군력 100, 104, 108, 122–124
해상교통로 100–106, 110, 114–116, 118–121, 123
해상수송로 99–106, 108, 112, 121–122, 302
해상수송로 안보 99–100, 102, 104–105, 121–122
해상안전 100, 118, 363
해양 경계획정 104
해양교통로(SLOC) 176
해양분쟁 103–104
해양생태계 100–101, 145, 148
해양안보 컨트롤타워 121–122
해양안보 환경 98–99, 114–116, 120
해양영역인식(MDA) 93, 119–120, 123
해양 영유권 분쟁 104, 110
해양패권 116
해외 군사기지 111
해외 협력항만 111, 122
핵무기 보유국 219–220, 223, 225, 229, 238
　사실상의 핵무기 보유국 228
핵무력정책법 219, 228–232, 235–236, 242
핵실험 11, 191–194, 199, 201, 207,

213, 219–220, 222–226, 228–229, 234–235, 239, 262, 268, 281, 294, 319, 330
핵심이익 255–256, 316, 324, 339
핵우산 207, 221, 234–235, 283
핵전략 191, 201–203, 219–220, 225, 228–230, 236, 332
핵협의그룹(NCG) 160, 177–179, 208–209, 236, 298, 331
핵확산금지조약(NPT) 220–222, 228–239, 261, 268, 370, 378
햇볕정책 233, 281
허브 앤 스포크(hub and spokes) 179, 278, 300
홉스(Thomas Hobbes) 353
홍해 99, 103, 106, 109–110, 116–117, 120
화성 15형 220, 225
확장억제(extended deterrence) 191, 193, 196, 205, 207–209, 211, 214, 237, 331
확장억지 219, 234–237, 239, 263, 283, 298, 305
확장억지전략협의체 235–236
후방지원 282, 286, 294, 300
후티 반군 103, 109–110, 116–117
휴전협정 173, 266, 367–370, 375–376
흑해 99, 111–112, 120–121
　흑해 봉쇄 112

저자소개

김계동 (kipoxon@hanmail.net • 12장)

연세대 정치외교학과 졸업
옥스퍼드대 정치학 박사

현 건국대 안보·재난관리학과 초빙교수

연세대 교수
국가정보대학원 교수(교수실장)
한국국방연구원 연구위원
외교부 국립외교원 명예교수
한국전쟁학회 회장/한국정치학회 부회장/
　국가정보학회 부회장/국제정치학회 이사
국가안보회의(NSC)/민주평통 자문회의/
　국군기무사/군사편찬연구소 자문위원
연세대, 고려대, 경희대, 성신여대, 국민대, 숭실대,
　숙명여대, 동국대, 통일교육원 강사 역임

주요 논저

Foreign Intervention in Korea (Dartmouth
　Publishing Company)
『남북한 체제통합론: 이론, 역사, 정책, 경험, 제2판』
　(명인문화사)
『남북한 국가관계 구상』(명인문화사)
『북한의 외교정책과 대외관계: 협상과 도전의
　전략적 선택』(명인문화사)
『한반도 분단, 누구의 책임인가?』(명인문화사)
『한국전쟁, 불가피한 선택이었나』(명인문화사)
『현대유럽정치론: 정치의 통합과 통합의 정치』
　(서울대학교출판부)

"다자안보기구의 유형별 비교연구: 유럽통합과정
　에서의 논쟁을 중심으로" (한국정치학회보)
"한반도 분단·전쟁에 대한 주변국의 정책: 세력
　균형이론을 분석틀로" (한국정치학회보)
"한미동맹관계의 재조명: 동맹이론을 분석틀로"
　(국제정치논총)
"남북한 체제통합: 이론과 실제" (국제정치논총)
"북한의 대미정책: 적대에서 협력관계로의 전환
　모색" (국제정치논총)
"국제평화기구로서 유엔역할의 한계" (국제정치
　논총)
"강대국 군사개입의 국내정치적 영향: 한국전쟁
　시 미국의 이대통령 제거 계획" (국제정치논총)
　외 다수

김재관 (jkkim543@gmail.com • 11장)

서강대 철학과 졸업
서강대 철학 석사
북경대 정치학 박사

현 전남대 정치외교학과 교수
　전남대 교수평의회 의장

전국 국공립대학교 교수회연합회 사무총장
외교부 정책기획 자문위원
통일부 정책기획 자문위원
한국유라시아 학회 회장
전남대 사회과학연구소 소장 역임

주요 논저

『신한반도체제 실현을 위한 미·중·러의 세계전략
　연구』(공저, 대외경제정책연구원).

『미중 전략경쟁시대 한국의 대외전략 51문답』
　(공저, 차이나하우스).

"시진핑-푸틴 집권기 중러관계의 신추세에 관한
　연구: 경제 및 군사안보협력을 중심으로"
　(중소연구)

"바이든 정부의 對 중국 외교정책에 대한 분석과
　전망 – 미중 간 전략경쟁을 중심으로" (글로벌
　정치연구)

"An Inquiry into Dynamics of Global Power
　Politics in the changing world order after
　the war in Ukraine" (*Analyses & Alternatives*)
　외 다수

박영준 (parkyj2022@naver.com • 7장)

연세대 정치외교학과 졸업
서울대 외교학과 석사
도쿄대 국제관계전공 박사

현 국방대 안보대학원 교수
　대통령실 국가안보실/국방부/외교부/합참/
　해군/공군/해병대 정책자문위원
　통일부 미래기획자문위원

미국 하버드대 Program on the US-Japan
　Relations 방문학자
한국평화학회 회장, 한국정치외교사학회 회장,
　현대일본학회 회장 역임

주요 논저

『제국 일본의 전쟁, 1868–1945』 (사회평론)
『한국 국가안보전략의 전개와 과제』 (한울아카데미)
『기로에 선 북핵 위기: 환상과 현실의 이중주』
　(공저, 박영사)

『한국의 외교정책과 대외관계』 (공저, 명인문화사)
『21세기 한반도 평화연구의 쟁점과 전망』 (편저,
　한울아카데미)
『현대의 전쟁과 전략』 (편저, 한울아카데미) 외 다수

유인태 (iqewoup@gmail.com • 2장)

연세대 정치외교학과 졸업
연세대 정치학 석사
사우스캐롤라이나 정치학 박사

현 단국대 정치외교학과 조교수
　서울대 미래전연구센터 연구위원
　한국사이버안보학회 사이버경제안보연구실장

와세다대 아시아태평양연구센터 방문리서치
　펠로 역임

주요 논저

"사이버억지전략의 발전: 미국의 거부, 복원력,
　징벌의 사이버작전" (사이버안보연구)

"경제, 사이버, 안보의 이중 사안 연계: 혁신, 기술
　보안, 미중 전략 경쟁의 넥서스 분석" (국가와
　정치)

"경쟁적 사이버 안보 다자주의의 출현: 2004년
　유엔 정부전문가 그룹부터 2021년 개방형
　작업반까지의 분석" (국제정치논총)

"Bilateral Cyber Confidence Building Measures
　in Northeast Asia" (*Korean Journal of
　Defense Analysis*)

"Internet Governance Regimes by Epistemic
　Community: Formation and Diffusion in
　Asia" (공저, *Global Governance: A Review
　of Multilateral and International
　Organizations*) 외 다수

이상현 (shlee@sejong.org • 1장)

서울대 외교학과 졸업
서울대 외교학과 석사
일리노이주립대(어바나-샴페인) 정치학 박사

현 세종연구소 수석연구위원
　통일부 자문회의 통일정책분과 위원장
　한국핵물질관리학회(INMM-K) 이사
　핵비확산 및 군축을 위한 아태리더십 네트
　워크(APLN) 이사, 한국 멤버

한국핵정책학회 회장
외교통상부 정책기획관
스웨덴 스톡홀름 안보개발정책연구소 (ISDP)
　객원연구원, 워싱턴 DC, Stimson Center
　방문연구원 역임

주요 논저
『바이든 행정부의 대외정책과 한반도』(공저,
　세종연구소)
Two Presidents, One Agenda: A Blueprint
　for South Korea and the United States to
　Address the Challenges of the 2020s and
　Beyond (공저, Wilson Center)
『신국제질서와 한국외교전략』(공저, 명인문화사)
『신외교안보 방정식: 네트워크 경쟁과 전략문화』
　(공저, 전략문화연구센터)
『현대 한미관계의 이해』(공저, 명인문화사)
『사이버안보: 사이버공간에서의 정치, 거버넌스,
　분쟁』(공역, 명인문화사) 외 다수

이왕휘 (leew@ajou.ac.kr • 9장)

서울대 외교학과 졸업
서울대 외교학 석사
런던정경대(LSE) 국제정치학 박사

현 아주대 정치외교학과 교수
　아주통일연구소 소장

외교부 경제안보외교자문위원
국제정치학회 부회장 역임

주요 논저
『바이든 시기 중국의 다자외교 전망』(국립외교원)
『중국사와 국제정치: 21세기 중국 역사공정의
　국제정치적 함의』(공저, 사회평론)
Covid-19 and Governance: Crisis Reveals
　(공저, Routledge) 외 다수

이태동 (tdlee@yonsei.ac.kr • 5장)

연세대 정치외교학과 졸업
서울대 환경대학원 석사
워싱턴대 정치학 박사

현 연세대 정치외교학과 교수
　연세대 언더우드특훈교수
　기후적응리빙랩 연구사업단장
　전환적 기후연구교육사업단장

한국정치학회/국제정치학회/정당학회 연구
　이사 역임

주요 논저
『기후변화와 도시』(명인문화사)
『에너지 전환의 정치』(사회평론)
『기후 적응』(편저, 명인문화사)
『탄소중립과 그린뉴딜: 정치와 정책』(편저, 한울)
『현대외교정책론, 제4판』(공저, 명인문화사)
　외 다수

장성일 (sungil.jang@gmail.com • 4장)

한국외국어대 네덜란드어과 졸업
서울대 외교학 석사
서울대 외교학 박사

현 동북아역사재단 연구위원
   한국정치학회 대외협력이사
   한국국제정치학회 미국연구분과위원회 위원
   외교정책연구분과위원회 위원
   서울대 국제문제연구소 객원연구원

서울대 통일·평화연구원 선임연구원
서울대 정치외교학부 강사 역임

주요 논저
『해양안보와 미국의 외교정책』(이조)
『21세기 공공외교 핸드북』(공역, 인간사랑)
"위기 시 미국 외교정책 결정의 통합적인 분석:
   페르시아만 해상 수송로 위기에서 군사적 대응
   결정"(한국정치학회보)
"외교정책 연구에서 '정책결정(Decision-making)'
   관점 재조명: 1967년 티란 해협 수송로 안보
   위기 시 미국의 무대응 분석"(국제정치논총)
"미국 국가안보 제도의 기원: 국가안전보장회의
   (NSC) 창설 과정에서 관료 조직 간 정치"(평화
   연구) 외 다수

정구연 (ckuyoun@kangwon.ac.kr • 6장)

고려대 노어노문학과 졸업
고려대 정치외교학 석사
캘리포니아대 로스앤젤레스(UCLA) 정치학 박사

현 강원대 정치외교학과 부교수
   대통령실 국가안보실 정책자문위원
   국방부 군비통제검증단 자문위원

해군발전자문위원
아산정책연구원 객원연구위원
화정평화재단 21세기평화연구소 연구위원
한국국제정치학회 이사

주요 논저
*Examining Perspectives of Small-to-Medium
   Powers in Emergent Great Power
   Competition* (편저, Springer)
Public Diplomacy of South Korea (편저, Routledge)
『한미일 3국의 안보협력: 동인과 변인, 그리고
   미래』(편저, 아담북스)
『미래국방의 국제정치학과 한국』(편저, 한울출판사)
『미중러 전략경쟁과 우크라이나 전쟁』(편저, 다해)
   외 다수

정헌주 (heonjoojung@yonsei.ac.kr • 3장)

고려대 독어독문학과 졸업
고려대 정치외교학 석사
펜실베니아대(UPenn) 정치학 박사

현 연세대 행정학과 교수
   연세대 항공우주전략연구원(ASTI) 원장
   한국국제정치학회 총무이사
   국제개발협력학회『국제개발협력연구』
      편집위원장
   국제개발협력위원회(CIDC) 민간위원
   외교부 정책자문위원

인디애나대(블루밍턴) 동아시아학과 조교수 역임

주요 논저
*Routledge Handbook of Korean Politics and
   Public Administration* (공저, Routledge)
"뉴스페이스 시대 우주 안보와 데이터 안보 연계
   의 동학"(국가전략)

"미국과 중국의 우주 경쟁과 우주안보딜레마" (국
    방정책연구)
"우주 환경 안보의 국제정치: 우주잔해 국제협력에
    대한 국제정치학적 접근" (국가안보와 전략)
"우주와 국제개발협력: 우주기술을 활용한 지속
    가능발전목표 달성에 대한 탐색적 분석" (공저,
    사회과학연구)
"주요국 우주기관의 미션 분석과 한국 우주항공청에
    대한 함의" (공저, 한국항공우주학회지) 외 다수

조양현 (joyhis@mofa.go.kr • 10장)

서울대 외교학과 졸업
동경대 정치학 박사

현 국립외교원 교수
    국립외교원 외교안보연구소 인도태평양
    연구부 교수 및 일본연구센터장
    한국정치학회/한국국제정치학회/
    현대일본학회/한국정치외교사학회/
    한일군사문화학회 회원

국립외교원 외교사연구센터장
하버드대 웨더헤드센터 Academic Associate
싱가폴 국립대 동아시아연구소 Visiting
    Fellow 역임

주요 논저
『アジア地域主義とアメリカ』(東京大學出版會)
『일본의 국가정체성과 동북아 국제관계』(공저,
    동북아역사재단)
『한국의 대외관계와 외교사 현대 편』(공저, 동북
    아역사재단)
『현대외교정책론, 제4판』(공저, 명인문화사)
*The Political Economy of North Korea: Domestic,
    Regional, and Global Dynamics* (공저, Lynne
    Rienner Publishers)

『国境を越える危機』(공저, 東京大学出版会)
『競合する歴史認識と歴史和解』(공저, 晃洋書房)
    외 다수

황지환 (whang38@uos.ac.kr • 8장)

서울대 외교학과 졸업
서울대 외교학 석사
콜로라도대 국제정치학 박사

현 서울시립대 국제관계학과 교수

게이오대 정치학과 특별초빙교수
미국 가톨릭대 정치학과 방문학자
조지워싱턴대 정치학과 강사
명지대 북한학과 조교수
서울대 통일연구소 선임연구원 역임

주요 논저
*North Korea, Nuclear Risk-Taking and the
    United States* (Lexington Books)
Engaging North Korea (공저, Routledge)
"Disillusioning Pyongyang's Nuclear
    Deterrence Strategy" (KJDA)
"미국과 중국은 '투키디데스 함정'에 빠져 있는
    가?" (동서연구)
"미국의 한반도 확장억지는 약화되어 왔는가?"
    (국가전략) 외 다수

▮ 명인문화사 정치학 관련 서적 ▮

정치학 분야

정치학의 이해 Roskin 외 지음 / 김계동 옮김
정치학개론: 권력과 선택, 제15판 Shively 지음 / 김계동, 민병오 외 옮김
비교정부와 정치, 제12판 McCormick 외 지음 / 김계동, 서재권 외 옮김
정치학방법론 Burnham 외 지음 / 김계동 외 옮김
정치이론 Heywood 지음 / 권만학 옮김
정치 이데올로기: 이론과 실제 Baradat 지음 / 권만학 옮김
국가: 이론과 쟁점 Hay, Lister 외 엮음 / 양승함 옮김
민주주의국가이론 Dryzek, Dunleavy 지음 / 김욱 옮김
사회주의 Lamb 지음 / 김유원 옮김
자본주의 Coates 지음 / 심양섭 옮김
신자유주의 Cahill, Konings 지음 / 최영미 옮김
정치사회학 Clemens 지음 / 박기덕 옮김
정치철학 Larmore 지음 / 장동진 옮김
문화정책 Bell, Oakl 지음 / 조동준, 박선 옮김
시민사회, 제3판 Michael Edwards지음 / 서유경 옮김
복지국가: 이론, 사례, 정책 정진화 지음
포커스그룹: 응용조사 실행방법 Krueger, Casey 지음 / 민병오 외 옮김

국제관계 분야

국제관계와 글로벌정치, 제3판 Heywood, Whitham 지음 / 김계동 옮김
국제정치경제 Balaam, Dillman 지음 / 민병오 외 옮김
국제정치사 Kocs 지음 / 이유진 옮김
국제관계이론 Daddow 지음 / 이상현 옮김
국제개발: 사회경제이론, 유산, 전략 Lanoszka 지음 / 김태균 외 옮김
국제기구의 이해: 글로벌 거버넌스의 정치와 과정, 제3판
Karns, Mingst, Stiles 지음 / 김계동, 김현욱 외 옮김
글로벌연구: 이슈와 쟁점 McCormick 지음 / 김계동, 김동성 외 옮김
글로벌 거버넌스: 도전과 과제 Weiss, Wilkinson 편저 / 이유진 옮김
현대외교정책론, 제4판 김계동, 김태환, 김태효, 김현, 마상윤 외 지음
외교: 원리와 실제 Berridge 지음 / 심양섭 옮김
세계화와 글로벌 이슈, 제6판 Snarr 외 지음 / 김계동, 민병오 외 옮김
세계화의 논쟁: 국제관계 접근에서의 찬성과 반대논리, 제2판
Haas, Hird 엮음 / 이상현 옮김
세계무역기구: 법, 경제, 정치 Hoekman 외 지음 / 김치욱 옮김
현대 한미관계의 이해 김계동, 김준형, 박태균 외 지음
현대 북러관계의 이해 박종수 지음
중국의 외교정책과 대외관계 Shambaugh 편저 / 김지용, 서윤정 옮김
한국의 외교정책과 대외관계 김계동, 김태균, 김태환, 김현 외 지음
글로벌 환경정치와 정책 Chasek 외 지음 / 이유진 옮김
지구환경정치: 형성, 변화, 도전 신상범 지음
기후변화와 도시: 감축과 적응 이태동 지음
핵무기의 정치 Futter 지음 / 고봉준 옮김
비핵화의 정치 전봉근 지음

비정부기구의 이해, 제2판 Lewis 외 지음 / 이유진 옮김

지역정치 분야

동아시아 국제관계 McDougall 지음 / 박기덕 옮김
동북아 정치: 변화와 지속 Lim 지음 / 김계동 옮김
일본정치론 이가라시 아키오 지음 / 김두승 옮김
현대 중국의 이해, 제3판 Brown 지음 / 김흥규 옮김
현대 미국의 이해 Duncan, Goddard 지음 / 민병오 옮김
현대 러시아의 이해 Bacan 지음 / 김진영 외 옮김
현대 일본의 이해 McCargo 지음 / 이승주, 한의석 옮김
현대 유럽의 이해 Outhwaite 지음 / 김계동 옮김
현대 동남아의 이해, 제2판 윤진표 지음
현대 북한의 이해 Buzo 엮음 / 박영호 옮김
현대 아프리카의 이해 Graham 지음 / 김성수 옮김
현대 동북아의 이해 Holroyd 지음 / 김석동 옮김
현대동아시아의 이해 Kaup 편 / 민병오, 김영신 외 옮김
미국외교는 도덕적인가: 루스벨트부터 트럼프까지 Nye 지음 / 황재호 옮김
미국정치정부론: 정치발전과 제도의 변화 Jillson 지음 / 민병오 옮김
미국정치와 정부 Bowles, McMahon 지음 / 김욱 옮김
한국정치와 정부 김계동, 김욱, 박명호, 박재욱 외 지음
중일관계 Pugliese, Insisa 지음 / 최은봉 옮김

북한, 남북한 관계 분야

북한의 외교정책과 대외관계: 협상과 도전의 전략적 선택 **김계동 지음**
북한의 통치체제: 지배구조와 사회통제 안희창 지음
남북한 체제통합론: 이론·역사·경험·정책, 제2판 김계동 지음
남북한 국가관계 구상: 대북정책의 뉴 패러다임 김계동 지음
한반도 평화: 분단과 통일의 현실 이해 김학성 지음
한국전쟁, 불가피한 선택이었나 김계동 지음
한반도 분단, 누구의 책임인가? 김계동 지음
한류, 통일의 바람 강동완, 박정란 지음

안보, 정보 분야

국가정보학개론: 제도, 활동, 분석 Acuff 외 지음 / 김계동 옮김
국제안보의 이해: 이론과 실제 Hough 외 지음 / 고봉준, 김지용 옮김
전쟁과 평화 Barash, Webel 지음 / 송승종, 유재현 옮김
사이버안보: 사이버공간에서의 정치, 거버넌스, 분쟁
Puyvelde, Brantly 지음 / 이상현, 신소현, 심상민 옮김
국제분쟁관리 Greig, Owsiak, Diehl 지음 / 김용민, 김지용 옮김
국제안보: 쟁점과 해결 Morgan 지음 / 민병오 옮김
전쟁: 목적과 수단 Codevilla 외 지음 / 김양명 옮김
국가정보: 비밀에서 정책까지 Lowenthal 지음 / 김계동 옮김
국가정보의 이해: 소리없는 전쟁 Shulsky, Schmitt 지음 / 신유섭 옮김
테러리즘: 개념과 쟁점 Martin 지음 / 김계동 외 옮김